아주
특별한
용기

THE COURAGE TO HEAL Fourth Edition.
Copyright © 2008 by Ellen Bass and Laura Davis. All Rights Reserved.
First Published by Harper Perennial, New York. All Rights Reserved.

Korean translation rights arranged with Charlotte Cecil Raymond, Literary Agent, through
EYA(Eric Yang Agency).

이 책의 한국어판 저작권은 EYA(Eric Yang Agency)를 통한 저작권사와의 독점 계약으로
도서출판 동녘에 있습니다. 신저작권법에 의해 한국내에서 보호를 받는 저작물이므로 무단전재와
복제를 금합니다.

아주 특별한 용기
성폭력 생존자들을 위한 영혼의 치유

초판 1쇄 펴낸날 2012년 2월 10일
초판 3쇄 펴낸날 2023년 7월 5일

지은이 앨런 베스·로라 데이비스
옮긴이 이경미
펴낸이 이건복
펴낸곳 도서출판 동녘

책임편집 구형민
편집 김다정 이지원 김혜윤 홍주은
디자인 김태호
마케팅 임세현
관리 서숙희 이주원

인쇄·제본 영신사 **라미네이팅** 북웨어 **종이** 한서지업사

등록 제311-1980-01호 1980년 3월 25일
주소 (10881) 경기도 파주시 회동길 77-26
전화 영업 031-955-3000 편집 031-955-3005 전송 031-955-3009
홈페이지 www.dongnyok.com **전자우편** editor@dongnyok.com

ISBN 978-89-7297-671-4 03330

- 잘못 만들어진 책은 바꿔 드립니다.
- 책값은 뒤표지에 쓰여 있습니다.
- 이 도서의 국립중앙도서관 출판시도서목록(CIP)은 e-CIP홈페이지(http://www.nl.go.kr/ecip)와
  국가자료공동목록시스템(http://www.nl.go.kr/kolisnet)에서 이용하실 수 있습니다.
  (CIP제어번호: CIP2012000319)

성폭력 생존자들을 위한 영혼의 치유

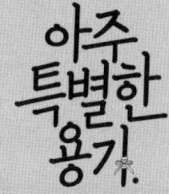
아주 특별한 용기

엘렌 베스, 로라 데이비스 지음
한국성폭력상담소 기획
이경미 옮김

동녘

"도망가지 마라. 묻어두지도 마라.
뭔가에 매달려서 혹은 감정으로 가는 통로를 삼켜버림으로써
다른 현실이 나타날 것이라는 헛된 희망을 품지도 말고, 헛된 수고도 하지 마라.
손목을 긋지도 마라. 그저 그것을 마주보고 처리하라.
당신이 살아가는 한 계속 찾아올 것이므로.
고통스럽지만 당신은 계속 살아내야 한다. 그것은 진실로 삶을 만드는 일부이다."

_ 솔레다드

"지난 10년 혹은 15년 동안 살아내느라 쏟은 그 헌신 그만큼을 치유에 쏟아 부어라."

_ 도리엔

"분노 그 이상, 슬픔 그 이상, 공포 그 이상이 있다. 희망이 있다."

_ 에디트 호닝

■ 20주년 기념판에 부쳐

우리가 1984년 처음 《아주 특별한 용기》를 쓰기 시작할 즈음 어린이 성폭력 생존자들이 살아가는 환경은 지금과 사뭇 달랐다. 어린이 성폭력 피해에서 생긴 상처를 치유하는 과정에 대한 이해는 전무했다. 피해를 치료하는 치료사나 지지집단도 거의 없었다. 친족성폭력은 극히 드문 일이라는 생각이 지배적이었다. 자신의 피해를 들추어내는 생존자들은 흔히 부인과 축소 혹은 비난에 부딪혀야만 했다.

성폭력에 대한 인식이 조금씩 생기기는 했지만 생존자들에게 실질적으로 도움이 되거나 희망을 줄 만한 것들은 거의 없었다. 단지 절실한 욕구만 있는 실정이었다. 우리가 《아주 특별한 용기》를 집필한 목적은 생존자들에게 구체적이면서도 힘이 되는 직접적 정보를 제공하고 치유 과정을 통해 존중할 만하고 공감이 되는 지침을 제공하는 데 있었다.

학술용어나 심리학 이론과 통계는 피했다. 《아주 특별한 용기》는 개인적으로나 정치적으로 여성들에게 힘을 실어주는 여성운동 흐름과 맥을 같이 하면서 성장했다. 여성들은 성폭력과 가정폭력의 현실에 맞서기 시작했으며, 우리는 침묵을 깨고 자신의 이야기를 전하는 여성들의 힘을 믿었다. 다른 여성들의 경험을 읽으면서 생존자들은 영감과 힘을 얻었다. 그들이 혼자가 아니라는 것, 그들의 탓이 아니라는 것, 치유는 가능하다는 것을 알게 되었다.

책을 출간한 후 20년이 흘렀다. 그동안 우리는 이 책이 던지는 의미에 관한 메시지 수천 통을 세계 곳곳의 생존자들로부터 받았다.

> 난 여섯 살 때부터 치료를 받았습니다. 정신병원에 다니고 충격요법도 받았어요. 의대를 다녀도 보았지요. 내가 만난 상담원만 하더라도 여러 트럭은 족히 될 겁니다. 하지만 내 마음에 생생하게 와 닿은 것은 당신 책이 처음이었습니다.
>
> 때로 난 내 심정을 이해하는 사람이 적어도 한 명은 있다는 사실을 가슴에 품고 당신의 책을 든 채 그냥 앉아있어요.
>
> 오로지 나를 위해서만 이 책을 썼더라도 당신이 쏟은 모든 시간과 눈물, 좌절, 노력이 빛났을 겁니다. 하물며 얼마나 많은 사람들이 이 책을 봤을까요.
>
> 《아주 특별한 용기》는 말 그대로 내 인생을 구원했습니다.

《아주 특별한 용기》는 지금까지 늘 그래왔고 지금도 그렇듯이 진화 중이다. 우리는 책을 처음 발간한 이후 계속 수정작업을 해왔다. 새로운 자료를 합하고 정보를 더하고 다른 관점을 제공했다. 또한 독자의 피드백에도 응답해왔다. 생존자들이 처한 사회적 정치적 환경의 변화, 피해, 외상, 치유에 대한 최신 연구를 심도 있게 들여다보고 있다.

이 책은 선구자, 활동가, 치료사, 자신의 치유에 열정적으로 뛰어든 생존자들의 결단으로 끊임없이 발전하고 있으며 동시에 어린이 성폭력을 멈추게 하려고 무진 애쓰고 있다. 또한 필요한 서비스를 제공하고 외상치유에 가장 효과적인 방법을 연구하고 있다. 우리와 함께 정보와 제안, 통찰을 나누면서 시간을 아끼지 않는 사람들의 노고에 감사할 뿐이다.

우리는 20주년 기념판을 위하여 《아주 특별한 용기》를 대대적으로 수정했다. 어린이 성폭력 피해를 치유하는 데 필요한 핵심은 여전히 유효하다. 동시에 그동안 새롭게 발견된 지식을 이 책에 통합하여 치유 과정의 미묘함과 복잡함을 반영했다.

이번 판의 주요 변화는 이러하다.

- 자기배려와 속도를 강조함으로서 치유 과정을 거치는 동안 다시 외상을 입거나 압도당하지 않도록 했다.
- 치유에 있어서 몸의 역할에 보다 더 집중했다.
- 외상과 뇌, 외상에 따른 기억상실증, 기억, 외상후증후군 등에 대한 새로운 연구가 더해졌다.
- 이미지 떠올리기, 명상, 영성, 몸을 중심으로 하는 훈련 등 새로운 치유방식을 포함한다.
- 생존자들의 다양한 경험을 반영하는 새로운 이야기들이 추가되었다.
- 가족과의 관계를 어떤 식으로 진행할 것인지 평가할 수 있는 심도 있는 지침을 포함한다.
- 20년 이상 치유해온 생존자들의 지혜가 담겨있다.

당신이 《아주 특별한 용기》를 처음 접한다면 세월이 지나도 여전히 흔들림 없을 진실을 강조하고 싶다. 즉, 어릴 때 성폭력 피해를 입었다 하더라도 치유될 수 있는 것은 물론이고 엄청난 성장을 할 수도 있다. 《아주 특별한 용기》는 처음 출간된 이래 지금까지 생존자 수백만 명의 의미와 기쁨, 자기수용으로서 삶을 풍요롭게 만드는 데 성공했다. 치유의 보상은 당신에게도 열려있다.

2008년
엘렌 베스와 로라 데이비스

■ 추천의 말

'아주 더 특별한 용기'를 위해 고민하고 성찰해야 할 이야기

변혜정_ 서강대학교 성평등상담실 상담교수, 유쾌한섹슈얼리티인권센터 대표

　처음 보기에도 지쳐 보이는 어린 친구가 찾아왔다. 나이는 어리지만 결코 어리게만 보이지 않는 그 친구는 몇 번이나 찾아와서는 앉아 있기만 했다. 네 번째 만나면서 비로소 자신이 성폭력을 당했다고 이야기했다. 그리고 하염없이 울기만 했다. 필자는 말없이 어깨를 두드려 주었다. 책을 좋아한다는 말에 《아주 특별한 용기》를 빌려주었다. 두껍지만 부담 없이 읽고 싶은 부분만 읽으라고 권하면서 다음 약속을 잡았다.
　놀랍게도 그 친구는 그 다음 만남에서 책을 거의 다 읽었다며 너무 힘이 되었다고 말했다. 자신의 이야기를 대신 말하는 것 같다고 좋아했다. 그러나 자신의 잠자리에 책을 두고 싶다는 그 친구의 뜻과 달리 책은 구할 수 없었다. 결국 필자는 그 책을 선물로 주었다. 앞으로 또 누군가 이 책을 찾으면 어떻게 할지 걱정도 했지만 당장 이 책을 갖고 싶은 친구에게 주는 것이 더 의미가 있을 것이라 생각했다.
　그런데 구하기가 무척 힘들었던 《아주 특별한 용기》가 같은 번역자에 의해 다시 출간된다는 반가운 소식이 들렸다. 저자인 엘렌 베스, 로라 데이비스가 수천 명의 어린이 성폭력 생존자들과 나눈 이야기를

3년간에 걸쳐 집필해 세상에 소개한 이 책은 2000년 한국성폭력상담소의 기획에 의해 한국에 소개되었다. 이후 한국에서는 절판되었지만 이번에 다시 20주년 기념판이 재번역된 것이다. 저자들 말대로 《아주 특별한 용기》는 학술용어나 통계를 활용한 이론서는 아니지만 생생한 생존 경험을 중심으로 피해자의 입장에서 소곤소곤 말 걸듯이 글이 전개된다는 장점이 있다.

필자가 성폭력 피해를 경험한 친구들에게 이 책을 권하는 것은 내 이야기를 적은 것 같은 '따뜻하고 솔직한 느낌' 때문이다. 또 나의 경험이 수많은 예시 중의 하나라기보다 나를 적어놓은 듯, 일상적인 나와의 동일시를 경험할 수 있기 때문이다. 그간 이 책을 읽은 많은 친구들은 "성폭력이 나만의 특별한 경험이 아니라 그냥 있을 수 있는 그런 경험이구나! 나와 같은 친구들이 많아서 위로가 되요!"라고 말하기도 했다.

특히 이번 개정판은 사람마다 다른 치유과정을 다양한 방법으로 상세하게 소개한다. 이미지 떠올리기, 명상, 영성, 몸을 중심으로 하는 훈련 등 새로운 치유방식이 추가되었으며 가족과의 관계 형성에 대한 가이드라인도 도움이 된다. 20년 이상 치유해온 생존자들의 지혜가 담겨있다는 점에서 성폭력을 경험한 많은 사람들에게 공감과 치유의 힘을 제공한다.

그러나 필자는 성폭력을 경험한 모든 사람들에게 이 책을 권하는 것은 아니다. 분량이 상당히 많아서 이 두꺼운 책을 권하기가 일단 어렵다. 또 한국적 맥락이 설명되지 않기 때문에 이러한 배경과 언어를 이해할 수 있는 사람이 아니면 권하기가 힘들다. 또 그/녀들을 어릴 때의 고통스러운 성폭력 피해에서 살아남은 생존자로 적시하면서, 그것을 직면하고 내면의 힘을 키우는 것은 그/녀들이 자신에게 일어난 일들을 새롭게 해석하는 것을 어렵게 할 수도 있다. 비록 그/녀들은 로라가 말한 대로 생존자이지만 한국어 번역 문제와 더불어 '살아남음'의 의미도 더 토론해야 한다는 점에서 필자에게 많은 고민거리를 던진다.

성폭력 피해에서 살아남은 것이 왜 특별한 용기가 되는지, 책에서 언급한 방식이 아닌 다른 방식으로 살아가는 그/녀들은 없는지, 이제는 다양하게 삶을 구사하는 그/녀들을 만나는 것이 더 필요하다. 결국 그 경험에서 살아남은 자는 아주 특별한 용기를 가진 것은 사실이나 이러한 사람만이 특별한 용기를 가진 자라고 생각하는 것은 문제적 사회를 잠깐 방치하거나 당연하게 생각할 수 있게 한다. 어쩌면 성폭력이 지속되면서 근절되지 않는 사회에서 살아남는 것이 아니라 그 사회를 변화시키는 것이 '아주 더 특별한 용기'일 수 있다. 또 성폭력을 경험하고도 기존의 피해자, 생존자들과 다른 방식으로 살아가는 것도 더 특별한 용기일 수 있다.

그럼에도 필자가 이 책을 좋아하고 추천하는 이유는 '아주 특별한 용기'가 무엇인지 다시 생각할 수 있기 때문이다. 그래서 이 책을 다 읽은 친구들과 다시 토론을 할 수 있기 때문이다. 또 성폭력을 경험한 사람들을 만나거나 상담하거나 연구하는 사람들(상담원, 부모, 교사, 친구 등)이 그/녀들을 이해하기 위한 책으로도 적합하다. 내담자를 이끌어 주는 것이 아니라 그/녀들이 가야 할 힘들고 고통스러운 장소까지 뒤따라 가는 '좋은 상담원'의 고민거리를 성찰할 수 있게 하기 때문이다.

결국 하염없이 울고만 있었던 그 친구도 자신이 할 수 있는 특별한 용기내기를 시작했다. 시작은 이제부터다.

2012년 1월.

■추천의 말

한국 반성폭력 운동의 역사와 함께 해온 《아주 특별한 용기》

이윤상_ 한국성폭력상담소 소장

    한국성폭력상담소가 처음 문을 열었던 1991년은 이 책이 처음 출간된 1988년 미국의 상황과 비슷했습니다. 성폭력 피해에 대해 우리사회가 제대로 아는 바가 거의 없었습니다. '성폭력'이라는 단어조차 낯설던 시절, 성폭력 피해를 공감하고 치유의 길을 함께 하는 방법을 생각하는 것은 그저 막막한 일이었습니다.

    성폭력 생존자 지원 방안에 대한 마땅한 자료가 없었던 시절이라, 한국성폭력상담소 활동가들은 이 책을 교재 삼아 함께 공부했습니다. 영어책을 같이 번역하면서 공부하고, 책에서 배운 내용을 지침으로 삼아 상담소를 찾아온 생존자들을 만났습니다.

    이 책에서 안내하는 치유과정을 따라가다 보면 '직면하기'에 이릅니다. 가해자와 직면하는 것은 자신의 욕구를 살피고, 요구사항을 가해자에게 명확하게 전달하는 용기를 필요로 합니다. 1993년의 일입니다. 아버지에 의한 성폭력 피해로 상담소를 찾았던 생존자 A와 상담을 진행했던 한국성폭력상담소 활동가는 이 책에서 공부했던 '직면하기'를 그분께 제안하고 곁에서 지원했습니다. A는 아버지에게 보내는 편지를 썼고, 아버지를 포함해 가족이 모두 모인 자리에서 오빠가 A

를 대신해 그 편지를 공개했습니다. 가해 사실을 계속 부인하던 아버지는 결국 그 자리에서 '미안하다'고 말하며 사과했다고 합니다. 아버지가 자신의 잘못을 시인하고 사과했다는 이야기를 전해들은 A는 "내가 이 한마디를 듣기 위해 살았나보다"라고 말했습니다. 수많은 생존자들의 지혜와 용기가 담긴 이 책의 힘이 빚어낸 기적의 순간입니다.

한국성폭력상담소는 국내에 이 책을 소개해 책 속에 담긴 생존자들의 지혜와 용기를 더 많은 이들과 함께 나눌 수 있으면 좋겠다는 생각으로 지난 2000년, 수년의 노력 끝에 《아주 특별한 용기》를 세상에 내놓았습니다. 이 책을 만난 수많은 생존자와 그 주변 사람들이 《아주 특별한 용기》를 통해 자신의 삶을 변화시키고, 이 세상을 변화시켰을 것입니다.

어떤 깊은 인연이 있는 것인지, 우리 사회의 반성폭력 운동의 역사는 이 책과 아주 가까이 있습니다. 아마도 그래서였을 것입니다. 20주년 기념판 발간 소식을 접해 듣자마자 숨 가쁘게 달려온 반성폭력 운동의 20년 역사가 가슴 벅차게 밀려왔습니다.

성폭력에 관련한 올바른 정보도 없고 가해자를 처벌할 법률도 제대로 마련되어 있지 않았던 때에, 성폭력 피해의 실상을 알리며 법률 개정운동에서부터 성폭력에 관한 왜곡된 통념을 바로잡는 일에 이르기까지, 상담소의 활동은 초기부터 많은 숙제를 안고 출발했습니다.

20년 역사를 돌아보면 여러 가지 성과가 눈에 보입니다. 법률이 마련되어 성폭력이 범죄라는 것이 명백해졌고, 생존자를 지원하기 위한 여러 가지 정책도 마련됐습니다. 그러나 여전히 낮은 고소율은 성폭력 피해를 신고하고 가해자를 처벌하는 일이 지금까지도 너무나 힘겨운 일이라는 사실을 말해줍니다. 생존자들은 가해자가 제대로 된 대가를 치르고 더 이상 같은 일이 반복되지 않기를 간절히 바라는 마음으로 자신의 피해를 용기를 내 알렸습니다. 하지만 용기의 대가가 행실이 바르지 않는 사람, 거짓말을 하는 사람, 기껏해야 별 것도 아닌 일로 소란을 피우는 사람으로 취급받는 것이라면 누가 용기를 내고자 하겠습니까.

성폭력 피해자를 의심하고 비난하는 그릇된 문화가 바뀌지 않는다면, 열심히 마련한 법과 제도도 제 기능을 다할 수가 없습니다. 남성과 여성, 어른과 아이, 상사와 부하직원의 일방적이고 위계적인 관계가 용인되는 사회라면, 폭력은 우리도 알지 못하는 사이에 손쉽게 자리 잡게 됩니다. 그렇게 되면 수많은 생존자들은 입을 다물고 벽을 둘러칠 수밖에 없게 되겠지요. 치유가 가능하다는 믿음이 설 자리를 잃게 됩니다.

지난 20년간 새롭게 진화해 더 많은 생존자들의 목소리를 담아낸 《아주 특별한 용기》가 다시 여러분을 찾아왔습니다. 생존자로서, 생존자를 격려하고 지원하는 주변 사람으로서, 우리는 더 많은 사람들이 이 책에 담긴 한숨과 눈물, 고통을 딛고 일어설 수 있었던 생존자들의 용기와 지혜를 마주하고 그 '특별한 용기'가 더욱 빛날 수 있도록 함께 했으면 합니다. 그 과정에는 치유의 기적이 함께 할 것이며, 아름다운 사회를 향한 도전과 변화가 뒤를 이을 것입니다.

2012년 1월.

■ 머리말

초판 머리말

 어린이가 성폭력을 당한다는 이야기를 처음 들은 곳은 1974년의 어느 '창의적인 글쓰기 워크숍'에서였다. 한 젊은 여성이 청바지 주머니에서 반절짜리 구겨진 종이를 꺼내 놓았는데 그녀의 글은 다소 모호하면서도 주저하는 투가 역력해서 무엇을 말하려는지 종잡을 수가 없었다. 하지만 나는 뭔가 중요한 내용이라는 것을 직감적으로 알 수 있었기에 좀 더 써 보라고 부드럽게 권했다. 그녀는 천천히 자신의 이야기를 풀어내기 시작했다. 아버지로부터 당한 고통스런 성폭력 피해를 때로는 짧게, 때로는 장문으로 옮겨 놓았던 것이다.
 곧이어 다른 여성이 자신의 이야기를 털어놓자 또 다른 여성이 그 뒤를 이었고 또 다른 여성이 자신의 이야기를 꺼냈다. 그 당시에는 어린이 성폭력 생존자를 위한 집단은 전무했다. 사실 아직 사전에는 '생존자'*라는 말도 수록되어 있지 않은 때였다. 그러나 내가 그들의 이

---

* 원어는 'Survivor'이다. 아직 우리 사회는 '피해자'라는 용어에 익숙하지만 그 피해뿐만 아니라 이후의 여러 어려움 속에서 목숨을 잃지 않고 또는 목숨을 포기하지 않고 살아 남은 것만으로도 존중받아야 한다는 의미에서 '생존자'가 적합할 것이다. 따라서 본문에서는 '생존자'로 통일한다. 다만 아직 생존자로서 정체감을 갖지 못한 경우는 원서에서도 'victim'으로 표시하는데 이때에 한정하여 희생자 또는 피해자로 표기한다. ─ 옮긴이

야기를 이해해 준다는 사실이 알려지면서 점점 더 많은 여성들이 자신의 이야기를 털어놓기 시작했다. 심리학자 칼 로저스는, 자신의 삶에서 하나의 문제를 해결하게 되면 마치 클라이언트들에게 그 주제를 치료에서 다루어도 된다는 전보를 보낸 것 같은 효과가 있다고 지적했다. 내가 어린이 성폭력을 다루게 되자 많은 여성들이 나에게 안심하고 털어놓아도 된다고 느끼게 된 것 같았다.

성폭력을 당한 여성의 수가 그렇게 많은 것에 나는 놀라움을 금치 못했다. 또한 그들이 그만한 분노를 견디어왔다는 것에 깊이 감동받았을 뿐 아니라 그러한 절망 속에서도 사랑하는 능력, 창조력, 통합력을 키워 온 그들의 힘에 감명받았다. 나는 사람들에게 이들이 갖고 있는 힘과 아름다움을 알리고 싶었다.

1978년, 첫아이가 태어나고 몇 개월 되지 않아 나는 내 워크숍에 참가한 다섯 명의 여성들과 함께 《아무에게도 이야기하지 않았다: 어린이 성폭력으로부터 살아남은 생존자들의 글 I Never Told Anyone: Writings by Women Survivors of Child Sexual Abuse》을 위한 자료를 수집하기 시작했다. 1983년 이 책이 출간될 즈음 나는 치유 과정에 대해 많은 것들을 알게 되었다. 그중 하나는 쓰는 것 자체가 치유라는 것이다.

나는 생존자 집단을 만들어 '아무에게도 이야기하지 않았다I Never Told Anyone'라는 이름의 워크숍을 운영하기로 작정했다. 여성들이 자신의 고통과 분노에 안심하고 직면하여 치유될 수 있도록 환경을 조성하는 데 노력을 기울였다. 첫 워크숍에서 나는 주로 귀 기울여 듣기만 했다. 생존자들이 어떤 말을 하고자 하는지, 그들에게 어떤 말을 들려줘야 하는지 배우고 싶었던 것이다. 여성들은 성폭력당한 경험을 글로 쓰고 이를 집단 앞에서 읽었다. 다른 생존자들과 경험을 나누는 이 단순한 기회는 깊은 치유를 가져왔다.

워크숍에 온 여성들은 살아오면서 신뢰를 위한 토대가 한번도 주어지지 않았던 사람들이었다. 이들은 어린 시절에 자신들에게 내재되었던 신뢰가 악용되는 경험을 한 것이다. 하지만 집단에 속하면서 그들은 신뢰의 끈을 다시 잡았다.

워크숍도 그렇지만 이 책 역시, 모든 사람들은 자신의 잠재력을 충분히 발휘하여 총체적인 한 인간으로 성장하려 한다는 기본 전제에서 출발하고 있다. 모든 씨앗이 싹을 틔워 열매를 맺고자 하듯, 모든 올챙이가 개구리로 성장하고자 하듯 우리는 모두 성숙한 자아가 되고자 한다. 적어도 방해를 받지 않는다면 그렇게 될 것이다. 사람들은 성장하라는 강요를 따로 받을 필요가 없다. 다만 성장을 위한 적절한 환경 즉 존경, 사랑, 정직, 탐색할 수 있는 공간 등이 확보되는 것으로 충분하다.

워크숍을 시작한 이후 나는 곳곳에서 찾아온 수백 명의 생존자와 함께 작업을 해왔다. 생존자의 동반자를 위해 워크숍을 만들었고, 전문가를 위한 훈련 세미나를 제공했다. 나는 어린이 성폭력의 치유 과정에 대해 확신을 얻게 되었는데 이제 이것을 당신과 나누고자 한다.

나는 심리학 학위는 없지만 현장에서 실천을 통해 기초적인 상담 기술을 익혔다. 1970년에 내가 상담원과 집단의 지도자로 활동하기 시작하면서 여러 탁월한 치료사들과 함께 훈련할 기회를 얻었다. 여기 제시된 과정이나 제안들, 훈련, 분석과 결론, 이 모든 것들은 심리학 이론에 근거를 둔 것이 아니라 생존자들의 경험에서 나온 것이다.

나 역시 생존자의 동반자이다. 관계 형성 과정에서 우리는 많은 연인들이 그러하듯이 신뢰감과 친밀감, 성Sexuality 등의 문제로 갈등을 겪었는데, 말하자면 이러한 문제는 과거 성폭력 피해의 그림자로 말미암아 관계가 악화되는 영역들이었다. 여러 해가 지난 지금에 와서야, 그 당시 그토록 고통스러웠던 문제들이 더 이상 우리를 괴롭히지 않게 되었다. 성폭력은 더 이상 우리의 관계에 참기 어려울 만큼의 암울한 그늘을 드리우지 않는다. 내가 이 말을 하는 것은, 고통 속에 있으면 사태가 변하리라는 사실을 믿기 어렵다는 것을 이미 겪어서 알기 때문이다. 하지만 사실이다. 영원이라는 시간을 투자하지 않아도 된다.

"누구에게나 어려움은 있다"는 속담이 있다. 어릴 때 성폭력을 당한 것은 아니지만 나 역시 치유의 고통을 감당해야 했다. 이 책을 시작하면서 3년 내내 나는 개인적으로 커다란 변화를 겪었다. 같은 집에서 같은 식구들과 같은 일을 하면서 살았지만 나는 그때의 내가 아니다. 생존자들로부터 영감을 받으면서 내 오랜 두려움과 절망과 편협한 대처 방식들이 천천히, 되풀이하여, 한 발자국씩, 아주 조금씩 감소되었다. 수백 명의 생존자들에게 "치유는 가능하다"고 말하고 나니 나에게도 치유가 가능하다는 생각이 들었던 것이다.

때로 사람들은 "늘 어린이 성폭력만 머리에 있으니 항상 우울해지지는 않나요?"라고 묻는다. 하지만 나는 그렇게 자주 그 생각을 하지는 않는다. 오히려 치유에 대해 더 많이 생각한다. 여성들이 치유되는 과정에 합류하여 그 일부가 될 수 있다는 기회는 마치 출산을 도와주는 것 같은 기분이 들게 한다. 생명의 기적을 그렇게 내밀하게 만지는 일은 경외이다. 여성들이 자신의 가장 취약하면서도 부드러운 감정들로 나를 신뢰할 때 나는 그 순간 그들의 영혼을 내 팔로 감싸고 있으며 나 역시 존중받으면서 전율하고 있음을 느낀다.

나는 우리 모두 총체적인 존재가 될 수 있으며 거기에서 멈추지 않는다는 것을 보고자 한다. 우리가 다른 사람들의 성장에 도움을 줄 수 있고 풍부한 삶을 살아갈 수 있게 되면, 바로 우리가 창의적으로 세상을 살아갈 수 있게 된다. 그리하여 마침내 생명—유칼립투스 나무, 나르시소스, 개복치, 다람쥐, 바다표범, 벌새, 우리의 아이들—이 지속된다.

1988년
엘렌 베스

*

처음 근친 강간에 대한 기억을 떠올리고 몇 개월이 지난 어느 날 엘렌에게 전화를 걸었다. 전화벨이 몇 번 울리는지 세고 있는 나 자신을 느꼈다. 한 번, 두 번, 세 번. 집에 있어야만 하는데! 집에 있어야만 한단 말이야! 다섯 번, 여섯 번, 일곱 번. 지금 그녀에게 이야기하지 않는다면 바로 그 밤을 무사히 넘길 수 있을 것 같지 않았다. 여덟 번, 아홉 번, 열 번. 아마 빨래를 널려고 마당으로 나가느라 전화를 받지 못하고 있을 거야. 열한 번, 열두 번, 열세 번. 이 고통스런 순간을 참을 수가 없어. 심장이 아파 오고 더 이상 어찌할 수가 없다. 열네 번, 열다섯 번…….

"여보세요. 엘렌입니다." 경쾌하면서도 침착한 목소리가 들렸다.

"엘렌, 로라예요. 한 가지만 말해 줘요. 내가 이걸 잘 견뎌 낼 수 있을까요? 끝이 있는 건가요? 더 이상 참을 수 없어요. 내가 강 건너 저편으로 갈 수 있다는 말 한마디만 해준다면 이번 주말까지는 그럭저럭 견딜 수 있을 것 같거든요." 머릿속에 수북이 쌓여 있던 말들을 빠르게 내뱉고 있었다.

"안녕, 로라. 전화해 줘서 고맙군요." 그녀의 목소리는 부드러우면서도 확신에 찼다. "그래요. 그렇게 할 수 있고말고요. 치유는 가능하답니다. 이미 잘하고 있는 걸요."

"잘하고 있다구요? 어떻게 그런 말을 할 수가 있죠? 난 잠도 못 잔다구요. 잔다 하더라도 꿈에 시달리는 걸요. 아무 것도 생각할 수 없어요. 길에서 아이를 보면 근친 강간당하던 내 모습이 생각나구요. 사랑을 나눌 수도 없고 잘 먹지도 못해요. 온몸이 거대한 고무풍선 같기만 해요. 내내 울기만 하구요. 인생이 온통 플래시백(flashback, 과거에 피해당하던 상황 또는 장면이 떠오르기—옮긴이)에 시달리고, 치료받으러 가는 것 아니면 근친 강간에 대해서만 이야기하는 것으로 차 버렸잖아요. 하루에 절반은 그런 일이 일어났다는 것이 믿기질 않고 나머지 반은 그게 내 탓이었다는 생각으로 지내는 걸요."

"이미 그 일은 일어났어요, 로라. 당신이 어떤 과정을 거쳐 왔는지 다시 보세요. 어느 누가 이런 고통을 스스로 선택하겠어요? 왜 이런 고약한 상황을 일부러 만들어 냈다고 생각하는 거죠? 당신은 어린 소녀였잖아요, 로라. 그는 그러니까—일흔 살이었나요? 당신은 희생된 거죠. 당신은 아무 죄가 없어요. 당신은 아무 것도 하지 않았어요. 당신 탓이 아니었다구요."

엘렌은 이러한 단순한 말을 되풀이해서 이야기해주었다. "당신의 잘못이 아니었어요. 난 당신을 믿습니다. 치유할 수 있어요. 당신은 잘 해낼 거예요. 좋아질 거라구요."

나는 내가 의심했던 모든 것을 엘렌에게 다 쏟아 냈다. 그리고 새로운 의심까지도 다 털어놓았다. 다른 생존자들은 그렇지 않았겠지만 나는 예외라고 생각했다. 항상 예외였다. 내 인생이 전부.

"당신은 당신이 원하는 것을 위해 싸울 수 있어요, 로라." 그녀가 마침내 말했다. "문은 이미 열렸어요. 당신이 좋든 싫든 이미 치유 과정에 들어온 겁니다."

긴 침묵이 흘렀다. 이번에는 내가 말했다. "다른 출구는 없을까요?"

"유일한 출구는 말이죠, 로라. 그것을 통과하는 것이랍니다. 안타깝게도 말입니다."

난 꽤 오랫동안 가만히 있을 수밖에 없었다.

"하지만 너무 고통스러워요, 엘렌. 너무 고통스러워요."

"알아요, 로라. 압니다. 하지만 유일한 길은 이 과정을 통과하는 거예요. 당신은 그 길을 잘 찾아갈 거예요. 난 그걸 확신해요."

당신이 지금 이 책을 집어든 속내 사정이 있을 것이다. 나 또한 그와 같은 맥락에서 이 책을 쓰려 했다. 나는 너무나 엄청난 고통 속에서 살아왔으며 이제는 그 고통을 끊고 싶었다. 이 책을 공동 저술하자는 제안을 하기 6개월 전에 나는 처음으로 어렸을 때 할아버지에게 성폭력당한 기억을 떠올렸다. 그때부터 내 인생은 파탄 지경에 이르렀다. 연인이 떠났으며 가족으로부터도 점점 멀어져 갔다. 나는 미쳐 가는 것 같았다. 내게 무슨 일이 일어나고 있는가를 이해해야 했다. 그 과정을 거쳐 온 다른 여성들에게 이야기해야 했다. 그러한 욕구 때문에 이 책을 쓰겠다는 마음이 생긴 것이다.

공동 저술을 시작한 첫해에 나는 다른 여성들의 이야기를 수집했다. 엘렌과 나는 신문에 광고를 내고, 엘렌의 워크숍에 온 여성들에게 편지를 썼고, 입이 아프도록 전화를 했다. 수백 통의 전화를 하면서 생존자들의 이야기를 듣느라 며칠씩 보냈다. 그들 중에는 우리가 낸 광고를 읽거나 포스터를 보기 전에는 한 번도 자신의 피해를 이야기해본 적이 없는 사람들도 있었다.

내가 인터뷰한 많은 여성들이 수년간 적극적으로 치유해오고 있기는 했지만 우리의 대화는 결코 쉽게 풀리지 않았다. 한 여성은 음식을 한 보따리 싸 가지고 와서 그것을 먹으면서 줄곧 세 시간을 이야기했다. 또 어떤 여성은 나에게 자신의 이야기를 한다는 이유로 주변 사람들로부터 비난을 받아야 했다. 또 다른 여성은 향을 피우고 방을 깨끗하게 치워 안락한 환경으로 꾸몄다. 때로 그 여성들은 울기도 했고 때로는 우리 둘 다 울었다.

이 여성들이 보여 준 정직과 용기는 나에게 희망을 주었다. 과거의 장면이 떠올라 성행위를 하기가 힘들었던 나는 인터뷰를 하면서 상대 여성에게 어떻게 성적인 문제를 치유했는지 묻기도 했다. 내가 기억의 편린들을 벼랑 끝으로 밀어 버릴 수 있었으면 하고 바랄 무렵에 한 여성이 치유가 자기 인생에서 가장 큰 기적이었다는 말을 하여 다시 힘을 얻기도 했다.

수개월이 지나면서 인터뷰한 자료들이 쌓이자, 그 이야기들의 공통점이 엄청나게 크다는 것이 분명하게 보였다. 보스턴에서 온 수녀였던 흑인 여성, 마닐라에서 온 대사 딸이 자신들의 치유 과정을 설명했는데 그 단계가 서로 비슷했다. 어떤 유형이 보이기 시작했다. 내가 지금 그 과정을 거쳐 오고 있다는 것이 분명해졌다.

내가 치유 과정에 따라 변화해 가면서 책과의 관계도 변화했다. 첨예했던 개인의 욕구가 누그러지면서 오히려 내가 깨닫게 된 바를 다른 사람과 이야기하는 것이 점점 더 중요하게 되었다. 내가 만나는 사람들과 전보다 더 자유롭게 책에 관해 대화할 수 있게 되었다. 누구와 이야기하든 내가 처음 받은 질문은 왜 이 책을 쓰려고 하는가에 대한 것이었다. "왜냐하면 내가 바로 생존자이기 때문입니다"라는 대답이 전부였다.

대화 주제를 바꾸어 버리거나 멀리 달아나는 사람들도 많았지만 놀라울 정도로 많은 사람들이 자신의 이야기로 반응해 주었다. "사실은 저에게도 그런 일이 있었답니다" "친한 친구가 그러는데 수영 코치가 한 번씩 그녀의 몸을 만졌다고 하더군요." "우리 이웃집 아이가 지난주에 자기 아버지를 고발했어요."

책을 쓰는 과정은 여러 단계로 이루어졌다. 그것들이 내게는 모두 치유 과정의 단계처럼 느껴진다. 새로운 국면에 부딪히면 얼어붙어 버렸고 그때마다 다음 장애물을 뛰어넘을 수 없을 거라고 확신하기까지 했다. 가족들을 볼 수가 없었다. 다시 쓸 수도 없었다. 그러나 일단 그 무시무시한 단계를 한 발짝만 넘어서면 또 그럭저럭 움직일 수 있었다.

첫해에는 생존자로서 경험한 내 이야기는 한 줄도 쓰지 않았다. 내가 인터뷰를 옮겨 적고 편집하기에 전념하고 있을 때 엘렌은 구성 틀을 만들기 시작했다. 이 책은 그들의 삶인 동시에 내 삶에 관한 것이지만, 속으로는 나의 진실을 이야기해야 하는 순간을 용케 회피해오고 있다고 생각했다.

그날을 잘 기억한다. 엘렌의 구성 가운데 내가 생각해 낸 문장으로 시작하는 것이 있었다. 나는 그녀의 거실 바닥에 누워 붉은 펜을 손에 쥐고 '드러내기와 직면하기Disclosures & Confrontation' 부분을 읽고 있었다. 엘렌은 가족들이 처음 성폭력 사실을 들었을 때 동정적일 수 있지만 이후에는 생존자에게 등을 돌릴 수도 있다고 설명하는 참이었다. 그녀는 나를 예로 들곤 했다.

로라가 어머니에게 근친 강간에 대해 처음으로 이야기하자 어머니는 로라에게 위안이 되라고 자신이 가장 좋아하는 나이트가운을 보내 주었다. 그런데 어머니는 한동안 잠잠하더니 로라에게 다시 전화를 걸어서 뭐라고 말했는데…….

엘렌은 다음 문장을 완성하지 않고 남겨 두었다. 전화 내용을 정확하게 기억하지 못한 것이다.

그녀가 쓴 것을 읽어 내려가는데 아침에 먹은 것이 위장에서 딱딱하게 뭉치는 듯했다. 온몸이 떨리더니 진땀이 솟구치기 시작했다. 위장에서부터 솟구쳐 오른 분노가 머리까지 치솟았다. 근친 강간의 피해에서 치유되어 가는 내 경험을 쓰고 있다는 사실이 더 이상 부정될 수 없으며, 몇 마디로 요약될 수도 없을 뿐 아니라 모호한 채로 내버려 둘 수는 더더욱 없었다. 바로 그날처럼 지금도 선명하게 그때의 생각이 떠오른다. "이건 나에 관한 거야! 내 삶에 대한 것이라고. 저건 내 어머니가 이야기한 내용이야."

"저 부분을 다시 써야겠어요." 엘렌이 무심하게 이야기했다. "일인칭으로 하는 게 훨씬 나을 거예요." 원고를 집어 들고 그 많은 '로라'를 지웠다. 그렇게 하기가 쉽지 않았다. 숨이 가쁘고 손이 떨렸기 때문이었다. '로라'가 나올 때마다 '나'로 바꾸어 썼다. 그런 후 문장을 완성했다.

어머니에게 전화하여 근친 강간 당했던 기억을 떠올렸다고 말하자 어머니는 당신이 나를 사랑하며 지지한다고 말했다. 오래된, 어머니가 아끼는 나이트가운이 있었다. 면으로 된 것인데 좀 찢어지기는 했지만 사랑스러웠다. 어머니는 우편으로 그것을 보내겠다고 말하면서 당신의 냄새가 배어 있는 무엇인가를 가지는 게 어떻겠느냐고 말했다. 어머니는 내 곁에서 직접 위안해 주지 못하는 것이 못내 섭섭하다는 것이었다.

나이트가운이 도착한 지 일주일 후 새벽 4시에 어머니가 전화를 하여 단잠에서 깼다. 어머니는 거의 비명을 지르고 있었다. "난 밤새 한숨도 못 잤는데 너는 잘도 자는구나! 아버지가 그런 짓을 할 리가 없어! 넌 나를 망치려고 이 따위 이야기를 지어 냈구나. 근친 강간이라고 하면 승산이 있을 거라고 생각했니. 항상 넌 '잘 나가는' 쪽에 있었지. 이건 모두 네가 동성애자이기 때문이야. 넌 모든 남자를 싫어하잖아. 넌 가족이라면 모두 싫어하잖니. 넌 이제 나를 죽이고 싶구나! 내게 총을 쏜대도 이보다 나쁘진 않을 거야."

하고 싶은 말들이 일사천리로 나왔다. 한 면을 가득 메우고도 남았다. 그 말들이 핏빛 들녘처럼 눈앞에서 어른거렸다. "다시 썼어요." 엘렌에게 말하는 내 목소리는 고음으로 긴장되어 떨리고 있었다. "듣고 싶어요?"

"그럼요. 어떻게 썼죠?" 그녀가 말했다.

나는 문장을 읽어 내려갔다. 그녀는 내 목소리의 동요를 모른 척했다. "훨씬 낫군요. 정말 훨씬 더 나아요."

이 문장을 쓴 뒤 며칠간 나는 너무나 생생하고 혼란스러운 공포에 떨면서 지냈다. 엘렌이 정말 나와 함께 이 책을 쓰고 싶어하는 것은 아닐 것이라는 확신이 나를 엄습했다. 공동 저술은 이로써 막을 내린다고 확신했다. 나를 음해하는 공작이 진행되고 있었다. 매일 불안이 점점 더 커져 갔다.

아주 현명한 작가인 내 친구 오로라가 나를 찾아와서 근사한 요리를 만들어 주고 나를 위로하고 내 이야기를 들어 주고 나서야 나는 그녀가 수많은 방식으로 자꾸만 이야기하는 것이 무엇인지를 알아들을 수 있을 만큼 안정이 되었다. "그래, 로라. 너와 엘렌이 이야기를 나누어야 할 것 같구나. 그런데 말이야 네가 쓴 그 문장들이 무엇에 관한 것이라고 생각하니?"

나는 근친 강간이라는 주제가 떠오를 때마다, 어릴 때 내가 당하면서 느꼈던 그 공포를 다시 체험한다. 우리가 자리에 앉아 잠시 이야기하고 차를 다 마신 후 그들에게 점잖은 목소리로 "당신에게 어떤 일이 일어났었나요?"라고 슬쩍 찔러 볼 때 그 여성들의 얼굴에서 보게 되는 바로 그 공포 말이다. 내 작업이 무엇을 위한 것인지 묻는 여성들, 대답을 듣고 나서도 나에게 차마 이야기하지 못하는 여성들 얼굴 위로 스쳐 지나가는 그 두려움 말이다. 우리를 침묵하게 만든 그 테러 말이다.

이 책은 내가 침묵을 깰 수 있었던 한 방법이었다. 사실 그것 이상의 것이었다. 지난 2년 반 동안 내내 영감과 경이를 안겨주었다. 나에게 그렇게 깊숙이 상처 주었던 그 무엇을 극복하고 넘어설 수 있다는 것을 가르쳐주었다. 이 책이 당신에게도 그런 가르침을 줄 것이라고 기대해본다.

1988년
로라 데이비스

20주년 기념판 머리말

24년 전 내가 스물일곱일 때 어린 시절의 근친 강간을 기억해냈다. 6개월 후 엘렌 베스와 나는 《아주 특별한 용기》를 작업하기 시작했다. 책 집필에 3년 넘게 걸렸는데 그 시점이 내 치료과정과 엉켜있어서 나의 치유작업과 이 글쓰기 작업을 구분하는 것이 힘들 지경이었다. 책을 첫 출간하고 5년 정도 미국 전역을 다니면서 피해와 치유에 관하여 강의했다. 내가 어린이 성폭력의 생존자라는 사실이 나의 개인적 정체성과 전문가로서의 정체성을 구성하는 요체였다.

그로부터 20년이 지난 지금, 20년 이상의 치유와 삶의 경험으로부터 체득한 것을 바탕으로 나는 그 당시 《아주 특별한 용기》를 쓰면서 가졌던 생각과 관점, 그 당시의 이야기들로 다시 돌아볼 기회를 갖게 되었다. 책을 개정하는 것은 지적으로나 정서적으로 그리고 영성적인 측면에서 뿌듯하면서도 도전적인 과정이었다. 엘렌과 나는 모든 문장을 다시 읽고 무엇을 그대로 둘 것이며 무엇을 더하고 바꿀 것인지 정했다. 그 과정에서 《아주 특별한 용기》의 핵심적인 진실과 이야기를 읽으면서 우리가 배워온 것들을 어떻게 하면 가장 잘 통합할 수 있을지 그 방법을 모색했다.

치유에 대한 우리의 이해가 20년에 걸쳐 엄청나게 진화했듯, 나 또한 엄청난 변화를 겪고 있다. 지금의 나는 그 당시의 어린 생존자가 아니다. 그 당시의 공포와 분노, 수치심과 고통을 읽어보니 거의 기억 나지 않는 것들이 대부분이었다. 27살의 내가 가졌던 절망과 열패감, 소외와 고립감, 회복될 수 없을 정도로 망가져버렸다고 자포자기하던 심정을 다시 떠올리게 되니 그녀가 무척 안쓰럽게 여겨진다. 하지만 나는 더 이상 그때와 똑같이 상처입은 그 여성이 아닌 것이다.

20년 전 내가 누구냐는 질문을 받았더라면 "친족성폭력 생존자"가 가장 먼저 튀어나왔을 것이다. 오늘 똑같은 질문을 받는다면 이렇게 대답하련다. "어머니요, 파트너요, 딸이요, 교사이며 작가, 할머니, 공동체의 일원, 영성을 추구하는 자, 그리고 친구요."

나의 과거는 부동인 채로 존재하지만 내가 과거와 관계하는 성격은 달라졌다. 물론 변화는 느리게 일어났다. 그것은 내가 피해를 못 본 척하고 그냥 사라지기를 바랐기 때문이 아니라 치유의 모든 단계 단계에 흔들림 없이 헌신해왔기 때문이다. 나는 확신한다, 이렇게 깊고 근원적으로 치유하여 앞으로 나갈 수 있었던 것은 내가 그렇게 집중하고 결단내리고 용기를 냈기 때문이기도 하지만 그 과정 내내 몇몇 지원자들의 이루 말로 다 할 수 없는 도움이 있었기 때문이라는 것을.

할아버지의 가해는 앞으로도 나의 역사를 구성하는 일부일 테지만, 더 이상 내 삶에서 가장 먼저 등장하는 이야깃거리는 아니다. 내가 생존자라는 사실은 내 삶의 심오한 구조 안으로 녹아들어 갔으며 지금 나라는 존재가 되게 하는 많은 영향력 있는 요소 중 하나일 따름이다.

사람들이 종종 묻는다, "치유가 다 되었나요?" 라고. 나의 대답은 그날이 어떠냐에 따라 달라진다. 절대적인 치유가 있다고는 믿지 않는다. 인간의 삶은 그런 단순 논리로 설명할 수 없다. 복잡한 것이다. 도전은 평생 계속되는 삶의 일부이며, 마지막 결승선이란 것은 없다는 생각이 든다. 오직 성장, 변화, 그리고 매 순간 풍요로움을 있게 한 것이 고마울 뿐이다. 나이가 들면 들수록 대답은 점점 더 궁색해진다. 20년 전에는 자신만만했던 많은 것들이 이제는 더 이상 확신이 서지 않는다. 목적지보다는 여행에 더 많은 관심이 간다.

여행의 과정에서 나는 치유의 기적을 경험해왔다. 가령 8년 동안 전혀 왕래하지 않던 어머니와 친밀해진 것도 그중 하나이다. 사랑하는 내 가족이 생겼다는 사실도 또 하나의 기적이다.

그렇다고 과거가 내 뒤통수를 느닷없이 치지 않는 것도 아니다. 가끔씩 그런 일도 생긴다. 때때로 마음이 몹시 약해져 있을 때는, 할아버지가 내 침대로 오지만 않았더라도 내 인생이 달라졌을 것이라는 회한이 들기도 한다. 하지만 사실은 사실인 채로 있다. 할아버지에게 당한 피해자이기에 평생 짊어지고 가야할 결손보다는, 생존자이기에 하나하나 거두어들인 힘을 더 믿는다.

내 삶이 평온하여 고맙다. 그것으로도 충분하다.

비록 20년이 지난 오늘도 여전히 《아주 특별한 용기》가 필요하다는 사실이 나를 슬프게 하지만 페이지를 들추면 여지없이 힘이 생긴다. 그 경험이 나에게 깊은 영향을 남겨 늘 삶을 돌아보게 하고 우리 사회가 얼마나 더 성숙해 가야할지 살피게 한다.

엘렌과 나는 당신의 치유를 지지하는 희망의 말과 방법을 한 번 더 제시할 수 있는 것을 크나큰 영광이라 여긴다.

2008년
로라 데이비스

차례

- 20주년 기념판에 부쳐 · 7
- 추천의 말 · 11
- 머리말 · 17
- 들어가는 말: 치유는 가능하다 · 34
- 이 책에 나오는 이야기들 · 40
- 쓰기훈련 활용하기 · 42
- 안내에 따라 이미지 떠올리기 · 47

1부 ✷ 기억 모으기와 자기배려 51

그 사건의 후유증: 손상된 상처 기억하기	53
대처: 살아남기 위해 당신이 해야만 했던 일을 존중하기	70
치유를 위한 생존기술	99
상담원과 작업해나가기	126

2부 ✷ 치유 과정 139

글머리	141
치유 결심하기	146
위기단계	156
기억하기	166
그것이 일어났음을 믿기	195
침묵 깨기	210
당신 탓이 아니었음을 이해하기	235
내면의 아이와 만나기	248
슬퍼하기	257

분노	272
드러내기와 진실 말하기	294
용서?	320
영성	330
결단 그리고 앞으로 나가기	348

3부 ✽ 변화는 이렇게 온다 371

변화의 과정	378
자존감과 자기 신뢰	383
감정과 만나기	402
외상(트라우마)과 뇌	429
몸 안에서 사는 법 배우기	436
건강한 친밀성	474
성 되찾기	507
자녀와 부모 역할	572
지금 그리고 오랫동안 가족과 관계 맺기	605

4부 ✽ 생존자 편에 선 사람들을 위하여 643

기본 전제들	645
연인이나 배우자를 위하여	649

■부록: 성폭력 생존자 지원기관 • 689

들어가는 말: 치유는 가능하다

"당신은 지금 고통의 늪에 빠져있어요. 네, 압니다. 하지만 그 고통도 점점 옅어질 겁니다. 처음에는 이 사실이 보이지 않겠지요. 당신의 고통만 보이고 결코 없어질 것 같지 않을 테니까요. 하지만 고통의 본질은 바뀐다는 데 있습니다. 저녁 해가 넘어갈 무렵을 생각해보세요. 처음에는 강렬한 붉은빛 오렌지색이다가 차츰 부드러워져요. 치유 과정을 거치다 보면 고통의 질감이 달라집니다. 그러다가 어느 날 잠에서 깨면서 깨닫게 되지요, 더 이상 친족성폭력의 틀로 삶이 작동하는 것은 아니라는 것을요. 삶은 그냥 살아가는 것임을요.

13살일 때 오빠의 아이를 유산시켰어요. 너무 힘들어서 자살을 생각했습니다. 지금은 내가 살아있는 것이 고마워요. 나의 운명을 책임질 수 있는 어른이 될 기회를 누렸으니까요. 나의 삶은 귀중합니다. 집 밖으로 나가 얼굴에 다가오는 햇살을 느끼고 내 몸이 내 것이고 내가 원치 않으면 아무도 나를 건드릴 수 없다는 사실을 실감하는 날들이 있어요. 그렇게 하겠다고 내가 선택하는 거지요. 내가 내 삶을 책임지고 있다는 것을 아는 것은 그만큼이나 대단한 자유를 가졌다는 것이지요. 내게는 그게 지금 필요한 전부입니다."

성폭력 생존자는 당신만이 아니다. 세 명의 소녀 중 한 명이, 여섯 명의 소년 중 한 명이 18세 전에 적어도 한 번 성폭력을 당한다. 성폭력은 계층이나 문화, 인종, 종교, 성을 초월하여 발생한다. 어린이 성폭력은 친아버지, 의붓아버지, 삼촌이나 외삼촌, 형제, 조부모, 이웃, 가족의 친구들, 유모, 교사, 낯선 사람들에 의해서 일어나며 때로 고(이)모나 어머니에 의한 피해도 있다. 가해자가 여성일 때도 있지만 대부분은 이성애자인 남성들이다.

모든 성폭력이 피해자에게 손상을 입힌다. 피해가 중단된다 해도 그로 인한 외상은 끝나지 않는다. 어릴 때 당한 성폭력 피해는 장기적으로 일상 곳곳에 영향을 미친다.

그러나 치유할 수 있다. 얼마든지 잘 살아갈 수도 있다. 잘 살아간다는 것은 증세를 줄이는 것 이상이며, 일회용 반창고 그 이상이며, 적당히 제 역할을 맞추는 것 이상이다. 잘 살아간다는 것은 총체적인 존재임을 느끼면서 일이나 일상생활에서 만족을 얻으며, 관계 속에서 진정한 사랑과 신뢰를 나누고, 몸의 즐거움을 만끽하는 것을 의미한다.

지금까지 어린이 성폭력에 관한 많은 연구들이 피해 자체의 처참함이나 '비극적으로 망가진 인생'에 대해 조사하여 이를 드러내는 것이었지만 회복에 대해 연구한 것은 거의 없었다. 이 책은 회복에 대한 것이다. 회복하려면 무엇을 해야 하고 어떤 느낌이 들며 당신의 삶을 어떻게 변화시킬 것인가에 대해 이야기하고 있다.

사람들은 '세월이 약'이라고 하는데 이 말은 일부는 진실이고 일부는 거짓이다. 세월은 고통의 일부를 무디게 할 수 있다. 그러나 의도적으로 치유를 선택하지 않는 한 아무리 세월이 흐른다 해도 진정한 치유는 되지 않는다. 어린이 성폭력을 치유하려면 오랜 세월의 헌신적인 노력이 필요하다. 성실하게 해 보겠다는 의지가 있다면, 당신 삶을 지속적으로 변화시켜 보겠다는 결심을 한다면, 좋은 자원과 숙련된 지지를 발견할 수 있다면, 당신은 마침내 치유될 뿐 아니라 성장하는 계기를 맞이할 것이다. 우리는 성실한 치유 노력이 기적을 가져올 것이라고 믿는다.

지지받기

극복하기 위해 이를 악물고 노력하더라도 혼자 고립된 채 애쓰고 있다면 어린이 성폭력을 치유하기는 몹시 힘들다. 대부분 치명적인 상처를 남기는 경험은 폭력을 은폐하는 데 일조한 침묵과 비밀의 결과이기가 쉽다. 그 외로운 침묵을 껴안은 채 치유하려고 한다면 그것은 거의 불가능에 도전하는 것과 다를 게 없다.

우선 고통과 치유를 공유할 수 있는 지지자를 적어도 한 명 정도 얻는 것이 필요하다. 그 사람은 또 다른 생존자일 수도 있고 지지 집단의 일원일 수도 있고 상담원일 수도 있다. 그(녀)는 애정과 배려를 아끼지 않는 연인이거나 가족일 수도 있고 또는 피해를 당한 형제일 수도 있다. 이상적으로 말하면 많은 지지자가 있는 것이 좋다.

이 책을 읽는 것은…

이 책이 처음 출판된 이래로 전 세계 수백만 명의 생존자들이 이 책을 읽고 나서 우리에게 일러주었다. 이 책이 그들에게 치유로 가는 새로운 길을 열어주었고 생존자들이 그들뿐만이 아니라는 사실을 확인시켜 주었고 또한 희망을 주었다는 것을.

《아주 특별한 용기》를 읽고 나서 생존자들은 폭력적인 관계를 청산하고, 치유하겠다는 마음을 새롭게 다지고 친구나 파트너, 혹은 상담원과 처음으로 정직하게 이야기하기 시작한다. 어떤 이들은 성생활에 새로운 돌파구를 찾고 어떤 이들은 더 이상 자책하지 않는다.

생존자들은 책을 읽어가면서 공포와 분노를 느끼고 격분한다. 어떤 이들은 그동안 잊었던 슬픔과 수치심, 고통과 분노의 감정 보따리가 다시 열리는 기분이 든다. 악몽을 꾸고 플래시백에 시달리는가 하면 새로운 기억이 떠오른다. 알코올 중독에서 회복 중이던 한 생존자는 책을 읽다가 다시 술에 탐닉하기 시작했다. 많은 이들이 치료를 다시 받거나 처음으로 상담을 하게 되었다. 그들 모두 하나같이 자신의 삶이 바뀌었다고 말했다.

당신 역시 이 책을 읽으면서 강렬한 치유의 경험을 할 수 있다. 당신의 삶이 납득이 되고 당신만이 고통에 허덕이는 유일한 인간이 아니라는 것을 깨닫게 되면 크나큰 위안을 받게 된다. 그러나 위안만 받는 것도 아니다. 책을 읽어가면서 불편하고 어색하고 혼란스러운 감정에 부딪히게 될 것이다. 그렇더라도 놀라지 말라. 강렬한 감정은 치유 과정의 일부이다.

어떤 부분은 수월하게 넘어가는데 어떤 이슈에 대해서는 불편해질 수도 있다. 혹은 당신이 성폭력에 대처했던 방식—감정과 머리를 분리하는 것—을 그대로 적용하여 책을 대할 수도 있다. 그런 경우라면 멈춰서 휴식을 취한 다음 당신을 지지할 만한 누군가에게 이야기하고 나중에 다시 돌아오라. (이런 당신에게는 99쪽에 있는 "치유를 위한 생존기술"부터 읽어보기를 강력히 추천한다. 이 장은 치유 과정 동안 당신을 지지할 내면적, 외부적인 자원과 당신이 기술을 개발할 수 있도록 도우려는 의도로 짜여졌다.)

당신이 피해를 감내했던 방식, 이를테면 무감각한 채로 외로이 이 책을 대하지는 말아야 하는 것이 너무나 중요하다. 압도당하는 느낌이 드는 대목이 나오면 그 부분의 내용이 아직 당신에게 버거울 수 있다. 스스로 강요하지 말고 대신 다른 대목을 읽어라.

책을 내려놓거나 천천히 읽어도 괜찮다. 많은 사람들이 《아주 특별한 용기》를 여러 주, 혹은 여러 달에 걸쳐서 읽어간다. 책을 펼칠 엄두는 나지 않지만 제목이라도 자꾸 읽으려고 침대 곁에 둔다는 생존자들도 많다. 그들은 그저 책이 옆에 있다는 것만으로도 치유가 되는 느낌이라고 말한다.

책을 읽는 동안 지금 여기에 머물 수 있도록 속도를 조절하라. 일어나는 생각과 감정과 감각에 주의를 기울여라. 내면과 관계가 깊어진다는 것이 당신에게 낯설 수도 있다. 여성으로서 우리는 다른 사람들의 욕구에 민감하도록 가르침을 받아 왔기 때문에 우리 자신의 욕구를 충족시키려는 것은 이기적인 행동이라고 생각하고 있다. 그러나 치유하려면 당신 자신을 모든 관심사의 최우선으로 두겠다는 의지가 필요하다.

어느 날 엘렌이 자동 응답기에 녹음된 메시지를 들었는데 거기에는 이런 목소리가 남겨져 있었다. "난 정말 치유가 되고 있다는 것을 알리고 싶었어요. 그래서 전화를 했지요. 내가 여태까지 알고 있던 그 무엇보다 가장 달콤한 그런 느낌이랍니다. 총체적으로 된다는 것이 이렇게 좋다니요."

당신 역시 이런 느낌을 가질 자격이 충분하다.

나는 어린이성폭력 피해자였는가?

당신이 어린이나 십대일 때

- 어른이 자신의 성적 희열을 위하여 당신을 만지고 키스하고 안았는가?
- 구강 성행위를 강요받았는가?
- 강간당하거나 성기삽입이 되었는가?
- 성적인 행위를 지켜보라는 강요를 받았는가?
- 성행위에 대하여 민망한 이야기를 들어야만 했는가?
- 당신을 씻겨주면서 성기를 만지거나 아프게 했는가?
- 어른의 성적 욕구를 충족시키는 불필요한 의료적 치료를 받아야만 했는가?
- 성적 영화나 다른 포르노그라피를 보게 했는가?
- 유혹적이거나 성적인 사진을 찍는다고 포즈를 취하라는 강요를 받았는가?
- 어린이 매춘이나 포르노그라피를 찍도록 강요받았는가?

- 마치 무슨 의례인 양 신체적, 심리적, 성적인 고문을 당했는가?

사실 피해를 받았다는 사실을 스스로 인정하는 것은 쉬운 일이 아니다. 하지만 그러한 인정이 치유의 첫 걸음이다.

이 책에 나오는 이야기들

"전체 이야기 가운데 일부일 따름이라는 시각으로 모든 고통을 바라본다면 참을 만도 하지요."

_ 아이작 디네센

《아주 특별한 용기》 첫 판을 작업하기 시작하면서 수천 명의 어린이 성폭력 생존자들과 이야기를 나누었다. 250명의 생존자들이 "이 책을 위해 기꺼이 인터뷰 하겠다"고 지원했다. 그들 중에서 백 명과 심층적인 이야기를 나누었고 새로운 판이 나올 때마다 새로운 이야기와 목소리를 더했다.

워크숍 〈우리는 아무에게도 이야기하지 않았다〉, 연인이나 배우자를 위한 워크숍, 상담원을 위한 워크숍에 참가한 사람들의 이야기를 담았다. 이번 판에서는 로라의 책 《다시는 말하지 않으리라 여겼다 I Thought We'd Never Speak Again》와 《마지막 개척자 The Last Frontier》를 위하여 그녀가 인터뷰 했던 생존자들의 이야기를 함께 담아냈다. 모든 생존자들과 파트너들이 자신의 경험을 실어도 좋다고 진심으로 말했다.

여기 나오는 생존자들은 다양하다. 당신은 나이와 경제적 지위, 인종, 성적 선호가 서로 다른 여성들을 만나게 될 것이다. 어떤 이들은 관계에 충실하고 또 어떤 여성들은 독신으로 산다. 자녀를 둔 어머니도 있고 자녀가 없는 여성도 있다. 다른 환경에서 다른 가해자에게 피해를 당한 여성들이다. 당신은 치유 과정에 막 들어선 생존자, 20년 동안 적극적으로 치유를 해온 생존자 그리고 늘 전환점에 서 있는 이들의 이야기를 만나게 될 것이다. 이 여성들이 치유에 접근한 방식은 창의적이면서도 다양하다.

이 책에 나오는 이야기들은 생존자와 그 동반자들이 말한 것이다. 대부분의 인용문은 가명을 사용했다. 인용문 하나하나가 한 사람의 이야기이고 그 사람의 경험이다.

좀 긴 이야기나 여러 번 한 사람의 사례를 인용하게 될 때 혹은 자신의 이름이 거명되기를 바라는 경우 실명을 사용했다. 실명을 원하는지 가명을 원하는지, 또는 아예 무기명을 원하는지 각자의 욕구를 존중하고 싶었다. 우리의 경험을 나누고자 할 때는 우리의 이름을 사용했다.

《아주 특별한 용기》는 특히 여성을 위한 책이지만 수년 동안 수많은 남성 생존자들 역시 이 책을 통해 도움을 받고 영감을 얻는다고 말한다. 대부분의 치유 과정은 보편적이므로 남성들 역시 《아주 특별한 용기》를 계속 활용하기 바란다. 우리는 생존자를 위한 두 권의 책도 썼다. 《아주 특별한 용기 워크북 The Courage to Heal Workbook》과 《치유 시작 Beginning to Heal》이 그 책인데 두 권 모두 남성들의 경험을 포함하고 있다.

쓰기 훈련 활용하기

"입 밖으로 내지 못할 이야기를 마음에 담아두는 것만큼 괴로운 족쇄는 없다."
_ 조라 닐 허스턴

수년 동안 엘렌은 어린이 성폭력에서 살아남은 성인 생존자들을 위한 워크숍 〈아무에게도 말하지 않았다〉를 이끌어 왔다. 여성들은 한 자리에 모여 비밀이 보장되는 안전한 환경에서 서로 지지하고 감정을 자유롭게 탐색하며, 침해받은 것을 애도하고 각자의 힘을 모으는 것은 물론 자신이 생존했다는 사실을 자축하게 된다.

참가자들은 어릴 때 성폭력당한 것에 대해 글을 쓰도록 요구받는다. 때로 생존자들은 자신의 경험을 부인하고 사소한 일로 치부해 버리거나 왜곡시킨다. 글쓰기는 치유에 중요한 통로이다. 글쓰기는 자신의 현실을 정의내리는 기회가 되기 때문이다. 당신은 이렇게 말할 수 있다. "이것은 내게 일어난 일이며 참으로 참담한 것이었다. 그것은 어른의 잘못이며 어른이 책임질 일이었다. 나는 그때도 그렇고 지금도 결백하다."

무슨 일이 일어났었는지를 글로 쓰면서 그 감정들을 다시 만나 슬퍼할 수 있다. 고통과 기억, 두려움과 분노를 매장했던 자리에 정확히 발굴의 삽을 꽂는다. 당신의 과거를 다시 살아 낸다. 그런데 이번에는 어른이 된 당신의 자아로부터 동정어린 지지를 함께 받는다.

왜 쓰기인가?

글쓰기의 좋은 점은 언제 어디서라도 할 수 있다는 것이다. 당신이 혼자이거나 연인을 깨우고 싶지 않은 새벽 3시라도 좋고, 친구가 시내로 나간 사이, 상담원의 자동 응답기만 돌아가거나 고양이가 어슬렁거릴 때, 언제라도 당신의 일기는 바로 거기에 있다. 당신의 일기장은 조용하면서, 값도 싸고, 들고 다니기에도 편하다. 당신이 어떻게 느끼고 무엇을 생각하는지, 무엇을 원하며 무슨 말을 하고 싶은지, 이 상황을 어떻게 해결하고 싶은지에 대해서 글을 쓴다면 그 과정에서 명확하게 해답이 드러날 것이다.

누구나 쓰기 훈련을 할 수 있다

치유의 도구로서 글쓰기를 활용하는 것은 당신이 다른 생존자와 조직된 워크숍에 참가하든 하지 않든 도움이 된다. 자신을 작가로 생각하지 않아도 좋고 글쓰기를 좋아한다고 생각하지 않아도 좋다. 어쩌면 교육을 덜 받았을 수도 있다. 아마 맞춤법에 서툴기도 할 것이고 글솜씨가 형편없다고 생각할 수도 있다.

어떤 생존자들은 글쓰기를 가로막는 특수한 장애물을 가지기도 한다. 어머니가 당신의 일기를 읽은 적이 있다면, 아버지가 국어 선생님이어서 항상 당신이 쓴 글을 비판했다면, 가장 친한 친구가 당신의 편지를 고등학교 구내식당에서 돌린 적이 있다면, 당신은 글로 옮기기가 두려울 것이다. 그러나 우리 모두에게는 자기를 표현하고자 하는 속 깊은 욕구가 있다. 그 욕구는 글쓰기가 아닌 다른 형태를 띨 수도 있다. 하지만 치유의 한 방식으로 글쓰기를 원한다면 이전의 장애물이 당신을 방해할 수는 없다. 글쓰기를 꺼리는 많은 여성들이 이 훈련을 해낸다. 그것도 엄청난 효과를 보면서.

시간과 공간

방해받지 않을 만한 시간과 공간을 확보하라. 10분 만에 깊고 강렬한 결과를 기대할 수도 있지만 각각의 훈련을 하는데 적어도 20분은 투자하라. 많은 생존자들이 글쓰기 전에 미리 끝날 시간을 정해두면 도움이 된다고 한다. 그렇게 하면 자신의 피해에 대해서 안전하게 적어볼 수 있는 일종의 보호벽이 생기기 때문이다.

어떤 여성들은 의례로 시작하는 것이 좋다고 한다. 촛불을 켜거나 명상을 하거나 기도문을 읊고 차를 한 잔 마신다. 혹은 잠시 고요하게 앉아있는 것으로 시작한다. 쓰기를 끝낼 때도 이러한 의례로 끝맺는다. 쓰기 시간의 시작이든 끝이든 이러한 의례는 안심해도 된다는 표시가 되고 일상생활로 들어가는 것을 약간은 더 수월하게 해준다.

성폭력에 대한 글쓰기가 강렬한 감정을 불러일으킬 수 있으므로 아이를 학교에서 데려오거나 저녁식사를 준비하는 시간 같은 바쁜 때는 피하도록 하라. 또한 글쓰고 난 다음 그 후유증을 소화할 수 있도록 약간의 여유 시간을 가지는 것이 현명하다.

만약 당신이 쓴 글로 인하여 마음이 흔들린다면 당신이 가진 회복력과 힘을 상기시켜줄 수 있는 주제, 가령 '내가 서 있는 땅'이든 '내가 고마워하는 것들' 혹은 '나에게 힘을 주는 것'과 같은 주제들에 대하여 5분에서 10분 정도 글을 쓰고 마치는 것도 좋다. 글쓰기 작업을 한 후 짧게 산책을 하거나 바닥운동을 하는 것이 도움이 된다는 여성들도 있다. 그런 운동은 그들을 더 탄탄하게 현재와 연결시켜 주기 때문이다.

당신이 쓴 글 때문에 심장이 터질 것 같거나 과거의 감정에 휘말려 드는 느낌이 든다면 109쪽에 있는 '마음 가라앉히기'를 참조하여 마음의 균형을 되찾도록 도움을 받을 수 있다.

남에게 들려주기

글쓰기는 그 자체로 매우 도움이 된다. 그러나 당신이 쓴 글을 함께 읽어보는 것 또한 중요하다. 글을 쓰고 난 다음 그 글에 주의 깊게 반응해 줄 수 있는 누군가에게 읽어 주라.

지금 당장 읽어 줄 만한 사람이 없다면 당신 자신에게 큰소리로 읽어 주라. 적어도 당신은 주의 깊게 들을 만한 사람에게 읽는 것이다. 큰소리로 읽으면 그 글이 더욱 생생해진다. 당신이 직접 크게 말하고 나서야 당신이 쓴 글의 효과를 느끼기도 한다.

당신이 지목한 그 사람이 다른 사람의 사적인 글을 들은 경험이 없다면, 당신이 원하는 바를 그 사람에게 먼저 이야기하라. 당신이 말하는 것을 비판하거나 판단하지는 말아 달라고 부탁할 수 있다. 질문을 할 수 있으며 더 많은 것들을 이야기하라고 당신에게 요구할 수도 있다. 혹은 조용히 듣기만 하라고 할 수도 있다. 위안을 받고 싶기도 할 것이고 그렇지 않을 수도 있다. 사람들은 대개 당신이 원하는 바를 먼저 이야기하면 훨씬 더 만족스럽게 반응한다.

기본적인 방법

글쓰기에 대해 예전에 들은 것이 있다면 모두 잊어라. 당신이 하고

자 하는 것은 자유로운 글쓰기이거나 의식의 흐름에 따른 글쓰기이다. 예술 작품을 만들거나 고도의 기량을 발휘하는 것이 아니며, 누군가를 이해시키려고 쓰는 것도 아니다. 그보다 글쓰기는 당신이 말하고 싶은 것을 이끌어 내기 위한 지름길이다.

멈추지 말고 계속 써라. 당신에게 편안한 속도로 써 내려가라. 그리고 멈추지 말라. 경직되거나 무슨 말을 해야 할지 생각나지 않으면 이렇게 쓸 수도 있다. "이건 내가 들어 본 것 중에 가장 바보 같은 훈련이야" 혹은 "난 배가 고프다. 이 시간이 언제 끝날지 궁금한 걸" 등. 자신이 당한 피해에 대해 글을 쓰던 한 여성은 몇 줄 쓰지 않아 멈추곤 했는데 그럴 때마다 "난 더 쓸 말이 없어"라고 썼다가 다시 더 많은 이야기를 써 내려갔다. 계속하지 않겠다고 거부하거나 싫다고 말해도 괜찮다는 점을 스스로 허용하게 되면 더 길게 써지기도 한다.

문장을 완성하지 않아도 된다. 맞춤법이 틀려도 되고 마침표를 제대로 찍지 않아도 좋다. 외국어로 써도 좋다. 어릴 때 다른 나라 말을 썼다면 그때의 언어를 기억해서 써도 좋다. 말을 채 배우기도 전에 피해를 당했다면 그 나이에 어울리는 말투로 돌아갈 수도 있다.

안내에 따라 이미지 떠올리기

이미지 떠올리기가 강력한 치유도구라고 생각하는 생존자들이 많이 있다. 안내를 받으면서 이미지 떠올리기 방식을 사용한다면 내면에 감추어진 자원을 발견하고 압도당하는 느낌을 다루는 데 도움이 된다. 이런 온화한 기법을 통해 당신은 침착해지고 내면에 안전한 장소를 만들어 평안함을 몸으로 느낀다. 당신은 같은 이미지를 수차례 걸쳐 활용하면서 긴장이 풀리고 안전하다는 느낌을 더욱 강하게 가질 수 있다.

준비

안내를 받으면서 이미지를 떠올리는 방법은, 읽기보다는 듣기를 통해 숙지할 필요가 있다. 믿을 만한 친구나 상담가에게 이미지 지침서

● 벨루스 나파르스텍Belleruth Naparstek의 탁월한 책 《Invisible Heroes:Survivors of Trauma and How THey Heal》(New York:Bantam,2004)은 이미지저리imagery나 명상과 관련한 측면들에 대한 유용한 정보로 가득하다. 또한 많은 외상을 가진 생존자들이 도움이 된다고 입증한 시각화에 관한 가이드도 포함한다. 《Imagery to Heal Trauma》("Getting in Touch with Your Feelings" p.222에도 있는) 오디오 판을 주문할 수 있다. www.healthjourneys.com 등에서 구입가능.

를 읽어달라고 요청하거나 녹음하여 들을 수 있다. 이 책에 실린 훈련은 당신이 반복하여 들을 수도 있는 것이므로 테이프나 CD로 소장하고 있어도 좋겠다.*

이미지 지침서가 누군가의 목소리로 들려지든 테이프에서 흘러나오든, 느린 속도로 진행되는 것이 중요하다. 문장과 문장 사이에 여백을 두라. 특히 생략부호(…)가 있는 곳에서는 멈춰서 잠시 쉬어라. 안내되는 지침을 들으면서 어떤 이미지든 나타날 수 있도록 시간의 여유를 가져야 한다. 느린 속도로 진행하면서 생각할 시간 사이에, 문장과 문장 사이에 멈추는 여백이 있을 때, 이미지 작업을 하기가 가장 수월하다. 온화하고 부드러운 목소리면 더욱 좋다. 당신이 더 깊이 들어갈 수 있도록 안전망을 만들어주기 때문이다. 어떤 이들은 조용한 배경음악이 흘러나오면 도움이 된다고 한다. 무엇이 자신에게 가장 효과적인지 이리저리 시도해보라.

기본적인 방법

내면의 세계로 들어갈 수 있도록 방해받지 않을 만한 시간을 마련하라. 눈을 감아라. 눈을 감는 것이 두렵고 불편하다면 그냥 뜨고 있어도 된다. 단 시선을 부드럽고 편안하게 하라.

때로 이미지 형상화를 안내받는 동안 아무 것도 보지 못할까봐 걱정하는 경우가 있다. 그러나 사람마다 경험하는 것이 다르고 분명한 이미지를 보는 것이 꼭 필요한 것은 아니다. 올바르게 하겠다거나 특정한 결과가 나올까봐 염려하지는 말라. 어떤 일이 일어나건 마음을 열고 그냥 내버려두라. 이미지를 통해 작업을 하겠다는 것은 무슨 일이 일어나건 그것에 깨어있겠다는 작업이다.

지침에 따라 이미지를 떠올리는 작업이 처음 몇 번 당신에게 효과가 없는 듯 해도 당신의 경험은 시간이 지나고 훈련을 하면서 달라질 것이다. 아무 일도 일어나지 않는 때가 있고 마음이 더 편안해질 때가 있고 잠이 들 때도 있고 이미지와 감정, 생각, 이야기 혹은 기억이 떠오를 때도 있을 것이다.

이 작업시간이 끝날 즈음 일상적인 의식으로 돌아와야 한다. 때로 이 과정에서 겪은 경험을 연대기적으로 기록하거나 그림으로 남기고 싶어지기도 한다.

1부

**기억 모으기와
자기 배려**

그 사건의 후유증:
손상된 상처 기억하기

사람들은 내게 "왜 이제 와서 그 일을 헤집어 내는 겁니까?"라고 말하곤 한다. 왜, 무엇 때문이냐고? 말하자면 그 일은 내 삶의 도처에서 검은 손을 들이밀어 온갖 방법으로 나에게 상처를 입혀 왔기 때문이다. 내 삶에서 가치 있는 모든 것을 파괴시켜 왔으며 정서적으로 안정된 삶을 허락하지 않았다. 그 일 때문에 나는 감히 사랑 따위는 엄두도 내지 못했을 뿐 아니라 내 아이들마저 나에게서 멀어져 갔다. 내가 이 세상에서 잘 해낼 수 있는 일은 하나도 없었다. 어린 시절이 평범했다면 난 지금 무엇이든 되었을지 모른다. 지금 이 일을 처리하지 못한다면 평생 짐이 되어 따라다닐 것이다. 그 일이 500년 전에 일어났는지 어땠는지 알게 뭐람. 다만 내가 아는 것은 그 일이 일어난 순간부터 줄곧 나를 대단히 심각하게 괴롭혔다는 것이다.

_ 제니로즈 라벤더

어린이 성폭력*은 성인이 되고 나서도 오랫동안 후유증이 지속되며 그 뿌리 또한 매우 깊어서 때로는 그 영향이 어떤 식으로 나타날지 정확히 짚어 내기 힘들다. 성폭력의 영향은 자아 개념, 친밀한 관계, 성 Sexuality, 부모 역할, 직장 생활, 정신적인 면 등 모든 부분에서 나타난다. 어디에 눈길을 주든 당신은 후유증을 읽어 낸다. 한 생존자는 그 양상을 이렇게 설명했다.

> 《어린이를 위한 하이라이트》(어린이 잡지 이름—옮긴이)에서 본 듯한 그런 그림과 같아요. 나무 안에 자전거가 숨겨져 있고 어떤 사람의 귀에서 바나나가 자라거나 또 모든 사람들이 거꾸로 서 있는 그런 그림요. 그 아

---

* 원어는 'Child Sexual Abuse'이다. Abuse는 정서적, 신체적, 성적인 학대로 성인이 어린이에게 또는 나이가 더 많은 어린이가 더 어린 아이에게 행하는 폭력을 가리킨다. 본문에서는 이를 어린이 성폭력, 폭력, 피해 혹은 맥락에 따라 가해로 표현하였다. —옮긴이

래에는 '이 그림에서 잘못된 부분이 무엇인가요?'라고 씌어 있구요. 하지만 너무 많은 것들이 엉켜 있고 제멋대로 배치되어 있어서 차라리 '이 그림에서 올바르게 되어 있는 것은 무엇인가요?'라고 묻는 게 훨씬 더 쉽겠다고 여겨지는 그런 상황과 같아요.

성폭력으로부터 살아난 많은 사람들은 그 피해에서 벗어나느라 경황이 없어서 자신이 어떤 식으로 상처를 받았는가에 대해서 인식하지 못하는 경우가 많다. 하지만 치유가 필요한 영역이 어디인가를 알아내기 전에는 결코 치유란 있을 수 없다.

사실 당신은 수많은 요인들의 영향을 받으면서 성장한다. 성폭력은 그 요인들 가운데 하나에 지나지 않는다. 그렇기 때문에 성폭력의 영향과 다른 요인으로부터 파생된 영향을 분리해 내는 것이 항상 가능한 일은 아니다. 예를 들어 인종 차별적인 사회에서 흑인으로 태어났다면 바로 그 이유 때문에 자존감이 낮을 수도 있다. 또는 여성을 비하하는 문화에서 자랐기 때문일 수도 있고, 당신의 어머니가 알코올 중독자이기 때문에, 혹은 아홉 살 때 당신이 농락당했기 때문일 수도 있다. 지금의 당신은 수백 가지 요인들이 상호작용한 결과인 셈이다.

어린 시절에 가해진 성폭력에 대해서 다른 사람이 어떻게 대응했는가 하는 문제는 이후 당신이 겪게 될 후유증과 많은 연관성을 가진다. 어린이가 성폭력의 사실을 밝혔을 때 주변 사람들이 적절하게 관심을 표명하고 효과적으로 개입했다면 치유는 그 즉시 시작된 것이다. 하지만 어느 누구도 당신의 고통을 알아채지 못하거나, 그것에 책임지지 않았거나 더 깊어진 외상에 대하여 고통을 공유하지 않았다면 상처의 골은 깊어졌을 것이다. 또 하나, 당신이 성폭력에 어떻게 대처했는가 하는 문제는 더 많은 골칫거리를 일으켰을 수 있다.

성폭력에서 살아남은 모든 이들이 같은 방식으로 영향을 받는 것은 아니다. 어떤 영역에서는 잘 해내지만 다른 영역에서는 그렇지 못할 수도 있다. 당신은 일이나 부모 역할에서는 능력을 발휘하지만 친밀감을 나타내야 하는 부분에서는 곤란을 겪을 수 있다. 어떤 여성들은 뭔가 일이 틀어질 것이라는 부정적인 예감을 끊임없이 가진다. 또 어떤 이들은 후유증이 극심한 나머지 제대로 살아갈 수 없다고 느낀다.

적어도 내 경우를 말하자면요. 내 삶은 송두리째 도둑질 당했다고 할 수 있지요. 그런데 그 도둑이 알고 보니 나 자신이었다는 겁니다. 난 이러이러한 사람이 될 수도 있었을 텐데 그렇게 되지 않았고, 어릴 때 받아야만 했을 교육을 받지 않았고, 결혼을 너무 빨리 해 버렸어요. 남편을 방패삼아 숨어 버린 거죠. 다른 사람과 만나지도 않았고 삶을 풍요롭게 가꾸지도 않았어요. 무엇을 하기에 너무 늦은 때란 없다는 말도 있지만 서른여덟이 되기 전까지 아무 일도 시작하지 않았어요. 어떤 일로도 만회할 수 없는 그런 게 있잖아요. 그것 때문에 난 너무 화가 나요.

어린이 성폭력의 후유증은 많은 것들을 황폐하게 할 수는 있지만 결코 영원히 가지는 않는다. 이 장에서 성폭력이 당신의 삶에 어떤 영향을 미쳤는지 생전 처음으로 인식하면 자신도 모르게 고개가 끄덕여질 것이다. 이제 차례를 따라가면서 당신이 어떤 영향을 받았는지 스스로에게 물어 보라. 이러한 것들을 인식한다는 것은 고통스러운 일이다. 하지만 이것이야말로 치유의 시작이다.

> 이 목록은 진단을 위한 도구도 아니고,
> 당신이 성적인 피해를 입었는지 아닌지를 결정할 만한
> 도구로 작성된 것도 아니다.
>
> 어린이 성폭력 생존자들이 경험하는 여러 후유증을 읽게 되면 당신의 삶에 그 폭력이 드리우게 된 영향을 정직하게 들여다볼 수 있다. 어린이 성폭력이 남기는 후유증 가운데 어떤 것들은 상당히 구체적이다. 가령 성행위를 하면서 폭력의 거슬리는 이미지가 떠오르는 것과 같다. 어떤 것들은 보다 일반적이다. 이를테면 자존감이 낮거나 감정 표현에 서툴다. 물론 이것은 어린이 성폭력이 아닌 다른 다양한 영향에 의해 만들어질 수도 있다. 신체적, 정서적 폭력은 어려운 생활환경과 마찬가지로 여기 적어놓은 여러 어려움들을 낳는다.
>
> 다음에 나오는 목록에 당신이 가진 문제가 포함되어 있어도 자신이 성폭력을 당했는지 아닌지 불확실하다면 확실해지기 전까지는 자신을 생존자라고 규정하지 말라. 자신을 잘 돌보고 지지를 얻어라. 확실한 경험에서 출발하여 치유해 나가라. 세월이 흐르면서 당신의 역사가 선명해질 것임을 믿어라.

성폭력은 자존감에 어떤 식으로 영향을 미치는가

어린이가 존중과 돌봄을 받으면서 자랄 때는 자신이 귀중하다는 사실을 알게 된다. 그들은 새로운 도전을 할 수 있을 만큼 안전한 토대를 경험한다. 능력과 자신감을 키워나가며 자신에 대해서, 자신이 되어가고 있는 모습에 대해서 안정감이 생긴다.

성폭력은 이러한 긍정적인 자존감의 성장 과정을 방해한다. 어린이가 성폭력을 당하게 되면 자신의 경계, '안 돼요'라고 말할 권리, 세상에 대한 통제력을 침범 당한다. 그들은 무기력해진다. 자신에게 일어

난 일을 말하더라도 지어낸 이야기라는 말을 듣거나 아니면 상대방은 아예 들은 척도 하지 않을 것이다. 때로 그들은 야단맞는다. 자신에게 일어났던 그 현실이 부정되거나 왜곡되면 그들은 미치기 직전까지 갈 것이다. 가해자나 부모를 나쁘게 보기보다는, 그들 자신이 나빠서 보살핌을 받을 만한 존재가 되지 못했다고 생각하기 때문에 폭력을 당해도 싸다고 믿게 될 수 있다. 외롭고 고립된다.

성폭력을 입은 많은 아이들은 결코 성공하지 못할 것이라거나 둔하다거나 성행위에만 능하다는 말을 듣게 된다. 이러한 메시지를 강요받으면서 스스로를 신뢰한다는 것은 대단히 어려운 일이다.

많은 생존자들이 스스로를 이렇게 느낀다:
- 못됐고 더럽고 수치스럽다
- 희생자처럼 무기력하다
- 다른 사람과는 다르다
- 내면 깊숙한 곳에서 뭔가 잘못된 것이 있다
- 사람들이 그들을 알게 된다면 떠날 것이다

어떤 생존자들은 이렇다:
- 자신을 미워한다
- 움직이기 싫거나 동기부여가 되지 않는다
- 어른이 되어서도 희생(강간, 폭행, 구타)을 반복 경험한다
- 자기파괴적인 충동에 휩싸이거나 자살충동을 느낀다

종종 생존자들은 이런 점에서 힘들어한다:
- 자신의 욕구가 뭔지 잘 모른다

- 스스로를 돌보거나 다독이지 못한다
- 기분이 좋지 않다
- 자신의 직관을 신뢰하지 못한다
- 자신의 관심, 재능, 목표가 뭔지 잘 모른다
- 성공하기가 두렵다
- 하겠다고 정해놓은 것들을 끝내지 못한다
- 자신의 삶 안으로 들어가지 못할 것 같다
- 완벽해야한다는 강박증이 있다
- 부적절하다는 감정을 보상하려고 과도한 일이나 성취를 내려고 한다

성폭력은 감정에 어떤 식으로 영향을 미치는가

어린이가 건강한 환경에서 성장할 때는 감정 또한 존중받는다. 슬프거나 화나거나 두려울 때 부모나 돌봐주는 이들이 그들의 감정을 알아차리고 안전하게 표현할 수 있도록 자리를 마련하고 위로해준다. 정서적인 지지를 받으며 자란 어린이는 감정을 억누르라는 말도 듣지 않고 어떤 감정을 표현했다고 해서 벌 받는 것도 아니다. 그러므로 그들은 감정이 위험한 게 아니라는 것을 배운다. 다루기 까다로운 감정을 통제하는 능력은 자라면서 자연스럽게 커간다.

성폭력 피해를 입은 어린이는 이런 식의 지지를 거의 받지 못한다. 그들은 자신의 공포나 고통, 수치심이나 분노를 충분히 표현할 만한 여유도 갖지 못한다. 고통은 극한으로 치달을 수 있다. 만약 자신의 슬픔과 절망이 얼마나 깊은지 눈치 챈다면 아무리 아홉 살이라 하더라도 간단한 더하기 빼기도 풀어낼 수 없을 것이다.

그들의 순수한 사랑과 신뢰가 배반당했으니 자신의 감정을 믿을 수 없는 것은 당연하다. 그들이 표현하는 감정은 무시당하거나 조롱당할 수도 있다.

주변 어른이 감정 통제를 하지 못하면 그들은 감정은 폭력을 불러온다는 메시지를 받아들인다. 분노는 구타나 가구가 날아다는 것을 의미했으므로.

성폭력 피해 어린이는 자신의 고통을 감추는 방법을 배운다. 그 고통이 너무나 절망적이기 때문일 수도 있고 그들이 우는 모습을 보면서 가해자가 만족하는 일은 없어야 하기 때문일 수도 있다. 감정을 선별하여 차단할 수는 없는 노릇이니 아예 감정 자체의 흐름을 멈추어 버리는 편을 택한다.

반면 여러 감정들에 휘둘릴 수도 있다. 두려움과 슬픔, 수치심과 분노에 떠밀려 가는 느낌이 들기도 한다. 그들은 어떠한 위안도 받지 못하고 자신의 감정을 안전하게 표현할 방법도 없이 오롯이 그 고민을 안고 살아가는 경우가 허다하다.

생존자들이 자주 어려워하는 것은:
- 자신의 감정을 알아차리기 힘들다
- 감정들 간의 미묘한 차이를 알아차리기 힘들다
- 감정 표현하기가 어렵다
- 화가 났을 때 침착해지기 힘들다

많은 생존자들이 이런 감정을 가진다:
- 다른 사람과의 연결 고리가 끊겨서 혼자 떨어져 외롭다
- 지속적으로 수치심을 느낀다

- 다채로운 감정 보다는 한정된 몇 가지 감정만 느낀다
- 감정을 다루기 힘들다
- 혼란스럽다
- 마음이 죽어버린 느낌이 든다
- 절망에 빠지기 쉽다
- 불안에 시달리고 공항상태에 빠진다
- 과도한 불안과 공포, 분노의 상태와 무감각해지고 모든 것이 차단되는 상태를 반복한다
- 긴장상태가 계속된다
- 악몽을 자주 꾼다
- 감정이 두렵다
- 미칠까봐 걱정된다
- 기쁨이나 느긋함, 즐거움을 거의 느끼지 못한다

성폭력은 몸에 어떤 식으로 영향을 미치는가

어린이는 자신의 몸을 통하여 세상을 배운다. 어린이들은 충분한 보호와 돌봄을 받을 때 몸에 대해서도 편하게 느낀다. 자신의 몸으로 살아가는 것은 즐거움과 성취, 만족의 기본적 바탕이 된다.

어린이가 성폭력을 당하게 되면 세상은 물론이고 자신의 몸도 안전하지 않다고 여긴다. 성폭력 피해 어린이는 고통과 두려움, 성적 흥분이 가져다주는 혼란스러운 감정들을 경험한다. 때로 그들은 이러한 감정을 피하려고 몸에서 분리된다. 즉 있는 힘껏 스스로를 무감각해지도록 마비시켜버린다.

성폭력 피해 어린이에게 몸은 놀라움과 고통스러운 일이 발생하는

장소이다. 그들은 늘 예의주시해야하고 다가오는 위험에 대해 마음의 준비를 해야 한다. 혹은 자신의 몸으로부터 빠져나와 몸에서 일어나는 여러 현상들에 눈감아버리기도 한다. 이런 외상적 경험은 많은 생존자들의 몸에 깊은 인상을 남긴다.

많은 생존자들이 이런 것을 힘들어 한다:
- 자신의 몸을 고마워하고 받아들이기 어렵다
- 피부를 편안하게 여기기 힘들다
- 자신의 몸 안에 온전히 존재하기 어렵다
- 몸에 대한 다양한 감정을 경험하기가 어렵다
- 몸을 통일된 전체로서 경험하기가 어렵다

어떤 생존자들은 이런 것을 힘들어 한다:
- 자해하거나 자신의 몸을 가학한다
- 술이나 약물에 중독된다
- 섭식장애가 생긴다
- 폭력과 관련된 신체적 질병을 앓는다
- 때로 몸에서 분리된 듯한 느낌이 든다
- 춤이나 운동, 하이킹 같은 신체적 활동이 전혀 즐겁지 않다
- 몸이 말하는 메시지(허기, 두려움, 피곤함, 통증)를 알아차리지 못하거나 무시한다
- 자신의 몸을 믿지 못하거나 비난한다
- 무감각해지거나 신체적 감각과 무관해진다
- 쉽게 놀라고 진정하기가 힘들다
- 위험에 지나치게 민감하다

- 긴장을 풀지 못하고 신체적으로 안전하다는 느낌을 받지 못한다

성폭력은 친밀성에 어떤 식으로 영향을 미치는가

친밀성—주고받기, 타인을 신뢰하고 신뢰할 만한 사람이 되는 것—은 어린 시절에 형성된다. 애정을 한결같이 받은 아이들은 서로에게 힘이 되는 양육 관계를 일구어 나가고 이를 유지하는 기술 또한 개발하게 된다.

어린이가 성폭력을 당했다는 것은 그들의 순진함과 신뢰가 배신당한 것이다. "엄마는 너를 사랑하니까 만졌을 뿐이다" 라거나 "이 담에 네가 좋은 아내가 되라고 내가 지금 이러는 거야" 와 같은 말을 들었다면 당신은 사랑과 섹스의 관계에 대하여 헷갈리는 메시지를 받으면서 커왔다. 가해자가 단 한마디 하지 않았더라도 폭력 행위 그 자체가 심각한 배신 행위다보니 다른 사람을 신뢰할 수 있는 당신의 능력이 심각하게 훼손당했다.

많은 생존자들이 어렵다고 생각한다:
- 사람을 신뢰하기가 힘들다
- 친밀한 친구를 사귀는 일이 두렵다
- 건강한 관계를 만들거나 유지하는 일이 힘들다
- 상대를 배려하거나 상대의 배려 받기가 어렵다
- 사랑스럽게 구는 것이 두렵다
- 적절한 경계를 만들거나 안 된다고 말하기가 힘들다

많은 생존자들은 이렇게 느낀다:

- 사랑하거나 사랑받을 자격이 없다고 느낀다
- 사람을 두려워한다
- 외톨이가 되었거나 왕따가 되었다고 느낀다
- 다른 사람과 연결되었다는 느낌을 받지 못한다
- 부적절하거나 도움이 되지 않는 사람과 계속 관계를 맺는다
- 누구를 신뢰할 수 있는지 모르거나 너무 쉽게 사람을 믿어버린다
- 좋은 친구를 사귀지만 낭만적이거나 성적 관계로 되기가 어렵다

어떤 생존자들은 이런 것을 힘들어 한다:

- 지속적인 관계를 만들지 못한다
- 어떤 일에 충실하기가 힘들다
- 누군가가 가까워지려고 하면 견제하고 긴장하거나 공황상태에 빠진다
- 좋아하는 사람에게 매달린다
- 관계가 망가질 정도로 사람을 시험하고 또 시험한다
- 사람들이 자신을 떠날거라고 생각한다
- 가해하는 사람과 관계를 맺는다

성폭력은 성에 어떤 식으로 영향을 미치는가

성폭력 피해 어린이는 타고난 성적 발육기를 강탈당한 것이다. 그들은 어른의 욕구에 따라 어른의 시간표에 맞추어 성행위에 노출되었다. 그들은 내면에서 생기는 자신의 욕망을 경험하거나 자연스럽게 탐색할 기회를 갖지 못한다. 성적 흥분은 수치심과 혐오, 고통과 모멸

감과 연결되어버린다. 쾌감 역시 오염된다. 욕망(가해자의 욕망)은 위험하고 그들을 아프게 하는데 사용되는 통제할 수 없는 힘이다.

어린이들은 가해자에게 성폭력을 당하는 동안 종종 자신의 몸에서 분리되어 빠져나온다. 그들은 스스로를 무감각하게 만들거나 아예 사라져버린다. 그들은 성적 감정의 고리를 끊어버리거나 성적 흥분을 혼란스럽고 나쁘고 수치스러운 것이라고 경험하게 된다.

성폭력이 애정과 결부되면 보살핌을 받고자 하는 욕구가 성행위와 연결되어버린다. 때로 생존자들은 자신의 욕구를 어떻게 다른 방식으로 충족시켜야 할 지 모른다.

많은 생존자들이 이런 경험을 한다:
- 성행위를 할 때 몸에서 이탈된 상태가 된다
- 성행위를 하는 내내 무감각하거나 공황상태에 있다
- 성적 욕구가 아닌 다른 욕구를 성행위로 충족시킨다
- 성행위를 피하거나 원치 않는 성행위를 추구한다
- 그들의 가치가 기본적으로 성적인 데 있다고 여긴다
- 욕망과 성적 쾌감을 경험할 때 혼란스러워한다
- 안전하려면 성행위에 관하여 모든 것을 통제해야한다고 생각한다
- 성행위를 하는 동안 성폭력 당시의 상황이 떠오르는 플래시백을 경험한다
- 자신이 성행위를 원하는지 아닌지 잘 모른다

생존자들은 종종 이런 일을 힘들어한다:
- 원치 않는 성행위에 싫다고 말하는 것
- 성적이지 않은 보살핌이나 친밀함을 받아들이기

- 성행위를 할 때 (몸에서 이탈되지 않고) 그 자리에 있기
- 정서적으로 친밀하면서 동시에 성적인 관계를 만들기

어떤 생존자들은 이런 경험을 한다:
- 성행위는 더럽다고 생각한다. 혹은 그것을 즐기는 것이 구역질난다고 생각한다
- 난폭하고 가학적이거나 근친관계의 환상에 끌린다
- 자신의 피해 유형을 반복하는 성행위에 들어간다
- 계속 성폭력 당한다
- 권력을 휘두르거나 상대를 조종하는 도구로 성행위를 사용한다
- 다른 사람에게 성적 가학행위를 한다

성폭력은 부모역할에 어떤 식으로 영향을 미치는가

부모 역할에 대한 첫 수업은 가족에서 시작된다. 어린이가 보살핌과 보호를 받으면서 자란다면 그것이 부모역할의 기본이 된다.

그러나 어린이가 가족의 누군가로부터 성폭력을 당하거나 폭력이 밝혀졌어도 보호나 지지를 받지 못한다면 그들은 이러한 건강한 역할 모델을 놓친 것이다. 결과적으로 그들은 자라면서 겪어왔던 바로 그 치명적인 패턴을 반복하게 된다. 자신의 자녀를 학대하거나 방임하거나 혹은 폭력으로부터 자녀를 보호해주지 않는다.

그러나 부모가 되어 그들이 하고 싶지 않은 것이 무엇인지를 선명하게 밝힘으로서, 완전히 새롭고 보다 긍정적인 선택을 할 수도 있다는 것을 알게 된 생존자들도 있다.

때로 생존자들은 너무 피폐해지고 자신의 피해에 대응하느라 여력

이 없기 때문에 아이를 가질 수 없다고 생각한다. 자녀를 원했지만 이런 생각 때문에 자녀를 포기한 여성이라면 이러한 상실을 애도하는 것이 치유 과정에서 특히 힘들 수 있다.

어떤 생존자들은 이런 점을 어려워 한다:
- 어린이 가까이 있으면 불편해하고 놀란다
- 자녀에게 다정하게 굴기가 편치 않다
- 적절한 접촉과 부적절한 접촉의 경계가 모호하다
- 폭력을 행사하거나 혹은 자신이 가해를 할 것 같아 두렵다
- 자기가 돌보는 어린이들을 적절하게 보호하지 못한다
- 과잉보호를 하는 통에 정상적인 생활을 경험하지 못한다
- 어린이와의 분명한 경계를 설정하기가 힘들다
- 자녀의 욕구와 자신의 욕구 사이에 균형을 잡아가기가 어렵다
- 자녀와 친밀해지거나 연결되어 있다고 느끼기 힘들다

성폭력은 가족 관계에 어떤 식으로 영향을 미치는가

건강한 가정은 세대 간에 존중과 배려가 흐르고 서로 다정다감하다. 가족들은 불쾌하게 굴지 않는다. 정직하고 공손한 소통이 규범으로 받아들여지고, 가족이라는 조직 안에서 한 사람 한 사람이 안전하고 편안한 자리를 하나씩 차지하고 있다.

친족성폭력이 일어나면 가족관계는 일그러진다. 가장 기본이 되어야 할 신뢰와 공유, 안전성이 유실된 이러한 공간에는 비밀스러움과 고립, 두려움이 있을 따름이다. 가족의 누군가로부터 성폭력을 당했다면 당신은 가족의 희생양이 된 것이며, 따라서 미쳤거나 나쁜 아이

라는 말을 계속해서 들었을 것이다. 당신은 고립되고 단절되었다.

  알코올 중독증과 다른 형태의 역기능적인 유형이 성폭력과 함께 수반될 수 있기 때문에 당신은 이러한 문제에 동시에 대처해야만 했을 것이다. 어른이 져야 할 책임이 어린 나이의 당신에게 전가되었을 것이다. 가족 아닌 사람으로부터 피해를 입었는데 가족이 당신 말을 적절하게 들어주거나 적절한 대응을 하지 않았을 수 있다. 그러면 당신은 당신의 고통이 하잘 것 없을 뿐 아니라, 당신의 감정에 귀 기울이고 당신을 보호하기에는 가족이란 존재가 도무지 믿을 만하지 못하다는 메시지를 받았다.

많은 생존자들이 경험한다:
- 가족과 팽팽한 혹은 힘겨운 관계를 맺고 있다
- 가족을 방문할 때는 미쳐버릴 것 같거나 무기력하거나 우울해진다
- 가족들로부터 배척당한다
- 가족들과 있으면 안전하다는 느낌을 받지 못한다
- 업신여기거나 적대적이고 가학적인 대우를 계속 감당해야 한다
- 가족이 완전히 낯설거나 고립된 느낌이 든다

성폭력이 발생하는 가정의 구성원들은 이런 경향이 있다:
- 성폭력에 대하여 함구하거나 인정하지 않는다
- 친족성폭력이 부정되거나 축소된다
- 생존자들은 "용서하고 잊어라"거나 "과거를 묻어라"라는 말을 듣는다
- 가해자의 욕구가 생존자의 욕구보다 우선시된다
- 생존자들은 가족의 희생양이 된다. 모든 가족 문제가 그녀의 탓

으로 돌려진다
- 가족들은 우호적이지 않다

어떤 가정에서는:
- 친족성폭력이 아직도 계속 된다

당신은 성폭력의 후유증을 치유할 수 있다

이 장을 읽고 당혹스러워졌다면 당신은 이미 성폭력이라는 가장 힘든 부분을 거쳐 살아 왔다는 사실을 상기하라. 당신은 그야말로 주체할 수 없을 만큼 엄청난 고난을 뚫고 살아남았다. 당신을 갉아먹은 성폭력은 치유에 필요한 내면적인 자원을 동시에 제공한 셈이다. 성폭력에서 살아남은 자라면 누구라도 자신있게 공언할 수 있는 한 가지가 있다. 그것은 자신이 힘을 가졌다는 사실이다. 또 무엇이 치유에 필요한지를 이해하고 있기 때문에 그 힘은 치유라는 목적지까지 바로 이어질 수 있다. 어느 여성은 이렇게 말했다. "어느 누구도 더 이상 나를 건드리지 못할 것이다."

쓰기 훈련: 후유증

성폭력이 지금 당신에게 어떤 영향을 미치고 있는지 기술하라. 자아 존중감, 자신의 일, 다른 사람과의 관계, 성에 대하여 당신은 어떤 감정을 계속 품고 있는가? 당신의 삶은 어떻게 고통당하고 있으며 어떤 한계에 부딪히고 있는가?

성폭력으로 인해 발달한 힘에 대하여 기술하라. 당신이 살아남는

데 아주 중요했던 것들을 생각해 보라. 당신을 살아남게 한 특성은 무엇인가? 참을성? 융통성? 자기 충족감? 당신의 힘에 대하여 당당한 마음으로 서술하라.

대처: 살아남기 위해 당신이 해야만 했던 일을 존중하기

"내 인생 상당부분이 대처하는데 쏠려있다."

대처는 성폭력의 외상을 극복하기 위해 당신이 행했던 바로 그 행위를 의미한다. 또한 매일매일 잘 해낼 수 있도록 당신이 지금도 하는 것이기도 하다.

모든 사람들이 다르게 대처한다. 어린 생존자로서 당신은 가출했거나 아니면 알코올이나 약물에 손을 댔을 수 있다. 아니면 지나치게 일에 매달리는 사람이 되어 학교에서는 우수한 성적을 올리고 집에 와서는 형제들을 돌보기까지 했을 수 있다. 당신은 당신에게 일어났던 일을 망각의 늪에 빠뜨리고 자기 속으로 침잠해 들어가거나 감정을 차단했을 수 있다. 감정을 마비시키려고 음식을 이용했을 수도 있고 자신의 가치를 입증하는 하나의 방도로 성행위를 했을 수 있다. 혹은 일에 푹 빠져 살았을 수 있다. 스스로를 돌볼 수 있는 자원이 거의 없음에도 불구하고 당신은 당신이 활용할 수 있는 방식이라면 그 무엇에든 매달려 절망의 늪에서 살아 나왔던 것이다.

성폭력에서 살아남은 많은 생존자들이 자신이 택했던 대처 방식에 대하여 자책한다. 살아남기 위해서는 그렇게밖에 할 수 없었다는 것을 인정하고 싶지 않을 수 있다. 하루하루를 맞이하기 위하여 무언가를 대가로 치러야 한다는 것을 인정하기 어려울 수도 있다. 그 당시 어린아이였던 당신은 끔찍한 상황에서도 할 수 있는 최선의 일을 한 것이며 지금도 최선을 다하고 있다. 중요한 것은 당신이 살아남았다는 사실이다. 당신이 가진 자원을 존중하는 것이 그래서 중요하다.

누구나 대처한다

우리 모두는 감당이 안 되거나 힘들거나 스트레스 받는 상황에 대응하기 위하여 전략을 쓴다. 이 장에서 거론되는 대부분의 전략은 넓은 의미에서 힘겨운 상황에 맞서 분투한 사람들이 한번 혹은 여러 번 사용한 것들이다. 보편적인 것들도 있고, 어떤 것들은 특정 생존자의 것이기도 하며 당신에게 적용될 수도 있고 그렇지 않을 수도 있다.

당신의 대처 방식 가운데 어떤 부분은 긍정적인 힘으로 키워졌을 테고(이를테면 유능한 사회인이 되거나 자기 충족적이 되거나 유머 감각을 발달시키거나 위기를 잘 넘기는 등), 또 어떤 부분은 자기 패배적인 유형을 띠기도 한다(이를테면 도벽, 약물이나 알코올 중독, 과식증 등). 어떤 행동에는 긍정적이고 파괴적인 양면이 공존하기도 한다. 치유는 당신이 이 둘을 구분할 때 가능하다. 그럼으로써 당신은 긍정적인 힘을 존중하는 한편 도움이 되지 않는 유형은 바꾸어 나갈 수 있다.

핵심적인 대처 전략

부정 Denying

부정은 일어나는 일을 일어나지 않는 것으로, 일어났던 일을 일어나지 않았던 것으로 가장하고 외면하는 것이다. 이것은 알코올 중독자가 있는 가정에서 흔히 발견되는 방식이다. 또한 친족 성폭력이 일어나는 곳에서도 거의 보편적이다. "충분히 오래도록 그것을 무시하기만 하면 사라질 거야"라는 식이다.

부정은 성폭력에 대해서 함구하는 방식으로 나타나기도 한다. 주변 어른이 자기를 보호하지 못하고 상처를 입히기까지 했다는 사실에 맞닥뜨리기보다는 현실을 부정하는 것이 실은 아이에게 훨씬 더 편안하다.

한 여성은 옛날 일을 회상했다. 이웃에 살던 소년이 말하기를, 그녀의 아버지가 전날 밤 그녀를 때렸던 일을 이웃 사람들 누구나 알고 있다고 했다. 그녀가 내지르는 비명 소리를 다 들었던 것이다. 하지만 이 여성은 대수롭지 않은 듯 대답했다. "그래? 근데 그건 내가 아니었어. 우리 아빤 날 때리지 않는걸"

성폭력 생존자 가운데 어떤 사람들은 자신이 피해를 당했다는 사실은 인정하지만, 그 피해 때문에 어떤 흔적이 남았다는 사실은 부정한다. 한 여성은 이렇게 말한다. "담당 치료사에게 이미 그 일을 극복했다고 말했더니 제 말을 믿더군요."

축소 Minimizing

축소하는 방식은 일어났던 일이 그렇게 나쁘지만은 않았다고 가장假裝함을 뜻한다. 이런 식이다. 아버지가 안락의자를 산산조각 냈는데도 "아빠가 약간 짜증이 났나 봐"라고 말하는 상황 말이다. 폭력적인 환경에서 자라난 아이들은 종종 모든 사람들이 자기와 똑같은 환경에서 성장한다고 굳게 믿는다. 모든 아버지들이 딸의 이불을 그런 식으로 토닥거리지는 않는다.

그래요. 난 그 일을 최소화했어요. "이봐, 그래서 너의 아빠는 성기를 네 입 안에 집어넣었니? 그래서 뭐가 어쨌다구?" 5년 전만 하더라도 사람들이 나에게 "폭력적인 가정에서 자랐냐?"고 물으면 "그렇지 않다"고 말했어요. 어쨌든 난 죽지 않았으니까요. 뼈가 부러져서 병원에 입원하기는 했지만 죽지는 않았으니까요. 피로 흥건히 젖었지만 적어도 죽지 않았잖아요.

합리화 Rationalizing

합리화는 아이들이 성폭력을 설명하는 방식이다. "그 사람도 어쩔 수 없었어요. 술에 취했거든요." 그들은 가해자를 용서할 이유를 고안해 낸다. "어머니 입장에서 보면 네 명의 자식을 거두면서 사는 게 너무 벅찼던 거죠. 날 돌보지 않은 건 이상한 일이 아니었어요." 합리화는 가해자를 보호하고 생존자를 감정의 충격으로부터 보호한다.

내 안에는 항상 "도대체 그는 왜 그런 일을 했을까? 무엇이 이 불쌍한 사람을 끔찍하게 할퀴었기에 이런 일에 매달려야만 했을까?"를 규명하고 싶어 하는 마음이 있었어요. 그렇게 해서 난 내 이야기 대신에 그의 이야기를 극화했죠. 그것은 내가 분노와 격분을 느끼도록 허용하기보다는 그를 용서하려는 방식이었어요.

망각 Forgetting

망각은 아이들이 성폭력을 처리하는 가장 흔하고 효과적인 방식 가운데 하나다. 인간의 정신에는 막강한 억압 기제가 있다. 많은 아이들이 피해에 대하여 망각할 수 있는데, 심지어 지금 당장 학대가 행해지는 와중에도 망각은 가능하다.

내 마음에 서랍을 그렸어요. 내게 일어나는 모든 일을 그 서랍 안에 쑤셔 넣고는 문을 닫는 거죠.

망각의 능력은 많은 생존자들이 성인이 된 지금도 자신의 피해 사실을 인식하지 못하는 상황으로 입증되고도 남는다(이러한 현상을 좀 더 깊이 있게 설명하기 위해서는 166쪽에 있는 '기억하기' 부분을 참조하라). 어떤 생존자들은 성폭력은 기억하지만 그 당시 자신의 심리 상태에 대해서는 잊어버린다. 의부와 오빠에게 어린 시절 내내 농락당한 한 여성의 말이다. "난 깡그리 완벽하게 억압했기 때문에 마음이 불편하지 않을 정도까지 되었어요."

포장용 얼굴 Presenting a Facade to the World

차마 똑바로 볼 수 없는 현실과 참담함에 대처하는 한 가지 방법은 그럴 듯한 얼굴로 진심을 덮어버리는 것이다. 겉으로 보면 유복한 어린 시절을 보내는 어린 여자 아이가 있지만, 아래를 들춰보면 악몽에 시달리고 구석으로 몸을 숨기면서 무시무시한 사람들의 눈치를 살피는 어린 소녀가 있다.

많은 생존자들이 이런 식의 패턴을 어른이 된 지금도 계속하고 있다. 내면으로는 자신이 사악하고 나쁘다고 여기며 뭔가가 잘못되었다는 걸 알고 있다. 하지만 바깥으로는 전혀 다른 얼굴을 보여준다.

스물한 살 때였어요. 일어날 수가 없어서 그냥 침대에 누워 있는데 시트 위로 벌레들이 기어가더라구요. 이러다가는 끝내 자살을 하거나 아니면 미칠 거라는 생각이 들더군요. 그런데 바로 30분 뒤에 무얼 했는지 아세요? 기분을 바꾸어 어머니에게 아주 쾌활한 편지를 썼어요. 잘 지내고 있다고. 필사적으로 이런 명랑한 얼굴을 유지하려고 애썼던 거죠.

하지만 그러한 겉모습의 두께는 너무나 빈약하다. 56세의 한 치료사는 자신의 삶에서 일어났던 분열을 설명했다.

자라면서 지극히 모범적인 행동만 했어요. 지나치게 성취 지향적 경향을 띠었죠. 대학 내내 모범생이었고 런던에서 풀브라이트 장학생으로 공부했고 아주 근사하게 성공할 것이라는 기대를 한 몸에 받았어요.
다른 사람들의 기대에 부응하기 위해 위선에 찬 인격을 개발한 거였어요. 나 자신을 숨긴 채 말이죠. 사람들과의 관계는 껍데기의 교환일 뿐 그 이상은 아니었구요. 돈과 지위 덕분에 난 그럭저럭 지낼 수 있었어요.
난 내가 병들었다는 걸 알았어요. 내 안에 은밀하게 잘못된 뭔가가 있다는 것도 알았구요. 위선적인 인격 밑에는 공허가 있었고 그 공허 밑바닥에는 엄청난 분노가 있었어요. 내 속에 있는 문제의 징후를 밝히지 않는다면 모든 것이 엉망이 되고 결국 정신병이나 철창신세로 인생이 끝장날 것이라는 확신이 차츰 고개를 들더군요.

유머 Humor

거친 유머 감각, 말하자면 쓰디쓴 위트나 냉소는 어려운 시기를 견딜 수 있게 했다. 당신이 사람들을 웃게 만드는 동안은 확실한 보호막이 설치된다. 웃는 동안에는 적어도 울지 않아도 된다.

여러 해 동안 난 근친 강간에 대해 말할 때 느끼는 수치심이나 고통을 비껴 가기 위하여 유머를 썼어요. 물론 다양한 형태의 블랙 유머였지요. 그 유머를 통해서—딸들이 꼬챙이에 꽂히면서 흘린 피가 흰색 널빤지 아래로 떨어지는—하얀 울타리로 둘러쳐진 가족을 하나의 이상으로 떠받드는 미국식 모델이 지니는 부조리함을 지적하곤 했어요. 이것이 내가 진실에 대해 이야기하는 방식이었어요. 그렇게 살지 않았던 사람은 결코 믿을 수 없는 그러한 진실에 대해서요.

한번은 치료사에게 내가 유머를 사용하는 것을 어떻게 생각하느냐고 물어 보았어요. 이런 일을 두고 웃는다는 게 어쩐지 옳지 않은 것 같았으니까요. 그 치료사가 말하더군요. "유머는 비극에 대처하는 여러 방식 가운데 하나일 뿐입니다. 다른 사람들은 자기 자신이나 다른 사람을 해치기도 하고 또는 불을 지르거나 목숨을 잃을 만큼 술을 마시곤 하지요. 당신은 깊은 상처에 대처하는 여러 방법들 가운데 비교적 무해할 뿐 아니라 웃으면서 삶을 긍정할 수 있는 한 가지 방법을 택한 겁니다. 나쁜 선택은 아니었어요. 전혀 나쁘지 않습니다."

해리 Dissociation

성폭력의 희생자가 된 어린이는 자신에게 일어나는 일을 느끼지 않으려고 몸으로부터 분리된다. 경험이 너무 지독하여 견딜 수가 없으면 어린이들은 정서적으로나 심리적으로 그 경험과 해리되는 것이다. 신체적으로는 도망갈 수가 없으니 몸을 떠나는 것이다. 그 결과 생존자들은 종종 자신이 먼 거리를 사이에 두고 폭력이 일어나는 것을 보는 것 같다고 묘사한다.

몸에서 이탈되어 나가는 것 같았어요. 의자에 앉아 있는 나 자신을 느낄 수 있지만 또 몸에서 빠져 나와 붕붕 떠다니는 느낌도 있었어요. 정확하게는 뭐랄까, 공기 속으로 퍼져 나가는 것 같았지요. 몸이 의자에 있다는 것은 알지만 나머지 나는 몸 바깥에 있는 거죠.

이 과정이 해리이다. 해리가 어린이들에게는 탁월한 대처전략이어서 그 처참한 상황을 견디며 살아가게는 하지만, 어른이 된 생존자들에게는 다른 문제로 연결될 수 있다. 해리가 종종 습관이 되다보니 위협을 받거나 두려워질 때마다 경미한 수준이라 하더라도 계속 해리를 경험하는 생존자들이 많다.

한참동안 나는 몸에서 떨어져 나와 있어요. 그건 마치 뭐냐하면, 내 목 아래로부터 텅 빈 느낌이랄까. 사다리가 있어요. 상황의 추이를 살피면서 그 사다리를 타고 올라간답니다. 어린 아이가, 그건 접니다만, 머리 안에 앉아서 눈을 통해 바깥을 내다보는거죠.

해리된 상태에서 어딘지 모르는 곳으로 가는 사람들도 있다. "몸에서 떨어져 나와 있을 때 무슨 일이 일어났는지 몰라요. 난 거기 없으니까요."•

• 좀 더 많은 해리를 찾으려면 《What We Know about Memory and Traumatic Amnesia》의 74쪽, 《Trauma and the Brain》의 242쪽, 《From Splitting to Being in Your Body》의 253쪽을 보라.

해리성 정체장애 (다중인격)

지독한 폭력에서 오는 공포와 고통, 절망으로부터 빠져나올 방도가 없을 때 어린이들은 종종 새로운 자아를 만든다. 보통 대체인격으로 알려진 이 새 자아를 통해 그들은 성폭력으로부터 분리되고 그 무거운 짐을 참아내려는 것이다. 이것은 상당 수준까지 발전하여 해리성 정체장애 Dissociative Identify Disorder (DID; 이전에는 다중인격 장애로 알려짐) 진단을 받을 수도 있다.●

이 정도의 해리는 그렇게 대처하지 않았더라면 참아낼 수 없었을 고통에 잘 적응한 상태라 할 만하다. 다중인격이라는 사실을 알게 되면 충격일 수 있다. 하지만 내면에 살고 있는 여러 자아들로 인하여 당신이 극심한 외상으로부터 살아남을 수 있었다는 사실을 기억하는 것은 정말 중요하다. 당신은 기적을 행한 것이다.

문제는 당신에게 장애가 있으니 그걸 고쳐야한다는 것이 아니라, 처음 폭력이 발생한 상황에 필요했던 대처방식인 해리를 집중적으로 다루고 치유해야한다는 것이다.

DID를 가진 생존자들이 자기 내면의 분열된 자아들을 받아들이고 고맙게 여기기가 쉬운 일은 아니다. 대체 인격 중 일부는 적대적이거나 연약할 수 있고 어떤 식으로든 당신에게 방해가 될 수 있다. 이렇게 분열된 자아 하나하나가 지금은 당신에게 문제가 많은 존재로 비춰지겠지만, 당신이 살아남는 데 중요한 역할을 했다는 사실을 반드시 기억해야 한다. 모든 대체인격은 욕구를 충족시키려고 개발된 것이며 어떤 제한된 상황이 주어졌을 때 자신의 몫을 톡톡히 해냈다. 지금은 말도 안 되는 것처럼 보일지 몰라도 그 당시 당신은 나름의 논리를 가지고 합리적으로 행동했던 것이다.

다중인격을 치유하는 것은 다중인격으로 분리되지 않은 생존자들의 치유

● 해리가 관한 책과 자료가 점점 많아지는 추세이다. 《Trauma, Memory, and the Brain》 546쪽.

과정보다 훨씬 더 복잡하다. 각각의 대체인격이 경험의 일부를 제각각 기억하고 있으므로 치유 과정에 따로 개입하여 치유를 한 후, 다시 모두 같이 통합적으로 치유의 과정을 거쳐야 한다. 이 과정이 어려운 것만은 아니고 장점도 있다. 아주 소중할 수도 있는 내적 지지체계와 협력체계가 생길 가능성이 있다. 다중인격을 가진 많은 생존자들이 내면에 조력자, 현명한 치유자, 가이드를 가질 수 있다. 위기와 혼란의 한 가운데서도 직장으로 갈 때, 운전할 때, 사업에 전념할 때 그 일을 잘 해내는 대체인격이 있는 것이다.

별개의 자아를 만들어 지능적이고 창의적인 방식으로 극한의 폭력에 대처하고 생존하는 인간의 능력은 정신과 마음의 풍부함을 입증하기도 한다. 당신의 마음이 당신을 살려내고 당신의 힘과 능력을 보존하고 강화해 온 방식을 존중하게 되면 스스로 수용과 이해, 명예로움의 태도를 가질 수 있다.

거리두기 Spacing out

생존자들은 현재의 공간에서 벗어나서 그 자리에 존재하지 않는 엄청난 능력을 보유하고 있다. 여기에는 여러 방법이 있다.

> 난 벽 속으로, 문 속으로, 가구 속으로 걸어 들어가곤 했지요. 난 내 몸 안에 있지 않았으니까요. 약간의 타박상은 망각하기 위해 치러야 할 값싼 경비였어요.

한 생존자는 지금도 두려움을 느낄 때마다 방 안에 있는 물건 하나를 뚫어지게 쳐다본다. 성폭력 당하는 동안 했던 그 방식대로 말이다.

> 난 내가 거쳐 갔던 그 많은 방들의 가장 미세한 부분까지 다 기억하죠. 내가 누구에게 말을 걸었으며 무슨 말을 했는지 기억할 수는 없지만 창문의

모양새에 대해서는 정확하게 말할 수 있다구요.

실제로 거기 없으면서 있는 척하는 모습을 보이는 생존자들도 있다.

사람들과 거리를 두거나 그 자리에 존재하지 않고 딴 곳에 가 버리는 방식으로 내 삶을 소비해 왔습니다. 참으로 능수능란하다고 자부해요. 그 곳에 앉아 있지만 마음속으로는 다른 곳에 갔다가 돌아옵니다. 그래서 그 대화에 대해서 아무 것도 아는 바가 없답니다. 난 계속 떠들 수도 있어요. 그런데 정말 기이한 것은 사람들이 대부분 내가 그곳에 없었다는 사실을 눈치채지 못한다는 사실이에요!

이런 식의 거리두기는 고통으로부터 스스로를 단절시키기도하지만 다양한 삶과 인간관계를 놓치게 하는 문제를 가지고 있다.

자기방어를 위한 전략

사람 피하기

때로 생존자들은 자신을 고립시킨다. 자신은 친절과 사랑, 관심을 받을 자격이 없으며 상처투성이기 때문에 사랑스럽지 않다고 여긴다. 혹은 어떻게 손을 뻗어 대화를 시작하는지, 어떤 식으로 다른 누군가와 관계를 맺어가는지 배운 적이 없기 때문일 수도 있다. 그러나 인간과의 만남은 기본 욕구에 속한다. 이러한 관계의 결핍은 외로움과 소외, 절망으로 이어진다.

내가 다르다는 걸 알았죠. 뭔가가 잘못되었어요. 다른 아이들도 그걸 알아차리더군요. 내게서 그것의 냄새를 맡더군요. 아이들이 약자를 눈치채면… 아시죠, 무슨 일이 일어나는지. 차라리 눈에 띄려고 온갖 짓을 다했어요. 이상하게 굴었어요. 내가 약올라하지 않으니 그냥 내버려두더군요. 나의 유일한 친구는 내가 다른 사람인 척 하면서 온라인에서 만나는 사람들이었어요. 솔직히 진정한 친구가 없었다고 말할 수 있겠네요.

친밀한 관계 피하기

당신이 그 누구도 당신 가까이 오는 걸 허용하지 않는다면 아무도 당신을 해치지 않는다. "인간관계를 맺지 않으면 폭력적인 관계로 들어가지 않을 수 있다"고 한 여성이 설명한다. 또 다른 여성은 "난 안전한 혼자의 상태를 유지했습니다."라고 했다.

몇몇 생존자들은 작정하고 친밀한 관계를 제한한다. 한 여성이 말했다. "친구라고 해도 단칼에 절교하고 두 번 다시 뒤돌아보지 않을 수 있어요." 또 다른 여성은 먼 거리에 사는 남자들하고만 교제를 했다. "그들 중 한 명은 비행기를 타야하고 또 한 명은 차가 없었어요. 상당히 괜찮은 작전이었지요."

어떤 생존자들은 덜 노골적으로 친밀한 관계를 피한다. 겉으로는 개방적이고 다정하지만 내면의 감정은 숨기고 있다. 한 생존자는 "열 가지 공식 비밀 목록"이 있어서 아무렇지 않게 이야기한다고 했다.

난 너무나 사적이어서 함부로 떠벌릴 수 없는 나 자신에 관한 것들을 사람들에게 말합니다. 하지만 그들을 신뢰하는 것은 아니며 가까이 가지도 않아요. 그들은 내가 무엇을 느끼는지 모릅니다. 그건 거의 털어놓지를 않으니까요.

성행위 피하기

많은 생존자들이 성적 접촉을 피하기로 결심한다.

전혀 성적이지 않은 남성과 의도적으로 결혼을 했어요. 그는 1년에 세 번 정도 성관계를 가지는 남자였고 그런 점에서는 아주 완벽했어요. 임신하고 싶은 생각이 들면서부터는 기초 체온법을 사용했지요. 아이를 임신한 것은 인공 수정에 가까워요.

어떤 사람은 몸을 무감각하게 만들어 버려서 더 이상 반응하지 않는다.

친족 성폭력이 일어나는 와중에 쾌감을 느꼈다는 사실에 대해서 내가 대처할 수 있었던 방식의 하나는 이런 주문을 외는 것이었다. '그건 결코 쾌감을 주지 않을 거야. 섹스는 쾌감을 느끼지 말았어야 할 때 쾌감을 느끼게 했으니까 앞으로 섹스를 통해 쾌감을 얻는 일은 결코 일어나지 않아야만 해.' 그래서 나는 더 이상 느끼지 않는다. 섹스에 주의를 기울이지 않는다. 나는 섹스에 대해 거의 생각하지 않으며 또한 섹스는 나에게 어떠한 쾌감도 주지 않는다. 다른 사람은 섹스를 할 때 쾌감을 느끼겠지만 나는 그 상황에서 벗어나고 싶어 죽을 정도다. 그러니 다시는 성행위를 하지 않으면 된다.

계속 통제하기

통제는 많은 생존자들의 삶을 관통하는 하나의 주제이기도 하다.

일을 내 방식대로 해야 한다는 집착이 강해요. 그렇게 하지 않으면 죽을 것 같아요. 하지만 일상생활 속에는 수많은 미세한 것들이 상호작용하고 있으니 내가 이것들을 모두 통제할 수는 없지 않겠어요?

생존자들은 자기 생활을 질서정연하게 유지하려고 애쓴다.

신발은 늘 같은 장소에 놓여야 하구요. 방은 항상 말끔해야 되죠. 아침에 출근하면 일정한 장소에 펜이나 열쇠를 정돈해 두는 일상을 되풀이해요. 통제할 수만 있다면 그렇게 하지요. 어렸을 때는 제가 통제하지 못하는 부분이 너무나 많았으니까요.

통제하고자 하는 욕구를 사물뿐 아니라 사람에게까지 확장하는 생존자들이 많다. 이들에게는 협상이나 타협이 난제이다. 통제하려는 강한 욕구 때문에 다른 사람의 입장에서 상황을 판단하기가 어려워진다. 또한 다른 사람이 좋아하는 것을 수용한다는 것은 엄청난 위협으로 받아들여진다.

과잉 경계

어릴 때 주변의 세세한 부분에 신경을 곤두세웠더라면 피해를 입지 않았을지도 모른다. 하여 이제는 당신이 방의 어느 위치에 있는지 의식해야 한다고 생각할 수 있다. 당신은 출입문을 마주보고 앉아서 아무도 뒤에서 살금살금 다가오지 못한다는 것을 확인한다. 당신은 또한 주변 사람들의 기분과 욕구를 항상 예측하면서 이들의 사생활에 대하여 지나치게 의식했을 것이다. 이러다 보니 자신이 다른 사람들에 대한 소문을 퍼뜨리는 확실한 진원지였다고 말하는 여성도 있었다. 만약 주변 사람들이 무엇을 하는지 파악하고 있으면 어느 누구도 다시는 그녀를 놀래킬 수 없을 거라고 생각했던 것이다.

혼란 자처하기

역설적이게도 생존자들은 때로 혼란을 초래함으로써 통제력을 발휘한다. 어떤 행위를 통제하지 못하게 되면 당신은 최근에 부딪힌 다른 문제의 책임을 주변 사람들에게 떠넘겨 버린다. 이런 식으로 당신은 (부정적이기는 하지만) 주목을 받게 되고 결과적으로 통제권을 휘두르는 존재가 된다. 로라의 아버지는 항상 그녀에게 이런 말을 했다. "가족이란 가장 병약한 누군가가 군주로 앉아있는 독재국가이다."

알코올 중독자인 부모를 둔 자녀도 마찬가지인데 생존자들은 위기를 능숙하게 해결하지만 위기를 만들어 내는 데도 능하다. 생존자인 에릴린 먼연은 말한다.

> 인간은 자기에게 익숙한 쪽, 자기가 아는 쪽으로 끌리는 경향이 있다고 한다. 이 말이 사실이라면 생존자들이 혼란의 와중에 처해 있는 이유 또한 설명될 수 있다. 그들은 혼란에 익숙할 뿐만 아니라 그 혼란을 훌륭하게 다루기도 한다. 나는 아무리 특별한 상황이라도 처리할 수 있으며 사실 그러한 상황에서 뛰어난 능력을 발휘하게 된다. 그런데 일상생활에서는 오히려 정신이 혼미해진다. 정상적인 상태에서는 항상 히스테릭해진다.
> 내가 생존자라는 것을 깨닫기 전에는 내 인생이 왜 이렇게 상처투성이로 얼룩졌는지 알 수가 없었다. 난 평범한 상황에는 한 번도 있어 보지 못했을 뿐만 아니라 그것을 생각만 해도 끔찍했다. 내 인생이 평온할 때면 언제나 뭔가 굉장한 일이 일어나기를 바랐고 그래서 그 속에서 좀 편안해지기를 바랐다. 사람들은 간혹 극단적인 상황에 처해 보기를 갈망하는 수도

있지만 난 한 번도 그러한 상황으로부터 벗어날 수가 없었다.

안전 제일

안정적이면서도 예측 가능한 선택을 함으로써, 통제력을 얻거나 적어도 통제력을 얻으려고 시도해볼 수 있다. 위험은 거의 없다. 그러나 보호받는 대가도 있다. 도전의 기회가 날아간다.

안정적인 사람, 나를 떠나지 않을 사람, 그 무엇보다도 강제를 휘두르지 않을 사람하고 결혼했어요. 그는 든든한 바위 같았지요. 내가 발 딛고 있는 지반이 흔들린다고 여겼기 때문에 그만큼 든든한 사람을 택한 거예요. 우리는 전통적인 결혼식을 올렸어요. 내가 해야 할 것은 정말 아무 것도 없었어요. 다만 남편에게 매달리기만 했을 뿐이에요. 그는 성공한 사람이고 지위도 높아서 오랜 세월을 그의 그늘 아래 있었던 거죠. 그의 보호를 받으면서 22년을 살았던 겁니다. 그것이 내가 살아온 방식이었어요.

종교에서 도피처 찾기

생존자들은 일사불란한 규칙과 경계를 갖춘 신앙에 집착하면서 안전과 통제력을 추구한다.

마릴린 이야기: 안정과 용서를 구하면서

나는 15세 때 침례교도로 다시 태어나면서 약간의 안정감을 가졌어요. 복음주의자들은 우리가 얼마나 사악하며 어떻게 해야 우리의 죄를 용서받을 수 있는가에 대해서 설교하더라구요.

밥 존스 대학으로 가는 길은 분홍색 보도步道와 푸른 보도로 나누어졌는데 소년들은 푸른색 보도를, 소녀들은 분홍색 보도를 따라갔어요. 우리는 밥 존스에 가고 싶어 했어요. 모두 거리에 나와 전단을 뿌리면서 친구들에게 복음을 전파했어요.

교회는 해방구였지요. 교회는 나에게 뼈대를 만들어 주었어요. 그러니까 네가 이러이러한 것을 한다면 구원받으리라는 것이지요. 설교를 통해서는 공식적으로 해야 할 일과 하지 말아야 할 일을 알게 되고 친구를 통해서는 비공식적인 것들을 알게 되죠. 어느 가게에서 어떤 옷을 구입할 것인가를 알게 되고 어떤 나이트가운을 입어야 하는지를 알게 돼요. 남편과의 성행위에서 허용되는 것과 허용되지 않는 것이 무엇인지를 알게 되고, 같은 음식을 요리하고 같은 방식으로 아이를 키우게 되죠. 이러한 것을 하면 당신은 구원될 것이라는 점이 핵심이니까요.

하나님이 내가 하는 모든 세세한 부분, 심지어 가게에서 쇼핑하는 것까지 개입하신다고 믿었어요. 빛 속에서 걷기만 하면 나에게는 하나님이 허용치 않는 어떤 일도 벌어지지 않을 거라고 믿었지요. 결단을 내릴 수 없는 상황이라면 그저 하나님이 말씀하실 때까지 기다릴 수밖에 없다고 생각했어요. 내 삶에 대해서 어떠한 책임도 지지 않았어요. 그건 잘못된 태도였죠. 오히려 내가 하는 모든 행위 안에서 하나님의 뜻을 찾아야만 했는데. 가게에서 판매중인 소파를 보았다면 그것을 사는 것이 하나님의 뜻이라고 믿었으니까요.

여성들에게 성경을 가르치곤 했는데, 여러 해 동안 내가 따르고 가르쳐 왔던 가르침은 놀랄 만큼 전통적인 여성다움과 완전한 여성에 관한 것이었어요. 내가 가르쳤던 여성들을 생각할 때면 난 움츠러들게 되요. 그들이 내 가르침을 잊었으면 해요. 학생 가운데 약간 반항적인 여성이 있었는데 난 그 사람에게 남편 말에 순종하는 게 좋을 거라고 이야기하곤 했지요. 그러면서 성경 구절을 인용했어요.

어떠한 회의도 용납하지 않았어요. 어떤 것도요. 나는 단지 안정감을 얻기 위해서 그런 지침들을 받아들인 거죠. 하지만 내가 나쁜 인간이었다는 것도 용서받으리라고 생각했답니다.

필사적인 도피

당신은 아이였을 때 혹은 사춘기가 되었을 때 가출하려고 시도했을지도 모른다. 혹은 잠이나 책, 텔레비전에 빠져들기도 한다. 어른이 된 많은 생존자가 아직도 병적인 독서광으로 남아 있다. 한 여성의 말이다. "소설책을 잔뜩 사다가 졸릴 때까지 계속 읽는 거예요. 대개 한 번에 36시간 동안은 계속되죠." 또 어떤 사람들은 몇 시간이고 텔레비전 앞에 앉아 있다.

성폭력이 정말 일어났다는 사실을 믿기 어려워 하는 사람은 뭔가 다른 일이 일어나고 있다고 믿게 된다. 때로 아이들은 무기력한 상황에서 권력에 대한 욕구를 추구하는 환상을 만들어 낸다. 한 여성은 모든 문에 자물쇠가 달려 있는 작은 집에서 혼자 살아가는 것을 꿈꾸었다. 또 다른 사람은 복수를 꿈꾸면서 어린 시절을 보냈다.

> 아빠를 죽일 방법을 궁리하려고 '페리 메이슨'(TV 프로그램─옮긴이)을 보았지요. 그때야말로 가장 좋은 시간이었어요. 매일 새로운 방법을 구상했죠. 낮 동안 아빠가 '페리 메이슨'에서 살해당하는 이미지를 만들어야 밤에 비로소 잠자리에 들곤 했어요. 이렇게 저는 제 아빠를 살해하는 것이었어요. 한번은 '페리 메이슨'에서 한 남자가 욕조 안에 전기 선풍기를 넣어서 자기 아내를 죽이더라구요. 나도 아빠를 그와 비슷하게 죽이는 상상을 했지요. 또 한 번은 고깃덩어리에 유리 가루를 넣는 환상에 빠졌던 기억이 생생하게 나는군요. 그를 찔러 죽이고 총으로 쏘아 죽이는 생각을 했

지요. 매일 밤 다른 방식으로 그를 죽였답니다.

많은 생존자들이 성장하면서 강렬한 환상을 계속 간직한다.

어른이 되면서 이런 것들은 내가 정당하다는 것을 입증하려는 환상, 세상의 권력을 가지는 환상, 복수의 환상으로 바뀌었어요. 환상 속에서 무엇인가 때문에 흐느껴 우는 상태로 빠져들죠. 내가 죽은 뒤 모든 이들이 내게 저질렀던 잘못들을 참회하는 그런 환상을 좋아해요. 내가 어렸을 때 되었어야만 했던 것들을 다만 지금 시점으로 상상해 보는 것에 불과하지요. 몇 시간이고 몽상에 빠질 수 있어요. 세상의 일을 바꾸기보다는 내 머릿속에서 온갖 일들을 도모하는 편이 훨씬 더 안전하잖아요.

환상은 창의적인 삶의 출처가 될 수도 있다. 아주 절박하게 도피해야 할 필요성이 있었던 한 10대 여성은 '스타 트렉'(TV 프로그램—옮긴이)이 진짜라고 믿었다. 그 시리즈가 끝나자 그녀는 머릿속에서 주인공들의 목소리를 들었고 마침내 직접 각본을 쓰기 시작했다. 지금 그녀는 성공한 과학 소설가로 활약하고 있다.

중독, 강박증, 자기파괴적인 행동

중독은 기억을 차단하고 성폭력의 고통에서 새어 나오는 신음소리를 잠재우는 흔한 방법이다. 의지할 사람이 있었더라면 아마 당신은 슬픔과 수치심, 분노를 다룰 다른 방법을 찾아냈을 거다. 하지만 그런 지지와 보호벽을 만나지 못했다면 혼자서 그 상황에 대처할 방법을 찾아야만 했을 것이다.

그리하여 약물, 알코올, 음식에 매달려 당신의 감정을 무감각하게 하려고 했을 수도 있다. 위험한 상황이나 위기, 성행위에 중독되었을 수도 있다.

피해를 기억하기 전에는: 써니의 이야기

방과 후 저녁나절에 어머니와 함께 술을 마시기 시작했다. 그녀는 움직일 능력이 없었으므로 내가 학교에서 돌아오면 "술 한 잔 마시게 해 다오"라고 말했는데 어느 날부터는 "한 잔 하자"고 말하기 시작했다. 열일곱 살이 되어서 다른 지방으로 진학을 하게 된 이후부터 나는 훨씬 더 심각하게 술을 마시기 시작했고 급기야 이따금씩 필름이 끊기기도 했다.

파티에는 전혀 가지 않았고 바에도 가지 않았다. 혼자 집에서 술을 마셨는데 술병이 바닥나고 정신이 완전히 나가도록 마셔댔다. 난 언제나 이번이 마지막이라고 다짐했지만 사실 그만두어야 할 이유는 없었다.

먹는 것도 마찬가지였다. 아침에는 거의 아무 것도 먹지 않았는데 매일 아침 다이어트를 하겠다고 다짐했기 때문이었다. 단식은 오후 서너 시까지 계속되다가 그 시각쯤부터는 막 먹기 시작했다. 정상인이 먹는 것과 달리 반 갤런(약 2리터)의 아이스크림이나 한 통의 도넛을 사서는 짧은 시간에 엄청나게 먹어댔다. 결코 맛이 있지는 않았다. 난 그런 나를 좋아하지 않았고 형편없는 식생활은 나를 더 우울하게 만들었다. 끔찍했으며 난 내가 실패했다고 여겼다. 그리고는 말했다. "괜찮아, 내일부터 시작하는 거지 뭐."

AA(Alcoholics Anonymous —단주 친목 모임)에 가서 정신을 차리기 전까지 난 나처럼 느끼고 나처럼 행동하고 나처럼 사는 사람은 이 세상에 아무도 없을 거라고 생각했다. 난 마치 쥐새끼가 된 것 같았다. 옷은 멀쩡하게 입고 직업도 있었고 근사한 아파트도 있었다. 하지만 금요일에 집에 가서는 커튼을 닫고 문을 잠그고 옛날 영화를 보며 마시고 먹어댔다.

뉴스나 행진, 야구 경기와 같은 요즘 TV프로그램은 어떤 것도 보지 않았다. 환상처럼 펼쳐지는 옛날 영화나 드라마만 보았다. 극중 인물들을 내 가족처럼 여겼다. 특히 휴일에 방영한다는 사실이 좋았는데 왜냐하면 '내 자식'(TV 프로그램 — 옮긴이)들과 함께 크리스마스와 추수 감사절을 보낼 수 있었기 때문이었다.

가게에 가기 위해서 옷을 차려 입곤 했다. 한 블록 떨어진 곳에 술을 파는 가게가 있었는데 차를 타고 가곤 했다. 때로는 집을 잘 찾아오지 못할 때도 있었다. 차를 멈추어서 내가 산 것들을 주워 담아야만 하기도 했다. 또 어떤 때는 옷을 제대로 입지 않기도 했다. 잠옷에 겉옷만 걸치고는 가게로 차를 몰았다.

그런 식으로 사는 것이 나빴지만 난 내 인생에 대해서 생각하지 않으려고 애썼다. 뭔가 잘못되고 있다는 걸 알았지만 손을 댈 수가 없었다. 다른 사람들은 그렇게 살지 않는다는 것도 알고 있었다. 언젠가는 다른 방식을 취할 것이라고 생각했지만 늘상 '오늘'은 아니었던 것이다.

친구도 없었다. 내가 알고 지내는 사람은 열 손가락 안에 들 정도였다. 내가 죽는다면 그 사실을 맨 처음 알게 될 사람은 밀린 방세를 받으려고 찾아오는 집주인일 거라고 생각했다. 내 인생에는 정말 아무도 없었다. 내가 애틋해 하는 사람도 없었다. 난 믿을 수 없을 정도로 고립되어 있었다. 그러한 상태는 AA에 가기 전까지 계속되었다.

성 중독

성행위를 피하는 것으로 대처한 생존자가 있는 반면, 전혀 성적이지 않은 욕구를 포함하여 다른 모든 욕구를 성행위로 충족시키려는 생존자들도 있다. 한 생존자가 털어놓았듯이 "나와 성행위를 원치 않는다는 것은 나를 사랑하지 않는다는 의미로 받아들이는 식이었어요. 사랑받는다는 느낌을 원했기 때문에 나와 성행위 하려는 사람이라면 누구하고나 했습니다."

이 여성처럼 당신은 모르는 사람과 섹스를 하거나 중요한 관계를 위험에 빠뜨릴 수도 있는 일을 저지르게 된다. 포르노나 음란성 전화, 인터넷 섹스에 중독되고 수치스럽고 난폭하고 위험한, 혹은 가해자를 연상시키는 환경 속에서 성행위를 하게 된다. 당신은 계속 성폭력에 노출되었거나 다른 사람을 가해할 수도 있다. 당신이 이러한 행동을 습관처럼 하건, 여러 번 그 행동을 끊으려고 시도하고 좋은 의도를 가지고 애를 쓰건, 그 행동을 단절하기는 어려울 것이다.

> 무척 사랑하는 사람과 결혼했습니다. 하지만 다른 남자들과 섹스하는 것을 멈출 수가 없었어요. 바에서 남자를 고르지요. 섹스바에 갑니다. 모든 것이 빠르게 익명으로 진행되지요. 이건 사랑과는 아무 상관없는 것이니 남편을 배신하는 게 아니라고 나 자신에게 말했죠. 대부분 섹스는 그다지 좋지 않았어요. 그저 그렇게 해야만 했어요.
>
> 물론 남편이 알아차렸습니다. 성병에 걸렸거든요. 그에게 말을 해야만 했습니다. 그는 무척 상심하더군요. 우리는 이야기를 하려고 했지만 내가 너무 멀리 가버렸던 겁니다. 우리의 결혼을 지키기에는 너무 늦어버렸어요.

거식증과 폭식증

성폭력 피해를 입은 어린 여자아이에게 거식증 혹은 폭식증이 생기는 경우가 있다. 성폭력이 은폐되어 겉으로 보았을 때는 모든 것이 정상인 것 같지만, 가족 체계가 극도로 통제되어 있으므로 가족 중 누군가가 거식증과 폭식증을 보이면 그것은 구조를 요청하는 울부짖음일 수 있다. 원하지 않는 성행위를 강요받는 소녀에게 여성으로의 성숙은 끔찍한 일이다. 거식증이나 폭식증은 싫다고 말하려는 시도, 변화하는 자신의 몸을 통제하려는 시도일 수 있다. 한 생존자가 기억한다.

> 원인도 모른 채 오래도록 거식증에 시달렸습니다. 내 경우 체형의 문제는 아닌 듯 했거든요. 최근 수술에서 회복하던 중 붕대를 감은 상태에서 드디어 분명하게 떠오르더군요. 집에 쉽게 차려먹을 수 있는 음식이 있었지만 먹지 않았어요. 폭력을 당하고 난 이후와 똑같이 수술을 끝낸 이후여서 내게 흠이 생겼다는 생각이 들었던거죠. "흠이 생긴 여자는 먹지도 말아야 한다." 내가 이렇게 생각해왔다는 깨달았어요. 그제서야 나는 요리해서 먹을 수 있었습니다.

강박적 섭식

많은 사람들에게 강박적 섭식은 감정을 표현하고 고통을 피할 수 있는 한 방법이다. 게다가 어떤 생존자들은 뚱뚱해지면 성적 접근이 없어질 거라고 믿는다.

> 아홉 살 때부터 몸이 불어나기 시작했어요. 게걸스럽게 먹기 시작하던 바로 그날을 정확하게 기억하고 있어요. 의붓아버지가 여러 사람들 앞에서 나를 만지던 날이었어요. 그는 내 욕실 가운을 벗기고 나를 닦아 주는 척 하면서 손가락을 내 속으로 집어넣었어요. 난 완전히 알몸이 된 것 같았고 바로 그날부터 마구 먹기 시작했던 기억이 나요. 정말 풍선처럼 살이 쪘어요.
> 나를 감추고 나를 보호하려면 몸무게를 늘리는 수밖에 없다고 생각해서 의도적으로 먹은 거죠. 체중이 줄어들면 알몸이 된 것 같은 기분이 되거든

요. 참을 수가 없어요. 너무 체중이 불어서 심장에 압박을 주었나 봐요. 그건 여러 모로 생활에 지장을 주지만 아직도 나는 나를 보호해야 할 필요가 있다고 봐요.

또 다른 생존자의 말이다. "계속 무언가를 먹고 있을 때는 무슨 일이 일어났는가에 대해서 이야기를 하지 않아도 좋았어요. 그래서 늘 입 속을 가득 채우고 있었지요."•

과도하게 분주함

강박증 증세 중에서 가장 흔하게 받아들여지는 행동 중 하나가 분주함이다. 우리 문화는 성취에 대해 보상하고 바쁜 생활 속도를 정상이라 여긴다. 그러나 많은 생존자들이 생활을 과도하게 바쁘도록 만들면서 자기 자신과 자신의 감정, 자신의 과거와 대면하는 것을 피한다. 평생을 매일 아침 자기가 작성한 목록에 맞추어 살아온 한 생존자가 이런 말을 했다. "살아오면서 한번도 가지지 못했던 삶의 여유에 대해서 종종 애도합니다."

한 생존자가 털어놓았다.

"끝마쳐야 할 일이 있을 때 바쁜 사람에게 주면 해결된다"라는 말이 있지요. 그 바쁜 사람이 접니다. 세 아이의 일정표를 관리하고 매일 판매용 쿠

• 강박적 섭식이 반드시 체형과 상관있는 것은 아니다. 뚱뚱한 데 과식하지 않는 사람도 있고 마른 체형인데 강박증적으로 폭식하는 사람도 있다. 미국문화에서 뚱뚱한 것은 자랑스러운 것이 아니다. 하지만 타고난 체형은 사람마다 다르다. 큰 체형이 반드시 정서적인 문제가 있다거나 어떤 사연이 있거나 폭력을 경험한 지표가 되는 것은 아니다.

키를 구워요. 가족이 힘든 상황에 놓여 있을 때도 교회에 가구요. 문상이나 병문안에 가장 먼저 도착하곤 합니다.

하루 대여섯 시간을 자구요. 나머지 동안 늘 바쁘지요. 늘 컴퓨터를 체크하고 휴대 전화로 통화해요. 내가 대단하다고들 생각하겠지만 사실 난 오로지 나 자신하고만 있을까봐 달아나는 겁니다. 나의 추함에 부딪히기가 두렵고 내가 알고 있는 치부가 안에서 차고 올라올까봐 두려워요. 나의 내면을 알 만큼 오래도록 멈추어 있는 기회를 원천봉쇄하는 겁니다.

일중독

생존자들은 내면 깊숙이 숨겨 둔 스스로에 대한 비난을 보상하기 위해서 지나치게 성취욕을 키우는 경우가 많다. 일에서 탁월한 솜씨를 발휘한다는 것은 그들이 통제할 수 있는 뭔가를 획득한다는 의미이다. 또한 성취에 대하여 높은 가치를 부여하는 우리 문화에서는 상당한 지지를 받는 행위이기도 하다. 과도하게 일하는 것에서 성공의 강렬한 동기를 엿볼 수 있기도 하지만, 그것은 주변 사람들이나 자기의 내면 세계와 관계를 맺지 않아도 되는 회피 방법이기도 하다.

난 100퍼센트 일벌레가 되었지요. 대학원을 갔고 모든 관계를 끊어 버렸어요. 공부가 힘들기로 소문난 경영 대학원을 다른 사람보다 조기에 졸업하는 등 완벽해지려고 노력했어요. 직장 일과 학교 공부만 했는데 학교 공부는 승진을 약속하는 것이기도 했어요. 2년 동안 한 해에 소득이 1만 9000달러가 인상되었어요. 그것이 다였지요. 내가 쓸모 있는 인간임을 증명할 수 있는 유일한 공간이었거든요.

도벽

훔치는 행위는 정신을 집중케 하는 행위이다. 짧은 순간 당신은 폭력당한 사실을 포함한 모든 것을 잊을 수 있다. 또 이 행위는 기분 전환을 하거나 흥분을 자아내는, 또는 당신이 맨 처음 성폭력을 당했을 때 가졌던 죄의식과 공포를 재현하는 통로이다. 훔치는 행위는 권위를 부정하는 방식이며 박탈당한 것을 되돌려 받으려는 시도, 점수를 공평하게 맞추려는 시도이기도 하다. 물론 도움을 요청하는 절규이기도 하다.

1년 반 동안 도둑질을 했어요. 처음 술을 끊고 난 이후 그것을 대신할 뭔가가 있어야 했으니까요. 물건이 탐나서가 아니라 그 행위에서 엄청난 긴장을 맛볼 수 있었기 때문이에요. 불행하게도 긴장을 느낄 수 있는 시간은 30초 정도밖에 되지 않아서 계속 훔칠 수밖에 없었지요.

내가 근무하던 회사의 돈을 횡령하기도 했어요. 규모가 큰 보험 사기를 했거든요. 상점에 가서 절도 행위를 하기도 했구요. 훔친 물건을 쌓아 놓고는 던져 버리기 시작했죠. 차 안은 전리품들로 가득 찼어요. 한 번도 걸린 적이 없었어요.

그러다가 5년 전 크리스마스 날 훔치는 일을 그만두었어요. 그렇게 오랜 시간 동안 무엇 하나라도 훔치지 않은 날이 없었는데 그날은 모든 상점이 문을 닫아서 그날만큼 훔치는 일을 그만두기에 좋은 날도 없었어요. 난 결국 AA에 있는 누군가에게 전화를 해서 내 문제를 털어놓았어요. 이야기하는 것만으로도 그 속박에서 풀려나는 듯했어요.

자기에게 상처주기

자해

자해는 고통의 경험을 통제하는 한 가지 방식이다. 가해자가 당신을 상처 입히는 대신에 당신이 스스로를 상처 입힌다. 자해는 복잡한 이유로 여러 사람들이 사용하는 대처방식이다. 분노를 표현하려거나 자신이 얼마나 힘든 상황에 놓여있는지를 외부로 드러내 보이거나, 무감각한 상태에서 뭔가를 느끼려고 하거나 도움이 필요하다고 말하려는 것이다.

난 나에게 상처를 입히고 고통을 자초하고 싶어서 내 몸을 칼로 긋는 행위에 대해 생각했어요. 내부에서 들끓는 고통이 너무 심하면 상처를 내요. 그 고통이 밖으로 빠져 나올 거라는 생각이 든 거죠. 유리로 손목을 그으면 그 유리를 따라 피가 흐르는 걸 보게 될 테고 그러면 고통도 없어질거라고 생각하는 거죠. 마치 너무나 부풀어 오른 풍선과 같아서 조금 바람을 빠지게 할 필요가 있는 그런 상태와 같아요. 한 번 자해를 하고 나면 두 번 세 번 하는 일은 훨씬 쉬워지죠.

당신은 변화할 수 있다

당신이 대처하면서 적용했던 모든 방식에 대하여 생각하다보면 숨이 막힐 수도 있다. 그러나 힘들더라도 이것을 인정하는 것이 긍정적으로 변화하는 첫 걸음이다.

아이였을 때는 그다지 선택의 여지가 많지 않았다. 살아남기 위하여 당신은 해야 할 일을 한 것이다. 이제는 자원도 많아졌다. 자기파괴적인 패턴을 바꾸고 더 이상 당신에게 유효하지 않은 대처패턴은 처분할 수 있다. 당신은 더 건강한 대응방식을 훈련하여 긍정적으로 키워가고, 이전의 대응방식과 맞바꿀 수 있는 새로운 습관을 만들어 갈 수 있다. 이 과정이 쉽지는 않을 것이다. 당연히 후퇴도 하겠지만 의미 있고 중요한 변화를 만들어가는 것은 분명 가능하다.

생존자마다 이 여정은 독특한 모습을 띠게 될 것이다. 누구든 자기만의 기회와 한계를 지니고 출발한다. 긍정적인 깨달음을 얻는 방식으로 대처한다면—가령 직장에서 성공하거나 마음을 열고 관계를 풍성하게 가꾸는 것과 같이—고통스러운 과거와 직면하지 않으려고 약물에 의존하는 것과 비교할 때 훨씬 더 넓어진 기회를 맞게 될 것이다. 감옥이나 정신병원에 감금되는 경우에도 여러 가능성을 접하기가 어렵다. 당신의 건강, 사회경제적 지위, 인종, 교육 정도가 당신의 기회에 영향을 미친다. 그러나 상황이 어떠하든 더 나은 선택을 할 수 있고 삶을 바꿀 수 있다.

그러나 누구든지 새롭게 출발하기 위해서는 자신의 대처 방식을 인식하고 자신을 용서하는 일부터 시작해야 한다. 당신이 수치심을 안고 살아야 할 이유 같은 건 존재하지 않는다. 당신은 불가항력적인 환경에 놓여 아이로서 당신이 할 수 있는 최선의 것을 해냈다. 당신은 '성폭력 피해로부터 살아남은 자'라는 칭호를 얻어냈다. 이제 당신은 변화할 수 있는 힘을 가진 어른이다. 자기수용과 자기사랑이 있는 곳에서 당신은 긍정적으로 변화할 수 있다.

쓰기 훈련: 대처방식

당신은 지금까지 사람들의 다양한 대처 방식을 읽었다. 어떤 것들은 당신에게도 있는 것일 테고 그렇지 않은 것도 있을 것이다. 이제 당신의 대처 방식에 대하여 글을 써 볼 차례다. 당신의 대처 방식을 어떻게 기억하고 있는지, 지금까지 어떻게 대처해 왔는지, 그것이 지금 당신의 삶에 어떤 영향을 끼치는지 등에 대해서 기술하라. 되도록 자세히 기술하되 당신이 한 일을 존중하는 관점에서 출발하라.

치유를 위한 생존기술

> "성폭력 피해로부터는 살아났습니다.
> 하지만 치유 과정에서 살아남을 수 있을지 때로 두려워집니다."

치유는 까다로운 작업이다. 이것은 기존의 대처방식에 딴지를 걸고 깊이 숨어있던 고통과 두려움, 슬픔을 후벼판다. 그리고는 삶을 뿌리부터 변화시키라고 요구한다. 어린이 성폭력 피해가 치유되면서 따라오는 뼈아픈 고통을 겪을 즈음 스스로에게 친절하게 구는 것이 중요하다. 그러나 어린이 성폭력의 흔한 부작용은 자신의 욕구에 대해 무감각할 뿐 아니라 자기를 돌보아야 한다는 사실을 깨닫지 못한다는 점이다. 그래서 치유 과정에서 처음에 부딪히는 어려움 중 하나는 새로운 생존 기술을 개발하는 게 필요하다는 점이다. 즉 스스로를 어떻게 돌볼 것인가 라는 문제이다.

종종 생존자들은 자신들이 치유 과정에서 진도가 얼마나 나갔는지 로라에게 물어본다. 로라의 대답은 한결같다. 그녀는 그들에게 다시 묻는다. "스스로를 배려하기 위해 무엇을 하나요?" 이것은 당신이 얼마나 많은 치료를 받아왔는지, 얼마나 많은 눈물을 흘렸는지, 얼마나 많은 사람들에게 당신의 친족성폭력 피해를 말해왔는지에 대한 대답보다 훨씬 더 당신의 치유 정도를 잘 보여주는 지표이다.

스스로 물어보라. 실수를 하는 나 자신에게 관대한가? 강도 높은 치유 과정에서 휴식을 취하고 쉬어가는가? 내가 즐기는 일을 할 수 있는가? 충분히 잠자고 건강에 좋은 음식을 먹고 있는가? 서로를 사랑하고 지지하는 사람들로 구성된 공동체의 일원인가? 나는 내 삶에서 잘 진행되는 일들을 인정할 수 있는가? 내가 하는 일 가운데 자랑스럽게 여기는 것이 있는가? 대부분의 질문에 그렇다고 답하고 그 방향으로 발전을 하고 있다면 당신은 치유의 길을 잘 걷고 있다. 하지만 치유의 초기 과정에 있다면 단 하나의 질문에도 그렇다고 대답하지 못할 수도 있다. 많은 생존자들이 피하고 대처하고 그저 목숨을 부지하느라 바쁜 나머지 스스로를 얼마나 잘 돌보는지 관심을 가질 여력이 없다. 그러나 이제 겨우 발걸음 떼는 단계라 하더라도 당신은 자기를 돌보는 방향으로 조금씩 움직일 수 있다.

치유 자체의 과정을 향해 부드러운 태도를 가지는 것부터 시작할 수 있다. 강요는 치유를 촉진시키지 못하고 오히려 방해한다. 그러므로 안정을 취하고 웃고 잘 먹고 잘 자고 순간순간을 즐기는 방법을 배우는 것은, 수치심에 고심하고 슬퍼하고 분노를 표출하는 것을 배우는 것만큼이나 중요하다. 당신의 힘을 모으고 통합하기 위해서는 조용한 시간이 필요하다. 물론 마음의 평온은 치유 과정의 목표 가운데 하나이며 그 자체로 가치있다.

당신이 치유의 초기단계이고 당신 삶이 고통스러운 감정과 기억과 위기로 가득 차 있다면, 속도를 늦추고 안정을 취하고 시간을 들여 치유한다는 것이 어이없는 헛발질처럼 보일 수도 있다. 지금 당장 너무 끔찍하므로 고통이 사라졌으면 싶다. 하지만 성폭력에서 치유된다는 것은 단기작업이 아니다. 점진적인 과정이며 그것도 작은 일상적인 단계에서 시작한다. 당신은 오랜 시간을 끌면서 정착해야 한다. 치유하는 동안 당신의 삶을 살아가는 법을 배워야 한다.

고립을 극복하기

다행히 지지해주는 가족이 있거나 그런 공동체의 일원이라면 당신은 크나큰 위안과 힘의 원천이 될 안전망을 가지고 있다. 하지만 많은 생존자들이 심각한 고립상태에 놓여있다. 크리슈나바이라는 한 여성은 자신의 고립을 이렇게 잘 표현했다.

> 차사고가 났어요. 음주운전자가 내 쪽으로 돌진한 겁니다. 병원에 갔더니 의사선생님이 말하더군요. "괜찮은 것 같습니다만 밤에 혼자 있지는 마십시오. 룸메이트있나요?" "아니요" "전화할 친구 있습니까?" "아니요", "전화할 가족은 있나요?" "아니요"
> 그는 이렇게 엄청나게 안 되었다는 표정으로 나를 보더니 또 물었어요. "당신 주변에 아무도 없다는 말인가요?" "네"

평생 혼자인 상태로 있다보면 친밀한 관계를 만드는 것이 어려울 수 있다. 그러나 안전한 사람을 찾아내고 신뢰를 배우는 것이 치유 과정의 핵심이다. 당신은 이미 혼자 성폭력을 감당했다. 치유까지 혼자서 고립상태로 할 필요는 없다.

지지망 발전시키기

지지망은 당신이 삶을 잘 살아가도록 도와주는 사람들의 조직체계이며, 또한 치유의 까다로운 작업이기도 하다. 그들은 당신에게 실질적인 도움을 준다. 식사를 제공하고 당신의 자녀를 돌보아주고 병원까지 당신을 데려다주고 살 만한 새로운 장소를 찾도록 도와준다. 그들은 지적인 지원도 한다. 당신에게 도움이 될 만한 책과 자료를 제시하고 전략과 계획에 대해서 이야기한다. 정서적인 지지도 한다. 당신이 울 때 옆에 앉아있고 울적할 때 당신을 위로해준다. 그들은 정신적으로도 지지를 해서 당신에게 영감을 불어넣고 희망을 주기도 한다.

당신의 지지망에 속한 사람들은 스스로를 치유할 수 있는 당신의 능력을 굳게 믿는다. 손상을 입은 사람으로 당신을 보기보다는 지금 어려운 시기를 거치고 있는 좋은 사람으로 인식한다. 그들은, 당신 눈에는 미처 보이지 않는 당신 안의 잠재력과 아름다움을 알아본다. 무엇보다 그들은 당신을 좋아하고 존중한다. 당신이 오래 가지고 있는 자신에 대한 생각에 일침을 놓으면서 당신이 성장하도록 부추긴다. 그들과 같이 있으면 당신은 힘을 받고 보살핌을 받으며 당신의 말은 주의 깊게 경청된다.

당신은 치유 중이므로 당신을 존중하고 이해하고 진지하게 대하는 사람들과 접촉할 수 있도록 삶을 짜는 것이 중요하다. 이것은 어릴 때 당신이 하지 못했던 것이며 지금 당신에게 꼭 필요한 것이다.

당신이 관여하게 된 사람들과 차원이 다를 정도로 스스로가 귀중하다고 생각하라. 비록 당신을 존중하지 않는 사람들(가령 필수과정에서 만나는 선생님)과의 관계를 완전히 단절할 수 있는 위치에 있지 않다 하더라도 친절하지 않거나 배려심이 없는 패턴을 보이는 사람들과의 관계는 정리하라.

관계 평가하기

당신의 관계를 살펴보라. 당신은 누구와 매일, 매주, 매월 만나서 상호작용하는가? 룸메이트, 친척, 친구, 이웃, 직장동료, 동료 학생, 아는 사람, 신앙공동체의 사람들, 12단계 모임에서 만난 사람들, 상담원, 도움을 주는 다른 교수들을 생각해보라. 차례로 그 사람들을 생각해보고 그 사람에게 부탁할 수 있는지, 그들을 믿을 수 있는지, 당신의 감정을 안전하게 나눌 수 있을지 생각해보라. 당신이 성폭력 피해자라는 것을 알고 당신의 치유를 지지해주는 사람이 있는가? 아직 당신의 피해상황에 대해 말은 하지 못했지만 속이 깊어 보이는 사람들이 있는가? 가까운 사람들에 대한 당신 이해의 깊이와 폭이 지지망을 만드는데 중요한 역할을 한다.

이제 막 관계를 맺으려고 한다면 한 사람과의 관계로 시작하라. 신뢰할 만한 사람이 한 명 생긴다는 것은 당신의 경험이 극적으로 변화될 수 있다는 의미이다.

도움 청하는 방법 배우기

지지망은 당신이 그것을 활용할 때만 도움이 된다. 당연한 말처럼 들리겠지만 말처럼 쉽지는 않다. 폭력 가정에서 자란 사람들은 그들이 대단한 위험상황에서나 도움을 받지, 웬만하면 모든 것을 혼자서 해내야 한다고 생각하는 경우가 많다. 도움을 요청하기 두려운 까닭은 그렇게 되면 누군가에게 의존해야하고 통제를 받아야하고 자신의 "약점"을 인정하거나 거부하기 힘들 것이라고 생각하기 때문이다.

손 내밀어 도움을 요청하기가 주저된다면, 당신 입장에 있는 친구가 도움을 요청할 때 당신이 나서서 도움을 주겠는지 생각해보라. 그렇다면 도움이 필요한 사람과 도움을 주고자 하는 사람 둘 다 서로 귀중한 뭔가를 얻게 된다는 점을 알게 될 것이다. 당신 삶에도 할 수만 있다면 도와주고자 하는 사람들이 있다. 하지만 당신이 무슨 일을 겪고 있으며 무엇이 필요한지 말하지 않는다면 그들에게 갈 수도 있는 그 기회를 무산시키는 형국이다.

일단 당신이 도움을 필요로 하고 그럴 만한 자격이 있다고 인정한다면, 큰 맘 먹고 직접 요청해야만 한다. 당신이 원하는 것을 얻지 못할 때도 있겠지만, 전혀 예상치 못한 방식으로 예상치 못한 곳에서 도움이 올 때도 있다.

슬프거나 화가 치밀어오를 때 내가 취하는 가장 편안한 방법은 물러나는 겁니다. 사랑하는 남편이 있고 좋은 친구도 많지만 정말 힘이 들 때는 내가 마치 동물이 된 것 같아요. 바위 아래 웅크러서 그저 내 상처를 핥고 싶어요. 엄마와 언니들이 모두 정서적으로 병을 앓고있다 보니 내 감정을 위한 공간은 없었지요. 내 안으로 침잠해 들어가는 걸 배울 수밖에 없었습니다. 천천히 그것을 바꾸고 있어요. 내가 느끼는 것을 이야기하는데 반응이 괜찮아요. 보살핌이 뭔지 몰랐지만 내가 마음을 여니 그게 얼마나 달콤하고 온화한지 알겠어요. 나를 위로하도록 누군가에게 내 마음을 열 때는 아직도 감동스럽답니다.

당신이 도움을 요청할 때 주변의 반응에 주목하라. 당신의 요구는 존중되면서 받아들여질 수도 있고 비난받을 수도 있다. 만약 부정적인 반응을 계속 받는다면 당신이 번지수를 잘못 짚고 엉뚱한 사람에게 요구한 것이거나(가령 너무 바쁘거나, 당신과 이런 식의 관계를 맺는 것에 관심이 없는 사람), 당신이 잘못된 방식으로 요구한 것일 수 있다.(가령 직접적이거나 분명하게 하지 않는다거나 구체적이지 않거나 한꺼번에 너무 많은 것을 요구하는 식) 당신이 직접 해보고 나서 무엇을 얻을 수 있을지 알아보고 다시 시도하라.•

• 건강한 관계맺기에 관해서는 474쪽에 있는 '건강한 친밀성'을 보라

주면서 보상받기

지금이 당신의 욕구가 특히 강렬한 때라 하더라도 잊지 말라. 당신에게도 남에게 줄 수 있는 귀중한 것들이 있다는 점을. 때로는 불면 곧 쓰러질 것 같고 슬프고 낙담하고 절망적일 때 다른 누군가의 욕구에 집중하면서 큰 위안을 받을 수도 있다. 다른 사람에게 주목하면서 우리의 강점을 떠올리게 되고 자기존중감이 회복된다. 당신이 누군가를 도울 때 일시적이기는 하지만 당신의 고통에서 벗어나서 다른 누군가와 소중하게 연결되는 느낌을 받는다.

일주일에 한 번 무료급식소에서 일하기 시작했는데 어느새 목요일이 기다려지더군요. 닭고기나 토마토를 칼질하면서 집중할 수 있는 건 불과 몇 시간 안 된답니다. 그런데 그곳에 밥 먹으러 오는 사람들은 대개가 매일 오는 분들이어서 차츰 낯을 익히게 되었지요. 내게 큰 기대를 하지도 않고 그 사람들 역시 건강한 상태에 있는 게 아니잖아요. 하지만 내가 어떤 상태에 있든 토마토 샐러드를 그릇에 담고 있는 동안에는 충분히 내가 괜찮은 사람이 될 수 있어요.

물론 다른 사람을 돕는다는 핑계로 당신 자신의 욕구에 집중하지 않으려고 한다면 그런 패턴은 얼른 끊어내는 것이 중요하다. 당신의 치유가 최우선이다.

상담의 귀중함

생존자들의 많은 지지망 중에서도 유능한 상담원은 특히 중요한 자원이다. 좋은 상담원은 당신의 치유를 공감하면서 지켜보는 증인이고 그 영역을 잘 알고 있으며 치유 과정 내내 당신을 이끌어줄 수 있다. 일관된 지지와 격려, 희망과 정보, 통찰력을 제공할 뿐 아니라 당신이 커나갈 수 있는 안전한 관계가 되어줄 수 있다. 로라가 설명한다.

> 내가 나 자신을 믿을 수 없는데, 내가 해낼 수 있을지 없을지 모르는데, 상담원은 나를 믿어주었습니다. 여러 주에 걸쳐 그녀는 거기 앉아서 내 고통과 성장을 바라보는 사랑스러운 증인이 되어주었습니다. 그녀는 내가 무슨 행동을 하든, 무슨 말을 하든 나를 사랑했어요. 태어나 처음으로 내가 가치 있는 존재인 듯이 받아들여졌지요. 내가 한 일 때문이 아니라 그냥 나라는 사실 때문에요. 그것이 그녀가 내게 준 가장 큰 선물이었습니다.

당신의 상담원은 당신을 진심으로 염려하고 당신의 본질적인 가치를 당신에게 지속적으로 되비쳐주는 사람이어야만 한다.

> 믿을 수 있으리라고 생각한 사람이 그 믿음을 배신하고 해악을 저지를 때 당신은 자신의 가치와 선함에 대해 혼란스러워집니다. 그 해악은 누군가와의 관계에서 일어났기 때문에 관계 안에서 치유되어야 합니다. 따뜻하고 친절하고 늘 옆에 있어주는 상담원과의 관계는 깊은 치유가 일어날 수 있는 장소가 될 수 있지요. 만약 상담원이 내가 가진 선함을 나에게 비춰주지 않았더라면 그런 것이 내 안에 있다는 것조차 깨달았을 것 같지 않아요. 상담원은 나를 진심으로 염려했고 혼자서 감당하기 끔찍한 경험도 한 번 부딪쳐 보자고 할 만큼의 여유를 만들어줬지요. 그렇게 훌륭한 전문적인 도움을 받지 않았더라면 지금쯤 난 아마 죽어있을걸요. 살아있더라도 죽지 못해 살아가고 있었을 겁니다.

상담원은 당신 마음 깊이 담아왔던 비밀과 고통, 그리고 희망을 쏟아내도 좋을 만한 장소를 제공한다. 그러한 나눔을 통하여 변화가 일어난다.

어떤 이들은 치료사가 마치 자동차 수리공이 여기 땜질하고 저기 끼워 맞추고 부품 교체하듯이 그들을 고칠 거라고 생각하면서 침해를 당하거나 골치 아플 것이라고 짐작합니다. 그러나 그런 것은 치료사와 적절한 관계를 만들어갈 때의 상황과는 거리가 먼 생각입니다. 궁극적으로 당신은 치유되어야 합니다. 당신이 있어야 할 곳에서 올바르다고 여겨지는 방식으로 말입니다. 그런 식이라면 상담은 편안한 위로인 거죠.

치료적 성격이 강한 관계에서는 마술과 같은 특별한 일이 일어난다. 다양한 감정이 되살아나고 옛날에 생긴 생채기가 회복되고 삶의 비전이 새로워지며 미래가 여러 가능성을 띠면서 열린다. 치료는 변화를 위한 강렬한 도구이다.

공황상태를 다루기

두려움은 극히 정상적인 삶의 일부이며, 치유 과정의 일부이기도 하다. 두려움에 익숙해질수록 덜 힘들어진다. 하지만 처음 치유 과정에 발을 디딜 즈음 두려움에 압도되는 때가 종종 생긴다.

공황은 통제할 수 없이 급등되는 두려움이다. 당신의 감정이 두려워지는데 그런 자신을 침착하게 다룰 기술이 없을 경우, 혹은 감정이나 기억을 누르려면 미칠 정도로 발버둥쳐야 할 상황에서 당신은 공황에 빠진다. 때로 공황은 과거가 현재로 침투해 들어와서 마치 지금 그 참담한 상황이 재현되고 있다는 느낌이 들 때 찾아오기도 한다.

비록 공황이 우울증에서 오는 것 같기도 하지만 늘 촉발되는 계기가 있다. 그것은 과거 폭력을 상기시키는 그러나 당신은 알지 못하는 어떤 것이다. 랜디 테일러는 빨간 신호등 앞에 멈출 때마다 공황상태에 빠진다. 꼼짝달싹 못하게 갇혔다는 느낌이 들면서 자신이 친족으로부터 성폭력피해를 입을 때 덫에 걸려 꼼짝도 못할 것 같던 그 상황이 떠올랐다.

공황상태에 빠질 때는 보통 이러한 연관성을 인식하지 못한다. 당신은 그저 통제가 안 되는 듯하다. 심장박동이 빨라지고 숨이 가빠진다. 땀이 흐르고 그냥 뛰고 싶어질 수도 있고 마치 폭발할 것 같기도 하다. 심지어 미래에 대한 비전도 달라질 수 있다. 미칠 것 같아 두렵다. 무슨 일이 일어나는지 이해하지 못하게 되면 상황만 악화될 뿐이다.

로라는 20살 때 처음으로 큰 공황상태에 빠졌다.

> 무서웠지요. 무서워한다는 것 자체가 무섭고 모든 것이 눈덩이 구르듯 걷잡을 수가 없게 되었어요. 순간순간 더 무서워지고 어떻게 해야 안전핀을 찾을 수 있을지 모르겠더군요. 어쩌다가 제일 친한 친구에게 전화해야겠다는 생각이 들었답니다. 전화로 이런 말을 했던 기억이 나요. "내가 죽거나 미치거나 자살할 것 같은, 뭐 그런 느낌이야." 그녀는 나에게 말할 수 없이 중요하지만 단순하기 이를 데 없는 조언을 하더군요. 그것 덕분에 난 공황상태에서 벗어났고 이후 여러 해에 걸쳐 발생한 긴장된 순간을 벗어났습니다. 그녀가 말한 건 이것이었어요. "숨 쉬어, 로라. 그냥 숨만 쉬어."

그러니 당신도 압도당하거나 공황상태에 빠진다 싶으면 숨을 쉬어

라. 그런 느낌으로 앉아있어라. 종종 여성들은 공포나 경고의 느낌에서 얼른 빠져나가려고 다른 뭔가를 해야겠다고 생각한다. 하지만 이런 식으로 도망가려는 의도는 두려움을 가라앉히기보다 그것을 더욱 가속화시킨다. 그러니 서둘러 행동하려고 하지 말라. 대신 이것은 엄청 힘이 세기는 하지만 다만 감정일 뿐이라는 것, 그리고 감정은 늘 변한다는 것을 스스로에게 재확인하라.

극도의 두려움에 휩싸인다면 감정을 표현함으로써 그 두려움에서 벗어날 수 있다. 물론 당신이 안전한 환경에 있을 때만 그것이 가능하다. 치료그룹은 깊숙이 감추어진 감정을 건드리는 좋은 장소가 될 수 있다. 집으로 운전하는 시간은 좋은 상황이 아니다. 감정을 표현하거나 감정에 따라 행동할 만한 적절한 때가 아니다 싶으면, 혹은 감정표현이 오히려 공황상태를 부추긴다면 자신을 침착하게 해주는 단계를 참조하라.

마음 가라앉히기

공황을 가장 효과적으로 다루려면 일찍 그것을 잡아버리면 된다. 일단 공황이 제어되지 않고 커지게 되면 다루기도 어려워진다. 하지만 적어도 자기 중심을 긍정적인 방향으로 집중시킬 수 있다. 그래야 자기 자신이나 다른 사람들을 해치지 않을 것이다.

마음 가라앉히는 데 있어서 중요한 것은 당신에게 효과적인 것을 하는 것이다. 그것이 무엇이든, 비록 어리석거나 당혹스러워보여도 안전하기만 하다면 괜찮다. 시행착오를 거치면서 당신에게 도움되는 것들을 발굴하여 목록으로 작성할 수 있다. 가능한 여러 감각들(촉각, 청각, 시각, 미각, 후각)을 사용하는 활동을 해보라. 당신이 제일 하기싫은 일이라 하더라도 다른 사람들에게 도움의 손길을 뻗는 것은 중요하다.

공황상태에 빠져있을 때는 창의적이거나 선명한 사고를 할 수 없기 때문에 조용한 시간에 목록을 만들어 들고 다녀라. 미리 적어 두었다면 그냥 그 목록을 집어들고 순서에 따라서 하라.

이것은 샘플 목록이다.

내가 절망에 빠졌을 때 해야 할 일

1. 숨을 쉬어라.
2. 주변을 돌아보라. 내가 어디 있는지, 지금 실제로 무슨 일이 일어나고 있는지 알아차려라.
3. 긴장풀기용 테이프를 틀라.
4. 흔들의자에 가서 앉아라.
5. 지지망에 속한 사람들의 목록을 작성하고 계속 전화하라. (이름과 전화번호 적어놓기)
6. 고양이를 어루만져라.
7. 뜨거운 목욕을 하라.
8. 명상하라.
9. 바닥을 닦거나 설거지하기, 욕조청소, 스토브 광내기 같은 단순히 몸으로 하는 일을 하라.
10. 동네를 세 번 뛰어라.
11. 마음을 달래는 음악을 들어라.
12. 기도하라.
13. 일기에 써라.
14. 그림을 그리고 진흙으로 놀고 콜라쥬를 만들라.
15. 숨을 쉬어라.

16. 집을 떠나서 내가 좋아하는 안전한 뭔가를 하라.
17. 내 베개에 대고 소리 질러라.
18. 오래된 영화를 TV로 보거나 미스터리 소설을 읽어라.
19. 몸에 좋고 담백한 것을 먹어라. (음식의 이름을 여기 적고 그것을 가지고 다녀라)
20. 처음부터 다시 시작하라.

당신의 목록은 다를 수 있으며 수시로 바뀔 수도 있다. 목록의 마지막 번호까지 따라했는데 기분이 나아지지 않는다면 다시 처음부터 시작할 수 있다.

자살하지 말라

기억을 떠올리는 과정에서 "넌 그 긴장감을 이겨낼 수 없기 때문에 목표지점에 도달할 수 없을 거야"라는 말을 스스로에게 해야만 했을 때는 정말 자살 충동을 느꼈지요. 내 인생에서 나에게 힘을 주는 중요한, 최후의 어떤 것이 무너진 것 같았어요. 그래서 더 이상 기대할 것이 없었죠. 다시 계획을 세우기 시작한 건 불과 몇 개월 되지 않아요. 그것은 바로 내가 살고 싶다고 결심했다는 뜻이었지요.

정말 기분이 안 좋을 때 당신은 죽고 싶어진다. 그 고통이 너무 크고, 자기혐오감이 너무 강하고, 두려움이 너무 깊어서 정말 살고 싶지 않다. 이 감정들은 당신의 진짜 감정들이고, 그것들은 거부할 수 없는 중요한 감정들이다. 또한 그 감정에 따라 행동해서는 안 된다는 점도 중요하다. 당신이 황폐하게 되었다는 느낌을 가져도 괜찮지만 자신을 상하게 하는 것은 안 된다.

우리는 이미 너무 많은 여성들을 잃었다. 너무 많은 성인, 어린이 피해자들이 충분한 지지를 받지 못하고 절망에 빠져 자살을 했다. 우리는 더 이상 잃을 수 없다. 우리는 당신을 잃을 수 없다. 당신은 살 가치가 충분히 있다.

분노에 관한 부분을 다시 읽어라. 당신은 그 분노를 안으로 향하도록 배워왔다. 죽고 싶을 만큼 기분이 나쁜 것은 당신 내부에 그만한 분노가 있다는 말이다. 그 분노는 어린 당신에게 그토록 극심한 상처를 주었던 사람들에게 향하도록 재조정되었어야 했다. 당신이 그 분노에 가까이 접근할수록 자기혐오감은 희석될 것이다. 당신은 자신의 인생을 지속시키고 싶어할 것이다.

이 모든 것은 시간이 걸린다. 그 사이에 자살하지 말고 도움을 구하라. 첫 번째 도움이 효과가 없다면 또 다른 도움을 구하라. 포기하지 말라. 죽고 싶을 만큼 기분이 나쁠 때는 다른 느낌을 가질 수도 있다는 것을 상상하기가 힘들다. 하지만 당신은 할 수 있다. 그리고 할 것이다. 한 생존자는 일기에 이렇게 썼다.

나는 살기가 싫다. 나 자신이 싫다. 내가 나에게 한 일이 싫다. 어두운 땅바닥에 기어 들어가서 나를 숨기고 싶다. 기억을 해야 한다는 것이 싫다. 성폭력 피해에 대한 기억을 지우고 내 인생을 찾기 위해 그것을 반복해서 파헤쳐야 한다는 것이 싫다. 왜 내가 다시 살아야 하지? 그것이 더 이상 고통스럽지 않을 거라는 것을 어떻게 알 수 있어? 어떻게 그렇게 낯설고 손에 잡히지 않는 그 무엇을 위해 내가 계속 행동하기를 바랄 수 있어?

그러나 난 아직 하고 있다. 내 안에는 믿을 수 없을 만큼 강한 힘을 가진 어떤 것이 있다. 왜냐하면, 그것은 수많은 환멸과 절망의 시간들과 세 번의 자살 시도에도 불구하고 나를 살아나게 했기 때문이다. 그리고 그것은 아직 거기에 있어 내가 계속 살아가도록 하고, 행동하도록 하며 기억하고, 죄책감과 싸우고, 분노하고, 울고 느끼도록 재촉한다. 그리고 나누어 갖도록…… 나누어 갖도록…… 나누어 갖도록! 삶이라 부르는 알려지지 않은 그곳으로 나아가도록 나를 밀어 준다.

당신이 자살하고 싶거나 자해충동을 느끼기 시작하면 즉시 도움을 구하라. 자살충동에 시달리고 있다면 유능한 치료사의 도움을 받는 것이 중요하다. 또한 자살방지 핫라인의 전화번호를 미리 알고 있어야 한다. 눈에 잘 띄고 접근하기 쉬운 장소에 치료사의 전화번호와 함께 보관해두라. 그래야 당신이 몹시 힘든 상황에서도 그 전화번호를 찾아낼 수 있다.

상담원과 자살하지 않겠다는 계약을 맺는 것도 꼭 필요한 조치이다. 계약 조건을 함께 만들고 반드시 지켜야 할 것으로 각인시켜서 당신이 의탁할 만한 것으로 만들 수 있다. 예를 들어 자신을 안전하게 지켜낼 수 있을지 자신할 수 없다면 치료사에게 전화하겠다고 약속한다. 그리고 그(녀)가 전화를 다시 할 때까지 아무리 오래 걸린다 하더라도 반드시 기다리겠다고 동의한다. 시간이 한참 지났는데도 연락이 오지 않으면 다시 전화하라. 당신의 메시지가 전달되지 않을 확률도 높기 때문이다. 치료사는 메시지를 받자마자 전화를 하겠다고 약속한다. 만약 당신이 일정 시간동안 안전하게 있지 못한다면 반드시 병원에 가고 자살방지센터에 전화하거나 치료사의 전화를 받기 전에 다른 도움을 받겠다고 동의한다. 이런 합의를 한다면 당신 둘 다 그것을 지키겠다고 약속하였으므로 안전망이 될 수 있다. 또한 이 합의로 인하여 당신들이 함께 맺어가는 동맹관계에서 신뢰와 파트너쉽이 더 강화되기도 한다. 치료사가 이런 계약에 합의하지 않겠다면 서둘러 다른 치료사를 찾아야 한다.

당신이 기억해야 할 중요한 한 가지 사실은, 이 감정이 지나가리라는 것이다. 그 감정들 때문에 당신이 소진되면 정말 참을 수 없을 거라는 생각이 들 수도 있다. 하지만 당신은 그것들을 보내는 법을 배울 수 있다. 그것은 마치 힘든 출산과 같다. 아이를 출산하고 있는 여성은 그녀가 다음 번 통증을 참을 수 없을 거라 생각하지만 그녀는 해낸다. 그리고 그 통증은 지나간다.

자해하지 않고 당신의 감정으로 인한 고통을 참을 수 있을 때마다, 안전을

> 유지할 수 있고, 도움을 구하고 고통을 헤쳐 가며 자신과 친해질 수 있을 때마다, 당신은 점점 더 투사의 정신을 쌓아가게 된다. 당신은 가해자들이 세뇌시킨 기억들에 맞서 싸우고 마침내 그 싸움에서 이길 것이다. 그것들이 당신을 파괴하도록 그냥 내버려 두지 않을 것이다.

안전한 장소 만들기

당신이 두려움에 휩싸일 때 갈 수 있는 안전한 곳을 집안이나 어디에든 만들어놓는 것은 좋은 생각이다. 안전한 장소는 복도 창문이 될 수도 있고 침대나 좋아하는 의자가 될 수도 있다. 그곳은 아무도 당신을 찾지 못할 은신처가 될 수도 있다. 어느 여성은 밤새 신발을 신은 채 옷장에서 잤다고 한다. 그건 어릴 때 안전한 장소가 없던 집에서 스스로를 위로하려고 했던 일이기도 했다.

감정적 제어가 안 되고 무슨 일을 저지르게 될 지 두려워진다면 그곳으로 가서 그 감정이 지나갈 때까지 천천히 심호흡을 하면서 머물겠다고 스스로와 약속하라. 그곳에 있는 한, 당신 자신이나 그 누구도 해치지 않겠다고 스스로에게 다짐하라. 당신은 안전할 것이다.

산더미 같은 두려움이나 분노, 슬픔이나 절망에 부딪히면, 몇 시간 후 그 감정이 가라앉거나 당신이 도움을 청할 수도 있을 것이라는 생각이 들기는 커녕 지금이라도 당장 죽을 것 같다. 하지만 엘렌은 생존자들에게 이렇게 당부한다. "당신이 생각할 수 있는 모든 방법을 다 동원해 봐도 그날 밤을 버티지 못할 것 같은 생각이 들면 의자에 앉아 일어나지 마십시오. 당신 생애 최고로 비참한 밤이 되겠지만 아침은 올 것이고 당신은 스스로를 해치지 않고 살아남을 것입니다."

내면에 안전지대 만들기

_ 에이미 파인이 안내하는 이미지형상화 작업

외상 증후군에 시달릴 때면 몸은 더 이상 안전지대가 아니라 위험한 곳이 될 수 있다. 그런 몸을 자각하게 되면서 즉시 당신은 바깥으로 뛰어가고 싶은 마음이 굴뚝같아진다. 지금 현재에 머물면서 몸 안에서 안전지대를 찾는 것은 치유 과정에 있어 굉장히 중요한 부분이다. 다음과 같이 안내되는 명상으로 시작할 수 있다.

방해받지 않은 상태에서 이미지 떠올리기에 집중하면서 귀 기울일 수 있는 시간과 공간을 확보하십시오… 몸이 편안해지고 지지받을 수 있는 장소를 찾아가시오… 의자에 앉아도 되고 벽에 기대도 됩니다. 누워도 괜찮습니다… 이 순간 가장 좋은 것이면 무엇이든 괜찮습니다… 몸이 안정을 취할 수 있도록 시간 여유를 가지면서 당신 바로 아래의 바닥이 당신을 받치고 있음을 느끼세요… 온 몸이 편안하도록 힘을 다 내려 놓으세요, 마치 모래 한알 한알이 땅에 떨어져 자리를 잡듯이… 바로 이 순간 바로 이 장소에 당신이 도착하도록 하십시오. 달리 가야할 곳도, 해야 할 일도 없습니다… 호흡에 주목하세요… 바꾸려고 뭔가를 할 필요는 없습니다… 그저 바라보고 인식하세요… 숨이 코를 통해 들어오고 기도를 따라 폐까지 흘러가는 과정을 생각하면서 호흡을 느끼세요… 흉곽이 들숨을 쉴 때 어떻게 확장되고 등이 어떻게 넓어지는지… 날숨을 쉴 때 당신의 몸이 어떻게 부드러워지고 텅 비어지는지, 흘러가듯이 모든 것을 내버려 두면서… 당신에게 영양분을 주고 당신을 가득 채워줄 신선한 공기는 들이마시고, 영양분이 빠져버려 더 이상 필요치 않는 것들은 날려버리세요… 숨이 자체 리듬을 타면서 어떻게 순환되는지 주목하십시오… 일 분간 숨의 완벽한 순환을 관찰하시오… 숨을 들이쉬고 내쉬고 또 한 번 더 들이쉬고…

완벽하게 안전하다고 느끼는 장소… 방어벽, 감시의 눈길을 내려놓을 수 있는… 안전할 것이라는 확신이 드는 상태에서 몸이 충분히 이완되고 부드러워질 수 있는… 이런 기분을 이전에 알았든 몰랐든… 그런 장소에 있다는 것이 어떤 기분인지 상상해보시오… 여기가 어디인가요? 아마 당신에게 익숙한 곳이겠지요… 바깥—해변, 옆으로 시냇물이 흘러가는 곳, 꽃으로 가득 찬 초원, 숲이거나 아니면 실내 어느 곳, 베개와 이불이 여유있게 널려있고 레이스가 달린 커튼이 드리워진 멋진 침실이거나… 어쩌면 당신만을 위하여 만들어진, 필요한 것은 다 있는 숲속 오두막집일 수도 있습니다. 알고 있는 장소일 수도 있고 이제 막 상상하기 시작한 곳일 수도 있습니다… 마법의 비누방울, 하늘에 떠있는 어느 섬… 이제 둘러보세요—색깔, 거기 있는 물건들, 기온을 살펴보시오… 어떤 소리가 들리나요? 시냇물소리, 부드러운 음악, 새소리? 냄새는 어떠한가요? 꽃향기인가요, 싱그러운 공기인가요?

편안함과 안전함, 즐거움을 주는 어떤 물건을 그 공간에 가져가고 싶은가요? 당신의 몸과 당신의 전 자아가 안전을 보장받는 이곳에 편안히 이완된 상태로 있다는 것이 어떤 식으로 표현될 수 있을지 주목하시오… 거기서 혼자 있는 것이 좋은가요 아니면 누구와 같이 있고 싶은가요? 친구가 되어줄 동물이나 지저귀는 새, 아니면 식물, 혹은 영적 안내자? 여기는 완벽하게 당신이 만들어내는 곳입니다. 모든 것이 당신이 원하는 대로 될 수 있는 곳이지요… 당신이 원하는 것과 필요한 것이 무엇인지 살펴보고 안전한 장소에서 오늘 몇 분간 보내세요… 아마 살포시 잠에 들거나 휴식을 취하고 싶기도 하겠고 일기를 쓰거나 산책하고 싶기도 하겠지요?

이곳은 어느 때나 당신에게 열려있습니다… 그럴 필요가 있을 때마다, 당신이 원할 때마다 돌아올 수 있어요… 늘 당신 내면에 있을 겁니다. 당신이 시간만 낸다면 언제든 당신에게 허용된 곳이지요…

자, 이제 몇 번의 가벼운 숨 고르기를 하고 편안하고 안전하고 행복했던 당신의 경험을 묶어놓으세요… 스스로에게 그리고 당신이 만든 그 공간에게 잠

> 시 고마워하십시오… 당신 내면의 그 공간에서부터 지금 편안한 지지를 받으면서 쉬고 있는 당신의 몸으로 서서히 의식을 옮기시오. 눈을 뜨고 당신 바깥의 환경으로 다시 들어갑니다…

주변 환경 바꾸기

의식적으로 자신이 있는 환경을 바꾸는 일도 공포에서 빠져 나오는 데 도움이 된다. 이것은 침실에서 나와 부엌으로 가서 차를 만드는 일과 같이 간단한 것이 될 수도 있고, 집을 나와 동네로 산책을 나가는 것일 수도 있다. 당신이 교외로 나와 있다면 별이나 나무들을 바라봄으로써 어떤 영감을 얻을 수 있다.

때로는 어떤 감각을 통해 과거에 성폭력 당했던 기억이 되살아나 당신의 기분을 망치게 할 수 있다. 특정 향수의 냄새, 어떤 사람의 음색, 골덴 바지가 부딪치며 내는 소리 등이 정말로 불안을 일으킬 수 있다.

어느 날 부엌에 있는데 점점 의기소침해 지더군요. 그래서 난 나를 진정시키려고 이렇게 말했어요. "괜찮아. 난 지금 잘하고 있어. 이것은 곧 지나갈 거야. 항상 그랬어." 하지만 전혀 도움이 되지 않더군요. 나는 나 자신을 어떻게 돌봐야 할지 알았기 때문에 기본적인 것으로 돌아갔죠. 심호흡을 해야겠다는 생각이 떠올랐고, 내가 언제 식사를 했는지, 저녁식사를 준비하면서 언제 야채를 썰기 시작했는지를 물었습니다.—그리고 언제 더 기분이 악화되었는지도 물었어요. 마침내 부엌의 불빛이 너무 어둡다는 것을 알아냈어요. 나는 천장에 있는 전등을 켜자 바로 기분이 더 나아졌지요. 그런 흐린 불빛은 항상 나에게 두려움을 느끼게 했습니다. 그것은 내가 자랐던 집을 연상시켰죠.

이러한 단서들을 알아냄으로써 당신은 공포와 맞닥뜨렸을 때 자신을 더 잘 돌볼 수 있는 준비를 하게 될 것이다.

피해야 할 몇 가지 것들

공포를 다루는 데 효과가 있는 것들이 있는 반면 피해야 할 것들도 몇 가지 있다.

- 스트레스를 받거나 위험에 빠질 수 있는 상황에 들어가지 말라.
- 도로에서 벗어나 있어라.
- 술을 마시거나 약물을 남용하지 말라.
- 당신의 안전을 위하여 꼭 필요한 경우가 아니라면 중요한 결정을 하지 말라.
- 자신이나 다른 사람을 다치게 하지 말라.
- 안전하지 않거나 신뢰가 가지 않는 사람을 피하라.

진정이 된 후

공포, 자기혐오 또는 절망에서 벗어나면 긴장을 풀고 약간의 휴식을 취하라. 그렇게 격렬한 감정은 당신을 소진시키므로 에너지를 재충전해야 한다. 다시 평온을 찾았을 때 무엇이 원인이었는지를 알아내려고 노력하라.

- 당신이 압도당할 듯한 상태에 빠지기 전에 마지막으로 한 일이 무엇이었는가?

- 어디에 있었는가? 누구와 함께 있었는가?
- 전날이나 혹은 그 이전에 당신을 혼란스럽게 한 일이 있었는가?
  (일하면서, 또는 친구나 연인에게 화난 일이 있었는가? 마음을 상하게 하는 전화를 받았는가? 혹은 그런 편지를 받았는가?)
- 이성을 잃기 전에 어떤 감정의 동요가 있었는가? 전에도 느낀 적이 있는가?
- 특별한 스트레스를 받고 있는가? 시간이나 금전 문제로 압력을 받는가?
- 당신의 심기가 불편해지기 때문에 빨리 지워 버린 생각들이 있는가? 오랫동안 익숙해진 생각들인가?
- 이러한 것들이 어떤 방식으로든 당신에게 성폭력당한 일을 생각나게 하는가?

때때로 이런 질문들이 공포심의 근원을 찾는 데 도움이 된다. 원인을 정확히 찾을 때까지 비슷한 유형의 질문들이 계속되겠지만 이것은 충분히 가치가 있는 일이다. 이러한 분석은 당신으로 하여금 다음번에는 같은 궤도에 빠져 들지 않도록 도와준다.

자기 돌봄의 중요성

자신을 돌보는 방법을 배우는 것은 상당히 중요하다. 위기의 상황에서만 그런 것이 아니라 일상생활에서도 중요한 측면이다. 많은 생존자들처럼 당신은 인생이 완전히 갈기갈기 찢어질 정도가 되지 않고서는(그 정도는 아니라 하더라도 어쨌든 그만한 위기상태가 되기 전에는) 스스로를 돌보아서는 안 된다고 믿고 있을지 모른다. 그러나 그렇지 않다.

의도를 갖고 훈련한다면 자신의 감정적 욕구를 돌보는 것이 마치 이를 닦는 일처럼 매일 하는 습관이 될 수 있다.

자기 돌봄은 치유의 핵심이다. 옛날 어릴 때의 당신과 지금 어른이 된 당신, 앞으로의 당신에게 사랑과 존경을 보낼 수 있는 방식이다.

약물치료는 어떤가?

약물치료는 좋은 상담요법therapy이나 여러 치유작업을 대체할 수 없다. 불행하게도 생존자들은 종종 오진을 받거나 필요도 없는 약물을 받기도 한다. 치유를 위하여 심도있는 상담요법이 필요한 상황에서도 약물치료가 종용되는 경우도 많다. 보험—설령 보험에 들어있지 않다 하더라도—은 치료기간 중 일부에 대해서만, 그것도 극소수의 비용만 지불하면서 마치 약물치료가 최선의 것인 양, 최고로 좋은 해결책인양 보이게 한다. 친구와 가족도 항우울치료제와 다른 약물을 섣부르게 혹은 과다하게 복용하도록 부추길 수 있다.

> 내 딸이 자살을 시도해서 우리는 치료를 받았습니다. 치료사는 즉시 내게 약물치료를 권하더군요. 내가 울었기 때문이지요. 내가 슬퍼서 유감이긴 했지만 성폭력 피해를 다루는 와중에 자살을 시도하는 딸을 가진 부모로서는 우는 게 당연한 것 같았어요. 슬픔이 뭔지 알기 위해서 정말 애를 많이 썼습니다. 내가 울 수 있게 되기까지 정말 노력을 많이 했다구요. 그런데 이제 이 치료사는 그만 울게 하는 뭔가를 내게 주고 싶어 하더군요. 이건 말도 안 되는 처방이었어요.

보통은 과도한 약물이 처방되기도 하지만 약물치료 덕분에 정말 많은 도움을 얻고 심지어 생명을 구하는 상황도 있다. 당신이 감정을 다스리기 위하여 가능한 모든 일을 하기는 해도 그것으로 충분치 않을 때가 있다. 우울하고 극도로 불안하고 자살충동을 느끼고 먹거나 잠잘 수 없거나, 일상생활을 제대로 하지 못할 정도로 감정의 기복이 장기간 심하게 나타날 때 당신은 정신과의사와 상의하여 약물치료가 도움이 될지 알고 싶어질 수도 있겠다.

어린 시절의 극한적 외상 뿐 아니라 유전적 요인 역시 뇌의 화학작용과 신경체계를 어지럽혀서 다양한 결과로 나타난다. 당신은 심신을 약화시키는 우울을 겪을 수도 있고 불안증이 지속되거나, 즉각적인 위험까지는 아니더라도 심한 감정적 요동을 겪을 수 있다. 어쩌면 작은 혼란에도 과잉반응을 보여 얼마든지 처리할 만한 경우일 때도 침착해지지 못할 수 있다.

어린이 성폭력 피해로부터 살아남은 사람들을 포함하여 많은 이들이 어떤 균형을 잡을 때는 약물치료가 도움이 된다는 것을 경험했다. 생존자에게 도움이 되는 약물이 있다. 가령 SSRIs(세로토닌 재흡수억제제)처럼 항우울증 치료제 같은 것들은 유용하다. 신경안정제나 수면제 처방도 힘든 과정을 겪는 동안 생존자에게 도움이 되어왔다. 환청과 환상 증세를 보이는 생존자들에게는 항정신병 약물도 효과적이다. 이러한 약물 덕분에, 때로 소량복용으로 많은 생존자들이 큰 진전을 보면서 계속 적절하게 기능을 되찾고 치유할 수 있었다.

어떤 이들은 장기적으로 이런 약물을 복용해야 한다. 또 어떤 이들은 단기간 복용만으로도 정서적인 평정을 회복하여 약물 없이도 균형을 유지할 수 있다.

그러나 의사들은 약물치료가 더 이상 효과가 없을 때도 약물치료를 중단시키지 않는 경우가 있다. 그러므로 적절한 때가 되었다 싶으면 당신이 먼저 약물을 끊어도 되는지 이야기를 끄집어내야할 수도 있다. 복용을 갑자기 끊었을 때 불쾌감을 유발하는 약물도 있고 예기치 않는 위험한 부작용을 낳는 약도 있으니 그럴 경우 반드시 의사와 상의하여 약물을 중단해야 한다. 또한 의사가 추천하는 복용량에 따라 의사의 치료를 직접 받으면서 약물을 복용하는 것이 중요하다. 친구의 약을 먹거나 가지고 있는 약을 괜히 먹어보지는 말라. 약물은 적절하고 조심스럽게 관리되지 않으면 위험할 수도 있는 강력한 물질이기 때문이다.

약물치료에 대한 오해

약물치료를 꺼리는 생존자도 있다. 그들은 약물이 상황을 해결하는 것보다 문제를 불러올 수 있다고 생각하거나 자신이 약물에 의존하게 될까봐 두려워한다. 또 어떤 이들은 약물치료를 한다면 그들이 실패했다는 의미로 받아들이기도 한다. 때로 생존자들은 항우울치료제나 다른 약물을 복용하게 되면 감정이 단절되면서 치유가 늦어질 것이라고 믿기도 한다.

> 항우울치료제를 복용하고 싶지 않았어요. 약을 복용한다는 것은 내가 약하다는 것을 의미한다고 생각했던 거죠. 하지만 그 유혹을 뿌리칠 수 없어 일주일에 한번 치료를 받고 훈련을 하고 약초치료법을 시도했어요. 하지만 두려움은 누그러지지 않더군요. 낮 동안에도 잘 지내지 못하겠고 밤에는 더 심해졌습니다. 어느 날 치료사가 항우울치료제를 조금만 복용하는 게 어떻겠냐고 묻더군요. 이번에는 동의했습니다. 그렇게 해서 생긴 변화는 믿을 수 없을 정도입니다. 그 약물이 내 모든 감정을 싹 제거해서 난 좀비처럼 무기력해질거라고 예상했거든요. 하지만 증세가 약화되더니 이제

피해를 치유하는 과정을 해낼 수 있을 정도가 되었습니다.

모든 약물치료에 장점이 있고 동시에 위험이 있다는 사실을 기억하는 것이 중요하다. 어떤 이들에게는 문제가 될 수 있고 또 어떤 이들에게는 별다른 문제가 되지 않는 부작용이 있다. 당신이 생각해둔 약물에 대해 모든 조사를 해보겠지만 부작용과 효능에 대해서는 당신의 목소리에 귀 기울여라. 아무도 당신이 겪는 것을 당신보다 더 잘 알지는 못한다.

사람들마다 각자 독특한 특성을 가지고 있으므로 한 사람에게 적절하다고 해서 다른 사람에게도 똑같이 적절한 것은 아니다. 하지만 당신이 상당 기간 격렬한 고통을 겪고 있다면 정신과의사에게 말해서 다른 방도를 의논하고 싶을 수 있다. 공감을 잘하고 당신이 생각하기에 믿을 만한 사람, 외상 후 스트레스 장애PTSD:post-traumatic stress disorder를 겪는 생존자들과 작업해온 누군가를 선택하라. 당신의 의사가 최신 연구를 잘 알고 있다는 것을 확인하고 싶기도 하겠다.

> **자신을 돌보는 방법 배우기**
>
> 자신을 돌보는 방법은 수백 가지다. 편안한 느낌이 드는 것을 골라서 직접 해보라. 스스로를 돌보는 것은 선택사항이 아니라 필수사항이다. 고요하고 위안을 주고 편안하게 하는 활동을 일상생활과 엮어낼 때 치유는 더 깊어지고 당신이 얼마나 멀리 왔는지를 확실하게 보여준다. 기다리지 말라. 당신은 얼마든지 좋은 느낌을 가질 자격이 있다.
>
> "생선초밥을 좋아해요. 그래서 밖으로 나가 초밥을 사먹죠."

"영화를 좋아하고 책 사는 것이 좋아요. 둘 다 많이 합니다."

"주말이 되면 맘에 드는 곳으로 좀 멀리 가요."

"주중에 시간을 비워놔요. 집으로 오지만 친족성폭력에 대한 생각은 하지 않겠다는 계획을 세워요. 아니면 친구와 외출하는데 미리 그 이야기를 하지 않겠다고 약속해요."

"마사지를 받고 뜨거운 욕조목욕을 해요."

"운동을 더 많이 합니다."

"내 삶을 통째로 이야기할 수 있는, 더 이상 숨길 필요가 없는 그 이야기를 할 수 있는 사람들과 같이 있습니다. 어떤 커피를 원하는지 묻는 것 만큼이나 편안하게 그 이야기를 할 필요가 있거든요."

"지지집단에 속해 있습니다. 집단 구성원들과 친밀하게 지냅니다. 이틀에 한번 꼴로 이야기를 나누지요. 가령 자해를 하고 싶어지거나 뭔가를 해치고 싶은 상황에 처하게 되면 전화를 하지요. 우리는 서로서로를 끔찍이 생각합니다."

"방 곳곳에 자기 확신 메시지를 적어놓았어요. 이런 식의 메시지들이죠. '나는 상처입어도 싼 그런 사람이 아니다', '내 몸에 뭔가 잘못된 것은 없다', '나는 나를 사랑한다', '난 나 자신에게 친절하고 참아줄 수 있다', '나는 괜찮은 사람이다', '나를 용서한다.'"

"어려운 치료를 마치고 나올 때는 늘, 아무리 기분이 내키지 않을 때라도 나 자신에게 꽃을 선사합니다."

"아침을 잘 차려서 먹습니다. 음식으로 나를 잘 돌보려고 애쓰지요. 내가 할 수 있는 가장 작은 일입니다."

"글을 쓴답니다."

"큰 잔에 차를 따라 옆에 두고 몸을 웅크려 책을 읽어요. 아니면 좋은 배쓰오일로 뜨거운 목욕을 하고 물이 차가워질 때까지 거기에서 책을 읽으며 있어요."

"아주 화려하고 찰랑거리는 옷을 입어요. 작년에 무척 멋지고 고급스러운 에메랄드 초록색 옷을 샀어요. 그 옷을 입으면 내가 근사하게 보여요. 정말 나에게 멋진 선물이 되었지요. 단지 세일이어서 산 게 아니라 정말 나를 위한 좋은 계기였어요."

"정원 가꾸기는 치유의 힘을 가진 멋진 메타포입니다. 그 전에는 이런 것을 하지 못했답니다. 우리 집을 살 즈음 정원엔 정말 많은 잡초들이 웃자라 있었어요. 전지가위로 잡초를 잘라 더미로 모아 버린 게 20번 정도 되었습니다. 한 삽씩 흙을 뒤집어서 새로운 뭔가를 심을 때마다 마치 나를 위해 그렇게 하고 있다는 느낌이 들더군요."

"할 수 있을 때마다 자연으로 갑니다. 걷고 하이킹하고 스키도 탑니다."

상담원과 작업해나가기

"어느 상담원이 이런 말을 하더군요.
'치유 과정의 중심에 당신이 있습니다. 나는 당신이 쓸 수 있는 자원 중 하나지요.'
그 말이 참 좋아요. 치유는 그래야 됩니다."

― 사파이어

숙련된 상담원의 지지는 당신의 치유에 형언할 수 없을 정도로 큰 도움이 될 수 있다. 가장 가까운 사람으로부터 상처를 입은 생존자들에게 상담이 줄 수 있는 가장 귀중한 것 중 하나가 다시 신뢰할 수 있는 기회를 갖는다는 것이기도 하다.

> 나는 이렇게 생각해요. 치료의 가장 중요한 점은 당신의 말에 귀 기울일 누군가가 생긴다는 것이라구요. 당신은 자유롭게 말하면 되지요. 그는 대답하지도 않고, 당신을 고치려거나 방해하지도 않으며 당신이 틀렸다고 말하지도 않을 뿐 아니라 미묘한 방식으로 당신을 깔보는 일도 없어요. 그냥 원하는 말을 할 수 있고 가장 깊숙한 곳으로부터 말할 수 있고 한 번도 그 누구에게도 말하지 않았던 것들을 말해도 되요. 그게 다예요.

상담원 선택하기

적합한 상담원을 찾는 일에 기꺼이 공을 들여라. 처음 만난 사람에게 갈 필요는 없다. 아무리 위기상황에 놓여있더라도 당신이 적절한 상담원을 찾았다는 확신이 들 때까지는 장기적인 치료를 약속하지 말라.

친구나 다른 생존자들, 혹은 믿을 만한 가족에게 추천해달라고 요청하라. 구타여성을 위한 쉼터, 강간위기센터, 부모를 위한 센터, 여성을 위한 여러 프로그램들이 도움을 받을 만한 장소가 될 수 있다.

몇 가지 기초조사는 전화로 하여 돈과 시간을 절약하라. 상담원들은 당신의 상황에 각기 다른 식으로 접근할 수 있다. 그들은 전화로 당신에게 자신의 접근방식에 대하여 간단하게 설명할 것이며 이런 것은 대부분 무료다.

일단 선택의 폭을 좁히고 나면 가장 마음에 드는 두세 명을 만나라. 어떤 여성은 여섯 명의 상담원을 각각 일주일씩 만나서 결국 같이 작업하고 싶은 한 사람을 찾아내었다.

당신의 상담원이 될 사람을 평가할 때 다음의 가이드라인을 참고하라.
- 당신의 경험이나 고통을 결코 가볍게 다루어서는 안 된다.
- 어릴 때 성폭력 피해를 겪은 어른을 위한 치유 과정에 대하여 지식을 갖고 있어야 한다.
- 가해자가 아니라 당신에게 집중해야 한다.
- 당신의 역사를 규정하지 않고 그것을 탐색할 수 있도록 당신에게 여지를 주어야 한다.
- 가해자와의 화해나 용서를 강요하지 말아야 한다.
- 상담이 아닌 공간에서 당신과 친해져서는 안 된다.
- 자신의 사적인 문제를 말해서는 안 된다.
- 지금이나 앞으로도 당신과 성적인 관계로 나가서는 안 된다.

- 당신의 모든 감정(슬픔, 분노, 격분, 슬픔, 절망, 기쁨)을 존중해야 한다.
- 당신이 원치 않는 것을 하라고 강요하지 말아야 한다.●
- 상담 이외 다른 지지체계를 만들 수 있도록 당신에게 용기를 주어야 한다.
- 스스로를 돌볼 방법을 당신에게 가르쳐야 한다.
- 상담원과 당신과의 관계에서 일어나는 문제를 기꺼이 토론하여야 한다.
- 자신이 행한 실수를 설명할 수 있어야 한다.

상담원의 태도, 경험, 상담방식 등을 파악하기 위하여 질문하라. 당신에게 중요한 특정 이슈가 있을 수 있다. 가령 당신은 알코올 중독이나 섭식장애를 익숙하게 다루어본 상담원을 원할 수도 있다. 많은 생존자들이 여성 상담원과 상담하기를 원한다. 안전하다고 느끼기 때문에, 남성이 가해자였기 때문에, 혹은 여성과 친밀한 감정을 편안하게 이야기할 수 있기 때문이다. 또 다른 생존자들은 남성 상담원과 작업하는 것이 더 좋다고 한다. 남성을 신뢰할 수 있는 방법을 배울 수 있는 안전한 관계를 원하기 때문이다. 인종, 경제 수준, 성적 성향, 종교 등에서 비슷한 배경을 가진 상담원을 고르고 싶어할 수도 있겠다.

내가 수녀이기 때문에 수녀에게 가서 이야기하는 게 더 편안했습니다. 우리는 영성에 대한 대화를 할 수 있으니까요. 내게 맞지 않는 상담원은 "영

● 단 하나의 예외적 상황은, 당신이 적극 자살을 시도하거나 누군가를 해치려고 협박할 때뿐이다. 또한 어떤 어린이가 학대를 당하고 있는 상황을 당신이 이야기하면 당신이 원하든 않든 상담원은 그것을 고지해야 한다. 그럴 경우 많은 상담원들이 당신 스스로 그 사실을 신고할 수 있을 만큼 강해질 수 있도록 돕는다.

성이라, 제기랄. 신은 없어요"라고 말할 테니까요. 내 상담원은 수녀였답니다. 그래서 난 수녀만으로 구성된 근친 강간 생존자들의 모임에 합류할 수 있었지요. 그러니까 우리는 남편이나 성적인 상대에 대한 이야기를 할 필요 없는 거죠. 우리는 모두 '착한' 존재로 되는 것에 관심이 많았고 수많은 같은 죄를 짊어졌습니다. 일반인으로 구성된 집단에서 종교인으로서 성적인 부분을 이야기하게 되면 무척 긴장되었을 거예요. 나는 수녀라는 것을 너무 의식한 나머지 그것이 사람들에게 충격일 거라는 생각에까지 미치게 되지요. 이 집단은 안전하잖아요. 우리는 중요한 부분에 집중할 수가 있어요.

당신의 욕구가 이처럼 특별하지 않은 것일 수도 있다. 그러므로 당신이 어디에 거주하는지에 따라 선택의 폭이 달라질 것이다. 그러나 당신에게 가장 적합한 사람을 물색하는 것은 대단히 중요한 일이다.

면담을 했다면 각각의 상담원과 이야기할 때 들었던 느낌을 서로 비교해 보라. 가장 긴밀한 유대를 느낀 사람이 누구였는가? 가장 편안했던 곳은 어디였는가? 당신의 질문에 각각의 상담원이 어떻게 대답했는지 그 방식에 대해서도 생각해 보라. 그들의 능력과 철학, 비용을 비교하라.

상담원을 찾을 때 같이 작업할 사람에 대한 정보를 입수하고 그 사람을 고용할 소비자로서의 태도를 가져보는 것도 괜찮다. 정서적인 욕구를 충족시키려고 상담을 원하지만 소비자가 되면 그에 상응하는 특정 권리가 생기기도 하다. 당신이 상담원에게 바라는 상담의 질을 미리 밝힐 수 있는 권리, 존중받을 권리, 상담원이 하는 어떠한 제안도 거절할 권리, 당신이 받는 서비스에 만족할 권리, 상담과정에서 발생하는 어떠한 문제에 대해서도 상담원과 자유롭게 토론할 권리, 당신에게 도움이 되지 않는 상담관계를 끝낼 권리가 그것이다.

상담을 피해왔다면

세심하게 선택하는 것이 올바른 방법이기는 하지만 그렇다고 너무 주의한 탓에 자신의 상황을 다룰 만한 사람이 아무도 없다고 소심해져도 안 된다.

> 난 계속 상담원을 골랐고 쉽게 버렸어요. 한두 회기만으로 끝내버린 상담원이 일곱 명은 되지요. 또 내가 사는 동네에서 한참을 가야 하는 곳에서 상담원을 찾았기 때문에 "정말 여긴 너무 멀어요"라고 말할 수 있었지요. 비전통적인 치료를 찾기도 했어요. 뭔가를 고심하면서 직면하고 싶지 않았기 때문이지요. 한 번은 전생을 다루는 상담원을 골랐어요. 알다시피 거기에는 내게 필요한 작업을 하지 않았거든요! 무척 절망에 빠져 있을 때 첫 약속을 하지요. 한두 번 만나고 나면 내가 더 이상 그 절망에 사로잡혀 있지 않거든요. 그러니까 그만두었던 거죠.

솔레다드는 멕시코계 미국인이면서 동성애자인 상담원만을 고집했다. 그녀가 사는 지역에서 이 조건에 맞는 사람을 찾기는 너무나 힘들었으므로 치료를 받으러 갈 수 없다고 말할 수 있었다. 그러나 그녀는 결국 도움을 받는 것이 훨씬 더 중요하다고 생각하여 타협을 했다. 그녀의 치유를 효과적으로 다루는 전문가 여성을 찾았던 것이다.

효과적인 상담이라면 어떤 느낌이 들까

좋은 상담원을 만났다면 당신은 이해되고 지지받는다는 느낌이 들어야 한다. 당신과 상담원 사이에 따뜻한 그 무엇이 흐른다는 것을 느낄 수 있어야 한다. 그것도 치료를 시작하고 초기에 일어나야 한다.

그러나 한순간에 든 느낌을 기준으로 이것이 좋은 상담인지 아닌지를 분별해 낼 수는 없다. 어떤 여성은 상담이 일종의 안식처 같아서 다음 회기를 기다린다는 것 자체가 어렵기도 하고, 또 어떤 여성은 매회 상담을 두려워하여 스스로를 강제하기도 한다. 한 여성이 이렇게 진술했다. "한동안 치료에 가는 것이 엄청나게 두려웠던 적이 있었어요. 어떻게 거기까지 운전을 해야 할지, 차에서 어떻게 나와야 할지, 어떻게 문을 열고 들어가야 할지조차 난감했던 때였어요."

상담이 늘 위안을 주는 것은 아니다. 그러나 좋은 상담원과 함께 작업을 한다면 시간이 지남에 따라 점점 더 자기 치유 기술이 발전하리라는 것을 당신도 알고 있다. 고착되어 온 자기 고유의 방식을 인식하고 자기 감정을 고스란히 느끼면서 이를 해석하는 능력이 길러진다. 초기에는 상담원에게 강하게 의존하더라도 결국 당신은 점점 더 독립적으로 되어야만 한다. 지젤의 경우 상담원 프랭크 라누가 이런 식으로 그녀를 도왔다.

진심으로 상담원에게 신세를 많이 졌답니다. 내가 힘든 시간을 보내고 또 악전고투하면서 "여기서 나는 어디로 가는 거죠? 무엇을 해야 하죠?"라고 하면 그는 말하죠. "자신이 거쳐 가고 있는 단계를 믿으세요. 자신을 믿어요. 당신은 알고 있어요." 그가 나에게 준 가장 큰 선물이 바로 나 자신에 대한 믿음이에요. 그는 멈추지도 않고 나에게 상기시켜요. 내가 알고 있다는 것, 내게 힘이 있다는 것, 치유할 능력이 있다는 것을 말입니다. 그는 한 번도 내게 정답을 준 적이 없답니다. 그는 결코 치유라는 처치를 하지 않았어요. 당신의 힘으로 돌아가도록 돕는 사람, 당신의 몸과 본능과 배짱과 목소리, 즉 당신 자신에 대한 신뢰로 돌아가게 하는 사람과 함께 작업하는 것이 정말 중요하답니다.

비록 상담원과의 관계가 당신에게 엄청나게 중요하더라도 상담관계에 당신의 모든 힘을 양도하지 말아야 한다. 당신 삶과 치유의 중심은 당신이라는 사실을 기억하라. 좋은 상담원은 당신이 활용하게 될 많은 자원 중 하나일 뿐이다.

문제가 있는 듯하면

당신이 존중받는다거나 가치를 인정받는다거나 이해받는다는 느낌이 들지 않으면, 혹은 당신의 경험이 최소화되거나 왜곡된다면 이는 나쁜 치료에 걸려들었다는 징후이거나 적어도 당신과 상담원 사이에 뭔가가 삐걱거리고 있다는 징후이다. 치료 관계에 뭔가 이상한 것이 있다고 여겨지면, 혹은 상담원에게 화가 나거나 황당한 경우가 생기면 그것에 대해 이야기하라. 그런 다음 곧 당신의 말이 경청되고 이해되었다는 느낌이 들어야 한다. 그러나 상담원이 당신의 느낌을 무시하거나 방어적으로 대응한다면 당신은 당신에게 필요한 덕목인 존중을 얻지 못한다. 다른 곳을 찾아보라.

상담원이 당신의 모든 욕구를 충족시켜 줄 수는 없다는 것도 인정해야 한다. 예를 들어, 치유 과정의 일정 기간 동안 당신은 하루에도 여러 차례 도움이 절실하게 필요할 수 있다. 이상적인 세상이라면 이게 가능하겠지만 현실에서는 당신이 원하는 모든 것을 제공할 수 없다.

또한 불가능한 것을 요구한 다음 그것을 들어주지 않는다는 이유로 그 상담원을 거부하는 자기패배적인 패턴을 보이는 생존자도 일부 있다. 때로 무엇이 요구하기 적절한 것이고 그렇지 않은지를 결정하는 것조차 난감한 일로 여겨질 수 있다. 배반당하는 느낌이 드는 상황을 스스로 만들고 있는지를 확인하는 것도 상당히 곤혹스러울 수 있다. 이것이 당신 삶의 패턴이라면 혹은 그럴지도 모른다는 의심이 들면, 그것에 대하여 상담원에게 털어놓아라. 때로 제 3자와 만나면 복잡하거나 혼란스러운 관계를 정리하는데 도움이 되기도 한다.

상담원이 당신과 성관계를 갖고자 한다면 곧장 문을 박차고 나오라. 그리고 그 치료사를 적절한 사무국에 보고하라. 상담원으로부터 좋지 않은 대우 혹은 학대를 받게 될 때는 당연히 당신은 분노할 권리가 있다. 하지만 부정적인 상담을 경험했다고 해서 당신이 받아 마땅한, 당신에게 필요한 도움을 아예 받지 않겠다고 하지는 말아라. 다른 상담원과 관계를 시작하기 전에 당신이 원하는 것을 잘 생각하라. 시간을 투자하여 앞으로 당신 스스로를 보호할 수 있는 자원을 이용하라.

당신만의 진실을 찾아서

좋은 상담은 상담원이 제공하는 안전한 공간, 진정어린 배려와 지지, 공손한 관계를 토대로 한다. 좋은 상담원은 앞에서 이끌지 않는다. 그들은 내담자가 가야할 힘들고 고통스런 장소까지 뒤를 따라간다. 이렇게 할 때 내담자는 힘을 내어 자신의 치유 과정을 헤쳐가고 자신의 역사를 들춰내고 자신만의 진실을 발견할 수 있다. 《외상과 회복》의 저자 주디스 허만[•]이 설명한다. "심리요법은 독단적인 교리가 아니라 협동에서 나오는 노력의 작품이다."

아무리 훌륭한 상담원이라 해도 때로 실수한다. 과거 상담원들이 저지르곤

• 주디스 루이스 허만은 하버드 의과대학 정신의학 임상조교수이며 《아버지-딸 친족성폭력과 외상, 그리고 회복:폭력의 후유증, 가정폭력에서 정치적 테러》의 저자이기도 하다.

> 하던 실수는 그런 일이 존재하지 않는데 그저 상상한 것으로 다루었다는 측면보다는 피해를 축소하고 부인하는 쪽에 더 치중되어 있었다. 지금도 많은 상담원들이 내담자와 피해의 연대기를 탐색하는 작업을 꺼리기도 한다.●
>
> 반면 내담자의 생각과는 무관하게 그녀가 피해를 입은 것이라고 자의적으로 결론 내리는 상담원도 있다. 이런 상담은 무책임하며 내담자에게 위험할 수 있다.
>
> 기억하라. 당신은 당신의 삶에 관한 한 전문가이다. 때로 당신의 역사를 알 수 있는 방법이 느리고 점진적일 수 있다. 그러나 그 과정을 거치면서 인내하라. 그러면 마침내 당신의 과거를 가장 잘 이해하는 날이 올 것이다.

지지 집단

다른 생존자들과 함께 있다는 것이 많은 생존자들에게는 치유 과정에서 중요한 역할을 한다. 집단상담은 수치심과 고립감, 은폐, 자존감을 다루기에 특히 유용하다. 다른 생존자와 이야기를 나눔으로서 문제해결에 도움을 받기도 한다. 당신이 봉착해있는 문제가 무엇이든 그 문제를 다루는 방식에 대하여 의견을 제안할 사람이 그 방 안에 적어도 한 명은 있을 법 하다.

집단에서 생존자들은 정해진 시간에 모여 서로를 지지한다. 집단은 몇 주 단위로 할 것인지 정할 수도 있고, 정해진 기간 없이 계속 진행할 수도 있다. 훈련받은 촉진자나 상담원이 이끄는 집단상담은 주당

●이런 식으로 상담원들이 내키지 않아 하는 까닭은 고소당할 수 있다는 두려움 때문이다. 전문가로서의 판단력에 대한 공격, 법적 대응이라는 위협, 화난 부모의 윤리적 비난 등에 직면할 때 일부 상담원들은 자신을 보호하려는 마음과 내담자의 이해를 최우선으로 두고자 하는 마음 사이에서 갈등하게 된다.

혹은 달별로 비용이 책정되는데 어떤 지역에서는 무료로 제공되기도 한다. 또한 12단계 모델을 기초로 한 무료 집단상담도 있다. 친족성폭력 생존자모임Survivors of Incest Anonymous :SIA과 친족성폭력 익명의 모임Incest Survivors Anonymous :ISA은 생존자들을 만나서 경험을 공유하는 기회를 제공하는 집단이다.•

자신의 감정과 피나는 노력, 승리를 공유하면서 다른 어린이성폭력 생존자들과 같이 있게 되면 당신은 자신의 경험을 다른 관점에서 생각해볼 수 있다. 당신은 고통과 여러 난관에도 불구하고 고결함이 묻어나는 강하고 아름다운 사람들을 보게 된다. 당신은 폭력이 그들의 잘못이 아니라는 것, 그들에게는 잘못이 없다는 것을 보게 된다. 당신은 그들의 편에서 분노하게 되고 그들의 고통에 연민을 느끼며 아직 자기 자신에게는 베풀지 못한 친절함을 선사할 것이다. 당신 역시 그들과 상당히 비슷한 사람이라는 것을 인정하면서 확고한 자세로 자기 자신을 보게 될 것이다.

한 생존자인 제니로즈 라벤더가 지지집단에 속하면서 얻게 된 이점을 이렇게 설명했다.

> 생존자들로 구성된 어느 집단에 합류하면서 나는 생전 처음 누군가와 유대를 맺고 있다는 느낌이 들었다. 살아오는 내내 난 외로웠다. 누군가를 신뢰한 적이 한 번도 없었다. 내가 늘 나를 소외시켰던 것이다. 치료를 받는 동안에는 내가 정신학자 노릇을 했다. 그들이 듣고 싶어 하는 것들을

• 다른 생존자들의 이야기를 듣는 것으로 새로운 자극이 될 때가 있다. 어떤 여성들은 감정을 드러내도록 도와주는 숙련된 촉진자 없는 집단에 들어가는 것이 안전하지 못하다고 여긴다. 하지만 또 어떤 이들에게는 그런 집단에서 귀중한 지지를 경험한다. 치유 과정의 상당부분이 그러하듯 모든 사람에게 똑같이 적용되는 최선의 것은 없다. 당신에게 무엇이 도움되는지를 가장 잘 판단할 사람은 바로 당신이다.

골라 이야기했지만 내 두려움에 대해서나 정말 나를 괴롭히는 것에 대해서는 말할 수 없었다.

그러나 이제는 더 이상 혼자가 아니었다. 나와 같은 이유에서, 나와 같은 증후군을 가지고 있는 다른 사람들이 거기 있었다. 나는 가까이 다가서서 친구를 사귀기 시작했다. 믿을 수 없는 위안이었다.

집단에서 작업하는 것은 내 인생에서 유일하게 적절한 치료였다. 여섯 살 때부터 치료를 받았으니 어련했겠는가. 41년째다. 집단의 일원이 되는 것은 치료사와 같이 작업하는 것보다는 낫다. 왜냐하면 생존자들은 이해하는 법을 배우지 않았는데도 서로를 진심으로 이해하기 때문이다.

좋은 집단을 위한 기준

좋은 지지집단은 모든 구성원이 존중받을 수 있는 안전하고 예의를 갖춘 공간이어야 한다. 기대하는 지점이 분명해야 하며 참가자들은 시간과 초점을 동등하게 공유해야 한다. 어느 누구도 독점하거나 배제되어서는 안 된다. 당신은 경험과 감정을 정직하게 말할 수 있고 그대로 수용된다는 느낌이 들어야 한다. 어느 누구도 주목받기 위해서 자신의 피해나 고통을 과장해야한다는 생각이 들지 않아야 한다. 생존자들이 지지 집단 안에서 극도로 취약한 부분을 공유하고 있기에 직면이나 비판은 적합하지 않다. 대신 각 개인, 그리고 그 사람 고유의 치유 과정에 초점을 두어야 한다.

같이 가는 길

당신의 치유를 목격하고 지지해달라는 취지로 상담원을 위임할 때는 그 사람에게 당신을 보고 당신을 알고 당신의 삶에 깊숙이 개입하라고 허용하는 것이다. 상담원은 그것을 명예로운 특권으로 생각해야 하며 자신이 가진 모든 기술과 경험, 연민으로 당신에게 나아가야 한다. 당신은, 당신의 과거에 직면하겠으며 최선을 다하여 정직하게 상담하겠다는 의지를 내보이는 것이다. 그 결과 협력을 통하여 당신은 치유하고 성장하고 만족스럽고 풍성한 삶을 만들 수 있게 된다. 한 생존자가 말했다.

한 상담원이 이런 말을 하더군요. "정신분석은 당신의 운명을 얼굴에서 보고 '안 된다'고 말하는 겁니다." 나를 가해한 사람들은 나에게 쓸모없다라는 느낌을 남겨주고 미쳐가게 했을 수도 있었을 겁니다. 상담을 하면서 외부에서 나를 보는 객관적인 평가를 받았고 내 말을 주의 깊게 들어준다는 느낌을 가졌습니다. 힘을 실어주는 사람들과 연결될 수 있는 기회, 두려움이나 고통, 심지어 기쁨마저도 나눌 사람 하나 없이 혼자였지만 더 이상 그럴 필요가 없는 경험을 선사받았습니다.

왜곡되지 않은 시각을 얻게 되었다는 거죠. 내가 어릴 때 조롱받았던 것들이 나의 폐단적 모습이 아니라 성폭력 피해의 증상이었다는 것도 알게 되었습니다. 새로운 규율이 적용되는 상황에 살고 있다는 것을 알게 되었지요. 아무도 나를 구타하거나 강간할 수 없으며 침묵 속에서 그러한 야수성에 고통당하도록 강요할 수 없다는 새로운 규율 말입니다.

무엇보다 난 인간의 품위를 배웠어요. 세상은 난폭한 사람들로 가득 차 있을 뿐 아니라 나 같은 사람도 많다는 것을 알게 되었습니다. 내게 상담은, 어릴 때는 내가 속하지 못했던 그러나 실은 내가 태어난 바로 그 집으로 돌아가는 과정과 같았어요. 오래도록 내가 못난 오리새끼라는 것에 언짢았는데 알고 보니 그건 내가 정말 백조였기 때문이라는 사실을 상담으로 알게 되었답니다.

상담만이 치유가 일어나는 유일한 장소는 아니다. 많은 생존자들이 예술이나 음악, 글쓰기, 야외활동, 영성, 그밖에 여러 활동들을 통하여 치유의 과정을 거치고 있다. 생존자들은 친구, 파트너, 가족, 다른 생존자들로부터 지지를 이끌어낸다. 그러나 상담은 생존자들의 지지 체계 중에서도 중심에 있다. 따라서 상담은 안전하고 든든한 안식처를 제공하면서 성장과 변화를 실현시킨다.

2부
치유 과정

글머리

"포기하지 말라." 이것은 자신이 성폭력 생존자임을 기억하는 여성에게 내가 해줄 수 있는 최선의 말이다. 이 말은 치유의 출발선에서 갖추어야 할 중요한 태도이다. 케케묵은 방식으로 들리든, 어리석게 들리든, 지금의 자신과 무관하게 들리든, 사실 너무나 많은 생존자들이 성폭력을 뚫고 살아남았다. 이후로 그보다 더 큰 고통에 시달리는 일은 없을 것이다. 이후의 삶이 결코 이보다 더 심하지는 않을 것이라는 말이다. 당신이 여기까지 왔다는 사실은 당신 안에 상당히 긍정적인 의지가 갖추어져 있다는 말이다. 외부로부터 어떠한 메시지를 전해 받든 당신은 이 사실을 굳게 신뢰하라. 치유되기 위해서 스스로에게 무엇이 필요한지를 아는 유일한 사람은 바로 당신이다. 그러므로 스스로를 결코 포기하지 말라.

생존자들이 주말을 이용하여 멀리서부터 엘렌 연구소까지 찾아오는 경우가 종종 있다. 한 여성은 이렇게 말했다. "내게 일어났던 일을 누군가에게 이야기하고 나면 그 일에 종지부를 찍을 수 있을 것이라고 생각했던 때가 있었지요. 회복되고 싶지만 하룻밤만 지나면 상황은 다시 원점으로 돌아가 버리곤 했어요."

우리는 인스턴트 시대를 살아간다. 전기 오븐이 있고 한 시간 만에 드라이클리닝이 가능하다. 우리는 자신도 모르게 즉각적인 결과를 바라고 있다. 그러나 사실 근본부터 건드려지는 변화는 오랜 시간이 걸리는 법이다.

치유는 연속적인 과정이다. 우선 살아남는 과정에서 시작한다. 성폭력 속에서도 당신이 살아났으며 어른이 되었다는 사실을 깨닫는 것으로 이어진다. 그리고는 무한히 성장해 나가는 일로 끝난다. 이러한 것을 경험하게 된다는 말은 당신이 어렸을 때 당했던 바로 그 일로부터 거리를 둠으로써, 더 이상 그 일의 조정을 받지 않으면서 만족할 만한 인생을 살아간다는 것을 의미한다. 거기에 도달하도록 도우려는 것이 바로 이 책의 주제인 치유 과정이다.

생존자라면 누구든 거쳐야 하는 단계가 있다. 143쪽 부터 소개되는 각 단계별 성향을 보면 당신이 지금 어디에 와 있는지, 여태까지 무엇을 했는지, 당신 앞에 아직 무엇이 더 남아 있는지를 알게 될 것이다.

여기에 제시된 단계들은 생존자가 치유 과정을 거칠 때 다소 개인 차가 나기도 한다. 생존자가 단계 1에서 중단하는 경우는 거의 없으며 대부분 단계 2로 건너간다. 치유는 직선 코스가 아니다. 오히려 그것은 삶과 통합되는 부분이라는 말이 더 맞다. "어떤 일이 일어나든 난 이 일을 치유로 전환시킬 수 있다"고 한 생존자는 말했다.

치유 과정은 나선에 비유될 수 있다. 당신은 같은 단계를 여러 번 반복할 수 있다. 나선을 따라 걸어가다 보면 어느 순간 이전과는 다른 단계에 들어서서 다른 관점으로 세상을 바라보게 된다. 1년 혹은 2년 동안 성폭력 피해에서 벗어나지 못하기도 한다. 그러다가 휴식을 취하고난 후 지금 현재의 상태에 주목하게 된다. 1년 혹은 좀 더 시간이 경과한 뒤 당신의 삶에서 변화가 있으면, 예컨대 새로운 관계를 맺어가고 자녀가 태어나고 학교를 졸업하고 혹은 내면에서 어떤 욕구가 생기게 되면 아직 해결되지 못한 기억과 감정들이 자극된다. 그럼으로써 성폭력 피해에 다시 집중하게 되며, 두 번째 혹은 세 번째 아니면 네 번째 발견의 단계로 움직여 나가게 될 것이다. 새로운 단계마다 느끼고 기억하고 지속적인 변화를 이끌어 내는 능력이 강화된다.

치유 과정의 단계에는 "올바른 방식"이 없다. 모든 사람이 고유한 만큼 한 사람 한 사람의 방식이 고유할 것이다. 생존자들마다 더 지난한 단계가 있기 마련이며 그만큼 시간과 주의력이 더 요구될 것이다.

당신이 겪게 될 단계의 순서 또한 여기서 제시하는 것과 다를 수 있다. 또한 각 단계의 의미는 당신이 어떤 삶을 살아가는가에 영향을 받을 것이다.

단계들

다음의 단계들 대부분이 모든 생존자들에게는 어쩔 수 없이 거쳐야 할 필연적인 것임에도 불구하고 모든 여성들이 이 단계들—위기 단계, 폭력을 기억하기, 당신의 가족과 직면하기, 용서하기 등—을 수용할 수 있는 것은 아니다.

치유를 결심하기 | 당신의 삶에 성폭력의 파장이 뿌리 깊게 번져 있음을 일단 깨닫고 나서 치유하겠다는 적극적인 다짐을 하는 게 필요하다. 근본적인 치유는 당신이 그것을 선택하고 기꺼이 스스로를 변화시켜 나갈 때만 가능하다.

위기 단계 | 기억이 떠오르면 그 동안 억눌러 왔던 감정들을 만나기 시작하는데 이때 당신의 삶은 급격한 소용돌이에 휘말릴 수 있다. 기억하라, 이것은 하나의 단계에 지나지 않는다. 결코 영원히 지속되지 않는다.

기억하기 | 많은 생존자들이 어릴 때 일어났던 일들을 기억하지 않으려고 억누른다. 사건의 진상을 잊지 않고 있는 이들이라 하더라도 종종 그 당시 어떤 심리 상태였는가를 잊는 경우가 있다. 기억하기는 지나간 기억과 감정을 모두 불러일으키는 과정이다.

그것이 일어났음을 믿기 | 생존자들은 자신이 인식하고 있는 바를 종종 의심하기도 한다. 성폭력이 실제로 일어났다는 것, 그리고 그 성폭력 때문에 자

신이 상처 입었다는 사실을 믿게 되는 것이야말로 치유 과정에서 중요한 부분이다.

침묵 깨기 | 어른이 된 대부분의 생존자들은 성폭력 당했던 사실을 어릴 때의 비밀로 간직했다. 당신에게 일어났던 일을 다른 사람에게 이야기한다는 것은 그 동안 생존자가 지니고 살아 왔던 수치심을 꺾을 수 있는 강한 힘이다.

당신의 탓이 아니었음을 이해하기 | 아이들은 성폭력이 자신의 잘못 때문에 일어났다고 생각하기가 쉽다. 어른이 된 생존자는 비난받아 마땅한 책임 소재—가해자에게 직접적인 책임이 있다—를 분명히 밝혀야 한다.

자기 내면의 아이와 만나기 | 많은 생존자들이 상처받기 쉬운 자신의 취약점을 돌보지 않았다. 내면에 있는 아이와 친밀하게 만나면 스스로에게 애정을 느끼게 되고 가해자에게 훨씬 큰 분노를 느끼게 된다. 뿐만 아니라 다른 사람들과는 더욱더 친밀한 관계를 만들어 갈 수 있다.

슬퍼하고 애도하기 | 아이였을 때 성폭력을 당한 뒤 살아나려고 애쓴 대부분의 생존자들은 자신들이 무엇을 잃었는지조차 느끼지 못한다. 애도는 당신의 고통을 존중하고 여기에서 벗어나서 당신으로 하여금 현재에 충실하게 하는 방법이다.

분노 | 분노는 강력하면서도 당신을 자유롭게 하는 힘이다. 분노할 필요성을 느끼든 혹은 충분히 분노할 여지를 마련했든, 당신의 분노를 가해자에게 그리고 당신을 보호하지 못했던 사람들에게 정면으로 들이미는 일은 치유에 필수적이다.

드러내기와 진실 말하기 | 가해자와 가족들에게 당신의 피해 사실과 그 영향에 대해 말하게 되면 힘이 생기고 변형을 유도할 수 있다. 그러나 그것이 모든 이에게 해당되지는 않는다. 이런 단계를 밟기 전, 치유와 지지의 강한 토대가 마련될 때까지 기다리면서 세심하게 준비하는 것이 무척 중요하다.

용서? | 가해자를 용서하라고 많이 권유하기는 하지만 치유 과정에 필수적인 부분은 아니다. 오히려 당신 스스로에 대한 용서야말로 필요 불가결하다.

영성 | 당신보다 더 큰 존재가 있음을 아는 것 또한 치유 과정에 유용한 자산이 될 수 있다. 영성은 고유한 개별적 체험이다. 전통적인 종교나 묵상, 자연 혹은 지지 집단을 통해서 영성적인 성숙을 찾을 수 있다.

통합과 전진 | 이러한 단계를 반복적으로 거치다 보면 통합의 순간에 이르게 될 것이다. 당신의 감정과 깨달음은 안정을 찾게 된다. 당신은 당신에게 성폭력을 휘두른 가해자나 다른 가족 구성원들과 관계를 맺게 될 것이다. 당신이 살아온 역사를 지워 없애지 않으면서도 삶을 심오하게 변화시켜 나가는 것이다. 치유를 통해서 깨달음과 공감과 힘을 얻음으로써 당신은 더 나은 세상을 위하여 일할 기회를 갖게 될 것이다.

치유 결심하기

치유 단계에 들어선 이상, 모든 것을 잃어도 좋다는 마음의 준비를 하라. 치유는 난폭한 힘을 지니고 있어서 그 앞에서는 어떤 것도 거룩하거나 신성하게 보이지 않는다. 내 본래의 고통이 치유 과정에서 스스로의 몸을 풀고 뛰쳐나오게 되면 그 고통은 내가 허약함과 무지로 세워 놓은 구조물과 기초를 갈가리 찢어 버린다. 역설적이면서 부당하게도 그렇게 해야만 나는 거짓된 삶을 살아온 대가를 치를 수 있다. 나는 내가 태어난 그 순간보다 더 찬란하게 다시 태어나는 기묘한 기적을 경험하고 있다.

_ 일리 풀러

어린이 성폭력의 영향으로부터 벗어나서 치유를 하겠다고 결심하는 것은 강렬하면서도 긍정적인 선택이다. 그것은 모든 생존자들이 이행할 만한 가치가 있는 행위이다. 이미 살아오면서 약간의 치유를 경험했을 수도 있지만—가령 지원을 아끼지 않고 돌봐 주는 가족을 통해서, 친밀한 관계에 있는 연인을 통해서, 혹은 당신이 좋아하는 일에 만족함으로써—, 치유하겠다고 결심하는 것, 자신의 성장과 재발견을 최우선에 두겠다는 것은 치유의 힘을 작동시키는 시발점이 된다. 그 힘은 당신의 삶에서 가능할 것이라고는 감히 생각해 보지 못한 풍요로움과 깊이를 당신의 삶에 가져다 줄 것이다.

> 난생 처음으로 세상의 온갖 것들을 감상할 수가 있어요. 새들과 꽃, 피부에 와 닿는 햇살 같은 것, 하찮아 보일 수 있는 것들이 그렇게 아름다울 수 없어요. 좋은 책을 읽을 수도 있고 볕이 내리쬐는 곳에 앉을 수도 있지요. 이러한 것들을 어릴 때조차도 즐겨 본 기억이 없거든요. 난 이제 잠에서 깨어났어요. 이런 일이 일어나지 않았다면 난 아직까지 잠든 상태였을 텐

데. 난생 처음으로 살아 있음을 느끼고 있어요. 당신은 알 거예요, 이런 것은 추구할 만한 것임을.

* * *

난 지금 여기 있다. 미래를 위해 생각이나 감정을 유보하지 않는다. 어떤 기억들에 발목 잡혀 내 삶을 허비하도록 내버려 두지도 않는다. 난 지금 바로 여기에 있기 때문이다. 순간마다 생생하게 경험하고 있고 어느 것 하나 헛되게 하지 않는다.

* * *

이것은 나를 바라보는 기회가 되었다. 난 정서적으로 많이 개방되어 있다. 많은 것을 배우고 있다. 전혀 나쁘지 않다. 당신은 치유될 수 있다. 당신은 더 강해진다. 무엇이 나를 압도하는지는 알 수 없지만 진정 그것은 뭔가 대단한 것임에 분명하다. 사실 나는 성폭력 생존자이다.

치유는 각 생존자의 배경에 따라 다른 단계와 시점에서 시작된다. 자신을 농락한 죄로 아버지를 고발한 어린 소녀가 법정에서 심리 치료를 받도록 언도받을 수 있다. 25세의 여성이 결혼하게 되면서 그 동안 약혼자와 나누었던 친밀감을 이제는 더 이상 유지할 수 없음을 갑작스레 발견하게 될 수도 있다. 30세의 여성은 자신이 성폭력 당했을 때의 나이에 가까워지는 딸을 보면서 미칠 지경이 되는 수도 있다. 좀 더 나이가 많은 여성이라면 가해자의 장례식 날 비로소 치유를 결심할 수도 있다.

치유를 결심하기 이전 상태를 '폭발하기 직전'이나 '절망의 나락에 빠졌던 상태'로 표현하는 사람들도 있다. 어느 여성은 섭식 장애로 입원하고 나서야 처음으로 도움을 청했다. "치료를 받아야 한다는 사실을 몇 년 동안 피해 왔어요. 손을 써 볼 수 없는 절망적인 상태가 되어서도 어떻게 해 보려고 시도하지 않았지요." 치유가 늘상 선택하거나 선택하지 않는 차원의 문제만은 아니다.

> 그것은 강박적 욕구였어요. 모든 사람들이 성장하고 총체적인 인간이 되어야 하는 강박적 욕구를 안고 있다고 생각해요. 모든 사람들이 고통에서 벗어나 위안을 갈구할 강박적 욕구가 있다고 생각하는 거죠.

다른 사람과 상호작용함으로써 치유 의지가 자극될 수도 있다. 한 생존자가 치유를 결심하게 된건 친구가 한 말 때문이었다. "난 너를 믿을 수가 없어. 네가 나에게 진실을 말하고 있다고 생각해 본 적이 없어. 느낌으로 너를 신뢰할 수가 없다구. 난 네가 감정을 도대체 어떻게 하고 있는지 알 수가 없어." 그 생존자는 충격을 받았다. 첫째, 그 말이 맞았기 때문이고 둘째, 그녀는 자신이 속이는 데 능숙하다고 생각해 왔기 때문이었다. "난 그 친구가 마치 내 마음속을 비집고 들어와서는 그 안에 정말 숨겨져 있는 것을 본다고 착각할 정도였어요. 그 친구는 내가 인생에서 느껴 왔던 그대로를 언어로 옮기고 있더라구요. 그래서 치료사를 찾은 거죠."

또 다른 여성은 여동생이 자살을 하자 치유를 결심했다. "그 아인 성공하지 못했어요. 난 그 아이에게 일어났던 일을 이해해야 했고 그 같은 일이 내게는 일어나지 않을 것이라고 확신할 만한 장치가 필요했어요."

또 어떤 생존자는 교과목 과제로 인해 치유에 대한 동기가 생겼다.

> 스무 살이었어요. 근친 강간의 후유증이 생존자들에게 어떻게 나타나는가를 연구 조사하는 심리학 과목을 듣고 있었어요. 사람들은 대부분 그러

한 주제를 선택하지 않을 거예요. 하지만 내부에서 솟구치는 것이 있었어요. 할아버지를 죽이고 싶었어요. 이 연구 보고서를 끝내는 대로 그를 제거하고 싶었죠. 한편으로는 보고서를 쓰면서 치유가 될 거라고 생각했는데 감정이 오만 군데로 터져 나오는 거예요. 보고서를 제출하자마자 난 나가떨어졌어요. 오래도록 심리 치료를 생각해 왔는데 며칠 뒤 드디어 치료사를 찾게 된 거죠.

카르멜 소속의 수녀였던 한 생존자는 수도원에서 살아가는 이유를 명확하게 밝히고 싶은 욕구 때문에 치유를 결심하게 되었다고 말했다. "난 수도원을 무척 좋아했지만 그곳에 있겠다는 내 선택에는 믿을 수 없는 구석이 있었어요. 종교 생활을 하게 되면 많은 좋은 것들을 포기해야 하는데도 이 생활을 선택해야 할지 어떨지 너무나 막막했어요. 그래서 성폭력 피해를 짚고 넘어가야만 했습니다. 내가 어떤 것을 선택하든 올바른 이유에서 선택했다고 믿고 싶었죠."

많은 생존자들은 다른 생존자들이 보여주는 용기를 보면서 동기부여가 된다. 생존자가 자신의 이야기를 친구에게 드러내고 사람들 앞에서 자신의 이야기를 하고, 책을 쓰고 가해자(혹은 기관)를 고소할 때 그녀는 다른 생존자들에게 침묵을 깨라고 자극하는 중이다. 많은 여성들이 신문에 난 기사를 읽고, TV 프로그램을 보고, 자신의 삶에 대한 진실을 전하는 다른 생존자의 이야기를 듣고 난 후 치유하겠다고 결심하게 된다.

누구나 치유될 자격이 있다.

치유될 자격은 누구에게나 있다. 또한 치유는 모든 사람에게 가능하다. 하지만 많은 생존자들이 자신은 예외라고 생각한다. 다른 사람은 치유할 수 있을지 몰라도 자신은 불가능할 거라고 생각한다. 혹은 그럴 만한 자격이 자기에게는 없다고 생각한다.

이렇게 믿는 데는 여러 이유가 있다. 피해에 대한 책임을 자신의 탓이라고 생각할 수 있다. 혹은 너무나 오래도록 좌절한 터라 다른 좋은 일이 일어날 것이라는 희망을 감히 갖지 못할 수도 있다. 아니면 가족과의 시간이 방해받을까봐, 다른 책임을 떠맡고 있기 때문에 자신을 위한 시간을 내지 못할 수도 있다.

치유를 시작하는 걸 막는 다른 상황도 있다. 나이, 인종, 종교적 배경, 이 모든 것들이 치유해야겠다는 결심에 영향을 미친다. 돈이 없거나 신체적, 정서적, 정신적 무능력, 혹은 지리적인 고립도 도전을 늦추는 것으로 조사되었다. 하지만 누구나 치유될 자격을 가지고 있다.

결코 너무 늦은 때란 없다: 바버라 해밀턴 이야기

바버라 해밀턴은 65세이다. 어릴 때 아버지에게 성추행을 당했다. 그녀는 성장하여 결혼했고 여섯 명의 자녀를 키웠으며 지금은 많은 손자 손녀들이 있다. 몇 년 전만 해도 바버라가 몰랐던 사실이 있다. 그녀가 자신의 성폭력 피해에 대해 말하기 시작하고 나서야 자녀와 손자들 가운데 몇 명도 자신의 아버지나 다른 가해자에게 피해를 당했다는 걸 알게 된 것이다. 그녀는 나이 든 여성으로서 치유 과정에서 겪는 어려움에 대해 이야기한다.

나이가 들면, 특히 여성으로서 나이가 들어갈수록 모든 면에서 거부당한다는 사실을 감당해야 합니다. 사회에서 당신의 지위가 하찮아지면 당신은 곧장 피해자로 강등됩니다. 생존자라는 것은 고립감과 직결되지요. 가족들을 부양하는 세월 동안 그것은 마음속 깊숙이 묻혀 있었는데, 점점 혼자 보내는 시간이 많아지면서 또 내가 늙었다는 사실 때문에 생활이 불안정하게 되니까 그 모든 감정이 표출되더군요. 난 그 감정이 극복된 것이 아니었다는 점을 인정해야만 했구요. 그러니 내가 할 수 있었던 것은 일어난 사실을 그대로 인정하는 길뿐이더군요. '사실은 그런 일이 없었어'라고 읊조리면서 지난 50년 동안 묻어 둔 것이지요.

기다리지 마십시오. 기다리지 마세요. 성폭력 피해에 대한 기억이나 상처는 결코 저절로 물러서지 않기 때문입니다. 제자리로 돌아오는 것은 고사하고 항상 더욱 고약해져서 돌아온답니다. 나이 든 여성 역시 치유될 자격은 충분합니다. 나처럼 숱한 억압 속에서 살아가는 수많은 사람들이 있어요. 모든 책들이 젊은 여성들을 대상으로 쓰여지고 있기는 하지만 난 당신이 너무 늙었다고 결코 생각하지 않습니다. 확신이 들지 않을 수도 있겠군요. 너무 어려울 수도 있지요. 젊은 사람과 같은 경험을 하지 않을 수도 있어요. 늙은 여성들은 가해자를 직접 만날 가능성이 더 적지요. 그러나 치유될 가치는 있습니다. 나 자신으로 존재한다는 사실에 기분이 더 좋아집니다.

공포스럽고 비극적이라 하더라도, 수많은 밤을 하얗게 지샌다 하더라도, 결국 난 아직 살아 있는 걸요. 내가 정말로 느끼고 있다는 식의 거짓말은 하지 않습니다. 더 이상 가면극을 꾸미지도 않구요. 과거 삶의 방식으로는 되돌아가지 않을 겁니다. 난 정말 다른 사람이 된 것 같아요. 내가 어느 지점에 서 있건 나는 나이며 최선을 다하고 있답니다. 난 지금 내가 용기 있다는 것이 느껴져요. 내 안에 그만한 용기가 있다는 것을 알아채고는 그 용기를 만난 거죠. 결코 너무 늦은 때란 없습니다. 모세의 할머니가 95세 때 무엇을 했는지 생각해 보세요. 희망은 아직 있습니다.

마치 흑백에서 총천연색으로 옮겨 가는 것 같습니다. 당신은 흑백만 존재하는 곳에 있다는 사실조차 알지 못했습니다. 우리가 가진 것이 모두 흑백이었기 때문에 그것만이 최선이라고 생각했던 거지요. 당신이 총천연색을 처음 본 때가 생각나나요? 입체 안경을 끼고 사물을 보던 첫 장면은? 당신은 삶이 총천연색으로 움직이는 곳에 와 있습니다. 그럴 만하지요. "왜 지금 골치가 아파야 하지? 난 여태껏 잘해 왔는데"라고 말한다면 이렇게 말해 주고 싶군요. "당신은 잘해 온 것이 아닙니다. 당신은 자신의 능력을 제대로 발휘하면서 살아 본 적이 없어요. 당신은 예술가 자질을 눌러 왔을 것이고 모든 감정 표현을 묻어 왔을 겁니다. 그렇게 묻힌 것들은 당신 자신을 위해서나 다른 사람들을 위해서도 꼭 표출되어야 했는데 말입니다. 왜 지금이라도 기회를 주지 않는 겁니까?"

그러나 쉽지 않다

치유는 항상 가치 있는 것임에도 불구하고 결코 쉽지 않다. 성폭력에 관련된 문제를 풀어 나가려고 선택했다면, 이전에는 당신과 전혀 무관하다고 여겼던 문제가 생기게 되고 또 그 문제에 부딪히면서 결코 예상하지 못했던 대답을 얻게 된다. 일단 스스로에게 충실하면 당신의 삶은 이전과 달라질 것이다.

치료사는 나에게 거짓말할 사람이 아니었어요. 그는 나에게 "난 당신에게 어떠한 보증도 할 수가 없습니다. 나는 당신이 그 일을 이야기하고 나서 기분이 좋아질지 어떨지도 실은 모릅니다. 훨씬 더 나빠질 수도 있어요"라고 말해 주더군요.
나는 지극히 생명감에 넘쳐서 혼자서도 생존 가능한 자족적인 인간이기를 포기했어요. 하지만 내 인성의 부정적인 측면들 이면에는 긍정적인 부분들도 있었거든요. 그것들을 포기하고 싶지 않았던 거구요. 그것이 최상의 대처 방법은 아니었을 테지만 난 그것에 익숙해진 것 같아요. 새로운 인간으로 태어나기 위해서는 그에 상응하는 여분의 공간을 마련해야 하고 그러면 여태까지 가지고 있던 것에서 손을 떼야 했는데, 그런 생각을 하면 난 믿을 수 없을 만큼 흔들렸어요. 이런 기억들을 다 놓아 버린다면 그 다음은 도대체 또 어떤 공허 속으로 빠지게 될까, 뭐 그런 두려움이죠. 오랜 시간을 맨발로 걸어다닌 것 같은 느낌이 들었어요.

위험을 무릅쓰면서까지 그 일을 말해야만 하는지 회의에 빠질 수도 있다. 그러나 어느 생존자가 단언했듯이 "그러한 위험에 처하는 것이야말로 나에게 미래를 약속하는 가장 적절한 기회였다."

종종 치유에 대한 결심이 결혼 관계나 친밀한 관계, 이를테면 부모, 다른 친척들, 때로는 자녀들과의 관계를 엉망으로 만드는 수가 있다. 적절한 역할을 하고, 일하러 가고, 공부하고, 사고하고, 미소짓는 것, 어떤 일을 수행하는 것들이 몹시 힘들어질 수 있다. 심지어 잠자고 먹는 것, 아니면 울음을 그치기가 아주 힘들어질 수 있다.

무언가가 이 상처에 다시 심한 생채기를 낸다거나 이렇게까지 슬프게 될 수 있다는 것을 알았더라면 난 결코 치유를 결심하지 않았을 거예요. 하지만 되돌아갈 수도 없잖아요. 잊어버릴 수도 없어요. 난 몇 년 동안 전혀 상처받지 않으면서 보낼 수도 있었어요. 말하자면 상처받는 것에 대처할 기제mechanism가 없었다는 뜻이지요. 상처받지 않는 것에 대처할 기제는 있었지만 말이죠. 그런데 그것이 정말로 어려웠어요.

때로 치유의 초기 단계에는 위기가 도사리고 있어서 스스로 그것을 선택했다는 사실을 수용하기가 힘들어지기도 한다. 로라는 자신의 경험을 기억하고 치료사를 처음 찾았을 때 치유를 결심했다. 하지만 제대로 치유 된다는 느낌이 들지 않았다.

> 오랫동안 그 과정에서 희생자가 된 기분이 들었어요. 이것이 내가 선택한 것이란 말인가? 이런 식은 아니다! 이런 기분요. 그 기억들은 마치 일단 꺼냈다 하면 다시 넣기 힘든 조그마한 상자 속의 비옷 같았습니다. 한번 기억들을 열고나면 산뜻하게 접어서 도로 집어넣을 수가 없었어요. 모든 것들이 나의 통제권을 벗어나서 마치 폭풍우 속으로 휘말려 들어가는 듯 했어요.

어떤 일이 벌어질지 전혀 알지 못한 채로 중요한 결정을 내려야 할 때가 있다. 성폭력 피해의 상처를 치유하는 것도 그 가운데 하나이다.

> 어두운 곳으로 기어들어가 현실로부터 숨어 버리고 싶어지는 때도 있고 완전히 포기하고 싶은 때도 있지만 그래도 계속하고 있어요. 난 이 '치유'가 나를 어디로 데려갈지 알지 못합니다. 다른 사람의 희망에 따라 살아요. 인생이 좋아질 거라는 다른 사람의 신념에 따라 살고 있단 말입니다. 또 이것이 정말 할 만한 가치가 있을지 없을지 늘상 의문스럽기도 하지만 그래도 계속하고 있다구요. 이것이 바로 치유가 아니겠어요.

적극적으로 치유하겠다고 결심하는 일은 희망의 길을 열어 놓는다는 것이고 그 자체만으로도 엄청난 것이다. 사실 많은 생존자들이 희망을 가졌다가 실망만 안게 되는 경우가 수두룩하지만 말이다.

스스로에게 치유를 다짐하는 일이 엄청난 만큼 그것은 또한 크나큰 위안이 되기도 한다. 예를 들어 당신을 괴롭히는 악의 화신 앞에 서서 똑바로 눈을 마주치는 상황을 상상해 보자. 이때, 공포스러워하는 당신의 모습이 이상하게 위로를 줄 수도 있다. 더 이상 가장할 필요가 없다는 것, 힘 닿는 데까지 최선을 다해 치유하겠다는 것을 깨달음으로써 당신은 위안을 얻게 되는 것이다. 어느 생존자는 말한다. "나의 과거를 받아들이고 지금 내가 서 있는 현재의 상황을 존중할 때마다 나 스스로에게 미래를 부여하고 있음을 이제는 알고 있지요."

위기단계

"강간을 기억한 것으로 치유의 전 과정 중 최악의 기간이 시작되었던 겁니다. 이러다가 죽는구나 싶었어요. 숨을 쉴 때마다 성폭력 피해가 생각날 정도였습니다. 숨쉬기가 정말 몸서리치게 힘들었답니다. 부엌바닥에 앉아 몸을 붙들고 흔들거리면서 며칠을 보냈어요. 마치 어릴 때의 그 일이 내 몸 안에 아직 살아있는 느낌이었습니다. 그 일과 관련되지 않은 세포가 하나도 없다는 느낌이 들더군요. 그 기억은 마치 삼촌이 내 몸을 침범했던 것과 똑같이 나를 덮쳐왔어요."

많은 여성들이 '그들의 머릿속에는 오직 성폭력밖에 없다'고 생각하는 시기를 거친다. 그래서 그 이야기를 들어 줄 사람이라면 누구에게라도 강박적으로 그 이야기를 해댄다. 당신의 인생은 당신을 완전히 집어삼키는 실제적인 위기들로 가득 차게 된다. 걷잡을 수 없이 자주 과거의 장면을 떠올리거나, 온종일 울고 있거나, 직장에도 못 나가게 될 수 있다. 밤마다 가해자의 꿈을 꿔서 잠들기가 두려워지기도 한다.

난 완전히 넋이 나간 것 같았지요. 먹지도 않고 잠도 못 잤습니다. 윈첼 도너츠에서 일하고 있었는데 집에 혼자 있기가 너무 무서워서 한밤중에도 밖에 나가 창고나 다른 곳에 숨어 있곤 했지요. 아버지에 관한 끔찍한 악몽을 꾸었고, 온갖 망상에 사로잡혔어요. 아버지의 지퍼가 내려지는 소리, 벨트 버클이 철컥거리는 소리를 들어요. 그리고는 그 모든 끔찍한 일들을 상상하곤 하죠. 난 한 달 동안 목욕을 못 해서 엉망이 되었어요. 샤워하기가 두려워요.

로라는 처음 기억을 떠올리면서 받은 충격으로 인하여 수년간 다른 어떤 것도 할 수 없었다.

> 어릴 때 기억이 그다지 많지 않았어요. 정말. 그래서 떠벌리고 자랑할 만한 그림을 만들어냈지요. 내가 기억하는 그 모든 좋은 것들이 전혀 일어나지 않은 것은 아니었어요. 다만 성폭력 피해를 입었다는 그 사실만은 어쨌건 고스란히 잊고 지냈던 겁니다.
> 그럴리 없었다고 부정하던 완고함을 부수고, 새로 깨달은 현실을 오래 전 흩어진 그림에 끼워 맞추려고 애쓰는 것만으로도 난 완전히 위기상태에 빠져버렸습니다. 마치 나를 지탱하던 모든 토대가 하룻밤 만에 도둑맞은 느낌이었어요. 이런 일이 내게 일어났는데 내가 그것을 잊고 있었다면 내가 여태까지 살아온 것에 대해서, 또 그 삶 안에 존재하던 나의 위치에 대해서 내가 가졌던 모든 생각들이 처음부터 다시 질문되어야만 했기 때문이죠.

여성들은 치유 과정의 처음 단계를 여러 가지 자연의 재앙에 비유한다. "마치 회오리바람에 내 몸이 붕 떠 버리는 것 같았어요." "꼭 눈사태에 파묻히는 것 같았어요." "무섭게 분출하는 화산이었죠."

> 마치 이런 겁니다. 마룻바닥을 뚫어지게 보면서 서 있어요. 그러다가 그 위로 내가 산산조각이 나서 떨어집니다. 조각들을 주워 다시 짜맞추어야 하지요. 하나하나 보면서 "이건 나야"라고 말하면서 끼워 넣고, "이건 여기가 맞군" 또는 "아니, 그 자리가 아니야"라고 말하는 거죠. 그리고 나서 정말 맞는 자리를 다시 찾아야 합니다. 내 인생의 조각들을 집어들어 그것을 쳐다보면서 이렇게 말하고 있었어요. "이걸 계속 가지고 있어야 하나? 이것이 앞으로도 유용할까? 이 고통은 언제 멈출까?"

위기 단계는 당신이 선택한 것은 아니지만 당신의 손으로 제거해야 한다. 한 생존자는 이렇게 말한다. "마치 새로운 낱말을 배우는 것 같아요. 글을 깨치고 나면 문장들 속에서 새로 배운 낱말을 알아보기 시작하는 겁니다. 예전에 나는 글을 해독할 수 없었던 거죠."

위기단계: 캐서린 이야기

알코올 중독자들의 치료모임에서 캐서린은 자신의 성폭력 피해를 처음 맞닥뜨렸다. 바로 그 순간, 위기단계가 그녀에게 힘껏 들이닥쳤다.

난 통제되지 않는 슬픔을 느끼기 시작했습니다. 절망은 반드시 표면으로 떠오르게 되어있더군요. 마치 매일 잠에서 깰 때마다 1미터 팔십 정도 되는 크기로 친족성폭력이라고 적힌 글자가 거실에 걸려있는 것 같았지요. 그건 내 얼굴에도 다 노출되어 있어서 나를 보기만 해도 누구든 내가 피해자라는 걸 읽을 수 있을 것 같았어요. 내가 왜 그렇게 재수없는 인간인지 진짜 이유를 모든 사람이 알 것이라고 확신하기까지 했답니다. 그래서 치료를 받는 중이라고 누군가에게 말하기가 너무 두려웠지요. 너무 수치스러웠던거죠.

다른 사람이나 다른 문제를 처리할 힘도 없이 에너지가 다 고갈되어버렸지요. 아는 사람하고만 만났어요. 정말 친구다 싶은 사람들에게 더 의존하기 시작했습니다. 내 상담에 대해 이야기하고 새로 알게 된 것을 털어놓았죠. 이전에는 사람들에게 전화를 걸어 "안녕, 롤러 타러 가자"라고 말했지만 이제 더 이상 전화하지 않았지요.

내 기분이 어떠하든 나와 같이 앉아 있어줄 사람을 찾아야만 했습니다. 어릴 때 구타를 당하던 친구가 있었어요. 너무 끔찍한 느낌이 들 때면 그녀에게 전화를 하죠. 그러면 그녀는 나를 오게 해서는 같이 밥도 먹고 TV도

보게 해줬어요. 그곳에서는 어슬렁거려도 되고 기분이 더러워도 상관없었어요. 그녀는 이해했으니까요. 무슨 일이 진행되고 있는지 그녀는 잘 알았지요. 하지만 내가 내킬 때만 그것에 대해 이야기했어요.

혼자 있을 만한 안전한 곳도 찾아야만 했습니다. 숲으로 산책하고 또 뛰기도 했어요. 20~30마일씩 자전거를 타기도 하구요. 혼자서 야외활동을 하면서 많이 보냈습니다. 집에 있는 것보다는 훨씬 더 안전한 느낌이었거든요.

익숙한 것들을 다시 시도해야한다는 것이 가장 어색했어요. 성폭력 피해자인 동시에 가게에 갈 수도 있고 운전을 할 수도 있다는 것을 스스로에게 입증해야 했지요. 집에서는 '자, 난 내가 친족성폭력 피해자란 걸 알고 있어. 그래, 난 여기서 여전히 살고 있고 맞아, 내 고양이도 나를 여전히 좋아하지.' 뭐 이런 식의 생각을 하면서 시간을 보내야 했습니다. 겉으로는 똑같아 보여도 안으로는 엉망진창이었어요. 일년 내내 진공상태에 있는 느낌이었고 내 앞의 모든 것들이 플래시백이고 울음으로 연결되었어요.

모든 것과 완전히 단절된 느낌이 들 때 나를 구한 유일한 것은 집안 곳곳에 적어둔 치료사의 전화번호였습니다. 욕실 거울에도 적어놓고 일기에도 적어두었어요. 읽고 있던 책에도 적고 종이 쪽지에도 적어놓았지요. 머릿속 기억 회로에는 아예 불로 각인시켜 놓았어요. 그래서 아무 때나 그녀에게 전화할 수 있었지요. 전화를 했는데 응답기가 받으면 갈라지고 우는 목소리로 그녀가 전화해주기를 바라고 내가 원할 때 연락이 닿을 수 있다는 걸 알려달라는 메시지를 남겼던 적도 여러 번 되요. 그렇게 하면 고통과 우울 말고 다른 뭔가가 있다는 생각이 들었거든요. 저기 어딘가에 누군가가 있었고 나는 그녀에게 손을 뻗을 수가 있었어요. 그녀가 결국 나에게 전화를 할 것이라는 것을 알았기에 그때까지 참을 수 있었지요.

그리고 일년 후 뭔가가 바뀌더군요. 고개를 약간 높이 들 수가 있게 되고 계절이 바뀐 것을 알아챌 수 있었어요. 내가 성폭력 피해에서 살아남은 생존자이긴 하지만 내 삶을 잘 살아갈 수 있다는 걸 깨닫기 시작했답니다. 이제 때때로 그 생각을 하지 않을 수가 있게 되었어요. 엄청난 위로가 됩니다.

위기단계에서 살아남기

치유의 시작이 혼란스럽고 위압적으로 여겨질 때 당신이 기억해야 할 중요한 사실은 위기 단계가 치유 과정의 자연스러운 한 부분이며 결국에는 끝날 것이라는 점이다. 위기는 본질적으로 당신을 압도하는 특성을 지니고 있다. 그 안에 빠져 있을 때는 오직 그것말고 다른 어떤 것도 볼 수 없게 된다. 그러나 하루 24시간 내내 성폭력에 대해 생각한다거나 꿈을 꾸거나 먹어대는 그런 시간이 끝날 때가 있을 것이다.

때로 당신의 치유 과정을 들여다보고 당신이 거쳐온 그 거지같은 상황을 돌아본다는 그 자체가 대단한 것이예요. 고통이 어마어마할 수 있어요. 그저 한발 또 한발 앞으로 가야만 합니다. 얼마나 많이 왔나를 보려고 하지 마세요. 다만 한걸음 또 한걸음 떼는 겁니다. 돌아볼 때가 되면 당신이 이제 어딘가에 와 있는 거지요.

물론 위기단계의 끝이 한순간에 오는 것은 아니다.

위기단계의 강렬함을 누그러뜨리기

성폭력 피해를 치유하는 과정에 들어선 것이 힘거운 현실에 직면한다는 뜻이긴 하지만 이 어려운 시기의 충격을 완화하는 방법 또한 있다. 자신을 돌보기 위해 당신이 할 수 있는 모든 것을 한다면 도움이 되며 그것이 또한 현명한 처사이기도 하다.

치유작업이 다시 충격을 주는 상처가 되어서는 안 된다. 감정이 너무 격해져서 감당할 수 없다면 과정의 속도를 늦추어보라. 속도전이 늘 최선의 방법은 아니다. 늘 잘 되는 않겠지만 때로 당신은 과거로 깊이 돌아가서 자기돌봄에 초점을 맞추어 더 강한 기초를 세울 수도 있다.

시인 디나 메츠거가 썼듯이 "우리는 위험에 빠져있다. 느리게 움직여야만 할 때가 있다. 그러나 사랑하지 말아야 할 때는 없다." 자기애를 실천하는 방법 중 하나는 치유할 때만큼이나 스스로에게 친절하게 대하고, 욕구에 귀 기울이고, 아무리 힘든 시기라 하더라도 스스로를 잘 돌보는 것이다.

위기단계 동안 자기배려를 위한 전략

상황이 특히 힘들 때 도움이 될 만한 몇 가지 지침이 있다.

- **당신은 미치지 않을 것이다** | 당신이 지금 겪고 있는 것은 치유 과정의 한 부분일 것이다.
- **속내 이야기를 할 수 있는 사람을 찾아라** | 혼자서 품고 있지 말라.
- **다른 생존자들로부터 지지를 구하라** | 생존자가 아닌 사람들이 당신이 원하는 만큼 이야기를 들어 줄 수 있을 것 같지는 않다.
- **능숙하고 전문적인 지지를 얻어라**
- **집 안에 안전지대를 만들어라** | 당신이 안도감을 가질 수 있는 장소가 한 군데 이상 필요하다.

- **지금 당신의 상황을 받아들여라** | 더 멀리 나아가지 않았다고 해서 자신을 비난하여 상황을 악화시키지는 말라.
- **그 상황을 꿋꿋하게 견뎌서 이겨내라** | 지금 당장은 당신의 의사결정 능력이 제한되어 있다. 폭력적인 상황에서 벗어날 때를 제외하고는 위기 단계 동안 삶에 중요한 변화를 가져올 결정은 내리지 않는 것이 좋다.
- **폭력적인 상황에서 벗어나라** | 당신이 현재 성폭력을 당하는 상황에 있다면 거기에서 빠져 나오라.
- **당신의 인생에서 필수적인 것이 아니면 던져버려라** | 당신이 끌어올 수 있는 방법을 다 동원해서라도 압력을 줄여라. 즉 당신을 지지하지 않는 사람들과는 관계를 청산하고, 활동을 멈추며, 업무량을 줄이고, 아이를 돌봐주는 곳을 구할 수 있다.
- **약물과 술을 조심하라** | 반복적으로 당신의 감정을 마비시키면 위기가 연장될 뿐이다.
- **필요하다면 재정적인 도움과 물질적 도움을 찾아보라** | 당신이 받을 자격이 되는 정부의 보조금이나 지역 집단을 통해 제공되는 상담 혹은 친구로부터 도움(식사, 여분의 방, 오래된 차나 사용하지 않고 있는 자전거 등)을 받을 수도 있다.
- **자해하거나 자살하지 말라** | 당신은 살 자격이 있다. 자살이나 자해의 충동이 생기면 도와달라고 하라.
- **당신이 용감하다는 사실을 자신에게 일깨우라** | 이 단계는 도전적이고 두렵고 어려운 시기이다. 이것을 통과해 살아남아야만 한다.
- **호흡하는 것을 기억하라.** 할 수 있는 한 당신의 몸과 마음이 연결된 상태에 머물라.
- **영성적인 작업으로 영감과 힘을 얻을 수 있다** | 당신을 평온하게

하는 영적 믿음을 유지하라.
- **필요하다면 의사와 약물치료에 대하여 상의하라** | 당신을 도와 줄 모든 것을 다 해봤는데도 여전히 불안하고 우울하고 잠들 수 없다면 전문가와 상의하여 약물치료에 대한 조언을 구하라.
- **이것 역시 지나갈 것이다** | 내일, 다음주 또는 내년에 겪을 당신의 경험은 지금의 그것과 같지 않을 것이다.

치유의 위기 상황

위기단계가 끝나고 나면 그때와 같은 강렬한 경험은 하지 않더라도 치유 과정 동안 다른 위기 단계가 올 수도 있다. 이번에도 매우 고통스럽겠지만 우리는 이를 치유의 위기라 즐겨 부른다. 왜냐하면 이때의 위기는 더 깊은 성장을 가능하게 하는 기회가 되기도 하기 때문이다.

어떤 여성들은 너무나 많은 외상을 겪다보니 위기 상황도 계속 연이어진다. 치유를 위해 할 수 있는 모든 것을 다 해도 그들은 여전히 자살충동이나 자해하려는 마음이 들고 폭력에 집착할 수 있다. 당신이 이런 경우라면 적절한 지지를 받아야 한다. 여기에는 유능한 상담원도 포함된다. 그리고 기억하라. 아무리 지독한 시간이라 하더라도 영원히 계속되지는 않는다는 것을.

나에게 희망을 준 것들

"어느 날 터널이 끝나는 지점에서 이런 희망이 나를 찾아왔다. 밖을 보고 푸른 하늘을 볼 수가 있었다. 좁다란 길가에서 어떤 것에도 의지하지 않은 채 균형을 잡고 서서 팔을 활짝 펴고 하늘을 날 것만 같았다."

"난 명상의 질서 안에서 살고 있는 수녀이다. 그런 삶의 스타일을 몸에 익힌 탓에, 상황이 변하려면 오랜 시간이 필요하다는 것을 알고 있다. 내면의 삶을 살고자 하는 동기가 부여되어 있으며 또한 거룩하게 되는 과정, 하느님을 아는 과정은 무척 느리게 진행된다는 것도 알고 있다. 하루하루 난 내가 조금씩 하느님과 가까워지고 있다는 것을 알게 된다. 친족성폭력도 마찬가지이다. 무엇인가가 일어나고 있다는 것, 드러나지는 않지만 내 안에서 성장이 진행되고 있다는 것을 믿는다."

"이렇게 하다가는 미친 채로 감금될 것이 분명하다고 여겨질 때면 치료사가 해준 말을 기억하면서 희망을 찾는다. 그 말은 '이것은 변화 과정의 일부에 지나지 않습니다' 이다. 정말 아무 것도 붙들 게 없어 보여도 '이것이 변화 과정의 일부임을 내가 인식하고 있는 것이지' 라는 말을 붙들었다."

"내 친구 패트리샤가 나에게 희망을 주었다. 그녀는 나에게 살고자 하는 욕망이라는 근본적인 주제를 말하곤 했다. 대체로 생명이 있는 곳에 존재하는 모든 멋진 것들에 대해 이야기했으며 나는 그녀를 믿게 되었다. 왜냐하면 나는 그녀를 사랑하고 염려했으며 또한 그녀도 나를 소중하게 생각하고 있다는 것을 알고 있었기 때문이다."

"언니가 보여 준 치열한 삶의 방식에서 영감을 받았다. 그녀는 나보다 훨씬 더 끔찍한 경험을 한 것이다. 그녀는 나치의 절대적인 공포 속에서 살아남았으며 살고자 무진 애를 쓰고 있다. 사람들이 살아남을 수 있다는 것, 더구나 여전히 살고자 한다는 것을 보는 일은 참으로 경이롭다."

"책을 읽으면서 많은 영감을 얻는다. 문학 작품을 통해서 인간이 지닌 영혼의 아름다움을 사랑하게 되었다."

"7년 동안 인간관계를 성공적으로 맺어 온 어느 생존자를 알게 되면서 무한한 희망을 얻게 되었다."

"내면의 힘으로 희망을 갖게 되었다. 나는 결코 멈추지 않을 것이다."

"음악과 같이 영성적인 것들이 나에게 진실한 희망을 안겨 준다."

기억하기

"난 기억나는 것들을 정면으로 들여다보고 그 냄새까지도 맡아왔어요. 그렇게 하고 나니 이제는 기억이 더 이상 나를 해치지 않습니다."

생존자들은 각기 자기만의 방식으로 피해를 기억해 낸다. 많은 여성들이 자신의 피해를 늘 기억하고 있다. 그들은 그 피해의 중요성을 축소할 수 있고 그 피해가 자기 삶에 미친 영향을 부인하거나 감정을 무디게 해왔을 수도 있다. 하지만 그 사건 자체는 결코 잊어버리지 못한다. 한 여성이 이렇게 설명했다. "음식 이름 대듯 피해 자체를 술술 떠들어낼 수는 있지만 그때의 두려움과 공포와 고통을 기억하는 건 완전히 다른 문제였어요."

어떤 여성들은 어린 시절의 모든 조각들을 다 봉쇄해버렸다. 이를테면 일곱 살 이전에 대해서는 아예 기억하지 못하거나 아니면 아주 사소한 것에 대해서만 기억한다. 다른 생존자들은 선택적으로 혹은 부분적으로 기억하고 있다. 그들은 어떤 일은 기억하는데 전혀 기억하지 못하는 것도 있다.

> 난 내가 근친 강간을 당하고 있다는 것을 항상 알고 있었습니다. 열일곱 살 때 '근친 강간'이라는 말을 처음 들었는데 그때가 생생하게 기억나요. 난 그것에 관한 단어가 있는지도 몰랐어요. 아버지가 내 가슴을 움켜쥐고

내게 키스한 것을 항상 기억하고 있었거든요.

치료사에게 내게 일어났던 모든 비참한 일들을 기억한다고 말했지요. 내가 매우 많은 걸 기억하고 있는 것 같았고, 그 이상은 없을 거라고 생각했습니다. 그런데 난 성추행당한 것만 기억했어요. 강간당했다는 것을 알고 있었지만 그것을 기억하지는 못했지요. 치료사에게 단정적으로 이렇게 말했습니다. "난 강간당한 사실은 기억하고 싶지 않아요." 치료사는 내가 그것을 기억하고 싶어 하지 않는다는 사실에 대해서만 알고 있었어요. 그렇지만 난 아버지가 내 첫 성행위 상대였다는 것을 알고 있었지요.

어떤 경우, 신체적 학대나 정서적 학대는 기억하는데 성적 학대는 기억하지 못하기도 한다. 혹은 학대가 일어난 전후맥락은 기억하지만 구체적인 상황을 기억하지 못하는 경우도 있다. 또 어떤 이들은 일어난 일의 일부―옷장으로 문을 막고 침대에 앉아 울고 있는 것과 같은―는 기억하지만 무엇 때문에 그렇게 울었는지 혹은 왜 그렇게 자기를 방어하고 있었는지를 기억하지 못한다. 기억이 급작스럽게 쳐들어오기 전까지 아무런 기억도 하지 못하는 생존자도 있다.

늘 단서는 있었지만 무시하기로 한거죠. 내 목표, 성취, 내가 만들고 해내고 생산할 수 있는 것에만 집중했거든요. 내가 어떤 느낌으로 있는지는 생각하지 않았어요. 나는 마치 시궁창 같았어요. 가고 싶지 않은 그런 곳에 있는 느낌이죠. 그러다가 임신이 되었어요. 사고였어요. 그 사람을 사랑하지 않았거든요. 한 번도 어느 누구도 사랑한 적이 없었어요. 그럴 만한 여유가 없었지요. 낙태를 생각했습니다. 그건 분별력 있는 선택이었어요. 하지만 할 수 없었어요.

아기를 너무나 사랑했어요. 태어나기 전부터요. 그런 느낌을 어찌할 수가 없더군요. 그 사랑이 너무 깊어서 막을 방도가 없었답니다. 사랑과 함께 다른 감정이 생기더군요. 내가 깊이 묻어두었던 그 감정들, 그리고 기억들이요.

기억이 떠오르는 경험은 생존자마다 다른 방식으로 온다. 거의 모든 피해를 기억하는 생존자가 있는 반면 거의 어떤 것도 기억하지 못하는 생존자가 있고 대부분은 그 사이 어디쯤에 있다. 당신이 피해를 생생하게 기억하든, 뭔가 끔찍한 일이 당신에게 일어났을지도 모르겠다는 감이 오기 시작하든, 당신은 탐색과 발견의 과정에 들어선 것이며 그것은 결국 당신의 역사에 대하여 더 많이 알게 하고 더 잘 이해할 수 있게 해줄 것이다.●

기억하기는 마치

기억은 생존자마다 다르다. 엄청 많은 기억을 하고 있거나 딱 하나만 기억할 수 있다. 몇 주에 걸쳐 매일 새로운 이미지가 떠오를 수도 있고 덩어리로 기억이 되살아날 수도 있다. 가령 며칠에 걸쳐 몇 가지가 떠오르다가 몇 달간 아무런 기억도 없다. 때로 생존자들은 한 명의 가해자나 특정한 종류의 피해만 기억하고 있었는데 결국 몇 년이 지난 후 다른 피해와 다른 형태의 폭력을 기억해내기도 한다.

● 심리학자 크리스틴 쿠르투아Christine Courtois는 늘 기억하는 생존자와 경험의 일부를 잊어버리는 생존자간의 차이를 이렇게 설명한다. "기억하는 사람들은 보통 그들이 알고 있는 것을 잊어버리고 억압하고 최소화하고자 한다. 군데군데 없어진 부분이 있고 희미하고 파편화된 기억을 가진 사람들은 필사적으로 기억하려고 하고 드디어 기억을 하게 된다. 그 다음 그들은 기억을 되살린 생존자의 입장으로 돌아간다. 즉, 잊고 싶어하는 생존자가 되는 것이다.《The Memory Retrieval Process in Incest Survivor Therapy》Journal of Child Sexual Abuse 1, no.1(1992):pp.15-16에서 인용.

성폭력 피해나 다른 대단히 충격적인 사건을 기억하는 것은 전혀 위협적이지 않은 평범한 것을 기억하는 것과는 판이하게 다르다. 충격적인 기억이 돌아올 때는 보통은 멀리서 보는 듯한 거리감을 갖는 경우가 많다.

> 내 경우에 강간당한 실제 기억들은 터널의 끝에서부터 오는 것 같았어요. 왜냐하면 그 상황에서 난 내 몸에서 분리되어 나왔거든요. 그러니까 그 정도의 거리가 생긴 상태로 기억하는 겁니다. 나와 실제 일어나고 있는 일 사이에는 어느 정도의 물리적인 거리가 있는 거죠. 그러한 기억들은 명확하지 않아요. 마치 다른 차원에서 일어났던 것 같거든요.

다른 여성은 그녀의 기억이 마치 서서히 채워지는 그림같았다고 말한다.

> 처음 기억이 돌아올 때 강간당하던 그때의 감각을 기억해냈고 그 방이 선명하게 떠올랐습니다. 사실 기억이 돌아오면서 그 방의 세부적인 것들이 점점 더 뚜렷해지더군요. 여기 창문이 있었고 저기 옷장이 있었는데 항상 삼촌이 있었어야 할 자리에 사람 크기의 구멍이 있더군요. 그는 그 그림에서 보이지 않았어요. 기억의 끝자락을 쥐고 다시 시작했지요. 그러니 그림이 완성되더군요.

때로 기억은 아주 조금씩 떠오른다.

> 치료사의 사무실에서 집으로 돌아오는 길이었죠. 그때 기억들이 섬광처럼 스쳐 지나가기 시작했어요. 그냥 단편들이에요. 피 묻은 시트, 목욕하던

장면, 잠옷을 집어던지는 장면 같은 거요. 난 강간당하던 주변의 것은 모두 기억했지만 정작 강간 그 자체는 오랫동안 기억하지 못했죠.

기억들이 파편처럼 분산되어 떠오르면 그 조각들을 시기 순으로 맞추기도 힘들다. 생존자는 성폭력 피해가 정확히 언제 시작됐는지, 그때가 몇 살이었는지, 또는 언제 그리고 왜 그것이 멈추었는지도 모를 수 있다. 그 파편들을 이해하는 과정은 조각 그림 퍼즐을 맞추는 것이나 탐정이 되는 것과 비슷하다.

한편으론 마치 내가 베일에 싸인 살인자를 추적하는 것처럼 느껴졌어요. 난 정말 그 단서들을 추적하는 걸 즐겼죠. "좋아. 난 시계를 보고 있었지. 그때는 오후 중반이었어. 왜 오후 중반이었지? 맞아. 틀림없이 그녀는……" 무엇이 일어났었는지를 정확히 알아내기 위해 단서들을 추적해 가는 일은 정말 재미있었어요.

엘라는 그 기억들을 이해하기 위해서 어떤 상황에 처할 때 자신에게 나타나는 이상한 대처 방식에 관해 조사했다. 예를 들어 성행위를 할 때마다 전등불을 응시하는 것과 같은 강박적인 행동들을 분석하기 시작했다.

나는 성행위를 할 때 "여기에 누워 즐거운 시간을 가지려고 하는데 전등불에 온 신경이 집중되는 이유가 무엇일까?"라고 생각하곤 했습니다. 난 우리가 살았던 집들의 조명을 하나하나 기억할 수 있습니다. 왜 나는 항상 문 밑으로 새어 들어오는 빛과 그 빛의 변화에 그렇게 신경을 곤두세웠을까. 어른이 된 후에도 밖에 누가 지나간다거나 불빛이 깜박이는 것들에 강박적으로 매달린다는 건 정말 미친 짓이죠. 왜 그랬을까요?

그것은 밤에 아버지가 그녀의 방문 앞에서 멈추는지를 보려고 한 행동이었다. 발걸음이 멈춘다는 건 아버지가 들어와서 그녀를 괴롭힌 다는 의미였다. 일단 엘라가 이러한 세부 사항들에 주의를 기울이기 시작하자 기억들이 제자리를 찾기 시작했다.

비록 당신이 기억하는 모든 것이 실제 일어난 것들을 문자 그대로 재현하는 것이 아니라 하더라도 그 안에는 늘 본질적인 정서적 진실이 있다. 따라서 그 기억은 우리의 경험을 이해하도록 도움을 준다.

플래시백

피해를 입는 순간 분열되었던 기억은 때로 거슬리고 기세등등한 이미지나 파편, 감정들로 분출되어 나온다. 우리의 피해를 이해하지도 이야기하지도 못할 때에도 여러 감정과 몸으로 인지되는 감각, 섬뜩한 장면들의 공격을 받을 수 있다.

이러한 언짢은 기억들과 플래시백이 너무나 생생하여 마치 본래 그 경험이 지금 여기에 되살아나는 듯 여겨지기도 한다. 플래시백은 그 당시 겪었던 느낌에 실려 오거나 마치 다른 사람의 인생에 관한 영화를 보듯 삭막할 수도 있고 현실감이 없을 수도 있다.

종종 플래시백은 시각적이다. "페니스가 내 쪽으로 다가오는 걸 보았어요." 라거나 "엄마의 얼굴은 못 보았지만 늘 걸치고 있던 노란 잠옷가운은 봤어요." 이런 기억은 매우 극적일 수 있다.

남편과 성행위를 하려고 했는데, 그때 내 마음속에 섬광 같은 게 지나갔어요. 그것은 마치 슬라이드를 보는 것과 흡사해요. 슬라이드는 매우 빨리 지나가지만 이미지의 일부분은 얻을 수 있지요. 그것은 어떤 사람이 손가락을 내 질 속에 집어넣는 것이었는데, 매우 생생했고 환상이 아니라는 걸 느낌으로 알 수 있었답니다. 뭔가를 감지할 수 있었지요. 그 자리에서 그것은 두 번 재생되었습니다.

난 혼란스러웠어요. 내게 어떤 일이 일어났었다는 것을 알았지요. 심지어 나는 그 고통을 다시 느낄 수 있었어요. 나 자신에게 그것을 설명하기 위해서 기억을 더듬어 보았어요. "내게 좀 거친 연인이 있었나?" 그건 아니었다는 것을 즉시 알았죠. 그래서 난 다시 처음의 그 섬광으로 되돌아가서 생각해 보았어요. 그렇게 되돌아갈 때마다 조금이라도 더 보기 위해 노력했지요. 난 아버지의 얼굴은 보지 못했지만 그의 향수를 감지할 수 있었습니다.

하지만 모든 사람들이 시각적 기억을 갖는 것은 아니다. 한 여성은 그녀가 어떤 장면도 기억하지 못한 것 때문에 상심했다. 그녀의 아버지는 차 안에 그녀를 가두고, 어둠 속에 얼굴을 숨긴 채 그녀를 강간했다. 그녀는 어둠 때문에 아무 것도 볼 수 없었지만, 그의 소리는 들을 수 있었다. 그녀가 모국어인 스페인어로 그 상황에 대해 글로 쓰기 시작하자 그가 던진 잔인한 협박들, 야만적 행위, 폭력과 같은 모든 것들이 떠올랐다.

플래시백은 어떤 감각으로도 가능하다. 당신이 듣고 보고 냄새 맡고 맛보고 느끼고 생각했던 것들이 너무나 가깝게 다시 돌아와서 마치 그때의 그 당시로 돌아가는 듯할 수도 있다.

기억에 대해 그리고 충격으로 인한 기억상실증에 대해 우리가 알고 있는 것

충격적 사실 때문에 기억상실증을 경험한다는 사실은 논쟁의 여지가 없다.●
그것은 어린이성폭력의 경우뿐 아니라 참전군인, 구타당하는 여성, 전쟁포로, 혹은 혹독하게 진행되는 외상을 겪는 여러 사람들의 경우에서 보고되고 있다.●●

● Judith Herman, 외상과 회복 《Trauma and Recovery》, 2nd ed.(New York: Basic Books, 1997); Daniel Brown, Alan W.Scheflin, & D. Corydon Hammond, 기억, 외상, 치료와 법 《Memory, Trauma, Treatment, and the Law》(New York: Norton, 1998);Bessel A. van der Kolk, 심리적 외상 《Psychological Trauma》(Washington, D.C.: American Psychiatric Press, 1987); James A.Chu, 흩어진 삶을 다시 세우기:외상후 복합성 분열증에 대한 책임있는 치료 《Rebuilding Shattered Lives: The Responsible Treatment of Complex Post-Traumatic and Dissociative Disorders》(New York: Wiley,1998);Jennifer J.Freyd and Anne P.DePrince, eds. 외상과 인지과학:마음, 과학, 인간의 경험의 조우《Trauma and Cognitive Science: A Meeting of Minds, Science, and Human Experience》(New York: Haworth,2001); Christine Courtois, 성폭력 기억하기: 치료원리와 가이드라인 《Recollections of Sexual Abuse: Treatmnet Principles and Guidelines》(New York: Norton, 1999).

●● 400명 이상의 성폭력 피해자를 만난 정신분석학자 David Calof는 이렇게 설명한다. "이럴 경우 많이 나타나는 증상은 다른 외상증후군 피해자에게서 나타나는 것과 공통됩니다. 이들은 드레스덴 폭격, 아우슈비츠 포로수용소, 베트남, 과테말라, 보스니아 등 대학살이 일어난 마을, 캄보디아의 킬링필드, 브라질 고문실과 같은 집단테러에서 살아남은 자들과 비슷한 증세를 보입니다. 이런 공개된 외상의 생존자들처럼 내 환자들 역시 몽유병과 기억의 혼란같은 분열증, 플래시백, 수면장애, 악몽 같은 외상후증후군을 갖고 있었습니다. 그들은 익명이기를 원했고 사회적으로 위축된 상태였습니다. 우울하거나 기분의 변화도 극심했습니다. 그들은 현재 고통스런 현실을 최소화하거나 합리화하고 무감각, 공허, 비현실성 때문에 힘들어했습니다.
그러나 공개적으로 알려진 재난의 생존자들과는 달리 그들은 자신들이 왜 그런 식의 고통을 가져야 하는지 모릅니다. 외상에 대한 기억은 종종 조그마한 조각으로 뿔뿔이 흩어졌거나 아예 사라지기까지 했으니까요. 그들은 헛간, 다락방, 블라인드가 쳐진 시골집에서 일어난 지극히 개인적인 전쟁에서 돌아온 용사이기도 합니다. 그들의 상처는 신문에 기사화되지 않으며 가족들 사이에서도 이야기되지 않았습니다. 가해자 외는 목격자도 거의 없습니다. .. 어린 시절의 강간과 구타는 기억 속에 암호화되어 파편으로 남거나 공포의 상태로 남겨지는데 그때는 심장과 정신이 아드레날린으로 넘쳐나게 되지요. 그들은 공원을 산책한 기억을 떠올리는 방식으로 그 기억을 떠올릴 수는 없습니다. 그리고 자신이 겨우 기억해낸 그 파편들조차도 그럴 리가 없다고 의심하게 됩니다." "Facing the Truth About False Memory," The Family Therapy Networker 17, no. 5(9월/10월호 1993):pp.40-41

어째서 충격적 사건을 "기억하지 못하는지" 이해하려면 분열증의 과정을 아는 것이 도움이 된다. 내리누르는 고통과 공포, 폭력의 상황을 도저히 견뎌내지 못할 때 우리는 그 경험으로부터 자신을 분리, 즉 해리시킨다. 분열되는 것이다. 의식은 참아낼 수 없는 것으로부터 떨어져 나와 찢겨진다. 어린이 성폭력 피해에서 살아남은 생존자들은 자신이 강간당하고 있는 모습을 보았다고 빈번하게 진술한다. "몸에서 이탈하여 천장 구석에서 나 자신을 내려다보았어요."

그런 상황에서 우리의 뇌는 평범한 상황에서처럼 기능하지는 못한다. 사실 뇌의 모든 생리학이 다르게 움직인다.

우리 마음이 이렇듯 과도한 자극을 받게 되면 정보를 정상적인 방식으로 흡수하지도 저장하지도 못한다. 대신 그 경험으로부터 분리되어 의식적인 지식과 그 경험을 갈라놓는다. 이후 그 파편들은 시각적 이미지, 신체의 감각, 불쾌한 감정이나 생각의 모습을 띠고 되돌아온다.●

그렇기 때문에 어린이 성폭력 당시 그 상황으로부터 분열되었던 생존자는 자신의 경험을 아주 조금만 혹은 일부분에 대해서만 느낌이나 신체적 감각, 소리, 냄새, 시각적 이미지로 인지하거나 기억하기 때문에 피해가 일어난 시간대 별로 일관되게 진술하지 못한다.

충격으로 인한 기억상실과 성폭력

지진, 난파, 전쟁, 집단수용소 같이 공개적으로 알려진 재난의 생존자들은 그들 경험 중에서도 가장 힘겨운 일부에 대해 기억을 하지 못하기는 하지만 그 사건이 일어났다는 것은 결코 잊지 못한다. 예를 들어 전쟁의 충격으로 외

● 분열상태에서는 영향을 받는 것이 기억만은 아니다. 자아의 어떤 요소도 분리될 수 있다. 신체적 감각, 지금 벌어지고 있는 일에 대한 인지, 사건의 의미, 우리의 감정, 정상적인 상황이라면 당연히 경험과 통합될 여러 측면들로부터 우리는 스스로를 분열시킨다.

상증후군을 앓는 사람은 그들이 무참한 어떤 경험을 기억하지 못할 수는 있어도 전쟁이 일어났다는 사실은 안다. 그렇다면 왜 어린이 성폭력 피해의 생존자들은 전혀 그 피해를 기억하지 못하거나 부분적인 기억만 가지고 있을까?●

우선 지진, 전쟁, 난파, 집단수용소에는 이름이 있다. 방이 흔들리고 벽이 무너지고 물건이 떨어지면 우리는 그것을 뭐라고 부르는지 안다. 그것이 지진이라는 것을 모를 정도로 어린 아이라 하더라도 나중에는 그것을 지진이라 말할 수 있다. 한 나이 지긋한 누군가가 말한다. "이건 지진이란다. 여진이 있을 때도 있어." 그러나 강간이나 성폭력이 일어난 후 그 사건이 정확하게 설명되거나 호명되는 경우는 참으로 드물다. "너는 성적 피해를 입은거야. 가해자는 너에게 그렇게 할 권리가 없었어. 너는 도움을 받아야겠구나." 이런 메시지를 받는 경우는 아쉽게도 흔치 않다. 그러므로 성적 피해를 입은 많은 어린이들이 그들의 경험을 뭐라고 설명해야 할지 알지 못한다. 언어를 갖지 못하는 것이다.

공개적으로 알려진 사건은 언급된 적도 없고 부인되거나 무시된 사건보다 훨씬 더 잘 기억된다. 그러나 공적으로 확인된 성폭력조차도 지진보다는 더 잘 잊혀진다. 그건 다른 요소, 즉 수치심 때문이다. 지진은 수치심이나 오명과 아무런 연관성이 없다. 지진은 개인적 일이 아니다. 어떤 여성이 지진의 한 가운데 있었던 기억을 하더라도 그건 자존감이나 자기평가에 아무런 영향도 미치지 않는다. 지진이 그녀 탓이라거나 그녀가 지진을 유발했다는 말도 듣지 않는다. 그들이 겪은 일을 입 밖에 내면 엄청난 결과가 기다릴 것이라는 위협 따위를 받는 지진 피해자는 없다. 그러나 성폭력 피해를 입은 어린이 중 일부는 그런 일을 겪는다. 또한 어린이 성폭력 피해의 생존자들은 말 그대로

● 《배신 트라우마 Betrayal Trauma:The Logic of Forgetting Childhood Abuse》(Cambridge:Harvard University Press,1996)에서 제니퍼 프레이드 Jennifer Freyd는 어린이가 믿고 있던 어른에게 성적 피해를 입게 될 때 생기는 기억상실 혹은 기억과 관련된 주제를 다루고 있다.

> 피해가 일어났을 때 어린이였다. 종종 연민을 호소할 믿을 만한 어른도 없었다. 형제자매가 단단히 힘을 합하여 피해 어린이를 보호한 가족이 아닌 한, 이런 어린이들은 종종 자신의 외상 안으로 고립된다. 이들은 소속이 같고 유대할 수 있는 참전용사나, 적어도 누가 아군이고 적군인지 정도는 파악되는 포로수용소 전쟁포로와도 입장이 다르다. 너무나 많은 어린이 피해자들의 경우 그들 편인 줄 알았던 사람이 그들의 적이었기 때문이다. 충격으로 인한 기억상실증은 이런 비참한 현실에서 살아남게 하는 방편이며 가해자와 심지어 사랑까지 하면서 같이 살아가는 것을 가능하게 한다. 즉, 그녀가 계속 살아가는데 없어서는 안될 필수적인 그 무엇이다.
>
> 전쟁이나 다른 재난처럼 널리 알려진 사건의 생존자들조차 특히 끔찍한 상황에 대한 기억상실을 갖고 있다는 걸 우리는 안다. 혼자 고립되어 자신의 고통을 자기 스스로에게조차 뭐라고 이름 부칠지 몰랐고 그것을 이야기하지도 이해하지도 못했던 아이의 궁지를 생각한다면 우리는 이런 피해를 감추는 과정이 왜 생존에 필요했었는지 이해하고도 남는다.

감각 기억

때때로 특정한 접촉, 냄새 또는 소리에 의해 기억이 촉발되기도 한다. 성폭력을 당했던 마을, 집, 또는 방에 돌아왔을 때 기억이 날 수도 있다. 또는 가해자가 사용했던 애프터 셰이브 향에 의해서도 가능하다.

서른다섯 살의 엘라는 "모든 촉감과 감각적인 것들이 기억을 되살릴 수 있어요. 옷의 감촉, 소리들, 아버지 집의 냄새, 누군가에게서 나는 보드카 냄새……"라고 말한다.

엘라는 어렸을 때 할머니가 만들어 주신 자주색 요술 담요를 가지고 있었다. 그것은 그녀를 안전하게 보호해 주는 것 같았다. 그 담요를 덮고 있는 한 절대로 나쁜 일이 일어나지 않을 거라고 생각했다.

그녀가 그 담요를 잃어버렸다가 다시 찾았을 때 모든 기억들이 살아났다.

몸은 기억한다

정신의학자 앨리스 밀러는 이렇게 쓴다. "어린 시절의 진실은 몸에 기억된다. 우리가 그것을 억압하더라도 결코 바꿀 수 없다. 머리를 속이고 감정을 조작하고 인지능력을 혼란스럽게 하고 몸을 약물로 속일 수는 있다. 하지만 언젠가 몸은 자기 목소리를 내기 마련이다. 왜냐하면 그것은 어린이만큼이나 강직하기 때문이다. 온전히 영혼이 순수하므로 어떤 타협이나 변명도 허용하지 않으며 우리가 진실을 회피하지 않을 때까지 계속 우리를 괴롭힌다."•

기억은 감각, 감정, 신체적 반응 등으로 우리 몸에 저장된다. 무슨 일이 일어났는지 모른다 하더라도 당신이 겪은 것을 기억한 파편들은 계속 살아있다. 설명할 수 없는 신체적 고통이나 성적 흥분, 두려움, 혼란스러움, 혹은 다른 감각적인 측면의 습격이 가해질 수 있다. 당신은 실제로 공포를 다시 경험할 수 있고 몸이 경직될 수 있고 혹은 호흡이 가빠져서 숨을 쉴 수가 없다.

접촉 역시 잊고 있던 기억들을 다시 끌어 낼 수 있다. 마사지를 받을 때 그 이미지들을 떠올리게 된 여성들도 있다. 또 성행위를 할 때 미동도 않고 가만히 있거나, 벽에 걸린 그림만 빤히 바라보고 있기도 한다. 가해자가 그랬던 것처럼 누군가가 당신의 귓가에 입김을 불어넣을 때 모든 것들이 되살아나기도 한다.

• 앨리스 밀러Alice Miller, 《당신이 알아서는 안되는 것: 어린이에 대한 사회의 배반Thou Shalt Not Be Aware : Society's Betrayal of the Child》(New York: Farrar, Straus and Giroux, 1998), p.315.

사랑을 나눌 때 가끔 난 내 머리가 다른 어딘가를 떠다니는 것처럼 느껴요. 말 그대로 내 어깨에서 분리된 것처럼 느껴지고, 매우 어지럽고 현기증이 나는 것 같아요. 그건 마치 어떤 사람이 내 머리 꼭대기에서 선풍기를 돌리고 있는 것 같기도 하구요. 머리카락 사이로 무수히 많은 것들이 지나가고, 머릿속에서 빠져 나오는 것 같아요. 정말 혼란스러워져요.

또 어떤 때는 엉덩이에서도 분리가 많이 일어나요. 다리가 굉장히 무겁고 정말 단단하게 굳어져요. 마치 통나무처럼, 꼭 죽은 것 같죠. 거기엔 힘이 전달되지 않아요. 그리고는 위가 정말 심하게 아파 와요. 속이 메스꺼워지는 순간이 오고 그게 무엇이건 간에 나와 매우 밀접한 것인데, 거기에 좀 더 주의를 기울이면 그걸 볼 수 있어요. 그리고 계속 이어지지요.

기억이 떠오르는 시간

기억은 제각기 다른 상황에서 떠오른다. 은폐시켜 두었던 피해를 기억하려면 세 가지 요소가 충족되어야 한다. 본래 피해로부터의 안전거리 확보, 방어 전술을 내려놓아도 괜찮을 만한 삶의 사건, 기억을 다시 자극하는 외적 상황이 그것이다. 때로 여성들은 기억이나 감정을 표출해도 충분히 안전하다고 느낄 때 그 피해를 기억하곤 한다. 가령 드디어 안전하다고 여겨지는 관계를 맺게 되었을 때 혹은 부모의 집에서 나왔을 때 기억이 떠오른다.

까다롭거나 힘겨운 사건으로 기억이 촉발되기도 한다. 이혼이나 은퇴, 폐경, 혹은 사랑하는 사람의 죽음과 같은 상실을 경험하게 되면서 마치 당신의 삶에 꼬여있던 모든 매듭들이 다 풀리는 느낌을 받을 수도 있다. 치료—치과치료, 산부인과 검사, 외과, 마취, 다른 외과 치료 등—또한 느슨하게 묻혀있던 감정과 이미지를 건드릴 수 있다. 최초의 피해와 유사한 사건이 지금 일어나도 기억이 떠오를 수 있다.

하지만 기억이 늘 그렇게 극적으로 되살아나는 것은 아니다. 친구와 만나서 이야기를 나누던 한 여성은 갑자기 처음으로 자신의 어릴 때의 피해사실을 털어놓고 있는 자신을 발견했다. "늘 내가 알고 있었나봐. 20~30년간 한 번도 떠올리지 않았을 뿐이야."

혹은 마야 앤젤루가 《새장에 갇힌 새가 왜 노래하는지 나는 아네》의 첫 구절에서 쓴 것처럼. "난 그다지 잊어버리지도 않았다. 그러니 새삼스레 기억할 만한 것도 없다."

중독의 고리에서 벗어날 때

많은 생존자들이 술이나 약물을 끊거나 강박적으로 먹어대는 것에서 벗어나는 순간, 그 동안 잊고 있었던 성폭력을 기억해 낸다. 이러한 중독은 피해를 기억하지 못하도록 방해해 왔기 때문에 일단 중독을 끊으면 기억들이 표면으로 떠오르는 것이다. 안나 스티븐은 이렇게 자신의 경험을 말한다.

> 술을 끊기로 결심하자 감정이 예민해지기 시작했어요. 그것이 성폭력에 대한 기억으로 연결되는 것은 거의 동시 발생적이었어요. 단주 친목 모임에 오는 다른 사람들도 이와 비슷한 과정을 겪더군요. 초기의 금단현상을 이기고 나면 그 다음은 기억을 떠올리기 시작합니다. 다른 사람은 다 알지만 정작 자신은 무슨 일이 일어나고 있는지 몰라요.

엄마가 될 때

자기 아이들의 연약함을 보거나 아이들이 자신이 성폭력당하기 시작했던 나이가 되면, 그 일을 기억해 내는 엄마들이 있다. 때로는 아이가 성폭력 당하고 있는 상황 때문에 자신들의 일을 기억해 내기도 한다. 다나는 그녀의 세 살 난 딸 크리스티가 피해 당한 사건 때문에 치료를 받게 되었다. 다나는 무의식적으로 딸 이름 대신 자신의 이름으로 이야기하고 있었고, 그것을 처음 기억해 냈다.

> 난 크리스티에 관해 이야기하는 중이었는데 '크리스티'라고 말하는 대신 '나'라고 했대요. 난 그걸 알아채지도 못했지만 치료사는 그걸 알아차렸어요. 그녀는 나도 역시 성폭력을 당했을 거라고 의심했죠. 하지만 내게는 아무 말도 안 했어요.
> 그녀는 내가 말했던 것을 내게 말했어요. 난 "내가 그랬다구요? 내가 '나'라고 말했어요?" 난 내가 하는 말도 듣고 있지 않았던 겁니다. 정말 섬뜩하더군요.
> 실제로 나는 나 자신의 경험을 바탕으로 크리스티의 성폭력 사건을 다루고 있었어요. 내가 더욱 분노하고 상처를 입었던 것은 그것이 크리스티에게 일어난 것이 아니라 내게 일어났었다는 사실 때문이었어요.
> 내가 크리스티의 일을 알게 됐을 때 그것을 나와 연결시키게 된 큰 이유는 아버지가 내게 했던 것과 똑같은 짓을 내 남편이 하고 있었기 때문이에요.

중요한 이가 죽고 나서

많은 여성들이 가해자가 살아 있는 동안에는 두려움 때문에 그 사실을 기억해 내지 못한다. 한 여성은 "부모들이 죽을 때까지, 내게 상처를 줬던 사람들이 모두 떠나기 전까지는 감히 기억해 낼 수 없었지요"라고 말한다. 47세의 한 여성은 그녀의 어머니가 죽고 1년 반이 지나서야 처음 기억해 냈다. "그때는 이미 엄마에게 더 이상 말할 수도 없었죠."

다시 외상을 입은 후

강간, 강도, 심각한 사고, 혹은 사랑하는 사람의 갑작스런 죽음처럼 충격적이고 몹시 심란한 사건들 또한 오래 감추어왔던 기억을 살려낸다. 한 생존자의 예이다.

> 24시간 영업하는 식당 웨이트리스로 일하고 있다가 총을 든 강도를 만났습니다. 내 등 뒤에 두 사람이 있었는데 그 중 한명이 총을 들고 있었어요. 매니저에게 돈을 건네주지 않으면 나를 쏘겠다고 하더군요. 다행히 매니저는 침착하게 돈을 주었고 난 다치지 않았어요. 물론 난 엄청나게 떨었지요. 혼자 있고 싶지 않았습니다. 내 남자친구가 왔고 스카치 두 잔을 마셨어요. 하지만 여전히 너무나 떨린 상태로 밤새 울었지요. 그것이 그냥 정상적인 일이고 곧 침착해질 거라고 생각했어요. 하지만 그러지 못했습니다. 며칠이 지나고 몇 주가 지나면서 나는 점점 더 화가 나더군요. 그러다가 그 기억이 문을 두드리더군요.

공개된 사건이 계기가 되어 어릴 때의 성폭력 피해에 대한 기억이 떠오를 수도 있다. 지역을 통째로 휩쓰는 자연재해, 전쟁, 테러, 혹은 에이즈 같은 질병이 어린 시절의 외상을 다시 자극할 수 있다. 한 생존자는 뉴올리언스를 강타한 허리케인 카트리나에서 살아남았지만 얼마 후 어릴 때의 이미지로 꼼짝달싹하지 못했다.

> 집과 직장, 도시 전체, 내 모든 재산을 잃었어요. 베개 하나 이부자리 하나 건질 수 없었지요. 깡통따개나 칫솔도 없었구요. 내 주변 모든 사람들이 절망에 빠졌어요. 우리가 모두 아는 이웃 사람들이 죽었습니다.
> 게다가 난, 질에서 쏘는 듯한 통증을 느끼기 시작했어요. 방광염인가 싶었

는데 그게 아니었어요. 그러다가 내 위로 어른거리는 크고 일그러지고 무시무시한 엄마의 얼굴이 떠오르더군요. 이 공포와 역겨운 감정은 난생 처음이었어요. 실제 이미 난 잘 알고 있었지요. 그것도 너무나 잘.

성폭력을 다루는 미디어

40대 중반에 기억을 떠올리기 시작한 제니로즈는 어느 날 연인과 같이 앉아서 감옥에 수감 중인 성폭력범을 다루는 텔레비전 프로그램을 보고 있었다. 그 프로그램을 진행하는 치료사는 피해자로 하여금 감정적으로 민감해지라고 권유하면서 어린 시절 외상을 입었을 만한 사건들에 대해 기억해 보라고 했다.

프로그램이 한창 진행되고 있을 때 제니로즈는 연인에게 돌아서서 이야기했다. "나도 치료사에게 가 보고 싶어. 기억이 안 나는 부분이 있거든." 그 말을 하자마자 제니로즈는 그녀가 네 살 반일 때의 일이 처음으로 떠올랐다. 어머니가 동생을 낳기 위해 병원에 간 사이 아버지가 그녀를 강간한 것이다. "완벽하게 상세한 장면이었어요. 창문에 달린 장밋빛 커튼이 하늘거리는 것까지요."

제니로즈는 울먹이면서 연인에게 "뭔가 떠오르고 있어"라고 말했다. 연인은 "자신을 봐! 자신을 보라구! 무엇이 떠오르는지 말해 봐"라고 했다. 그러나 제니로즈는 말은 할 수 없었지만 진실을 밝혀야 한다고 생각했다.

감정 느끼기

어떤 기억들은 정서적으로 분리되기도 하지만 당시의 감정들, 예를 들면 무력감, 공포, 육체적 고통 등을 기억하면 그 감정들은 실제 경험만큼이나 생생할 수 있다. 당신은 마치 짓이겨지고, 찢겨서 벌려지고, 또는 질식당하는 것처럼 느껴지기도 한다. 성적으로 흥분되면서 어떤 기억이 떠오르기도 하는데 흥분 자체는 성적으로 자극받으면 자연스럽게 오는 반응이다. 부끄러워할 이유가 없는 것이다.

반면 어떤 특별한 사랑으로 충만된 친밀감과 행복에 취했던 기억이 나기도 한다. 기억이 살아날 때 항상 혐오와 공포만이 느껴지는 것은 아니다. 감정을 느끼기 위한 방법이 정해져 있는 것은 아니다. 그러나 반드시 느껴야 한다. 비록 그것이 당신을 뒤흔든다 해도 :

기억이 처음 떠올랐을 때, 나는 감정을 곧바로 닫아 버렸습니다. 머릿속으로만 생각하고, 그 이하는 완전히 잊어버렸어요. 일종의 자신을 보호하는 방법이었겠죠. 오랫동안 단지 지적인 훈련만 했어요. "아, 그것 때문에 내가 남자나 권위 있는 사람과의 관계에서 문제가 있었군요. 그래서 나의 성장 과정에 대해 그다지 많은 기억을 할 수가 없었군요." 내가 그렇게 끓어오르는 감정을 갖기까지는 처음 기억을 떠올린 이후 아홉 달이 걸렸습니다.

성폭력을 당하는 동안 가졌던 감정 속으로 빠져 들고 있었어요. 그 당시에는 감정을 느낄 만큼 안전하지 못했잖아요. 처음에 느낀 것은 지독한 고립감이었죠. 거기에서 절대적인 공포로 악화되더군요. 난 세상이 얼마나 두려운 곳인가를 알았고 마침내 극한의 두려움이 밀려왔습니다. 그것은 항상 내 목젖까지 차 있어서 금방이라도 비명으로 터져 나올 것만 같았습니다.

난 벼랑 끝에 서 있었어요. 직장 상사는 내가 일처리를 제대로 하지 못하는 게 불만이라고 말했지요. 마침내 내게 일어났던 일을 그에게 이야기했습니다. 권위를 가진 어떤 남자에게 자신의 가족 내에서 일어났던 근친 강간에 대해 이야기한다는 것은 정말 힘든 일이었어요. 그는 친절하고 사려 깊은 사람이었는데, 그가 할 수 있는 최선의 것은 물러서서 나를 혼자 남겨 두는 것이었지요.

그때 난 이런 모든 외압들에 눌리고 있었습니다. 직장은 위태로운 상태였고, 내 삶은 추락하고 있었지요. 그리고 어떻게 처리해야 할지 모르는 온갖 감정들로 시달렸습니다. 자신을 통제하기 위해서 억지로 먹어댔는데 결국 이 문제를 더 이상 혼자서 씨름하지 않고 치료를 받아야겠다는 결심이 서더군요.

당시의 감정을 다시 경험해야 한다는 것은 기억해 내기 중에서 가장 힘든 부분 가운데 하나다. "이번 것이 더 나빴어요. 나는 예전처럼 몸과 마음을 분리시키지 못했거든요."

또 다른 여성은 "기억을 떠올리는 작업은 처음에 무척 힘들었습니다. 기대 이상으로 잘하려 했어요. 그 장면을 떠올리는 것이 중요하다는 생각을 하고 있어서인지 굉장히 많은 것들을 기억해 냈어요. 그런데 그건 모두 머리에서 이루어지는 수준이었죠. 마치 타이프 치는 것처럼요."

자신이 바로 피해 당사자라는 것을 인식하는 데는 1년의 치료 기간이 지난 다음이었다. "난 마침내 인식했어요. 느낀 거죠. 이것이 내게 일어났던 일이고 또 나를 손상시켜 왔다는 것을요. 단지 기억을 떠올리는 것만으로는 그것을 몰아 낼 수 없다는 것을 알았어요. 이건 바로 내가 할 몫이었던거죠!"

기억이 막 떠오르려고 할 때

안전한 장소를 찾아라 | 지금 당신이 직장에 있다면 될 수 있는 한 집으로 돌아가라. 집에서도 안전하다고 여겨지는 장소로 가라. 또는 친한 친구의 집으로 가라.

기억과 싸우지 말라 | 기억이 회복되는 동안 당신이 할 수 있는 최선의 행동은 긴장을 풀고 기억나는 대로 내버려 두는 것이다. 그 기억을 억누르려고 음식이나 술 또는 약물을 복용하지는 말라.

기억하라, 그것은 단지 지나간 기억일 뿐임을 | 당신이 지금 경험하고 있는 것은 아주 오래 전에 일어났던 성적 피해에 대한 기억일 뿐이다. 당신을 가해했던 사람이 실제로 지금 현재 당신에게 상처를 주고 있는 것이 아니다. 그렇게 느껴질 뿐이다. 기억을 해방시키는 것은 피해의 또 다른 연장이 아니라 치유 과정의 한 부분이다.

자신을 돌보라 | 기억이 돌아오게 되면서 당신은 다시 공격당할 수도 있다는 느낌이 들기 때문에 힘들어진다. 그러므로 자신을 잘 돌보라.

언젠가는 당신도 적절하게 반응할 것이라고 믿어라. 기억을 회복하는 일은 고통스럽고 에너지를 소모하는 경험이다. 거기에서 회복되는 데 시간이 걸릴지도 모른다. 도망치거나, 지금 당장 무언가를 하려고 하지 말고 자신에게 시간을 주는 것이 최선의 길이다.

누군가에게 이야기하라 | 새로운 기억이 떠오를 때 혼자 있는 것이 더 좋을 수도 있겠지만 대부분 사람들은 다른 누군가에게 그것을 털어놓는 것이 도움이 된다고 생각한다. 그러나 털어놓을 준비가 될 때까지는 자신의 경험을 안고 기다리는 게 최선인 경우도 있다.

기억에 대한 진실

어린이 성폭력에 대한 기억은 상당히 정확하다. 가해자가 자기 방식으로 그 사건을 진술할 때 생존자의 기억과 일치하는 경우가 많다. 또한 형제자매 혹은 다른 가족이 그들이 본 것을 털어놓을 때도 놀랄 정도로 일치한다. 가해자가 가족이 아닐 경우 같은 가해자의 다른 피해자들은 비슷한 피해를 보고하는 경우가 빈번하다.

그러나 우리의 기억은 100퍼센트 정확하지 않다. 이것은 일상적인 기억과 외상적 기억 모두에 해당한다. 기억은 일어난 일에 대한 객관적인 기록이 아닐 뿐 아니라 어느 정도 왜곡이 생기기 쉽다. 생존자들이 다소 부정확하게 자신의 피해상황을 기억하는 것은 불가피하다. 시간의 순서도 뒤바뀔 수 있고 여러 사건이 단일한 사건으로 합쳐질 수도 있고 사건이 모두 없어질 수도 있고 사건 이전과 이후가 모호해질 수도 있다.

때로 당신이 피해를 겪은 방식에 따라 왜곡이 생기기도 한다. 일반적인 사례는 크기에 대한 묘사이다. 어린 아이는 가해자의 덩치가 엄청 크고 성기는 자기 시야를 다 가릴 정도라고 기억할 수도 있다. 선생님에게 피해를 입은 한 생존자는 학교가 대단히 커서 천장이 하늘을 찌를 듯이 높고 복도도 너무나 넓은 곳이라고 기억했다. 어른이 되어 다시 가보고는 실제 학교가 너무나 작아 충격을 받을 정도였다.

또 다른 생존자는 처음에 막대사탕이 삽입되었다고 생각했다. 부모에게 가서 자신이 기억하는 것을 말하자 그들은 소아과의사가 검진하는 동안 그녀를 성적으로 가해했다고 말해주었다. 매번 병원에 갈 때마다 의사가 그녀에게 막대사탕을 주었던 것이다. 비록 이 여성은 어릴 때 피해를 이야기하고 부모가 적절하게 반응했지만 그녀는 그 피해상황을 완전히 잊고 있었다. 어른이 되어 막대사탕과 질통증이 왜 연결되는지를 이해하려고 치료를 받고 나서야 그녀는 비로소 자신의 피해를 기억하기 시작했다.

때로 기억의 왜곡은 더 혼란스러운 기억을 막기 위한 방패막이 역할을 한다. 어떤 생존자는 자기를 돌보던 유모가 자기를 가해했다고 생각했지만 사실 그건 자신의 어머니였다는 것을 나중에 알게 되었다.

또 다른 생존자는 아버지가 10대인 언니에게 구강성교를 강요하는 것을 목격했다고 이야기했다. 언니와의 행위를 끝내자 자기에게로 와서는 굿나잇 키스를 했는데 "그 키스가 아팠다." 하지만 그녀는 아빠가 자기를 가해하지는 않았다고 확신했다. 그러나 시간이 지나면서 기억을 온전히 회복했는데 그렇게 아픈 것이 실은 그의 키스가 아니라 구강성교를 통한 가해였던 것이다.

비록 당신의 기억이 부정확하다 하더라도 그 기억을 당신이 느낀 것의 지표로 삼을 수 있다. 예를 들어 한 생존자는 가해자가 자신의 질에 칼을 들이밀었다고 기억을 떠올렸다. 하지만 그녀는 계속해서 말하면서 그것이 실제로 일어난 것 같지는 않다고 했다. 피도 없었고 상처도 없었으며 칼을 본 기억도 없었다. 짐작컨대 손가락이나 성기로 삽입을 했고 그것이 칼에 찔리는 것 만큼이나 고통스러워 어린 마음에 칼 이외는 다른 개념이 떠오르지 않았던 것 같았다.

이런 여성들이 자신의 기억으로 과정을 겪어나가는 방식은 좋은 모델이 된다. 어린 시절에 이해했던 것들은 당신이 새로운 정보를 보태고 더 많은 지식을 알게 되면서 점점 달라진다. 당신의 과거를 발견하고 이해하고 통합하는 것은 치유 과정에서 아직도 진행 중인 부분이다.

하지만 아무런 기억도 나지 않는다

때로 어떤 여성들이 성폭력 피해를 입은 것 같은데 기억이 나지 않는다고 한다. 이 말은 피해에 대하여 전후맥락이 잘 구성된 스토리로 옮겨 말할 수 없다는 뜻이다. 하지만 어린 시절을 상세하게 말하기 시작하면 종종 명백히 성적이거나 그렇지 않다하더라도 피해의 특성을 띤 사건을 자주 언급한다.

> 처음 상담원에게 내 이야기를 했던 기억이 나는군요. 어머니가 나의 항문에 어떻게 손을 댔는지요. 나를 욕실 매트에 눕게 하고 정말 부드럽게 이야기했어요. 평소에 어머니는 마치 우리 아이들이 자신의 인생을 방해하는 것처럼 무뚝뚝하게 대했거든요. 우리 때문에 괴로움을 당하고 싶어 하지는 않으셨지요. 하지만 관장을 할 때는 모든 주의력을 내게 돌려서 나를 어루만지고 내가 얼마나 착한 아이인지를 말했어요. 내 다리와 허벅지, 엉덩이를 문지르면서 나를 편안하게 해주고 싶다고 말했어요.
> 이것을 상담원에게 말했더니 얼마나 자주 이런 일이 일어났는지 물어보더군요. 학교에서 돌아오면 늘 그랬다고 말했죠. 그녀의 표정을 평생 잊을 수 없을 거예요. 상담원의 얼굴이 모든 것을 다 말하고 있었어요.

이 생존자가 설명한 것과 같은 특별한 사건을 기억하지 못할 수도 있지만 당신은 당신이 커오던 환경에 대해 생각보다 더 많은 것을 알고 있을 수 있다. 성폭력이라는 특정한 사건은 결코 단일한 사건으로 일어나지 않는다. 당신은 이용당하고 모욕당하고 손상입고 조종되고 심지어 목을 조여오던 바로 그 때를 분명하게 기억할 수도 있다.

> 난 늘 아빠가 엄마를 때리던 그 폭력을 기억하고 있어요. 그리 자주는 아니었지만 다음에 무슨 일이 일어날 지 전혀 알 수 없는 상황이었어요. 아빠는 늘 화가 나서 부글부글거리는 상태였어요. 우리는 침대에 몸을 웅크리고 베개로 머리를 덮고 소리가 잠잠해질 때까지 TV에서 나오는 노래를 불렀어요. 우리는 친구를 데려오지 못했어요. 언니들과 난 늘 싸웠답니다. 난 정말 외로웠어요.

당신이 어린 시절에 대하여 진실로 알고 있는 것을 탐색해보면 좀 더 많은 것을 기억하고 있다는 걸 알게 될 수도 있다. 어떤 여성들은 자신에게 일어난 일을 거의 기억하지 못한다. 그동안 몰랐거나 비어 있던 부분들이 치유의 과정에서 당신에게 분명하게 떠오를 수도 있다. 당신이 전혀 기억하지 못하는 경험에 다른 어떤 측면이 있을 수도 있다는 얘기다. 그러나 다행인 것은, 설령 당신의 기억이 불완전하다 하더라도 어릴 때의 피해가 미치는 영향으로부터 치유될 가능성은 있다는 점이다. 한 생존자가 이런 말을 했다.

결코 제대로 되지 못할 것이라고 확신하는 부분이 몇 가지 있습니다. 결국 내가 기억하기도 전에 그게 시작되었어요. 피해 이전 기간은 전혀 기억나는 게 없습니다. 그러니까 상당 부분이 희미하다는 거죠. 희미하던 초점이 명확하게 맞추어지리라는 생각은 솔직히 하지 않습니다. 하지만 본질에 대해서는 분명하게 알아요. 치유를 위해서, 내가 인생을 잘 살기 위해서 내가 알아야할 부분인거죠. 가해자가 누군지 잘 압니다. 피해의 정도도 알고 있습니다. 시간이 지나면서 조금씩 기억이 되살아나겠지요. 하지만 그렇게 되지 못한다 하더라도 중요하지 않아요. 카드는 이미 뒤집어졌어요. 그건 위안이 됩니다.

38살의 한 생존자는 아버지와의 관계를 정서적인 근친강간이라 설명했다. 그녀는 신체적인 접촉에 대한 기억은 전혀 없었기 때문에 구체적이고 분명한 기억을 해내지 못할 것 같아 오래도록 마음 고생이 심했다.

'아버지와 나 사이에 뭔가 육체적인 사건이 있었는지를 내가 알고 싶어하는가?' 만약 그렇다면 그 사실을 확인한 뒤에도 흔들리지 않을 만큼 충분히 강해야 한다고 생각해요. 우리의 마음은 놀라울 정도로 우리를 잘 보호하는 것 같아요. 그리고 그런 사실을 충분히 감당할 만큼 강해졌다는 판단이 들 때 비로소 기억해 낼 거라고 생각해요.

1년 동안 그것을 기억해 내야 한다는 강박 관념에 시달리면서 기억할 수 없다고 말하는 데도 지쳤지요. 그래서 '그래 좋아. 그냥 그 일이 일어났던 것처럼 행동하지 뭐'라고 생각했습니다. 그건 예를 들면, 퇴근해서 집에 와 보니 집에 도둑이 들어서 모든 물건들이 방 한가운데 던져져 있고, 창문도 열려 있고, 커튼이 바람에 날리고, 고양이가 어디로 도망가 버린 그런 상황이랑 비슷해요. 도둑이 들었다는 것은 알지만 그 도둑의 정체는 알 수 없죠. 그럼 이제 어떻게 하죠? 물건들이 사방에 널려 있는데 거기 앉아서 그가 누군지 알아 내려고 고민할 건가요? 물론 아니죠. 먼저 청소를 해야 해요. 창문에 쇠창살도 만들어야 하구요. 당신은 누군가 거기에 들어왔었다고 추측할 수 있지만 다른 사람이 와서 "누군가 거기 있었다는 걸 어떻게 알아요?"라고 묻는다면 당신도 어쩔 수 없죠.

난 그렇게 했어요. 그 증상들을 가지고 있었죠. 여러 곳의 근친 강간 모임에 참가했는데 그때마다 나는 완전히 감정 몰입이 되었지요. 항상 공감했어요. 뭔가 내가 접근하지 못하는 것, 내가 아직 기억하지 못하는 것이 있는 것 같았어요. 그리고 치료는 거기서 막혔지요.

특별한 기억들을 떠올리고 싶어 하는 가운데서도 내가 이 신원 불명의 사람을 아주 가증스러운 자로 억측하는 게 아닌가 하는 죄책감도 있었어요. 만약 그가 그런 행동을 하지 않았다면 어떡해요. 그랬다면 그를 비난하는 게 얼마나 끔찍한 일이겠어요! 그래서 더욱 기억들을 떠올리려고 했던 거죠. 난 확신을 얻고 싶었어요. 사회적으로는 강간의 탓을 여자에게로 돌리지 않습니까?

하지만 난 이런 의문이 생겼어요. '왜 내가 이런 모든 것들을 느끼고 있지? 뭔가 일어나지 않았다면 왜 이렇게 불안해할까?'라고요. 만약 특별한 이유가 없다면 이미 있는 이유만으로도 그 이유를 계속 찾아보아야 할 일이지요.

난 여전히 손상당한 채로 있거든요. 이것이 바로 내가 말했던 그 도둑 이야기와 관계가 있는 이유죠. 난 그 피해 증거를 가지고 있어요. 그 피해 때문에 지금껏 매우 불행하게 살아 왔고, 어느 순간 깨달았어요. "난 서른여덟 살이지. 앞으로 뭘 할 거지? 기억을 찾기 위해 앞으로 20년이나 더 기다릴 건가? 난 더 나아져야 하는데."

내가 더 강해질수록 아마도 더 많은 기억들이 돌아올 테죠. 어쩌면 지금 사건의 전말을 잘못 풀어 가는지도 몰라요. 내가 무너지지 않을 정도만 기억해 왔을 수도 있어요. 난 미치고 싶진 않거든요. 난 세상에서 벗어나고 싶어요. 그렇게 하려면 보호받는다는 확신이 있어야겠지요.

바로 여기에 한 생존자가 있고 그녀는 꽤 매력적입니다. 그래서 난 정황적인 증거를 가지고 스스로 치유되기 위해 노력할 겁니다.

때로 여성들은 아무런 신체적인 피해가 일어나지 않았기에 기억을 해내지 못하기도 한다. 대신 당신은 부적절한 경계, 외설적인 시선, 부적절하게 로맨틱한 행동이 난무하는 환경에 처해있었을 수도 있다.

아버지는 나를 자기 아내로 만들었어요. 엄마가 돌아가시자 아버지는 나를 어머니 자리에 앉혔어요. "사랑하는 당신에게"라는 메시지가 적힌 꽃다발을 보내고 내게 예쁜장한 초콜릿을 주고 옷을 차려입게 했어요. 그는 심지어 다이아몬드가 박힌 반지를 사주더군요. 모두가 아빠를 헌신적이고 매력적이라고 생각했지만 그의 행동은 정상이 아니었고 나를 절망적으로 혼란스럽게 했습니다. 어떤 어린 아이가 그런 관심을 마다하겠습니까? 그를 숭배했지요. 하지만 이런 겉모습 뒤에는 일종의 소유욕이 있었던 겁니다. 그건 내가 지금껏 맺고 있는 모든 관계에 영향을 미치고 있어요.

3년째 치료를 받고 있습니다. 그가 실제로 나를 강간한 시점을 찾아 밝혀내려구요. 하지만 그는 그러지 않았어요. 모두 감정적인 차원이었던 거죠.

자신의 역사를 밝혀내는 과정은 어떤 생존자들에게나 어려운 일이다. 당신이 피해에 대해서 혹은 어린 시절에 대해서 기억나는 게 거의 없다면 당신의 경험을 분명하게 정의 내리려는 일은 당연히 어려울 것이다. 하지만 깊은 고통을 받고 있다면 분명 어떤 이유가 있다. 성폭력 피해가 아닐 수도 있지만 분명 당신이 집중하여 다루어야할 문제가 있다는 말이다. 그런 고통을 느끼고 싶어 안달이 날 사람이 어디 있겠는가?

당신이 경험한 것을 알아내어 대명천지에 드러내고자 하는 욕망이 아무리 다급해도 당신의 과거를 탐색하려면 그만큼의 시간이 필요하다. 참을성을 발휘하라. 결국 당신이 확신하지도 못하는 일을 섣부르게 단정짓기보다는 불확실하다는 것을 명확하게 인정하는 것이 더 나은 일이다. 서두르지 말라. 설령 무슨 일이 일어났는지 정확하게 모른다 하더라도 당신은 중요한 방식으로 치유를 향해 나갈 수 있다.

기억을 존중하기

시인 마지 피어시Marge Piercy의 시에 이런 대목이 있다. "기억은 가장 단순한 형태의 기도입니다." 기억 속에는 우리의 존재, 치유, 사회적 변화, 기도가 함께 내장되어 있다. 기억은 우리가 어디에 있었는지를 말해주고 경험을 통째로 이해하게 한다. 고통스러운 기억이라 하더라도 그만한 가치가 있다. 그것은 우리가 참아낸 것들의 기록이다. 과거가 고통과 시련으로 점철되어 있다 하더라도 치유는 힘과 기쁨, 미래에 대한 희망을 품은 채 과거로부터 벌떡 일어서게 해준다.

쓰기 훈련: 기억이 난다, 기억나지 않는다

10분 동안 기억이 난다는 말로 끝나는 글을 써라. 어린 시절의 어떤 점에 대해서도 쓸 수 있다. 쓸 것이 떨어지면 기억이 난다로 새로운 문장을 써라.

이제 기억나지 않는다라는 말로 끝나는 글을 앞서와 같이 써라. 멈추지 말고 계속 쓰고 새로운 문장을 쓸 때는 반드시 기억나지 않는다라는 말로 끝내라.

그림을 통한 훈련: 평면도 그리기

이 훈련은 어린 시절의 기억을 불러오는 강렬한 방법이다. 그림 그리기 훈련이기는 하지만 그림에 소질이 없어도 된다.

큼직한 그림종이, 연필, 몇 가지 색깔의 마커를 이용하여 어릴 때 살던 집의 평면도를 그려라. 자주 이사를 다녔다면 가장 의미 있다고 여겨지는 집을 하나 선택하라. 원근법, 정확성, 크기를 걱정하지는 말라. 어떤 방이 중요하다면 더 크게 그릴 수 있고 덜 중요하면 작게 그릴 수 있다. 그 장소에 대한 당신의 기억이 중요하다. 의미 있는 가구나 다른 물건을 자유롭게 그려 넣어라. 사람들이 어디서 자고 먹고 놀고 싸웠는지, 각 방에서 일어난 중요한 일은 무엇이었는지 기록하라. 기억나는 대로 구체적으로 채워라.

평면도에 집의 내부와 외부를 모두 그려 넣을 수 있다. 대부분을 집 바깥에서 보냈다면 그곳을 더 부각시킬 수 있다.

평면도를 그리면서 당신이 방이나 어떤 공간에 대해서 연상했던 이미지, 냄새, 소리, 목소리, 사건들을 상상해보라. 기억과 감각이 자연스럽게 당신 몸속을 흐르게 하라. 각 방에서 일어난 사건을 떠올려보라.

당신이 재구성할 수 없는 방 혹은 혼자 있으려고 찾아간 특별한 장소가 있는지 주목해보라.

한 시간 이상 그림을 그려보라. 다 되었으면 신뢰할 만한 누군가에게 당신의 평면도를 설명하고 싶을 수도 있겠다.

당신이 살아온 다른 공간에 대해서도 이런 식의 훈련을 해보라. 이 훈련은 특히 집단훈련에서 이루어지면 효과가 더 강하다.

그것이 일어났음을 믿기

"그게 정말 일어났던가? 아니라고 말하고 싶고 부인하고 싶어요. 하지만 이제 더 이상 그렇게는 못하겠어요. 늘 플래시백에 시달리며 그 일의 장면들이 조각조각 조금씩 보이는 삶을 살았어요. 끔찍했습니다. 성행위를 하다가도 땀을 흘리고 샤워를 하거나 얼굴을 씻을 때도 그 역겨움이 너무 강렬하게 떠올라 벽에 좀 기대야만 했습니다. 이 모든 것을 제대로 끼워 맞추고 싶다는 생각도 들지 않았어요. 이야기 전말을 알고 싶지 않았던 겁니다. 그것이 일어났다고 믿는 데만 수년이 걸렸어요. 비록 지금 치유를 하고 있고 생활도 나아졌지만 나를 보호해주는 행복한 부모와 가족이 있다고 생각하면서 현실을 부인하던 그 시절로 돌아가고 싶은 때가 종종 있답니다."

어린이 성폭력을 치유하려면 자신이 희생자이고 그러한 피해가 정말로 일어났다는 것을 믿어야만 한다. 생존자들에게는 이것이 종종 힘들다. 당신이 성폭력의 실상을 부인하면서 인생을 보낸다면, 또는 가족들이 계속해서 당신을 거짓말쟁이라거나 미쳤다고 한다면, 당신의 경험이 사실이라고 주장하기가 여간 어렵지 않을 뿐만 아니라 과거의 진실을 찾겠다는 당신의 권리를 주장하기도 힘들어진다.

자신의 과거를 자유롭게 탐색하고 이해하는 것이야말로 생존자는 물론 모든 인간들이 영위해야 할 가장 중요한 권리이다. 당신은 어느 누구보다 자신의 삶에 대해 더 많은 것을 안다. 당신이 그것을 살아내었다. 어떤 작가나 책, 치료사, 가족 구성원도 당신이 피해를 입었는지, 당신의 기억이 맞는지 말해줄 수 없다. 당신이 당신 삶의 전문가이기 때문이다.

자신의 피해를 아무런 어려움 없이 받아들이는 생존자도 있다. 여러 정황이나 확증이 있으면 사실을 인정하기가 더 쉬워진다. 형제자매가 당신에게 말해줄 수도 있다. "하지만 얘야, 우리는 그와 같이 살아야만 했단다."라고 말하는 어머니, 네 살 때 당한 강간으로 몸에 생긴 흉터, 의사 진단서, 법정 진술, "그래, 내가 그랬어."라고 말하는 가해자. 기억하고 있는 이웃, 당신이 이야기를 털어놓은 다른 아이.

그 일이 내게 분명하게 확인된 계기는 어머니에게 내가 기억하는 것을 말할 때였습니다. 어머니의 얼굴이 멍해지더군요. 마치 충격을 받은 것처럼. 그러더니 말하더군요. "켄터키 그 농장에 있던 너의 오래된 방이었지."

때로 불행하게도 기억은 당신을 가해한 자가 다른 어린이를 지금 가해한다는 것을 알게 되면서 되살아나기도 한다.● 때로 비극적이게도 진행형 사건이 밝혀져야만 생존자가 그동안 그렇게 호소하던 진실을 다른 식구들이 인정하게 된다. 한 생존자가 말했다.

엄마에게 말했고 오빠에게도, 시누이에게도 말했어요. 조카와 질녀를 아버지 가까이 가게 해서는 안 된다고 절규했지요. 그들은 내가 발광한 미치광이라고 여겼어요. 엄마는 2주 정도는 내 말을 믿더니 결국 무너졌어요. 문제를 직면하지 못하더군요. 아무도 아무런 조치를 취하지 않았습니다. 이제 너무 늦었어요. 애들이 모두 피해를 입었는데 이제야 모두가 내 말을 믿더군요.

● 가족들이 인정하지 않았던 성폭력이 어떻게 하여 전 가족을 무참하게 파괴하는지에 대한 실례를 보려면 《감추어진 유산: 3대에 걸친 친족성폭력을 드러내고 직면하고 치유하기The Hidden Legacy: Uncovering, Confronting, and Healing Three generations of Incest by Barbara Small Hamilton》(Fort Bragg, CA: Cypress House,1992) 어떤 생존자(저자를 포함하여)들은 늘 피해상황을 기억했고 다른 생존자들은 치유 과정을 통해 기억을 회복했으며 또 어떤 이들은 아직도 기억에서 끊어진 부분이 있다.

하지만 피해에 대한 분명한 증거가 있다 하더라도 그 일이 일어났음을 믿기가 어려운 생존자도 있다. 많은 생존자들에게 부정은 삶의 방식이다. 당신은 피해사실이 아니더라도 많은 것들을 감추면서 사는 가족에서 자랐을 수도 있다. 혹은 감정을 무디게 하거나, 힘들고 혼란스러운 경험으로부터 스스로를 해리하거나, 골치 아픈 현실을 무시하는 것을 배웠을 수도 있다. 이렇게 장기적으로 참으면서 견디는 패턴은 설령 피해에 대한 분명한 증거가 있을 때조차도 쉽게 없어지지 않는다.

또한 많은 생존자들이 증거를 확보하지 못할 뿐 아니라 다른 가족들로부터 지지를 얻거나 인정을 받지 못한다. 하지만 혹여 기억이 불완전하다 하더라도, 가족이 아무 일도 일어나지 않았다고 우기더라도, 당신은 당신의 역사를 찾아내서 그 경험에 이름을 부쳐주고 당신에게 일어났던 일을 알아야 할 권리가 있다.

부정denial의 역할

생존자들은 안간힘을 다해 자신의 기억을 부인하려고 든다. 한 여성은 그것이 모두 한바탕 꿈이었다고 확신하기까지 했다. 또 어떤 여성은 "오, 그것은 단지 과거의 삶에 불과해"라는 말로 자신의 기억을 떨쳐 냈다. 로라는 실제 피해 장면을 처음으로 떠올렸을 때 그 장면을 믿으려 하지 않았다.

> 나는 한사코 믿고 싶지 않았습니다. 마음 한구석에서는 그 사실을 인정했지만 내가 본 것을 부정하려고 무진장 애쓰는 다른 마음이 있었던 거죠. 그러한 일이 내게 일어났다고 인정하기보다는 차라리 내가 미쳤다고 생

각하려는 시절도 있었구요.
나는 훌륭한 가정 출신이었거든요. 나는 어릴 때 강간당할 리가 없었고 더구나 내가 존경하고 사랑했던 할아버지로부터 음란한 짓을 당하는 그런 일은 가당치도 않았단 말이죠. 나는 그가 했던 근사한 일들을 하나하나 기억하고 있었습니다. 그가 나를 가해하다니 말도 안 되는 것이지요. 있을 수 없는 일이었습니다!

이러한 형태의 부정은 놀라워 보이지만 사실 깊이 할퀴어진 고통을 다루기 위해서는 필요한 단계이다. 여리고 상처입은 어린 아이의 손을 잡아주고 싶은 마음이 조금이라도 들지 않는다면 있었던 사실을 부정함으로써 일종의 유예 기간을 벌 수 있다. 부정을 하기 때문에 당신은 직장에도 가고 아이들에게도 아침을 만들어 준다. 당신이 감당할 수 있도록 시간적인 여유를 주는 일종의 생존 전략인 셈이다.

치유의 초기 단계에는 기억을 믿다가도 다시 불신한다. 한 여성이 이 상태를 설명했다.

마치 안개와 구름이 걷혀 가는 것 같아요. 기억을 하고 그 경험을 다시 겪기도 하지요. 그게 사실이라는 것을 알기도 합니다. "사실이었어. 사실이 아니길 바라지만 실제로 있었던 일이야." 그러다가도 곧 부정을 하지요. "하지만 난 아빠를 사랑해. 그가 그런 짓을 할 리가 없지." 그렇지만 여전히 마음 한 구석에서는 이런 소리가 들려와요, "그렇다면 여덟 살 때 걸렸던 그 이상한 방광염은 무엇이었지? 그걸로 내가 입원해 있을 때 아빠가 나를 똑바로 쳐다보지 못했던 것은 또 뭐란 말인가."

기억에 대해 이렇듯 스치고 지나가는 극적인 과정이 엘렌이 주도한 워크숍에서 일어난 적이 있다. 글쓰기 훈련 시간에 한 여성이 말을 배우기도 전에 성폭력당했던 것에 대해서 적었다. 그 집단에서 자신의 글을 큰소리로 읽었는데 완전히 퇴행하여 흐느끼고 말을 더듬고 몸을 떨기까지 했다. 그때의 경험을 재현하고 있었다. 그 집단의 모든 사람들이 깊이 동요되었다.

같은 날 오후에 같은 여성이 질문했다. "내가 정말 피해를 당했다고 생각하나요? 단지 연극을 했을 수도 있잖아요." 그러자 다른 여성이 그녀에게 다가서서 이렇게 말했다. "당신은 즐거움과 기쁨에 대해서도 그렇게 설득력 있게 연극할 수 있을까요? 그렇게 위대한 연기자라면 같은 장면을 반복해서 연기할 수도 있겠군요."

당신의 경험을 주기적으로 의심하는 것은 당연하다. 사실 의문의 그 사건이 실제로 일어나지 않았기 때문에 당연히 의심이 드는 경우도 있다. 하지만 실제로 성폭력 피해를 입은 여성들조차 그 피해가 정말 일어났는지 의심한다. 많은 생존자에게 어느 정도의 의심은 치유 과정의 정상적인 일부이기도 하다.

당신의 삶 들여다보기

과거에 일어난 일에 대하여 더 많은 것을 배울 수 있는 한 가지 실현가능한 방법은 지금 당신의 삶을 들여다보는 것이다. 당신의 감정, 반응, 상호작용에는 당신 역사를 풀 수 있는 실마리가 있다. 피해의 외상에 직면하고 그것을 통해 작업을 해나가면 당신의 행동이 건강한 방식으로 변화하고 있음을 알게 될 수도 있다.

가장 힘든 부분은 정말로 일어났다는 것을 받아들이고 믿는 것이었습니다. 집단 속에 있으면 정말 도움이 됩니다. 성폭력 피해를 겪은 다른 사람들을 보면 내 증세와 비슷하다는 것이 확인되잖아요. 난 전형적인 성폭력 피해 후유증을 가지고 있어요. 자살 충동이나 가출, 엄청나게 힘든 고통도 인내하는 것, 마음의 이탈, 어떤 것이든 잘 해내지 못하는 것, 부정, 항상 배제된다는 느낌 같은 것이죠.

내가 믿을 수 있게 되는 데 도움이 되었던 또 다른 것은 내 행동의 변화를 살펴보는 것이었습니다. 피해망상증이 사라지는 것과 같아요. 마피아가 나를 납치하려고 바깥에서 기다리고 있다거나 내가 있는 장소에 누군가가 불을 지르려고 한다는 생각을 자주 했었어요. 친족성폭력을 기억해 보건대 이런 것들이 모두 아버지가 만들어 낸 위협이었더라구요. 아버지는 나를 옷장 속에 가둬 놓고 항문 성교를 강요하곤 했어요. 그때 그는 그곳에 불을 질러 버리겠다고 위협했구요. 내가 다른 사람에게 말하면 마피아가 와서 나를 데려갈 거라고 말했지요. 내 망상과 피해 경험의 연관성을 인식하자마자 피해망상증이 사라졌어요.

피해를 인정하는 법 배우기

폭력이 너무나 일상적이어서 그게 정상적인 가정에서 일어나는 일이라고 믿어온 생존자들도 가끔 있다.

9살 쯤 이었을 거예요. 친구 스테판과 계단에 앉아있었어요. 그녀가 내 팔꿈치에서 어깨까지 왜 시퍼렇게 되었냐고 묻길래 대답했지요. "아빠가 때린다는 말이니?" 그녀는 믿을 수 없다는 표정이었습니다.
"너의 아빠는 그렇지 않다는 말이야?" 라고 물으면서 나도 그런 표정을 지었죠. 바로 그 순간이 되어서야 난 우리 집에서 일어나는 일이 정상이 아니란 걸 깨달았습니다. 비록 내 유년기의 기억은 없지만 이 두 세 마디의 말은 마치 그저께 아니, 오늘 한 말처럼 내 가슴에 선명히 살아있습니다.

건강한 가정의 일상적인 풍경이 어떠한지 예상하는 걸 배우는 것도 치유 과정의 일부이다. 한 생존자가 설명했다.

가족들이 내게 한 것에 대해 치료사와 이야기를 했지요. 그녀는 나에게 "그게 성폭력입니다. 당신에게 일어났다니 끔찍한 일이군요"라고 말했습니다. 난 충격을 받았어요. 왜냐하면 난 정상적인 성장 과정을 거쳤다고 생각했으니까요. 그것이 성폭력 피해라는 것을 다른 사람들이 나에게 다시 비추어 주었기 때문에 내가 알게 되었던 것이지요. 나는 그것을 수없이 이야기해야만 했습니다. 그걸 믿으려구요. 내가 피해를 당했다는 사실을 받아들이는 데 1년 반이 걸렸어요.

때로 무슨 일이 일어나는지 안다 하더라도 그것을 성폭력이라고 단정내리고 싶어 하지 않는다. 관련된 사람들에 대한 가족애 같은 것 때문이다.

오빠가 나를 강제로 밀어부쳤다는 걸 알고 있어요. 한번만이 아니었어요. 하지만 그것을 성폭력이라고 부르고 싶지는 않았습니다. 그는 아버지에게서 나보다 더 지독한 대접을 받았어요. 구타당하고 모욕당했죠. 오빠를 어린이성폭력범이라 불러야 했을까요? 그저 아이였을 따름이었거든요. 오빠는 이제 다 자랐고 다른 문제를 안고 살아가지요. 골칫거리를 어떻게 더 보태주겠습니까? 하지만 그것의 이름을 붙이고 나서야 나는 치유되기 시작했답니다.

그것이 중요하다는 것을 믿기

때로 여성들은 일어난 실제 사건에 대해서는 의심하지 않지만 그 사건의 중요성을 평가절하하는 경향이 있다. 수년간 많은 여성들이 엘렌의 생존자 워크숍에서 자신의 두려움을 드러내었다. 자신의 피해가 워크숍에 참여할 만큼 지독한 것은 아니었다는 것이다. 그들은 "그건 근친강간이 아니었고 다만 가족의 친구였어요." 라거나 "14살 때였고 딱 한 번 이었어요" 혹은 "그는 영화를 보여주기만 했어요." 혹은 "나보다 겨우 2살 더 많은 언니하고 였어요." 같은 말을 한다.

그런 말은 우리 사회에서 성폭력이 얼마나 사소하게 여겨지는지 잘 보여준다.

누군가 당신보다 더 힘들어하는 사람이 있다는 사실이 당신의 고통을 완화시켜주지는 않는다. 고통의 비교는 간단히 말해 전혀 쓸모가 없다.

성폭력 피해를 경시하는 방법은 많다. 어떤 가해자는 남성이 성기를 몸 어딘가에 밀어 넣지 않는다면 피해를 본 것이 아니라고 주장한다. 이것은 사실이 아니다. 폭력의 심각성이 남성의 성기라는 관점으로 정의되어서는 안 된다. 폭력은 어릴 때ー당신의 몸, 감정, 영혼ー당신의 경험으로 결정되어야 한다. 정확한 신체적 행위만이 가장 큰 손상을 입히는 폭력은 아니다. 폭력적인 강간이 신체적으로 어린 아이에게 상처를 입히지만 신체적인 통증을 유발하지 않는 형태의 성폭력도 많이 있다. 가시적인 흔적을 전혀 남기지 않는 성폭력이 있는 것이다.

어떤 폭력은 신체적인 공격이 아니기도 하다. 당신 아버지가 욕실 앞에 서서 뭔가를 암시하는 언급을 하거나 당신이 화장실을 사용할 때 물끄러미 볼 수 있다. 삼촌이 벗은 채로 돌아다니면서 자신의 성기에 주목하게 하고 성적인 사건에 대해 이야기하며 당신의 몸에 대해 질문할 수도 있다. 당신 테니스 코치가 남자친구와 무엇을 했는지 자세하게 말해보라고 강요할 수 있다. 침해를 받는 방식은 너무나 많다.

심리적인 차원의 폭력도 있다. 당신이 아무런 주의를 끌만한 행동을 하지 않아도 어머니가 매 순간 당신이 어디 있는지 알고 있다는 느낌이 들 수 있다. 당신의 이웃이 불쾌한 흥미를 갖고 당신의 변화하는 몸을 쳐다볼 수 있다. 아버지가 당신에게 로맨틱한 데이트를 신청하고 러브레터를 쓸 수도 있다.

그것이 중요하다는 것을 믿기: 비키 이야기

많은 여성들이 자신들에게 들이닥친 피해가 단 한번 일어난 것이므로 그다지 중요하지 않다고 믿는다. 하지만 다음의 이야기에서처럼 모든 폭력이 유해하다.

아빠 집에는 정말 이상하게 오싹한 느낌이 감돌았어요. 그는 너무 닭살스럽게 굴고 너무 친밀하게 굴었어요. 늘 내게 너무 오래도록 입을 맞추었죠. 10대가 되니 상황이 점점 더 안 좋아지더군요. 그는 자제심이 약했어요. 내 여자친구들도 우리 아빠가 이상하다고 했어요. 아빠는 내 남자친구에게는 너무나 쌀쌀맞게 대하더군요.

아빠는 내가 12살 때 딱 한번 추행했습니다. 자고 있었는데 방으로 들어와 내 옆에 눕더군요. 손을 내 파자마 안으로 넣고 내 성기를 만지기 시작했어요. 그것 때문에 내가 잠에서 깼어요. 잠결에 돌아눕는 척 했어요. 그는 내가 깼을까봐 놀랐던 게 분명해요. 그의 그림자가 문 바깥에 있었다는 걸 기억합니다. 그는 다시는 그러지 않았어요.

그가 나를 추행하기 전에는 몸에 대해서 자유로웠어요. 난 내가 근사하다고 생각했어요. 막 사춘기에 들어갈 즈음이었거든요. 난 솔직하고 정도 많았어요. 남자친구들도 있었구요. 모든 것이 확 깨더군요. 나의 내밀한 첫 성적 경험이 아버지와라니. 그가 내 성기를 만진 첫 번째 남자라니…

당황스럽고 화가 나는 일이었습니다. 난 아빠를 사랑했어요. 우리는 정말 사이가 돈독했답니다. 그런 그가 나를 추행했으니 난 깊은 우울에 빠져버렸죠. 바깥세상과의 관계를 끊었어요. 그저 베일이 내 눈 앞에 쓱 내려온 듯했어요. 그랬어요. 22살이 되어서야 뭔가 잘못되었다는 걸 깨닫기 시작했습니다. 나의 진짜 성격이 무엇 때문에 감추어져있는지 찾아내야만 했습니다.

난 그 일을 결코 잊지 못했어요. 그건 말하자면 은밀한 곳에 감추어둔 것이었어요. 그 사건에 대해 많이 생각하지는 않았지만 그 영향은 참 오래 가더군요. 사랑하는 사람 곁으로 가는 것 자체가 너무나 힘들었습니다. 관계를 맺으려면 뭔가 삐걱거리는 통제력이 필요해요.

지난 5년간 아버지와 거리를 두고 있습니다. 그와 직면한 후부터지요. 우리는 근본적으로 갈라졌습니다.

나에게 일어난 일을 다른 사람이 겪은 일과 비교한 적이 없어요. 왜냐하면 정말 지옥을 경험했기 때문입니다. 난 이것이 내 인생이나 내 연인의 삶에 찾아온 참담한 재앙이라는 걸 알았어요. 어떤 일이 자꾸 일어나야 "이건 정말 무시무시한 일이야"라는 걸 깨닫게 되지는 않습니다. 부모가 이런 경계를 허물어버리는 무참한 상황을 아이가 인식하는데 많은 것이 필요한 것도 아니더군요.

내가 누군가에게 말하고 그녀가 "오 그랬구나. 그는 그저 약간 애무를 한 거였어. 별 거 아니야."라고 한다면 나는 묻겠죠. "당신이 다른 사람과 깊은 방식으로 연결될 때 당신은 어떤 느낌이 드나요? 무서울까요? 마치 어딘가에 갇혀서 꼼짝도 못할 것처럼? 아니면 그 사람과 완전히 하나가 된 것 같을까요?" 스스로 한번 진심으로 점검해보세요. 당신의 가장 심오한 부분에서 사람들과 어떻게 연결되고 있는지? 당신이 사랑을 받고 있는지 다시 평가해보세요.

그것이 다른 사람과 친밀해지는 걸 막는다면 그건 중요한 사안인거죠. 당신의 삶을 메마르게 하고 있다면, 혹은 당신의 일부가 자꾸만 당신으로부터 빠져나가고 있다면 역시 중요한 사안인 것입니다. 단 한번 일어난 일이라 하더라도 그건 몹시 중대한 일입니다.

지속적으로 의심이 들 때 도움되는 전략

마음 속에 풀리지 않고 있는 모든 의혹들을 인내하라… 의혹 자체를 사랑하려고 애써라.

_ 라이너 마리아 릴케

- **의심 드는 때를 살펴보라** | 고향을 방문하거나, 당신의 말을 믿지 않는 부모나 형제자매와 이야기하고 나서 의심이 든다면 아마 당신의 의심은 이러한 행동의 영향을 받았을 가능성이 있다. 당신이 차분하게 집중하고 있을 때조차 의심이 지속된다면 당신 이야기의 어떤 부분이 잘못되었다고 생각할 만한 더 많은 이유가 있을 수 있다. 하지만 당신이 믿고 있던 어떤 것들이 사실이 아니라는 것을 알게 되었다 하더라도 당신의 모든 기억이 믿을 만하지 않다는 말은 아니다. 다른 사건은 정확하게 기억하면서 어느 사건에 대해서는 잘못 기억하고 있을 수도 있기 때문이다.
- **당신의 고통에 이유가 있음을 알라** | 성폭력 생존자에게서 흔히

보이는 엄청난 분노가 당신에게도 나타난다면 그 아픔에 대한 합당한 이유가 있다는 이야기다. 성폭력이 아닐 수도 있다. 하지만 당신이 확인하고 해결해야할 뭔가가 거기에 있다는 것은 분명하다. 그렇게 숱한 고통을 겪고 싶어 안달난 사람은 없다.

- **당신이 확신하고 있는 것부터 치유하라** | 예를 들어 어릴 때 구타당한 것이 확실한데 성폭력이 있었는지 분명하지 않으면 당신이 알고 있는 것부터 치유하는데 집중하라. 다른 사건이 일어났는지 확실하지 않다 하더라도 치유를 하다보면 진전이 있을 것이다.

- **확실하지 않아도 괜찮다** | 무슨 일이 일어났는지 정확하게 알아야겠다는 강박증에 시달릴 수도 있겠지만 진실을 밝히는 데는 시간이 걸린다. 스스로에게 그 시간을 허용하라. 아직 모든 것을 알지 못해도 괜찮다. 영원히 몰라도 된다.

- **아직 단언할 만한 것이 아니라면 그 어떤 것도 장담하지 말라** | 당신이 성적 피해를 입었는지 아닌지 확신이 서지 않으면 성급하게 결론내리지 말라. 스스로 그것을 밝혀낼 만한 시간과 공간이 필요할 수 있다. 당신에게 이런 저런 식으로 압력을 주는 사람들은 당신에게 도움이 되지 않는다. 그 사람들보다는 당신의 의심에 귀 기울여주고, 그것을 알려고 하는 당신의 마음을 존중하고, 당신이 시간을 갖고 알아보도록 격려하는 사람과 이야기하라. 이래야 하고 저래야 한다고 주장하는 사람들과는 가능한 접촉을 최소화하라.

- **치료관계를 평가하라** | 치료를 받고 있다면 치료사에게 당신의 의구심을 털어놓아보라. 당신의 치료사는 당신의 의심을 지지하고 그것에 마음을 열어야 한다. 치료사는 당신에게 옳다고 생각하는 것이 무엇인지 결정하라고 압박하거나, 지나온 나날을 탐색

하고 있는 당신에게 대답을 강요하려고 해서는 안 된다.

집단치료를 받을 경우 당신의 경험을 추호도 미화하지 않고 털어놓을 만한 분위기가 느껴져야 한다. 진실을 밝혀야겠다는 생각이 다른 사람의 인정을 받으려는 동기에서 비롯되어서도 안 된다. 어린 시절의 경험이 무엇이건 그것은 존중되고 진지하게 받아들여져야 한다. 무슨 일이 일어났는지 아직 확실치 않은데도 당신을 성급하게 생존자라고 불러야 하는 부담이 느껴져서도 안 된다.

당신은 피해당한 것 같지 않는데 치료사가 당신이 피해당했다고 주장한다면 혹은 사실인지 아닌지 확실치도 않은 이야기를 지어내기라도 해야겠다면 당신은 좀 더 전문화된 도움이 필요할 것이다. 두 번째 치료사와의 상담이 때로는 상황을 명료하게 밝히는 데 도움이 될 수도 있다. 당신의 기억을 입증하려고 하거나 당신이 잘못 기억한다는 것을 증명하려고 애쓰지 않는 사람을 선택하라. 당신의 진정한 역사가 분명해질 때까지 마음을 열어놓을 수 있는 사람과 작업을 해나가라.

- **가해자와 직면하는 것 혹은 엄청나게 당황할 것 같은 가족에게 피해 사실을 밝히는 것을 뒤로 미루라** | 당신이 준비가 될 때까지 가족에게 털어놓지 말라. 일어난 일이 불확실하거나, 가능성을 자세히 살펴보는 중이라면 그 피해에 대하여 가족에게 이야기하는 것을 미루는 것이 보통은 최선이다. 분명해질 때까지 기다린 다음, 그들에게 이야기하는 것이 과연 당신에게 최고로 이득이 되는지 평가하라.

- **기억하라, 당신 자신을 믿어도 된다** | 무엇보다 당신이 누구인지, 당신의 경험이 무엇이었는지에 대한 당신의 감각을 신뢰하라. 치유 과정이 무엇이든 다 다루는 것이라고 상정한다면 그 과정은

당신을 신뢰하고 당신의 감정, 당신의 현실을 신뢰하는 법을 배우는 것에 관한 것이기도 하다.

당신에게 일어난 일을 가장 잘 판단하는 사람은 당신이다. 당신이 새로운 사실을 더 많이 밝혀내서 이전에 알던 사실이 달라진다 하더라도 당신이 지금 알고 있는 사실을 계속 귀중하게 여겨라.

그래도 계속 의심스럽다면

어떤 생존자들은 피해에 대한 혼란스러운 의심이 한참동안 지속된다. 한 생존자는 그녀의 현실이 너무나 혹독하게 훼손된 나머지 자신의 인식능력을 신뢰하기가 어려운 경우였다.

> 내가 잠자리에 들기 전에 엄마는 말했어요. 깨어있는 낮 동안 일어난 일이 실은 꿈이었다고 말이죠. 자면서 일어난 일 그것이 진짜라는 거죠. 그녀는 현실과 꿈을, 깨어있는 상태와 잠든 상태를 정확히 정반대로 뒤집어놓았답니다.

이 사례가 극단적이긴 하지만 성폭력이 일어나는 가정에서는 진실을 왜곡하는 일이 흔하다. 무엇을 믿어야 하는지 확신하지 못한 채 성장했다면 그리고 당신이 알고 있는 사실이 당신이 들은 사실과 딱 맞아떨어지지 않는다면 당신은 성폭력에 관한 자신의 현실을 믿기가 특히 어려울 것이다.

하지만 지속적인 의심은 당신이 길을 잘못 들었다는 것을 가리키는 지표이기도 하다. 정말 무슨 일이 일어났는지 확신하지 못한다면 자신을 무리하게 닦달하지 말라. 시간을 가져라. 당신의 역사와 느낌, 걱정거리를 탐색해보라. 자신을 믿어라. 결국 당신은 자신의 경험을 보다 더 완전하게 이해하게 될 것이다.

확신이 단번에 오지는 않는다

일단 그 사실들이 진실임을 안다 하더라도 여전히 일어난 일을 진심으로 깊이 받아들이기는 어려울 수 있다. 확신은 대개 단번에 오지 않는다. 그것은 점진적인 각성이다.

처음에 난 수시로 피해를 완전히 부인했습니다. 믿음이 좀 오래 가다가도 나와는 동떨어진 누군가에게 일어난 일이라는 생각이 불쑥불쑥 들었지요. 그러다가 점점 내 삶의 맥락 속에서 그것을 통합할 수 있게 되었지요. 내 삶을 사람들에게 이야기할 때 그 이야기를 꼭 집어넣습니다. 어릴 때 우리 가족이 자주 박물관을 방문했다는 이야기를 하는 것 만큼이나 자유롭게 그 이야기를 하지요. 더 이상 수치스러운 비밀도 아니고 나를 구성하는 나머지 부분과 분리할 필요도 없습니다. 한때 어린 시절이 행복했다고 생각한 적이 있었는데, 그건 이 흉칙하고 수치스러운 피해 사실 부분을 덮어 두었기 때문에 가능했지요. 지금 나는 한 어린이가 그 가운데서도 살아남았다는 것을 알고 있습니다.

침묵 깨기

"그게 누구든 한 여성이라도 자기 삶의 진실을 낱낱이 밝힌다면 무슨 일이 일어날까? 아마 세상은 갈기갈기 터져버릴 것이다."

_ 뮤리엘 루케이서, 〈케테 콜비츠〉 중에서

누구든 자신의 삶에 대하여 진실을 말할 권리가 있다. 대부분의 생존자들이 피해를 비밀로 하라는 지시를 받지만 이 침묵은 당신에게 최선의 선택이 될 수 없다. 어린이 성추행과 그로 인한 수치가 침묵 속에서 마구 커져간다. 한 생존자가 말했듯이 "친족성폭력은 금기가 아니다. 그것을 말하는 것이 금기다."

말하기는 개인의 해방, 치유, 사회변화로 가는 강력한 단계이다. 하지만 많은 생존자들이 어려워하는 것이기도 하다.

> 난 무척 외롭고 쓸쓸합니다. 항상 말을 많이 하지만 결코 그 일은 이야기하지 않았지요. 내게 가장 걸림돌이 되는 것은 침묵하는 일에 너무나 노련하다는 것입니다.

생존자들은 어떻게 침묵 당하는가

당신이 성폭력 피해에 대해 처음으로 이야기하려고 했던 때는 아직 어렸을 무렵일 것이다. 이상적인 환경에서라면 당신의 말을 믿어 주고 보호해 주고 성폭력이 당신의 탓 때문은 아니었다는 이야기를 들었을 것이다. 나이에 맞는 적절한 상담을 받고 피해 어린이로 구성된 지지 집단에서 치료를 받았을 것이다. 가해자가 가족의 한 사람이라면 당신이 아닌 그가 다른 먼 곳으로 추방되었을 것이다.

한 어린 생존자는 피해에 대하여 어머니에게 털어놓았을 때 연민과 효과적인 지지를 받았다고 말했다.

> 난 주니어 농구팀의 스타선수였어요. 그리고 코치를 엄청 사랑했답니다. 모든 소녀들이 그랬어요. 그는 대단했거든요. 야간경기가 끝나고 그가 나를 집까지 태워주면서 가해를 했습니다. 몇 달 동안 아무에게도 말하지 못했어요. 먹지도 못하고 성적은 곤두박질쳤어요. 부모님께 말하고 싶었지만 그들이 얼마나 화를 낼 지 잘 알고 있었어요. 두려웠어요. 부모님이 그를 찾아가게 될 것이고 그러면 그의 인생이 끝장날 것이고 그러면 팀에 있던 모든 여자애들이 나를 미워할 것 같아서요.
>
> 그러다가 어느 날 밤 엄마와 나는 내가 입고 싶던 외출복 때문에 싸우게 되었고 급기야 그 이야기를 털어놓게 되었어요. 엄마가 나를 위로해주셨어요. 비밀을 털어놓는 것이 그렇게 크나큰 위안이 되더군요.
>
> 우리는 경찰서로 갔습니다. 그건 올바른 행동이었지요. 그가 이런 식의 행동을 많은 여자애들에게 그것도 수년에 걸쳐서 저지르고 있다는 것을 밝혀내었고 우리 몇몇이 그를 법정에 세웠습니다. 쉽지는 않았지만 내가 다른 여자애들을 보호하는데 일조를 했다는 사실이 자랑스러워요.

이 어린 여성은 신속하면서도 전문적인이고 동정적인 도움을 받았기 때문에 최초의 외상이 더 큰 오류로 인하여 깊어지지는 않았다. 불행하게도 많은 생존자들이 그러한 긍정적인 반응의 혜택을 받지 못한다. 오히려 그들은 비난받고 무시당하고 공격받거나 아니면 거짓말쟁이라는 말을 듣는다.

폭로로 가족의 안전이나 지위가 위협받을 경우 방어적인 반응이 더 일반적이다. 부모는 가해자가 친척일 때보다는 낯선 자, 선생님, 코치, 혹은 성직자일 때 생존자의 편에 서서 지지를 보인다. 하지만 생존자의 오빠, 아빠, 고모, 할머니가 연루되면 그 관련성을 닫아버리고 피해상황을 부인하면서 생존자를 가족이라는 테두리 바깥으로 밀쳐 내 버린다.

방어적인 반응에는 엄청난 노여움이 묻어나온다. 당신은 "그걸 요구했다"고 비난받거나 "어린 창녀"라는 말을 들었을 수도 있다. 오빠가 치료센터로 이송되었다면, 부모가 이혼을 하게 되었다면, 아버지가 감옥에 가게 되었다면 당신은 부모의 결혼생활을 망치고 가족을 뿔뿔이 흩어지게 하고 "행복한 가정"을 파멸시킨 장본인이라고 비난받았을 수도 있다.

많은 어린이들이 결코 말을 하지 않는다. 가해가 진행되고 있는 동안에도 침묵 당한다. 가해자는 "니 엄마가 알게 되면 그 날이 니 엄마의 제삿날이야."라거나 "입을 열면 널 죽일거야"라고 협박한다. 설령 이렇게 노골적으로 위협하지 않는다 하더라도 가해자의 힘이 월등하게 세다는 것은 당신의 생존 자체가 위험에 빠져있다는 무언의 겁박이 되는 것이다.

때로 이야기를 했을 때 또 다른 성폭력이 유발되기도 한다. 한 어린이는 절친한 친구를 믿고 이야기를 했는데 그 친구가 자기 아버지에게 이야기를 하자 그 아버지는 자세하게 그 상황을 캐물었다. 그러고 나서는 두 소녀를 차고로 데려가서 그가 들었던 대로 가해했다.

만약 사건이 법정까지 갔다면 당신은 그 잔인한 신문 절차를 거칠 수밖에 없고, 둔감한 변호사 때문에 질식할 것 같으며, 가해자와 대면해야 하는 참담한 상황에 처해졌을 것이다. 어린이 증인을 특별하게 배려해야 한다는 측면에서 어느 정도 진전이 있기는 하지만 소송 과정은 여전히 까다롭고 때로는 상처를 주는 경험이 되기도 한다.

거친 구타를 당하지 않은 어린이는 종종 주변 사람들의 엄청난 침묵에 휩싸여버리거나 다시는 입 밖에 내지 말라는 말을 듣는다. 가족들은 아무 일 없다는 듯이 살아간다. 때로 부모는 피해사실을 발설하지 않는 것이 아이에게 최선이라고 생각해서 말하지 않는 경우도 있다. 그들은 아이에게 힘든 경험을 생각나게 해서는 안 되고 다른 곳에 관심을 가지도록 도와야 한다고 판단한다. 때로 그들은 그 주제를 어떻게 꺼내야할지, 무슨 말을 해야할지 난감해하는 경우도 있다. 하지만 피해에 대하여 결코 말하지 않으면 아이는 그들의 경험이 이루 말로 할 수 없는 끔찍한 사건이며 따라서 그들 자신 또한 끔찍하다는 메시지를 받을 수 있다.

아이들은 수도 없이 많은 방식으로 신뢰할 만한 사람이 아무도 없다는 것, 이야기를 하는 것이 도움이 되는 게 아니라 자신이 해를 입거나 무시되는 결과를 낳는다는 것, 진실을 이야기하는 것이 결코 안전하지 않다는 것을 배우게 된다. 달리 말하여 그들은 수치심과 은밀함, 침묵을 배워나간다.

말하기: 그것은 신뢰의 도약을 필요로 한다.

말하는 것은 변화를 가져온다. 누군가에게 당신이 걸어온 자취를 말하고, 상대방은 존중감과 진심 어린 배려로 그 말에 귀 기울인다면 당신은 이제 치유에 필요한 변화의 과정에 들어선 것이다.

내가 처음으로 털어놓은 사람은 친구 케이트였어요. 어느 날 영화를 보고 집으로 걸어오면서 그녀에게 말했죠. 강간미수였는데 정말 무시무시했어요. 아무 말도 하지 않으려 했지만 늘 말하기 전에 생각하고 검열하기가 지겹고 지긋지긋했거든요. 생각했죠. "제길, 해야만 하는 말을 왜 못하지?" 그래서 할아버지가 내게 한 짓을 이야기했답니다.
지금 생각해보면 기절할 만한 일이죠. 내가 어떻게 불쑥 말을 꺼냈을까. 그녀는 정말 다감했어요. 그녀는 단지 부드럽게 나를 보면서 말했어요. "제시, 정말 마음이 아프구나." 몇 년이 지난 지금도 이 몇 마디가 나에게 얼마나 큰 의미였는지 새삼 놀라울 따름입니다.

지지집단에서 자신의 이야기를 처음 꺼내는 생존자도 있다. 다른 생존자 앞에서 당신의 이야기를 할 때 다른 사람과 다르다거나 오롯이 혼자라는 느낌을 가지지 않아도 된다. 당신은 자신이 이해받고 있다는 것을 알게 된다. 왜냐하면 다른 생존자들의 이야기를 들으면서 당신도 그들을 이해했으므로. 당신은 자신이 중요하고 소중하고 사랑스럽다는 걸 배운다. 왜냐하면 다른 생존자들이 당신의 말에 귀 기울여 듣고 호응할 때 보여주는 연민을 느끼기 때문이다. 말하기에는 위안이 들어있기에 해방되는 걸 경험한다.

상담원과 함께 친족성폭력에 대해 말할 때였습니다. 어느 누구에게도 말하지 않았던 때도 그랬지만, 그때까지도 그 일은 내게 굉장한 비밀이었지요. 지지집단 모임에 가서 거기 있는 사람들에게 이야기하는 것이야말로 진정한 커밍아웃이었기에 내게는 참으로 중요했답니다.

집단 안에서 말하고 나면, 생존자가 무척 많은 어려움을 안고 있기는 하지만 그렇게 나쁜 것만은 아님을 느낄 수 있다. 한 여성이 말했듯이 "우리는 아름답고 용기 있는 여성들입니다. 나도 그 가운데 한 사람이라는 것이 자랑스럽습니다."

> **이야기를 털어놓을 방법은 많다**
>
> 당신에게 일어나고 있는 일을 표현할 언어를 습득하기도 전에 어떤 피해가 일어났다. 혹은 그 피해가 너무 충격적이어서 당신의 뇌가 언어로 저장하기보다는 이미지와 감각에 그 경험을 저장했다. 그 결과 당신은 그 경험을 전달할 어떠한 언어도 갖지 못할 수 있다. 당신은 발단과 전개, 결말이 있는 연속적인 서술체로 당신의 이야기를 전달하지 못한다. 이럴 경우 춤, 동작, 그림, 글쓰기, 혹은 다른 창의적인 형태를 통하여 당신의 이야기를 하는 것이 훨씬 더 효율적이다. 그 과정에서 당신은 이미지, 은유, 상징적 언어를 사용하여 소통할 수 있다.

말하기가 늘 쉬운 것은 아니다

말하고 나서 모든 사람이 다 홀가분해지는 것은 아니다. 사람들이 당신의 편이 되어 공감하는 반응을 보일 때조차 당신은 마치 뭔가 몹시 일을 그르친 듯한, 가령 규칙을 어겼다거나 뭔가 무서운 일이 일어날 것 같다는 느낌을 갖게 된다. 어떤 생존자는 진실을 말하면서도 두려움에 휩싸인다. 스스로를 의심하거나 미쳐버렸다고 느끼는 생존자도 있다. 이런 반응은 특히 당신의 폭로가 존중과 지지를 받을 때라면 더 혼란스러울 수 있다. 말하고 나서 생기는 불안은 지금 당신이 받고 있는 긍정적인 반응에 의한 것이라기보다는, 과거에 받았던 위협과 조건화에 의해 유발되었다는 것을 이해하면 도움이 될 것이다.

16년 전 12단계 모임에서 처음으로 내 친족성폭력 이야기를 꺼냈습니다. 하지만 지금도 내 이야기를 하려고 할 때마다 오빠가 나를 찾아내서 죽일 거라는 두려움을 뿌리치느라 무진 애를 써야 한답니다. 매번 내 이야기를 하려면 먼저 이렇게 나 자신을 다독거려야 하지요. "괜찮아, 이것은 사실이고 내가 살려면 이걸 해내야만 해."

캐서린은 치료 집단에서 자신의 피해에 대해 처음으로 이야기했다.

나는 일어나서 내 부모가 내게 어떤 짓을 했는지 이야기했습니다. 가족과 살기 어려웠던 이유가 거기에 있었어요. 집단에서 울면서 말했지요. "여러분에게 이 말을 할 수가 없네요. 내가 이 이야기를 하면 부모님이 나를 죽일 거예요!" 무서웠습니다. 사람들이 이야기를 하라고 나를 격려해서 결국 이야기를 했지요.
이야기를 끝내고 집에 돌아와 침대에 누워서 죽음을 기다렸어요. 그 전에는 한 번도 말하지 않았거든요. 난 내가 그런 이야기를 한 것을 부모님이 알아내서 나를 죽일 거라고 생각했지요.
그때 난 결심했습니다. 비밀을 지켜야 하는 사람이 아니라 말할 수 있는 사람이 되겠다고.

말하기가 어려운 이유는 또 있다. 말함으로써 어린 시절의 경험이 더 또렷해진다는 점이다. 우리가 침묵 속에서 품어온 진실을 말로 옮겨서 "난 성폭력 피해를 입었습니다", "선생님이 학교가 끝난 후 나를 강간했습니다" 혹은 "어머니가 목욕을 시켜주면서 나의 성기를 만졌습니다"라고 실제로 말하는 자신의 목소리를 들으면, 더 이상 일어난 일에 대하여 부정하는 것도, 그것이 중요하지 않은 척 하는 것도 더 어려워진다. 일단 경험을 이야기하고 나면 그 경험은 당신과는 별개로 독립된 그 무엇으로 세상에 존재하게 된다. 우리가 단 한 사람에게 이야기한다 하더라도 우리의 이야기와 고통은 사적인 공간에서 공적인 영역으로 넘어가게 된다. 더 이상 그것을 아무 것도 아닌 양 무시할 수도 사라지게 할 수도 없다.

하지만 당신의 이야기를 말하고 당신에게 일어났던 것을 상세하게 설명하는 것은 피해 바로 그 당시에 찾아왔던 그 고통과 충격으로 당신을 데려갈 수도 있다. 당신의 이야기를 나눔으로써 위안이 되기보다는 그 무게에 짓눌리고 다시 충격을 받을 수도 있다.

당신의 이야기를 할 때 지나치게 불안하고 두렵다면 한발 뒤로 물러서서 당신의 지지체계를 공고하게 만들고 자신을 돌보고 힘을 주는 기술을 개발하는데 더 집중하는 것이 좋겠다. 혹은 다른 방식, 가령 미술이나 글쓰기, 동작 혹은 이미지를 이용하는 방법을 이용하여 당신의 피해를 이야기해 보고 싶을 수도 있을 것이다. 덜 직접적인 방식을 이용하여 힘은 덜 들고 조정은 더 가능한 방향으로 당신의 이야기를 나눌 수 있을 것이다.

말하기가 변화를 가능케 하는 이유

"피해 상황을 또렷하게 설명하는 희생자는 더 이상 희생자가 아니라 일종의 위협이다."

― 제임스 볼드윈

- 당신을 고립시켜왔던 수치심과 비밀에서 벗어난다.
- 부정의 단계를 거쳐 피해 사실을 인정하게 된다.
- 이해와 도움을 얻을 수 있다.
- 감정에 더욱 민감해진다.
- 당신을 열정적으로 지지하는 사람의 눈으로 당신의 경험과 당신 자신을 재조명하는 기회가 된다.
- 정직한 관계가 되어 친밀감을 풍요롭게 공유한다.
- 당신은 과거에 있었던 피해를 지금 치유해 가고 있으며 그런 맥락에서 자신을 당당한 한 인격체로 세워 나가고 있다.
- 더 이상 침묵 속에서 고통당하지는 않겠다는 용기 있는 여성 집단에 합류한다.
- 침묵을 깸으로써 그 속에 숨어 있는 어린이 성폭력을 끝내도록 한다.
- 다른 생존자의 모델이 된다.
- 그리하여 당신은 자긍심과 힘을 느낀다.

그러나 그들은 우리에게 불리하도록 그것을 이용할 것이다

인종차별이나 다른 억압을 받는 생존자는 특히 자신의 피해를 말할 때 특정한 어려움에 직면한다. 어떤 문화에서는 성폭력을 둘러싼 침묵이 너무나 완벽하여 피해를 표현하는 언어 자체가 없다. 또 어떤 문화에서는 성폭력 피해를 폭로하면 생존자와 그 가족 모두가 그 사회로부터 추방당하기도 한다. 많은 생존자들이 낯선 자에게 자신의 이야기를 털어놓으면 자신의 인종, 종교, 민족에 대한 부정적인 고정관념이 강화될 수도 있다고 걱정한다. 따라서 그들은 그 피해를 비밀에 부쳐 공동전선을 유지한다. 가족 안에서 일어난 폭력을 침묵에 묻어두다 세상에 끄집어 내놓으면 마치 전체 문화를 배반하는 듯한 죄책감에 시달릴 수도 있다.

민족을 배반할 수 없어요: 레이첼 이야기

레이첼 바트 올은 캘리포니아주 오크랜드에 살고 있다. 그녀는 생존자들이 자신들의 힘을 되찾도록 돕고 있다. 홀로코스트에서 살아남은 유대인 부모를 둔 레이첼은 어머니, 아버지, 오빠, 할아버지로부터 폭력을 당했다. 자신을 치유하고 다른 생존자들과 같이 작업하는 과정에서 레이첼은 많은 유대 여성들이 침묵을 깨고 싶어하지 않는다는 것을 목격했다. 그들은 자신이 피해자라는 사실을 인정하고 싶어하지 않았으며 따라서 치유에 몰두하려고 하지도 않았다.

> 반유대주의에서 탈출하거나 가난 속에서 살아온 우리 부모님들의 삶과 비교해보면 우리에게 일어난 것은 아무 것도 아니었습니다. 머리를 가릴 지붕이 있고 옷과 음식이 있는 한, 우리에게 일어나는 그 어떤 것도 나쁠 수가 없지요. 왜냐하면 그들은 쥐가 우글거리고 찢어지게 가난한 상황 속에서 살아온 데다 미국으로 올 때 이산가족이 되기도 했으니까요. 아무리 끔찍하다는 말이 목구멍까지 차올라와도 크게 말할 수도 없었어요. 우리 부모님들은 그보다 더한 상황을 버텨냈으니까요.
> 거기에다가 유대 여자들은 시끄럽고 악착같고 남자들은 점잖고 근면하다

는 고정관념이 있어요. 그래서 남자들에게는 미안한 마음을 가지고 여자들을 탓하도록 배워요. 아버지건 오빠건 남자들이 우리에게 폭력을 행사하더라도 즉각적인 미움이 생기지를 않아요. 왜냐하면 그들은 종교적 가르침이나 문화에서 훌륭한 사람으로 승격되어 있으니까요. 그러니 그 분노를 지니고 있기가 여간 어려운 일이 아니랍니다.

유대 남성들 중에는 알콜 중독자도 없고 구타하는 사람도 없다는 통념이 있어요. 우리 가족의 경우 이와 다르다 하더라도 받아들여지지 않죠.

그 다음은 이런 거예요. "이웃이 뭐라고 말하겠니? 우리는 유대인이야." 우리 종교가 비난받지 못하도록 막아야 하기 때문에 우리 가족 안에서 일어나는 것은 무엇이든 못 본 척 하고 지나갑니다. 문제가 생기면 주목받는 것은 종교지 우리 가족이 아닙니다. 그걸 우리는 알아요. 이건 통념이 아닙니다.

그러다보니 정말 우리를 궁지로 몰아넣는 것은 마지막에 있어요. 우리와 그들을 편가르는 이분법입니다. 우리에게 일어난 일에 대해 말한다면 그건 유대인이 아닌 누군가, 가족이 아닌 누군가, 우리 가족을 존중하지 않는 '그들'에게 유리하게 되고 우리는 '우리'라는 안전망을 잃게 됩니다. '그들'쪽으로 가는 건 어려워요. 어쩌면 젖먹던 힘을 다해 용기를 내서 그렇게 할 수는 있겠지만 '우리' 속에 속해있음으로서 얻게 되는 모든 혜택은 잃게 됩니다.

말하기의 단계

말하기에는 여러 단계가 있다. 이 주제를 감히 끄집어내기가 가슴 떨리던 단계에서부터 여러 번 각기 다른 방식으로 이야기함으로써 삶의 여타 부분을 이야기할 때와 다름없이 자연스러워지는 단계까지 다양하다. 당신이 말할 때마다 그것은 다른 경험이 된다. 치료사나 지지 집단과 이야기하는 것, 동료나 새 연인과 이야기하는 것, 친구에게 이야기하는 것, 공개적으로 이야기하는 것, 글을 통해 이야기하는 것, 이 모든 것이 다른 느낌으로 다가올 것이다.

《아무에게도 이야기하지 않았다》의 공동 편집자인 주드 브리스터는 그녀가 자신의 피해를 이야기할 때마다 자신과 고통 사이가 조금씩 벌어졌다고 했다. 더 많이 말할수록 자신을 피해자로 인식하지 않을 수 있게 되었으며 나아가 자신을 강하고 능력 있는 어른으로 보게 된 것이다.

여러 번 자신의 경험을 말한 적이 있는 생존자인 엘라는 그 과정을 자세하게 설명했다.

말하기에는 세 단계가 있다고 봅니다. 첫 단계는 이야기는 하지만 아무 것도 느끼지 않는 단계지요. 제 삼자의 이야기처럼 말해요. '나'를 말하지만 사실은 내게 일어났다는 의미도 아니고 그 일이 일어났다는 것을 진심으로 믿지도 않아요. 그렇지만 그렇게 말하는 것은 내가 정말 화가 났다는 것을 부분적으로 의미하기도 하죠. 다시 그 경험들에 빠져드는 길이기도 하구요. "네가 한 것에 대해서 이야기하겠어"라고 말하는 것 같아요. 마치 "그 당시에는 사람들로 하여금 네가 한 짓에 분노하도록 내가 설명해 낼 재간이 없었지만 이제는 잘 지켜보라구!"라고 말하는 것과 같아요.

그러고 나면 두 번째 단계에 접어드는데 정말 고통스럽고 두렵습니다. 목소리 톤이 변하고 일곱 살이 된 듯이 보여요. 언어는 더욱 단순해집니다. 마음을 아프게 하지요. 내 감정을 발견하는 지점입니다. 대개 사람들은 그런 식의 말을 들을 때 슬퍼집니다. 나를 불쌍하게 생각하지요. 치료사, 절친한 친구, 보수를 받든 받지 않든 나를 돌보는 입장에 있는 사람들에게 이야기합니다. 지지집단에 속한 사람들도 포함됩니다. 나는 피해자처럼 이야기하는 게 아니라 상처 입은 어린 아이처럼 말해요.

마지막 단계는 뒷걸음질 쳐서 더 큰 그림을 보는 것입니다. 가족의 움직임을 보고 이야기의 나머지 부분을 알게 되지요. 무슨 일이 일어났는지, 왜 일어났는지를 알게 됩니다. 내가 상처받기만 했거나 화가 나기만 했을 때는 결코 볼 수 없는 부분들을 볼 수 있게 되는 것이지요. 피해 상황을 여과해서 보는 겁니다.

그렇게 해서 나는 분노에서 고통으로, 고통에서 치유로 나아갔던 것이죠. 히브리어에 티쿤tikun이라는 말이 있는데 치유, 치료의 뜻입니다. 말하는 마지막 방식이 티쿤이었습니다.

누구에게 말할까

안전하다고 생각되는 지지 집단이나 상담 과정에 있다면 그곳은 성폭력 피해를 이야기하기에 탁월한 곳이다. 처음으로 이야기하는 것은 두려울 수 있다. 그렇다 하더라도 누군가가 온몸으로 당신의 이야기를 경청할 것이 분명하다면 도움이 된다.●

동료, 연인, 절친한 친구에게 이야기하는 것 또한 중요하다. 주변 사람들에게 왜 당신이 때로 슬프고 화나고 미칠 것 같고 바쁜지, 또 왜 혼자 있고 싶어 하는지를 알려야 한다. 당신의 친구는 당신이 왜 아직 그들을 신뢰하지 못하는지 이해해야 한다. 연인은 왜 당신이 성행위를 꺼리는지, 왜 당신이 때로 움츠러들거나 매달리는지 알아야

●이런 주제를 이야기하기에 상담원이나 지지집단이 안전하다는 느낌이 충분히 들지 않는다면 126쪽의 '상담원과 작업해나가기'를 읽어라. 그리하여 당신의 상담원이 안전한 사람인지 혹은 신뢰하기 어려우니 다른 상담원을 찾는 게 더 나은 일인지 판단하라.

한다. 건강한 관계를 만들기 위해서는 많은 작업이 필요하다. 또한 당신은 당신 삶에 들어온 사람들을 동료로 만들 필요가 있다. 모든 사람들에게 일일이 다 이야기하는건 적절하지 않을 뿐만 아니라 그럴 필요도 없다. 하지만 친밀해지고 싶은 사람들과 이야기를 나누는 것은 반드시 필요하다.

> 만나는 모든 사람에게 내가 친족성폭력의 피해자라는 것을 이야기하려고 하지는 않아요. 왜냐하면 그것이 나의 정체감으로 되는 게 싫거든요. 하지만 그래야 할 것 같은 시기가 있었습니다. 그때 아무에게나 이야기했던 첫 마디가 "내가 친족성폭력 피해자라는 것을 알았나요?" "정말 그 이야기를 들어 줘서 고마워요"였습니다. 흑인운동이든 동성애자 인권을 위한 운동이든, 그것은 당신이 그 정체감을 주장하려는 운동 같아요. 나도 그렇게 해야 한다고 생각했지요. 하지만 그 욕구는 시간이 지나면서 희석되더군요. 지금은 내가 하고 싶을 때만 그렇게 합니다. 누군가에게 말하고 싶으면 말하지요. 말하고 싶지 않으면 하지 않습니다.

어떤 여성들은 말하는 것의 단위가 더 커져서 그것을 일종의 정치적인 선택 혹은 일종의 필연성으로 본다. 10대의 성폭력 피해에 대한 워크숍을 주도하면서 친족성폭력을 화두로 삼아 폭넓은 공부를 해 온 도리안 루스는 이런 설명을 한다.

> 그래서 많은 여성들이 여전히 자신의 성폭력 피해를 숨기는 것 같더군요. 누군가가 그 사실을 알아차리지나 않을까 무척 두려워한다는 것을, 그것도 온몸으로 두려워한다는 걸 읽어 낼 수 있습니다. 글쎄요. 난 그게 마음에 걸리네요. 누군가가 알아차릴 수도 있다는 것 때문에 움츠러들 필요는

없지요.

친족성폭력을 이야기할 때 나는 항상 내 이름을 다 말합니다. 정치적인 선언이지요. 부끄러워해야 할건 아무 것도 없습니다. 익명으로 있어야 할 이유가 없다는 것이지요. 내 삶에 어떤 식으로든 영향을 미칠 수도 있지만 그렇게 되어서는 안 되잖아요. 그의 삶에 영향을 미쳐야 하는 것이니까요. 내 이름을 밝히면 비밀에 싸였던 모든 것들이 해소됩니다. 근친 강간은 숨겨서는 안 됩니다. 차라리 정반대의 처방이 필요하죠. 사람들이 나서서 이렇게 선언해야 합니다. "내 이름은 아무개이며 나도 그 성폭력 피해를 당했다. 나는 그 사실에 몹시 분노하고 있다"고 말입니다.

또한 나는 꽤 균형 잡힌 사람이므로 내가 상담하는 젊은 사람들에게 좋은 역할 모델이 될 수 있습니다. 내가 누구인지를 크게 선언하는 것은 나에게 정말 중요한 일입니다.

어떻게 말할까

숙달된 상담원이나 생존자들로 구성된 지지 집단에서 당신의 성폭력 피해를 말하는 경우라면 계획을 따로 세울 필요는 없다. 단, 그들은 당신이 말로 표현하지 않는 부분도 알아들을 수 있어야 한다. 그러나 친구나 가족에게 처음으로 말한다면 가능한 한 우호적인 분위기를 만드는 것이 좋다. 여기에서 가족이라 함은 당신을 지원할 것이라고 믿을 수 있는 사람일 경우에만 해당된다. 전혀 공감하지 않거나 어떤 반응을 보일지 예측할 수 없는 가족에게 이야기하려 한다면 294쪽의 '드러내기와 진실말하기' 부분을 참조하라. 이는 말하기의 전혀 다른 차원에 속하는 것이다.

현명하게 선택한다면 당신은 지지 세력을 최대한 넓힐 수 있다. 누군가에게 이야기하겠다고 생각한다면 다음 질문을 스스로에게 던져 보라.

- 이 사람은 나를 좋아하고 존중하는가?
- 이 사람은 나의 안위를 진심으로 염려하는가?
- 내가 전에도 이 사람과 감정에 대해 이야기 나눠 본 적이 있는가?
- 나는 이 사람을 신뢰하는가?
- 나는 이 사람과 함께 있을 때 안심이 되는가?

이런 질문에 긍정적으로 대답할 수 있다면 당신은 올바르게 선택한 것이다. 함께 나누고 싶은 이야기가 있는데 개별적이고 상처받기 쉬운 이야기여서 지금 이야기하는 게 괜찮은지 친구나, 연인, 동료에게 물어 보라. 그렇지 않다고 답하면 다음 기회로 미루라. 그렇게 물어 봄으로써 당신은 친구가 5분 후에 출근할 필요가 없다는 것을 확인할 수 있다. 또한 그 사람과 이야기 나누는 것을 미루거나 아니면 잘 들을 준비를 할 수 있도록 기회를 주는 것이다.

상대방에게서 듣고 싶거나 듣고 싶지 않은 대답이 있다면 그렇다고 말하라. 당신은 친구가 단지 들어만 주되 많은 조언을 하지는 말았으면 하고 바랄 수 있다. 또는 질문을 받고 싶어할 수도 있고 조용히 들어 주기만을 바랄 수도 있다. 상대가 손을 잡아 주었으면 하고 바라거나 전혀 손대지 않기를 바랄 수 있다. 때로 사람들은 당신을 지지하고 싶지만 어떻게 해야 할지 혹은 어떻게 질문해야 할지 모른다. 좋은 친구라면 당신의 제안을 존중할 것이다.

당신의 이야기가 비밀로 지켜지기를 원한다면 그렇다고 말하라. 침묵을 깨는 것이 중요하기는 하지만 당신이 선택한 사람과 함께 당신의 속도에 맞추도록 하라.

> ### 어린이가 추행할 때
>
> 때로 성폭력 피해를 입은 어린이가 다른 어린이를 추행한다. 자신에게 일어난 일을 흉내내고 반복할 때 이것을 성폭력 반응 행동*이라 한다. 때로 이 희생자들은 너무 어려서 그들이 하는 행동이 왜 나쁜지, 왜 다른 어린이에게 해를 미칠 수 있는지 이해하지 못하기도 하다.
>
> 다른 어린이와 성적 행위를 하는 대부분의 어린이는 죄의식과 수치심을 많이 느낀다. 그들은 성장과 더불어 자신이 다른 어린이에게 피해를 주었다는 사실을 이해하게 되면서 양심의 가책에 시달리게 된다. 그들은 자신이 성폭력범이 되었다고 걱정한다.** 어른으로서 그들은 자신의 가해를 드러내고 그걸 치유하려고 노력하면서도 수치스럽고 무거운 그들의 비밀을 한참동안 힘들게 안고 다닐 것이다.
>
> 당신이 다른 어린이와 성적 행위를 했다는 것을 인정하는 것은 어렵고 힘들 것이다. 하지만 치유를 위해서는 꼭 필요하다. 다른 어린이를 가해한 것이 심각하고 유해한 행위이기는 하지만 당신 역시 피해를 당했거나 성적으로 과도한 자극을 받은 결과를 직접 몸으로 행한 어린이였던 것이다.

* 성폭력 반응 행동을 보이는 어린이 가운데 일부는 성폭력 피해를 받지 않았지만 포르노에 노출되었거나 영화나 TV에서 성적인 화면을 보았거나 성행위를 하는 어른을 우연히 보게 된 경우도 있다.
** 성폭력 반응 행동을 보이는 대부분의 어린이가 성폭력 가해자로 되지는 않지만 전문적인 개입이 없다면 그렇게 될 가능성도 있다. 과거 성적인 가해를 했거나 현재도 가해를 하지만 멈추고 싶은 청소년과 어른을 위한 효과적이고 온정적인 자료가 많이 있다.
어린이와 성적인 행위를 하거나 그러고 싶은 마음이 든다면 지금 당장 도움을 받아서 이런 충동을 다스리고 어린이를 해치는 행위를 그만두어야 한다. 당신을 재단하거나 수치스럽게 하지 않는 지원을 받을 수 있다. 가해자를 대상으로 치료한 경험이 있으며 온정적인 방식의 상담을 하는 치료사를 찾아보라. 당신의 치유와 회복을 위한 기회가 있으니 지금 이 기회를 놓치지 말라.

> 어린이가 그들의 행동의 결과를 이해하리라고 기대하는 것은 어불성설이다. 지금 당신이 설명할 방법이 있다면 그렇게 하는 것이 중요하다. 무엇보다 당신이 할 일은 당신의 행위가 당신이 겪은 피해의 결과였음을 이해하고 어릴 때의 당신에게 연민을 가지고 그런 자신을 용서하려고 애쓰는 것이다.

협력자를 찾아서

누군가의 진실된 삶을 듣는 것은 일종의 특혜이자 영광이다. 당신이 누군가에게 당신의 지난 역사를 말하면 그들은 그것을 특혜요 영광으로 생각하면서 그 말을 들어야 한다. 그러나 항상 그런 것은 아니기 때문에 부정적인 반응이 올 수도 있다는 마음의 준비가 되어 있어야 한다.

어떤 사람들은 위협을 받는다고 생각할 수 있다. 또 어떤 이들은 앞이 깜깜해지거나 충격을 받을 수 있다. 이 경우는 자신의 성폭력 피해를 떠올리기 때문이기도 하다. 자신의 기억을 아직 떠올리지 않은 경우라면 이들이 방어적 태도를 취할 때는 느닷없이 울리는 경고음에 놀라 자신의 기억 창고를 지키려고 몸부림치는 것으로 보아도 좋다. 어떤 사람들은 공포에 질릴 것이다. 어떤 이들은 처음부터 당신의 말을 믿지 못할 수도 있다. 또 어떤 이들은 믿을 수 없을 만큼 무례하게 변할지도 모른다. 한 여성은 세 명의 자녀를 낳을 때까지 기다렸다가 마침내 남편에게 자신의 성폭력 피해를 이야기했는데 그 남편의 반응은 이러했다. "내가 처음이 아니었다는 얘기로군?"

한 생존자는 이야기하기를 꺼려했다. "사람들의 반응이 두려웠어요. 사람들은 피해자를 좋아해요. 사람들 안에는 동물의 본성이 있기 때문에 어떤 자극을 받아 흥분할 경우 당신을 깔아뭉개려고만 할 걸요." 또 어떤 사람들은 생존자들의 이야기에 흥이 나서 '상세한 부분'까지 요구하기도 한다. 어린이 성폭력이 선정적으로 그려지는 사회에서 이러한 반응이 나오는 것도 놀랄 일은 아니다.

당신이 이런 잔인하고 냉소적이거나 모욕적인 반응을 받을지라도 여전히 말한다는 것은 중요하다. 당신이 누구이고 진심으로 어떻게 느끼고 있는지를 나누기 시작하면 관계 속에서 만들어지는 쓸데없는 부분도 제거해야 한다. 어떤 관계는 이 도전을 견딜 만한 내공이 쌓이지 않았음을 알게 되어 무척 슬퍼질 것이며 또 다른 상실도 뒤따를 것이다. 혹은 훨씬 피상적으로 관계를 유지하려고 할 것이다.

때로 썩 만족스럽지 않은 반응에 부딪히기도 하지만 당신은 당신을 지지하고 연민하는 누군가를 얻을 수도 있다. 로라가 이렇게 말했다.

> 처음으로 성폭력 피해를 기억해 냈을 때 나는 그 사실에 제압당했습니다. 친구를 만나는 것도 그만두었고 그들이 찾아와도 나는 딴 곳에 정신이 나가 있었지요. 가장 절친한 친구인 카렌이 그런 내 태도에 상처를 입고 화가 났어요. 그녀는 나에게 막 절교 편지를 쓸 참이었어요. 결국 나는 그녀에게 성폭력 피해 사실을 이야기했죠. 무슨 일이 일어났는지를 알자 그녀는 근사한 지원자가 되었습니다. 가장 헌신적인 지원자가 되었다 이겁니다.

당신의 과거와 고통과 분노가 포함된 온전한 자아로 설 수 있는 관계를 맺는 것은 중요하다. 그러므로 그러한 관계를 만드는 유일한 방법은 당신 자신에 대해 정직하게 나누는 길뿐이다. 당신이 그러한 정직함으로 사람들을 만나게 되면 진정한 친밀감이 어떤 것인지 피부로 느낄 수 있다.

기억하라. 성폭력 피해를 처음으로 누군가에게 털어놓을 때 긍정적인 반응을 받지 못한다 하더라도 시간이 지나면 당신 편이 되는 사람들도 아주 많다는 것을. 누군가의 첫 반응이 영원히 변함없을 것이라는 생각은 하지 말라. 그 사람들도 힘겨운 정보를 받아들이려면 시간이 필요하다. 그래서 당신은 더 깊은 대화를 위하여 문을 활짝 열어두고 싶을 것이다.

괜히 말했다는 느낌이 들 때

때로 누군가에게 당신의 성폭력 피해를 말했는데, 그 사람의 반응을 보고는 이야기를 꺼내지 말았어야 했다는 자괴감이 들 수 있다. 그 만남으로 인하여 당신은 혼란스러워지고 실망하고 충격 받고 막막해지고 버려진 느낌이 들 수도 있다. 수치심과 좌절, 분노, 혹은 뒤엉킨 감정들이 한꺼번에 밀려오는 상태에 빠질 수도 있다. 마음 속으로 그 장면을 반복하여 떠올리면서 당신이 어떤 대목에서 다르게 말했을 수도 있었는지, 어떤 행동을 그렇게 하지 않았을 수도 있었는지 궁리할 수도 있다.

이와 같이 어렵고 실망스러운 경험을 하고 난 후라면, 미래를 위하여 당신이 무엇을 교훈으로 삼을 수 있을지 자료를 모으고 살펴보는 것이 좋겠다. 스스로를 비난하기 보다는 좀 더 많은 것을 알게 된 계기가 되기 때문이다. 스스로 질문하라.

- 나는 무엇 때문에 이 사람에게 이야기를 했을까?
- 미리 최선을 다하여 관계를 평가했는가?
- 그 관계에서 좀 더 빨리 이야기했더라면 혹은 그 사람을 먼저 좀

더 알고 난 후 이야기했더라면 나은 반응이 나왔을까?
- 깊은 대화를 할 만한 시간을 골랐는가?
- 내가 보지 못하고 지나친 빨간 경고등이 있었는가?
- 멈추어야만 했지만 잘 될 것이라고 생각하고 계속 말을 이어갔던 순간이 있었는가?
- 이 경험에서 내가 무엇을 배울 수 있는가?

지혜는 경험에서 나오고 경험은 실수에서 나온다는 옛 말이 있다. 그러니 스스로에게 관대해져라. 이렇게 우리는 배워나간다.

그러나 당신이 지식과 본능에 기반하여 모든 것을 신중하게 선택하고 최선을 다했다 하더라도 상대의 반응은 완전히 오리무중이다. 미리 예측할 수 없다. 다르게 했을 수도 있는 행동 양식에 대한 자료를 찾다보면 귀중한 교훈을 얻게 될 수 있다. 하지만 누군가의 반응에 책임을 지려고 하지 않는 것 또한 중요하다. 당신이 신뢰한 그 사람이 잘 듣지 않거나 신중하게 반응하지 않았다면 그것은 그 사람의 잘못이지 당신의 잘못이 아니기 때문이다.

쓰기 훈련: 당신이 침묵을 깨야 할 첫 번째 상대는 바로 당신 자신이다

많은 여성들이 사람들에게 자신의 피해 사실을 이야기하는 것이 어렵다고 생각한다. 처음 말을 꺼낼 때는 일반적인 용어로 말한다. "오빠에게 추행을 당했어요", "10살 때 강간을 당했다"라고 한다. 거의 그들은 상세한 부분을 말하지 않는데 그것은 일반적인 사실을 말하는 것조차 어렵기 때문이기도 하고 또 한편으로 듣는 사람을 배려하고 싶기도 하기 때문이다. 그들은 부담을 주고 싶지 않은 것이다.

하지만 건조하게 "내 의붓아버지가 나를 추행했다"고 말하는 것은 당신의 기억을 건드릴 때 드는 오싹한 감정을 제대로 전달하지 못한다. 당신이 기억하는 것은 상세한 부분들이다. 불빛이 복도에 비치는 방식, 입고 있던 파자마, 그가 숨쉬면서 같이 내뱉어지는 술 냄새, 당신이 밀쳐질 때 어깨 죽지 사이에 느껴지는 자갈, 소름끼치는 낄낄거리며 웃는 소리, 아래층 TV 소리…

어릴 때 당신이 피해를 당하던 바로 그 경험에 대하여 써라. 글을 쓰면서 보고, 듣고, 냄새 맡고, 맛보고, 닿았던 구체적인 느낌을 적어라.

30분 안에 쓰기에는 너무 많은 가해자가 있거나 할 말이 많을 경우 쓸 수 있는 것만 써라. 어느 경험부터 써야할 지 고민하지 말라. 가장 접근하기 용이한 것이나 가장 절실하게 다루어야겠다 싶은 것부터 시작하라. 이것은 당신이 두고두고 해야 할 훈련이다.

당신에게 일어난 일들의 상세부분이 그다지 기억나지 않는다면 당신이 기억하는 것에 대해서 적어라. 가해가 일어난 전후맥락을 다시 만들어보라. 가해를 둘러싼 구체적인 것들은 몰라도 된다. 당신이 아이일 때 살던 곳을 묘사하라. 당신 가족, 이웃, 당신 삶에서 어떤 일이 일어나고 있었는가? 사실 많은 것을 기억하고 있을 때에도 기억이 나지 않는다고 생각하는 여성들이 꽤 있다. 그들은 그림이 연속되지 않고 완전히 채워지지 않기 때문에 그들이 알고 있는 것을 "기억한다"고 말하기가 주저된다고 한다. 당신이 기억하는 것으로 시작하라. 이것을 충분히 활용한다면 더 많은 것을 얻게 될 것이다.

전혀 쓸 수가 없다고 생각되는 뭔가가 있다면 그렇게 시작하라. 쓸 수 없는, 혹은 앞으로도 쓸 수 없을 것 같은 뭔가가 있다고. 그런 식으로 표시를 남긴다. 어려운 지점이 있다는 것을 인정하는 것이다.

설령 엉뚱한 방향으로 빠진다 하더라도 급하게 서둘러 제자리로 오겠다고 생각하지 말라. 때로 서로 무관해 보이는 것들이 더 중요한 뭔가로 우리를 데려다주기도 한다. 주제에만 머물고 싶겠지만 약간 고삐를 느슨하게 해도 된다.

이 훈련을 하는데 단 한 가지 올바른 방법이 있다는 건 말이 안 된다. 당신의 글이 연대기별로 진행될 수도 있을 것이다. 감정과 감각이 깔끔하게 씻겨나간 상태일 수도 있다. 혹은 흐트러진 조각들을 얼기설기 모아 붙인 누더기 같을 수도 있겠다. 글쓰기 훈련을 하면서 판단하거나 검열하려고 하지 말라. 어떤 기준에 맞추고자 하지도 말고 다른 사람의 글과 비교하지도 말라. 이것은 드러내고 치유할 기회인 것이지 누군가의 기대에 부응하려는 것이 아니다. 그것이 설령 당신의 기대라 하더라도.

의례화 된 폭력에 직면하기

의례화 된 폭력이라 함은, 구조화된 방식을 사용하여 집단에 속한 여러 명이 행하는 심각한 신체적, 성적, 심리적인 학대이다. 폭력은 미리 예정되었으며 성폭력 뿐 아니라 가학적인 고문, 환각, 마인드컨트롤, 약물사용이 포함되어 있다. 의례적 요소가 아주 극단적이기 때문에 의례가 된 폭력은 피해자조차도 그런 일이 있었다는 것을 선뜻 믿을 수 없을 정도다.

사회로서 혹은 개인으로서 우리가 그러한 잔혹한 현실에 눈감고 싶어하는 것까지는 이해가 된다. 그러나 그런 사실 자체를 믿을 수 없게 되면 희생자는 취약한 상태로, 생존자들은 동정이나 인정도 못 받는 지경에 이르게 된다.

유명한 저자이자 홀로코스트에서 살아남은 생존자인 엘리 위젤은 오프라 윈프리와 인터뷰하면서 그가 한 경험이 "정말 믿을 수 없다"고 말하는 오프라의 놀라움에 이렇게 대답했다. "적들은 세상이 믿지 않을 것이라는 데 착안한거죠."

의례화된 폭력의 잔혹성이 도를 넘는다 하더라도 우리가 매일 듣고 있는 범죄를 고려해본다면 아주 있을 수 없는 일도 아니다. 신문에서 우리는 아기가 너무나 혹독하게 폭력을 당하여 죽었고, 자녀가 부모에게 살해되고, 어린이가 포르노 촬영에 동원되거나 매춘 혹은 성 노예를 강요받는다는 기사를 보고 있다. 그런 일이 아니었더라면 평범하기 이를 데 없을 사람들이 고문과 살해를 저지르고 있는 혐오범죄에 대한 기사도 읽는다. 인간이 무슨 짓까지 하고 있는지 알게 되면서 충격에 휩싸이기도 하지만, 의례화된 폭력에서 살아남은 자들에게 등을 돌려서는 안 된다는 것이 중요하다.

의례화된 방식으로 행해지는 폭력에 대하여 생존자가 설명하는 것 하나하나가 모두 정확하다는 말은 아니다. 예를 들어 한 생존자는 그녀가 폭력을 당하는 동안 한 여성이 죽임을 당하더라고 치료사에게 말했다. 치료사는 그런 일이 실제로 일어났는지 확인할 방법이 없었지만 이 생존자가 최선을 다하여 자신의 이야기를 털어놓고 있다는 점만은 확실하게 알았다. 이 생존자는 자신의 경험을 좀 더 직면하게 되면서 폭력을 당하는 동안 가해자가 여성이 살해당하는 스너프 영화(실제 가학加虐이나 살인을 촬영한 엽기적 포르노 영화—옮긴이)를 보여준 사실을 기억해냈다. 어린 나이에 극단적인 고통과 공포를 겪으면서 스크린에 비친 이미지가 방에서 일어나고 있는 것처럼 보였던 것이다.

이와 같은 기억의 변질은, 특히 극단적인 테러의 상황에서 작동하는 기억의 본질에 일부 기인한다. 그러나 가해자 역시 교묘하게 그러한 왜곡을 조작한다. 의례화된 폭력을 행하는 과정에서 피해자를 통제하고 겁박하고 침묵시키려고 환각이 사용되기도 한다. 따라서 설령 그녀가 도움을 청한다 하더라도 그녀의 증언의 신뢰성이 실추될 수 있다. 실제로 한 생존자는 폭탄을 위장에 넣는 수술을 당할 것이라는 말을 들었다. 만약 자신에게 일어난 일을 누군가에게 발설한다면 그 폭탄이 터지게 된다는 협박을 받았다. 그들은 발설할 생각만 하더라도 배가 아프고 메스꺼워진다는 말도 했다. 그런 다음 그들은 그녀를 마취해서 가벼운 상처를 남긴다. 정신이 들어보면 피가 보이고 그들 말대로 자기 위장에 폭탄을 넣는 수술이 진행되었다고 믿게 된 것이다.

가해자가 쓰는 그러한 술수로 인하여 어느 정도의 왜곡이 불가피하게 생긴다. 그러나 이것이 생존자가 겪은 시련과 그녀가 폭로한 진실의 본질, 혹은 폭력의 잔인성을 솜털만큼도 가볍게 만들 수는 없다.

어느 누구도 그러한 충격적인 이야기를 믿고 싶어 하지 않겠지만 지지가 필요할 때 지지할 수 있기 위해서는 이러한 불신과 맞서 싸워야 한다. 의례화된 폭력에서 살아남은 어떤 생존자들은 몸에 생긴 장기적인 손상을 오래도록 참는 바람에 급기야 그들을 치료하는 의사가 처음에는 좌절하고 그 다음에는 남아있는 손상에 또다시 경악할 정도가 되기도 한다. 물론 정서적, 정신적, 영성적인 피해는 이보다 더 깊다.

이러한 현실에 직면하는 것은 힘들고 참담하다. 그러나 직면하지 않는다면 이것이 지속되도록 허용하는 것이나 다름없다. 탈무드에 이런 말이 나온다. "악을 보고도 외면하기. 이것은 선한 인간들도 모두 저지르는 죄가 아닌가?"

당신 탓이 아니었음을 이해하기

> 난 다섯 살밖에 되지 않았지만 정말 똑똑한 아이였거든요.
> 그러면 도망갈 방법을 강구할 줄도 알았어야죠.

성폭력 피해자들은 종종 그들이 성적으로 학대받은 것에 대해 책임이 있다고 확신하는데 성인이 되어서까지도 이러한 확신은 지속된다. 엄청난 수의 어린이와 청소년들이 성폭력을 당하고 있지만 이건 결코 그들의 탓이 아니다. 그럼에도 불구하고 생존자가 자기 탓이라고 자책하는 이유가 몇 가지 있다.

어떤 생존자들은 그들의 탓이라는 이야기를 노골적으로 들었다. 가해자는 "넌 정말 나쁘고 비열하고 더러운 계집애야. 그래서 내가 이렇게 하는 거야" "넌 정말 이런 걸 원하지. 네가 그렇다는 걸 알아" "넌 정말 섹시한 계집애다. 나도 어떻게 통제할 수가 없구나" 따위로 말한다.

또는 누군가가 성폭력 사실을 발견했더라도 당신이 처벌을 받았을 것이다. 어떤 말로 설명하든 당신은 지독한 거짓말쟁이라는 꾸중만 듣게 된다. 아니면 사람들이 그 상황에 대해 결코 이야기하지 않는 걸 보면서 당신은 그것이 너무나 끔찍하여 차마 입에 담을 수 없다는 암시를 받는다.

당신이 신봉하는 종교는 당신이 지옥에나 떨어질 만큼 크나큰 죄인이며 불결하다는 교리를 선포한다. 당신은 하느님까지도 등을 돌릴 만한 존재로 낙인찍힌 것이다. 한 여성이 말했다. "나의 내부에 있는 강간당한 어린 소녀는 자신에게 일어났던 일을 사람들에게 발설했기 때문에 아직도 벼락 세례를 받을 것이라는 생각에 사로잡혀 있답니다. '아빠였어'라고 말한다면 지옥 유황 불구덩이에 떨어질 거라고 생각하는 거죠."

한 어린 아이는 심지어 가해자로부터 자기를 좀 말려 달라는 애원까지 들어야 했다. 그는 너무나도 사악한 그 짓을 다시는 저지르지 않도록 자기를 막아 달라는 이야기를 그녀에게 계속 해댄다. 그리고는 강제로 또 한 번 그녀를 강간한다.

난 정말 내가 너무나 사악한 줄 알았어요. 악마가 어린이의 탈을 쓰고 나오는 데미안 같은 영화가 실감났습니다. 천진한 어린 아이 내부에 악마의 씨앗이 있는 거지요. 내가 존재한다는 것 자체만으로도 사람들은 불편해하고 나쁜 일들이 생겨난다고 생각했습니다. 내가 어떤 조건을 충족시킨다면 상황이 달라질 거라고 생각했지요. 이를테면 전 과목에서 A를 받아 온다면 아빠가 나를 더 이상 만지지 않을 거라고 생각했던 거죠. 나의 행동으로 상황들을 조절할 수 있을 거라는 느낌을 받은 거죠. 내 주변에 있는 어느 누구도 그 상황을 바꾸려는 것 같지 않았거든요. 난 아직도 내가 있음으로써 혹은 나의 어떤 행동으로 말미암아 무엇인가를 할 수 있을 것이라는 왜곡된 생각을 갖고 있답니다.

생존자들이 스스로에게 탓을 돌리는 이유 가운데는 불분명한 것도 있다. 자신이 먼지만큼이나 취약하며 무력하기 짝이 없는 존재임을 깨닫는 것 자체는 얼마나 삭막하면서도 혹독한가. 당신은 나쁜 아이인데 자신이 어떻게 하느냐에 따라 앞으로 받을 대우가 달라질 수 있다고 생각한다면 비록 그 생각이 망상이라 하더라도 자신에게 통제 능력이 있는 것처럼 생각된다. 자신이 지금은 나쁜 아이지만 언젠가는 착하게 될 수 있고 그렇게 되면 상황이 호전될 것이므로 미래의 가능성이 열린다는 식이다.

사실 당신은 성폭력을 야기할 만한 어떤 짓도 하지 않았다. 당신의 어떤 힘도 결코 그것을 막을 수 없었다. 당신이 살았던 세상은, 믿을 수 없고 통제가 되지 않는 성인들만 있을 뿐 아니라 당신의 안녕이나 때로 생명까지도 위험에 처해지는 불안전한 곳이었다. 이런 관점이 현실에 더 가깝다. 그러나 이것은 아이들에게 자신이 나쁜 아이여서 다소 성폭력에 책임이 있다고 생각하는 것보다 훨씬 더 처절하게 다가온다. 당신을 사랑하고 보호해야 할 사람이 그런 짓을 했다는 절망밖에 돌아올 것이 없다면 당신은 어디로 갈 수 있겠는가?

당신의 탓이 아니었다는 것을 깨닫는 것은 곧 당신은 그들을 사랑했으나 그들은 당신을 진심으로 위한 것이 아니었음을 받아들인다는 뜻이다. 한 워크숍에서 어느 여성은, 열두 살 때 그녀가 싫다고 말하자 아버지가 성폭력을 그만두었으며 바로 그 사실 때문에 자신을 비난해 왔다고 말했다. "그가 나를 가해하기 시작한 네 살 때 왜 그렇게 하지 못했을까요?" 그녀는 자신을 응징했다. "사실 내게는 그를 말릴 힘이 있었는데 말입니다."

그러나 다른 여성이 그녀의 말에 대응했다. "난 싫다고 했지만 아버지는 멈춘 적이 없었어요. 난 싫다고 싸우고 차고 비명을 질렀는데 그랬기 때문에 아버지가 가해를 멈춘 것은 아니었어요. 가해자들은 자신들이 멈출 준비가 되어야 멈춥니다. 당신이 열두 살이 되자 당신의 아버지는 그만두어야겠다는 마음의 준비가 되었던 거지요. 아마 그는 어린 아이들만 좋아했나 보죠. 당신은 생각보다 통제 능력을 가지고 있었던 게 아니었다는 말입니다."

여성들은 그들이 돈이나 선물, 아니면 특별한 혜택을 받았다는 이유로 자신을 탓한다. 그러나 당신이 작은 물건이나마 돌려받을 수 있다면 그것으로도 자신을 믿을 수 있는 근거로 삼아야 했다. 어느 워크숍에서 한 여성은 가해자로부터 자전거를 받았다고 말했다. 그걸 타고 집에서 빠져 나와 나무들의 보호를 받으며 숲에서 위안을 얻었다. 그녀는 자전거를 받았다는 것 때문에 자신을 탓했다. 그러나 그녀는 그 황무지에서 벗어날 수 있는 도구를 얻었다고 스스로를 칭찬했어야 했다.

그러나 난 가까워지고 싶었어요

성폭력의 강도가 점점 심해져도 관심과 애정을 원하는 바로 그 욕구 때문에 이를 막아 내지 못했을 때, 혹은 그것을 애정이라고 생각했을 때 특히 많은 생존자들이 수치심에 시달리게 된다. 친밀감은 당신에게 좋은 느낌을 주었을 수 있다. 가해자로부터 칭찬을 받았을 수도 있다. 할아버지의 특별한 손녀로서 사랑받고 있다는 느낌을 가졌을 수 있다. 여성들은 말한다. "나는 등을 밀어 달라고 가해자를 찾았던 사람입니다" "난 계속 되돌아갔어요" "그와 함께 침대로 기어 올라갔어요"라고 말한다.

그러나 당신의 잘못이 아니었다. 모든 어린이들이 관심을 받고 싶어 한다. 모든 어린이들이 애정을 원한다. 관심과 애정이 설령 건강하지 않을 뿐더러 성적性的이기까지 한 방식으로 제공된다 하더라도 어린이는 온갖 수단을 다 동원하여 그것을 취하려고 한다. 왜냐하면 관심과 애정에 대한 욕구는 필연적이기 때문이다.

그러나 기분이 좋았던 걸요

성폭력 피해를 당할 때 어떤 여성들은 고통스럽고 무감각해지는 반면 어떤 여성들은 성적으로 쾌감이나 흥분, 오르가슴을 경험한다. 성폭력 피해를 당한 그 경험이 혼란스럽고 놀랍거나 혹은 당신을 황폐하게 하는 것이라 할지라도 종종 어떤 쾌감을 느꼈을 수 있다. 성폭력 피해의 이런 측면이 다루기 가장 힘든 부분이다.

어떨 땐 기분이 좋았어요. 맙소사! 그 부분을 이야기하기가 아직도 힘듭니다. 내가 어머니와 성적으로 가까워지던 때를 생각하면, 또 내가 성적으로 흥분되던 그 시점을 생각하면 아직도 수치스럽습니다. 정말 불결해요. 정말 당황스럽답니다.

어떤 여성이 10대일 때 윤간을 당했는데 그때 오르가슴을 느꼈다. "신이 내 몸을 그렇게 만들었다니, 잔인한 장난이지 뭡니까. 그것을 즐겼다는 것이 수치스러워서 무슨 일이 일어났는지를 잊을 정도였다니까요." 처음 강간을 기억해 냈을 때 《한밤의 목소리》(성폭력을 주제로 한 책—옮긴이)를 처음부터 끝까지 공포스럽게 읽으며 강간을 당하면서 오르가슴을 느낀 사람이 있는지 찾느라 밤을 꼬박 지샜다. 그녀는 자기 말고도 여러 사람이 자기와 같은 경험을 한다는 사실을 강박적으로 알고자 했다.

성적으로 감응하는 것이 자연스럽다는 것을 아는 것은 중요하다. 당신이 성폭력을 당하면서 성적으로 반응했고 그 반응이 기분 좋은 것이었다 하더라도 그것 때문에 당신이 어느 정도 그 성폭력 피해의 책임을 져야 한다는 뜻은 아님을 아는 것 또한 중요하다.

우리의 몸은 자극에 반응하도록 만들어졌다. 성적으로 자극을 받게 되면 모든 신체가 우리에게 쾌감을 주도록 움직인다. 이것은 몸의 자연스런 반응이어서 우리가 항상 조절할 수 있는 게 아니다. 샌드위치를 먹으면 위장은 그 샌드위치를 소화시킨다. 위장을 멈추게 해서 샌드위치를 소화시키지 못하도록 할 수는 없다. 이처럼 우리가 성적으로 자극을 받으면 우리의 몸이 반응하지 못하도록 멈추게 할 수는 없다.

소녀든 성인 여성이든 성폭력을 당하면서 오르가슴을 경험했다고 해서 자신이 성폭력을 당하고 싶어한 것은 아니다. 성적으로 반응한다고 해서 성적인 쾌감은 나쁜 것이라는 의미도 아니다. 또한 아주 중요한 것은 이것이 몸의 배반도 아니라는 점이다. 몸은 몸에게 주어진 역할을 할 따름이다. 당신은 몸으로부터 배반당한 것이 아니라 당신의 가해자로부터 배반당했다. 사파이어는 그 수치심을 극복하는 데 엄청난 자기애가 필요했다고 말한다.

> 내가 좋아해서가 아니라 열정을 경험하도록 만들어진 몸을 타고났기 때문이라는 사실을 깨달아야 했습니다. 내 몸은 접촉에 반응했던 것이지요. 그게 다였어요. 몸은 반응을 거부할 권리가 없는 거죠. 이렇게 생각이 미치자 분노가 일어났고 그 분노가 수치심을 이겨 내는 데 도움이 되었습니다.

그러나 난 나이도 꽤 들었는데

당신이 어린 아이였건 10대였건 그 당시 당신은 부모나 다른 어른들의 보호를 받으면서 존중받을 자격이 있었다. 피해가 일어났을 때 당신이 몇 살이건 피해는 피해이다. 그러나 좀 나이가 들어서 피해를 입은 많은 생존자들은 자신의 잘못이 아니라는 것을 인정하기 어려워했다. 한 여성의 설명이다.

> 15살이었고 이미 남자친구와 성행위를 한 적도 있었습니다. 어린 아이는 아니었다는 거죠. 삼촌이 내게 하는 짓을 정확히 알고 있었어요. 처음 그는 나에게 아직 처녀일 때는 나를 건드리고 싶지 않다고 말하더군요. 내가 성행위를 했다는 걸 알자 그는 "약간의 재미를 보는 것도 나쁘지 않겠다"고 말했어요. 혐오스러웠어요. 난 좀 더 똑똑하게 굴었어야 했는데 왜 그런 일이 일어나게 했을까요?

10대나 막 성인이 된 젊은이가 성폭력을 막지 못하는 이유는 많다. 가해자가 지속적으로 위협과 구타, 폭력적인 분노 등을 행사하여 당신을 떨게 했을 수 있다. 그 결과 당신은 너무나 겁이 나서 저항할 엄두를 내지 못했다. 가해자가 물리력을 사용했을 수도 있다. 혹은 말로 능수능란하게 당신을 조종하거나 속였을 수 있다. 아니면 나이든 사람을 존경하고 존중해야 하며 결코 이런 일로 의심해서는 안 되는 문화에서 자랐을 수 있다. 싫다고 말하는 것만으로 당신이 빠져나올 수 있는 구조가 아닐 수 있다.

가령 당신을 돌보려고 열심히 일하고 당신에게 야구공 던지는 법을 가르쳐주고 침대 곁에서 이야기를 들려주던 아버지처럼 당신이 무척 사랑하는 사람이 가해자라면, 당신은 그가 당신 침대로 왔을 때 너무나 충격을 받고 혼란스럽고 좌절하여 꼼짝도 못하거나 아무 말도 못했을 수 있다. 가해자가 울면서 자신의 고민을 털어놓았다면 당신은 또한 그의 마음을 다치게 할까봐 걱정이 되고 그를 돌보는 것이 당신의 의무라고 생각했을 수 있다.

십대와 젊은이들은 나이든 사람들만큼의 힘과 관점을 갖추고 있지 못하다. 혹은 그러한 참담한 상황에 맞서도록 자신을 단련시킬 세상의 풍파도 그리 많이 겪지 않았다. 설령 당신이 나서서 맞짱 뜬다고 했더라도 당신의 저항이 상황을 바꾸어놓았을 것이라는 보장도 없다.

어떤 일이 일어났건 책임은 어른에게 있다

아이에게 스스로를 방어할 수 있기를 기대하는 것 자체가 부당한 일이다. 어린이는 수많은 탐색을 한다. 한계가 어디인지를 탐색하고 어느 정도 허용되는지를 탐색한다. 이것이 그들의 일이다. 그들은 이러한 탐색을 통하여 세상을 배우게 된다. 그러므로 어린이를 존중하면서 행동해야 하는 것은 항상 성인의 책임이다.

만약 열여섯 살 된 소녀가 나체로 거실을 걸어 나와서 아버지에게 몸을 던진다 하더라도 그 아버지에게는 그녀를 성적으로 만질 수 있는 정당한 이유가 없다. 책임감 있는 아버지라면 "문제가 있는 것 같구나"라고 말할 것이다. 딸에게 옷을 입게 하고 이 문제에 대해 함께 이야기 나누고 필요하다면 전문가의 도움을 받을 것이다. 가해자가 몇 살이건, 어떤 상황에 놓여 있건 성폭력에는 어떠한 변명도 있을 수 없다. 어린이와 성적인 관계를 갖지 말아야 하는 것은 오로지 성인의 책임이다.

어른이 되어서도 피해가 지속된다면

어떤 경우 피해는 당신이 어릴 때 시작되어 어른이 되어서도 계속된다. 그렇다 하더라도 이건 당신의 책임이 아니다. 어린이가 성폭력 피해를 당하면 싫다고 말하거나 한계를 분명히 긋는 능력이 훼손된다. 그래서 성인이 될 때까지 성폭력 피해가 계속된다 하더라도 자신의 잘못이라고 탓할 수 없다. 어떤 마법의 나이가 있어서 하루아침에 성폭력에 책임감 있게 대항하는 사람으로 둔갑하는 일은 일어나지 않는다. 당신의 아버지가 서른이 된 당신과 아직도 성행위를 하고 있다고 하더라도 그것은 당신의 잘못이 아니다. 당신은 나이가 성인일지라도 아직도 어린 아이의 작고 무력한 관점에서 대응하고 있는 것이다.

메리는 의붓아버지와 오빠들로부터 정기적으로 성폭력 피해를 당하면서 어린 시절을 보냈다. 스물한 살 때 그녀는 한 살 위의 오빠와 그의 몇몇 친구들과 같이 주말여행을 갔다. 두 사람에게 한 방을 쓰면 어떠냐는 제안이 들어왔다. "난 욕실 바닥에서 잤어요. 오빠가 나를 그냥 두지 않을 테니까요. 그는 나와 사랑을 나누자고 애걸했어요. 나를 계속 움켜쥐고 놓아 주지 않는 거예요. 결국 욕실 문을 잠그고 거기서 밤을 지냈습니다."

오래도록 메리는 자신에게 일어났던 일에 죄의식을 느꼈다. 그는 그녀의 오빠였고 한 살 연상일 뿐이었다. 그녀는 성인이므로 더 많은 것을 잘 알았어야만 했다. 애초부터 여행 계획에 동의하지 말았어야 했다. 모든 것을 자신의 탓으로 돌렸다.

메리는 치료를 받으러 가서야 처음으로 그 사건의 진실된 면을 수용하게 되었다. "스물한 살 때 일어났던 일은 여덟 살 때 아버지와 목욕을 해야만 했던 그 상황과 너무나 같았습니다. 싫다고 말하는 훈련이 전혀 없었던 것이지요."

당신이 설정해 놓은 경계가 항상 침해받아 왔다면 하루아침에 그 경계들을 굳건하게 세우기를 기대하는 것은 부당하다. 단지 성장해서 집을 떠나 왔다는 이유만으로 자기주장을 잘하게 되거나 힘을 갖게 되지는 않는다. 당신이 몇 살이건, 가해자와 어떤 관계를 맺건, 더 많은 힘을 가진 누군가가 당신에게 성관계를 요구하면 당신은 또다시 피해를 당하게 된다.

아직도 피해 상황에 놓여있을 경우, 당신을 보호하고 한계를 긋고 더 큰 피해에 맞서 안 된다고 말하기 위해서는 우선 주변의 지지를 얻는 것이 중요하다. 당신 역시 인간으로 존중받는 관계를 가질 권리가 있다. 그 관계에서라면 사려 깊은 배려와 존중과 인정을 받는다고 느낄 것이다. 어떤 식으로든 당신에게 피해를 주는 관계를 끝내는 것은 치유 과정에서 중요한 일부이다.

수치심 극복하기

당신의 수치심이 조금씩 감소한다는 것은 당신이 치유되고 있다는 중요한 징표다. 자신에게 일어났던 일을 이야기하면서 상대방의 눈치를 살피는 대신 그들의 얼굴을 바라볼 수 있는 거다. 그러다가 점차 그들의 눈을 보면서 이야기할 수 있다. 그들이 당신의 결점을 볼 수도 있다는 생각을 하지 않고서 말이다. 당신은 누군가를 쳐다보면서 말할 수 있다. "맞아? 나 괜찮은 거지?"라고 묻는 게 아니라 "난 괜찮아"라고 말할 수 있게 된다.

수치심을 극복하는 방법은 여러 가지이다. 그 가운데 가장 힘 있는 방법은 당신의 성폭력 피해에 대해 이야기하는 것이다. 수치심은 비밀스러운 베일에 싸여 있을 때 존재한다. 당신이 감추어져 있던 삶의 진실을 자유롭게 이야기하게 되면 당신의 수치심은 소멸될 것이다.

"진리를 말하라. 그러면 진리가 너희를 자유롭게 하리라"라는 말을 알지요. 사실입니다. 난 더 이상 새장에 갇혀 있지 않아요. 철창이 없습니다. 나를 죽음으로 몰아가는 비밀이 더 이상 없다는 게 얼마나 좋은지 몰라요. 당신은 독이나 증오에 의해서가 아니라 비밀을 지키려고 안간힘을 다하다가 죽음에 이르는 것입니다. 누군가가 알아챌까 봐 두려워하면서 살아왔기 때문이죠. 비밀은 사람을 허망하게 파멸시키죠. 당신이 비밀의 껍질을 깨는 것은 새로 태어나는 것과 같아요. 더 이상 두려움을 갖지 않기 때문입니다.

지지집단에 합류하기

생존자들로 구성된 집단에 속하는 것은 수치심을 극복하는 데 유용한 방법이 될 수 있다. 다른 여성들이 당신의 성폭력 피해 사실을 듣고도 혐오감을 느끼지 않는 것을 귀로 확인한다면, 그 여성들이 당신의 이야기를 존중하는 자세로 듣고 있다는 것을 눈으로 확인한다면, 당신은 자신을 범죄의 공범자이거나 성폭력 피해자가 아니라 자부심을 가져도 좋은 생존자로서 바라보게 된다. "상담원 한 사람이 '당신의 잘못이 아니었어요.'라고 말할 때보다는 여덟 명이 당신에게 그 이야기를 할 때 훨씬 더 힘이 실리지요"라고 한 생존자가 말했다.

공개적으로 이야기하기

다른 생존자와의 만남을 주선하거나 어린이 성폭력 및 강간 예방 프로그램에서 일하는 등 공개적으로 이야기하는 것은 수치심을 변화시키는 좋은 방법이다. 20대일 때 매춘부로 일하면서 도둑질까지 일삼았던 제니로즈는, 공개적으로 이야기하는 것이 수치심을 단번에 그리고 영원히 해결하는 방법이라고 한다.

한동안 근친 강간에 대한 상담과 치유 과정을 거친 후 다른 사람을 돕고 싶다는 생각이 들었습니다. 학교 아동들에게 이야기하고, 전문가 훈련 집단에서 이야기하는 것으로 시작했지요. 경찰관들을 위한 프로그램이 있있는데 거기서 사람들이 여전히 나를 매춘부로 생각한다는 확신이 들더라구요. 20년 전의 일인데 말입니다! 난 경찰들 앞에 서서 말했지요. "난 도둑이 아닙니다. 난 매춘부가 아니라구요." 내 생애 가장 보람된 순간이었습니다. 난 적과 대면했던 거죠.

어린이를 관찰하기

어린이와 함께 지내다 보면 성폭력 피해가 당신의 탓이 아니었다는 명확한 증거를 확보할 수 있다. 어린이는 피해 당시에 당신이 얼마나 작고 미약했던가를 기억할 수 있도록 도와준다. 한 어머니가 이렇게 말했다.

> 딸이 커 가는 것을 지켜보면서 "어떻게 저만한 아이에게 그런 짓을 할 수가 있었을까?"라는 생각을 하게 되었죠. 난 그걸 한 번도 나 자신과 연결시키지 못했거든요. 난 오랫동안 아이를 잘 돌보지 않으면서도 그럴듯하게 합리화를 해왔어요. 그러나 내 아이가 얼마나 연약한지, 침대에 누일 때 얼마나 작은지를 알게 되자 그 당시 내가 얼마나 작고 약했었는지를 명확하게 알게 되었던 거죠. 그 순간 성폭력은 정말 가당찮다는 생각이 가슴에 와 닿았던 겁니다. 또한 나에게 일어났던 일에 나는 전혀 책임이 없었다는 것도요. 그때부터 나를 용서하기 시작했습니다.

10대를 대상으로 어린이 성폭력에 대한 워크숍을 주재하는 이 여성은 세 살 때 찍은 자신의 사진을 사람들에게 보여준다. "난 그들에게 말하죠, '이 사진 속 아이는 내 아버지가 성행위를 한 어린이입니다. 기저귀 팬티를 입고 작은 레이스가 달린 신발을 신은 그 어린이랍니다.' 항상 그 사진을 보여 주면서 아이들에게 그게 내 잘못이 아니었다는 것을 알려 줍니다."

　자녀를 두지 않았다 하더라도 어린이를 관찰할 기회는 있다. 학교 근처나 아이들이 뛰어노는 놀이터에 갈 기회가 있다면 당신이 성폭력 피해를 입기 시작했던 그 나이 또래의 아이들을 살펴보라. 그들이 반응하는 방식을 보라. 그들 목소리의 톤을 들어 보라. 그들의 실제 몸집을 보라. 당신은 이들 중 누가 성폭력 피해를 당해도 된다고 생각하는가?

　그럼에도 불구하고 여전히 성폭력 피해의 책임이 자신에게 있다고 믿는다면, 당신은 사랑받고자 갈망하는 어린 아이의 순진성에 다가가는 길을 상실한 것이다. 한 여성이 이런 이야기를 했다.

> 여섯 살 된 딸을 데리고 친구를 방문하기 위해 차를 타고 가는 중이었습니다. 딸이 내 연인이 되고 싶다고 하더군요. 딸이 이해하는 연인의 뜻이 다소 모호하다는 것은 알았지만 딸애가 사랑을 주고받는 관계를 원할 만큼의 충분한 사고 능력은 있거든요. 난 그건 불가능하다고 부드럽게 대답했습니다. 그러니까 재빨리 말하더군요. "내가 너무 어린 건 알아요. 하지만 이담에 크면 그때 연인이 될게요."
>
> "안 된단다. 네가 다 커도 난 여전히 너의 엄마이고 넌 내 딸인걸. 우리는 결코 변하지 않는 특별한 관계인 거야. 우리는 연인이 될 수 없어. 하지만 항상 특별한 방식으로 서로 사랑할 거야."
>
> "그래요. 변치 않을 사랑을." 아이가 동의했습니다. 차에서 내릴 때가 되자 딸애가 내게 돌아서서 말했습니다. "엄마, 우리가 이야기한 것을 아무에게도 말하지 마세요, 알았죠?"
>
> 친구 집으로 걸어가면서 난 딸애의 손을 잡았죠. "그럼, 그러자꾸나."
> 이것이 가해자들에게 이용당하는 순진무구한 사랑입니다..

내면의 아이와 만나기

"자기 내면의 아이를 용서한다는 말을 처음 들었을 때 난 왼쪽 눈썹을 치켜세우면서 생각했어요. '무슨 소리람!' 내 내부에는 아무도 없었거든요. 누군가 있다면 너무 약하고 무력하여 아는 척하고 싶지 않은 그런 존재겠지요. 그 여자애는 나를 이곳까지 오게 한 장본인이구요. 그 애는 말썽꾸러기여서 어떤 것도 같이 하고 싶지 않았어요."

비록 많은 생존자들이, 치유하려면 내면의 아이를 만날 필요가 있다는 것은 인정한다 하더라도 그러한 개념을 받아들이기는 힘겨워한다. 여성들은 너무나 흔히 자신을 탓하고 자신을 증오하거나 아니면 완벽하게 자신을 무시한다. 생존자들은 자신이 너무 작았기 때문에, 애정을 요구했기 때문에, '성폭력 피해를 당하도록 허용'했기 때문에 자신을 미워한다.

당신은 함정에 빠져서 분열될 수 있다. 한쪽에는 현실 세계에서 추방당한 당신이 있고 다른 한편에는 여전히 공포에 질린 피해자로서 내면의 아이가 존재한다. "내가 어떤 성공을 거두더라도 그건 다 하나의 사기극 같았습니다. 왜냐하면 난 그 성폭력 피해를 극복하지 못한 채 모멸감과 고통 속에서 살아가는 내 내면의 어린 소녀를 끝내 무시했기 때문이지요." 이 생존자는 자신을 서류 가방을 들고 문을 나서서 직장으로 걸어가는 성공한 커리어우먼으로 그렸다. 그녀 옆에는 "넌 직장에 갈 수 없어! 집에서 나를 돌보아야만 해"라고 칭얼거리는 한 어린 소녀가 붙어 있다는 상상을 했다.

서류 가방을 든 채 한참을 서 있던 이 여성은 단지 한 가지 방식으로밖에 대응할 수 없었다. "네 곁에 있을 수가 없어. 너의 그 불평불만이 지긋지긋해. 하루 종일 너의 그 슬프고 작은 얼굴을 보면서 앉아 있고 싶지는 않다구!"

그 어린 아이의 굳어 버린 고통을 무시하는 한, 당신은 총체적인 치유에 도달할 수 없다.

어린 소녀와 화해하는 것은 정말 어려웠죠. 내가 적을 엉뚱하게 설정해 왔다는 것을 깨달아야만 했거든요. 그 소녀가 무엇을 해야 했으며, 얼마나 잘 견뎌 왔는지를 보게 되자 그 아이가 너무나 잘 살아 남았다는 사실에 놀랄 따름이었습니다. 그 아이를 받아들이고 사랑하기까지 시간이 오래 걸렸습니다. 마침내 난 그 아이가 숨을 돌릴 수 있도록 만들어 주기 시작했던 거죠.

난 그저 어린 아이였다

내면의 어린 소녀에게 마음을 열기가 왜 그리 힘들었는지를 알게 되면 도움이 된다. 무엇보다 당신의 생존은 내면의 아이의 취약함을 얼마나 잘 위장하는가에 달려 있었다. 당신이 한때 어린이였다는 사실을 인식하는 것조차 너무나 위협적일 수 있다. 그것은 스스로를 방어할 힘이 없던 시절을 기억해 낸다는 말이다. 또한 당신의 수치심, 당신의 연약성, 당신의 고통을 기억해 낸다는 말이다. 그것은 성폭력 피해가 정말로 당신에게 일어났다는 것을 깨닫는다는 말이다.

한 여성은 근친 성폭력을 당했던 때가 성인이 된 이후는 아니라는 사실을 받아들이느라 고통스러운 시절을 보냈다. 몇 년 동안 치료를 받았음에도 불구하고 이 여성은 다른 생존자들과 마찬가지로 피해 당시 자신이 어린이였다는 것을 기억해 내지 못했다. 치료사가 그녀에게 여러 나이를 거쳐 온 자신의 모습을 그려 보라고 요청했을 때 비로소 그녀는 성폭력 피해를 당했던 그 소녀가 바로 자기라는 것을 인식하기 시작했다. 사진을 가리키며 "이것이 당신입니다. 보세요. 바로 당신이 거쳐 온 한 시절의 모습이라구요. 이 아이의 키가 이 정도밖에 되지 않았다는 게 보이나요? 이 아이가 당신이라는 것이 보입니까?"

어머니가 된 생존자들은 자녀의 연약함을 보면서 자기 내면의 아이와 만날 수 있게 되었다고 말한다. 로라 역시 이와 비슷한 방식으로 내면의 아이와 다시 연결되었다.

> 난 항상 어린 아이들을 사랑해 왔습니다. 내가 근친 강간을 처음 기억한 이후 몇 개월 동안은 너무나 고통스러워서 그 아이들 주변에 있을 수가 없었습니다. 그들이 길에서 뛰어노는 것을 보거나, 어린 소녀들이 흰 면 팬티가 보이도록 치마를 팔랑거릴 때 나는 위축됩니다. "애들은 너무 연약해서 공격당하기가 쉽다구, 애들은 너무 어려"라고 생각하곤 했습니다.
> 친구 집에서 할로윈을 보내게 되었는데 이때는 내가 처음으로 기억을 떠올린 지 몇 달 되지 않아서였습니다. 아이들이 과자와 사탕을 얻으려고 몰려드는 것을 피해 이웃집에 가 있었지요. 아직 그들의 순수한 작은 얼굴을 보기가 너무 힘들었거든요. "과자 안 주면 골탕 먹일 거야"라고 말하는 아이들을 보면 "누가 너희를 해치려고 하지는 않을까?"라는 생각밖에 할 수가 없었습니다. 가해자의 눈에 모든 아이들이 다 제물처럼 비춰질 것 같았습니다.
> 초인종이 울렸지요. 친구가 나더러 나가 보라고 했습니다. 문을 열었더니 어머니와 한 어린 소녀가 있었습니다. 소녀는 금테를 두르고 날아갈 듯한 하얀 천사옷을 입고 있었습니다. 그 어린 아이는 금발을 안쪽으로 말아서

짧게 잘랐더군요. 알루미늄 호일로 후광을 만들고 철사 옷걸이를 구부려 머리에 달았구요. 몇 살이냐고 물었지요. "다섯 살하고도 반이요!" 자랑스럽게 대답하더군요.

눈을 뗄 수가 없었습니다. 그 나이였을 때의 내 모습과 너무 닮았더군요. 마치 25년 전의 거울을 보는 것 같았습니다. 나는 아이의 어머니가 어린 아이의 어깨를 팔로 감싸 안을 때까지 아이를 응시하고 있었지요. 난 어린 아이에게 스니커즈 초콜릿을 주고 돌아섰습니다. 천천히 문을 닫고 거실로 돌아와 멍해져서 앉았지요.

"내가 딱 저만큼 작았을 거야! 그가 강제로 나를 강간했을 때 난 저렇게 어렸지 않냐 말이야. 그는 어떻게 그럴 수가 있었을까?" 분노와 슬픔으로 눈물이 쏟아지더군요. 난 정말 순진무구했었지요! 나를 방어하기 위해 할 수 있는 것은 아무 것도 없었습니다. 그건 내 잘못이 아니었지요. "난 단지 어린 아이였을 뿐이야." 텅 빈 거실에서 나는 울음을 터뜨렸습니다. 다섯 살배기 내면의 아이가 나를 통해 울음보를 터뜨리면서 갑작스럽게 현실과 조우하는 순간이었지요.

친해지기

당신의 삶 안에 그런 어린 소녀가 없다는 것은 당신이 무엇인가를 상실했다는 뜻이다. 당신은 그녀의 부드러움, 그녀의 신뢰와 호기심에 다가가지 못했다. 당신이 내면의 어린 아이를 싫어한다는 것은 당신의 일부를 싫어한다는 말이다. 실로 자신을 잘 배려하고자 한다면 그 어린 소녀를 배려하는 것부터 배워야 한다. 처음에는 불신과 모호한 감정이 들지라도 그 어린 아이를 당신의 일부로 받아들이게 되면 치유의 한 과정을 밟았다고 할 수 있다.

난 내 안에 있는 어린 아이에게 성심 성의껏 대해 주어야 하지요. "오늘은 뭐가 필요하니? 너를 안심시키려면 내가 무엇을 할 수 있을까? 아니야, 너더러 가 버리라고 말하려던 게 아니라구." 이렇게 말해야 하죠. 정말 그렇게 하려고 애써야 합니다. "좋아, 요즘 일어나는 일에 대해 그렇게 여러 사람들에게 이야기하지는 말았으면 하는구나." 혹은 "좋아, 오늘 넌 점심 먹고 나서 5분 정도 같이 이야기하기를 바라는구나."라고 말합니다.

정말 근사했습니다. 갑자기 이 아이에게서 고결한 진지함이 전해졌거든요. 난 그 아이가 나의 일부가 되었으면 하고 바라기 시작한 거죠. 그 아이가 제대로 느낄 수 있도록 도와주고 싶었습니다. 전에는 결코 경험하지 못한 느낌이었지요. 내가 예전에 가졌던 생각은 "이런 개망나니 같은 존재를 제발 내 앞에서 거둬 가라. 그래야 삶의 궤도에 좀 제대로 올라서잖아!" 이런 식이었는데 말입니다.

내면의 아이와 친밀한 관계에 들어간다는 것은 그 아이가 겪는 깊은 고통에 귀 기울이고, 그 아이가 부딪히는 공포스러움에 직면하고, 밤에 편안한 잠을 잘 수 있도록 다독거려 준다는 말이다. 이것은 쉽지 않을 것이다. 그러나 내면의 아이를 껴안는 것이 늘 고통스러운 것은 아니다.

어느 여성은 남편에게 매일 밤 잠들기 전에 동화책을 읽어 달라고 했다. 또 어떤 여성은 잠들기 전에 앉아 내면의 아이에게 편지를 썼다. "이런 모든 근사한 일들을 이야기하곤 했지요. 그리고 아침에 일어나 그것을 읽어 봅니다."

당신이 해야 할 일은 그 아이에게 기쁨을 선사하고 그 아이의 이야기를 들어 주는 것이다. 지젤은 이렇게 설명했다.

내 아이는 40년간 침묵당해 왔습니다. 그녀가 내 안에서 우는 게 들리기 시작했어요. 그녀는 자신의 말을 들어줄 누군가가 필요했답니다. "누가 내 말 좀 들어줘요. 아무도 내 말을 들어주지 않았어요." 이게 그 아이의 첫 번째 소원이었던 거죠. 치유가 되려면 꼭 필요한 것은 자기 말을 누군가가 들어주는 것이었어요.

그 아이의 말에 귀 기울이고 그 아이를 존중하며 그 아이를 위해 멋있는 일을 하기 시작했습니다. 그 아이의 어머니가 되어야 했죠. 그렇게 하니 내 안에 있는 치유 에너지가 깨어나더군요. 그 아이에게 반응하기 시작했습니다. 그 아이가 부드러운 옷을 입고 싶어하건, 아이스크림콘을 먹고 싶어하건, '내 사랑 루시'(텔레비전 프로그램—옮긴이)를 보려고하건, 꽃밭에 앉고 싶어하건 다 들어 주었습니다. 그 아이는 치유에 필요한 것이 무엇인지를 알고 있었습니다.

이렇게 나는 점점 더 많은 것을 알아 가지요. 그 아이가 나를 인도할 것입니다. 아이는 상처받았던 그 아이입니다. 그 아이는 안기고 싶은지 어떤지를 알아요. 머리를 빗어야 할 때도 있답니다. 그 아이는 알고 있고 나는 할 수 있는 한껏 합니다. 나를 안고 나를 다독거려주고 나를 진정시켜줍니다. 나는 상처받은 그 아이를 따뜻하게 위로합니다.

아이를 점점 알아 가게 되면서

_ 엘레이노

남성들로부터 나를 안전하게 지키는 길은 내가 얼마나 비만한가에 달려 있다는 말을 하자, 내 치료사는 나에게 그렇게 하면 내 안에 있는 어린 소녀가 안심하는지를 상상해 보게 했다. 눈을 감자 어린 소녀인 내가 손에는 기관총,

어깨에는 실탄 자루, 가슴팍에는 두 개의 수류탄을 달고 카우걸 신발에 칼을 꽂고서 길을 따라 걷고 있는 것이 보였다. 치료사는, 내가 그 아이를 위험에서 보호할 수 있는 어른 역할을 해야 하지만 이미 이 아이는 내가 그 역할을 제대로 하지 못한다고 판단하여 스스로 자신을 돌보아야 한다고 믿고 있다고 지적했다. 과도한 몸무게나 다른 방어책으로는 자신을 보호하지 못한다는 것이다.

나중에 나는 상상 속에서 그 아이에게 다가가서 내가 안전하게 지켜 주겠다고 말했다. 그 아이는 모래통 안에서 장병 인형과 탱크를 가지고 놀고 있었다. 카키색 셔츠와 티셔츠, 군인용 헬멧을 쓰고 있었다. 그 아이는 나를 쳐다보지도 않았다. 빈정대는 투로 "그래요"라고 말했다. 하지만 나는 그 아이가 나를 믿는다고 생각했다. 이런 내 생각을 그 아이가 눈치채자, "그렇다고 해서 내가 정장을 차려 입거나 예의바르게 당신을 따라 나서겠다는 뜻은 아니에요"라고 말했다. 나는 그 아이에게 걱정하지 말라고 하면서 내 보호를 받기 위해 억지로 노력할 필요는 없다고 말했다.

같은 날 시간이 좀 더 흐르자 그 아이는 나를 슬쩍 보았는데 때로는 거친, 때로는 연약하고 여성스럽고 예쁜, 또는 두렵다는 듯한 표정이 되었다. 또다시 그 아이 가까이 갔을 때는 진과 티셔츠를 입고 위장용 군인 모자를 쓰고 있었다. 아름다운 머리카락이 모자에서 빠져 나와 등과 어깨까지 길고 부드럽게 늘어뜨려져 있었다. 내가 도울 게 있는지 물어 보았다.

말이 떨어지기가 무섭게 그 아이는 "나에게 음식을 쑤셔 넣는 것을 멈출 수 있죠!"라고 말했다.

"무슨 말이니?" 내가 놀라서 물었다. "그 많은 음식을 요구하는 게 바로 너잖아."

아이는 크게 혀를 차면서 말했다. "누군가는 어른이 되어야 하지요, 알잖아요. 단지 내가 당신에게 그렇게 요구한다고 해서 당신이 그 요구를 그대로 맞추려고 할 필요는 없지요. 당신은 당신의 아들이 마구 먹어댄다면 그렇게 하도록 내버려 두지는 않잖아요. 당신은 아들을 사랑하는 만큼 나를 사랑하지

> 는 않는 건가요? 도대체 어떻게 된 거죠?"
> 난 그 아이와 함께 있어서 무척 기쁘다. 하지만 그 아이는 여전히 위축되어 있다. 그 아이가 하는 말을 잘 생각해 보겠지만 신통한 해결책이 있는 것은 아니기 때문에 내가 잘 돌볼 수 있는 법을 배울 동안은 좀 참아야 될 것이라고 말했다. 그 아이는 그 말에 만족하는 것 같다. 어른을 신뢰하지는 않지만 대부분의 어른보다 내가 훨씬 낫다고 생각하는 것이다. 그 아이는 나를 좋아한다. 완벽하게 좋아하는 것은 아니지만 어쨌든 나를 좋아한다. 그 아이는 내가 아들을 어떻게 양육하는지 보고 있으며 내가 통합적인 인간으로 나아가리라고 믿는다. 그 아이는 내가 교육을 받을 만하다고 판단 내린 것이다.
> 그 아이는 그렇게 산뜻하고 생명에 넘치며 씩씩한 어린 소녀이다. 내가 할 수 있다고 그 아이가 생각한다면, 나는 할 수 있다. 그 아이는 대단한 판단력을 가졌다. 나는 희망적이다. 나는 새로운 기회를 맞는다. 다시 시작하는 것이다.

쓰기 훈련: 내면의 아이

지금이 내면의 아이에게 말을 걸 수 있는 기회이다. 내면의 아이를 사랑하고 위로해 줄 수 있다면, 성인으로서의 자아를 통해 그 아이에게 연민을 느낀다고 표현할 수 있다면, 지금 글로 써서 그 아이로 하여금 그것을 알게 하라. 직접 편지를 쓸 수도 있다. 아니면 그 아이와 글로 대화를 할 수도 있다. 처음에는 성인이 되어 쓰고 다음에는 아이가 되어 대답하는 식으로 말이다.

만약 당신이 아직은 그 아이와 어떤 동맹도, 친절함이나 교류도 원하지 않는다면 당신이 정직하게 느끼고 있는 바가 무엇인지를 점검하는 것으로 시작해 보라. "난 너를 사랑해, 너를 보살피겠어"라는 말이 거짓이라면 결코 그렇게 쓸 수는 없다. 이렇게 시작하라. "난 사실 니가 존재하는지 어떤지 확신이 서지는 않지만 기꺼이 너에게 편지를 쓰겠어"라거나 "아직 너에게 연민이 생기지 않아" 혹은 "난 니가 미워. 넌 나를 이 지경까지 몰아 왔던 거잖아"라고 쓸 수도 있다. 어떤 지점이라도 좋다. 만나기 시작하라. 만나지 않고서는 결코 사랑하는 관계를 만들어 갈 수 없다. 첫발을 내디뎌라.

내면의 아이와 만나는 또 다른 방법은 당신이 주로 사용하는 쪽의 손 (오른손잡이면 오른손, 왼손잡이면 왼손)을 사용하여 대화하는 것이다. 그 손을 어른이 된 자아로, 다른 손을 내면의 아이 몫으로 한다. 잘 쓰지 않는 쪽의 손으로 글을 쓰면 느리고 서툴기 때문에 내면의 아이의 감정과 목소리를 깨우는데 도움이 된다.

주로 쓰는 쪽의 손과 어른의 목소리로 아이에게 질문을 하라. "지금 필요한 게 뭐니?", "내가 너를 어떻게 돌봐주면 되겠어?", "너에 대하여 이야기 좀 해줄래?" 그리고 나서 다른 손으로 펜(크레용이나 마커)을 쥐고 어린이의 목소리로 답장하라. 아이가 말하고 나면 어른이 말하고 어른이 말하면 아이가 대답하는 방식으로 여러 번 손을 바꾸어가며 쓰기훈련을 해보라. 당신이 다 되었다고 느낄 때까지 하면 된다. 이것은 내면의 아이와 대화의 물꼬를 틀 때 효과적인 방법이 될 수 있다.

내면의 아이와 완전히 멀어져 있다고 느껴지면 성폭력 피해를 당해 온 세월 가운데 또 다른 나이에 해당하는 아이가 있다고 상상해 보라. 대신 그 아이에게 편지를 써 보라.

이 방법은 특히 당신이 동정심에서 시작하지 않았다면 더욱 해볼 만한 좋은 훈련이다. 결국 당신은 성폭력 피해의 책임이 없는 아이에게 말을 걸 수 있게 될 것이다. 그 아이는 그렇게 순수하므로. 또한 당신이 그 아이를 보호해야 하므로.

슬퍼하기

> "슬퍼서 죽을 것 같다는 생각이 들 때가 있습니다.
> 두 시간 정도 운다고 죽는 사람은 없겠지만 그런 느낌이 정말 들어요."

어린이 성폭력 피해에서 치유되기 위해서는 당신의 감정을 표현하고 나누어야 한다. 어릴 때는 그렇지 못했다. 당신 편이 되어주는 사람 하나 없이 고뇌와 공포, 분노를 혼자서 감당해야 하는 상황이었다면 아마 참아내야 할 부분도 엄청 났을 것이다. 당신은 이런 감정을 억눌러왔다. 제거한 것이 아니다.

이런 감정을 풀어내고 앞으로 나아가려면 역설적이게도 어릴 때 느꼈던 경험으로 되돌아가는 것, 이번에는 어른이 된 당신의 자아와 당신을 돌보아주는 사람의 지지를 받으면서 슬퍼하는 것이 필요하다.

치유에 필요한 것은 환상이나 비전秘典이 아니다. 그것은, 많은 생존자들이 어려워하기는 하지만 사실 엄청나게 간단한 것이다. 당신의 고통이 시작된 곳으로 돌아가서 당신이 억압하고 부정해야만 했던 감정을 느끼고, 당신의 말에 누군가가 귀 기울여 듣고, 그리하여 당신은 위로를 받고, 스스로를 위로하는 방법을 배울 수 있는 그런 안전함과 지지가 필요한 것이다.

이런 가운데 변화가 일어난다. 일단 당신이 어떤 감정을 느끼고 그 감정을 알게 되고 그것으로 살고 그것을 나누고 그것대로 행동하고 그것을 충분히 표현한다면 그 감정은 변모하기 시작한다. 슬픔과 고통을 훌쩍 넘어 가려면 그것을 충분히 경험하고 존중하고 누군가에게 표현해야 한다. 그렇게 될 때 어린 당신에게 일어난 일은 어른이 된 당신의 삶에 녹아들 것이다.

슬퍼할 것이 많다

어린이 성폭력 피해의 생존자인 당신에게는 슬퍼할 것이 너무나 많다. 당신은 많은 감정들을 상실했으므로 슬퍼해야 한다. 과거와 현재, 당신이 지금 치유해야 하는 손상, 들여야 할 시간과 비용, 망가진 관계, 잃어버린 쾌감을 슬퍼해야 한다. 당신이 대응하느라 너무 황망한 나머지 기회를 놓쳐 버린 것에 대해 슬퍼해야 한다.

때로 그 손상은 극도로 개인적인 영역에 속한다.

> 난 내가 처녀라는 생각을 했던 기억이 없습니다. 불공평했지요. 항상 그 생각은 나를 아프게 합니다. 그것이 없어졌기 때문에 아직도 분노가 있습니다. 아무도 묻지 않았어요. 단지 사라진 것이지요. 난 줄 수 있는 것이 없었습니다. 그것은 다만 '아메리칸 드림'과 같다는 것을 알지만 다른 여성들도 다 가지고 있는 바로 그 꿈이었죠. 지금 그것이 중요하든 그렇지 않든 적어도 내게는 중요했거든요.

유년기가 "행복"했다는 환상을 계속 간직하고 있었다면 이제는 버려야 할 그 환상에 대해서 슬퍼해야 한다. 당신을 가해한 자가 당신을 사랑하고 보호해야만 했던 부모라면, 당신은 당신이 감당했던 그 배신의 깊이를 깨달아야만 한다.

잃어버린 순수함을 슬퍼하기

생존자로서 당신은 어린 아이들이 보살핌을 받고 서로를 존중하는 그런 세상의 이미지가 산산조각 났다는 것에 슬퍼해야 한다. 당신의 상실된 순진함, 신뢰해도 된다는 믿음의 상실에 대해 슬퍼해야 한다. 또한 때때로 당신은 미처 형성되지 못한 당신의 일부를 슬퍼할 수 있다.

난 내면에 있는 아이들을 계속 보았습니다. 처음 본 아이는 내 내장 속에서 재갈을 물린 채 앉아 있었어요. 그녀는 손으로 머리를 감싼 채 앉아 있었는데 몹시 슬퍼 보였습니다. 또 그 아이는 펄쩍펄쩍 뛰면서 거의 미친 듯했습니다. 그 다음 아이는 내 심장 속에 있었는데 문 뒤에 앉아 있더군요. 문을 열어 빠끔히 내다보더니 다시 문을 닫았어요. 무척 겁에 질려 있었거든요. 그 다음에는 죽은 아이가 있었습니다. 나는 그 아이가 깨어나기를 기다렸지요. 하루는 침대에 누워 울면서 말했죠. "이제 일어날 시간이야." 하지만 그 아이는 이미 죽어 있었어요. 나는 내 일부가 죽었다는 사실에 울먹이면서 애도했어요. 가족은 좋은 것이며 모든 사람이 선하다고 믿고 싶어 하는 내 일부가 죽은 겁니다.

어떤 생존자들은 그들을 위해 슬퍼할 뿐만 아니라 가해자에게 가해졌던 폭력, 폭력이 세대를 걸쳐 재생산되는 악순환에 대해 슬퍼한다. 어머니로부터 학대를 당한 한 여성이 이런 말을 했다.

내 가정이 내가 생각하는 일반 가정과 다르다는 것을 생각할 때는 슬픔이 복받쳐 눈물이 쏟아졌습니다. 아직도 마음이 아파요. 파도처럼 밀려오죠. 이런 종류의 눈물은 깊게 남아요. 내가 가지지 못한 것에 대한 슬픔이기도 하지만 내 어머니에 대한 슬픔이기도 하죠. 어머니가 그렇게 병들었다는 것이 가슴 아프고, 어머니가 자신의 아름다움을 한 번도 깨닫지 못한 것도 가슴 아프고, 지금도 역시 깨닫지 못하는 것도 그래요. 어머니는 자기 증오가 너무 커서 나를 학대해야만 했지요. 한참 동안 난 그것이 너무 화가 났어요. 하지만 어머니가 아름답고 사랑스럽기 때문에 그녀에 대해 슬퍼하는 단계가 있었습니다. 어머니의 병든 일부가 어머니의 전부를 압도해버렸으니까요.

아버지가 나를 구타할 때

_ 토이 데리코트

엄마가 부엌에서 저녁 준비하는 소리를 듣곤 했습니다. 숟가락이 믹싱볼에 달그락거리고 은식기를 서랍 안으로 넣는 소리도 들립니다. 냄비 뚜껑이 들썩거립니다. 이런 평범한 소리가 무서웠습니다. 마치 그녀가 부끄러움을 모르는 것처럼, 마치 자기가 정당하다고 주장하는 것처럼 보통 때보다 더 크게 들렸습니다. 아마 이 집은 막이 있어서 두 개로 나뉘어져 있을 지도 모르죠. 그녀가 내는 이런 소리들이 내 귀에는 닿는데, 나의 비명소리와 울음소리, 훌쩍거리는 소리, 아버지의 잔소리와 모욕적인 말, 내 몸을 때리는 손바닥 소리는 저쪽으로 옮아가지 못하나 봐요. 난 엄마가 생각하는 것을 생각해보려고 시간과 공간을 늘리는 방법을 배웠습니다. 멀리에서 일어나는 것을 듣고 스스로 확장할 수 있는 생각 속에서 살아가는 방법을 배웠지요. 그건 오늘날도 계속됩니다. 아인슈타인이 옳은 말을 했어요. 어머니로부터 멀어질수록 모든 것은 천천히 간다는.

엄마는 마치 내가 엄마의 자리를 차지하거나 아니면 내가 그럴 만하다고 생각하는 것 같아요. 어쩌면 우주에 폭력이 과부하로 흘러넘치고 있을지 모르죠. 전선의 전기가 엉뚱한 곳으로 새나가서 누선이 되고 있는 것 같고 엄마는 이번에는 자기가 감전되지 않아서 다행이라고 생각하는 것 같답니다.

그녀와 아버지의 손이 희한하게 연결되어 있는지도 모르죠. 엄마가 명령하면 그의 팔이 느슨해져서 공중으로 번쩍 치켜 올려진 다음 나를 치게 되는. 엄마는 내가 사악하다고 해요. 내가 행한 죄목에 대해서 뿐 아니라 나라는 아이가 존재한다는 죄목 때문에 구타당해도 된다고 해요. 난 나를 막으려고 세워진 모든 장벽을 어떻게 해서든 뚫으려고 안간힘을 씁니다. 그러면 엄마는 "넌 나를 갈기갈기 찢어놓는구나. 너 때문에 내가 아주 돌아버리겠다."라고 소리 지르곤 했지요.

때로 그녀의 관점에서 세상을 보았습니다. 그녀는 아름답고 동정심도 있는데 무엇인가에 눌려 버렸어요. 어쩌면 피를 빨아먹는 마녀일 지도 몰라요. 울음이나 미움 같은, 변신이 가능한 뭔가로 자신의 모습을 바꿀 수 있다니까요. 엄마는 아버지가 그러는 것처럼 나를 구타하고 싶어 했습니다. 하지만 그러지 못한다는 걸 알았지요. 내가 대들면서 울어버리면 그녀는 화가 나서 미칠 지경이 되거든요. "넌 나를 조종하듯 네 아빠를 조종할 수는 없을 거야." 그녀는 그 말을 마치 자기 자신에 대한 칭찬인 것처럼 하지요. 마치 자기가 나를 더 사랑하기나 하는 것처럼.

그들은 적막함, 사람이 없는, 모든 고뇌가 사라진 그런 장소를 원했어요. 그들은 내가 죽기를, 아니면 죽지는 않더라도 엄청난 고통으로 살기를 바랐어요. 마치 그들은 내 갈비뼈를 쪼개서 열어 그 안에 한 웅큼의 고통을 집어넣고 도로 꿰매기라도 할 기세예요. 내 몸에 주머니, 검은 주머니가 있어서 그들도 참기 힘들어하는 생각을 그 안에 집어넣을 수 있을 거라고 생각하나 봐요.

> 난 꼭두각시처럼 쓰러지고 무너져요. (난 수 년 동안 인형을 때리고 마구 두드리지만 아무도 알아차리지 못한 것 같아요) "그냥 계속 버텨," 그가 나를 치기 전에 이렇게 말하곤 했지요. 난 버팁니다. 맞으면서 계속 버텨요.
>
> 엄마는 무미건조한 얼굴로 저녁을 준비하죠. 마치 어느 누구의 손도 들어주지 않는 것이 일을 도와주는 것인 양. 그녀가 하루 종일 요리한 아름다운 음식, 그녀의 최고의 선물을 준비하는 겁니다. 그건 "난 할 일을 다 했고 다 주었어. 더 이상 할 일은 없어"라고 말하는 듯해요. 아버지가 나를 구타할 때 마치 아버지와 내가 부부인 것처럼 엄마는 이렇게 말해요. "두 사람 사이에 끼어들지 않겠어. 두 사람이 알아서 풀어야지." 그는 나에게 경고합니다. "그 표정, 얼굴에서 치워. 그렇지 않으면 내가 없애주지. 눈물 닦아. 그리고 처먹어." 그는 소리 지릅니다.

현실과 타협하기

어릴 적 가족에 대한 당신의 무조건적인 사랑을 현실적인 잣대로 평가하는 것은 슬퍼해야할 일이다. 한편으로는 당신의 어린 시절이 악몽 그 자체였을 것이다. 또 한편, 피해와 같이 뒤섞여있기는 하지만 좋았던 순간도 있었을 것이다. 가해자를 사랑하는 감정이 여전히 있다면 그 사랑을 그(녀)가 당신을 가해했다는 사실과 함께 받아들여야만 한다.

당신이 바라던 모습의 어머니가 아니었던 것을 슬퍼하기

할아버지, 아버지, 오빠, 혹은 식구가 아닌 다른 사람들에게 피해를 입은 많은 여성들이 어머니와의 관계에서 가장 깊게 상처 받는다. 모든 관계 가운데 어머니와 자녀의 유대는 가장 일차적인 것이어서 대부분 우리는 그 안에서 가장 원초적이고 깊은 사랑과 돌봄, 보호를 받게 된다. 당신이 피해입고 있다는 사실을 어머니가 인지하지 못했다면, 그녀에게 말하려고 애썼지만 들으려고 하지 않았다면, 그녀가 알기는 한데 당신을 방어하고 보호하려는 행동은 하지 않았다면 당신은 뿌리 깊은 슬픔을 안고 살아왔을 것이다.

> 어머니가 자기 어린 아이를 보호해야겠다는 충동은 일차적인 것이고 보편적인 것 아닌가요? 차에 깔린 세 살배기 아이를 보호하려고 차를 들어 올린 어머니에 관한 이야기를 들어왔습니다. 자신은 수영을 못하지만 물에 빠진 아이를 구한 어머니의 기사도 신문에 나와요. 이렇듯 자기 목숨을 걸고 아이를 구하려는 어머니의 맹렬한 보호본능은 이미 전설이거든요. 하지만 나의 어머니는 달랐어요. 그녀는 자기 눈앞에서 일어나는 일을 보려고 하지 않았습니다. 내가 다루기 가장 힘든 부분이 바로 이것, 엄마의 배반이었어요. 얼마나 많이 자문했는지 몰라요. "내가 뭘 그리 잘못했길래 엄만 나를 구하지 않았을까?"

가족을 잃은 것에 대하여 슬퍼하기

피해로 인하여 가족과의 관계를 유지하지 못했다면 확대가족이 없어졌다는 사실에 대하여 슬퍼할 수 있다. 자녀가 있다면 그들에게 조부모님, 고모와 삼촌, 사촌이 없다는 사실이 슬플 것이다. 피해나 그 피해의 장기적인 영향으로 인하여 당신이 아이를 갖지 못한다면 그 또한 깊이 슬퍼할 일이다.

일단 부모의 집을 떠나자 과거를 지우고만 싶었지요. 20년을 만취된 상태에서 보냈어요. 짐작하겠지요. 마약, 데낄라, 헤로인, 맞아요. 난 망각과 결혼했어요. 음주운전을 세 번째 한 이후 정신이 들었는데 어머니가 내게 한 일이 처음 떠오르더군요. 그 이듬해 자살시도를 세 번 했구요. 마지막 시도에서 빨간 접이식 의자를 다리까지 가지고 갔어요. 가드레일 위로 올라가려구요.

운 좋게 한 택시가 와서 난 결국 정신병동까지 가게 되었습니다. 거기는 선한 사람들이 있는 좋은 곳이었어요. 내가 살아있는 건 그들 덕분이지요. 병원에 있으면서 살아야겠다 싶었습니다. 하지만 그 다음 몇 년은 또 지옥이더군요. 진정한 안정을 찾는데 5년이 더 걸렸고 그때가 45살이었어요. 직업이 없었습니다. 근근이 생계를 유지했지요. 그런데 관계에 대해서는 기역자도 몰랐어요. 대부분의 내 또래가 아이—혹은 손자—를 키울 때 난 이제야 어른으로서의 삶을 시작한거지요.

생전 처음 부딪히는 일들이 많더군요. 그 중 하나가 아이 갖는 것입니다. 그 선택이 내게서 멀어졌다는 생각은 지금 내가 헤쳐 나가기에 가장 슬픈 일입니다.

할아버지에 대하여 슬퍼하기: 레이 이야기

레이는 47세 미술가인데 할아버지가 그녀의 멘토이면서 가해자였다. 레이의 치유 과정 중 상당부분이 할아버지에 대한 그녀의 사랑과 그의 배신을 조정하는 것이었다.

할아버지는 미술가셨다. 가족 중에서 할아버지가 유일하게 나를 진정으로 이해한다고 생각했다. 그는 늘 내 생각과 기분을 물으셨다. 그는 나를 진심으로 사랑해주셨다.

8살이나 9살 될 즈음 그는 나와 내 동생을 스튜디오로 데려가서 우리 중 한 사람은 이젤에 그림을 그리게 하고 나머지 한 사람은 의자에 할아버지와 같이 앉게 해서는 애무했다. 그리고 역할을 바꾸게 했다. 이것은 수 년 동안 계속되었다. 13살이 되면서 내가 그를 거부하자 이것은 멈추었다.

그건 정말 힘들었다. 내 편이었던 한 사람을 잃은 것이다. 난 가족 모임에서 그를 정기적으로 보았지만 우리는 전혀 말을 섞지도 않았고 대꾸도 하지 않았다.

33살이 될 무렵 할아버지는 자살하셨다. 난 혼란스러웠지만 한편으로는 안심도 되었다. 자유로움이랄까. 그러나 또 한편으로는 작별하는 방법, 그에게 "이건 당신이 나에게 한 짓입니다. 이건 그것이 내 삶에 어떻게 영향을 미쳤는지를 보여주고 있어요."라고 말할 방법을 찾아야만 했다.

집에서 쉬바의식*을 치렀다. 기도를 하면서 그와 대화를 했다. 그에게 두 번에 걸쳐 편지도 썼다. 그가 내 인생에서 의미했던 좋은 것과 나쁜 것에 대하여 이야기했다. 그를 사랑했으므로 내가 얼마나 혼란스러웠으며 동시에 얼마나 그를 미워했는지 말했다. 그가 한 짓이 내 인생을 어떤 식으로 파헤쳐버렸는지 말했다. 그가 나에게 준 기쁨과 순수한 사랑, 예술이 그가 앓던 병과 겹쳐졌다. 나는 할아버지 때문에 12년간 붓을 들지 못했다. 그가 그 사실을 알았으면 했다. 그런 다음 편지를 태우고 나를 위해 기도하고 축복했다.

몇 년간 그가 나에게 한 짓에도 불구하고 할아버지를 계속 사랑하는 것 때문에 죄의식을 느꼈다. 하지만 지금은 괜찮다. 이제 그를 생각해보면 그는 나를 정말 잘 아는 매우 사랑스럽고 너그러운 사람이다. 하지만 또한 큰 병에 걸렸기 때문에 나는 그를 동정한다. 할아버지는 나에게 창의성이라

---

* 쉬바는 유대인 가족이 지키는 의례로 죽은 자를 애도하는 7일간의 기간을 말한다.

는 재능을 주었다. 그는 내가 미술가가 될 수 있도록 격려한 유일한 사람이었다. 그가 나에게 한 짓은 혐오한다. 하지만 이제 그에 대한 내 마음은 평온하다.

묻혀있는 슬픔

당신은 오래 전에 일어났던 사건들 때문에 울음을 터뜨리면서 바보가 된 듯한 느낌이 들 수 있다. 그러나 슬픔은 표현되기를 기다리고 있다. 당신이 슬픔을 존중하려고 하지 않는다면 그것은 곪기 시작한다. 그것은 당신의 생동력을 제한해 버리고, 당신을 병들게 할 수 있으며 사랑할 수 있는 능력을 약화시킬 수 있다.

때로 슬픔이 너무 크고 상실감이 너무 대단하여 당신의 비애가 끝나지 않을 것 같고, 당신의 삶을 집어삼켜서 영영 제대로 살아내지 못할 것 같기도 할 것이다. 처음에는 그렇다. 하지만 슬픔은 파도를 타고 온다. 슬픔에게 시간을 주어 표출될 수 있도록 허용한다면 그 슬픔의 강도는 결국 약해지면서 밀려왔다가 밀려간다.

슬픔에는 고유의 리듬이 있다. 당신은 "좋다구, 지금 난 슬퍼할 거야"라고 말할 수는 없다. 그보다 당신은 슬픔이 눈을 뜰 때 그 감정을 위해 자리를 마련해야 한다. 슬픔은 공간을 필요로 한다. 자신에게 시간과 안정감을 허락해야 비로소 진심으로 슬퍼할 수 있다. 즉 슬퍼할 수 있도록 허용하라는 말이다.

몇 개월 동안 치료를 받은 후 나의 전소 자아는 내 감정을 허용할 수 있는 한도 내에서 그러한 분위기에 반응하기 시작했습니다. 어떨 땐 만면에 미소를 띠고 발걸음을 경쾌하게 옮기면서 건물로 들어가 계단을 올라가서

리셉션에 등록하기도 했지요. 그리고 사무실에 들어가면 치료사가 문을 닫지요. 치료사가 의자에 앉기도 전에 나는 울고 있는 겁니다. 내 안 깊은 곳에서부터 그런 감정들이 솟구치는 거죠. 단지 시간과 연민이 있다는 것을 알아차릴 때까지 기다리는 것입니다.

애도할 시간 갖기

슬픔을 위한 공간을 마련하려면 애도기간을 진지하게 가져야 한다. 당신과 가까운 누군가가 정말 죽은 것처럼. 어느 생존자는 가해한 부모가 아직 살아있지만 한 달 동안 상복을 입고 지냈다. 또 다른 생존자는 가해자를 위하여 조사弔辭를 썼다. 이러한 의례는 슬픔을 위한 강렬한 통로가 될 수 있다.

나는 어머니에게 결별 선언서를 썼지요. 왜냐하면 나는 탯줄을 끊으려고 하는데 어머니는 막으려고 하는 꿈을 계속 꾸었거든요. 어떻게 어머니와 헤어져야 할지 알 수가 없었습니다. 우리는 서로 이야기를 하지 않았어요. 서로 만나지도 않았지요. 하지만 여전히 너무나 밀착되어 있다고 느끼고 있었답니다.

의례나 의식을 치르고 싶지 않을 때는 단지 실컷 울기만 해도 좋다. 한 여성이 이렇게 말했다. "몇 년 동안 울지 않았습니다. 회복된 것은 불과 얼마 되지 않습니다. 그래서 내가 기쁜지는 확실치가 않군요. 폭포수처럼 마구 울어 버리니까요."

어떤 생존자들은 길고 깊은 슬픔을 맞는다. 당신이 힘들었던 모든 것을 애도하는데 필요한 여유를 허용하라. 늘 행복하라고 열심히 권하는 문화에서는 이렇게 하는 것이 어려울 수 있다. 하지만 당신의 감정을 참아주라. 평생 담아두려고 애썼던 모든 감정들을 훌훌 털어낼 수 있도록 스스로 허용하라.

쓰기 훈련: 슬퍼하기

당신이 잃어버린 것, 누군가에게 빼앗긴 것, 파괴된 것에 대하여 글을 써라. 피해의 정도에 대해서도 써라. 애도하기 위하여 무엇이 필요한지 써라. 당신의 고통을 말할 기회가 될 것이며, 잃어버린 것에 대한 당신의 감정에 대하여 쓸 수 있는 기회다.

성폭력, 임신, 낙태

많은 생존자들이 성폭력의 결과로 임신한다. 어떤 여성들은 아기를 낳아서 기르기도 하고 어떤 여성들은 입양보내고 또 어떤 여성들은 가족이나 가해자가 결정하여 낙태하기도 한다. 어떤 방법을 선택하든 고통이 따른다.

이 이야기에서 제인 곤잘레스는 초기 낙태가 얼마나 장기적인 외상으로 남게 되는지 잘 보여주고 있다.

병력 _ 제인 곤잘레스

나는 의사를 곧잘 갈아치운다. 그들의 진료에 익숙해지면 더 이상 가지 않는다. 차라리 낯선 의사가 낫다. 새 담당의사가 친절하고 참을성 있다고들 한다. 이번 의사와의 거리를 얼마나 오래 유지할 수 있을지 궁금하다. 나에 대하여 너무 많은 것을 알게 해서는 안 된다. 처음 진료를 받으러 도착하자 접수원이 내게 병력을 묻는 질문지를 건네준다. 익숙한 두려움을 안은 채 나는 연필을 쥐고 대기실 뒤쪽에 있는 의자를 찾는다. 심장이 뛴다.

키, 몸무게, 복용하는 약, 방문한 이유. 지금, 그리고 과거에 무슨 병을 앓았지? 성병, 고혈압, 알레르기, 천식, 위궤양, 골반감염, 등등. 목록을 죽 내려간다. 써야할 항목도 많다.

다음은 여성전용 항목이다. 마지막 월경날짜. 임신 횟수? 주저하다가 쓴다, "네 번" 출생? "없음" 유산? "없음" 낙태? 주변을 살피고 천천히 숨을 고른 후 쓴다, "네 번" 언제? 1970년, 1971년, 1973년.

보험 양식과 질문지를 같이 마친 후 접수원에게 건네준다. 그녀가 내가 쓴 내용을 보지 않기를 바라면서. 무슨 일이 일어날 것이라고 생각하냐고? 그녀가 내 병력을 보고는 어떤 말이든 할 수도 있을거라는 생각.

내 이름이 불리고 진료실로 간호사를 따라간다. 혈압을 잰다. 괜히 농담도 해본다. 그녀에게는 지루한 날처럼 보이는데 좀 가볍게 해주려고 애쓴다. 그녀는 나에게 무시무시한 종이가운을 준다. "곧 의사선생님이 오실 겁니다." 옷을 벗는다. 비슷하게 생긴 많은 진료소를 거치면서 내가 겪었던 당혹스러움과 불안을 기억해낸다. 내가 가운을 잡아당기니 찢어진다.

흰 가운을 입은 의사가 청진기를 들고 내가 마치 다른 여성들과는 다르다는 듯이 들어온다. 나보다 훨씬 더 젊어 보인다. 난 서른아홉 살인데도 늙은 느낌이다.

그녀는 내 병력을 검토하고 예상할 만한 질문을 하고 페이지를 넘긴다. "네 번 임신하셨네요?" 나는 고개를 끄덕인다. "모두 낙태로?" 다시 고개를 주억거린다. 이제 그만 묻고 다음 항목으로 가기를 바란다. "그때가 몇 살 때였나요?" 태연한 척하면서 빠르게 대답한다. "열세 살 때, 두 번은 열네 살 때, 그리고 열일곱 살 때요."

이제 끝났으면 한다. 나는 의사가 나를 그냥 조숙한 십대라고 생각하길 바란다. 1970년대 낙태는 불법이었다는 걸 의사가 기억하지 않기를 바란다. 그렇지 않으면 설명이 필요할 테니까. 난 설명하고 싶지 않다. 이런 하찮은 종이 쪼가리로 나를 설명하고 싶지는 않다. 여기서 지금은 설명하고 싶지 않단 말이야.

의사에게 무슨 말을 해야 할까? 진실을? 아버지가 나에게 성행위를 해서 내가 임신되었다는 사실을? 처음 그가 나에게 그 짓을 한 것은 내가 아홉 살 때였다. 열세 살이 되자 그건 일상적으로 일어나는 일이 되어버렸다. 마치 생리를 처음 한 이후 매일 아침 설사하는 것처럼.

의사가 여전히 나를 보고 있다. 그녀가 다른 질문을 할지 아니면 페이지를 넘길지 모르겠다.

낙태를 어떻게 했는지도 설명하고 싶지 않다. 기록도 없다. 아버지가 의사다. 그가 방법을 알고 있었다. 누구에게 연락해야 할지도 알았다. 아버지는 자기 동료에게 내가 조숙하고 자기는 그걸 이해한다고 말했다. 아버지가 의료진 사이에 서있는 상태에서 행해져야 했다. 엄마도 몰랐고 아무도 몰랐다. 아버지는 임신 사실을 일찍 눈치챘다. 그는 내가 언제 생리가 없는지, 언제 가슴이 부푸는지 알고 있었다. 보통 아버지들은 열세 살 된 딸이 언제 생리를 하는지, 가슴이 어떤지 모르는 것이 당연하겠지만 나의 아버지는 그런 걸 다 알고 있었다.

세 번째 임신을 하고나자 그는 걱정했다. 계속할 수가 없었던 것이다.(물론 내 방에 오는 것을 그만두지는 않으려 했다. 그건 내가 세 살이 될 때부터 매일 밤 그의 일상이었다) 그래서 그는 해결책을 찾았는데 그건 항문섹스였다. 뭐 이런 개똥같은. 뭐 이런 염병할. 임신은 더 이상 없었.

열일곱 살이 되자 몇 달 이내에 영원히 집을 떠날 작정을 했다. 그러자 그는 공황상태에 빠진 게 분명했다. 그는 다시 시작했고 나는 또 임신이 되었다. 이것은 특히 창피스러웠다. 나는 거의 어른이 다 되었고 그를 거절할 줄 알았어야 했다. 하지만 난 그러지 못했다. 내가 그에게 조금이라도 반항하면 그가 무엇을 할지 난 알고 있었다. 그래서 그는 계속 했다. 하지만 난 곧 이사했고 그로부터 그 짓도 영원히 멈추었다.

의사는 내 병력을 한 번 더 보고 나를 다시 보았다. 혼란스러운 듯하다. 혼란스러운 건 괜찮다. 그녀는 눈썹을 세우며 묻는다. "그러면 오늘은 어디가 불편하셔서 오셨나요?" 내가 일단 안심했지만 티를 내지 않고 서둘러 말한다. 감기가 떨어지지 않는다고. 열도 있다. 항생제가 필요할까?

"엎드리세요. 숨소리 좀 들어보겠습니다." 의사는 청진기를 들고 가까이 온다. 나는 심호흡한다. 의사가 내 심장소리를 듣고 있는 동안 눈물 한 방울이 뺨을 타고 흐른다.

분노

"내가 화를 낼 때는 화를 낼 만큼 나의 존재가 소중하다는 걸 알기 때문입니다."

— 샤마

분노는 피해에 대한 당연한 반응이다. 하지만 당신이 피해를 입을 때 분노하고, 그 분노를 표현하고, 그 감정에 걸맞는 행동을 했을 것 같지는 않다. 당신은 이런 감정을 가질 권리가 있다는 사실조차 몰랐을 것 같다. 당신을 가해한 사람에게 화를 내기보다는 자신의 분노를 부인했거나 그것을 자기 자신에게 돌렸을 법하다.

내면으로 향한 분노는 우울과 자기 파괴적인 행동을 낳을 수 있다. 당신은 자해하거나 자살하고 싶었을 것이다. 자신을 무자비하게 몰아세우거나 당신이 정말 나쁜 년이라고 느낄 수도 있다. 혹은 분노를 음식으로 채우거나, 알코올로 잠재우거나 약물로 질식시켜 몸이 아플 것이다. 시인 아드리엔 리치가 말했다, "대부분 여성들은 분노를 내면에 내다 꽂을 뿐 그 분노를 달리 건드리지 못한다. 분노는 녹슨 못이다."

로랜 윌리엄스는 분노를 표현하지 못할 때 생긴 상황을 떠올린다.

> 난 백색증(선천성 색소결핍증에 걸린 사람, 혹은 동물 — 옮긴이)이어서 햇볕에 노출되면 심한 화상을 입죠. 아이일 때 집 안에서 일어나는 일에

대해 정말 약이 올랐습니다. 그러나 우리 집 안에서 화를 내는 건 금지되었습니다. 그래서 무슨 말을 하기보다는 햇볕이 쨍쨍한 날 모자를 쓰지 않고 바깥으로 나가 버리죠. 그러니 물집이 생기고 열에 들뜬 상태로 집에 돌아올 수밖에요.

스스로를 탓하라는 가르침을 받아왔기 때문에 취약하기만 한, 상처 입고 스스로를 보호할 수 없었던, 애정과 관심이 필요했던, 성적 흥분이나 오르가즘을 경험한 어린 아이였던 당신에게 화난 상태로 살아간다. 하지만 그 아이는 잘못한 것이 하나도 없다. 어린시절의 당신이 분노의 표적이 될 이유는 추호도 없다.

한편 또 다른 생존자들은 살아오면서 내내 분노했다. 그들은 서로 함정에 빠뜨리는 가정 환경에서 자라다 보니 생존하려면 싸워야 한다는 것을 일찍부터 배워야만 했다. 분노는 전쟁터로 나가기 위한 지속적인 무기였다. 때로 분노와 폭력 사이의 선이 희미해져서 분노가 파괴적인 힘으로 표출되기도 했다.

나는 성장하면서 여자와 남자가 화를 내며 분개하는 것을 보아 왔습니다. 우리 부모와 다른 친척들 모두 그랬어요. "우리 술집은 더러운 멕시코인을 받지 않아요."라고 말한 여자에게 우리 엄마가 모욕적인 말을 던졌던 기억이 납니다. 그런 뒤에 부모는 서로에게 욕을 퍼부었고 곧 그 화살을 우리에게 돌렸어요. 분노와 폭력, 자기 방어가 모두 한 덩어리가 되어 뒤섞여 버렸습니다.

몰아세우기

몇몇 생존자들은 분노의 화살을 동반자, 연인, 친구, 직장동료, 자녀에게 돌려 그들을 난폭하게 몰아세운다. 미친 듯이 화가 날 때 아이를 벽으로 밀어붙이거나 연인에게 주먹을 휘두를 수 있다.

> 난 신체적인 학대가 오가는 관계를 맺었습니다. 어떻게 해야 싸우지 않는지를 몰랐지요. 화가 나면 맨 먼저 이것(그녀는 한 손으로 다른 손을 단단히 움켜잡는다)이 떠오릅니다. 그게 내가 자라면서 보아 온 유일한 것이었거든요. 누군가에게 화가 나기 시작할 때마다 문자 그대로 아드레날린이 내 팔을 훑고 지나가는 게 느껴집니다. 근육이 정말 긴장되고 주먹이 쥐어져요. 또 땀으로 젖게 돼요. 이미 옆에 있는 사람에게 일격을 가할 준비가 되는 것입니다. 싸우고 싶어져요.

당신의 삶에 폭력이 들어와 있고 자신의 분노를 폭력적인 방법으로 표출한다면 당신은 곧장 도움을 받으러 가야 한다. 분노하는 것은 좋다. 그러나 폭력적으로 되는 것은 곤란하다.

몸으로 싸우는 대신 말로 싸우거나 사물을 삐딱하게 볼 수도 있다. 아들에게 숙제를 하라고 말하고 싶은데 소리를 지르고 욕을 퍼붓고 있는 자신을 발견할 수도 있다. 남편이 차에 기름 넣는 것을 잊어버리면 그를 천하의 바보 천치라고 말하기도 한다. 언어 학대는 폭력적이지는 않더라도 파괴적이기는 마찬가지이다.

> 몇 년간 모든 사람에게 화가 난 상태였습니다. 누구든지 두들겨 패주고 어딘가에 책임을 뒤집어씌우고 싶었어요. 나와 가까워지려는 사람들을 멀

리했습니다. 분노와 욕으로 그들을 나로부터 멀어지게 했어요. 아무도 믿을 수가 없었거든요. 그 누구하고도 친해지고 싶지 않았어요.

분노의 방향을 제대로 잡기

분노는 반드시 억압되어야 할 대상일 필요는 없으며, 파괴적인 성격을 띠는 것도 아니다. 분노는 침해받은 것에 대한 정당한 반응이며 강렬한 치유의 에너지다. 분노의 시위를 당신에게 가해했던 자들에게로 정확하고 적절하게 겨눈다면 분노는 변화를 추동하는 힘이 되기도 한다. 당신은 당신에게 행해졌던 일에 대한 책임감에서 해방되어야 하며 가해자에게 그 책임을 물어야 한다.

> 분노가 아빠를 향하도록 하기가 힘들었습니다. 치료사는 "당신의 아빠가 당신을 차면서 벽으로 냅다 던질 때 어떤 기분이 들었나요?"라고 물었습니다.
> 난 "아빠가 지긋지긋하게 싫다고 생각했습니다."라고 말하죠.
> 그러면 치료사는 "음–"이라고 해요.
> 수년간 치료가 계속되었어요. 그러나 한 번은 치료사가 내게 아버지에 대한 다른 질문을 던졌고 그때 난 연필을 쥐고 있었어요. 질문을 받자마자 난 연필을 방 저쪽으로 던지면서 내뱉었어요. "나쁜 놈!"
> 난 그때 처음으로 명확하게 그에게 화를 냈던 겁니다. 난 정말 아빠 때문에 화가 나서 미칠 지경이었어요. 여태껏 방향을 잘못 잡았던 것이죠. 처음으로 난 그에게 화가 머리끝까지 났고 그게 다였습니다. 웃지도 않고 빈정거리지도 않고 방어적이지도 않은 채 말입니다. 다만 분노로 가득 차서 이렇게 말했어요. "그 개새끼!"

분노에 대한 두려움

많은 생존자들이 분노하게 되는 것을 두려워한다. "분노와 폭력의 차이를 아직 알지 못합니다. 큰소리가 들리면 그들이 나를 쫓아오는 것 같아요"라고 말한 한 생존자의 고백처럼 이들은 분노와 연관된 부정적인 경험이 많다. 당신은 가정 안에서 파괴적이고 통제되지 않은 채 폭발하는 분노를 목격했을 것이다. 그러나 당신의 분노가 꼭 그래야 할 필요는 없다. 당신은 기분 좋은 방식으로 분노가 흐르도록 할 수 있으며 또한 분노를 존중할 수 있다.

폭력을 겪어 보지 않은 여성조차도 자신이 분노하도록 내버려 둔다면 누군가에게 상처를 입히거나 누군가를 죽일 정도로 폭력적으로 돌변할까 봐 두려워진다.

> 분노가 저기 있다는 것을 압니다. 그러나 어떤 일이 벌어질지 모르니까 너무 겁이 나요. 그래서 나 스스로 분노하도록 허락할 수가 없어요. 부드러움이 사라질까 봐 두려워요. 그렇게 되니까 분노의 출구를 나에게로 돌리게 되는 거죠. 나는 사람들이 다른 사람들에게 상처 입히는 것을 너무나 많이 보아 왔거든요. 내가 그런 가해자가 되고 싶지는 않은 거죠. 어떻게 해야 내 분노를 안전한 방법으로 해소할 수 있는지 모르겠어요.

가해자에게 분노를 느낀다 하더라도 이를 폭력적으로 행사한 여성은 극히 드물다. 더구나 폭력을 경험하지 않은 여성의 경우 분노가 폭발했을 때 다른 사람을 해칠 수도 있다는 두려움은 상당히 비현실적이다.

분노는 감정의 하나이며 감정 그 자체는 어느 누구에게도 해를 끼치지 않는다. 분노를 느끼는 것과 분노를 표현하는 것이 어떻게 다른지를 구분하는 것은 중요하다. 분노를 인지하게 되면 그것을 표현할 것인지, 어떻게 표현할 것인지를 선택하는 것은 당신의 자유다. 분노는 통제되지 않거나 통제할 수 없는 현상이 아니다. 분노를 환대하고 그것에 익숙해진다면 당신은 당신의 욕구를 충족하기 위해 분노의 방향을—힘찬 말을 조종하는 노련한 기수처럼—조종할 수 있을 것이다.

분노와 사랑

잘못 이해되고 있고 또한 여성들이 분노를 표현하지 못하게 막는 또 다른 측면은 분노와 사랑의 관계에 대한 생각이다. 분노와 사랑은 양립될 수 없는 것이 아니다. 우리들 대부분은 사랑하고 친밀한 관계를 맺으며 함께 사는 사람에게 한 번 또는 여러 번 화를 낸다. 그러나 친밀한 관계에 있는 누군가로부터, 혹은 좋은 경험을 나눈 누군가로부터 성폭력 피해를 당했을 경우 그 사람에게 분노하게 되면 그 사람과의 관계나 당신이 긍정적으로 경험했던 유년기의 일부가 상실될까 봐 두려워진 나머지 분노하기가 어려워질 것이다.

그러나 당신의 분노 때문에 당신이 지키려는 어떤 부분이 무효화되는 것은 아니다. 좋은 것은 여전히 당신에게 좋은 영향을 미치는 그 무엇으로 기억 속에 남아 있을 것이다. 분노함으로써 잃게 되는 것은 가해자가 무고하다는 환상을 제외하고는 다른 어떤 것도 없다.

내 분노의 출발점은 사랑이다: 지젤 이야기

지젤은 메사추세츠주 뉴튼에서 이태리계 가톨릭 집안 출신이고 네

명의 딸 중 둘째다. 아버지는 저명한 뉴잉글랜드 병원의 의사다. 지젤은 삭스피프스에브뉴(뉴욕 5번가에 본점을 두고 있는 패션중심의 고급백화점 체인점—옮긴이)에서 옷을 사 입고 발레와 피아노수업을 받고 사립학교와 비싼 대학을 다녔다.

지젤은 무력증으로 상당한 세월을 힘들어했다. 자신의 이야기를 하고 나서 곧 지젤은 아버지의 손에 고작 3살 때 당했던 거친 강간이 그녀가 평생 시달리는 정서적, 신체적 문제와 연관있다는 걸 알게 되었다.

감정, 특히 분노를 존중하라는 가르침을 받아야만 했다. 아버지에 대해서뿐 아니라 이런 짓을 하는 모든 남자들에게 화가 났다.
내 친구가 이렇게 말했다. "너의 우주를 만든 사람은 너 자신이야. 너의 영혼이 이 에너지를 돌아가게 하는 거야. 그러니 니가 이걸 만들었다는 것도 알겠지. 이것에 책임을 져야지 칭얼거리거나 훌쩍거리거나 투덜거리지 말라고. 용서하고 그만 앞으로 가라고."
난 숨이 턱 막혔다. 화가 나서 미칠 것 같았다. 화가 나면 화가 나는 대로 그 감정을 존중할 필요가 있다. 분노를 조심스레 다루기도 전에 용서부터 하려고 한다면 아마 일을 그르칠 것이다. 당신이 현재 있는 곳에서 철저하게 시작해야만 한다. 머리로 그래야한다고 생각하는 지점이 아니란 말이다.
진정한 복수의 시기를 거치고 있다. 난 상상한다. 부모의 집에 소총을 들고 가서 바로 아버지란 사람의 머리에 총을 겨눈다. "이런, 아빠. 꼼짝도 하지 마. 단 한 발짝도 안돼. 이 나쁜 새끼. 내가 한꺼번에 다 사라지게 하겠어. 그렇게 하고나면 아주 기분이 좋아질 거야!"
하지만 동시에 폭력을 멈추게 하는 유일한 방법은 사랑과 용서에서 온다고 믿는다. 미움은 미움으로 중단되지 않는다. 폭력의 고리를 폭력으로 끊을 수는 없다. 이것은 당신이 그렇게 하는 사람을 멈추게 할 수 없다는 뜻도 아니고 당신이 그들을 처벌하는 걸 그만둔다는 뜻도 아니다. 단지 그것을 사랑의 자리에서 한다는 뜻이다. 강간당한 내 안에 있는 어린 아이에게 사랑을 느끼지 않는다면 이런 분노도 가지지 않을 테니까.

난 여기에 앉아있을 때 아버지에게 동점심이 생기면서 흐느낄 때가 있다. 또 어떨 때는 총을 들고 가서 그의 머리통을 쏘아버리는 상상도 한다. 그냥 그런 상상이 흘러가게 내버려둔다. 이런 상상이 찾아와서 다시 가버리게 하면 할수록 난 내가 사랑으로 더 옮아간다는 걸 느낀다. 분노를 차단하면 할수록 더 갇히게 된다. 그러니 나를 위해서 그들은 거기에 제대로 있다. 내가 그 과정을 믿는다고 말하면서 그것을 화해시킨다. 분노가 쓸모 있다는 걸 난 믿는다. 분노가 존재하는 까닭은, 내가 삶을 명예롭게 여기고 가치 있게 여기며 사랑하기 때문이다.

복수심

자신의 피해를 인정하고 나서 어느 시점에 이르면 자신을 그렇게 비참하게 만든 사람들에게 보복하고 싶은 시기를 거친다. 복수를 시각화할 수 있으면 분노가 적절하게 방출될 수 있다. 단, 폭력적인 환상 그대로 행동에 옮기지 않는 것은 중요한 지침이다.

어머니에게 쏟아지는 비난의 화살을 맞으면서

대개 우리 사회는 여성들이 화를 내면 비난하지만 여성들에게, 특히 어머니에게 분노하는 데는 주저함이 없다. 아버지가 아이를 추행한 탓을 어머니에게 돌리는 경우가 여기 딱 들어맞는 증거이다.

아버지는 자기 딸을 추행한 사실이 아내 때문이라고 한다. 같이 있고 싶거나 성행위를 하고 싶은 그들의 욕구를 아내가 충족시켜주지 못한다고 말한다. 그들은 그녀의 술, 병, 야간근무, 업무, 그 밖에 여러 이유를 댄다. "그래서 딸에게 관심이 갔다"는 그들은 마치 어쩔 수 없었다는 듯한 몸짓을 지으며 애원한다.

어처구니가 없다. 아버지가 자녀를 추행할 때 그게 누구의 잘못이란 말인가? 아무리 부적절한 아내 혹은 어머니라 한들 그녀의 어떤 행동이 아버지더러 자녀에게 성폭력을 행사해도 좋다고 허락한 것이란 말인가.

친족성폭력이 발생하는 부녀관계에서 어머니의 역할은 보통 오해되거나 잘못 전해져왔다. 어머니는 그 상황이 진행되는 것을 알고 있었으며, 만약 몰랐다면 그건 그녀가 알고 싶지 않았기 때문이라고 추정되어왔다. 어머니는 공모하고 도움을 주고 허약하고 수동적이고 참아주고 산만한 존재로 평가받아왔다. 그런 어머니들도 있다. 어머니들이 보고도 못 본 척하고 폭력을 휘두르는 남자를 떠나지 못하고 딸 입장보다는 남편의 편에 선다. 또 어떤 어머니들은 자녀에게 폭력을 같이 휘두르기도 한다. 실제로 자기 어머니의 손에 이끌려 성폭력의 피해를 입었다고 진술한 생존자가 여러 명 된다.

하지만 피해를 입은 모든 어린이의 어머니들이 다 무책임한 것은 아니다. 어떤 어머니들은 정말 몰랐다. 때로 어머니가 최선을 다해도 피해를 멈추게 하기에는 역부족일 때도 있다. 어머니는 양육권을 잃거나, 판사나 사회복지사로부터 피해망상증이 있다거나 앙심을 품었다거나 부적절하다는 평가를 받기도 한다. 공동양육이 기준인 미국의 일부 주에서는 폭력을 가한 남편과 양육을 같이 하라는 강요를 받기도 한다.

이런 상황에 처한 여성들은 가공할 만한 상황에 부딪혀 끔찍한 선택을 해야만 한다. 어떤 어머니들은 폭력 아버지의 눈을 피해 아이들과 같이 몸을 숨긴다. 이런 상황에서 아이들은 더 큰 폭력으로부터 보호를 받기는 하지만 자신의 정체성을 숨겨야 하는 시련을 겪어야만 하고 도망다니는 신세가 되어야 한다. 다른 어머니들은 아이를 넘기라는 법정 명령에 따르기보다는 차라리 감옥에 가서 아이들을 고아 상태로 남겨버린다. 때로는 아이들을 부적절하게 보호하는 법적 제도에서 제대로 선택할 만한 방안이 없기도 하다.

어머니에게 책임지라고 요구할 권리가 당신에게는 있다

이런 현실에도 불구하고 당신이 그녀에게 진실을 털어놓지만 당신의 말을 듣지 않고, 폭력을 행사하거나 알코올에 찌든 남자를 떠나지 않거나, 당신이 절실하게 원하던 따뜻함과 관심을 기울이지도 이해하려고 하지도 않을 때 당신은 그녀에게 책임지라고 요구할 권리가 있다.

그러나 당신은 그것이 어렵다는 것을 알게 될 것이다. 어머니의 억압에 대해 당신은 너무나 많이 알고 있어서 당신의 억압을 축소하거나 아무렇지도 않은 것으로 만들어버린다. 당신이나 어머니나 둘 다 피해자다보니 서로 가깝게 여긴다. 당신의 분노를 인정하면 그 결속이 약화될까봐 걱정이다. 그러나 당신의 어머니가 당신을 보호하지 않았고 못 본 척 하고 당신에게 올가미를 씌우고 당신을 비난했다면 당신 어머니는 그 폭력에 깊이 관여한 것이다. 이것을 확인한 후 그녀가 한 것 혹은 하지 못한 것에 대한 당신의 분노를 만나는 것이 필요하다. 이것은 당신의 권리일 뿐 아니라 치유를 위해서도 필요하다. 하지만 어머니가 가해자가 아닌 이상 당신은 당신의 모든 분노를 그녀로 향하게 해서는 안된다. 어떤 일이 있어도 가해자가 성폭력의 모든 책임을 져야한다. 그러므로 당신의 정당한 분노도 가해자에게 돌려 마땅하다.

혼잣말을 하죠. "잠시만 기다려. 감옥에 가고 싶지는 않아. 경찰이 오는 것도 싫어." 난 여러 번 경찰이 오는 것을 보면서 자랐습니다. 폭력을 휘두른 대가로 감옥에 가고 싶지는 않아요.

폭력을 폭력으로 갚는다면 당신도 가해자의 수준이 되는 것이다. 더 지독한 폭력으로 갚아주고자 하는지, 악순환을 끊고자 하는지 당신이 결정해야 한다. 솔대드처럼 "인간의 생명을 존중하는 법을 배웠다"라고 할 만큼 성숙할 수도 있다.

치유와 사회 변화에 유용하게 쓸 강력한 도구가 될 수 있는 비폭력적 보복 수단이 있다. 어떤 생존자들은 공개적으로 그들의 피해 사실을 밝혔다. 또 어떤 이들은 형사처벌을 받게 하거나 혹은 민법 절차를 거쳐서 보상을 받아내기도 한다.

한 여성은 가해자에게 다음과 같은 전보를 보낸 것을 만족스러워 했다.

당신은 내가 왜 더 이상 당신을 만나고 싶어하지 않는지 궁금할 것이다. 그 이유를 말해 주겠다. 나는 사람들에게 당신을 감시하도록 했다. 다른 어린 소녀를 건드리거나 혹은 이상한 눈빛으로 쳐다보기만 해도 우리는 당신을 법정에 세울 것이고 나는 승소할 것이다.

_ 바버라 리틀포드

당신의 메시지는 1월 21일자 오후 2시 19분 전화로 전달되었고 잭이 이를 확인했습니다.

_ 이용해 주셔서 감사합니다. 웨스트 유니언

어떤 생존자들은 복수가 자신의 손에 달린 것이 아니라고 여긴다. 열렬한 신자인 한 여성은 "하나님이 그를 심판하시겠지요. 내가 어찌할 일은 아닙니다"라고 간단히 말했다. 또 다른 여성은 가해자 스스로 자초한 것보다 더 지독하게 보복할 수는 없었다고 말했는데 그 가해자는 폐암으로 죽어 가고 있었던 것이다.

때때로 가장 좋은 복수는 잘 살아가는 것이다.

분노를 풀어내는 작업

분노를 실전처럼 풀어내는 작업은 생존자들에게 상당한 힘을 준다. 베개를 두드리고 소리지르고 신문지를 찢는 것과 같은 행동은 오래 담아온 분노를 안전하게 표출하는 방법이다. 한 생존자가 이렇게 설명했다.

> 걷잡을 수 없을 만큼 분노를 느꼈습니다. 그러나 한 번도 분노를 허용하지 않았어요. 그건 정말 표현하기가 힘든 것이었죠. 어느 날 치료사가 의자에서 일어나 말했죠. "당신의 아버지가 저 의자에 있어요." 그리고 내게 둥글게 만 수건을 건네주면서 말했습니다. "난 당신이 아버지를 때렸으면 해요."
> 내가 그렇게 하겠다는 마음을 정하기까지 한참이 걸렸는데 일단 시작하자 멈출 수가 없었습니다. 더 이상 움직이지 못할 때까지 나는 사정없이 내려치고 소리질렀죠. 무척 위로가 되었답니다.

에바 스미스는 분노를 안전하게 배출하는 출구가 생겼다.

세라믹을 다루는 친구가 있어요. 만들다가 깨지는 것이 있으면 옆으로 치워두죠. 한밤중에 뒤뜰에서 그것들을 벽에 대고 던졌습니다. 아무도 경찰을 부르지 않았어요. 왜냐하면 거기는 물건을 던지는 곳이었으니까요.

분노 풀어내기 작업을 위한 안전수칙

분노 표출을 위한 작업이 안전하려면 분명한 안전수칙이 필요하다.
- 자기 자신이든 그 누구든 다치게 하지 마라.
- 없애도 되는 물건(가령 이 빠진 오래된 접시)이 아니면 부수지 마라.
- 분노의 대상을 가해자나 다른 사람으로 상상할 수 있다. 당신 자신은 아니다. 아무리 스스로에게 화가 나더라도 당신이 치는 베개나 당신이 찢는 신문지가 당신 자신이라는 상상은 하지 마라.

또 다른 여성은 남동생과 같이 자기표현을 위한 참신한 방법을 생각해냈다. "동생과 나는 오래된 가족 식탁을 큰 망치로 깨부수었습니다. 거기는 우리가 숱하게 폭력을 당했던 곳이었지요."

이런 식으로 분노를 적극 표현하여 엄청난 해방감을 가질 수 있지만, 그것이 모든 이들에게 해당되는 것은 아니다. 이 분노작업의 목표는 갇혀있던 분노를 끄집어낸 후 해방감과 자유로움을 만끽하게 하는 것이다. 하지만 어떤 생존자들에게는 이러한 방식의 훈련이 오히려 분노의 순환을 계속하게 하여 점점 더 많은 분개와 불안으로 연결되기도 한다. 무엇이 도움이 되고 되지 않는지를 스스로 찾을 수 있도록 자기 자신을 연구해야할 것이다.

분노 표출 작업이 당신에게 유용할 지 어쩔 지 확신이 서지 않으면 작은 실험을 해서 어떤 느낌이 드는지 미리 점검할 수도 있다. 스스로 물어보라. 기분이 좀 나아졌는가? 내면에 여유가 조금 더 생겼는가? 오래된 이런 분노의 짐을 내려놓으니 좋은가? 이렇게 하고 나서 좀 더 침착해지는가? 아니면 시작할 때보다 더 불안한가? 더 화가 나는가? 더 혼란스러워지는가?

분노는 강력한 도구이지만 분명 한계가 있다. 소리 지르고 베개를 두드리면서 적극적으로 분노를 표현하는 것은 자유로움을 느끼게 하기도 하지만 기름에 물 붓는 일이 될 수도 있다. 당신의 경험에 주목함으로써 당신은 무엇이 치유에 도움이 되고 되지 않는지를 알아갈 수 있다.

어떤 생존자들은, 분명하게 자신의 분노를 인식하는 것만으로도 충분하다. "미카엘 신부님이 나를 이용했습니다. 그 사람 때문에 나의 어린 시절은 유실되었습니다. 그것 때문에 화가 나서 미치겠습니다." 이런 말을 공감해주는 사람에게 털어놓게 되면 혹은 일기에 적기만 해도 자신의 분노를 표현하는 데 효과적일 것이다.

분노를 긍정적으로 표현하는 방법

- 어린이 성폭력에 대하여 공개적으로 말하라.
- 가해자, 혹은 당신을 보호해주지 못했던 사람들에게 편지를 써라. 부치려는 편지가 아니라 당신의 감정을 밖으로 끄집어내는 기회를 위함이다.
- 테니스 라켓으로 침대를 후려쳐라.
- 신문을 찢거나 오래된 접기를 깨라.
- 무술 수업을 받아라.
- 소리 질러라. 큰소리를 내도 좋을 곳을 선택하거나, 소리가 밖으로 새지 않도록 베개에 대고 소리 질러라.

- 생존자 행진을 조직하라.
- 분노의 춤을 추라.
- 가해자를 계속 막을 수 있는 법 개정운동에 동참하라.

분노의 힘: 세 가지 이야기

바버라 해밀턴은 65세로 자신의 성폭력 피해와 치유에 대해 책을 쓰고 있는데 진정으로 분노에 직면했던 첫 시기를 이렇게 묘사하고 있다.

다시 차를 몰아 치료사가 떠나기 전에 만났지요. 나는 분노를 터뜨리기 시작했습니다. 분노가 머리끝까지 치밀어 있었기 때문에 나파NAPA의 정신 보건부 전 직원이 다 들을 정도였습니다. 모든 것이 선명해졌습니다. 음란했던 모든 것들이 연결되어 있었어요. 나와 내 아이들이 남성들에 의해 성폭력을 당한 것이 같은 연속선에 있었던 거죠. 전에는 머리로만 아버지에게 분노하고 있었는데 이번에는 정말 화가 나서 폭발할 것 같았습니다. 분노에 차서 그 장소가 떠나가도록 소리 질렀어요. 안경을 벗어 벽에 내던졌구요. 난 그때 제정신이 아니었습니다. 기분이 좋았다고 할 수는 없지만 그때가 전환점이었습니다. 분노가 어디에서 나오는지 너무 분명해졌습니다. 나를 비난하지 않는 시발점이었지요.

당신이 오랫동안 분노를 억압해 왔다면 그 분노는 폭발력을 키워 왔다. 그러나 그토록 맹렬한 분노라 해서 반드시 위험할 필요는 없다. 에스더 바클리는 자신의 분노를 신뢰할 수 있었으며 획기적인 결과를 얻어냈다.

더 많은 기억이 날수록 부모를 향한 분노는 더욱 강렬해져서 두려워지기도 했지만 한편 그 시기를 거쳐 가면서 그 분노를 꽤 잘 발산할 수 있게 되었습니다. ……하루는 큰 비명소리에 잠이 깼습니다. 순간, 소리를 내지른 것은 나였으며 그 소리가 발가락에서부터 나온다는 것을 알게 되었지요. 완전히 잠에서 깨자 난 팔로 나를 감싸서 위안을 받으면서 흐느꼈습니다. 이것이 어디로 발전할지 몰랐지요. 아버지에 대한 분노를 집중적으로 다루면서 상담을 받고 난 지 얼마 되지 않아서 두 가지 사실이 명확하게 드러났습니다. 첫째로 내가 보는 세상이 변화했어요. 낯설 만큼 세상의 빛깔들이 선명하고 명확해졌습니다. 두번째 변화는 거대한 뿌리가 무수한 잔뿌리를 단 채로 쭉쭉 뻗어 나가는 것처럼 며칠 동안 등과 발이 욱씬거리면서도 부드러워졌다는 것입니다.

또 에디트 호닝의 경험은 분노의 치유 효과를 극적으로 잘 설명하고 있다.

나의 한쪽에는 치료사가, 다른 편에는 가장 절친한 남자가 있었습니다. 치료사는 내가 극장 발코니에 있고 저만치 멀리 있는 영화 스크린에 아버지가 서 있다고 상상해 보라고 했습니다. 이 시나리오에서 나는 그가 점점 더 가까워지고 점점 더 커지는 것을 상상했고 그렇게 되자 양 옆의 사람들이 나에게 용기를 주었지요. 그를 멈추게 하고 무엇이든 그를 무력하게 하기 위해 내가 무엇이든지 해야만 한다고, 어서 싫다고 말하라고 용기를 주었던 겁니다. 두세 번 시도한 끝에 나는 온 신경을 곤두세워 소리를 지를 수가 있었지요. 갑자기 내부에서 엄청난 감정의 소용돌이가 일어나더군요. 나는 "싫어요! 뒤로 물러서요! 그만둬요!"라고 소리 질렀습니다. 그러자 아버지가 점점 작아지고 더 작아지고 더 작아지는 것을 볼 수 있었습니다. 새우만큼 작아질 때까지 그를 마구 팼습니다. 드디어 아버지가 나보다 더 강한 힘을 가진 존재로 보이지 않았습니다. 이제는 내가 더 이상 어머니나 아버지의 보호막 역할을 하지 않아도 되었습니다. 더 이상 그들에게 미안하지도 않았구요. 그들은 그들이 해 왔던 대로 선택을 했습니다. 당신이 선택을 할 때는 그에 맞는 대가를 치르지요. 그들도 마찬가지였지요. 그게 세상의 이치니까요.

분노의 한계

우리는 분노 덕분에 부당함을 알게 되고, 힘을 얻고, 두려움과 자기 파괴적인 행동에 맞서 싸운다. 많은 생존자들은 분노가 아니었다면 절망에 숨이 막혀 스스로 목숨을 끊었을 것이다. 하지만 분노가 가장 우선적인 감정이라면 그것은 하나의 방어가 될 수 있다. 끊임없이 화가 난 상태라면 삶이 일차원적인 것이 되고 당신은 슬픔, 두려움, 수치심, 절망, 공포와 같은 훨씬 더 취약한 감정을 피하느라 바쁠 것이다.

분노와 혼란으로 점철된 상태에서 사는 것이 좋을 리 없다. 당신이 한 때 기쁨으로 경험했던 것, 즉 마침내 당신의 분노를 표현하게 된 것이 때때로 힘을 다 소진하게 하고 쇠약하게 만드는 습관적 패턴이 될 수 있다.

어머니의 폭력이 내 삶을 송두리째 망쳐놓았습니다. 16살이 되자마자 난 도망갔지요. 당연히 길거리 생활은 그다지 좋지 못했고 난 그녀 탓을 했습니다. 수년 동안 그 여자가 내게 한 짓을 생각하면서 분노로 살았어요. 엄마에 대한 분노. 그것이 나의 일이었습니다.

40살이 되면서 고혈압 진단을 받았는데 분노가 아마 원인인 것 같다고 의사가 그러더군요. 그 당시 난 내 분노로 어머니를 처단할 것이라고 생각했지만 사실 그건 나를 더 처단하고 있었던 겁니다. 그때까지 어머니와 이야기하지 않았어요. 수년 간 말도 하지 않은 상태였지요. 분노로 살아가는 사람은 어머니가 아니라 바로 나였던 겁니다.

분노는 당신이 화를 내는 그 상대와 생각지도 않았던 방식으로 계속 얽히게 한다. 그렇게 필사적으로 그 사람을 당신의 삶에서 내몰고 싶어도 분노가 오히려 너무나 적극적으로 그 연결을 살아있도록 붙들고 있는 형국이다.

여러 해 동안 나는 끝도 없이 아버지를 증오했지요. 수년 동안 그 분노는 내 삶에서 상당히 강력한 치유의 힘이 되어주었습니다. 분노 때문에 난 새 삶을 살 수 있었으니까요. 아버지가 나를 망쳐놓고 만족하는 꼴은 정말 보고 싶지 않았거든요. 하지만 결국 내 삶이 나아질수록 깨달아가는 게 있었습니다. 분노는 마치 이 세상에서 가장 없애고 싶은 그 한 사람과 나를 연결하는 고리같은 것임을요. 그걸 깨닫고 나서부터는 더 이상 분노를 키우지 않았답니다.

분노를 부인하는 것은 건강한 자세가 아니다. 하지만 분노 속에서 영원히 산다는 것 역시 건강한 것은 아니다. 감정은 본성상 찼다가 기운다. 결국 분노는 많은 감정들 중 하나로서의 자기자리를 찾아갈 것이다. 분노는 영원한 동반자가 아니기 때문이다.

지지의 힘을 가진 분노

《아무에게도 이야기하지 않았다》의 서문에서 엘렌은 어릴 때 배달부가 그녀를 추행하려고 했을 때 어머니가 분노하면서 자신을 보호해주었던 경험에 대해 적고 있다.

> 어머니는 그에게 무척 화가 났죠. 당장 그를 내쫓았습니다. 어머니는 나를 염려했습니다. 그 배달부가 아니구요. 그의 감정을 고려하라거나, 과거에 그가 나쁜 경험을 했을 수도 있으니 그 점을 참작하라는 식의 말도 하지 않았습니다. 어머니는 그가 다른 직업을 구할 때 어려움을 겪을지 어떨지 전혀 염두에 두지도 않았습니다. 오로지 나를 걱정했지요. 나는 내가 중요하며 보호받을 가치가 있고 그녀가 그토록 분노할 정도로 소중하다는 의미를 마음속에 새겼지요.

이런 식의 험악하면서도 당신을 보호하는 분노는 당신을 강력하게 지지하는 힘이다. 상담원은 내담자보다 감정을 더 많이 드러내지 않도록 훈련받고 부모들도 자녀가 피해를 입었을 때 과도하게 반응하지 말라는 조언을 받는다. 하지만 누군가의 분노는 직접적인 치유의 힘이 된다. 엘렌은 이런 장면을 자주 본다.

> 내 작업을 통해 여러 측면에서 도움을 받은 여성들은 내 분노에서 우러나오는 힘을 느꼈습니다. 그것은 일종의 피난처요, 불꽃이요, 청량한 한줄기 공기요, 모델이며 다소 두렵기는 하지만 흥미진진한 가능성이자 확신이었던 겁니다.

삶의 일상으로서의 분노

분노를 경험하고 표현하는 것에 점점 익숙해지면 그것이 일상으로 될 수 있다. 분노는 감금된 상태가 아니라면 더 이상 위험한 괴물이기를 스스로 포기하고 여러 감정 가운데 하나로 순화된다.

> 나는 화가 났을 때 사람들이 그것을 끔찍한 외상이 아니라 단지 화가 난 것으로 알 수 있도록 만드는 방법을 배우고 있습니다. 나는 세상의 종말이 온 것처럼 느끼지 않고도 "싫습니다, 나를 무척 화나게 하는군요"라고 말할 수 있답니다.

분노는 너무나 안전하여 어린 아이들조차도 분노 때문에 상처 입는 일은 일어나지 않는다. 엘렌의 집에는 알뜰 시장에서 2달러를 주고 사온 커다란 개구리 인형이 있었다.

> 우리 중 누군가가 정말 화가 나면 모두 개구리 인형을 짓밟아요. 내 딸이 아주 어린 아이이긴 하지만 이렇게 설명하더군요. "큰 개구리를 때리는 건 괜찮아. 살아 있는 게 아니니까. 정말 그 개구리를 다치게 하지는 않거든." 때로 내가 우울한 채로 있으면 그 애가 나에게 힘을 줍니다. "큰 개구리에게 가서 엄마가 하고 싶은 만큼 욕하면 되잖아. 여기는 나와 엄마밖에 없어. 난 아무렇지 않아."

분노를 행동으로

물론 우리의 임무는 고통의 분노를 변화하고자 결의하는 분노로 바꾸는 것이다. 사실 나는 고통으로서의 분노에 변혁의 개념을 부여할 수 있다고 생각한다.

_ 바버라 데밍, 《분노에 대하여》

배달부로부터 딸을 보호한 어머니 이야기를 다시 보면, 그 어머니는 자신의 분노를 표현하고 그 분노를 행동으로 옮겨 배달부를 내쫓았다. 그녀는 그가 엘렌에게 또다시 말을 걸기만 해도 그의 부인에게 말하겠다고 협박했다. 그녀는 행동으로 옮길 힘을 과시한 것이다. 이 부분이 중요하다.

분노를 활용하여 동기 부여하는 힘으로 전환시키는 행동은 치유에서 중요한 부분이다. 분노가 당신에게 말하는 것이 무엇인지 귀 기울인다면, 또 당신이 분노로 하여금 안내자 역할을 하도록 허용한다면, 분노는 긍정적인 변화로 나아가는 가치 있는 자산이 된다.

여성의 분노는 가해자와 연계를 단절할 것은 물론 괴롭힘이나 부적절한 농담, 추수감사절 칠면조 고기를 씹으면서 술에 취해 시도하는 추잡한 행동을 결코 참지 말라고 일러 준다. 여성의 분노는 위력을 휘두르는 상사와 일하는 것을 그만두고, 때리는 남편과 이혼하고, 약물이나 알코올 중독에서 벗어나도록 촉매 작용을 한다. 분노의 대상을 당신이 아니라 가해자에게로 정확하게 조준하면 자기 수용, 자기 양육은 물론 세상 안에서 긍정적인 행동이 무엇인지가 선명해진다.

쓰기 훈련: 분노

가해자에게 편지를 써라. 말도 안 되는 글이어도 괜찮다. 보낼 편지가 아니다. 뒤탈이 날까 걱정하지 말고 말하고 싶은 것을 정확하게 써

라. 원하는 만큼 퉁명스럽게, 독기를 품고 화를 내보라. 당신이 바라는 바를 표현하라. 당신의 슬픔, 당신의 분노, 상처, 인간성에 대하여 표현하라. 말로도 하라. 그것이 하나의 청량제가 되게 하라.

이런 편지를 여러 번 써도 좋다. 가해자가 여러 명인 경우도 있겠다. 가해자에 대한 감정이 시간이 지나면서 변화할 수 있다. 당신의 보호막이 되어주지 못했던 부모나 다른 사람들에게 편지를 써도 좋다.

드러내기와 진실 말하기

"아버지의 폭력이 내 인생을 어떻게 바꾸어놓았는지 그에게 말하던 그 날은 어른이 된 이후 가장 힘든 날이었습니다. 가장 힘든 일은 그렇게 하기로 결심하는 것이었답니다. 하지만 정말 잘 한 일이었습니다. 그 방을 걸어 나올 때는 떨리고 힘이 다 빠졌지만 마음만은 공기보다 더 가벼웠어요. 짐을 내려놓는 것 말입니다. 얼마나 많은 두려움을 안고 살았는지 말로 다 옮길 수가 없습니다."

당신의 피해에 대하여 공감하는 사람들에게 이야기하는 것이 중요하다. 혼자서 짊어지고 왔던 고통을 나누고 고립에서 벗어나는 것이야말로 치유의 중요한 일부이다. 마침내 당신의 피해에 대하여 당신을 가해한 사람들 혹은 당신을 보호하지 못한 사람들에게 이야기해야겠다는 결심을 하게 될 것이다. 가해자와 특히 더 가깝게 지내는 다른 가족에게 말하기로 작정할 수도 있다. 이런 어려운 폭로는 당신의 힘을 회복하는데 중요한 일부가 된다. 하지만 적절한 준비 없이 혹은 너무 서둘러 드러내면 당신이 감당할 수 있는 선을 넘어가버려서 치유 과정에서 이탈할 수도 있다.

대부분 회복의 과정과는 달리, 가해자를 직면하거나 부정적으로 반응할 지도 모르는 가족에게 당신의 이야기를 하는 것은 치유 과정에 꼭 필요한 과정이 아니다. 오히려 단단한 지지기반을 만든 후 할 수 있는 개인적 선택이다.●

첫 번째 치유 과정동안 당신에게 일차적으로 필요한 것은 안전성과 지지이다. 가해자나 혹은 당신을 이해할 것 같지 않은 가족에게 당신이 겪고 있는 것들을 아직 적절한 기초공사가 완성되기 전에 말하려고 할 수도 있다. 그렇게 되면 당신은 감당할 수 없는 감정의 깊은 소용돌이로 빠져버릴 수도 있다. 완성해놓지 못한 허약한 균형상태가 깨질 것이다. 당신의 치유 과정에 집중하지 못하고 대신 가해자나 가족에게 신경을 쓰게 되어 흐트러질 것이다.

드러내기라는 까다로운 과정을 생각하기 전에 치유의 초기단계를 잘 거쳐서 단단한 토대를 만들라. 그 때까지 기다려라.

그동안 할 일

당신이 가해자 혹은 다른 가족들과 어떻게 관계를 맺을 것인지 의도적으로 선택하는 것은, 치유 초기단계에 중요하게 해야 할 작업이다. 평범한 상호작용을 하는 상황이 아니라면, 어릴 때의 성폭력 피해로부터 회복하는 단계를 밟고 있다는 사실을 밝히지 않은 상태에서 접촉을 덜 할 수도 있다. 하지만 서로를 자주 만나게 되거나 친밀한 관계에 있다면 아무 것도 변하지 않은 것처럼 행동하는 것이 가능할 것 같지 않다. 성폭력 피해에 대한 주제를 다룰 준비가 되었다는 느낌이 들지 않을 때는 가족들과 같이 보내는 시간을 줄이거나 일시적으로나마 그 관계에 소원해질 필요도 있다. 그래야 당신의 치유에 필요한 공간을 스스로 만들어내기 때문이다.

이렇게 관계가 소원해지는 이유를 굳이 설명할 필요는 없다. 많은

● 시카고에 있는 전후맥락 변화 센터Center for Contextual Change의 원장 메리 조 바렛Mary Jo Barrett에게 고마움을 전한다. 그녀는 가족과의 작업을 혁신적으로 이끌고 자신의 통찰과 경험을 기꺼이 우리에게 나누었다. 메리는 대면confrontation보다는 대화conversation 라는 말을 처음 적용시켰다. 그 말은 어린이 성폭력 치유를 위하여 가족들이 함께 작업할 수 있는 보다 중립적인 토대를 만들어준다는 장점이 있다. 위 센터는 성폭력 후유증을 겪는 개인이나 가족을 위하여 심리치료를 제공한다. 더 많은 정보는 www.centerforcontextualchange.org를 방문하라.

생존자들이 자신의 삶에 일어난 일들을 다루려고 얼마간 시간이 필요하다고 그냥 말하는 것만으로도 효과가 있다고 생각한다. 가족과의 관계에 따라 당신의 친척들은 더 많은 것을 알아내려고 압력을 넣기도 하고 그렇지 않기도 하다. 아직 준비가 채 되지 않은 상태에서 피해의 주제를 꺼내는 것보다는 다소 문제가 덜 될 것이다.

> 아직 아버지와 대면할 준비가 되지 않았습니다. 하지만 부모님들이 불과 한 시간 떨어진 곳에 살고 있어서 우리는 자주 보는 상황이었죠. 가족 모두가 나를 다시 끌어오려고 힘들게 할지도 모른다는 생각을 했어요. 하지만 몇 가지 해결할 문제가 있어서 혼자 있을 시간이 좀 필요하다고 말했는데 어느 누구도 말을 거의 하지 않아서 오히려 난 충격을 받았지요.
>
> 그들에게 이야기할 준비를 하는데 대략 2년이 걸렸습니다. 결국 기다린 것이 잘 한 일이었어요. 아버지는 격렬하게 부인했고 어머니는 잔인하게 굴더군요. 어머니는 그렇게밖에 표현을 못하겠네요. 좀 더 일찍 공개했더라면 아마 난 망가지고 말았을 겁니다.

선택하기

피해를 드러낼지 말지를 생각하는 과정은 드러내기 만큼이나 중요하다. 준비기간은 내면을 발견하기 위한 기회이다. 당신의 생각과 느낌을 철저하게 들여다볼 수 있는 시간을 가져라. 치유를 위한 전체적인 목표 안에서 결정하라. 스스로 물어보라.

- 치유 과정에서 나의 우선순위는 무엇인가?
- 진실을 말하는 대화는 이런 목표를 이루는데 도움이 되는가? 그

이유는 무엇인가?
- 누구에게 말하고 싶은가? 왜 털어 놓고 싶은가?
- 이 만남에서 내가 얻고자 하는 것은 무엇인가? 나의 동기는 무엇인가?
- 나는 현실적인 것을 기대하고 있는가?
- 어떤 위험이 있는가? 그 위험을 나는 기꺼이 감수하려고 하는가?
- 최악의 상황과 최선의 상황을 현실적으로 상상할 수 있는가? 어느 쪽이든 난 그 결과에 승복하면서 살아갈 수 있는가?
- 적절하게 준비했는가?
- 어떤 반응을 받든 안정된 마음을 유지하고 그 상황을 다룰 만큼 튼튼한 토대를 갖추었는가?
- 이 과정 이전, 진행기간, 그 이후 나를 지지할 든든한 후원시스템이 있는가?
- 좀 더 기다린다면 상황은 어떻게 바뀔까?

하지만 그가 와서 나를 해코지할 텐데

어떤 식으로 반응할 지 예측이 안 되는 사람들에게 피해를 말하겠다고 생각한다면 당연히 당신은 겁이 날 것이다. 그 두려움의 일부는 충분히 현실적이다. 그러나 어떤 두려움은, 당신이 아직 어릴 때의 눈으로 가해자나 다른 가족들을 보고 있다는 사실에 기반한 것일 수도 있다.

가해자에게 이야기를 털어놓으면서 그 문제에 직면하게 했을 때 당신은 가해자가 당신에게 더욱 큰 상처를 입힐까 봐 두려울 것이다. 한 여성은 아버지가 대문에서 튀어나와 자신을 죽일 것이라고 확신했다.

그러나 사실은 그 아버지가 몸을 숨기고 그녀를 피해 다녔다. 그녀가 두려워졌던 것이다. 당신은 인식하지 못하겠지만 드러내고 직면하기로 선택할 때는 당신에게 이미 엄청난 힘이 생긴 이후이다.

물론 위험스런 때도 있다. 그럴 경우 당신의 안전을 따져 보아야 한다. 당신이 가해자를 직면했을 때 더 심각한 폭력이 야기될 수 있다면 적절한 보호 장치를 마련하여 이를 사전에 방지해야 한다. 예를 들어 공공장소에서만 만나고 현재 주소나 전화번호를 알려 주지 않을 수 있으며 아니면 동반자와 함께 갈 수 있다. 혹은 가해자가 너무나 난폭하거나 예측할 수 없는 사람이기 때문에 직면하지 않기로 작정할 수도 있다.

가해자가 가족이 아니라면

가해자가 가족이 아니라면 피해 사실을 드러내기가 훨씬 수월할 것이다. 또한 그 드러내기는 인정을 받거나 사과를 요구하는 것이 아니라 말 그대로 당신이 해야만 할 말을 털어놓을 기회를 위한 것이다. 가족들도 당신을 지지하는 것이 위협적이라는 생각은 덜 하게 된다. 분명 어머니도 자신의 남편이나 아버지 혹은 아들이 가해자라는 말을 듣는 것보다는 이웃 아저씨나 선생님이 딸의 가해자라는 말을 들을 때 상황을 받아들이기가 훨씬 더 쉽다.

상황이 어떠하든 그 과정 동안 당신을 짓눌러 왔던 성폭력 피해를 아무렇지도 않게 취급하는 일은 없어야 한다. 선생님으로부터 성폭력 피해를 당한 한 여성은 사진첩에서 그 남자의 이름을 발견한 날 한숨도 자지 못하고 몸을 떨어야 했다. 금기시된 침묵을 깨는 것은 가볍게 다룰 것이 아니다. 당신의 세상을 통째로 흔들어 놓기 때문이다.

진실을 말하는 대화

　진실을 말하는 대화에서 당신은 분명하고 직설적으로 당신의 피해를 말하게 된다. 무슨 일이 일어났는지, 당신은 어떻게 상처 입었는지, 지금 당신의 기분은 어떤지. 그것이 당신의 삶에 어떤 영향을 미쳤으며 어떤 의미인지에 대하여 말한다. 당신의 말이 다 끝날 때까지 끼어들지 말라고 다른 사람에게 요구한다.
　이런 필수적인 사항 이외에도 원하는 것이 있다면 그렇다고 말하라. 당신은 사과를 받고 싶거나, 책임을 통감하고 있는지를 알고 싶거나, 당신의 말을 수긍하는 것을 보고 싶거나, 보상비나 치료비를 기꺼이 내 주겠다는 굳은 약속을 받고 싶거나, 현재의 관계를 바꾸고 싶어할 수 있다. 또는 가해자가 성폭력에 대한 책을 읽거나 치료 센터에 가는 것이 보고 싶을 수 있다. 보통 가해자는 생존자와 직면했다고 해서 개과천선하거나 심리적인 변화를 보이지는 않는다. 따라서 가해자에게 태도를 180도 변화하라고 요구하기보다는 특별한 행동을 통해 변화를 요구하는 것이 더 효과적이다. 당신이 구체적인 요구 사항을 제시한다면 당신이 요구한 바가 실현되고 있는지 어떤지 확인하기도 쉬워진다. 가령 생존자들은 가해자에게 더 이상 그들을 안지 말라 하고 그들의 몸에 대한 언급을 하지 못하게 하며 전화 없이 방문하지 말라고 요구한다.
　당신이 원하는 바를 명료하고 직접적으로 요구한다 하더라도 그것을 달성하지 못하는 경우도 있다. 당신은 당신의 말과 행동은 조정할 수 있지만 당신이 받게 될 반응을 조정할 수는 없다. 그러므로 당신 자신과 당신의 힘 안에 있는 것에 집중하는 것이 최선의 태도이다. 많은 생존자들이 상대에게 인정하라고 요구하지 않아도 그동안 품어둔 말을 하게 되면 만족스러워한다. 이런 식으로 당신은 자신의 경험에 대한 권위자이며 그것을 입증할 다른 사람은 필요하지 않다는 점을 분명하게 확인한다.

말할 준비를 하는 것 자체가 치유이다

생존자들은 준비 작업이 실제로 가해자를 만나는 것만큼이나 가치 있다고 생각한다. 어쩌면 더 유용할 수도 있다. 진실을 말하는 대화를 준비하면서 이 경험이 당신의 치유를 목적으로 한다는 사실을 기억하는 것이 중요하다. 당신이 타이밍을 정하고, 만남을 주선하고 대화를 설정한다. 결과를 조정할 수는 없다 하더라도 당신이 하는 행동, 그 행동을 하는 방식에 대한 상당한 힘을 당신이 쥐고 있다.

얻고자 하는 기대와 목표를 분명히 정하는 것 또한 중요하다. 진실을 이야기하고, 당신이 책임을 지고, 그러면서 흔들림 없는 태도를 보이고, 관계를 지속하고 싶을 경우 필요한 선을 그어야한다면 당신이 직접 그을 수 있는 기회인 것이다. 결과와 상관없이 당신은 힘이 생긴 것을 직접 느끼면서 그 만남을 끊어낼 수도 있다.

계획하기

감정적으로 너무나 부담스러운 어떤 것을 구체적으로 계획하려고 할 때 낯선 느낌이 들 것이다. 그러나 그렇기 때문에 바로 그 계획이 필요하다. 계획이 일단 만들어지면 당신이 방향을 잃고 헤맬 때 기댈 만한 언덕이 되어줄 것이다. 물론 당신이 구상한 대로 상황이 일어나지는 않을 것이다. 왜냐하면 사람들은 각자 자기만의 느낌과 생각, 과제를 안고 살아가는 존재들이고 그런 사람들을 당신이 다루고 있기 때문이다. 하지만 다양한 반응이 있을 것이라는 예상을 하고 그 각각의 반응에 따른 전략을 생각해 놓는다면 상당한 도움이 될 수 있다.

당신이 말하고 싶은 것을 말하는 연습을 하는 것도 좋은데 동시에 여러 반응에 대응하는 것도 연습하라. 치료 시간이나 당신을 지지하는 친구들과 가능한 시나리오를 가지고 역할놀이를 할 수도 있다.

만남의 단계를 처음부터 끝까지 하나씩 밟아나가라. 당신은 무슨 말을 하고 싶은가? 어떻게 말하고 싶은가? 전하고 싶은 요점을 적어서 그것을 암기하거나 당신이 읽을 수 있도록 종이를 들고 다녀도 된다. 이런 준비과정에 당신 스스로를 돌볼 전략을 포함시키는 것도 반드시 기억하라.

만남이 어디에서, 언제, 어떻게 진행될 것인지가 일차적으로 중요하다. 대개 개별적으로 이야기하는 것이 보다 더 만족스럽지만 어떤 경우엔 편지를 쓰거나 전화로 하는 게 더 낫다는 결정을 내릴 수도 있다. 모든 어려운 감정적인 대화를 할 때 이메일은 피하는 게 좋다. 급한 대답을 요구하려는 마음이 때로 너무 강해질 수도 있고 그렇게 되면 당신의 대화는 한번 클릭으로 전송되고 말 것이기 때문이다.

가능하다면 만남 뿐 아니라 계획단계에 숙련된 상담원을 개입시켜라. 능력 있는 촉진자는 진정한 대화가 이루어질 수 있도록 도와줄 것이다. 이때 상담원이 하는 일은, 당신을 지지하는 것뿐만 아니라 가해자나 가족으로 하여금 당신의 말을 듣고 보다 정직하게 반응해도 괜찮다는 느낌을 갖도록 하는 것이다. 한편 당신이 맞대면하고 있는 그 사람이 계속 혼란스러운 방식으로 반응할 경우 무슨 일이 일어나는지를 관찰하고, 당신의 시각을 정당화하고, 당신이 평생 살아왔던 그 역동적인 과정을 확인해줄 목격자가 존재한다는 점에서 상담원의 동석은 말로 헤아릴 수 없을 만큼 귀중한 가치가 있다.

진실 말하기: 캐서린 이야기

캐서린은 28세이며 웨스트코스트 라디오 프로듀서이다. 서부 지역의 한 시골에서 알코올 중독자인 부모 밑에서 자랐는데 아버지는 의사였고 어머니는 정신과 간호사였다. 캐서린은 아주 어렸을 때부터 아버지로부터 성폭력을 당했으며 기억을 회복한 지 1년 후 다음과 같은 직면을 감행했다.

캐서린 이야기는 준비가 덜 된 상태에서 계획도 없이 진실을 밝혔을 때 발생할 수 있는 몇 가지 상황을 잘 보여주고 있다. 캐서린은 부모에게 처음 전화했고 그 이후 상담원이 부모와 두 번째 대화를 준비할 수 있도록 도왔다. 이번에는 직접 대면하는 방식이었고 그 자리에 촉진자로서 혹은 동맹군으로서 상담원이 배석했다. 캐서린은 훨씬 더 준비가 된 상태였다.

> 부모 중 어느 한 분에게 이야기하고 싶은 마음이 생겨나기 시작했다. 어느 주말, 어머니는 내가 우울해 하고 있는 것 같다며 전화를 해서는 내 걱정을 했다. 어머니는 내가 가족을 피하는 것이 걱정되었던 것이다. 그녀는 나에게 뭐가 잘못되었는지 물었다.
>
> 막 침대로 나오면서 생각했다. "그래, 지금은 잘 해낼 수 있을지도 몰라." 그래서 "난 근친 강간 피해자예요, 그리고 가해자는 아빠인 것 같아요"라는 말을 했다. 말이 떨어지기가 무섭게 나는 '오, 세상에! 너 지금 무슨 말을 하고 있는 거냐? 아직 잠이 덜 깨었단 말이냐! 도대체 어떻게 하려고 하는 거야?'라는 생각이 뇌리를 스쳤다.
>
> 전화선 저쪽 끝에서 엄마가 목이 메이고 있었다. 겁이 났다. 내가 이야기를 하는 내내 어머니는 울고 있었다. 나 역시 울었다.
>
> 처음에 어머니는 나를 위로했다. 처음에 어머니는 "난 100퍼센트 널 믿는

다. 넌 믿을 만한 아이였거든. 이런 일이 있으면 대개 엄마들은 아빠 편을 들겠지만 난 그렇게 하지 않으련다"고 말했다.

이틀 후 어떻게 계속 그와 같이 살 수 있을지 두렵다는 어머니의 편지를 받았다. 어머니의 태도가 바로 그때부터 달라졌던 것이다. 이제는 심지어 그런 일이 일어나지 않았다고 부인한다.

아버지에게 말하기 | 아버지에게는 말하지 말라고 어머니에게 신신당부했다. 때가 되면 내가 직접 말하고 싶다고 말했다. 그러나 어머니는 아버지에게 전부 다 말했고 일주일 후 몹시 화가 난 목소리로 아버지가 따지면서 전화를 했다. "그 빌어먹을 근친 강간이라니 너 지금 무슨 말을 하는 거냐?"

바로 그 순간 나는 사실의 전말을 그에게 이야기하겠다고 결심하여 두 시간 동안 전화를 붙들고 서로 그가 했느니 하지 않았느니, 왜 전에는 아무 말도 하지 않았는지, 왜 내가 기억할 수 없었는지를 서로 고래고래 소리치면서 이야기했다. 그는 마치 내가 자기를 나무라는 것 같다고 말했다. 그는 한 번도 나를 만지지 않았다고 했다. 그는 증거를 가지고 와서 자기를 만날 것을 요구했다. 나는 지금은 그를 만나고 싶지 않지만 언젠가 때가 되면 내가 정하는 곳에서 그를 만나겠다고 했다. 그의 기를 꺾고 나의 힘을 유지하기가 정말로 힘들었다. 내가 그렇게 한 것이 자랑스럽다.

전화를 끊었다. 전화를 들고 있던 내내 난 내 입장—이것은 나에게 일어났던 것이며 나는 상처를 받았고 화가 났으며 어떤 변명도 있을 수 없다는—을 성공적으로 관철시켰다. 그에게 소리쳤으며 그에게 사실을 들려주었다. 내 지성과 감정을 일치시켰다. 그것은 진실이었으므로 나의 행동에는 정말 힘이 실려 있었다.

가족 치료 | 어머니와 아버지에게 함께 가족 치료를 받자고 제안했다. 두 시간 동안 그들을 만났다. 우리는 그곳에 가려고 100마일을 달려갔다. 치료사가 오기를 기다리면서 우리 사이에는 긴장이 팽배했고 서로 의심에 찬 눈길을 주고받는 상황이 벌어졌다.

일단 치료에 들어가자 내 치료사가 주제를 꺼집어냈다. 그녀는 우리가 여기에 온 것은 성폭력 피해를 당한 데 대한 내 감정을 이야기하기 위해서라고 말했다. 또 우리는 정직함과 친절함을 유지하면서 공정한 선을 따라 걸어야 하는데 만약 실수를 한다면 정직함을 지키지 못하는 쪽으로 실수하는 것이라고 설명했다. 또 이 시간 동안에는 이미 일어났던 나쁜 사건들을 다룰 것이지만 그렇다고 해서 우리 가족의 삶에 좋은 것이 전혀 없었다는 뜻은 아니라고 말했다.

그러고 나서 치료사는 나에게 기회를 주었다. 내 목표는 부모에게 내가 얼마나 상처를 입었는지를 보여 주고 그들 앞에서 울음을 터뜨리고 어떤 일이 일어났었는지를 그들에게 이야기하는 것이었다. 나를 무척 증오하는 사람들 앞에서 나를 취약하게 드러낸다는 것이 힘들었다.

가장 큰 두려움은 내 부모가 지극히 부드럽고 점잖고 합리적인 사람들이며 결코 어느 누구도 학대할 수 없는 그런 사람들이라는 판명이 날지도 모른다는 것이었다. 그렇게 되면 치료사가 나를 지독한 거짓말쟁이라고 생각할 수도 있기 때문이었다. 치료사 앞에서 부모가 그들의 관계를 적나라하게 보여 주는 데는 5분으로 충분했다. 그들은 소리치고 비명지르고 평소 하던 대로 다 쏟아 냈다. 내 삶이 어떠했는지를 누군가에게 보일 수 있어서 위안이 되었다.

가족 치료 이후 그들이 언젠가는 변화할 것이라는 내 기대의 수준을 크게 수정했다. 그것은 거의 10분 만에 극적으로 판명났다. 그들이 나에게 그런 짓을 할 사람이 아닐지도 모른다는 내 기대는 그 짧은 시간 동안 산산이 무너져 내렸다.

그들의 모습을 지켜보면서 이야기를 들으니 그들이 얼마나 폭력적인가를 새삼 알게 되었다. 또 내가 어떻게 이들을 감당해야 할지에 대한 관점이 바뀌었다. 그렇게 함으로써 그들을 끌어들이지 않고 나에게 집중하는 데 도움이 되었다. 그들은 분명 나를 도울 수 있는 사람들이 아니었던 것이다.

내가 한 것이 기쁜 까닭 | 부모에게 이야기한 것이 정말 기쁘다. 물론 내 일생 동안 내가 한 행동 중에 가장 불쾌한 것 중의 하나이기도 했다. 그러나 내가 행한 자유, 나를 가해한 사람들에게 진리를 말한 자유는 정말 놀랄 만하다. 그렇게 하기 전의 기분은 거지같았다. 그렇게 하는 동안의 기분도 거지같다. 그렇게 하고 난 이후의 기분 역시 거지같다. 그러나 적어도 당신의 머리를 더 이상 지배하지는 않는다.

지독히도 끔찍했던 그 가족 치료 동안 내가 어떤 태도를 취했는지, 또한 그러한 태도가 나에게 얼마나 도움이 되었는지를 직면하는 것 때문에 고민하는 사람들에게 말해 주고 싶다. 말해야 할 것을 전혀 말하지 못하고 애매하게 끝날까 봐 두려워하는 사람들에게 나는 적극 추천하고자 한다. 다만 그 시간이 끝나자마자 곧 그들이 죽을 것이라고만 생각하라. 그들은 죽었고 나는 여전히 비참한 삶을 살아간다. 그러다가 손을 비비꼬면서 "왜? 왜 그들에게 이야기하지 않았던가?"라고 중얼거리는 그림을 그렸다. 그렇게 생각하니 용기를 가지고 최악의 말을 쏟아낼 수 있었다. 그들이 다칠까 싶은 염려는 치워버리고 해야 할 말을 하는 데 도움이 되었다.

중심을 유지하고 지지 얻기

가해자나 가까운 가족들을 대하다 보면 불안정한 어린 시절이 되살아나고 옛적 대처방식으로 되돌아갈 수도 있다. 그러므로 당신 자신을 충분히 지지하는 것은 엄청 중요하다. 당신에게는 지금 당신의 모습을 비춰주는 거울이 되어줄 사람, 지금 당신이 어떤 사람인지를 상기시켜 주는 사람, 당신의 경험이 사실임을 확인해주는 사람이 필요하다. 당신의 아버지가 당신을 집적거렸고 당신의 어머니가 끊임없이 당신의 말을 반박한다는 사실을 누군가가 "정말 사실이다." 하고 단순히 인정만 해줘도 큰 위로가 될 수 있다.

중심을 유지하는데 실제 도움이 되는 또 하나의 방법은, 당신이 다른 사람과 어떻게 상호작용하는지를 기록하는 것이다. 편지를 쓰면 복사 해두라. 전화를 하고나서 기록하라. 일기를 써라. 가족과 만나보겠다는 결심이 서면 당신의 현재 생활을 기억하게 할 뭔가를 가지고 가라. 사진이나 베개, 좋아하는 기념품이나 친구가 준 선물 등 뭐든 좋다. 먼 거리를 여행할 경우 집으로 전화를 걸어 지금 당신의 생활을 떠올릴 수 있다. 더 좋은 방법은 신뢰할 만한 친구와 동행하는 것이다. 그러나 누구를 고를지 신중해야 한다. 가족의 역동에 말려들지 않을 사람을 선택하라. 그 사람에게 당신이 원하는 바를 분명하게 밝혀라. 예를 들어 당신은 그들이 대화에 끼어들기 보다는 단지 그곳에 같이 있으면서 증인이 되어주기를 바랄 수 있다. 그럴 경우 그들이 그 과정 동안 믿을 만하고 당신의 편이 되어줄 사람들임을 확인하라.

그러나 이런 채비를 단단히 갖추었다 해서 두렵지 않을 것이라는 뜻은 아니다. 강한 기반을 가지고 철저하게 준비할 때까지 기다려왔다 하더라도 당신은 여전히 오래된 침묵을 깬다는 점에서 공포스러울 수 있다. 한 생존자가 말했다. "질릴 때까지 계획을 짰지요. 하지만 막상 전화를 할 때는 절벽에서 뛰어내리고 싶은 심정이었습니다. 막상 전화기를 들면 무슨 일이 일어나고 있는지 알 수가 없으니까요."

너무나 오래도록 침묵하고 있었습니다: 패트리샤 이야기

패트리샤 로빈슨은 부유하고 저명한 가정에서 네 명의 자녀 중 막내로 태어났다. 패트리샤는 대체로 관리를 받으며 컸고 전 세계를 일등석을 타고 여행했으며 가족의 비밀을 지키도록 배웠다. 밖에서 볼 때 화려하기 그지없는 그들의 삶 이면에는, 딸들을 성폭행하는 알코올중독자 아버지와 정신병원을 은밀하게 들락거리는 약물중독자인 어머니가 있었다. 5년 차이가 나는 오빠 역시 어릴 때 그녀를 추행했다.

본인이 50대가 되고 부모가 다 사망하고 나서야 패트리샤는 드디어 오빠 언니들에게 피해를 폭로할 준비가 되었다. 두려웠지만 단호한 결심을 했다. 그녀의 치유에는 노래와 노래가사 쓰기가 중요했기에 그녀는 노래로 드러내기 과정을 치렀다.

> 음악은 늘 내 삶에 큰 부분이다. 음악이 없었다면 아마 난 죽거나 자살했을 것이다. 노래하고 노랫말을 쓸 수 있다는 것은 되돌아 보건데 상당히 완만한 길이었다. 그것은 나를 회복하도록 이끌어준 줄이었다.
> 나이 50에 가까워지면서 난 아버지에 의한 친족성폭력을 노래로 썼다. 그것을 쓰려고 쓴 건 아니고 그냥 나왔다. 상담원에게 가지고 가자 그걸 가족들에게 보내라고 격려했다.
> 용기를 내는 데 수개월이 걸렸다. 가족의 비밀을 다 폭로하는 일이다 보니 내가 입을 열면 나의 세상이 전부 다 무너지지나 않을까 두려웠다. 정신적으로 약간 불안정한 상태인 오빠가 미칠까봐 걱정되었다. 오빠나 언니들

과 미약하나마 가져왔던 그 관계마저도 위험에 빠뜨리고 있다는 생각이 들었다. 내가 이 테이프를 메일로 보내면 모든 것을 잃게 될 것이라는 확신이 들었다. 하지만 어쨌거나 그렇게 했다.

수년 동안 이것 때문에 내가 힘들게 살았으며 이제 가족에게 남겨진 것과 더불어 그것을 공개해야겠다는 내용의 편지를 동봉했다. 모든 사람들이 나를 버릴 것 같고 그런 일은 애초 없었다고 말할 것 같아 두려워 죽을 지경이라고 말했다. 하지만 아무도 그렇게 하지 않았다.

내 생애 첫 청중인 언니와 오빠에게 친족성폭력에 대한 연주를 들려줄 수 있어서 인생의 큰 짐을 덜었다. 노래를 보낸 것은 대단한 수위에서 침묵을 깬 것이며 우리가 화해할 수 있는 문을 열어주었다.

우리는 불굴의 정신을 가진 보스턴 상류층 집안에서 자랐기 때문에 어느 누구도 그 무엇에 대한 어떤 오점으로도 주저앉지는 않았다. 노랫말을 내가 직접 썼기 때문에 생생하게 내 감정을 전할 수 있었다. 단지 "난 성폭력 피해를 입었다"라고 말하기보다는 어떤 모습이었는지, 어떤 냄새 같았는지, 어떤 느낌이었는지에 대하여 썼다. 노래는 실로 구체적이었기 때문에 겉만 빙빙 돌지 않고 우리의 기억을 구체적으로 끄집어낼 수 있었다. 이것은 언니오빠들 모두에게 진실을 말할 수 있는 문을 열어주었다. "이것은 나에게 일어난 일이었다." 라고.

현실성 갖기

가해자와 가족들에게 어렵사리 피해를 이야기했을 때 그들이 어떤 반응을 보일지 예측하는 것은 불가능하다. 때로 가해자는 자신의 행동을 인정하고 양심의 가책을 보이면서 어떤 식으로든 보상하고 싶어한다. 당신을 보호하지 못한 부모는 일어났던 일을 듣고 공포에 질리면서 지금이라도 당신의 편이 되기 위해서 무엇이든 하겠다고 말할 수도 있다. 이런 결과를 가장 바라겠지만 이런 일은 거의 일어나지 않는다. 대신 방어적이거나 공격적인 반응에 부딪히기 쉽다. 당신을 이해는 하지만 동시에 적대감을 드러내는 사람도 있을 것이다.

당신이 받게 될 반응을 현실에 가깝게 예측하는 것이 중요하다. 과거에 당신을 추행한 사람이 지금 당신의 욕구에 민감할 것 같지는 않다. 당신이 설령 공감을 받았다 하더라도 성폭력 피해를 자주 드러낸다면 가족들이 부인하면서 방해할 수도 있다. 가족은 그 폭로가 너무나 위협적이어서 일어난 일을 부인하고, 생존자를 비난하고 피해를 최소화하려고 든다. 지하실에서 숨바꼭질을 하고 있을 때 할아버지로부터 난폭한 성폭력 피해를 당한 또 다른 여성은 어머니에게 그 성폭력 피해 사실을 이야기했다. 어머니는 "니가 그것을 원했구나. 지하실에서 너는 무슨 놀이를 했다는 거니? 넌 분명 성행위를 하려고 했던 거야."

이런 비이성적이거나 적대적인 반응이 드문 일은 아니다. 딸이 피해를 받고 있다는 사실을 알지만 적절한 대책을 세우지 않아 그 딸을 보호하지 못한 어머니라면 지금 자신이 엄청난 개인적 변화를 겪지 않은 이상 당신을 이해할 것 같지는 않다는 말이다.

때로 당신의 대화 상대가 당신을 가해한 가족인 경우도 있다. 그들이 가해를 감추려하고 그것에 대하여 생각하려고 하지 않는다면 그건 그들이 당신의 드러냄을 몹시 불편해한다는 뜻이다. 오래 잠재워 둔 감정을 끄집어내는 것은 상당히 위협적일 수 있으며 엄청난 변화를 의미하기 때문에 가족이 힘을 합하여 피해 자체를 다루기보다는 당신을 거부할 수도 있다. 그러므로 드러내는 과정에 접근할 때 초점을 맞추어야 할 것은, 당신 자신, 당신이 원하는 것 혹은 당신이 말하고자 하는 것, 상황을 다루고 싶어 하는 방식이지 당신이 받고 싶은 반응이 아니다.

이제 다 털어놓았으니 어릴 때 갖지 못한 모든 것을 가질 수 있겠거니, 혹은 진실된 방식으로 말한다면 얼마든지 지지와 사랑을 받겠거니 하는 순진한 기대를 섣부르게 해서는 안 된다. 그럼에도 불구하고 많은 생존자들이 은밀하게 혹은 공개적으로 그러한 반응을 희망하고 있다. 생각지도 못한 배신 때문에 또다시 나락에 떨어지지 않기 위해서라도 이러한 상황을 정확하게 알 필요가 있다. 가해자와 대면하거나 당신의 피해 사실을 드러낼 때 현실을 인정하기 위해서 "사랑하는 어머니" 혹은 "행복한 가정"과 같은 환상은 기꺼이 버릴 마음이 되어 있어야 한다.

만약 부모 혹은 다른 친척이나 가해자가 진심으로 당신의 말에 귀 기울이고, 연민하면서 당신의 편이 되어준다면 당신은 그 관계가 가진 진정한 이점을 누리게 된다. 비록 이런 일은 당신이 미리 기대할 만한 것이 못되기는 하지만, 당신에게도 조금 더 깊은 이해와 더 건강해진 관계로 나아갈 가능성은 열려있다. 그러려면 당신은 철저하게 준비하고 주의 깊고 분명한 목표를 가지고 진실을 말하는 대화에 임해야 할 것이다.

그래서 우리는 더 가까워졌습니다: 비키 이야기

아버지한테서 받은 성폭력 피해를 어머니에게 털어놓은 것은 내가 치료사와 이 문제로 상담과 치료를 받던 때였습니다. 어머니는 말 걸기에 가장 난처한 분이었기 때문에 말하는 방식을 미리 생각해 두었지요. 전화를 걸어 말했습니다. "엄마, 말하고 싶은 정말 중요한 것이 있는데요. 내가 비행기를 타고 그쪽으로 가서 어머니와 같이 어머니 치료사를 찾아가도 괜찮을까요? 그러면 좀 더 수월할 텐데요."

어머니의 첫 반응은 "너 괜찮니?"였습니다.

"그럼요. 괜찮아요."라고 말했지요. 그리고 먼저 어머니의 치료사에게 전화를 하라고 하시더군요. 그렇게 했습니다. 내가 무엇을 원하는지 어머니의 치료사에게 말하면서 2주 뒤로 약속을 잡았지요. 그동안 두 번 정도 어머니와 더 통화를 했는데 한 번도 어머니는 "무슨 일인지 말해 봐! 나를 아주 미치게 하는구나."라는 말을 하지 않았습니다. 그러나 어머니는 두려워하고 있었지요.

비행기에서 내리니 어머니가 공항까지 마중 나와 있더군요. 차 안에서 어머니는 "두 가지 물어 볼 것이 있단다. 너 무슨 불치병을 앓고 있는 거니? 아니면 무척 곤란한 상황에 빠진 거니?" 내 마음이 찢어졌습니다.

"그 둘 다 아니에요." 내가 말했죠.

그러니까 어머니는 "이제야 좀 안심이 된다."라고 하시더군요.

내가 아버지로부터 성폭력 피해를 당했다고 이야기하자 내가 자라면서 내내 마음속으로 그렸던 그런 방식으로 어머니는 반응을 하셨습니다. 나를 보면서 말했어요. "너무 미안하구나." 어머니는 나에게로 와서 마치 상처받은 아이를 안듯 그렇게 나를 안았던 거죠. 건성으로가 아니라 진심으로 말입니다. 어머니는 아무 것도 덧칠하지 않은 감정을 담아 내게로 왔어요. 20년이라는 세월이 내 눈 앞에 어른거렸습니다. "세상에, 난 왜 이렇게 오래도록 기다렸다가 이제서야 이야기를 꺼낸 것일까?" 어머니는 완전히 나를 이해하고 공감해 주었지요.

어머니는 그 어떤 것도 부정하지 않았습니다. 상담 시간이 반 정도 지나서 어머니는 자신이 나쁜 어머니였음에 분명하다는 말로 시작하면서 아버지에 대해 맹렬한 분노를 터뜨렸습니다. 그의 집으로 달려가서 총으로 머리통을 날려 버리고 싶다고 했습니다. 어머니는 그를 죽이고 싶어 한 겁니다. 난 그것이 좋았어요.

어머니에게 말을 하여 우리는 더욱 가까워졌습니다. 우리는 지금 서로서로 훨씬 더 정직한 관계를 만들어 가고 있습니다.

하늘이 두 쪽 나는 일은 없다.

가족에 대한 우리의 감정은 복잡한 역설로 가득 차 있다. 많은 생존자들이 가해자나 다른 가족을 단일한 감정으로 바라보는 것은 아니다. 자신이 살아온 삶의 진실을 다 이야기하고 싶다는 열렬한 심정으로 먹먹해지다가 이야기한다는 것 자체가 공포스러워 위축된다. 가족이 뿔뿔이 흩어질까 두려웠다가도 분노로 가득 찰 수도 있다. 당신은 가해자나 혹은 당신을 보호하지 못했던 부모를 깊이 사랑하면서 동시에 증오할 수도 있다. 가족에 관한 한 이런 식의 복합적인 감정은 마르지 않는다.

셀리아는 시인이다. 그녀는 근친 강간에 대해 글을 쓰고 자신의 작업을 공개하기 시작하면서 공포스러워졌다. 그녀의 글이 가족을 파멸시킬지도 모른다는 확신이 들었기 때문이다. 성폭력 피해를 당한 많은 어린이처럼 그녀 역시 자신에게 상황을 변화시킬 힘이 있다는 비현실적인 생각을 하면서 자랐다. "내가 어떤 말을 하고 어떤 행동을 하든 그것은 세상을 갈라놓아 세상 사람들을 파멸로 몰아갈 수 있다는 그런 바보 같은 생각을 하고 있었던 거지요. 내가 알았어야만 했던 것은 내 가족이 그 오랜 세월 동안의 근친 강간에도 불구하고 그럭저럭 울타리를 유지해 왔다는 겁니다. 입을 열어 이야기한다고 해서 그 유대가 무너지지는 않았을 거란 말이죠."

마침내 셀리아가 자신의 작품을 공개하자 두려워한 쪽은 오히려 어머니였다. 어머니는 셀리아가 모녀 관계를 끝장낼까 봐 걱정했던 것이다. 셀리아는 계속 가족을 방문하기로 했다. "그렇게 해서 난 어머니에게 말했죠, '내가 어머니를 미워하기만 할 필요는 없지요. 사랑하기만 할 필요도 없어요. 난 둘 다 할 수 있는 거죠.' 이런 말을 한다 하더라도 하늘이 두 쪽 나는 일은 없다는 선례를 만들고 있었던 겁니다."

진실을 말하고 나서

어렵사리 드러내기를 한 직후, 끔찍하거나 대단하거나 혹은 그 중간 어디쯤 되는 감정이 당신을 후려칠 것이다. 때로 상황이 잘 풀린다 하더라도 생존자는 안도가 되기도 하지만 슬픔과 두려움, 실망감에 휩싸인다. 여성들은 자신의 말 때문에 엄청난 지각변동이 일어날까봐 두려워한다. 어머니가 미치거나, 아버지가 그들을 공격하고 사제는 자살할 것이라는 상상을 한다. 하지만 이런 식의 반응이 일어나는 일은 거의 없다. 가족 혹은 기관은 아무 말도 들은 바 없는 척한다.

시간이 지나면서 당신이 받는 반응 또한 바뀔 것이다. 당신이 피해를 입었다는 말을 친척에게 처음 하게 되면 그들은 엄청난 충격으로 받아들인다. 하지만 부정적이거나 미적지근한 반응을 보이던 사람이 감정을 추스르고 어느 정도 시간을 보내고 나면 진정한 지지자로 바뀌기도 한다. 아니면 처음에는 연민을 갖고 반응하다가 약간 수그러든 다음에는 모든 지지를 거두어갈 수도 있다.

때로 가족 중에서도 어떤 이는 당신을 지지하지만 다른 이는 당신을 거절하기도 한다. 엘리샤는 부모에게 편지를 써서 삼촌이 자기를 가해했다고 말했다.

어머니가 답장을 보냈는데 너무나 악의에 찼다고 나를 비난하는 투였습니다. 손으로 쓴 편지였는데 두 장에서 '학대'라는 말을 열두 번도 더 썼습니다. 내가 얼마나 그녀를 학대하고 있는지에 대한 말이 자꾸자꾸 나왔습니다. 우리 관계에서 어머니는 학대받은 아이가 되길 원한 겁니다.

반면 아버지는 근사했습니다. 자신의 동생이 저지른 일인데도 "난 스티브를 변호할 생각이 전혀 들지 않는구나. 난 그 어린 소녀의 머리를 쓰다듬어 주면서 '그래, 그래'라고 말해 주고 싶구나."라는 말을 했습니다. 그건 완벽한 대응이었어요. 의심할 여지도 없이 그는 나를 믿고 있었던 거죠. 나는 정말 행운아라는 걸 압니다.

편지를 보내고 두 달 정도 뒤 부모님을 방문하게 되었습니다. 아버지와 단 둘이 차 안에 있게 되자 아버지는 "근친 강간에 대해 뭐 좀 물어 봐도 되겠니?"라고 물었습니다.

"그러세요." 난 그가 사실을 확인할 것이라고 생각했습니다.

아버지가 알고 싶어 한 것은 "너 괜찮겠니? 끝은 보이는 거니?"가 전부였습니다.

무척 감동적이었습니다. 자신의 동생을 염려하지 않았던 거죠. "네가 한 말이 정말이냐?"라는 질문이 아니었어요. 그는 다만 내가 앞으로도 괜찮을지, 또 어떻게 도울 수 있을지를 알고 싶어 했습니다. 아버지는 사실적인 것을 알아낼 수 있도록 도와주었습니다. 삼촌이 시골에 언제 있었고 언제 있지 않았는지 그 당시의 일정을 실제로 알아보게 했습니다. 아버지는 언제 어떻게 그런 일이 일어날 수 있었는지 파악할 수 있도록 해주었습니다. 어머니에 대한 이야기도 했는데 "너의 엄마와 나는 이 문제를 다르게 받아들이는 것 같구나. 우리가 같은 반응을 보인다고 생각하지는 말거라."라고 말했습니다.

힘들게 드러내기를 하면서도 당신은 무슨 일이 일어날 지 결코 예측하지 못한다. 생존자의 수 만큼이나 다양한 결과가 생기기 때문이다. 가해자나 가족과 상호작용을 하다보면 복잡한 결과가 생긴다. 환희와 절망, 희망과 실망, 비극적인 순간, 말도 안 되는 황당한 순간, 때로는 재미난 상황까지.

어렵사리 드러내기를 한 결과가 어떠하든 대개는 여러 감정들이 뒤섞인 위안을 받게 된다. 더 이상 세상에 비밀로 해야 할 것이 없어진 것이다. 숨길 것이 없다. 크리스마스트리를 장식하거나 설을 쇠거나 조카의 결혼식에 참석하여 가해자와 맞닥뜨리게 된다 해도 억지 변명으로 가해자를 멀리할 필요가 없다.

가해자 혹은 가족과 처음 만나고 난 후, 앞으로 그들과 관계를 이어가는 방식에 대해서는 다양한 가능성이 있다. 처음에 당신은 그 경험을 이해할 시간이 필요할 것이다. 물론 그들에게도 시간은 필요하다. 때로 지속적으로 대화할 계획을 세워 누구든 드러난 이야기에 대하여 생각하고 함께 모이는 기회를 가질 수 있도록 할 수 있다. 어떤 생존자들은 더 이상—장기간 혹은 적어도 한동안—만나고 싶어하지 않는다. 그러나 어떤 이들은 관계를 다시 시작할 수 있다고 여기고 뭔가 시도할 준비를 하기도 한다.

어떤 결정을 하든 그것이 지금은 적절한 것이어도 영원히 당신에게 필요한 조치일 수는 없음을 인식하는 것이 좋겠다. 우리네 삶의 여러 진실 중 하나는 상황이 늘 바뀐다는 것이다. 세월이 흐르면 당신은 가해자 혹은 가족 중 특정인과의 관계를 다른 시각으로 보게 될 때도 있을 것이다. 지금 관계에서 가능한 것이 시간이 지나면서 바뀌기도 할 것이다.

드러내지 않겠다고 결정한다면

　가족에게 당신의 피해를 드러내지 않겠다거나 가해자에게 직접 말하지 않겠다고 결정할 수도 있다. 그것이 검증되지 않은 두려움 때문이 아니라 심사숙고한 후 내려진 것이라면 얼마든지 합당한 선택이다. 당신은 많은 이유로 당신이 겪은 피해를 말하지 않으리라고 작정한다. 실제로 당신이 위험한 상태에 있을 수도 있다. 당신을 지지할 든든한 토대가 없을 수 있다. 더해지는 스트레스를 감당하고 싶지 않을 수 있다. 당신이 말하고자 하는 것에 대하여 확신이 덜 가는 부분이 있을 수 있다. 치유가 충분히 진행되었다고 느끼지 않을 수 있다. 가족과의 완전한 단절을 감당하지 못할 수도 있다. 혹은 이미 가족과 완전히 인연을 끊어냈을 수도 있다. 제한적이기는 하지만 수긍할 정도의 수준에서 만나고 있으며, 그럭저럭 굴러가는 관계에 찬물을 끼얹고 싶지 않을 수 있다. 혹은 무시당하고 싶지 않거나 미쳤다는 소리를 듣고 싶지 않을 수 있다.

　　가해자를 직면하는 것이 지극히 만족스럽지는 않을 겁니다. 그는 세상을 조종하는 사람이고 여러 번 결혼했다가 번번이 이혼하면서도 의학 용어를 쓰면서까지 자기 아내가 미쳤기 때문에 이혼한다고 둘러댄답니다. 난 그 거짓말의 대상이 되고 싶지 않아요.

　가해자나 가족과 피해에 대한 이야기를 하는데 뭔가 옳지 않다는 느낌이 든다면 그 이야기를 마지못해 끌고 가는 일은 하지 말라. 드러내는 과정 없이도 당신은 치유될 수 있다.

어린이 보호하기

가해자가 가족이든, 이웃이든, 혹은 어린이를 전문적으로 다루는 일을 하는 사람이든, 어린이를 보호하는 일은 상당히 중요하게 고려되어야 할 일이다. 어린이 성폭력은 과거를 과거로 묻어둔 채 최선의 결과를 희망하는 풍토에서 확산된다. 어른으로서 우리 모두는 어린이를 보호할 책임이 있다. 공개적으로 말하기, 어린이 부모에게 가해자가 가까이 있다고 경고하기, 캠프나 학교 레크리에이션 프로그램 감독자에게 주의를 환기시키기 등 교회 관계자와 종교단체 관리자들과 대면하여 어린이들이 말하고 싶다면 우리는 들을 것이라는 의지를 알려야 한다. 가해자가 그 누구도 다치게 할 사람이 아니라고 생각했지만 알고 보니 질녀, 조카, 이웃, 자기 자녀까지 추행한 파렴치범이었다고 이야기하는 수많은 생존자들의 경험담을 들어왔다.

위험에 빠진 어린이를 보호해야 한다는 강한 의무가 먼저인지, 치유에 초점을 맞추고자 하는 당신의 요구가 더 우선시 되어야 하는지 결정하는 것은 무척 어려운 일이다. 당신을 가해한 사람이 다른 어린이를 지금 가해하고 있다는 판단이 선다면 당신이 처한 이러한 특정한 상황을 평가하도록 도와줄 능력있는 상담원을 찾아라. 그리고 그 어린이를 보호하고 또한 당신 자신을 잘 보살필 수 있는 가장 효과적인 방법을 찾아보라.

그들이 죽었거나 사라져 버렸다면?

때로 가해자나 가족에게 사실을 밝힐 기회가 아예 없어진 경우도 있다. 가해자가 전혀 모르는 사람이었을 수 있고 이미 죽었을 수도 있다. 생존자들은 종종 이런 상황에서 복잡한 심정에 빠진다. 한편으로는 대면하거나 화해할 기회가 없어서 실망스럽거나 화가 난다. 또 한편으로는 이런 시련을 겪지 않아도 된다는, 언젠가 상황이 바뀔 것이라는 희망을 안고 살아갈 필요는 없다는 엄청난 위안을 받기도 한다.

가해자나 다른 중요한 사람들이 더 이상 주변에 있지 않다 하더라도 당신은 여전히 풀리지 않은 앙금을 다루어야만 한다. 직접적인 대면이 아니더라도 진실을 말하는 과정을 거치면서 만족과 자기정화를 경험할 수 있다. 가해자를 만나서 진실을 확인하는 많은 상징적 방법이 있다. 가해자에게 편지를 쓰고 부치지 않는 것도 한 방법이다. 일기에 쓰거나 가해자를 그림으로 그릴 수 있다. 생존자를 돕는 기관에 기부할 수 있다. 당신만의 의례를 구상할 수도 있다.

> 한 번은 삼촌을 땅 속에 묻어 버리고 한 번은 바다로 띄워 보냈지요. 인디언식 의례입니다. 노래하고 울부짖죠. 이 작은 상자에 삼촌도 넣고 그가 내게 저지른 모든 일들도 넣어 멀리 떠내려가는 것을 목격합니다. 그의 사진을 태우기도 합니다.

워크숍에서나 치료받는 가운데 당신이 할 수 있는 것은 무수히 많다. 특히 사이코드라마는 직면을 연습하는 데 아주 유용한 도구이다. 사이코드라마에서 당신은 사람들을 지목하여 당신 삶 속에 있는 어떤 인물들의 역할을 맡게 한다. 그들에게 그 역할의 사람이 어떠하며 무슨 말을 할 것인지 이야기해 주어서 특성에 맞게 당신이 대응할 수 있도록 한다. 그리고 나서 장면을 설정하여 함께 연극을 한다. 사이코드라마는 꽤 현실과 가까우며, 실제 상황에서 직면이 불가능할 때 감정을 풀어 낼 수 있는 극적이면서도 강력한 도구이다.

진실을 말하는 힘

진실을 말하는 것에는 엄청난 힘이 있다. 오드리 로드가 썼듯이 "당신의 침묵은 당신을 보호하지 못할 것이다." 말하는데 따르는 위험도 있지만 침묵함으로써 따르는 위험도 있다. 진실을 말하는 대화나 어려운 드러내기를 하기 전에 든든한 토대를 형성하는 것이 중요하지만, 어떠한 때에도 당신의 삶에 대한 진실을 말할 수 있는 것이 당신의 권리임을 결코 의심하지 말라.

용서?

"앞으로 백만 년 동안은 아버지를 용서하지 않을 것이다. 그는 선택을 했다. 그가 선택을 한 것이다. 나도 살아오면서 꽤 어려운 선택을 하고 있다. 때로 실패도 하지만 대부분 실패하지 않으려고 무척 애쓴다. 문제는, 그 인간이 조금이라도 노력했다는 생각이 들지 않는다는 것이다. 그는 매번 자신의 충동에 굴복했다고 나는 생각한다."

우리가 치유 과정을 이야기할 때 이 질문이 여지없이 제기된다. 용서가 무엇인가?

많은 생존자들이 가해자를 용서하려고 필사적으로 노력한다. 용서 없이는 치유될 수 없다는 것에 절망하기도 한다. 하지만 어린이 성폭력으로부터 치유되기 위해서 가해자를 반드시 용서할 필요는 없다. 당신이 용서해야할 유일한 대상은 바로 당신 자신이다. 가해자 혹은 당신을 보호하지 않았던 가족을 용서하는 것이 치유 과정에 꼭 필요한 것은 아니다. 그것이 치유로 가는 길이거나 마지막 보상은 아니라는 말이다.

결국 과거와 화해하고 앞으로 나가겠다는 결심을 해야 할 필요가 있겠지만 이 결심에 용서를 포함할 것인지 아닌지는 순전히 개인의 몫이다. 많은 생존자들에게 용서는 불가능한 일이다.

용서 말인가요? 의심스러워요. 수용은 글쎄요, 가능할 수도 있겠지요. 하지만 용서는 아닙니다. 그가 어떤 인간이었으며 나에게 어떤 일이 일어났는가에 대해서는 수용하지요. 그걸 뒤바꿀 도리는 없으니까요. 하지만 용서는 하지 못합니다. 20년 동안 내 인생을 유린했는데요.

오랜 치유 과정을 거치고 나서 자연 발생적으로 용서를 경험하는 생존자들도 있다. 어머니에게 피해를 입은 한 생존자가 이렇게 회상한다.

애도하고 분노하고 상실을 겪고 나니 용서할 마음이 생기더군요. 그녀가 한 짓이 괜찮다는 것이 아닙니다. 난 그녀를 봐줄 수가 없어요. 그러나 마음으로는 용서를 하지요. 분노를 내려놓았더니 내 등에 얹혀있던 그 짐이 같이 사라진겁니다. 그녀를 용서하는 것은 나를 치유하는 한 방식입니다.

친구를 용서하는 것과는 다르다

어린이성폭력 같은 극악무도한 범죄를 용서하는 것은 친구를 용서하는 것과 같을 수 없다. 친구가 무심코 우리의 감정을 상하게 하고나서 사과한다면 우리는 그녀를 용서한다. 우리는 더 이상 그녀를 비난하지 않는다. 관계는 개선된다. 우리는 앙금을 남기지 않고 화해하고 신뢰하고 존중하면서 잘 지내게 된다. 하지만 분노를 거두고 가해자를 용서하고 신뢰를 바탕으로 관계를 회복하는 용서가 성폭력 치유 과정에 있어서 필수조건은 아니다.

어떤 것들은 결코 용서할 수 없습니다. 내가 5살 때 아버지가 나를 강간했습니다. 그것은 내가 용서할 수 있는 일이 결코 아니지요. 하지만 아버지의 삶—그의 유년기, 이후 군인으로 참전했을 때 그에게 닥친 일—을 이해하게 되었습니다. 어른이 되니 그가 제정신이 아니었던 그 상황을 인정할 수 있게 되더군요. 이제 그는 노인이고 죽어가고 있어요. 난 성인이 되었고 어느 정도 그가 한 짓의 영향에서 벗어났습니다. 더 이상 내가 그의 피해자라는 느낌은 들지 않습니다. 지금 그를 있는 그대로 받아들이고 또 만나기도 해요. 하지만 그가 내게서 앗아간 것 때문에 그를 결코 용서할 수는 없을 겁니다.

그들의 어린 시절이 불행했다 하더라도

로라의 어머니는 사회 복지사인데 직장에서 돌아오면 자신이 돕고 있는 정신 이상자들이나 잘못된 길을 가게 된 사람들에 관한 이야기를 털어놓곤 했다.

어머니는 우리를 데리고 버거세프(햄버거 가게—옮긴이)에 가서 감자튀김을 앞에다 두고 16세의 살인범이나 50세의 강간범에 대한 이야기를 해주었답니다. 우리는 콜라를 마시면서 늘 같은 질문을 했죠. "그런데 왜 그런 짓을 하죠, 엄마?" 어머니의 대답은 한결같았어요. 치즈버거를 집어들면서 말씀하셨죠. "불우한 어린 시절을 보냈기 때문이란다."

많은 가해자들이 어렸을 때 학대를 당했다는 것, 성폭력이 세대에 걸쳐 반복된다는 것이 사실이기는 하지만, 그 사실만으로 성인이 어린이에게 행한 그 참혹한 짓을 용서할 수는 없다. 많은 여성들이 성폭력 피해를 입고 있지만 이들은 대부분 가해자가 되지 않는다. 어린 시절의 고통이 어떠하든 어린이 성폭력을 변명할 거리는 없다.

개자식. 그는 내 영혼을 앗아갔지만 난 그의 삶에 티끌만큼의 영향도 주지 않았어요. 전적으로 나에게만 일어났던 일이라는 거죠. 그렇지만 난 내 아이들에게는 그렇게 하지 않았습니다. 그 따위 변명은 쓰레기통에나 던져 버리라고 그래요. 순전히 위선이죠.

"그냥 용서하고 잊어버려"

어린이 성폭력 생존자에게 가해자를 용서할 필요가 있다고 말하는 것은 생존자의 편에 서서 하는 조언이 결코 아니다. 이런 조언은 당신의 감정이 정당하다는 사실을 축소하고 부정한다. 그럼에도 불구하고 용서는 재차 생존자를 압박한다.

사람들은 여러 이유에서 당신에게 용서하라고 부추긴다. 용서를 해야만 당신의 기분이 나아질 것이라고 생각한다. 그들은 용서가 치유 과정의 기간을 단축할 수 있으며 현재를 살아갈 수 있도록 당신을 놓아줄 것이라고 추정한다. 그들은 분노와 슬픔과 같은 강렬한 감정에 불편하거나 어린이성폭력 같은 참혹한 현실을 마주대하고 싶지 않을 수도 있다. 종교 교리에서 용서가 필수라고 가르치기도 한다. 하지만 아무리 진심으로 당신을 위하는 주변 사람들이라 하더라도 용서라는 더 고귀한 선善을 위하여 당신의 정직한 감정을 팔아넘기라고 말한다면 그건 용납할 수 없다.

사실 용서를 강요하려고 애쓰는 것은 위험할 수 있다. 우리는 생존자들이 아직 슬퍼하거나 자신의 분노를 표현할 만한 기회를 갖기도 전에 용서하라는 압박을 받는 사례를 여러 번 보아왔다. 그 압박에 부응하려고 분노를 내면으로 향하다보니 심각한 우울에 빠지거나 심지어 자살에 이르게 된다.

치유 과정을 거치면서 당신에게 일어난 일, 당신의 삶에 그것이 의미하는 것에 대하여 집중하는 것이 중요하다. 용서하려고 애쓰게 되면 이렇게 중요하고 필수적인 작업에 방해가 될 수도 있다.

만약 당신이 신심信心이 강하다면, 용서가 당신의 신성한 의무라고 생각할 수 있다. 그러나 당신이 용서한다고 해서 도덕적으로나 영성적으로 더 진화하는 것도 아니다. 신성한 용서라는 것이 있다면 그것은 신의 일이지 당신의 몫은 아니다. 치유 과정 동안 연민과 용서의 감정이 자연스럽고 자발적으로 일어난다면, 괜찮다. 그것은 당신의 치유에 강력한 부분이 될 수 있기 때문이다. 그러나 당신이 용서를 의무로 생각하여 마지못해 용서할 마음을 가진다면 결코 치유에 도움이 되지 않는다.

> 치유는 당신 자신을 용서할 수 있는가에 달려 있지 가해자를 용서할 수 있는가에 달려 있는 것이 아닙니다. 가해자를 용서하려고 애쓰는 시간은 그냥 버리는 것이나 다름없다고 생각합니다. 히틀러를 용서하려고 애쓰지는 않잖아요. 차분히 앉아서 용서하려고 작업하지는 않거든요. 그것 말고도 인생에는 해야 할 일들이 너무나 많습니다.
>
> 자신을 용서하는 것이 중요하지요. 자신을 용서하는 마음이 생길 때 그것은 자연히 세상 다른 사람들에게까지 확대가 되지요. 그때 비로소 인간성이 무엇인지를 이해하게 됩니다. 누군가가 옳은 일을 하고 있다는 것을 알아보게 되는 것이지요. 인간적이고 사랑스런 행위에 반응할 수 있게 되는데 그것이야말로 용서의 본질인 것입니다.

연민이나 용서하려는 마음이 들 수 있다

치유 과정을 거치면서 가해자나 혹은 당신을 보호하지 못한 사람들에게 연민을 느낄 수도 있다. 어떤 여성은 연민과 용서가 같이 오기도 하고 또 어떤 이들은 연민은 느끼지만 가해자를 용서하지는 않는다. 용서한다고 말하는 사람들 대부분에게도 이것이 가해자를 사면한다는 뜻은 아니다. 치유의 과정은 당신의 감정과 경험에 진실하게 와 닿는 것이어야 한다.

때로 가해자를 용서하는 마음은 자기 자신에 대한 연민에서 자란다. 혹은 다른 방식으로 누군가를 바라보기 시작하면서 오기도 한다. 한 여성은 어머니가 가족 속에서 어떤 위치에 있었는지를 좀 더 잘 보게 되자 어머니가 보호막 역할을 해주지 못했음에도 불구하고 그녀를 용서하게 되었다.

> 어머니는 어느 누구보다 힘없는 존재였지요. 어머니야말로 성폭력 피해자였습니다. 자식들과 함께 복도에 선 어머니, 욕실에서 오빠를 때리는 아버지, 그러면 "아빠! 아빠! 아빠!"라고 울부짖는 우리들과 "안 돼요, 안 돼! 그만, 그만해요!"라고 이야기하는 어머니. 이 비참한 장면이 내 가슴속에 각인되어 있답니다. 그러니까 어머니도 우리와 같이 거기에 서서 울고 있을 따름이었지요. 내 눈에는 어머니도 우리와 다를 바 없이 무기력한 존재로 비춰졌습니다. 난 정말 어머니가 최선을 다했다고 생각해요. 대단하지는 않았지만 분명 어머니는 나름대로 최선을 다한 겁니다.

또 한 명의 생존자인 패트리샤는 오빠 때문에 구역질나는 세월을 거치고 난 후 그에게 감정이입 되기 시작했다. 20년간 치유를 하고 나니 동정심이 저절로 우러나왔다. 그것은 그의 행동이 설명될 수 있었기 때문이다.

> 처음에 모두가 나더러 오빠를 용서해야 한다고 말하더군요. 하지만 전체

를 건너뛰고 사실 용서하지도 않으면서 용서했다고 말하는 사람들을 많이 보았습니다. 내게는 용서가 내 모든 감정을 겪어낸다는 의미였어요. 20년 동안 이것 때문에 씨름을 했답니다. 그리고 그 구렁텅이 밑바닥까지 내려갔지요. 서서히 오빠에 대한 나의 반응이 달라지더군요.

오빠는 사과를 많이 했습니다. 지금 그는 아마 내가 그에게 할 수 있는 것보다 더 혹독하게 스스로를 질타하고 있습니다. 그는 은둔자처럼 살고 있어요. 정신병원을 들락날락하구요.

그를 보면 토하고 싶던 때가 있었지만 지금 그를 보면 마음이 열려요.

용서는 전혀 기대하고 있지 않을 때 자연스럽게 찾아오기도 한다. 네 명의 가족에게서 학대를 당한 한 여성은 결코 그들을 용서하지 않겠다고 맹세했다. 그들에 대해 글을 쓰고는 자신의 삶에서 그들을 추방해 버렸다. 몇 개월이 지난 어느 날 유대인들이 기념하는 속죄의 날인 욤 킵퍼 Yom Kippur를 지내기 위해 사원에 가고 싶었다. 욤 킵퍼는 유대인들이 자신의 잘못과 다른 사람이 자신에게 행한 잘못을 속죄하는 날이다. 그곳에서 그녀는 흐느껴 울기 시작했는데 놀랍게도 자신을 마음 깊이 용서할 뿐만 아니라 가족들을 용서하고 있었다. 노력도 하지 않았고 기대도 하지 않았다. "그날부터 제 인생이 다시 제 것이 되었습니다. 내 생애 처음으로 가족과 진정으로 분리되었다는 느낌이 들더군요."

많은 생존자들이 비슷한 감정을 토로한다. 용서를 하게 되니 그들을 옥죄던 가해자라는 족쇄가 풀렸으며 치유로 가는 문이 열린다고 설명했다.

그를 용서하고 나니 격렬하던 감정이 가라앉더군요. 내가 던진 단검에 찢긴 그의 사진을 손에 든 것 같은 느낌으로 아침에 잠이 깨곤 했는데 이젠 그러지 않습니다. 수년 동안 그의 얼굴을 떠올릴 수가 없었는데 이제 꿈에서 그를 볼 수 있게 되었습니다. 이렇게 말하죠."너의 얼굴을 봐도 더 이상 무섭지 않아. 너의 이름만 들어도 벌벌 떨던 그런 내가 이제는 아니야."

형부에게 피해를 입은 또 다른 한 생존자는 그녀의 용서가 그를 무죄라고 선언하는 것은 아님을 분명히 밝혔다.

내가 그를 용서했을 때는 "네가 인간쓰레기여도 괜찮아"라는 뜻이 아니었죠. 그의 죄를 면제한 것도 아니고 과거를 잊고 새출발하자는 뜻도 아니었습니다. 난 그를 미워하고 비난하는 것을 떠나보냈습니다. 복수하려던 내 욕망을 떨쳐버린 겁니다.
그건 마치 그에게 "지금부터 다른 각도에서 이 사건을 볼 거야. 서로 말은 걸지 않았지만 네가 날 추행하던 마지막 그 날이 여지껏 끝나지 않았다는 것을 난 알아. 이제 너에 대한 나의 증오를 거둬들이면서 여기서 그 마지막을 내가 보겠다는 거야." 라고 말하는 것이지요. 23년간 고통을 안고 살았습니다. 이제 내가 끝자락을 바꾸게 된 당사자가 된 겁니다.

용서의 지점에 마침내 도달하게 된다 하여 그다지 특별한 행동을 할 필요는 없다. 용서는 사적인 경험이지, 공개 행사가 아니다. 누군가에게 당신이 용서했다고 말하든 하지 않든 그건 당신이 알아서 할 일이다. 용서의 느낌은 통할 수 있다. 하지만 또한 내면으로 가만히 간직될 수도 있다.

본질적인 유일한 용서는 당신을 위한 것이다

어린이 성폭력을 둘러싸고 다양하게 해결책을 찾을 수 있다. 그러므로 생존자 각자 자신의 방식을 찾아야 한다. 어떤 생존자들의 과정에는 용서가 포함되지만 그렇지 않은 생존자의 과정도 있다.

당신은 자신의 정직한 감정과 확신을 가질 권리가 있다. 어느 누구도 당신의 폭력을 살아오지 않았다. 어느 누구도 당신에게 이렇게 느끼라거나 저렇게 생각하라는 식으로 말할 입장이 아니다.

결국, 당신이 용서해야할 유일한 사람은 당신 자신이다. 아직 당신 스스로를 비난하거나 당신이 대응했던 것들을 수치스러워한다면 이제는 당신을 용서할 때다. 상처입기 쉬운 어린 아이, 쾌락을 느꼈던 아이, 최선을 다해 살아남은 아이에게 향해있던 비난의 화살을 거둘 시간이다. 한 여성은 말한다.

"반응을 보인 내 성기를 용서해야만 했습니다. 아버지의 행동을 예측하지 못하고 성폭력을 피하지 못한 나 자신을 용서해야만 했지요."

여전히 죄의식을 느끼는 그 무엇에 대해서 스스로를 용서하고, 아직 당신 탓이라고 여기는 그 무엇에 대하여 용서해야할 때이다. 자신을 지키지 못한 것이 당신 잘못은 아니었다. 관심과 애정을 필요로 했던 것이 당신 탓은 아니었다. 당신이 예쁘고, 조숙하고, 영리하고 혹은 가해자가 뭐라고 변명거리로 삼았을 수도 있는 그 어떤 특성을 가진 것이 당신의 죄는 아니었다.

성인으로 살면서 지니게 되는 한계에 대해서, 당신의 희생을 반복하는 것에 대해서도 또한 당신을 용서해야만 한다. 지금 치유할 시간이 필요한 것에 대해서도 스스로를 용서해야 한다. 당신에게 당신이 줄 수 있는 모든 친절함과 연민을 쏟아부어야 한다. 그래야 당신은 스스로의 치유를 위하여 주의력과 에너지를 집중할 수 있다. 이러한 용서가 진정한 용서이다.

영성

"너는 그곳에 도달하리라"는 목소리가 나의 내면 어딘가에 있었다. 그 목소리를 들으면서 희망과 용기를 얻게 되었으며 때로 진전도 있었다. 이 모든 것에 이유가 있으며, 곧 치유의 마지막 지점에 도달하리라는 확신이 들었다. 나는 그것이 나의 영성이었다고 믿는다.

영적으로 연결되어 있음은 고된 세월동안 힘과 희망이 될 수 있다. 그것 덕분에 당신은 폭력과 고통이 난무하는 이 세상에 공존하는 선하고 아름다운 모든 것들을 기억할 수 있다. 영성은 보다 넓은 관점에서 당신의 경험과 치유 과정을 담아내는 그릇이 되어준다. 한 생존자는, 자신의 피해 과정과 치유 과정 양쪽을 통해 가장 신성한 것이 지닌 깨지지 않는 본성에 대한 믿음이 어떻게 유지되어 왔는지를 설명하고 있다.

> 내 믿음의 핵심은 사랑, 손길, 성이 성스럽다는 것입니다. 누군가가 나에게 가한 큰 폭력으로 인해 그 믿음은 더 커졌습니다. 그들은 내 영혼에 근접할 수가 없었습니다. 그것은 오직 내 의지가 있어야 내줄 수 있는 나의 것이니까요. 오래고 힘겨운 치유 과정을 통해, 나의 가장 내밀한 부분은 손상되지 않았으며 가해자는 그것을 건드릴 수 없다는 사실을 확실하게 알게 되었지요. 어떻게 해서 이런 영성적 믿음을 갖게 되었는지는 잘 모르겠습니다. 아마 타고난 것이 아닐까요. 그래서 더욱 감사할 뿐입니다.

사람마다 각자 고유하고 개인적인 영성을 지니고 있다. 당신은 전통종교의 신자여서 교회, 절, 회교사원에 속해있을 수도 있다. 신이나 전지전능한 존재를 믿고 있을 것이다. 기도나 명상 수련을 하고 있을 수 있다. 어쩌면 자연의 큰 흐름을 바라보고 거대한 평원을 굽어보고 사막을 걸으면서 자연 속에서 평화를 느낄 것이다. 당신이 다른 인간과 진심으로 친밀하다면, 당신이 노래를 하면서 고양된다면, 어린이를 보고 경외심을 가진다면 당신은 당신보다 더 큰 그 무엇과 만나고 있는 것이다. 사물들을 성장하게 하고, 천둥과 거대한 산맥과 완벽한 아보카도를 만드는 생명의 힘이 있다. 당신이 잉태하고 출산한 생명이 나날이 커 가는 것을 지켜보는 것, 또 그 아이가 자라서 혼자서 앉고 기는 이 사실들이 생명의 기적이다. 모든 살아 있는 사물에는 그것 자체—올챙이가 개구리로, 애벌레가 나비로, 상처받은 인간이 총체적인 인간으로—가 되려는 부분이 있다.

유대교의 성서인 탈무드에 이런 이야기가 있다. "모든 풀잎에는 천사가 있어서 그 풀잎을 구부려 '성장하여라, 성장하여라.'라고 속삭인다."

영성은 치유하기로 선택한, 건강하고 통합적이고 생명력으로 충만된 삶을 살아가고자 하는 당신의 일부와 여전히 만나고 있다. 이미 온전한 이 핵심은 치유 과정 내내 길을 열어줄 수 있다.

한 생존자는 폭력을 당하던 그 순간 영적인 모습을 경험했다. 고통과 두려움의 바로 그 순간 그녀는 자신의 가치에 대하여 깊고 진실한 어떤 목소리를 들었던 것이다.

영성은 20대가 되어서야 깨닫고 이해하게 된 말입니다. 이 말을 알기 전에 강간이라는 말을 알게 되었고 강간이라는 말을 알기 전, 교육을 받고 강간범을 강간범으로 부를 힘을 얻기 전, 이 모든 것이 있기 오래 전 어느 순간 … 첫 번째 폭력을 당하던 때 내가 몸 그 이상이라는, 나를 강간하고 있는 그의 몸뚱아리 그 이상의 존재라는 것을 알게 된 그 순간이 있었습니다. 내 머리 안쪽에서 어떤 목소리가 전해주는 비밀을 듣고 있는 것 같았습니다. 나는 중요한 사람이라는 것, 평생 그 어떤 영혼도 내게 귀띔해줄 수 없는 이유로 '나는 참으로 중요한 존재다.' 는 사실을 알게 된 거죠. 어느 누구도 나를 구해주지도, 방어해주지도, 나를 믿지도 않을 것이라는 사실을 알았어요. 견딜 수 없는 후유증을 안고 걸어다니는 시체와 같은 삶을 살면서도 단 한 가지 나를 버티게 하는 힘이 있었어요. 비록 강간당하면서 혹은 강간당한 후 죽더라도 나는 내가 알고 있는 것보다 훨씬 더 중요한… 너무나 중요한 존재라고 말해주는 내 머릿속 목소리였습니다. 그 목소리는 내가 강간당하던 첫 날 들렸고 그날 이후 매일 나에게 말을 걸어오고 있습니다. 자기비난의 웅얼거림이나 고통이 나를 죽게 내버려 두려는 깊은 충동에 이 목소리가 묻혀버리는 날도 있는데 그런 날에는 거의 이 목소리를 듣지 못합니다. 하지만 그 목소리는 집요합니다. 어디서 왔는지 모르겠어요. 하지만 나와 여기까지 와줘서 너무나 고맙답니다. 그녀의 이름은 영靈일 겁니다.

구름을 뚫고 날아오르기

로라는 북미 알래스카의 한 도시인 캐치칸에서 여러 해 동안 살았다. 그곳의 강수량은 연평균 13피트(약 390센티미터) 정도이다. "항상 비가 왔습니다. 그 섬은 항상 회색빛이고 폭풍으로 잠겨 있었지요. 햇볕이 어떤 것인지 잊어버릴 지경이었으니까요. 그러나 비행기를 타고 그 지역을 날아오를 때는 항상 놀라운 경험을 합니다. 비행기가 이륙

할 때만 해도 늘 그렇듯이 비가 오고 있지요. 그러나 잠시 후 구름을 뚫고 올라가면 이 세상에서 가장 눈부신 햇살이 있는 겁니다. 항상 그곳에 있었어요. 다만 땅에서는 볼 수가 없었던 거죠."

치유도 이와 같다. 당신이 되고자 하는 사람은 이미 당신과 함께 있다. 다만 늘 그 사람을 볼 수가 없을 뿐이다. 뒤돌아서서 얼마나 멀리 왔는지를 보려고 하기보다는 앞으로 얼마나 더 가야 하는지에만 초점을 두고 있다면, 태양이 이미 당신 바로 위에 있다는 사실을 잊은 채 폭풍 속에 매몰된다. 당신의 관점을 잃은 것이다. 내면의 고요함에 머무를 때 잃어버린 당신의 관점을 되찾을 수 있으며, 자신이 고통 속에서 울부짖는 성폭력당한 어린이를 넘어선 그 이상의 존재라는 것을 깨달을 수 있다. 당신에게 남겨진 성폭력 피해를 초월하라거나 당신의 '나쁜' 부분을 제거하라는 것이 아니라 모든 것을 포용한 한층 넓은 자신이 되라는 말이다. 피나는 투쟁에서 벗어난 자아를 보기 시작하게 될 것이다.

신앙심 유지하기

오로지 당신이 가진 문제나 고통, 지금 거쳐 가는 과정에만 관심을 둘 때 관점을 잃어버리기 쉽다. 일정 기간 몰두하는 것은 불가피하고 사실 때로 그것이 도움이 되기도 하지만 총체적으로 본다면 그것은 자기 패배적이다. 강박은 힘든 과정을 거침으로써 이미 치유 과정이 시작되었다는 확신이 부족할 때 오기가 쉽다. 당신은 순간마다 경각심을 가지고 있어야 한다고 생각하지만, 사실 그렇다고 해서 효과가 있는 것은 아니다.

상처가 생겼는데 그것이 지금 치유되고 있다고 주장하면서 계속 그 상처를 누르고 있다면 정말 상처는 낫지 않는다. 상처를 돌보면서 관심을 다른 곳에 둔다면 자연스레 치유가 일어난다.

하지만 열심히 노력하고 노력하다가 당신이 그런 노력을 멈추는 어느 순간 갑자기 성장한다. 돌파구는 그런 식으로 다가온다. 그러한 성장 지향적 이완이 가능하려면 신앙이 있어야 한다. 당신은 스스로 치유할 수 있다는 자신의 능력을 신뢰해야 한다. 그럴 때마다 당신은 조금씩 앞으로 나아간다. 잘 될 것이라는 확신을 얻게 된다.

당신에게 이미 확립된 종교적 방향이 있다면 신앙이 치유에 강력한 부분이 될 수 있을 것이다. 메리는 수년 동안 수녀의 삶을 살았던 생존자인데 다음과 같은 이야기를 했다.

"난 예수 사진을 가지고 있었지요. 기도에 집중하기 위해 당신이 촛불을 켜듯 나는 이 사진을 이용했습니다. 이 사진을 보고 말하죠. '충분합니다! 더 이상의 것은 없어야만 해요. 당신이 이것을 멈추어야만 해요. 내 심장은 더 이상의 고통을 감당할 수가 없습니다. 사람들은 당신이 인간에게 감당할 수 없는 것을 요구하지는 않는다고 말하지만 나는 당신이 나에게 그렇게 하고 있다고 말하겠어요. 나는 이 정도까지만 견딜 수 있다구요.' 그리고 어떻게든 그 고통이 지나가는 순간 나의 부담이 좀 덜어지는 것을 느꼈지요."

또 다른 생존자는 많은 신앙의 길을 탐색하다가 12단계 프로그램에서 큰 위안을 찾았는데 이런 식으로 설명했다.

신앙은 온전한 상태를 유지할 수 있는 끈이었습니다. 치유의 모든 단계마다 신이 내 손을 잡고 있었어요. 신과 연결되어 있었기에 나는 괜찮아질 것이고 내 인생에 다른 뭔가가 진행될 것이라는 희망을 가질 수 있었지요. 때로 미칠 것 같을 때도 내 삶에서 지속적이고 견고한 느낌이 드는 유일한 것은 나를 돌보아주고, 내 손을 잡고 나를 걷게 할 누군가가 있다는 믿음이었습니다. 나를 매일 버티게 하는 것은 더 높은 존재와 내가 맺은 관계입니다. 그것이 내 신앙의 발자취인거죠.

신에 대한 믿음이 없어도 당신은 지속적으로 영성적 성장을 할 수 있다. 한 생존자가 말한다.

난 무신론자이지만 인간관계에서 크나큰 행복을 찾아냅니다. 난 휴머니스트입니다. 다른 사람에게 마음을 열게 되면서 이해를 얻게 되지요. 총체적인 인간의 지성이 내게는 고귀한 힘입니다.

신에 대한 확고한 개념을 가지고 있건, 우리 모두가 거쳐야 할 삶의 영성적인 과정이 있다고 믿건, 아니면 단지 자신의 직관만을 신뢰하건, 인간의 변덕스런 감정이나 생각과는 비교가 되지 않을 정도의 강력하고 일관된 그 무엇에 대한 신앙심을 가지는 것은 치유하는 동안 큰 위안이 될 수 있다.

마음의 명상 소개

명상이 치유 과정의 중요한 요소라고 생각하는 생존자들이 많다. 여기서 제시하는 명상은 몸에 기반을 두고 있으며 감각과 감정이 일어나서 흘러가는 그대로 주목하고 거기 그대로 있으라고 가르친다.●

● 집단치료의 목적으로 명상을 활용하는데 관심 있는 사람들에게 명상과 요가센터와 연계하여 여러 도시에서 수업이 진행되고 있다. 병원과 지역 대학에서도 스트레스 줄이는 과정을 명상과 접목시켜 제공한다. http://umassmed.edu/cfm/mbsr 세계 여러 지역의 센터를 찾을 때 참조할 수 있다.

위빠사나 즉 마음의 명상법에 대한 기본적 소개는 명상가인 타라 브라흐의 책 《철저한 받아들임: 부처의 마음으로 당신의 삶을 끌어안기》에서 발췌한 것이다.

맑은 정신과 이완된 상태—등을 바로 세우되 경직되지는 않게끔—를 유지할 수 있도록 앉아라. 눈을 감고 손은 편안하게 두라. 의식이 당신의 몸을 따라 살펴보게 하라. 어디든 몸이 긴장한 곳을 부드럽게 이완시켜라.

생각은 쉽게 흩어지므로 위빠사나는 호흡에서 시작한다. 호흡을 마음의 일차적인 정착지로 보면 마음을 가라앉히는데 도움이 된다. 그렇게 하여 당신을 통해 움직이면서 변화하는 삶의 흐름에 깨어있을 수 있다.

심호흡을 몇 번 한 후 자연스러운 상태로 호흡하라. 숨을 가장 수월하게 감지하는 지점이 어딘지 알아보라. 코를 통해 나가고 들어오는 것을 느낄 것이다. 콧구멍 주변이나 윗입술 근처에서 숨을 느낄 수 있다. 흉부가 움직이고 배가 차고 꺼지는 것을 느낀다. 여러 곳 가운데 한 곳에서 숨을 느끼도록 주목하라. 가장 선명하게 느끼는 곳이면 된다.

숨쉬기를 조절하려고 하지 말라. 숨을 참지도 일정한 리듬을 타려고 하지 말라. 숨 쉬는데 올바른 방법은 없다. 숨은 감각을 시시각각 다르게 경험하는 것과 흡사하다는 점을 인식하라.

마음이 생각 속으로 자연스럽게 흘러가는 것을 알게 될 것이다. 생각은 적이 아니다. 그러므로 마음에서 생각을 거둬낼 필요는 없다. 그보다 당신은 생각이 언제 일어나는지 이야기 흐름을 놓치지 않고 인식할 수 있는 능력을 키우고 있다. 생각을 인식하게 되면 좀 더 부드럽고 친근한 마음의 말을 하게 될 것이다. "생각하고 생각하기." 그런 다음 아무런 판단도 하지 말고 부드럽게 숨쉬기에 집중하라. 숨을 근원지 혹은 충만한 상태로 있을 수 있는 장소로 여겨라. 감지되는 다른 감각들—지나가는 자동차 소리, 따뜻하거나 서늘하다는 느낌, 배고픔—은 당신의 마음을 흐뜨러트리지 않는 배경일 뿐이다.

어떤 특정한 감각이 강해져서 당신이 주목하게 된다면 숨쉬기 대신 그 감각이 마음 모으기의 일차적 대상이 되게 하라. 더우나 냉기, 톡톡 쏘는 느낌, 간지러움, 어지러움증, 어딘가를 찌르는 느낌, 부르르 떨리는 느낌. 부드럽고 개방된 마음으로 이 감각을 있는 그대로 느껴라. 기분이 좋은가 나쁜가? 그 감각에 충분히 집중하니 그것은 더 강해지는가 흩어지는가? 어떻게 변하는지 인식하라. 그 감각이 더 이상 강렬하지 않게 되면 다시 숨쉬기로 돌아와 마음을 집중하라. 혹은 그 감각이 불쾌하여 균형감 있게 바라볼 수 없다면 다시 숨쉬기를 하며 편안하게 집중하라.

비슷한 방식으로 두려움, 슬픔, 행복, 흥분, 비애와 같은 강렬한 감정들에 마음을 집중할 수 있다. 일어나고 있는 것에 매달리지도, 거부하지도 말고 오직 분명하고 친절하게 마음을 모아 각각의 경험을 만나라. 몸의 감각을 다룰 때 한 것처럼 해보라. 이 감정은 어떤 느낌인가? 어디에서 이 감정을 가장 강렬하게 느끼는가? 정적인가 동적인가? 얼마나 큰가? 생각이 끊기는가, 더 생생해지는가? 반복적이고 무미건조한가? 마음이 위축되는가, 열리는가? 이 감정들에 주목할 때 어떻게 바뀌는지 보라. 더 강렬해지는가, 약해지는가? 다른 상태로 바뀌는가? 분노가 슬픔으로? 행복이 평화로움으로? 감정이 더 이상 격해지지 않으면 다시 숨쉬기로 돌아와 집중하라. 감정이 당신에게 벅차게 여겨지거나 어디에 주목해야 할 지 혼란스럽다면 안정을 취하고 다시 숨쉬기에 집중하라.

영성은 도피가 아니다

영성은 치유 과정의 단계를 단축시키는 지름길이 아니다. 또한 분노를 느끼고 고통 속에서 노력하고 이미 가해진 손상을 충분히 깨닫는 것을 대신하는 것도 아니다.

어떤 종교 교리나 영성 수행은 신에게 집중하고 가해자를 용서하고 당신의 감정을 초월하라고 부추긴다. 이것은 당신의 감정을 뛰어넘으려는 시도가 될 수는 있겠으나 어린이 성폭력의 치유 과정에서는 현실성 없는 방법이다. 치유하기 위해서 감정이 필요하다.

영성이 치유의 중심이었던 쉘라가 이렇게 회상한다.

> 처음 명상을 시작했을 때는 고통을 건너뛰려고 그것을 교묘하게 이용했지요. 고통을 피하면 마음이 좀 편안해지는 경지에 이르르나 싶었던 겁니다. 하지만 진정한 변화는 아니었어요. 진정한 변신이 아니었죠. 명상을 멈추자마자 온갖 상황이 그대로 내 몸 속에서 나를 기다리고 있었거든요.

당신이 아무리 대단한 신앙심을 가졌다 하더라도 소매를 걷어붙이고 당신의 몫을 감당하지 않는 이상 그 신앙은 당신에게 아무런 영향도 미치지 않는다. 하나님과 관계를 맺는다고 해서 하나님이 모든 작업을 다 한다는 뜻은 아니다. 메리가 이렇게 설명한다.

"난 신의 은총으로 이 일을 하며 여기에 몰두한다고 믿습니다. 내가 살아 낼 수 있었던 것은 강한 마음을 축복받았기 때문이라고 믿었지요. 격주로 치료를 받으러 가겠다는 선택을 했고 은총을 선택했습니다. 나는 되돌아가지 않을 수도 있었지요. "늘 그랬듯이 이렇게 조용히 고통 받으면서 살겠어."라고 말하면서 말입니다. 그렇다 하더라도 내게는 선택할 수 있는 은총이 있었던 것이지요. 하나님께 65퍼센트를, 내 운명에 35퍼센트를 돌리겠습니다."

종교적 신앙과 영성은 치유의 대체물이 아니다. 그보다는 치유를 더욱 풍성하게 하고 평온함과 힘, 인내심과 영감을 끌어낼 수 있는 근원지이다.

사랑의 문을 두드리기

성폭력 피해의 상처를 치유하고 있는 모든 생존자들은 사랑과 지지를 엄청나게 갈망한다. 많은 여성들이 어렸을 때 놓쳐 버린 사랑과 안정감을 얻기 위해 애쓰면서 항상 자신이 적자 인생이라고 느낀다. 영성적인 연결은 깊은 사랑의 진원지와 연결되는 길이 될 수도 있다.

> 대부분의 근친 강간 생존자처럼 나 역시 내 안에 바닥을 알 수 없는 욕구가 있다고 생각합니다. 인간에 의해서 채워질 수 있는 부분이 아니라고 믿어요. 아무도 그런 것을 줄 수 없어요. 그것을 채울 수 있는 사랑의 진원지가 우주에 있을지언정 다른 사람에게서는 찾을 수 없어요.

"텅 빈 그 공간이 결코 채워지지 않을 거라는 말은 아닙니다." 한 생존자가 설명했다. "나를 키워 준 두 사람한테서만 사랑이 나오는 것은 아닙니다. 내가 나를 양육할 수 있어요. 다른 사람들이 나를 사랑할 수 있죠. 하나님이 나를 사랑할 수 있는 겁니다."

이런 사랑과 함께 소속감, 안정감, 치유될 수 있는 당신의 능력을 더욱 깊이 있게 믿는 경험이 따라온다. 또한 이 사랑은 사람에게만 향해 있지는 않다. 그것은 어느 누구도 빼앗지 못하는, 당신 내부의 관계에 토대를 두고 있다.

신앙으로 힘을 얻었습니다: 미라 이야기

미라는 신앙을 축으로 삼아 치유 과정을 거치고 있는 생존자이다. 시크교가 여성들의 힘과 권한을 존중한다는 사실은 그녀에게 지속적인 영감이 되고 있다.

난 요가를 하고 만트라를 암송하면서 자랐습니다. 시크교에서는 여성은 소중하며 상처입은 사람들을 위하여 예식을 올리는 책임을 맡고 있다고 가르칩니다. 가족들이 이런 가치대로 늘 살아온 것은 아니지만 그 철학은 내 속에 깊이 들어와 있습니다.

'카라' 라는 팔찌를 하고 있습니다. 모든 시크교도들이 하고 있지요. 이것은 가장 강한 금속인 강철로 되어 있습니다. 이것은 신과 다른 사람들과 내가 강력하게 연결되어 있음을 표현하는 것이지요.

내게 시크교도라 함은 전사라는 뜻입니다. 사람을 무너뜨리는 전사가 아니라 사람들을 고양시키고 사랑의 공동체를 짓는, 도움이 필요한 곳을 볼 수 있는 매서운 눈을 가진 전사를 뜻합니다.

이런 시크교 원리를 치유에 적용하고 있습니다. 플래시백에 시달리거나 자존감이 바닥일 때 내 카라를 보곤 하지요. 그러면 내 속에 내재된 힘을 기억하고 내가 치유될 수 있다는 사실을 떠올립니다.

시크교도는 니르바나(열반)가 내생이 아니라 현생에서 일어난다고 믿습니다. 이번 삶에서의 내 행동이 가장 중요합니다. 침대에서 몸을 일으켜 치료사를 찾아가고 치유에 필요한 것을 하도록 도와주는 그 앎이 가장 중요합니다. 좋은 시크교도가 된다는 것은 다른 사람을 돕고 모든 사람들에게 이 세상이 안전한 곳이 될 수 있도록 나를 구해야 한다는 뜻입니다.

이미 알고 있는 것을 찾아내기

어떤 결정을 하려고 하는데 친구가 "하룻밤 자면서 좀 더 생각해 봐"라고 한다면 그 친구가 정말 말하고자 하는 것은 당신이 한 말을 의식적으로 한 번 더 걸러 보라는 말이다. 이것은 종종 효과가 있다. 우리는 무엇을 해야 할지 풀지 못한 채로 잠이 들었다가 어떻게 해야 할지를 명확하게 떠올리면서 깨어나기도 한다.

고요하고 평온한 장소를 당신 내면에서 찾아낸다면, 당신은 중심을 잡은 상태로 다른 행동까지 바라보는 중립의 장소를 얻은 것이다. 여기에서는 무엇이 중요한 지를 알아보게 되고 나머지 것들은 떨쳐낼 수 있다.

고요한 내면의 공간에는 아기가 어머니 품에서 느끼는 위안이 있다. 이 공간은 잠시 당신의 짐을 내려놓을 수 있는 곳, 한번 더 싸움터로 떠나기 전 재확신을 얻기 위해 들르는 곳, 오아시스 같은 곳, 당신을 살찌우고 다시 태어나게 하는 곳이다. 이 내면의 공간에서 당신은 두려울 때 안겨서 위로받는 것과 같은 안정감을 느낄 수 있다.

뒤집어 엎기

어떤 생존자들은 영성의 관점을 가짐으로써 삶의 곳곳에서 유지해 온 팽팽한 긴장감을 내려놓을 수 있다.

> 난 모든 삶을 통제하기에 급급한 편이었지요. 모든 것을 세심하게 관리하려는 욕구는 나의 피해와 직결되어 있습니다. 내가 상황을 통제한다면—그게 배우자든, 아이든, 일이든, 환경이든, 내 먹거리든—다시 버려지고

배반당하는 느낌을 가지지 않아도 된다고 생각했거든요. 그러나 통제한 다고 해결되는 문제가 아니더군요. 오히려 사람들이 거리를 두게 되고 새로운 기회를 시도하지 못하게 되었습니다. 게다가 통제는 가짜거든요. 살아가면서 만나게 되는 모든 것들을 통제할 수 있나요? 아무도 그렇게 못하잖아요.

그럼에도 불구하고 50년 이상을 나는 최선을 다해서 생활의 구석구석을 다 통제하려고 애써왔습니다. 치유의 가장 깊은 과제는 통제를 포기하는 것입니다. 그것은 굴복에 관한 것입니다. 12단계에서 말하는 것처럼 '뒤집어 엎기'죠. 숱한 세월동안 '굴복'은 내게 더러운 말이었거든요. 어린 계집애가 피해를 당하면서 누워있는 것과 동의어였기 때문에 내가 굴복을 말한다는 것은 정말 믿을 수 없는 일인거죠. 하지만 이런 식의 굴복은 다릅니다. 기꺼이 삶을 그대로 받아들이겠다는 의지입니다. 나보다 더 큰 존재가 움직이고 있다는, 모든 것이 다 나에 의해 좌지우지되는 것은 아니라는 믿음에서 나온 것입니다. 삶은 훨씬 더 풍요롭고 흥미진진해졌어요. 이것이야말로 앞으로 내가 죽을 때까지 계속해나갈 여행이라는 생각이 듭니다.

종교로 인하여 상처 입었을 때

많은 사람들에게 영성 혹은 종교라는 말이 힘과 위안의 근원이기는 하지만 이 말을 듣고 긍정적인 연상을 하지 못하는 생존자들도 있다. 당신을 추행한 가해자에게서 경건함을 가장한 위선을 보거나 강요된 교회행렬을 떠올릴 수도 있다. 당신을 보호하지 못한 신을 더 이상 믿지 못하게 되었을 수도 있다.

난 20년 동안 보수적인 종교 집단에 소속되어 있었지요. 예수가 날 치유할 수 있으리라는 생각을 오랫동안 품어 왔어요. 서른여덟 살 때 지독한 편두통을 치료하려고 마지막으로 의지한 방법은 최면술 요법이었습니다. 그때 성폭력을 기억해 내기 시작했어요. 그러면서 처음 드는 생각은 "내가 믿었던 하나님은 도대체 어떤 분인가?"였습니다.

한 어린 소녀가 얻어맞고 강간당했지만 하나님은 그것에 대해 아무 것도 하지 않았어요. 정말 화가 났습니다. 그래서 목사님을 찾아가서 어쩌면 하나님이 꿈쩍도 하지 않았는가에 대한 이 황당한 이야기를 했죠.

그것은 인간이 저지른 죄악이므로 내가 하나님에게 화를 내어서는 안 된다고 말하더군요.

더 많은 기억을 떠올릴수록 하나님이 나를 전혀 사랑하지 않는다는 생각이 들었어요. 하나님은 내가 생각한 그런 분이 아니었습니다. 그렇다면 그는 누구인가요?

믿을 수 없을 만큼 상심했습니다. 나의 영적인 부분, 내가 살아오면서 늘 상 키워 온 그 부분이 더 이상 머물 곳이 없더군요. 무척 고통스러웠습니다. 뿌리를 잃었고 삶의 목적이 없어졌어요. 교회 친구들이 모두 나를 거부하더군요. 내가 믿을 수 있는 하나님을 찾을 수가 없었습니다.

목사, 신부, 랍비, 혹은 다른 종교 지도자로부터 피해를 입은 생존자들은 혼란과 소외감으로 힘들어하면서 신으로부터 버림받았다는 느낌을 받을 것이다. 한 생존자가 회상했다.

우리 가족은 독실한 신자들이었습니다. 난 성당과 미사를 무척 좋아했습니다. 특히 요한 신부님과 친하게 지냈지요. 그는 나의 신심이 깊다고 칭찬하면서 개인적으로 교리문답을 가르치겠다고 제안하더군요. 부모님도 기뻐하시면서 오후마다 자전거 타고 가는 나를 배웅까지 해주셨습니다. 그들은 뒷방에서 무슨 일이 실제 일어나는지 몰랐던 거죠.

요한신부는 내가 자기를 그렇게 하도록 만들었기 때문에 영원히 지옥 불구덩이에 있을 것이라고 말했어요. 난 아무에게도 말하지 않고 꽁꽁 감싸 두었습니다. 물론 겉으로는 독실한 아이 행세를 계속 했지요.

하지만 결국 10대가 되면서 난 하느님이 미워서 교회를 떠났습니다. 부모님은 이해하지 못하셨지요. 그들은 나와 이야기하려고 애를 쓰셨지만 난 그저 신은 죽었다고만 말했어요.

이제 난 확실히 불가지론자입니다. 하지만 요한신부가 나를 만지기 이전 내가 하느님과 맺었던 그 소박했던 연결고리가 무척 그립습니다. 하지만 앞으로 교회에는 한 발짝도 들여놓지 않을 겁니다.

다른 것들 속에서 하느님을 발견하는 법을 배웠지만 이전과 같진 않아요. 요한 신부가 나의 순수함을 빼앗았을 뿐 아니라 신앙심도 산산조각 내었기 때문입니다.

이런 식으로 상처를 입은 생존자들이 의미 있는 영적 관계로 되돌아가려면 평생이 걸릴 수도 있다. 그것도 그 방법이 발견될 때에 한해서. 사제에게 피해를 입고 가톨릭교회를 떠난 후 유대교를 탐색하던 한 여성은 12단계 모임에 참석하고 나서야 자신의 영성이 다시 살아났다.

내 안에서 신과 관계를 맺는 방법을 배웠습니다. 신은 내 안에 있고 내가 만나는 모든 사람 안에 있습니다. 신은 내게도, 그 어느 누구에게도 속해 있지 않습니다. 신은 죽음의 공포와 삶의 즐거움을 동시에 감싸는 생명의 힘 안으로 다가가는 그 무엇입니다.

우주 속에서 나는 한 줌 티끌밖에 되지 않지만 언제라도 그 우주 가까이로 연결되어 갈 수 있습니다. 상황이 근사하게 풀릴 때, 그렇지 않을 때, 내가 아플 때, 기쁨에 차 있을 때, 기도할 때 그 어느 때라도 가능하지요. 어떤 기운요, 누군가가 신앙제도 안에 가두려고 무진 애를 쓰던 그 때보다 훨씬 더 오래 전부터 이미 존재하던 그 기운과 내가 연결되어 있기 때문에 내가 드리는 기도는 생생하게 살아있습니다.

이 치유 과정에는 상당한 신비가 있다: 지젤 이야기

지젤은 신체적, 정서적 질병을 달고 사는 44세 생존자이다. 자살시도를 했으나 살아남았고 지금 그녀는 살려는 의지가 강하다. 그 과정에 영성이 큰 역할을 했다.

다시 위기상황을 만나도 더 이상 "이런 제길. 평생 치유되지 못할거야."라고 하지 않는다. 그건 마치 겹겹이 싸인 양파 같아서 더 많이 까면 깔수록 껍질을 하나씩 벗고 나올 것임을 이제는 알기 때문이다. 비록 "이틀 전에는 좋았지만 지금 난 떨리고 눈물이 나고 잠을 잘 수가 없다"와 같은 상태긴 해도 같은 곳으로 돌아가지는 않으며, 돌아간다 하더라도 다른 차원이 될 것임을 안다. 이건 오르락 내리락 하는 순환과 같아서 그 안에 있으면서 그 리듬을 타고 그것을 믿어야 한다. 눈물이 있고, 두려움이 있고 피곤함이 있는 지점에 이르면 내 삶의 에너지를 믿어야만 한다. 내가 필요한 곳에 와 있다는 믿음 말이다. 그곳에 할 수 있는 만큼 최선을 다해 머물다 보면 그 다음 단계로 나아간다.

이런 치유 과정에 상당한 신비가 있다고 느낀다. 내가 의미하는 신비라는 말은 잃어버린 오래된 치유 방식이 다시 잠에서 깬다는 뜻이다. 내 세포 안에 있는 그 오래된 지식의 상당부분을 일깨우고 있다. 그것은 땅에서,

땅의 정령에서 온다. 그것은 수 세기를 거치면서 치유하고 있는 여성들의 지식이다. 그것은 아주 신비로우며 우리의 직관에 있다. 책이나 의학에서 나오는 것이 아니며, 교회나 요가 선생님 혹은 그 어떤 것을 통해 연결되는 것이 아니다. 마녀사냥을 통해 여성 치유자들을 제도적으로 말살하기 직전까지 어머니에서 딸로 전수되어왔던 옛날 전통이다.

이런 지식은, 세계를 위기로 빠트리는 균열을 치유하는 능력과 연결된다. 이것은 어머니 지구의 치유력이다. 그동안 이것은 제거되고 상실되었다. 이제 우리를 통해 그녀가 다시 돌아오고 있다.

때로 나는 한 남자가 서른 명의 어린이를 추행할 수 있다는 것을 생각하면 무기력해진다. 그런 공간에 가려면 어머니 지구의 힘과 연결되어야 한다. 어머니 지구는 수백 명의 피 흘리는 여성들을 한 줄로 세워 이 여성들 한 명 한 명을 어루만지며 치유할 수 있다. 그녀만이 파괴와 죽음의 힘보다 더 강력한 힘을 가지고 있다.

내게는 그녀가 가장 다정한 힘이요, 가장 부드러운 치유력이다. 그녀는 너무나 달콤하다. 그녀는 매우 강력하다. 이것은 너무나 부드럽게 치유하는 치유력이다. 깃털과 같다. 그녀는 나를 치유하고 이 지구에서 행해지는 모든 파괴를 어루만지는데 필요한 존재임을 나는 온 몸으로 강렬하게 느낄 수 있다.

고마워라, 인생이여 Gracias A La Vida

치유작업은 힘들다. 하지만 결국 당신은 인생의 아름다움과 당신의 삶이 지닌 아름다움을 느낄 지점으로 들어가게 될 것이다. 시간이 지나면서 기쁨은 깊어진다.

난 지금이 내가 살아 있는 마지막 날이라고 생각하기를 좋아하지요. 이것이 마지막 호흡이라면 나에게 중요한 것은 무엇일까? 생명에 대한 단순한 것들을 노래하는 "Gracias a la Vida"를 생각하죠. 가사 중에 '알파벳이 있어서 감사해요. 말이 있으니 얼마나 감사한지요. 음악을 들을 수 있어서 감사해요. 볼 수 있어서 감사드려요'라는 게 있어요. 매일매일 시간이 있어서 단순한 것들에 감사할 수 있음을 알아차린다는 것이 나의 치유에 가장 도움이 됩니다. 오늘이 충분하게 하라. 마음의 평정을 가지려면 내가 하는 일을 모두 멈추고 단순한 것들에 만족해야 하죠.

결단 그리고 앞으로 나가기

마치 편안하게 집에 있는 기분입니다. 할 일이 아직 많지만 다 잘될 겁니다. 각각의 도구가 무엇인지, 그것들을 어떻게 사용해야 할지 알고 있거든요. 이제 근친강간에 대해서도 치유와 성공과 기쁨에 관한 이야기를 많이 하게 됩니다.

— 사파이어

근친 강간 피해의 생존자인 진 윌리엄스는 알코올 중독자인 부모 밑에서 어린 시절을 거쳐 지금은 성인이 되었는데, 수년 동안 어린이 성폭력 피해를 치유하기 위하여 상담에 참여해 왔다. 최근에 그녀는 극적인 관점의 변화를 경험했다.

> 몇 개월 동안 멕시코에서 지냈어요. 전혀 다른 문화권에서 살면서 많은 것들을 배웠습니다. 집에 다시 돌아왔는데 편지가 엄청나게 많이 쌓여 있더군요. 인간 성장 워크숍과 자기 향상 프로그램에 대한 수많은 안내서와 소식지들이었습니다. "세상에! 더 이상 나아지고 싶지 않아. 더 이상 치료받으러 가고 싶지는 않아. 이대로 충분히 좋다구. 11년 동안 난 나를 향상시켜 왔어. 지금은 내가 이미 도달했다는 것을 깨달을 때라구."라는 생각이 들었어요. 나는 즐기려고 어떤 일들을 하지, 어떤 방식에 나를 끼워 맞추려고 일을 하는 것은 아니었어요. 나는 치유가 되었어요. 나는 총체적으로 존재하지요. 이미 그곳에 도달했다구요.

앞으로 더 나아가는 것은 생존자들에게 힘겨운 일이다. 등을 민다고 될 일이 아니다. 외부의 압력이 있다고 가능한 일이 아니다. 물론 압력이 있을 것이다. 처음 말을 끄집어 낸 그 순간부터 사람들은 당신에게 잊으라고 말하고 "과거는 과거로 묻어 두라."고 한다. 다른 사람을 기쁘게 하기 위한 전진은 당신에게 도움이 되지 않는다.

대부분 생존자들은 회복에 이르는 과정이 너무나 고통스럽기 때문에 '어디든지 가고' 싶은 지점에 이른다. 당신의 분노, 부모, 가해자, 혹은 당신의 취약성에 직면하고 싶지 않기 때문에 어디든지 가고 싶어 한다면 그것은 해방이 아니라 도피이다.

진정한 전진은 치유 과정의 각 단계를 거치면서 획득되는 자연스런 결과이다. 천천히 오기도 하고 때로는 갑작스레 오기도 한다.

> 내가 난관에 부딪히지 않았다는 것은 아침에 일어나 거울을 보면서 "제기랄, 또 근친 강간이 떠오르다니!"라고 말하지 않아도 된다는 말입니다. 그 기억이 나기 전에 이를 닦고 식사를 반쯤 할 수 있다는 것이죠. 혹은 영화를 보러 가서 유쾌하게 웃고 한 번도 성폭력 피해를 생각하지 않는다는 말이기도 하죠.

앞으로 나갈 때는 내면의 작업이 필요하다. 어느 생존자는 이렇게 설명했다.

> "과거에 반응하고 그것으로부터 치유를 하려니 내 삶의 너무 많은 부분과 에너지가 들어가는구나. 안 되겠어. 더 이상 힘을 그곳에 쏟고 싶지 않아. 앞으로 나가고 싶다고. 가능하면 살아있는 동안 즐겁게 살고 싶어"라고 스스로 말하는 상태가 되었습니다.
> 치유 과정에 성실히 임한 결과 자연스럽게 자란 깨달음이었죠. 내 힘으로

나가야만 했습니다. 그저 말로만 "극복하라"고 하는 사람이라면 결코 해내지 못했을 겁니다.

그곳에 가는데 시간이 꽤 걸렸지요. 준비가 되기 전에는 "난 이제 뛰어넘었다"라고 자신 있게 말하지 못합니다. 자기가 직접 그걸 애를 써가며 얻어야 하니까요. 상처가 치유될 수 있도록 수년간 치료를 받았습니다. 전에는 감염된 상처에 일회용 밴드도 붙이지 못하고 다만 그냥 없어지기만 바랄 정도로 나약했거든요. 이제는 고통을 마주 보고 조금 더 직면하지요. 내가 여태 한 것 중에서 가장 어려우면서도 보람된 부분이었습니다. 이제는 앞으로 나갈 준비를 갖추었어요. 내면 깊은 곳으로부터 알아요. 이제는 때가 되었다는 걸.

안정 상태에 이르기

당신의 감정과 관점이 안정되면서 결단이 찾아온다. 감정의 기복이 안정된다. 더 이상 당신에게 일어났던 것을 의심하지 않는다. 당신의 인생은 성폭력 피해에 반응하는 것 이상이라고 생각한다.

당신은 내 인생을 들여다보면서 정말 비참한 비극으로 얼룩졌고 늘 그래왔다고 생각하겠지요. 그렇지만 눈부시게 아름다운 때도 있었어요. 나에게는 이런 아름다웠던 시간들이 비극을 압도한 셈이죠.

유년기가 성폭력 피해도 있었지만 좋은 시절이라고 말한 한 생존자는 어릴 때 실제로 몇 분 동안 피해를 당했는지 기억나는 대로 계산기를 두드려 보았다. 그녀는 기억하지 못하는 부분을 감안하여 이렇게 나온 수를 5로 곱했다. 그렇게 해서 나온 숫자와 어린 시절을 분으로 따진 총 숫자를 비교했다. 성폭력을 당하지 않은 시간이 피해를 당한 시간보다 압도적으로 많았다. "이렇게 따져 보니 나를 한 어린이로 성장하게 했던 다른 것, 보다 긍정적인 힘이 있었다는 것을 알겠더군요. 내가 이끌어 낼 수 있는 다른 점들이 나에게 있었던 것입니다."

당신의 피해를 전혀 다른 관점으로 보게 되면 앞으로 나아가는데 힘이 될 만한 새로운 시각이 생길 수 있다.

우리 가족에게 일어난 일을 이해하려고 하다가 족보를 연구하기 시작했습니다. 내가 몰랐던 부분들, 가족들이 말하지 않는 부분들을 연결할 수 있었어요. 상황을 연속적인 그림으로 만들어보았더니 상당히 달라지더군요. 양쪽 가족 모두 문제가 있었습니다. 나와 내 오빠와 언니들에게 일어났던 일들은 진공상태에서 발생한 것이 아니었더군요. 어머니가 어릴 때 피해를 입었어요. 아버지는 고아였고 양부모에게 신체적 학대를 당했어요. 자료를 뒤지면서 우리에게 일어났던 모든 일들이 이해가 되기 시작했어요. 또 사소하지만 멋진 것들도 발견했는데 가령 할머니가 1920년대 신여성이셨더라구요. 비즈와 옷, 모자로 차려입은 할머니 사진을 발견했어요.

또 다른 생존자가 기억한다.

젊었을 때는 내 어린 시절을 나 개인에게 가해진 공격으로 보았습니다. 하지만 치유를 해나가고 비슷한 상황에 대하여 다른 사람들과 이야기를 하면 할수록 개인적인 것은 점점 옅어지더군요. 누군가가 어떤 이유로 나에게 어떤 짓을 했다기보다는, 내가 통제할 수 없는 영역의 힘이 휩쓸고 지나가는 자리에 단지 내가 있었다는 생각이 더 들더군요. 그와 같은 고통을 겪으려고 내가 세상으로부터 버림받은 것은 아니라는 것을 알게 되었습니다. 그런 식의 폭력은 한 사람에게만 한정된 것이 아니더군요. 나에게만 해당되는 것이 아니었어요. 그것은 여러 세대를 거쳐 내게까지 내려온 폭력의 악순환이 가져온 결과였던 거지요. 나이가 들면서 그것이 단지 인간이 가진 조건 중 하나라는 생각을 더 하게 됩니다. 재미있지는 않았죠. 오히려 아직 그 영향이 간간이 남아있어요. 하지만 그것은 나를 아주 강한 성품으로 달구었어요.

앞으로 나아간다는 것은 당신이 일군 힘을 단단히 다진다는 뜻이다. 자신의 회복능력을 깨닫고 건강한 상태로 전진한다. 당신이 알고 있는 진실을 위하여 우뚝 선다. 당신은 악마와 대적하여 다시 살아난다. 그리고 변화할 수 있는 힘에 속하지 않는 것들을 털어버리면서 드디어 당신은 변화한다.

상심한 마음으로 살아가는 법 배우기: 안나 이야기

안나는 60세 치료사인데 사랑하는 자신의 아버지로부터 성적 학대를 당했다. 12살 때 아버지가 죽자 그녀는 상실감과 혼란에 빠졌으며 몹시 엄격한 어머니와 단 둘이 남게 되었다. 안나는 어머니와의 관계가 더 힘들었다고 말한다. 그녀는 평생 걸려 어머니와의 관계를 단절했다.

20년간 어머니와 떨어져 살았다. 난 수년 동안 그녀에게 분노했고 수십 년 동안 내 고통으로부터 도망 다녔다. 이제는 그녀와 화해한다. 하지만 내가 경험한 화해는 그녀와 진심이 통하는 진정한 화해가 아니라 내 마음으로만 한 것이다. 난 그녀가 어떤 사람인지, 그녀의 한계가 무엇인지 받아들이기로 했다. 어머니와 더 깊고 더 상호적인 관계가 이루어질 수도 있다는 가능성을 배제하지는 않는다. 하지만 그녀의 한계를 쉽게 받아들이기는 힘들다. 2주 후 그녀를 만나러 간다. 그녀는 지금 몹시 아프다. 사람이 자기가 곧 죽을 것임을 알게 될 때 어떤 놀라운 생각을 하게 될지는 알 수 없다. 하지만 어떤 극적인 변화를 기다리면서 가슴 졸이지는 않는다. 상황이 흘러 가는대로 받아들이니까.

어머니와 그녀의 고통에 대한 깊은 연민이 생겼다. 그녀는 혼자 살고 있다. 건강은 점점 나빠지고 실명할 지경에 이르렀다. 자살을 심각하게 생각하기도 한다. 늙고 병약하고 그리 오래 버티지 못할 것이다. 그녀의 삶이 안타깝다. 그녀의 종말이 안쓰럽다. 그녀는 사랑하는 사람들이 지켜보는 가운데 죽어가지는 못할 것이다. 어느 날 조용히 자살해서 깨어나지 못할 지도 모른다.

난 어머니에게서 "내 분노를 너에게 다 퍼부어서 미안하구나.", "엄마가 필요할 때 엄마 노릇을 해주지 못해서 미안하구나."라는 식의 말을 기대하지는 않는다. 그녀가 상당히 심오한 영적 환영을 떠올려 자신이 저질렀던 과오를 사죄하는 걸 보아야하겠지만 그럴 리가 없다. 난 그것을 기대하지도, 바라지도 않는다. 그래도 괜찮다. 치유와 화해라는 것이 어느 부분 상심한 마음으로 살아가는 것이 아닐까 싶다.

우리가 회피하는 것 중에는, 우리를 아프게 한 사람 때문에 우리 마음이 얼마나 무너졌는지에 관한 것이 있을 것이다. 우리가 살아온 거친 삶, 섹스와 마약, 분노와 격분 그 아래쪽에는 상심한 마음의 어린 아이가 있다. 나는 어머니와의 관계에서 그렇게 다친 상처를 떠올리면서도 마음이 훨씬 편안해지는 단계에 이미 와있다. 이번에 그녀를 보게 되면 그녀의 자살에 대해 이야기할 것이고 아픈 마음으로 거기 앉아있을 것 같다. 왜냐하면 내가 바라던 방식의 어머니를 결국은 한 번도 가져보지 못할 것이니까.

이런 상처들 중 하나가 지금의 나를 있게 했다. 그 상처는 나를 좋은 치료사, 좋은 엄마가 되게 했다. 그것은 살짝 다리를 저는 것과 같다. 어떤 성형수술도 이런 식의 흉터를 없애지 못한다. 늘 그녀는 내 어머니로 각인되어 있을 것이다. 또한 그렇게 하기로 한 것은 바로 나 자신이다.

상처를 떨쳐 버리기

치유 과정에는 오직 성폭력 피해만이 보이는 시점이 있다. 또 당신이 모든 시간과 정열을 치유에 투자하면 다른 지점으로 나아갈 수 있다는 사실을 놓치는 때도 있다. 그러나 그러한 것들을 감당하고 싶어 하지 않는 것도 당신의 일부다.

생존자들은 지난한 시간을 들여 치유를 했다손 치더라도 여전히 성폭력 피해의 생존자라는 정체성만 남는다고 종종 불평한다. 그러한 정체성은 생존과 밀접하게 연결되어 왔으므로 그것을 포기하는 것도 어려울 수 있다.

> 많은 사람들이 그러한 분노와 증오와 두려움에 고착됩니다. 그러나 나는 그러지 말아야겠다고 생각했지요. 기침할 때 나오는 가래 덩어리와 같다고 생각하게 되었어요. "좋다구, 나를 이상하게 쳐다보는 사람들에게는 잔인한 방식으로 대해야겠다고 생각할 만큼 꼬인 적도 있었어. 이제는 그런 생각을 하고 싶지 않아. 그렇다면 난 어떻게 느끼고 싶어하는가?"라는 생각이 들더군요.
>
> 난 세상을 안전하게 느끼고 싶었습니다. 힘을 느끼고 싶었지요. 내 삶에서 무슨 일이 작용하고 있는지, 내가 실제 상황에서 힘을 가지려면 어떻게 해야 하는지에 초점을 맞추었습니다.
>
> 또 난 거기에 앉아서 벌어진 상처를 건드리면서 "내가 깊숙하게 찌르기만

한다면 정말 핏덩이를 볼 수 있겠지"라고 말하는 것을 그만두었습니다. 그러한 짐을 더 이상 짊어질 필요가 없는 것처럼 행동했습니다. 정말 그 무거운 짐을 지지 않게 되는 때가 있더군요.

지금은 가끔씩 짐꾼이 나에게 짐을 부려 놓으면서 "당신의 짐입니다"라고 말하는 때가 있어요. 그러면 난 그 짐을 풀어 헤치고 하나하나 열어 보지요. 그리고는 "이제 너에 대해서는 충분히 보아 왔어. 내 삶을 살아가고 싶어"라고 말합니다. 인생에 대한 느낌이 훨씬 좋아졌어요. 항상 고통스러워하지 않아도 된다는 것은 굉장한 위안이지요.

그것은 부인의 문제가 아닙니다. 근본적인 변화죠. "죄의식을 벗고 가시오. 치유의 새로운 단계로 들어가시오"라고 적힌 도로 표지판이 있는 것 같지는 않습니다. 그보다는 마치 막 샤워를 끝낸 뒤 거울을 보면 습기가 차츰 마르기 시작하면서 당신의 모습이 한층 또렷해지는 것에 더 가까웠지요. 사물들이 점점 선명해집니다.

나는 과거의 나 자신보다는 현재 만들어지고 있는 나 자신과 더 많은 관계를 맺기 시작했어요. 내 등에 짊어졌던 큰 가방을 한쪽으로 벗어 두고 새로운 자아에게로 한 걸음 가까워지니까 그녀를 알아보겠더군요. 그녀는 겉모습만 있는 게 아니라 실제로 존재합니다. 성폭력 피해를 당하기 이전의 나 자신이기도 하구요.

내면의 아이를 안심시키기

앞으로 나아가기 힘들 게 하는 여러 요소들 가운데, 당신이 상처 받은 내면의 아이를 배반하는 것은 아닌지 의심스러워하는 감정도 포함되어 있다. 어릴 때의 고통이 무엇이었는지를 알아내려고 무진 애를 썼다면 놀랍게도 고통을 해방시켜 주는 것이 꺼림칙할 수도 있다.

에브 말콤은 이렇게 설명한다.

> 정서적으로 내 입장에서는, 그래요 부정하지 않겠습니다. 상처를 떨쳐 버리는 것은 곧 내 안에 아직 살아 있는, 아무도 그녀를 위해 그곳에 함께 있지 않았고 아무도 그녀의 이야기에 귀 기울이지 않았던, 그 열한 살짜리 어린 소녀를 유기한다는 말이 될 수도 있습니다. 내가 점점 회복되고 시퍼런 멍이 치유되는 그때는, 그 상처가 있었다는 표지가 없어져 버리게 되는 것이고 마치 그녀의 말을 들은 사람이 이 세상에 한 사람도 없는 것처럼 된다는 것이거든요. 그 어린 소녀에 대한 믿기 어려울 만큼의 불성실이요 배반이 될 수도 있거든요.
>
> 그래서 나는 일어난 일을 부인하지 않고서도 손상의 징후들을 극복하여 치유될 수 있도록 애쓰고 있습니다. 이것은 지성 있는 '내'가 하는 말입니다. 열한 살짜리 소녀가 아닙니다. 그녀는 자유로워지고 싶어 하지 않아요. 감정적으로 그렇게 느껴진다는 말입니다. 더구나 감정의 힘은 막강하거든요. 당신은 지적인 사고를 하고 있지만 감정적으로는 아이와 같을 수도 있지요. 내 안에 있는 어린이는 아직도 두려움에 떨면서 잊혀지지 않으려고 하지요. 내가 회복되는 것이 그녀를 유기하거나 그녀의 고통을 부인하는 것은 아니라고 확신시켜 주어야만 합니다.

어린 아이를 두고 떠날 필요는 없다. 그보다는 치유를 통해 내면의 아이가 살 수 있는 더욱 안전하고 건강한 장소를 만들어 갈 수 있다.

연결되어 있다는 느낌

당신이 결단하고 앞으로 나가는 단계에 이르면 고립되고 소외되었다는 초기 감정은 사라지고 소속감이 점점 커진다. 당신에게 지독히 잘못된 뭔가가 일어난다는 생각보다는 더 큰 공동체의 일원이 된 느낌이 들기 시작한다. 당신을 주변 세상과 연결하는 이러한 소속감은 당신의 권리다. 로라가 말한다.

> 난 두꺼운 유리벽을 사이에 두고, 세상 속에서 살아가는 사람들과 분리되어 있다는 느낌을 안고 30년을 살았습니다. 유리를 통해 그들이 살아가는 모습을 볼 수 있어요. 함께 식사하고 사랑하고 아이와 같이 놀고, 뛰고 울고 웃고 기도하고 계산서를 지불하는 것까지 모두 다 보는 거죠. 하지만 내가 어떤 짓을 하든 그 벽을 건너갈 수는 없었습니다. 내가 놓친 부분을 볼 수는 있지만 결코 그들과 같은 사람이 될 수는 없었습니다. 그들의 세상에 나는 속하지 않았던 거지요. 아무리 이 장벽을 건너가고 싶어도, 아무리 나도 진짜가 되고 싶어도 그럴 수가 없었습니다. 그런 고립감을 나타내는 적절한 말이 있을 것 같지 않지만 어쨌든 그런 식으로 수년 동안 살았던 거죠.
>
> 내 감정, 내 마음, 내 아이, 내 치료사, 내 친구, 나를 사랑하는 사람들, 지구와 연결되어 있다는 느낌은 20년간 내 치유의 핵심이 되었습니다. 나 자신에게 가르쳐요. 어떻게 느끼고 어떻게 사랑하는지, 어떻게 듣고 어떻게 지금 여기에 있는지를. 나와 나머지 세상을 가르는 유리벽이 이제는 없답니다.

몸 안에서 사는 법 배우기

결단하여 앞으로 나가는 자리에 왔으므로 이제 당신은 점점 더 당신의 몸에 머무르면서 편안해질 것이다. 고통스런 감정이나 불편한 감각이 떠오를 때마다 몸에서 해리되던 과거와는 달리 이제 몸으로 감지되는 그 느낌과 신호, 감각을 인식하고 이해하는 것을 배운다. 실제로 당신은 살아있으며 당신의 몸이 고통의 저장소가 아니라 쾌감과 지혜의 근원지임을 알게 된다. 한 생존자가 회상한다.

여러 해 동안 나는 내 몸을 알지 못했어요. 힘차게 뛴다거나 섹스를 하거나 상처를 입는 것 같은 강렬한 감각들만 눈치 챘어요. 나머지 시간동안 난 몸과는 멀찍이 거리를 유지하며 살았답니다. 마치 명왕성에 사는 것처럼요. 인생을 둥둥 떠다니면서 보냈어요. 그 어디에도 연결되지 않은 채 말입니다.

그러다가 내가 화가 났을 때 친구 한 명이 나를 위로해주려고 내 손을 잡고 나를 만졌어요. 그녀가 무엇을 하는지 보이는데 감각이 없었습니다. 그녀는 나를 사랑하고 염려했지만 난 거기에 없었기 때문에 그것을 받아들이지 못한 거죠. 바로 그 순간, 난 내가 무엇을 놓치고 있는지를 깨달았습니다. 그리고 다시 몸으로 살아가겠다는 깊은 약속을 했습니다.

몸에서 분리되니 내 삶이 없어지더군요. 숨을 어떻게 쉬는지, 땅을 딛고 서 있는 내 발을 어떻게 느끼는지, 어떻게 몸으로 여기에 있는지를 배우는 것이 치유의 중요한 부분이 되었습니다. 지금은 더 많은 것을 느끼죠. 사물을 기억하는 것도 더 풍부해졌어요. 내가 느끼는 행복의 깊이도 달라졌구요. 안개 속을 수년 동안 걷다가 이제는 밝은 햇살 아래서 걷는 것 같아요. 예전에는 모호함이 있었는데 이제는 연결되어 있습니다. 완전히 새로운 방식으로 살아있음을 느낍니다.

통합

전진에서 큰 부분을 이루는 것은 통합이다. 당신은 자신을 총체적으로 본다. 당신은 몸, 성, 느낌, 지성이 상호 연결되어 하나를 이루는 존재다. 그러므로 우리를 인간이게 하는 모든 혼돈과 회색의 중간 지점들을 수용하기 시작한다.

우리 가족과 같은 환경에서 살아온 사람이 할 수 있는 마지막 일은 역설을 수용하는 법을 배우는 것이죠. 흑백이 아닙니다. 모든 것이 선명할 수는 없지요. 역설을 포용하는 법을 배웠다는 것은 내가 정말 치유된다는 징표입니다. 여전히 기분이 나쁠 것이라는 점을 수용하는 것은 무척 어렵지요. 당신은 치유만 되면 모든 것이 형통하리라고 생각하지만 그건 사실이 아닙니다. 여전히 당신은 지저분한 기분에 휩싸입니다. 물론 항상 그런 것은 아니지만 말입니다. 유머나 온기, 사랑, 유쾌함 이런 것들을 선택하고 싶었고 두렵고 화나거나 뭐 그런 종류의 '부정적인 감정들'은 느끼고 싶지 않았습니다. 그러나 여전히 그런 것들도 당신을 인간이게 하는 부분이랍니다.

통합은 인생 전반을 살아가면서 성장을 지향하는 관점을 유지한다는 말이다. 수잔 킹은 자신의 치유 과정에서 멋있는 이미지를 발견했다.

동생이 갖고 있던 러시안 인형이 생각나는군요. 난 그 인형에 무척 매료되었어요. 환한 색깔이 칠해진 나무 인형이랍니다. 허리 부분을 비틀어 열면 그 안에 조금 작은 인형이 들어 있지요. 그 안에 또 다른 인형이 들어있고 이 인형을 열면 조금 더 작은 인형이 또 들어있죠. 맨 나중에는 기저귀를 찬 아주 작은 아기 인형이 있어요. 내 안의 수잔이 또 다른 수잔을 내면에 갖고 있는 거죠. 지금 이 순간 나는, 좀 더 현명한 흰머리의 수잔 안에 있는 좀 작은 수잔인 것입니다. 러시안 인형처럼 나는 둥글고 또 그 자체로 완벽합니다.

가해자와 가족을 받아들이는 법 배우기

이것은 치유 과정에서 계속 진행되는 부분이다. 물론 생존자마다 상황은 달라진다. 가해자가 가족인지, 가족은 당신이 피해를 입을 당시(지금도) 어떻게 반응했는지 등 수많은 요인에 의해 다른 이야기가 되기도 한다.

가족이 처음부터 당신을 지지해왔다면 가족과의 관계는, 피해 사실을 드러냈을 때 적대감이나 거부반응에 부딪히는 가족의 경우보다 훨씬 더 원만할 것이다. 가족에게 실망하고 배신감을 갖는다면 당연히 가족에 대한 사랑과 성실함을 회복하기가 어려울 것이다.

가족과 이별을 하건 화해를 하건(혹은 그 절충안이건) 가족 관계의 성격을 결정하기 위하여 어느 지점으로든 나아가는 것 자체가 삶에서 진화하는 과정이다.

결단과 나아감의 단계에 도달하면 당신은 적어도 지금 벌어지는 상황의 한 가운데서 평화로울 수 있다. 대부분의 경우 이것은 당신이 피해를 드러내었으며 그 결과를 다루고 있다는 얘기일 것이다. 당신은 가해자와 직접 대면했을 수도 있고 그렇지 않을 수도 있지만 당신이 한 선택에 대하여 마음이 편안하다. 가족과 치유를 위한 별거를 했을 수도 있고, 피상적이고 제한된 관계에 편안할 수도 있고, 가족과 함께 치유를 했을 수도 있다. 당신이 가족이나 가해자와 어떻게 관계를 맺을까와 같은 문제는 당신 마음에 더 이상 가장 중요한 이슈가 되지 않는다. 당신이 원하는 모습으로 어머니, 아버지, 언니, 동생이 신비롭게 변신할 것이라는 환상을 더 이상은 품지 않는다. 그들이 줄 수도 없고, 주려고 하지 않는 것, 가령 인정이나 고백, 사과와 같은 것을 그들에게서 받아내려는 마음을 접는다. 그들의 모습, 그들의 한계를 그대로 인정하고 그들을 바꿀 힘이 당신에게 있다는 생각도 더 이상 하지 않는다.

가족이나 가해자와 더불어 이 지점에 도달한다면 결과는 달라진다. 엉뚱한 곳에서 구원을 요구하던 예전의 기대를 포기하는 것은, 보다 현실적으로 풍부한 삶의 문을 여는 것과 같다. 예전의 기대에 퍼붓던 모든 에너지가 갑자기 방출되면서 당신이 현재 시각으로 튕겨져 들어오는 듯 할 것이다. 피해와 그 영향이 바로 자신의 모습일 것이라는 동일시가 크게 줄어들고 당신 자신과 세상을 향하여 훨씬 더 흡족하고 새로운 관계를 자유롭게 즐기게 될 것이다.

> 나를 사랑하고 돌보아야만 했던 사람이 나를 추행할 수도 있으며, 내 인생을 비참하게 만들어놓고 그것을 내 눈 앞에서 부인할 수도 있다는 사실을 통합하는데 한참이 걸렸습니다. 그 현실을 내 머리 속에 있는 행복한 미국 가정의 이미지에 꿰맞추려고 애쓰는 것이 얼마나 힘겨웠는지 모릅니다. 하지만 그것은 세계관의 엄청난 변화였기 때문에 나름대로 가치가 있는 일입니다. 그것은 나 자신의 삶을 스스로 만들도록 했습니다. 결코 있지도 않았으며 앞으로 있지도 않을 환상이나 생각에 내가 매어 있는 한 그것도 나의 발목을 잡았던 거죠. 내가 빠져나온 곳이 구름으로 갇혀 있을 때는 다른 방향으로 발걸음을 옮기기가 힘들었습니다. 만약 내 가족의 현실을 인정하지 않았더라면 내가 할 수 있는 유일한 선택은 똑같은 허상을 계속

붙잡고 있는 것이었겠지요.

위기의식 떨쳐내기

당신은 치유 과정에 나타나는 구체적인 분노와 혼란에 쉽사리 익숙해진다. 계속 위기의식을 껴안고 산다는 것은 당신이 살면서 바꾸어 나가야 할 부분을 볼 필요가 없다는 뜻이다. 위기의식에 익숙한 생존자들은 그 위기의식을 떨쳐내는 것이 얼마나 어려운지 잘 안다.

난 극한 상태에 중독되었습니다. 극렬한 감정이 한바탕 휩쓴 후 감정이 가라앉는다 싶으면 실망스러워집니다. 이제 뭘로 울고 뭘로 소란을 피우지? 이제는 무엇에 집착해야 하지? 내 인생은 이제 어디 가서 폭풍의 언덕과 특별한 색채의 폭우 내리는 하늘을 빌려오지? 그런 생각이 드는 겁니다. 그것은 거의 약물중독과 같습니다. 내가 만든 각본과 아드레날린에 중독되었어요. 맹렬함에 대한 욕구를 놓아 버리는 것은 나 자신을 서서히 이유離乳하는 과정이었습니다. 정말 평범한 것들을 경험하면서 그 소중함을 알아차리게 되고 이제는 즐기게 되었지요.

이런 수준의 스트레스를 포기하는 것은 당신의 치유에 중요한 시금석이 될 수 있다. 당신은 흥분되기도 하고 스스로 자부심을 느낄 수도 있다. 그러나 이런 최초의 성취에도 불구하고 내면에는 뭔가 텅 비어 있다는 느낌도 들 것이다. 당신은 새로운 것들이 자랄 수 있도록 공간을 깨끗하게 치웠다. 그러나 동시에 아직 혼란스러운 경계, 혹은 낙하복을 착용하지 않은 채로 투하될 수도 있다.

당신이 어떤 인간이 되고자 하는지 어렴풋하게나마 윤곽을 잡기 시작하는 데도 시간이 꽤 걸린다. 그런 공허한 시간들이 두려울 수도 있다. 그러나 당신은 수확을 거둘 것이다. 사실 이전보다 훨씬 더 견고한 상태로 상처들을 거쳐 갈 것이다.

지금 여기에 살기

위기의식에 대한 욕구를 떠나보내면 풍요로우면서도 다양한 질감의 평범한 생활이 들어찰 수 있는 여유 공간이 생긴다. 당신의 흥미를 자극할 소재도 예전과는 다르고 스트레스도 덜 하다. 도전할 만한 일, 창의적인 벤처 사업, 혹은 좀 더 깊이 있는 친밀감 등이 당신을 기다린다.

결단의 일부로서 당신은 당신 삶의 흥분을 고요하고 평화로운 시간과 조화롭게 맞추는 방법을 배우게 된다. 훈련을 통해서 당신은 작은 것들에서 만족을 얻을 수 있게 된다. 음악을 듣고 저녁식사를 만들고 산책하면서 말이다. 고요한 곳에서 당신은 당신이 무엇을 원하는지 평가하게 되고 그곳으로 가기 위한 발걸음을 내딛게 된다.

아직 무엇을 원하는지 명확하지 않다면 이제 그 가능성을 탐색할 때이다. 당신이 하고 싶어 했거나 되고 싶었던 것들을 목록으로 만들어 보라. 이러한 자기 발견은 어느 누구도 빼앗을 수 없는 당신만의 것이다. 어떤 위기보다 더 많은 보상을 준다. 과거의 영향을 벗어 던진다면 미래는 가능성을 열어 보일 것이다.

난 방황하면서 힘겨운 생활을 해 왔습니다. 정신 병원을 들락날락했지요. 지금 어떤 일이 일어날 것인지도 모릅니다. 그렇지만 많은 것들이 변화했지요. 그러다 보니 나 역시 나를 좀 다르게 보기 시작했습니다. 지금 나이가 마흔일곱이에요. 열다섯 살 때만큼의 가능성이 있지는 않지요. 그렇지만 어떤 문도 걸어 닫지 않아요. 많은 문들을 활짝 열어 놓고 있습니다.

얼마나 치유되어야 하는가?

치유는 언덕 위로 바위를 굴렸다가 다시 굴러 내려오는 그 바위를 위로 밀어 올려야 하는 식의 천형은 아니다. 성폭력 피해에 대해서나 치유 자체에 대해서 더 이상 당신이 피해자처럼 느껴지지 않는 때가 있다.

최근에 엘렌은 지난 2년 동안 치료를 받으면서 적극적으로 치유 과정에 임하는 한 여성과 이야기를 나눴다. 치유 작업에서 요구하는 바가 많기 때문에 그녀는 치유에 집중하려고 과정 초기에 다른 활동을 여러 개 중단했다. 서서히 치유 작업과 다른 일들을 병행할 수 있게 되자 그녀는 학교도 등록하고 임시직도 구하고 연인도 구할 수 있었다.

이제 이 여성은 다른 도시로 가서 그곳에 있는 연인과 합류하는 것은 물론 무척 소망했던 학교 프로그램에도 참여할 기회를 얻게 되었다. "그런데 말입니다." 그녀가 엘렌에게 이야기했다. "좀 더 나아질 때까지 기다려야 될 것 같아요. 치료가 덜 끝났잖아요. 내가 원하는 것을 할 수 있으려면 얼마나 치유되어야 하나요?"

엘렌은 웃으면서 그녀에게 가라고 말해 주었다. 당신이 원하는 바를 하는 것, 당신에게 충족감과 즐거움을 주는 것들을 하는 것이 치유를 구성하는 부분이다. 당신은 기다릴 필요가 없다.

끝이란 없다

절대적인 치유 같은 것은 없다. 결코 당신은 어린이 성폭력을 완전히 "뛰어넘을 수" 없다. 그 문제는 시시때때로 불쑥 튀어나올 것이다. 물론 당신의 삶을 사정없이 할퀴고 갈 정도의 힘이나 극렬함, 능력을 갖고 있지는 못할 것이다. 당신은 더 많은 기술과 더 나은 지원, 더 멋진 관점으로 새로운 치유의 단계에 돌입할 것이다. 20년 이상을 적극적으로 치유해온 쉘라가 이렇게 말했다.

요즘 난 보다 섬세한 방식으로 피해의 후유증을 다루고 있습니다. 내가 언제 소통의 문을 닫아버리는지 감지하고, 내가 희생해야 하는 것이 무엇인지 알아내는 그런 식이랍니다. 여전히 기억이 한 번씩 찾아와요. 거의 일 년에 한 번 정도니까 거의 없다고 해도 과언은 아닙니다. 그러나 할로윈이나 부활절처럼 어떤 특별한 행사가 있을 즈음에는 아직도 마음이 약해져요. 예전만큼 고약하지는 않지만 여전히 거기 있어요. 그런 일이 일어나지 않았다거나 그 영향이 결코 없는 것하고는 다른 것이니까요. 하지만 극심한 고통에 있을 때조차 예전과 같은 방식으로 나를 힘들게 하지는 않아요.

성폭력은 일어났다. 결코 당신은 당신의 역사를 지울 수 없다. 그것은 깊은 방식으로 당신에게 상처를 남겼다. 그 사실은 결코 변하지 않을 것이다. 하지만 당신은 결단의 지점에 도달할 수 있다.

내가 완전히 치유될 수 있을지는 모르겠습니다. 상처가 난 곳이 치유가 되었지만 여전히 감염된 상태로 있는 것 같아요. 건강한 세포가 자랄 수 있도록 상처 부위를 절개하고 소독해야 했지요. 그것이 흉터로 남는다 하더라도 말입니다. 흉터가 남으면 그것을 보는 게 썩 유쾌하지는 않지만 더 이상 아프지는 않잖아요. 그리고 거기에 흉터가 있다는 것을 늘 알고 있지요. 하지만 그것을 만져도 아프지는 않게 되지요. 그런 식이라고 생각합니다. 흉터가 있지만 아프지는 않아요. 깨끗이 소독되었으니까요.
모든 흉터가 그렇다는 뜻은 아닙니다. 시간이 지나면서 다른 것들을 발견할 수도 있다고 생각해요. 그것은 당신이 우리 같은 사람들에 대해서 이야기할 수 있는 점입니다. 항상 무엇인가가 나타날 것이라는 점 말입니다. 완벽하게 치유될 것이라고 생각하지는 않습니다. 왜냐하면 성폭력 피해가 세상에 대한 나의 기본적인 신뢰를 꺾어 버렸기 때문이지요. 완벽한 초월도 믿지 않습니다. 초월되기에는 인간이란 존재가 너무나 복잡하다고 생각해요.

결단의 단계로 가려면 치유 과정이 평생 계속되리라는 사실을 받아들여야 한다. 한 여성이 이렇게 회상했다.

치유 과정을 전부 끝내었다고 생각하던 시절이 있었습니다. 15번 정도! 그럴 때는 혼자서 이렇게 말하곤 했지요. "이제 근친강간을 다 다루었으니 할 만큼 한 거야." 결국 난 이 과정에 종지부를 찍을 수는 없다는 것을 이해하게 되었습니다.

그 사실을 받아들이는 것이 역설적이게도 앞으로 나가는데 꼭 필요한 조건이다. 한 생존자는 친족성폭력이 새로운 방식으로 자꾸 떠오를 때마다 스스로를 미워하고 저항하면서 여러 해를 보냈다.

결국 난 그게 나의 일부임을 인정해야만 했습니다. 내가 제거할 수 있는 성질의 것이 아니더군요. 내가 그것을 다루는 방식은 변화하겠지요. 하지만 항상 그곳에 있을 겁니다. 성폭력 피해를 사랑하는 지점까지 도달해야 한다고 생각해요. 그래야만 진실로 나를 온전히 사랑하는 것일 테니까요. 나를 정말 통째로 사랑한다는 것은 나의 모든 것을 사랑한다는 것이죠. 그리고 이 성폭력 피해는 나라는 존재의 일부이구요.

많은 생존자들이 고통과 수치심, 공포에서 벗어나 치유하려는 결심을 한다. 그 결과 치유 작업이 종종 어떤 부채負債처럼 느껴지기도 한다. 그러나 화해와 전진의 단계에 도달할 즈음에는 당신이 일구었던 심층적인 치유에 감탄하게 된다. 치유는 고통을 경감시키는 것 너머로 당신을 데려가 주었다. 사실 당신은 일생에 걸친 성장의 시작으로서 당신의 치유를 볼 수도 있다. 한 생존자가 말했듯이 "나는 그만둘 의사가 없습니다. 죽을 때까지 성장하려고 합니다."

보다 넓어진 약속

치유되면서 점점 더 풍부해지고 균형이 잡히고 총체적이 되는 느낌을 받게 되면 당신은 창의적이고 삶을 긍정하는 쪽으로 에너지를 활용할 수 있게 된다. 더 이상 그날그날 대응하기 위해 기를 쓰지 않아도 세상과의 만남이 가능해진다.

정말 놀라운 일은, 생존자들이 아마 자신의 능력 중 20퍼센트만 완벽하게 써도 세상을 살아갈 수 있다는 것입니다. 나머지 80퍼센트를 발휘한다면 우리가 무엇을 할 수 있을 것 같은가요? 우리가 회복할 수 있고 성폭력 피해를 멈추고 모든 사람을 치유할 수 있다면 우리가 사는 세상은 경이로워질 텐데 말입니다.

당신이 성장하는 데 방해받았던 모든 방식들, 손가락 끝으로나마 매달려 있으려고 안간힘 쓰던 그 모든 에너지, 당신이 창의적으로 만들었거나 이룰 수도 있었거나 또는 즐길 수 있었을 그 모든 것들, 성폭력 피해의 그림자 아래 드리워져 비틀거리지 않아도 좋았을 것들을 생각해 보면 엄청난 목록을 작성하고도 남을 것이다.

다른 많은 여성들이 이런 식으로 눈물겹게 애써 온 시간―지금뿐 아니라 몇 십 년 전부터 아니 몇 세기 전부터―을 다 셈해 보면 그 숫자는 어마어마하다.

이제 모든 여성들이 치유되었다고 상상해 보라. 단지 목숨을 부지하는 데 사용하는 것이 아니라 창의성을 발휘하여 관계를 풍요롭게 하고, 정치 사범들을 석방시키고, 무기 경쟁을 종식시키는 데 그 에너지를 사용한다고 상상해 보라. 그 힘이 세상에 끼칠 영향은 가히 기념비적일 것이다.

우리는 여성들이 총체적으로 힘을 받으면서 살아온 그런 역사를 가지지 못했다. 이제 그 풍부함을 상상하기 시작했을 따름이다.

치유는 중심에서 바깥으로 움직인다

당신은 항상 당신 자신과 동맹을 맺어야 한다. 자신의 욕구에 관심을 기울이지 않은 채 선행을 하려고 애쓴다면 여태까지 풀어 왔던 문제보다 더 골치 아픈 문제를 만들기 쉽다. 여성들은 아주 오랜 세월 동안 모든 사람들을 도우면서 자신을 희생하라는 기대를 받아 왔다.

비행기 안에서 산소마스크를 착용하는 것에 비유를 해보자. 어린 아이를 동반할 경우 먼저 당신의 마스크를 점검하고 난 후 아이들을 도와주라고 승무원은 말한다. 그러나 당신은 아이를 먼저 도와 줄 것이다. 아이를 도와주려고 하다가 자꾸 마스크를 놓치면 두 사람 다 살 수 없다. 자신의 안전을 확인한 후 다른 사람을 돕는다면 모든 사람이 안전해질 수 있다.

치유에 대한 책임이 당신 자신으로부터 시작한다 하더라도 거기에서 멈추지는 않는다. 어린이 성폭력은 갖가지 방식으로 어린이를 학대하고 공격하는 두려움과 증오, 박탈, 이기심, 무지와 같은 감정들에서부터 유래한다. 이런 태도는 우리 사회의 조직 속에 깊이 뿌리 박혀서 아주 거대한 규모를 이루고 있다. 우리는 강간, 전쟁, 빈곤, 비인간적인 근로조건, 환경오염에 처하게 된다.

당신이 자신의 가치, 자신의 고결함을 확인함에 따라 당신은 점점 더 긍정적이고 생명을 존중하는 다양한 행동을 감행할 수 있게 된다.

정의와 부당함, 학대와 존중, 고통과 치유라는 상반된 양쪽 모두에 대하여 조금은 아는 사람, 선명함과 용기, 연민을 갖추어 생명의 질과 생명의 지속성에 공헌할 수 있는 사람이 바로 당신이다.

그러니 기억하라, 치유작업 하나하나가 이미 세상을 치유하는 데 기여하고 있음을.

그것이 가치 있는 이유

"때로는 내가 립 밴 윙클이 된 것 같다. 막 잠에서 깨어나 울음을 터뜨리는 것 같은 느낌이다. 여덟 살 때 이미 우는 걸 포기했지만 이제 난 내가 울고 있다는 걸 안다. 혹은 웃거나 낄낄거리는 것. 난장판이 되도록 아이들과 놀면서도 안전을 지키는 것. 노는 것. 사랑하는 누군가에게 화를 내는 것. 진실을 말하는 것. 어떤 일이 벌어진 5분 후, 5년 후, 아니면 어쨌든 항상 그 이후가 아니라 바로 그 순간 무엇인가를 느끼는 것. 전에는 도저히 감당할 수 없었던 위기에 도전하는 것. 막 잠에서 깨어난 그런 것. 어리석은 비유이지만 마치 막 꽃망울을 터뜨리는 꽃과 같다."

"고독감은 나에게 무척 중요해졌다. 예전에는 공포에 떨면서 외로워했는데 이제 더 이상 그런 식으로 외로워할 필요가 없다."

"예전과는 다르게 사람들을 두려워하지 않는다. 믿을 수 없을 만큼 많은 사람들의 전화번호 목록이 있고 이 사람들과 같이 이야기한다. 항상 그 사람들과 나 사이를 가로막는 수많은 장애들을 세워 두었는데 그것들이 사라졌다."

"이렇게 나는 나에게 손상을 입혔던 것들을 제대로 작동하는 것들로 전환했다. 생존을 위한 장치이며 실제 삶에 유용하도록 재편성하기도 한다. 나는 그 장치들이 자랑스럽다."

"나는 삶을 더욱 강렬하게 느낀다. 고통과 좋은 것들을 동시에 강렬하게 느낄 수 있다. 공원을 산책할 수 있고 정말 당황스러워지기도 하고, 또 여전히 모든 것들이 얼마나 아름다운지도 볼 수 있다."

"나는 더욱 평화롭다. 이제는 정상인이 된 듯하다. 이 짐을 더 이상 짊어지고 다니지 않아도 될 것 같다."

"나는 살아남는 것에 그치지 않는다. 오히려 그와는 대조적으로 풍성한 삶을 영위하고 있다. 내가 삶을 어떻게 보느냐에 따라서 세상은 차이가 난다. 나 자신이 더욱 좋다. 대부분의 시간이 행복하다. 대부분의 시간에 나 자신이 점점 총체적으로 된다. 사실 항상 나는 나이다."

3부
변화는
이렇게 온다

변화의 과정

오랫동안 나는 내가 손상된 물건이라는 생각에 시달리면서 도대체 '내게 무엇이 잘못 되었는가' 라는 질문에 사로잡혀 있었다. 그러면서도 계속 치유 작업을 했기 때문에 마음 한 편으로는 내가 그 어떤 것에도 결박당하지는 않았다는 것을 알고 있었다. 내 세포들은 7년마다 완전히 재생된다. 어떻게 내가 아직도 손상된 물건일 수 있지? 당연히 난 변할 수 있었다.

— 사파이어

성폭력 피해를 처음 기억해 냈을 때 또는 그 후유증을 인식하게 되었을 때 당신은 굉장한 위안을 느꼈을지도 모른다. 결국 당신의 문제에는 이유가 있었으니까. 비난받아야 할 대상이 있었던 것이다. 그러나 당신은 그 일이 그렇게 간단하거나 공정하게 해결되지는 않는다는 것을 알게 된다. "할아버지는 죽었지만, 나는 여전히 문제들을 안은 채 살아 왔다. 만약 다른 삶을 원한다면 그에 마땅한 뭔가를 해야 한다는 사실을 각성하게 되었다."라고 한 생존자는 말했다.

한 여성은 10년 동안 근친 강간과 관련된 치료를 받고서야 자신의 삶을 변화시킬 책임이 바로 자신에게 있다는 것을 인식했다.

> 근친 강간을 치유하기 위해 일주일에 한 시간씩 치료를 받기로 했는데 실제 생활에까지 치유 작업을 확대해야 했어요. 시간당 40달러씩 지불하는 치료를 그만두고 이제는 행동을 해야 할 때라는 것을 알게 된 거죠. 당신이 더 나아지기 위해서 일주일 중 한 시간을 할애하여 그 시간에만 의존하기보다는, 당신 자신을 자신의 시간에 맞추는 것이 훨씬 더 저렴하게 들 거예요. 치료 과정 중에는 누구하고나 그것에 대해 이야기할 수 있으나 실

제 생활에서는 나 자신을 돌보고 있지 않다는 것을 자각해야 했어요. 생활 방식을 바꾸기로 결심하고 나에게 일어나는 일에 대해서도 책임을 지기로 결심했죠. 또 이런 질문을 던지기 시작했어요. "무엇이 그렇게 나를 꼼짝 못하게 묶어 두었지? 왜 나는 그렇게 나를 학대하는 사람과 관계를 계속 맺고 있었을까?"

그리고 나서 나는 내 삶을 돌보기 시작했어요. 대인 관계와 나의 직업, 나의 가정을 변화시켰어요. 내 일을 돌보기 시작한 겁니다. 난 연인을 성폭행 죄로 고소했어요. 빌려 주었던 돈도 돌려받았고, 전 남편과 양육권 싸움을 벌였죠. 나는 화가 나 울기 시작했고, 점점 변해 갔어요. 나는 이전과 다르게 보았고, 다르게 생각했죠. 내가 내 삶을 계획적으로 바꿨던 거죠.

당신이 자초하지도 않았던 문제를 다루어야 한다는 사실에 화가 나고 분노할 수도 있다. 당신이 손상을 입었다는 사실도 공정하지 않다. 하지만 당신의 삶에 대하여 이제는 당신이 책임지고 껴안아야 한다는 사실을 깨달았다는 사실 또한 당신이 눈부시게 성숙했음을 보여주고 있다.

변화하려면

- **변화하고 싶은 행동이 무엇인지를 알아내라** |
- **그 행동을 하게 된 이유를 검토하라** | 그런 식의 느낌이나 행동을 처음으로 기억해 낸 때가 언제인가? 그 다음에 어떻게 되었나? 왜 그 행동이 필요했는지 이해하도록 노력하라.
- **과거에 했던 행동에 대해 애정을 가져라** | 가장 현명한 선택을 하지는 않았다 하더라도 당신은 그 당시 당신에게 가능했던 선택을 한 것이다. 그리고 지금 당신은 더 나은 선택을 하고 있다. 거기

에 중점을 두도록 하라.

- **지금 하는 일을 계속 하라** | 삶에서 많은 선택을 할 때 그 밑에 깔려있는 슬픔과 분노, 두려움, 수치심을 지속적으로 다룰 때라야 깊고 지속적인 변화가 온다.

- **당신의 욕구를 충족시키기 위해 새로운 방법을 찾아라** | 모든 변화가 그런 것은 아니지만, 어떤 변화들은 아직 충족되지 않은 욕구가 무엇인지를 드러내기도 한다. 자신의 욕구를 진지하게 받아들이고 그 욕구를 충족할 수 있는 새로운 방식이 무엇인지를 찾게 된다면 변화를 지속시킬 수 있다.

- **오래된 파괴적 패턴을 바꿀 수 있는 최고의 방법은 그것을 다른 뭔가로 갈아치우는 것이다** | 뭔가를 하지 않으려고 애쓰기 보다는 스스로에게 긍정적인 메시지를 주라. 가령 알코올중독치유모임에서 "술 대신 전화기를 들라"는 충고를 받는다.

- **지지를 구하라** | 당신이 살고 있는 환경—만나는 사람들—은 당신의 변화 능력에 영향을 미친다. 자신의 삶에서 성장과 변화를 모색하는 사람들은 용기와 본보기로서 당신을 지지할 것이고, 당신이 타파하고자 하는 바로 그 방식대로 사는 사람들은 끊임없이 당신을 다시 끌어들이려 할 것이다. 영향력을 중시하라.

- **대부분의 변화는 더디게 온다** | 때로 당신은 빠르게 변할 수도 있겠지만, 일반적으로 변화는 그다지 영웅적으로 보이지도 않고 흥미진진하지도 않은, 더딘 과정이다. 그러나 하루하루 그 과정을 밟아 간다면 진정한 변화와 더 많은 것을 보상받는 삶에 도달할 것이다.

- **끈기를 가져라** | 삶에서 이루어진 변화들은 그것을 여러 번 반복함으로써 얻어진 결과이다. 담배를 한 대 덜 피우는 것이 아무렇

지 않다면 담배 끊는 일은 그다지 어렵지 않을 것이다.

변화를 가로막는 장애물들

우리는 진공 상태에서 변화하는 것이 아니다. 당신이 선택한 새로운 변화들은 당신 주변에 반향을 가져오게 된다. 당신이 변화를 위해 뭔가를 결심했다면 그것은 그들에게 위협적일 수 있는데 그 말은 그들도 역시 변해야 한다는 것을 의미하기 때문이다. 그것이 더 나은 삶을 위한 변화라 할지라도 사람들이 항상 자발적으로 나서는 것은 아니다.

마흔여섯 살의 한 생존자는 치료를 시작했을 때 두 번째 남편이 보였던 반응을 이렇게 말했다. "나는 변화하고, 변화하고 또 변화했죠. 존은 아주 당황했어요. 도대체 자기가 결혼한 여자에게 무슨 일이 일어난 거지? 이런 생각을 했겠죠. 난 세 아이를 가진 왜소하고 정숙한 과부 같았는데, 갑자기 변하고 있었어요. 막 허물을 벗고 있었던 겁니다."

변화에는 지지와 공감대가 필요하다. 만약 가장 가까운 사람들로부터 그것을 얻지 못한다면, 새로운 친구들이나 상담원, 다른 생존자들의 모임 등 다른 곳에서 찾도록 하라.

두려움을 인식하기

당신이 느끼는 두려움에 이름을 부여함으로써 그 두려움에 덜 집착하게 된다. 지속적인 우울증과 무기력증으로 고통 받던 한 여성은 그녀가 실제로 치유된 이후 생활에서 부딪히게 될 것들에 관해 방대한 목록을 만들었다. 그녀는 자신의 직업에서 성공하거나 실패할 수도 있음을 알아야 하고, 연인과 관계가 더 깊어지게 되었을 때 일어날지도 모를 위험도 감수해야 했다. 그녀는 자기 문제의 탓을 더 이상 가족에게 돌려서는 안 되며, 가족들이 가지고 있는 (그녀가 실패자라는) 그녀에 대한 이미지에 대해서도 단념해야 했다. 또한 환자 또는 성폭력 피해자라는 정체감을 버려야 했으며, 자신의 감정을 절망과 근심들로 막아 버리는 대신 실제 감정을 다루는 법을 배워야 했다. 그녀는 사람들이 그녀에게 느끼는 동정심에 의해서가 아니라, 자신의 장점들로 사람들을 끌어야 했다. 자신의 목록을 반복해서 읽어 봄으로써 그녀는 자신이 왜 두려워하는지를 알게 되었다.

두려움 때문에 멈출 수는 없다.

두려움은 종종 우리로 하여금 낯설지만 흥미 있는 도약을 하게 한다. 가해자를 만났을 때나, 자신이 정말 원하는 직장에 지원했을 때는 마치 많은 사람들 앞에서 처음 노래를 부를 때와 같이 무릎이 떨리는 듯한 느낌이 든다. 어떤 새로운 일을 시작할 때나 도전할 때는 추진력이 필요하다. 그것은 바로 아드레날린이다. 여성들은 종종 정말 자신을 위해 옳은 단계를 밟을 때 그런 두려움을 느낀다.

하지만 두려움이 당신을 멈추게 할 수는 없다. 새로운 일에 대한 도전이 당신을 두렵게 하더라도 당신은 계속 앞으로 나아갈 수 있으며 당신이 원하던 변화를 이끌어 낼 수 있다. 어쨌든 당신은 변화를 위해 노력해야 한다. 두려워하면서⋯⋯ 신경을 곤두세운 채⋯⋯ 서툴게⋯⋯ 떨거나 땀을 흘려서 침착하거나 우아해 보이지는 않아도 당신이 원하고 있는 변화를 위해 노력해야 한다.

기존의 행동 양식이 반발한다.

행동 양식은 행동의 습관적인 형태이다. 성질상 그것은 뿌리 깊게 박혀 있고 반복에 의해 고정되어 있으며 익숙한 결과를 수반한다. 그 결과는 궁극적으로 당신이 원하는 것은 아닐지라도 충분히 예측할 수 있다는 장점을 가진다. 행동 양식은 보통 선택할 수 있는 길이 제한되어 있을 때 무의식적으로 재현된다. 하지만 거기에는 대가가 따른다. 행동 양식은 쉽게 사라지지 않으며 제압하려 할 때는 강하게 반발하는 특성이 있다. 일반적으로 행동 양식은 그것을 깨려 하면 더 강화되는 경향이 있다. 로라는 다음과 같이 말한다.

> 생활에 좀 더 현실적으로 대처하기로 결심했어요. 표면에 떠오른 강한 감정을 더 이상 외면하지 않기로 했죠. 그러다 보니 그 동안 익숙해 있던 행동 양식에 격렬하게 부딪히게 되더군요. 사태가 훨씬 더 나빠졌죠. 난 항상 현실에서 멀어져 있었어요. 내가 더 이상 견딜 수 없다고 생각했을 때, 결코 이겨 낼 수 없다고 생각했을 때 그 행동 양식이 깨지더군요. 이제는 현실을 인정하고 거기에 대처할 수 있게 되었습니다. 아주 얻기 어려운 기적을 얻은 겁니다.

친밀한 관계 속에서 일련의 성폭력을 연속적으로 겪었던 또 다른 여성은 이 행동 양식이 막 변화되려 할 때를 이렇게 설명했다. "나는 3주 동안 지금까지의 모든 잘못된 관계들을 돌이켜보았어요. 아주 빠른 속도로, 내가 익숙해 있던 모든 행동 양식들을 훑어보았죠. 마치 찰리 채플린 영화 같았어요."라고 말했다.

이 결정적인 지점에서 포기하지 않는 것이 중요하다. "난 더 이상 할 수 없어"라고 느끼게 될 때가 바로 당신이 그렇게 원하던 변화에 가까워졌음을 의미한다.

옛 것과 새 것 사이의 간격

변화는 불확실성으로 가득 차 있다. 뭔가 더 좋은 것으로 채우기 위하여 지금 공간을 마련하는 중이라는 사실을 안다 하더라도 여전히 상실은 계속된다. 알던 것의 상실, 익숙한 습관의 상실, 당신이 떠나온 사람들이 가지고 있던 좋은 점들의 상실. 이런 것이 당신에게 힘들고 어색한 시간이 될 수 있다. 옛 것을 떠나보내지만 아직 새로운 것이 확립되지는 않은 중간지대에 있는 것이다. 만나면 자꾸만 함께 술을 마시게 되는 친구들과의 관계를 끊었던 한 여성은, 어려운 전환의 고통을 견디는 자신의 방식에 대해 이야기했다.

> 외로워지면 몇 가지 방식들의 도움을 받습니다. 누군가에게 내 느낌을 말하기, 그 느낌이 지나갈 것이라는 것을 인식하기, 오랜 친구가 말해준 우화 기억하기 같은 것이죠. 그 우화는 이런 것이에요. 생명을 전해주는 청량한 물로 가득 채워질 수 있으려면 당신이 빈 잔을 들고 있어야만 한다는 겁니다.

조그만 자기애로도 충분하다

자신에게 너그러워져라. 인내심을 가져라. 아기들이 하루아침에 걸어 다닐 수 있는 것은 아니다. 그들이 비틀거리고 넘어져도 우리는 조급해하거나 화를 내지 않는다. 설령 아이가 한 발 떼고 넘어지더라도 그들의 첫 번째 시도에 우리는 기뻐한다.

당신이 다시 뒷걸음질 치더라도 자신을 용서하고 너그러이 봐 준다면 바로 그때 과거의 행동 양식을 깰 수 있다. 한 생존자는 시간이 지남에 따라 자신에 대한 자세가 어떻게 부드러워졌는지에 대해 이렇게 말했다.

> 내가 예전의 행동 양식으로 다시 빠져 들어가자 마치 이제는 발에 맞지 않게 되어 버린 신발을 신고 있는 것 같았어요. 그것을 다시 신고 탭 댄스를 추려고 하지만 잘 되지 않는 거예요. 처음에 나는 나 자신을 닦달했어요. "그 멍청한 신발을 왜 다시 신었지?" 나는 결코 변하지 않을 것 같아서 낙담했죠.
> 치유가 더 진행되니까 자신에 대해 조금씩 더 너그러워지더군요. 이렇게요. "이런, 다시 미끄러졌군." 이제는 그것을 그렇게 빨리 알아챈 것에 대해 나를 축하하고 나 자신에게 물을 겁니다. "이번에는 무슨 일로 이렇게 되었지?"라구요. 나 자신을 비난하는 대신 다음번에는 내가 나를 돌볼 거라고 말하고 구체적으로 방법을 찾을 거예요.

자신을 신뢰하라

어떤 일을 시작하기 전에는 그 일이 정말 어려워 보인다. 처음에는 겁을 먹고 망설이다가도 자신의 모든 힘과 용기를 모아 어떻게든 그 일을 하게 된다. 그리고 나서 그 일이 끝나자마자 "좋아, 다음은 뭐지?"라며 뛰어들 수도 있고, 또 더 나쁘게는 얼굴을 찌푸리며 "왜 그 일에 그렇게 힘을 들여야 하는지 모르겠어. 그건 그다지 중요한 일이 아닌데"라고 말할 수도 있다.

그러나 그렇지 않다. 그것은 대단한 일이다. 당신은 그것을 알아야 한다.

엘렌과 상담하던 한 여성은 자신이 실제로는 좋아하지 않는 남자와 관계를 갖는 것 때문에 스스로에게 화가 나 있었다. 그녀는 자신을 원하는 사람이 다시는 나타나지 않을까 봐, 외로워질까 봐 두려워서 그 남자에게 매달렸던 것이다. 때때로 그녀는 그와 관계를 끝내기 위해 용기를 내려고도 했으나 번번이 망설였고 그대로 있을 수밖에 없었다. 결국 여러 달이 지나서 그 관계를 끝낼 수 있었다. 상담이 있던 그 주에 그녀는 시간의 대부분을 다른 일에 대해 이야기하고 난 후 마지막으로 그 남자와 끝냈다고 말했다. 그리고 자신이 여전히 상반되는 두 감정을 가지고 있으며, 그에게 다시 돌아가야 할지 고민하고 있기 때문에 기분이 좋지 않다고 말했다.

"잠깐만요." 엘렌이 끼어들었다. "그와 헤어졌어요?"

"네. 하지만 확실히 실감을 못하겠어요. 난……."

"하지만 당신은 끝냈어요. 언젠가 당신이 그에게 돌아가기로 결심할 수도 있겠지요. 처음에 당신은 매우 두려워했지만 지금은 자신이 정말 하고자 했던 일을 해낸 거예요. 당신은 해냈어요. 두말할 필요도 없지요."

마침내 이 여성은 안정을 찾았고, 자신이 해낸 일을 실감할 수 있었다. 어떤 일이 최선의 이익을 준다 하더라도 익숙하지 않은 방식으로 행동할 때는 불안해진다는 사실을 이제는 이해한다.

자축하라

어떤 목표를 달성했거나 스스로 변화되기 위해 열심히 노력했을 때 자축하라. 자신이 좋아하는 방식이라면 장난스러운 것이든, 진지한 것이든 가능하다. 바닷가재를 먹고 예쁜 카드를 사서 당신에게 보내라. 의례를 행하라. 촛불을 켜고 당신에게 특별한 어떤 것을 하라.

쓰기 훈련: 행동 양식을 변화시키기

자신이 치유 과정의 어디까지 와 있는지 확인하라. 시작하는 단계인가 아니면 약간의 진전이 있는가? 지금까지 무엇을 얻었는가? 어떤 장애물들을 통과했는가? 어떤 작은 (또는 큰) 성공들을 얻었는가? 자신을 신뢰하라. 세세한 부분까지.

당신은 지금까지 많은 일을 했다. 그리고 아직도 해야 할 일이 많다. 지금 당신은 무엇을 위해 치유하려 하는가? 이러한 목표들을 위해 당신이 할 수 있는 방법들은 무엇인가? 당신의 개인적인 일상들 속에서 향상되어야 할 부분이 무엇인지를 적어 보라. "나는 자신에게 좀 더 애정을 가질 필요가 있어"와 같이 평범한 것일 수도 있고, "학교로 다시 돌아가서 의미 있는 일을 해야겠어."와 같은 구체적인 것일 수도 있다.

자존감과 자기신뢰

"우울해져서 이렇게 말한 적이 있어요. '당신은 내가 좋은 사람인 줄 알겠지만 사실은 아니야. 난 나쁜 인간이야.' 잘 나가는 치어리더이자 학교 성적도 최고인 겉모습 뒤에는 이런 식으로 나를 하찮게 여기는 마음이 있어요. 그러다보니 겉으로나마 완벽해보이려고 애쓰죠. 괜찮은 인간인 척이라도 한다면 정말 나라는 형편없는 인간을 보완해줄 테니까요."

자존감 문제는 많은 생존자들이 중점적으로 다루는 주제다. 어린이가 피해를 입을 때는 심장부에서부터 타격을 입는다. 한참 자라기 시작하던 자존감과 자기가치 인식에 가장 가혹한 상처가 생긴다. 이렇게 손상된 자기존중감은 어른이 될 때까지 계속 간다. 아마 당신은 그 상처 입은 자존감을, 끊임없이 따라붙으면서 스스로가 쓸모없는 존재라고 말하는 목소리로 만날 것이다. 혹은 당신이 충분히 해내지 못했거나 올바르게 행동하지 않았다고 말하는, 혹은 이번에는 잘 했더라도 그건 순전히 요행일 뿐이므로 다음에는 분명 망할 것이라고 말하는 볼멘소리를 경험할 것이다. 당신은 어쩌면 인생에서 그 어떤 좋은 것도 누릴 자격이 없다고 철저하게 믿고 있을 수도 있다.

스스로에 대한 감정이 거칠게 요동칠 것이다. 대부분 스스로를 괜찮게 생각하지만 혹독한 자기비판이 잠자고 있어서 어떤 시련—가령 어떤 상실이나 변화의 시기, 당신이 사랑하는 누군가와 크게 다투는 것 등—이 오면 갑자기 자신에 대한 좋던 감정을 다 놓쳐버리고 자기혐오와 절망의 나락에 빠지게 된다. 곱게 키워오던 자기애가 물거품이 되어 사라진다.

자기 증오의 감정이 불시에 폭발할 수 있다. 어떤 사소한 일을 이유로 자신에 대한 불신감과 불안감이 눈덩이처럼 불어날 수 있다. 시험에서 한 문제만 틀려도 당신은 "나는 바보 멍청이야. 나는 아무 것도 되지 못할 거야."라고 말할 수도 있다. 신중하게 판단한 후 저임금에 부당한 대우를 받는 직장을 그만둔 당신은 자부심을 가질만한데도 아무도 당신을 고용하지 않을까봐 한숨짓는다. 설령 지금은 자신을 배려한다 하더라도 결국 뭔가가 모자라고 잘못되었다는 감정에 또다시 휩싸인다.

자존감은 한순간에 경험하게 되는 그 무엇인데 치료를 받는 동안 자신에 대한 느낌이 동요할 것이다. 처음 성폭력의 기억을 떠올리고, 자신에게 일어난 일을 받아들이려고 애쓰고, 가해자에 대해 이야기하는 동안 당신은 전보다 더 나쁘게 느낄 수도 있다. 부끄러움, 무력감 그리고 자기 증오감과 같은 감정들이 피해당한 기억과 함께 억눌려 있다가 그 기억들이 떠오르면서 덩달아 되살아나기도 한다.

그러나 치유는 고통에 관한 것만은 아니다. 그것은 자신을 사랑하는 법을 배우는 데 관한 것이다. 당신이 성폭력 피해자라는 느낌에서 자랑스런 생존자로 옮겨 감에 따라 희망과 자존감과 만족감의 불빛을 보게 될 것이다. 그것은 치유의 자연스런 부산물이다.

내면화된 메시지

당신이 성폭력을 당했을 때, 사람들은 간접적으로나 직접적으로 그것이 당신의 잘못이었다고 말할지도 모른다. 또 당신이 나빴다거나 어리석었다고 말할지도 모른다. 당신은 모욕을 당하거나 거짓말쟁이라고 불렸을지도 모른다. 많은 생존자들은 그들이 아무 것도 될 수 없다는 말을 들었다. 어쩌면 아직도 이런 말들을 듣고 있을 수도 있다.

지방 신문에 자신의 시가 발표된 어느 생존자는 그 복사본을 엄마에게 보냈다. 그녀의 엄마는 "운이 좋았을 뿐이야. 앞으로 다른 건 쓸 수 없을 걸"이라고 말했다.

고등학교 때 미의 여왕으로 뽑힌 한 여성은 친구들이 그녀를 가엾게 여겨서 뽑아 줬을 뿐이라는 자신에 대한 잘못된 이미지를 가지고 있었다.

당신이 그런 말을 직접 듣지는 않았다 하더라도 성폭력을 당했다는 사실만으로도 자신을 무력하고 홀로 내버려진, 그래서 보호나 사랑을 받을 가치가 없는 존재라고 생각하도록 강요되었다. 만약 당신의 존재가 무시되었다면 그것은 당신의 근본적인 가치에 대한 부정이었다. 당신은 가치가 없고 세상에서 어떤 일도 할 수 없다고 학습되었다.

자신의 가치가 계속해서 부정되면 우리는 자신에게 뭔가 잘못된 것이 있다고 믿기 시작한다. 어린 시절부터 이러한 메시지를 들어온 당신은 결국 오직 성행위에만 쓸모 있고, 사랑받을 수 없으며, 아무렇게나 다뤄도 괜찮은 존재일 뿐 아니라 심지어 목숨을 부지할 만한 가치도 없다고 믿을지 모른다. 엘렌은 "생존자들은 자멸적인 경향이 있다. 그들은 너무나 효과적으로 모든 것을 자신의 탓으로 돌리도록 배워서 가해자들이 거기에 대해 더 이상 신경쓸 필요조차 없을 정도다. 그들이 자신을 탓하는 동안 가해자들은 도망치거나 골프를 치러 간다."고 말한다.

이러한 자멸감은 때때로—자신이 지금 세우려고 애쓰는—자아상을 유지해 주는 긍정적인 모습과 충돌한다.

마치 두 가지 유형의 사람이 내 안에 공존하는 것 같아요. 지난 수요일에는 자살하기 위해 총을 사려고 했어요. 총기를 파는 가게는 6시에 문을 닫아요. 회의가 있었는데 시내에서 가게까지 30분이 걸리기 때문에 그 회의에는 가지 않았어요.

온종일 나는 총으로 자살하는 생각을 했는데 또 한편으로는 나를 기분 좋게 하는 것들의 목록도 만들었어요. 그리고 나서 가게에 가는 도중에 내가 총을 사는 걸 진심으로 원하지는 않는다고 결론 내렸죠. 대신 나는 곰 인형을 샀어요. 마사지 예약을 했고, 정말 보고 싶었던 연극표를 샀어요.

두 가지 유형의 사람이 번갈아 가면서 혹은 동시에 움직이고 있어요. 진심으로 건강하고자 분투하는 유형이 있는 반면, 아버지에게서 깊은 상처를 받았으면서도 그 아버지가 떠난 자리를 대신 차지하고 있는 유형도 있는 거죠.

내면화된 메시지 바꾸기

치유 초기에는 계속해서 부정적인 메시지를 경험할 것이다. 시간이 지나고 당신의 근본적인 자아상이 변화하기 시작하면 이러한 메시지들 또한 점점 줄어들기는 할 것이다. 그렇다 하더라도 그 메시지들은 근본적으로 당신에게 호의적인 부분과 맞부딪히면 더욱 완강해진다.

당신은 그러한 생각들이 거침없이 튀어나왔을 거라고 생각할 테지만 그 생각들은 항상 무언가에 의해 자극되어 나오는 것이다. 자신에 대해 나쁜 생각이 들 때마다 그 감정을 일으킨 생각이나 사건이 무엇인지 밝혀내도록 노력하라. 처음엔 쉽지 않지만 연습을 거듭하면 그 원인을 밝힐 수 있는 몇 개의 즉각적인 질문들을 자신에게 던질 수 있을 것이다.

- 내가 언제부터 이렇게 느끼기 시작했나?

- 내가 누군가와 복잡한 대화를 했는가? 아니면 그런 전화나 편지를 받았는가?
- 나를 놀라게 하거나 화나게 한 일이 무엇이었는가?
- 지금 특히 약해진 느낌이 드는 이유가 있는가?

일단 당신이 그 감정을 일으킨 사건이나 생각을 밝혀내고 난 후 그 감정이 익숙한 것인지 자신에게 물어 보라. 처음 그렇게 느꼈던 때, 처음 그런 거짓말을 들었던 때를 찾아 거슬러 올라가 보라. 그 말은 무엇이었나? 당신이 이기적이라고 말한 사람은 누구인가? 당신이 방해가 된다고 암시한 사람은 누구인가? 나쁜 건 바로 당신이라고 생각하게 된 게 언제였는가?

어렸을 때 느꼈던 고통을 지금 느껴 보라. 그 소녀에 대한 당신의 동정과 그녀에게 상처를 주었던 사람들에 대한 당신의 분노, 그리고 그 외 다른 감정들을 표현하라. 이러한 감정들을 인식하고 표현하게 되면 내면화된 부정적인 메시지들을 버리는 데 도움이 된다. 당신이 이런 감정을 느끼는 것은 그것이 사실이어서가 아니라 그런 식으로 느끼도록 당신이 조건화되었기 때문이다.

한계와 경계 정하기

한계를 설정하는 능력은 자신에 대해 좋은 느낌을 갖는 데 필수적인 요건이다. 많은 생존자들이 자신만의 시간을 규정하고, 자신의 신체를 보호하고, 자신을 가장 우선시하고, '아니오' 하고 말하는 방법을 몰랐다.

시간을 내 달라고 요구하는 사람이 있으면 그가 누구든 나는 항상 시간을 할애해 주었어요. 왜냐하면 '내 시간'이란 것은 없다고 생각했기 때문이죠. 어렸을 때부터 누구든지 무엇을 요구하면 나는 그것을 주었어요. 모호한 경계를 가지고 있었던 거죠. 그렇게 하니까 우습게도 다른 사람하고 잘 지냈지요. 다른 사람이 내게 무엇을 원하든 그걸 난 할 거예요. 그렇게 하면 모두가 나를 좋아하죠. 사랑받는 것은 그만큼 나에게 매우 중요한 일이에요.

'아니오'라고 말하기를 배우는 일이 어려운 도전이라 해도 그것은 당신이 원하지 않는 일을 중지시킬 수 있는 하나의 방법이다. 한계를 설정함으로써 당신은 자신을 보호하고 동시에 자신에게 자유를 줄 수 있다. 다른 사람에게 '아니오'라고 말하면서 동시에 당신은 자신에게 '예'라고 말하기 시작하는 것이다.

'아니오'라고 말하기가 쉽지는 않다. 다른 사람들을 기쁘게 하고 그들의 요구를 우선시하도록 교육받은 여성들의 경우에는 특히 더 그렇다.

데이트를 주제로 한 워크숍에 갔었어요. 우리는 짝을 지어 서로에게 데이트 신청을 하는데 데이트 신청을 받은 사람들은 '아니오'라고 말하기로 하는 상상을 했어요. 우리는 그 초대를 거절하도록 되어 있었는데 참가한 여자들이 보고한 결과에 따르면 상당수가 (놀랄 만한 수의 사람들이) '예'라고 말했더군요. 심지어 어떤 사람은 저녁식사까지 제공했죠.

생활에서 '아니오'라고 말하고 싶은 상황을 생각해 보라. 가장 쉬운 것부터 시작해서 어려운 상황들로 심화해 보라. 친구가 점심 먹으러 외출하자고 하는데 그 시간에 피아노를 치려고 계획했다면, 그리고 당신이 정말 하고자 하는 것이 피아노 치기라면 '싫어'라고 말하라. 여섯 살 난 딸아이가 당신에게 우유를 가져다 달라고 하면 아이에게 그 일은 혼자서 할 수 있는 일이고, 분명히 잘 해낼 거라고 말해 주어라.

당신이 '아니오'라고 말한 적이 전혀 (혹은 거의) 없었다면 당신의 첫 번째 시도는 어색하거나 심지어 무례하게 느껴지기까지 할 것이다. '아니오'라고 말할 권리가 없다고 느껴지거나 그것이 아주 생소하게 느껴지면 거기에 몇 가지 설명을 덧붙이거나 필요 이상으로 더 강하게 거절해도 좋다. 하지만 그렇게 말할 때 무례해지거나 적대적일 필요는 없다(만약 당신이 그러고 싶다면 그럴 수도 있지만). '아니오'라고 말할 권리를 확신하게 되면 "아니, 하고 싶지 않아" "아니, 하지만 고마워" "아니, 안 하는 게 낫겠어"와 같은 간단한 말로 거절할 수 있게 될 것이다.

항상 다른 사람들을 신경 쓰고 '예'라고 대답해 왔다면 '아니오'라고 말하기 시작할 때 약간의 성난 반발에 부딪히게 될 수도 있다. 사람들은 예전의 당신이 더 좋았다고 말할지도 모른다. 그들은 당신이 이기적으로 되었기 때문에 예전의 당신을 더 좋아한다고 말할 수도 있다. 반면 마침내 당신 자신을 돌보기 시작한 것을 기뻐하는 친구들은 당신의 정직성과 명확성을 존중할 것이다.

자신을 신뢰하기

어린이가 성폭력 피해를 입고 나면 자신의 판단을 신뢰하기가 두려워진다. 그네를 밀어주고 생일선물을 주던 이웃이 자신의 성기를 만지도록 했다는 사실을 인정하기 힘들다. 당신을 부양하려고 취업을 하고 늦게까지 인형집을 만들어주던 어머니가 당신의 성기를 만지면서 무시무시한 미소를 지었다는 사실을 인정하는 것은 너무나 끔찍한 일이다. 그러므로 당신은 그들이 이런 짓을 하지 않았다고 생각해버리거나 이렇게 해도 괜찮다고 밀어붙이게 된다. 자신의 판단력을 왜곡하는 기간은 충격적일 정도로 길다.

> 아버지가 내 방에 들어올 때면 "저 사람은 아버지가 아니고 외계인이야"라고 생각했어요. 그런 짓을 나에게 하는 것을 보면서 생각하는 거죠. "침략자가 아버지 몸을 빌려서 내게 이렇게 하는 거야. 원래 아버지는 다른 곳에 있을 텐데 왜 안돌아올까? 아빠는 왜 외계인이 당신의 몸을 점령하게 내버려두었어요?"

싫다고 말하는 42가지 방법 (혹은 시간버는 방법)
_ 《친절을 배우는 단기코스》의 저자 마곳 실크 포레스트

많은 이들이 싫다는 말을 하기 어려워한다. 다음의 목록에 나오는 방식을 약간의 유머와 동정을 담아 해보면 당신은 좀 더 편안하게 사람들 부탁을 거절하고, 불편한 질문에 대답하지 않을 수 있고, 언짢은 행동을 하지 말라고 요구하고, 당신이 그들과는 생각이 다르다고 말할 수 있다.

"싫다"고 말하는 근육을 키우면서 "할 수 없다"에서 "하지 않으련다"로 당신이 바뀌고 있는지 살펴보라. 또한 "난 당신이 ~를 하지 않았으면 좋겠다"에서 "~를 하지 말아라"로 바꾸어 말해보라. 엄청나게 힘이 생겼다는 것을 느낄 것이다. 그리고 그렇게 할 때 스스로나 다른 사람들에게 친절하게 대하는 기회도 많아진다.

- 누군가가 당신에게 그들을 위하여 혹은 그들과 같이 뭔가를 하자고 요구할 때

1. 내 속에 있는 열정적인(예의바른, 도움 주고자 하는 등) 마음은 그러겠노라고 말하고 싶어 하겠지만 나머지 나의 부분들(좀 더 현실적인, 하고 싶어 하지 않는 등)은 부담스러워하네요.
2. 모르겠어요. 좀 더 생각해 볼께요.
3. 도와주고는 싶지만 지금 좀 일을 무리하게 하고 있어서요.
4. 그냥 모른척할래요. 요즘 좀 속도를 늦추어가려고 하거든요.
5. 좀 생각해봐야 할 문제군요.
6. 지금 일정표가 없어서 내일 전화해서 알려주겠습니다.
7. 미안한데 이미 예약이 되어있어요.
8. 안 되겠어요. 전혀 못할 것 같아요. 제게 제안을 해주셔서 고맙습니다.
9. 생각 좀 해봐야하겠는데요.
10. 고맙긴 한데 제가 요즘 너무 피곤하네요.
11. 안 되겠어요. 제가 나설 일이 아니군요.
12. 기대하지 마세요!
13. 그날 약속이 잡혀있네요. (그 약속이 뭔지는 말할 필요 없다)
14. 제 몫이 아니네요. 어쨌든 고맙습니다.
15. 재미있게는 들리는데 생각해보고 말해 줄게요.
16. 그날 괜찮을지 모르겠어요. 알아보고 내일 전화 드리죠.
17. 죄송하군요. 요즘 할 일이 꽉 차서요.
18. 당신을 기쁘게 해주고 싶어 하는 마음은 그러자고 하는데 나머지 마음이 이겼어요. 이번에는 그냥 패스할게요.
19. 고맙지만 못할 것 같군요.
20. 제가 좋아하는 일이 아니네요.

21. 제게는 그다지 효과가 없을 듯해요.
22. 저하고는 안 맞아요.
23. 재미있게 거절하고 싶으면 이런 것 중 하나를 시도해보라 :

- 다음 생애에서나! 잊어버려요! 꿈에서라면야…!

- 농담하지 말아요! 앞으로 백만 년 동안은 안 되요.

- 제 정신이 아니죠?

• 누군가가 침해하는 행동을 하거나 요구를 하거나 말을 하면

24. 그것 참 불편하군요.
25. 당신이 ~ 하지 말았으면 해요.
26. 당신이 ~ 그만 두었으면 하네요.
27. 그만 두세요. 마음에 들지 않아요.
28. 당신의 말(행동)에 지금 불편해졌습니다.
29. 가족에게나 말할까, 여기에서 내가 말할 내용은 아니네요.
30. 다른 이야기 합시다.
31. 나 혼자만 알고 있겠습니다.
32. 내가 알아서 하겠습니다.
33. 당신이 그런 정보를 가지고 있어도 된다는 생각을 하다니 놀랍군요.
34. 말하고 싶은 기분이 아닙니다.
35. ~ 이라서 내게 이걸 요구하는 건가요? (상당한 불신감을 가지고 말하기)
36. 미안합니다만 내가 이야기할 만한 것이 아닙니다.
37. 그런 질문에 대답한 적이 없어요.

- **누군가가 당신과 생각이 다른 말을 할 때**

  38. 나는 당신과는 다른 식으로 봅니다.
  39. 정말 그 점에 있어서 우리는 생각이 같지 않군요.
  40. 다른 생각입니다.
  41. ~를 겪어본 내 경우는 좀 다릅니다.
  42. 당신이 말하는 의미는 알겠는데 생각이 같지는 않습니다.

당신에게 중요한 어른이 당신이 겪은 것은 실제로 일어난 것이 아니라거나 당신이 인식하는 것과는 완전히 다른 방식으로 일어난 일이라고 말했다면 아마 당신은 혼란스럽고 고민에 빠지면서 무엇이 진실인지 확신이 서지 않았을 것이다.

아버지가 딸의 가슴을 만지면서 "이불을 덮어주려고 한 거야."라고 말할 수 있다. 딸은 어머니에게 양아버지가 이상하게 자신을 만졌다고 말하지만 그 어머니는 "얘야, 그저 꿈이었겠지."라고 대응할 수 있다.

가족만이 이렇듯 아무 것도 아닌 것 인양 몰고 가지는 않는다. 어린 아이들이 선생님, 상담원, 성직자 혹은 다른 어른들에게 이야기하려고 하지만 "잘못 생각한 게 틀림없어. 너의 삼촌 지미는 교회 집사란다."라고 말할 뿐이다. 생존자들은 도움을 구하러 치료사를 찾지만 이런 말만 들었다. "지금부터 그것을 극복해야 합니다." 혹은 "그냥 언니였잖니. 애들은 다 의사놀이를 한단다."

당신 내면의 목소리가 당신에게 전하는 말이 사실이 아닐지도 모른다는 의심이 든다면 그 목소리를 신뢰하는 것은 공포스러울 수 있다. 한 생존자가 설명했다. "가장 두려웠던 것은, 내면에서 들리는 소리에 귀 기울인다면 엄마처럼 미쳐버릴 지도 모른다는 것입니다. 어머니는 '너도 나와 같은 식의 힘이 있어'라고 이야기했거든요. 그러니까 그 메시지는 뭐냐 하면, 나도 내 목소리를 계속 듣는다면 정말 미쳐버릴 거라는 겁니다. 나의 내면의 세계로 들어가게 될텐데 그 말은 미친다는 말이니까요."

여러 이유로 당신은 자신의 인식을 믿기가 어려웠지만 이제 그 목소리를 신뢰할 능력을 키우는 것도 가능해졌다.

내면의 목소리

우리 내부에는 현명하고 진실된 내면의 목소리가 있어서 우리가 어떻게 느낄지를 말해준다. 이 목소리가 갇혀있거나 그 목소리를 들을 준비가 충분치 않을 때는 아주 조그마해서 모기소리만할 수도 있다. 하지만 분명 거기에 있다. 당신이 그 목소리를 더 많이 듣고 그 목소리에 따라 행동한다면 그 목소리는 점점 더 강해지고 또렷해진다.

어린이성폭력 예방프로그램에서 어린이는 그들에게 뭔가가 옳지 않다고 경고하는 내면의 목소리를 확인하라는 가르침을 받는다. 그들은 이 직관을 '어~' 느낌으로 호칭한다. 용기를 얻은 어린이들은 이 감정을 위험한 것이라고 쉽게 알아본다. '어~ 뭔가 이상해' 라고.

자신의 목소리를 경험하는 방식은 사람마다 다르다. 악몽을 꿀 수도 있고 두통이 생길 수도 있다. 기진맥진해지거나 갑자기 쿠키를 막 먹어대고 싶은 충동이 생긴다. 혹은 하루에도 두 번 집을 청소한다. 중요한 것은 당신이 경험하는 것이 아니라 그것을 하나의 메시지로 알아챈다는 것이다.

엘렌은 몇 년 전 자신이 시원찮은 결정을 하려고 할 때마다 위가 긴장되는 것을 발견했다.

돌아보면 살아오면서 내내 단순한 신체적 경고가 늘 있었다는 것을 알 수 있습니다. 하지만 그 전에는 그것을 들으려고 하지 않았죠. 한 번도 멈춰서 '이 비위에 맞지 않는 느낌이 뭐를 말하는 거지?' 라고 물어본 적이 없었어요. 그러다가 이 느낌에 주목하여 존중하기 시작하니 제 자신이 훨씬 더 나은 결정을 하더군요. 이제 그 느낌이 들 때면 반드시 내가 지금 하는 일을 멈추고 시간을 내어 어디서 이 느낌이 시작되었는지 알아봅니다. 이런 정보는 말로 다 할 수 없을 만큼 중요한 겁니다.

긍정적인 자아상 만들기

자기 자신—당신의 장점, 단점, 개인적 특성, 기본 성향—을 사랑하고 수용하는 법은 평생에 걸쳐 배우면서 커지는 능력이다. 여기 긍정적인 단계를 밟기 위하여 당신이 할 수 있는 몇 가지 실천방식이 있다.

스스로 자랑스러운 일을 하라

만약 스스로도 부끄러운 일을 하고 있다면 자신을 좋게 느끼는 것은 불가능하다. 당신이 아이들과 충분한 시간을 보내지 않거나 강압적으로 도박에 빠져 있다면 자신에 대해 좋게 느끼지 못하는 것은 두말할 나위가 없다. 자존감을 증진시키려면 자부심을 느끼지 않는 일은 그만두고 반드시 스스로 존경할 수 있는 일을 시작해야 한다.

긍정적인 면을 강조하라

자신을 무력하고 가치 없는 존재로 보는 데 익숙해진 사람은 자신의 놀라운 점들을 알아채지 못한다. 자신이 잘할 수 있는 모든 일들의 목록을 만들어 보아라. "나는 완전한 달걀 프라이를 만들 수 있어. 휘

파람을 멋들어지게 불 수 있다. 매듭 풀기를 잘 한다" 등과 같이 모든 것을 포함하라. 당신이 자신에 관해 좋아하는 점들도 목록으로 만들어라. "다른 사람의 이야기를 잘 들어 준다. 내 발가락을 좋아해. 나의 완고한 결정을 좋아해." 당신이 자신을 비판하게 될 때 그 목록들을 읽어라. 또는 좋은 것을 좋다고 평가할 줄 아는 친구들에게 당신의 어떤 점을 좋아하는지 물어 보라. 그것을 잘 듣고 적어 두어라.

당신에 대한 사람들의 긍정적 평가를 받아들여라

당신을 진심으로 좋아하고 존중하는 사람들이 주변에 있으면 당신 자신에 대한 보다 긍정적인 점들을 점점 더 듣게 될 것이다. 처음에는 당신에 대한 단순하지만 진정한 칭찬이 낯설어서 알아채지 못할 수도 있다.

엘렌은 그녀의 내담자 가운데 한 명을 매우 좋아하게 되었다. 최근 이 여성이 자신은 연인도 없고 친한 친구들도 별로 없다는 생각 때문에 우울해졌다. 엘렌은 그녀가 자신을 더 좋아하게 되면 다른 사람들하고도 더 깊은 관계를 갖게 될 거라고 설득했다. "당신은 호감이 가는 사람이에요. 나는 당신을 좋아해요"라고 엘렌은 말했다.

그녀는 엘렌이 마치 아무 이야기도 안 한 것처럼 계속 이야기했다. "내가 당신을 좋아한다고 말한 거 들었어요?"라고 엘렌이 말하자, 그 여성은 의심스럽다는 듯이 엘렌을 바라보았다.

"아뇨."

"그럼 다시 할게요. 나는 당신을 좋아해요."

"당신은 달라요. 나는 당신이 나를 좋아해 주는 대신 돈을 지불했어요."

"아닙니다. 당신이 지불한 비용은 내가 당신을 도와주고, 치유되도록 지지해 주고 앞으로 당신이 변할 모습에 관심을 갖는 것에 대한 대가입니다. 당신을 좋아해 달라고 돈을 지불할 수는 없어요. 나는 그냥 그런 감정을 느끼게 된 것뿐이에요."

그 여성은 엘렌을 다시 바라보았고 그러고 나서 고개를 끄덕이며 그 사실을 조금 받아들였다.

사람들이 당신에게 되비쳐주는 긍정적인 점들을 하나도 놓치지 말고 들을 수 있도록 훈련하라. 버릴 게 없는 것들이다.

시각화

당신이 어떻게 되고 싶은가를 시각화Visualizations하는 일은 목표를 달성하는 또 다른 효과적인 방법이다. 즉, 자신이 더 능력 있고 강한 사람으로 등장하는 다른 장면들을 상상해 보는 방법이다. 예를 들면, 배심원들 앞에서 그 사건에 대해 유창하게 논쟁하거나 태권도에서 검은 띠를 따거나 아니면 단순히 등을 곧게 펴고 머리를 높이 치켜들고 길을 걸어가는 모습을 상상할 수도 있다. 건강한 대인 관계나 심지어 다른 사람들과 즐겁게 보내는 모습도 시각화할 수 있다. 자신이 온통 오물을 뒤집어쓴 것처럼 더럽게 느껴졌던 한 여성은 그 오물을 모두 걷어내서 자기를 가해한 자에게 던지는 것을 상상했다. 그 후에 그녀는 기분이 매우 좋아졌다고 말했다.

일거리 찾기

자기 증오와 절망의 늪으로 빠져 드는 징후가 보이면 스스로 충분히 해낼 만한 일을 해 보라. 현실 적응에 도움을 받을 수 있다. 예를 들면 집 안을 청소한다거나 스프를 한 냄비 끓이거나, 꽃들을 가꾸어 보라. 엘렌은 스스로 비참하게 느껴질 때 어떤 일을 성취하는 것이 도움이 된다고 말한다.

> 종종 책상으로 가서 답장을 쓰고, 청구서를 지불하고, 쌓여 있는 종이더미를 청소해요. 일을 정리하는 것은 언제나 도움이 되거든요. 접시 닦기도 그래요. 따뜻한 물의 느낌이나 일을 끝냈을 때의 산뜻함이 주는 만족감이 좋아요. 그러한 일상적인 일들을 한 후 굉장한 기분까지는 아니더라도 최소한 뭔가를 했다는 좋은 기분을 느낄 수 있어요.

누군가를 위하여 뭔가 하기

누군가를 돕는다는 것은 흐뭇한 경험이다. 친절을 보다 확장하여 친구에게 도움을 주고 배고픈 이들에게 밥을 제공하는 기관이나 어린이성폭력 방지를 위하여 힘을 기울이는 기관에서 자원 활동을 하게 되면, 당신 자신을 이 세상에 사는 적극적이고 쓸모 있는 사람으로 볼 수 있다. 상당히 보람된 일이다.

휴식 취하기

대부분의 생존자들은 성폭력에 관한 생각에 집중적으로 매달리는 시기를 거친다. 마땅히 그 시간은 필요하지만, 잠시 멈춰 서서 자신이 어디까지 왔나를 살펴보는 것도 도움이 될 것이다. 자신이 전혀 치유되지 않았고, 여전히 똑같은 근본적인 문제들을 가지고 있다고 느껴질 때가 있다. 그러나 그것은 단지 부분적인 평가임을 알아야 한다. 실제로는 당신이 가진 문제들의 심각성이 감소되었고, 또 그것들을 다루는 방식도 근본적으로 달라졌을 것이다.

한숨 돌리면서 휴식을 취하라. 그러는 동안 당신은 자신이 성폭력 피해에 반응하는 존재 그 이상이라는 것을 깨닫게 될 것이다. 인생의 다른 부분들까지 인식함으로써 당신은 자신이 복잡하고 다양한 차원으로 구성된 인간임을 천명한다. 성폭력당한 사실이 인생의 많은 부분 또는 거의 대부분에 어두운 그림자를 드리우고 있다 해도 아직은 모든 부분을 삼켜 버린 것은 아니다.

자기 자신을 위하여 살기

우리는 누구나 만족을 얻을 것이 분명한 쪽으로 선택할 권리가 있다. 우리는 우리의 가치와 생활양식, 우선순위를 결정할 권리가 있다. 다른 사람의 기대에 부응하려고 신경 쓸 것이 아니라 당신의 가치, 즉 당신에게 중요한 우선순위에 따라 진심으로 당신의 삶에 접근해보라.

당신 자신을 위하여 생각하고 당신이 직접 결정하는 것은 두려울 수도 있다. 다른 사람의 기대(혹은 인정)와 결별하게 되면 당분간 허전한 느낌이 들 수 있다. 그러나 스스로 선택하면서 굳건하게 서있는 독립된 한 성인으로 자기 자신을 인식한다면 있는 그대로의 당신을 수용하는 자유를 맛보게 될 것이다.

생존자이자 예전에 매 맞는 아내이기도 한 에바가 회상했다.

> 나는 아무 것도 아닌 것 같았고, 사람들이 내 말을 들으려 하지 않을 거라고 생각했습니다. 나는 자신을 좋아하지 않았죠. 나는 전 남편이 나에 대해 말했던 것들, 나 자신도 또한 그렇게 믿고 있던 것들을 더 확신시켜 주는 일들을 애써 찾으려 했던 것 같습니다. 나와 내 생각들이 다른 사람의 조종에 휘둘리지 않도록 하면서, 내 본연의 모습과 특성들을 되찾는 데는 오랜 시간이 걸렸죠.
>
> 모든 일들이 엄청나게 바뀌었어요. 나는 지금의 나에게 더 자신감을 갖게 되었습니다. 어렸을 때 내가 좋아했던 나의 특성들이 있었죠. 지금 나는

그것들을 되찾았습니다. 나에게는 대담한 면이 있습니다. 나는 정말 대담한 여자였죠. 사람들이 말하는 것을 두려워하던 때가 있었지만 지금은 신경 쓰지 않아요. 나는 단지 나일 뿐이고 다른 사람들이 거기에 적응하지 못하면 그건 그들이 운이 나쁜 거죠.

쓰기 훈련: 내게 쓰는 감사편지

카산드라 에스피노자는 생존자 집단에서 훈련의 일환으로 자기에게 이 편지를 썼다. 여기에서 그녀는 자신이 치유에 열심인 자신에 대하여, 할 일을 하면서 풍요로운 삶을 살아갈 수 있기 위해 그녀가 해왔던 모든 것에 대하여 감사해한다. "내게 쓰는 감사편지"는 당신이 치유 순례를 거치면서 성취한 모든 것들을 밝게 비춰볼 수 있는 쓰기훈련이다.

사랑하는 카산드라에게

13살 무렵 자살에 실패했을 때, 자라면 반드시 더 나은 삶을 살겠다고 너는 맹세했지. 그리고 네가 "집"이라 부르는 그 미친 곳을 마침내 떠날 수 있었어.
고마워, 눈을 크게 뜨고 부정으로 점철된 삶을 살지 않을 용기를 가져줘서 고마워. 너는 성폭력 피해를 입었지만 열심히 노력했기 때문에 우린 잘 살고 있어. 모든 참혹함을 견디고 치료받으러 가고 12단계 프로그램에 참여하고 일기를 쓰고, 도움이 필요할 때 누군가에게 도움을 청했기에 우리는 같이 살아남아서 생활도 잘 하고 있는 거야. 우리가 도움을 얻었기에 더 이상 새로운 사람과의 경험을 그리 두려워하지 않게 되었어. 우리는 여행할 수 있는 거야. 우리는 좋은(정말 좋은) 성행위도 할 수 있어. 더 이상 우리를 아프게 하지 않아도 돼. 알코올이나 설탕에 의지하지 않아. 우리는 친밀한 관계를 맺을 수 있고 무엇보다 좋은 것은 우리가 느낄 수 있다는 거야.
허전함은 없어. 더 이상 시간을 놓치지도 않아. 감정을 느끼는 것이 어려울 수도 있지만 힘겨운 감정조차 예전의 공허감보다는 낫지.

우리의 몸을 돌보는 법을 배워서 고마워. 멋지게 보이는 것을 두려워하지 않아도 되잖아. 뭔가가(어떤 상황) 나쁘게 돌아가거나 혹은 누군가가 우리를 해치려고 할 때를 파악하는 법을 배워서 고마워. 경계에 대해 배우고 싶다고 말할 수 있게 되어 고마워.

감정이 너를 죽이지는 않을 것이라는, 그 감정은 변하고 줄어들고 다시 시작한다는 것을 알게 되어 고마워. 실수해도 괜찮아. 필요할 때 특히 너 자신에게 미안하다고 말해도 괜찮아.

좋은 엄마가 되는 법을 배워서 고마워. 힘든 시간을 견디고 포기하지 않아서 고마워. 삶에 대한 긍정적인 관점을 내려놓지 않고 사람들과 관계를 구축하고, 더 나은 힘을 신뢰하기 시작하는 법을 배워서 정말 정말 고마워.

감정과 만나기

오랫동안 내가 느끼지 못한다고 생각했어요. 너무 오랫동안 내 안의 암시를 무시해 왔기 때문에 내가 가질 수 있는 감정이란 하나도 없다고 확신했죠. 감정들은 내가 조작해야 하는 어떤 신비스런 것이라고 생각했어요. 이미 작용하고 있는데 미처 깨닫지 못할 따름이니까 언젠가는 밝혀내야만 하는 나의 일부분이라는 생각은 하지 못했던 거죠. 내가 어떤 감정 상태에 빠진다면 그건 서둘러 극복해야 할 그 어떤 것, 나하고는 별개의 것이라고 생각했어요. 그렇게 함으로써 난 무감각하면서도 통제할 수 있는 안전한 중립 지대로 돌아갈 수 있었던 거죠.

인식하든 인식하지 않든 간에 우리는 항상 감정을 느낀다. 감정은 우리 생활에서 일어나는 일들에 대해 반응하는 것이다. 예를 들어 위협을 받으면 우리는 두려워진다. 누군가 우리에게 상처를 입히면 우리는 아픔과 분노를 느낀다. 안전하면서도 욕구가 충족될 때는 만족을 느낀다. 이것은 자연스런 반응이다. 우리가 항상 우리의 감정들을 인지하고 이해할 수 있는 것은 아니지만 감정은 항상 존재한다.

당신이 아이였을 때 사랑과 믿음에 대한 당신의 감정들은 배반당했다. 온전히 경험하고 계속 기능하기에는 고통, 분노, 두려움이 너무 컸던 나머지 당신은 생존하기 위해서라도 그 감정들을 억눌러야 했다.

어떤 감정들이 내 밑바닥을 스치고 지나갔지만 무척 어린 나이에도 불구하고 이미 그 감정들의 흐름을 막아 버렸어요. 나는 육체적 감각도 멈추게 했어요. 누군가 나를 때려도 하나도 아프지 않았어요.
열세 살이 되었을 때 나는 더 이상 화를 내지 않았어요. 더 이상 분노를 느끼지도 않았던 거죠. 또한 결코 사랑도 느끼지 않았답니다. 내가 살면서 가장 많이 느낀 게 권태로움이었는데 알고 보면 그건 어떤 감정 상태가 아니라 감정의 결핍 상태라고나 할까요. 감정의 높낮이가 모조리 결여되었죠.

아니면 반대로 어떤 감정을 너무나 오래도록 너무나 집중적으로 끌어안고 살아온 나머지 이 감정에 고착되었을 수도 있다.

살아오는 내내 슬픔이 밖으로 철철 흘러내릴 정도였습니다. 거의 모든 것들이 나를 울렸습니다. 손을 뻗어 누군가를 만지는 전화광고를 봐도 울었거든요. 그러니 남편이 미치더군요. 우리가 아주 사소하게 부딪히기만 해도 나는 울었습니다. 울고 싶지 않았어요. 울지 않으려고 노력했지만 계속 솟아나는 지하 샘이라도 내 속에 있나 싶었어요.

당신은 삶을 슬픔과 분노, 외로움에 젖어서 산 듯 여길 수도 있고 지금도 불안과 두려움, 우울에 시달린다고 생각할 수 있다. 혹은 양 극단을 왔다갔다한다고 여길 수 있다. 과도한 감정의 홍수에 휩쓸려갔다가 다시 잠잠해져서 무감각해지는 롤러코스터를 타는 듯할 것이다.

과도한 감정에 눌리는 느낌이 종종 들었다면 치유 과정에서 일어나는 감정을 민낯으로 만나기가 특히 두려울 수 있다. 그러나 다양한 감정을 겪어보는 것이 중요하다. 감정은 우리에게 현명한 선택을 할 수 있도록 통찰과 능력을 제공하는 유용한 메신저다. 감정들, 심지어 가혹한 감정마저도 당신과 동맹이다. 그들은 우리에게 무엇이 내면에서 진행되고 있는지 말해주며, 살아가면서 어떤 상황에 부딪힐 때 우리를 이끌어주기도 한다.

그러나 치유 과정이 진행되면서 당신을 덮치고도 남을 정도의 강렬한 감정들이 올 때는 한 숨 돌리면서 자신을 다독여야 한다. 이런 상황에서는 당신이 가졌거나 혹은 배운 기술을 활용하여 당신 자신을 달래고 가라앉히는 것이 더 중요하다. 당신의 감정을 만나는 것이 필요하기는 하지만 평정심과 균형감각을 다시 얻는 것이 우선시되어야 할 때가 있다.

감정들은 한 꾸러미로 묶여 있다.

감정을 느낄 때 우리는 그 가운데서 어떤 하나를 선별할 수는 없다. 그 감정들은 한 꾸러미로 묶여 있기 때문이다. 엘렌의 내담자 중 한 명은 몇 년 동안 아버지에게 성폭력을 당했다. 그녀와 상담하기 시작했을 때 그녀는 자신이 무감각하다고 말했다. 그녀는 감정을 갖고 싶어 했다. 몇 달 뒤 그녀는 모임 때마다 번번이 울었고 집에서도 울고 친구들과 밖에 나갔을 때도 울었다. 어느 날 그녀는 엘렌을 찾아와서 울기 시작했다. 그러고 나서는 소리내어 웃었다. "그래요. 나는 확실히 내가 원했던 것을 얻었어요."

그렇다. 그녀는 느끼고 있었다. 그런데 감정은 당신이 선택하여 느낄 수 있는 것이 아니다. 당신이 느끼기로 결심하는 그 순간 당신이 느끼는 것은, 바로 그 순간에 존재하는 느낌이다. 이 여성에게는 엄청난 고통과 슬픔이 있었다. 그리고 그 후에는 커다란 분노와 약간의 두려움이 있었다. 그러나 이러한 힘겨운 감정들 사이에 숨어 있는 것은 자부심, 희망, 기쁨, 자존감 그리고 점점 커지는 만족감들이다.

느끼기 위해서 당신은 모든 종류의 감정에 대해 열려 있어야 한다.

처음 감정이라는 개념—처음에 그것은 단지 개념이었죠—과 부딪힐 즈음에 나는 모든 가능한 정서들을 좋은 감정과 나쁜 감정, 이 두 가지로 나누었습니다. 어떤 감정이 생길 때마다 나는 "이것이 나쁜 감정인지 좋은 감정인지, 내가 가져도 될 감정인지"를 생각했죠. 그런 뒤 그것을 느끼거나 또는 억눌렀어요. 느낌 자체를 옳고 그름으로 평가할 수 없다는 사실은 참으로 수용하기가 힘들더군요.

가치판단 없이 당신의 감정을 받아들일수록, 그것들을 경험하고 함께 하고 그것들로부터 배우는 일이 더욱 쉬워질 것이다.

당신은 몸으로 느낀다

감정과 만나기 위해서는 당신의 몸 안에 있는 감각들에 주의를 기울여야 한다. 감정은 당신이 몸으로 느끼는 바로 그것이다. 목이 죄어들고, 떨리고, 위가 꼬이고, 호흡이 가빠지고, 눈가가 젖어들고, 다리 사이에 땀이 차고, 가슴이 따뜻해지고, 마음이 충만해지고, 손을 안절부절못하는 바로 그것이다.

당신이 오랫동안 몸의 반응을 무시해 왔다면 이런 감각들 속으로 들어가는 것은 낯설고 익숙하지 않을 것이다. 또는 몸에서 느껴지는 감각들을 객관적으로 설명할 수는 있지만 그것이 무엇을 의미하는지 모를 수도 있다.

아주 어릴 때는 "나는 두려워"라고 말할 능력이 없다. 그들은 "위가 뒤틀리는 것 같아"라고 말한다. 어른들이 그 감각의 이름을 가르쳐 줄 때 비로소 아이는 그 감정을 정서와 연결시키는 것을 배운다.

당신이 느끼는 것에 아무도 관심을 기울여 주지 않았고 그 감각들의 이름을 배운 적이 없었다면, 먼저 당신은 몸이 당신에게 말하려는 메시지의 독해법을 스스로 배워야 한다.

내 감정을 확인하는 법 배우기: 크리슈나바이 이야기

크리슈나바이는 35세이다. 생존자를 위한 워크숍을 진행하며 자문위원으로 일한다. 그녀는 말한다. "가족이라는 느낌을 가져본 적이 없었어요. 기숙사에 있는 것 같았답니다. 아버지와는 친했지만 어머니와는 아무런 관계도 갖지 못했어요."

9살이 되자 크리슈나바이는 5촌 아저씨에게 성폭력 피해를 입었다. 성폭력은 이미 있던 문제를 훨씬 악화시켰다.

크리슈나바이는 25년 동안 정신병적 우울증에 시달렸다. 그러다가 살겠다고 결심하고 치유를 향한 긴 여정을 시작했다.

병원에서 일하고 있을 때 심한 우울증에 걸려 있었는데 어느 날 전화선으로 목을 매달아 자살해야겠다고 작정했습니다. 바로 그때 동료 한 명이 전화를 했어요. 그녀는 전화로 두 시간을 말하더니 와서 나를 보았어요. "누군가를 좀 만나야할 것 같아."

내가 일하는 병원의 정신과 의사에게 갔지요. "도움이 필요한데 어떻게 도움을 받아야할 지 모르겠어요." 그러자 그녀는 나를 진찰하겠다고 한 다음 내 이야기를 들어가던 과정에 이렇게 말했다. "세상에! 이렇게 심각한 증세를 가진 사람이 우리 직원이라니!"

그녀는 거의 5회에 걸쳐 내 이야기를 듣고는 말했다. "뭔가 문제가 있습니다. 당신은 한 번도 뭔가와 연결된 적이 없습니다. 당신은 삶에서 한 번도 행복을 경험하지 못했어요. 생물학적으로 뭔가가 진행되고 있는 것 같으니 약을 처방하고 싶군요." 좋아, 난 잃을 것이 없었다.

그녀는 그 당시 새로 나온 약물을 처방했다. 몇 주가 지난 어느 날, 잠에서 깨어났는데 이상한 기분이 들었다. 오후 네 시 경이었다. 전날 밤 근무를 한 후였다. 그녀에게 전화해서 말했다. "뭔지 잘 모르겠는데 정말 이상한 느낌이 들어요." 나는 계속 말을 이어나갔고 그녀는 정말 흥분하는 듯했다. "당신은 이제 바로 여기에 도착한 겁니다."

그녀는 계속 말했다. "당신은 이제 감정을 가지기 시작했어요! 믿을 수 없어요! 제대로 효과가 나는 거예요! 이게 당신이 느끼는 감정이란 겁니다! 누구나 가지고 있는 거지요. 당신 텔레비전이 흑백에서 컬러로 바뀐 겁니다. 그 전에 한 번도 컬러텔레비전을 보지 못했으니 이해가 안 되는 거예요."

6개월을 더 치료 하면서 "이건 슬픔입니다. 이건 행복입니다" 라는 말을 그녀가 계속 했다. 그녀는 나에게 여러 감정을 묘사했고 내가 이해할 수 있는 말로 그것을 옮기려고 애썼다. 난 마치 세상을 처음 내다보면서 사물을 처음 이해하기 시작한 아기와 같았다. 내 인생이 진심으로 바뀌기 시작했다.

내 감정을 만나면서 정신과 치료도 한동안 멈추었다. 어떤 무거운 덩어리가 빠져나간 기분이었다. 더 많은 에너지를 갖게 되었으며 세상을 탐구하려는 마음은 꺼질 줄 몰랐다.

관심 기울이는 방법 배우기

우리는 모두 감정을 다양한 강도와 방식으로 느낀다. 당신의 고유한 감정을 안다는 것은 자신을 유일무이한 인간으로 인식하는 방식 중 하나이다.

많은 생존자들이 그들의 감정보다 한발 앞서 가느라 인생을 허비한다. 속도를 늦추어 "내가 지금 어떻게 느끼고 있지?"라고 물어 보라. 자신이 그렇게 허겁지겁 달려가고 있는 것 같으면 멈춰 서서 당신의 내면을 점검해 보라. 당신은 당신의 몸 안에 존재하고 있는가? 어떤 감각들이 지금 움직이고 있는가? 그 감각들이 당신에게 말하는 것은 무엇인가?

당신의 행동에도 주의를 기울여라. 부엌에서 서성대거나, 또는 사소한 일에 울음을 터뜨리는 것과 같은 부적절한 행동을 하고 있다면, 당신이 아직 인지하지 못한 어떤 감정이 꿈틀거리고 있는 것이다. 로라는 다음과 같이 회상한다.

> 처음 내 감정들에 관심을 기울이기 시작하면서 가장 자주 느꼈던 것은 마치 짙은 안개 속에서 길을 잃은 것 같은 느낌이었어요. 또는 권태로움, 혼란, 절망, 의기소침, 근심과 같은 것들로 인해 압도당하는 것이었지요. 이러한 것들은 실제로는 감정이 아니라 내 감정들을 담아 놓는 뚜껑이라는 걸 점차 알게 되었습니다. 내가 손대지 않은, 원래 모습 그대로인 감정의 희미한 빛을 느끼자마자 나는 크고 두꺼운 담요를 던져 그것을 덮어 버렸어요. 그 권태로움의 밑으로 조금 들어가 보면 거기에는 대체로 분노가 있었구요. 근심은 공포의 다른 얼굴이었고, 절망과 의기소침은 내면화된 격노였답니다. 그런 식이었어요.

자신의 감정들을 덮어 버리는 식으로 대처해 온 것이 습관처럼 굳어졌다면 이 대처 방식은 순식간에 자동으로 일어나는 일이어서 당신이 애초에 가졌던 정서를 느낄 기회조차도 없어진다. 행복을 느끼기 시작할 때 당신은 근심 속으로 미끄러져 간다. 화가 났을 때 당신은 즉시 자신을 미워한다. 이러한 형태들은 사람에 따라 다르지만 당신이 만약 절망, 혼란 또는 죄책감 같은 상태에 압도당한다면 그 저변에는 분명히 어떤 특정한 사건에 의해 자극된 특정한 정서가 내부에 있다는 말이다.

뭔가를 느끼기 시작하려는 순간, 당신의 사고방식에 의해 방해받을 수 있다. 만약 당신이 스스로를 나쁘게 느끼도록 만드는 사고에 사로잡혔다면 그 밑바닥에 어떤 감정이 깔려 있게 마련이다. '나는 결코 변하지 않을 거야'라든가 '사람들은 나를 싫어해'와 같은 생각들은 보통 어떤 감정들이 은밀하게 감추어져 있다는 것을 말한다. 아이였을 때 당신은 "나는 아빠가 싫어. 그를 죽이고 싶어"라고 말할 수 없었기 때문에 그 대신 당신이 나쁜 이유 그리고 성폭력의 책임을 당신의 탓으로 돌릴 수 있는 수백 가지 이유를 찾아내서 자신을 미워하게 된다. 그것은 마치 비포장 도로 위에 난 바퀴 자국과 같다. 수백 대의 차들이 더러운 길 위를 달린다. 모든 차들이 같은 길을 달려서 나중에는 바퀴들이 자동으로 그 트랙을 따라간다. 생각도 마찬가지다. 맨 처음의 분노를 누른 채 '내가 나빴어'라는 생각을 계속해 왔다면, 이제는 의도적으로 그 행로를 바꾸면서 습관 아래에 묻힌 감정을 밝혀내야 한다.

감정에 대한 두려움

감정을 열어 제치면 갑자기 통제가 안 될까봐 두려워하는 생존자들이 많다.

> 나의 분노가 두려웠어요. 만약 내게 일어났던 일을 웃어넘기지 못한다면 난 완전히 미쳐서 눈에 띄기만 하면 누구든 다 죽일 것 같은 기분이었지요.

비록 정말 화가 나거나 정말 슬프다 하더라도 이 감정들이 반드시 당신을 압도하지는 않는다.

한 번에 조금씩만 느끼기로 했기 때문에 감정의 밸브가 한 번도 완전히 열리거나 완전히 닫히지는 않는다―완전히 압도할 만하거나 완전히 억압되거나―는 것을 배웠습니다. 기분이 나빠도 자살하고 싶다는 생각은 하지 않을 수 있게 되었어요. 겁은 나지만 공포에 질리지는 않게 되었지요. 서서히 변화하는 다양한 스펙트럼이 있었던 겁니다. 일단 감정에 재갈을 물리려고 하지 않게 되니 생각보다 더 많은 조절이 가능해지더군요.

오랜 세월동안 감정을 억압해왔다면 경계하는 것은 당연하다. 강렬한 감정이 생긴다 해서 자신을 통제할 수 없어진다는 뜻은 아니다. 깊게 흐느끼고 베개를 사정없이 두드리는 것이 곧 당신이 미쳐간다는 것을 뜻하는 것도 아니다. 사실 안전하고 구조화된 방식에 따라 강렬한 감정을 적극 표현한다면 이후 당신이 폭발할 가능성은 더 적어진다. 상담원이나 지지집단에서 베개를 두드리고 난 후 살해를 저지르는 사람은 거의 없다.

감정 존중하기

당신 안에서 움직이고 있는 담백하면서도 순수한 감정들을 처음 알게 되면 단지 그것을 인식하기만 하라. "나는 어떤 감정을 느끼고 있어." 슬프다면 그 슬픔을 느끼도록 자신을 내버려 두어라.―걱정하지도 공포에 떨지도 말며, 다른 어떤 행동도 취하지 말라. 당신의 감정은 위험스러운 것이 아니다. 그것은 당신이 제거해야만 하는 그런 것이 아니다.

더 많이 느낄수록 느낀다는 것은 점점 더 쉬워져요. 점점 덜 두려워지죠.

망각할 수 있는 능력이 없어지면서 많은 고통을 느꼈지만 그 감정은 일종의 위안이 되었어요. 나는 감정을 두려워하고 억눌러서 생기는 스트레스가 감정 자체보다 더 고통스럽다는 것을 알았어요. 특히 오래된 어떤 감정들은 생각했던 만큼 힘들긴 했지만 영원히 계속되지는 않았어요.

감정들은 자연스럽게 존재한다. 하지만 당신이 거기에 익숙하지 않기 때문에 그것을 두려워하게 된다.
당신이 특정한 방식으로 느끼는 이유와 그 감정의 근원을 이해하는 것은 많은 도움이 되지만 그것이 항상 가능한 것은 아니다. 당신이 이해하지 못한다 하더라도 그 감정은 여전히 중요하다.
당신의 감정을 믿고 그것을 중요하게 여기게 되기까지는 시간이 걸린다. 하지만 궁극적으로 감정을 더 이상 자신과 떨어진 어떤 것으로 보지 않게 될 것이다.

감정을 내 생활 속으로 융화시켜 왔습니다. 이제는 감정을 느끼는 데 더 이상 시간이 걸리지 않지요. 길을 걸어가다가 슬픔을 느끼면 나는 바로 울 수 있습니다. 집에 가서 언제 울 건지 계획을 잡느라 우는 걸 미루지 않아도 된다는 말이죠. 감정은 나 자신의 일부분이고 내 몸과 떨어져 있지 않습니다. 더 이상 감정을 느끼기 위해 따로 시간을 낼 필요가 없는 거죠.

감정은 변화 한다

밀물처럼 들고 썰물처럼 나고 또 사물이 변하듯, 변하는 것이 감정의 본성이다. 당신은 한 시간 동안 화가 났다가 다음엔 슬프고 또 한 시간 후에는 사랑으로 가득 찰 수 있다. 고통은 분노로 변하고, 분노는 안도로 변한다. 억눌린 상태만 아니라면 감정은 세상에서 당신이 경험하는 데 따라 자연스런 리듬으로 맞추어진다. 감정을 해소하는 가장 좋은 길은 오히려 그것을 흠뻑 느끼는 것이다. 감정은 그것을 받아들이고 표출할 때 변형된다.

오래도록 부정되었던 감정이라면 지금 당장 전혀 다른 모습이 되지는 않는다. 그러나 어떤 감정이든 일단 물꼬가 터지고 나면 결국 변화된다.

자신의 감정과 만나는 훈련

다니엘 손킨과 마이클 더피의 책 《폭력 없이 사는 법 배우기》에 나오는 다음의 두 훈련은 감정을 확인하는 초기 단계에서 유용하게 쓰일 수 있다.

감정 대 생각

사람들은 흔히 생각이나 관찰을 감정과 혼동한다. 예를 들어 "그건 부당하다고 느껴" "네가 나를 떠날 것 같은 느낌이 들어" 같은 말들은 "~한 감정을 느낀다I feel-emotion"가 아닌 "~한 생각을 느낀다I feel-thinking"에 속한다. "~한 생각을 느낀다"인지 아닌지 알아보는 좋은 방법은 '느낀다' 대신에 '생각한다'를 넣어 보는 것이다. 그 문장이 말이 되면 그것은 감정에 관한 말이 아니라 생각이나 관찰에 더 가깝다. 위의 "~라고 생각한다"라는 문장을 "~한 감정을 느낀다"로 바꾸면 다음과 같다.

"네가 한 행동에 아픔을 느껴." "네가 나를 떠날까 봐 두려움을 느껴."

감정은 어떤 것인가?

다음은 감정을 나타내는 낱말들이다. 이 낱말들을 큰소리로 읽어 보아라. 각 낱말을 여러 가지 다른 음색으로 읽어 보거나 더 크게 또는 더 부드럽게 읽어 보라. 각 낱말을 말할 때 감정이 어떤지 주의해 보라. 어떤 느낌이 드는가. 당신의 몸은 어떻게 느끼는가? 당신에게 맞는 것과 맞지 않는 낱말이 있는가? 특별히 당신을 묘사할 수 있는 다른 낱말들을 적어 보아라. 다 끝낸 후에 당신이 가장 강하게 반응하는 세 낱말에 밑줄을 그어라.

흥분한다	좌절한다	상처입다	고맙다
부드럽다	불안하다	질투하다	상처입기 쉽다
슬프다	만족스럽다	사랑스럽다	무감각하다
외롭다	우울하다	두렵다	우쭐해진다
초조하다	부끄럽다	행복하다	소심하다
소외된 느낌이다	절망적이다	위로가 된다	화난다

마음을 이용하라

감정을 쉽게 알아내기 힘들면 자신에게 이렇게 말하라. "내 연인은 나를 떠났어. 난 아무 것도 느낄 수 없어. 이런 상황에서 다른 사람들은 무엇을 느낄까? 책이나 영화나 친구들은 이 상황에서 일반적으로 어떤 감정들을 느끼지? 안심? 분노? 슬픔? 그게 지금 내 목에 뭐가 걸린 것 같은 느낌과 같은 건가?

감정을 그림으로 그려라

캘리포니아, 산타크루즈의 창조 예술 치료학자인 에이미 파인은 자신의 감정을 그림으로 그려 보라고 제안한다. 감정을 표현하는 데 색깔, 모양, 천, 압력의 정도, 공간의 이용, 그리고 문자 그림들을 이용하라. 딱딱한 물체도 좋다. 그 다음에는 당신이 느끼고 싶은 방식대로 그려라. 그 그림들을 다른 사람에게 보여 주어라. 그림들은 무엇을 대변하고 있는가? 그것을 보고 무엇을 감지했나? 그리고 나서 처음 그림의 요소들을 두 번째 그림으로 이어 주는

> 중간 단계를 나타내는 세 번째 그림을 그려라. 그것들을 연결시키기 위해서 무엇을 어떻게 했는가? 당신은 어떻게 했는가? 당신의 생활에서 했던 것과 어떤 상관관계가 있는가?

감정을 지지하기

어렸을 때 당신의 감정이 거부되고 비난받았다면, 안심하고 감정을 표현하는 데는 시간이 꽤 걸릴 수 있다. 많은 여성들이 이런 안도감을 상담원에게서 처음 느낀다.

어느 날 나의 치료사가 말하더군요. "당신이 어떤 행동을 하든 난 당신을 떠나지 않을 거예요." 그 모임이 끝나기 전에 나는 난생 처음으로 그녀에게 화를 냈습니다.

당신의 감정을 존중하고 또한 자신의 감정을 느낄 수 있는 사람과 사귐으로써 그것을 더 빨리 배울 수 있다. 서로 감정을 주고받고, 그녀가(또는 그가) 당신에게 본보기가 되어 주고, 그 친구가 보여 주는 다정함을 통해 당신은 자신의 감정에 다가가는 법을 배울 수 있다.

처음에는 감정을 어떻게 느끼는지 그 방법을 몰랐지요. 나는 연인, 치료사 그리고 정말 좋은 친구를 알게 되기 전까지는 아주 무감각했어요. 그들은 나를 이끌어 내어 내가 느끼고 있는 것을 이해하도록 도와주었습니다. 처음에 그들이 나를 붙잡고 이야기할 때 나는 고작 눈물 몇 방울 찔끔 흘리거나 화가 나서 묵묵히 있곤 했습니다. 내게는 감정을 느낄 줄 아는 누군가가 내미는 편안함과 관용이 필요했던 거예요.

자신의 감정에 막 다가가기 시작할 무렵 당신 주변에 당신을 사랑해 주고 지지해 주는 사람이 있으면 좋겠지만 당신 혼자서도 충분히 마음을 개방할 만큼 안정이 될 때가 있을 것이다. 마음속으로 또는 크게 소리 내어 다른 사람들이 당신에게 해주었던 위안이 되는 말들 — "울어도 괜찮아" "너는 화를 낼 권리가 있어" — 을 자신에게 말할 수 있다.

당신 스스로를 양육하고 지지해 준다면 당신은 내면에 있는 놀라고 상처받고 화가 난 아이에게 현명하고 친절한 엄마가 되어 줄 수 있다.

자신의 머리를 쓰다듬어 주거나, 흔들의자에 앉아 몸을 흔들거나, 자신을 위해 따뜻한 우유나 꿀을 타서 마시거나, 베개를 준비하여 실컷 두들겨 팰 수 있다. 당신이 바로 자신을 위한 정화제가 될 수 있고, 산파가 될 수 있고, 자신의 행동을 용인해 주는 사람이 될 수 있다.

당신의 감정과 의사소통하기

일단 당신이 감정을 느끼기 시작한다 해도 그것을 표현하는 데 여전히 어려움을 느낄 수 있다.

내 표정은 내가 말한 내용과 달랐어요. 나는 항상 밝게 웃고 있었지요. 심지어 아주 우울하고 의기소침할 때도 어쨌든 항상 미소를 짓고 있었거든요. 그러다 보니까 사람들은 내가 얼마나 고통스러운지 알아차릴 수 없었고 내 비밀을 추측할 수도 없었지요. 그들은 나를 알 수가 없었던 겁니다.

또 로라는 이렇게 회상한다.

> 살아 있는 동안 줄곧 나는 이 문제를 안고 있었습니다. 나는 감정에 압도당하고 있었지만 그것이 표출되지 않았기 때문에 아무도 믿지 않았어요. 가슴 저미는 슬픔을 가장 크게 표현한 것이라야 눈물 몇 방울 흘리는 게 고작이었지요. 나는 자살을 꿈꾸거나 시도하는 편이었고 분명히 미쳐 가고 있었으나 내 친구들은 내가 어떤 사소한 일—아마 모기 물린 것 정도?—로 고민하고 있다고 생각했을 겁니다. 극단적으로 표현하지 않는 한 그것을 어떤 감정으로 여기지 않기 때문에 오랫동안 나는 나에게 뭔가 잘못된 게 있다고 생각했어요. 전화번호부를 찢어 버리지 않는 한, 정말로 화난 것이 아니었습니다. 펄쩍 뛸 정도로 행복하지 않은 것은 가치가 없었구요.

감정을 내보이는 방법이 정해져 있지는 않다. 개개인 모두 자신의 개별적인 스타일을 가지고 있다. 하지만 중요한 것은 당신이 만족할 수 있고 상대방과 의사소통이 가능한 방식으로 표현할 수 있어야 한다는 것이다.

이때 어떤 방식들은 더 좋은 반응을 얻게 한다. 당신이 "난 기분이 안 좋아. 네가 늦거나 전화도 하지 않을 때면 정말 걱정이 돼. 다음번엔 꼭 전화해 줘"라고 말한다면, "넌 내가 만난 사람 중에 가장 생각이 없는 사람이야. 넌 내 감정 따위에는 신경도 쓰지 않잖아"라고 말하는 것보다 확실히 더 좋은 반응을 얻을 것이다.

적절한 시간도 역시 중요하다. 만약 중요하거나 예민한 문제에 대해 이야기하려면 상대방이 집중해서 들을 수 있는 시간을 선택하라.

새로운 감정, 오래된 감정

치유 과정을 거치면서 때로 과거에 묻어둔 감정과 지금 일어나는 감정을 동시에 다루게 되는 때가 있다. 현재의 감정이 오래되고 깊숙한 곳의 감정을 자꾸 건드리는 경우가 생긴다. 친구의 죽음을 애도하면서 당신이 어릴 때 상실한 것들에 대한 슬픈 감정이 되살아난다. 자녀에게 협동심이 부족한 듯 하여 실망스러워 하다가 당신의 삶을 통제할 수 없었던 과거에 대한 오래된 분노가 되살아난다. 결혼의 종말에 대한 절망이나 노화와 관련된 상실감이, 포기와 무력감이라는 오랜 감정으로 당신을 다시 끌고 갈 수도 있다.

무의식 상태에 묻혀있던 감정이 밖으로 비집고 나오면 삶이 통제 불능 상태에 빠질 것 같을 수 있다. 당신의 반응이 그 상황에 비해 과도하다 싶을 때마다 당신이 과거에 다가갈 수 있는 좋은 기회가 된다. 첫 단계는 그것을 알아차리는 것이다.

감정이 최고조에 이르면 나 자신에게 내가 옛날 감정에 다시 발목 잡혀 있는 것은 아닌지 물어봅니다. 현재의 그 무엇, 그 자체 때문에 내 인생이 아무짝에도 쓸모없다고 느끼게 되는 경우는 거의 드물어요. 내가 실패작처럼 느끼기 시작하거나 아무도 나를 사랑하지 않을 것 같을 때는, 지옥 같던 어린 시절의 오래된 감정을 지금 또 느끼고 있다는 신호인거죠. 그건 내가 양동이를 내려서 물을 담아 올리는 옛날 옛적 우물입니다. 잘 들어보면 녹슨 사슬이 철거덕거리는 소리가 들립니다. 그것만 알아차려도 큰 위안이 되지요. 마치 악몽에서 깨어나는 느낌과 같아요. 내 인생이 지금은 그렇게 형편없지 않거든요. 난 희망도 없이 만신창이가 된 인간이 아닙니다.

수치심, 두려움, 슬픔, 분노 등 생존자들이 종종 느끼는 여러 감정을 만나게 될 때, 어느 것이 당신이 계속 지녀온 감정이며, 어느 것이 현재 삶의 뭔가에 대응하는 감정인지를 구분하기가 좀 수월해진다.

예를 들어, 당신의 아이를 손으로 때리거나 동료에게 소리 지르거나 작은 일상문제로 파트너에게 화가 난다면 아마 당신은 과거로부터 반응하는 것이다. 분노가 현재의 사건에 의해 촉발되기는 하지만 어린 시절부터 따라다닌 오랜 분노 때문에 더 강하게 혹은 더 빠르게 반응하고 있을 수 있다. 과거와 현재의 경계가 모호할 때는 과도하게 반응하면서 당신에게는 문제가 될 수도 있고 다른 사람에게는 피해를 줄 수도 있는 방식으로 행동한다.

감정이 현재 상황보다 더 격렬해진다는 것을 인식하자마자 바로 잠시 쉬어라. 그 상황에서 조금 물러나 과거와 현재를 분리하라. (이것은 거부당하거나 버려지거나 모욕 받았거나 상처 입는 것과 같은 감정에 부딪힐 때도 마찬가지로 적용된다.) 이렇게 함으로써 당신은 현재 상황 위에 어린 시절의 아픔을 한 겹 더 두텁게 하기보다는 과거로부터 온 감정을 직접 다룰 수 있다.

감정의 뿌리를 이해하게 되면 감정을 더 조절 가능한 것으로 만들게 된다. 복잡한 감정이 몰려와도 곧 가라앉을 것이며 현재의 경험에 더 적절한 방식으로 대응할 수 있을 것이다.

그래도 위안 받을 수 없다면

오랜 기간에 걸쳐 치유 작업을 해오고 든든한 지원과 능력 있는 치료사가 있어도 여전히 우울과 불안 혹은 제 역할을 잘 해내지 못하도록 힘 빠지게 하는 여러 감정들에 시달리고 있다면, 당신의 불안의 원인이 될 만한 다른 생리학적 문제가 없는지 잘 챙겨보라. 갑상선 불균형, 호르몬 불균형, 당뇨, 조울증, 우울증, 혹은 다른 생화학적 질병이 우리 정서에 큰 영향을 미친다. 외상 후 스트레스 장애를 잘 알고 있는 훌륭한 의사라면 당신의 상황을 평가하고 장·단기 치료가 유용할지를 결정하도록 도와줄 것이다.

긍정적인 감정들 역시 두려울 수 있다

시간이 갈수록 긍정적인 감정들이 증가할 것이다. 행복, 흥분, 만족, 사랑, 안도감 그리고 희망이 더 자주 나타날 것이다. 이러한 것은 좋은 감정들이지만 처음에는 그것을 편하게 느끼지는 못할 것이다.

많은 생존자들이 긍정적인 감정을 두려워한다. 어렸을 때 행복은 종종 재앙이 곧 일어날 거라는 신호였다. 친구들과 놀고 있을 때 삼촌이 당신을 불러들여 괴롭히고, 평화롭게 자고 있을 때 아버지가 당신을 강간하고, 일요일 할머니 집에서 저녁을 먹고 있을 때 갑자기 끌려가 모욕을 당했다면, 당신은 행복이 믿을 만한 것이 아니라고 생각하게 된다. 또는 당신이 행복한 척하고 있지만 속으로는 고통 받고 있다면 당신에게 행복은 여전히 거짓이라고 느껴질 수 있다.

때로는 기분 좋게 느낀다는 생각마저도 위협적인 것일 수 있다. 어느 여성은 감히 희망을 품지 않는다고 말했다. 그녀는 매일매일 아버지가 기분 좋게 돌아오기를, 그녀에게 잘해 주기를, 강간하는 것을 멈추기를 희망했다. 그리고 매일매일 그녀는 실망했다. 그러다 보니 결국 자기 보존을 위하여 희망을 포기했던 것이다.

때때로 평온함과 만족은 가장 당황스러운 감정이다. 평온함은 너무도 친숙하지 않아 당신은 어떻게 긴장을 풀고 그것을 즐겨야 하는지를 모른다. 기대하지 않았던 좋은 느낌들에 친숙해지기가 어려울 수 있다.

> 내 인생은 줄곧 불행했습니다. 근친 강간당한 것을 기억해 내면서 마침내 왜 그랬던가를 알아냈지만 나는 여전히 불행했지요. 치유 과정은 두렵고 고통스런 경험이었고 내 인생은 항상 그랬던 것처럼 허우적거림과 번민으로 가득 차 있었습니다. 치료를 시작하고 몇 년 뒤부터 행복을 느끼기 시작했는데, 그때 아주 당황했습니다. 이 모든 작업들의 핵심이 좋은 느낌을 갖게 하는 것이라는 걸 몰랐거든요. 나는 그것이 길게 늘어진 싸움의 평행선 가운데 또 다른 일부일 뿐이라고 생각했지요. 내 인생이 변했고, 내가 행복을 느끼며 정말로 만족한다는 생각에 익숙해지기까지 상당한 시간이 걸렸습니다.

좋은 기분이 배신은 아니다

기분이 좋아지면 내면의 상처 입은 어린 아이가 배신당하는 것은 아닌지 염려할 수 있다. 의식하든 아니든 당신은, 만약 기분이 좋아진다면 성폭력이 잊혀지고 아무것도 아닌 것이 되고 심지어 가해가 용서되는 것을 의미하는 것이라고 생각한다. 하지만 그렇지 않다. 당신의 역사는 늘 그대로 있을 것이다. 성폭력은 그것이 일어나던 그 순간과 변함없이 끔찍하고 잘못된 것으로 남아있을 것이다. 당신이 지금 기분이 좋아지기는 하더라도 당신이나 당신을 사랑하는 사람들은 결코 그 피해의 의미를 잊지 않을 것이다.

그러므로 상처 입은 그 어린 아이를 존중하고 그녀의 아픔을 입증하려고 당신의 여생을 소진할 필요는 없다. 상처 입은 아이는 다름 아닌 당신의 일부이기 때문이다.

폭력없이 사는 법 배우기

폭력은 다른 사람을 누르기 위하여 힘을 행사하는 한 방법이다. 폭력은 일시적으로는 효과가 있을지 모르지만 너무나 큰 대가를 치르게 한다. 다른 사람에게 폭력을 행사하면서 동시에 어린이 성폭력 피해의 영향을 치유할 수는 없다. 자녀에게 상처를 입히거나 파트너를 구타하는 등 어떤 식으로든 언어 폭력이나 신체적 가해를 하고 있다면 당신은 이제 멈춰서 도움을 구해야 한다. (당신이 폭력을 당하는 입장이라면 대부분 지역에 있는 당신과 자녀를 보호, 지원하는 여성 피난처의 도움을 받을 수 있다.)

다니엘 제이 손킨과 마이클 더피의 《폭력 없이 사는 법 배우기》는 분노를 폭력적으로 표현하는 방식을 바꾸기 위한 건전하고 실용적인 지침서다. 남성을 대상으로 하고 있기는 하지만 여성들에게도 유용한 정보를 담고 있다. 다음은 몇 가지 훌륭한 부분을 발췌한 것이다.

자신의 분노를 인식하기

분노와 폭력은 다른 것이다. 분노는 하나의 감정이고, 폭력은 그 감정을 표현하는 행동 방식 가운데 하나다. 분노가 폭발점에 이르기 전까지는 그것을 알아채지 못하는 사람들이 많다. 분노의 신호를 알아내는 법을 배우면 폭력을 통제하는 데 도움이 될 것이다. (이 방법은 또한 슬픔이나 두려움 같은 감정들을 인식하는 방법이기도 하다.)

몸의 신호들

- 화가 나면 몸은 어떻게 느끼는가?
- 목, 팔, 다리, 얼굴의 근육이 긴장되는가?
- 식은땀을 흘리거나 한기를 느끼는가?
- 더 깊게, 더 빠르게, 더 가볍게, 더 느리게 호흡을 하는가?
- 두통이 생기는가? 또는 속 쓰림?

행동으로 나타나는 신호들

화가 날 때 당신은 어떻게 행동하는가? :

- 심술궂어지는가? 다른 사람들을 비난하는가?
- 지나치게 친절해지는가?
- 웃기 시작하는가?
- 빈정거리게 되는가?
- 움츠러드는가?
- 약속을 어기는가? 늦게 도착하거나 일찍 자리를 뜨는가?
- 먹거나 자는 데 어려움이 있는가? 더 많이 먹거나 자는가?

타임아웃

타임아웃은 폭력을 통제하기 위한 기초적인 방법이다. 이 방법은 폭력적인 행동을 깨도록 하는 기본 도구다. 또한 폭력을 중지시킬 뿐 아니라 신뢰를 회복하도록 한다. 그 규칙은 간단하다.

- 자신이 화가 나기 시작했음을 느끼면 이렇게 말하라. "화가 나기 시작해. 잠깐 쉴 필요가 있구나." 이런 식으로 당신은 직접 의사 표현을 한다. 당신은 자신의 감정에 대해 책임을 지게 되고 당신이 폭력을 피하기 시작했음을 다른 사람에게 확신시킨다.
- 한 시간 동안 떠나 있으라.
- 술을 마시지 말고, 약물을 복용하거나 운전을 하지도 말라.
- 몸을 움직이는 일을 하라. 산책을 하고, 달리기를 하거나, 자전거를 타라. 운동은 몸의 긴장을 푸는데 도움이 된다.
- 한 시간 후에 돌아오라(그 이상도, 그 이하도 말고 딱 한 시간) 만약 당신이 약속을 잘 실천하면 신뢰를 쌓게 될 것이다.
- 들어와서 당신을 화나게 한 사람에게 그 상황을 이야기하겠냐고 물어보

라. 둘 다 동의하면 무엇이 당신을 화나게 했는지, 왜 타임아웃이 필요했는지 말하라. 아직 이야기하기가 힘들면 나중에 하라.

술과 약물

술과 약물이 폭력을 일으키는 것은 아니다. 그런데 당신이 이미 폭력과 관련하여 어떤 문제를 가지고 있다면 이 둘은 사태를 악화시킬 수 있다. 술과 많은 약물들은 감정들을 억누른다. 당신은 화가 나기 시작하는 것을 잘 모르게 되고, 따라서 휴식할 시간을 놓치거나 자신의 분노를 적절히 표출할 수 없게 된다. 폭력적인 충동을 통제하는 능력 또한 감소하게 된다. 술과 약물이 당신의 생활에 걸림돌이 되므로 이제 그런 폭력적인 행동을 중단하고 싶다면, 술과 약물 복용을 중지하는 것은 필수적이다.

당신은 좋은 기분을 누릴 자격이 충분하다

많은 생존자들이 호감을 얻고, 사랑을 받고, 인정받는 일을 위협적인 것이라고 여겨왔다. 보여지는 것은 일종의 노출이다. 인정은 부끄러운 감정을 수반할 수 있다. 당신에 대한 누군가의 높은 평가와 당신 자신의 자기혐오가 대비되면서 왜곡된다. 스스로 가치 있고 자랑스럽다고 느끼는 자신에 대한 긍정적인 감정은 손에 닿지 않을 것처럼 보인다. 그러나 이러한 감정들은 매우 유쾌하고, 그것에 익숙해질 만한 가치가 있다는 것을 알게 될 것이다.

누군가 칭찬하자마자 그 즉시 자신이 잘못하고 있는 부분을 일일이 열거하지 말고 "감사합니다"라고 말하도록 노력하라. 선물을 받는다면 "정말 기분 좋군요"라고 말하라. 급료가 오르면 "인정받아 기뻐요"라고 말하라.

새로운 것을 시도하고자 하는 호기심과 열망이 종종 생존자들 안에서 질식당하고 있다. 치유는 이런 새로운 감정이 드러날 수 있도록 공간을 마련해준다.

좋은 느낌에 관대해지는 법을 배우는 것은 치유 과정의 가장 좋은 부분 중의 하나이다. 일단 관대해지기 시작하면, 당신이 더 많이 그러고 싶어 한다는 것을 알게 될 것이다. 당신에게 오는 모든 기회를 잡아라. 아침에 차를 마시는 고요한 순간, 침대에서 아이에게 책을 읽어주는 일, 정말 감동적인 영화, 친구의 안부 전화, 완벽하게 만들어진 오믈렛, 이러한 일들을 인지하라. 기분 좋은 느낌(처음에는 잠깐 동안이지만 점점 더 오랫동안)을 받아들이도록 하라.

인생에서 당신은 많은 고통을 경험했지만 또한 놀라운 감정들을 경험할 수 있는 기회들도 많다. 그것들을 잡아라. 당신은 좋은 느낌을 가질 자격이 있다.

쓰기훈련: 당신의 느낌에 대하여 글쓰기

불교의 한 스승인 아잔 수메도는 당신의 감정을 목격할 수 있는 방법에 대하여 설법한다. 그는 "화가 난다"라고 말하기보다는 "분노는 마치 이렇게…"로 말하라고 제안한다. "행복하다"라고 말하는 대신 "행복은 마치 이렇게…"라고 말해보라. "수치스럽다" 보다는 "수치심은 마치 이렇게…"라고 해보라.

당신이 특정 감정에 자주 접하는 것을 알게 되고 그것이 당신 삶에서 맡은 역할을 이해하고자 한다면 이런 식으로 당신의 감정을 목격하는 훈련이 상당한 도움이 될 수 있을 것이다. 감정들을 구별하거나 확인하기가 어렵다면 이 훈련은 감정의 본성을 탐색하는 한 방법이 될 수 있다.

"감정은 어떤 것인가"에 나오는 말 목록으로 다시 돌아가라. 자주 생기는 감정이 무엇인지 확인하라. 자주 갖게 되는 감정이 달리 있다면 목록에 그것을 덧붙여라. 이제 기꺼이 탐색하고자 하는 것을 하나 선택하라. 그런 다음 종이에 문장을 적어라. "_____은 이런 느낌이다." 빈칸은 당신이 선택한 감정이 들어갈 자리다. 그런 다음 자유롭게 적어보라. 멈추지 말고 그 느낌 혹은 마음의 상태에 대하여 10분가량 적어나가라. 할 말이 없어질 때마다 본래의 문장, "수치심은 마치 이렇게…" 혹은 "고마움은 마치 이렇게…" 혹은 "배반은 마치 이렇게…"로 돌아가라.

다음은 하나의 예시글로서 이렇게 시작한다.

> 두려움은 마치 이런 것과 같다. 서서히 냉혹하게 내 마음을 봉쇄하는 커다란 악. 숨쉬기가 점점 더 고약해진다. 하지만 이 압박을 멈추게 할 방법이 없다. 두려움은 마치 이런 것 같다. 어느 무더운 여름 밤 내 문 앞에 멈추어선 무거운 발걸음 소리. 곧 문이 열릴 것이다. 두려움은 이런 것 같다. 모든 아이들의 시선을 받으며 교실 맨 앞에 서 있는 것. 내가 왜 거기 있는지 알지만 마음은 백지 상태고 할 말도 없다. 두려움은 이런 것 같다. 노란 타월을 접어놓은 부엌 식탁에 앉아있는 것. 불빛이 바뀌고 나는 오래 전 부엌으로 되돌아간다. 현관에서 엄마의 목소리가 들린다. 그녀가 소란스럽고 너저분하고 술에 취해 있다는 것을 나는 즉시 눈치 챈다. 와서 나를 도와달라고 누군가에게 전화해야 하지만 전화를 걸 만한 사람이 없다. 게다가 내가 무슨 말을 한단 말인가? 열쇠를 돌리는 소리가 들리면 나는 내 몸 안으로 깊숙이 빠져 들어간다. 두려움은 마치 이런 것과 같다.

10분이 될 때까지 계속 써라. 이후 당신이 쓴 것을 혼자 혹은 지지

해주는 누군가에게 큰 소리로 읽으면 도움이 된다. 그런 다음 다른 감정을 적용하여 훈련을 또 하라.

자비 명상

불교전통에서 가져온 이 명상은 보통 숙련된 명상가를 위한 고도의 수련이다. 하지만 초보 명상가를 포함하여 어린이 성폭력 피해자 역시 이 명상법이 지속적인 효과가 있다는 것을 실감하고 있다. 이것은 당신의 강렬한 감정을 극한까지 개방시켜 주기 때문에 이 명상법을 활용할 경우 상당한 주의가 요구된다. 치유 과정을 통해 기초가 잘 다져질 때까지 기다린 후 명상을 짧은 단위로 시작하라. 어떤 훈련에서나 마찬가지지만 이것이 너무 과도하거나 힘이 든다면 생존 기술의 일부를 당신이 훈련해온 방식으로 활용하여 안정을 취해야 한다.

이것은 명상을 위한 앉음 자세로 해도 되고 생활하면서 격렬한 감정에 부딪히면 아무 때라도 할 수 있는 수련방법이다.

명상하기

우선 편한 자세로 앉아라. 다리를 꼬아도 되고, 허리를 꼿꼿이 세워 의자에 앉아도 된다. 다른 자세를 취해도 괜찮다. 엘렌과 친한 친구 하나는 사지가 마비되었는데 그 친구는 뒤로 젖혀지는 휠체어에 앉아 명상한다. 그러므로 당신이 좋다면 어떤 자세든 상관없다.

몇 분 동안 그저 앉아서 숨에 집중하라. 숨을 들이쉬고 내쉴 때 그 숨에 집중할 수 있다. 혹은 숨을 내쉴 때만 집중할 수 있다. 마음이 생각으로 흩어지는 걸 알게 될 것이다. 그런 것을 깨달으면 부드럽게 스스로에게 "생각하는 중"이라고 말하고 다시 숨쉬기에 집중하라. 우리 마음이 한동안 이리저리 헤매는 것은 흔히 있는 일이므로 뭔가 잘못된 것이 아닌가 걱정하지 말라. 강아지 훈련하는 것과 약간 닮은 구석이 있다. 친절함과 꾸준함이 필수다.

준비가 되면 치유 과정에서 당신이 경험한 거센 감정 중 하나를 초대하라. 이 감정을 느끼기 시작하면 스스로에게 말하라. "다른 사람들도 이것을 느낀다." 이 감정을 혼자만 느끼는 것이 아님을 깨닫는 이 첫 단계만으로도 편안해질 수 있다. 이런 식으로 고통을 겪는 이가 당신만이 아닌 것이다. 당신은 나머지 인간과 다른 부류가 아니다. 당신이 지금 거쳐가고 있는 이 감정(분노, 갈망, 우울, 슬픔, 소외감)은 인간이 경험해온 것의 일부다. 많은 생존자들은 단지 이것이 많은 세월을 거치면서 인간들이 느껴오던 인간적인 감정임을 기억하면서 인식의 폭이 넓어지고 그것으로도 큰 위로를 받는다.

계속하고 싶으면 다음 단계로 진행한다. 숨을 이용하여 이 감정을 더 충분히 경험하고 이와 같은 감정을 경험하는 당신과 다른 사람들에게 자비심을 기울이는 단계다. 숨을 들이마시면서 당신이 느끼는 무엇이든 그것을 모두 들이마신다고 상상하라. 분노, 수치심, 고립감, 두려움, 슬픔, 혹은 다른 감정들. 당신에게 생생한 느낌을 어떤 식으로든 숨으로 들이마실 수 있다. 몸으로 그 감정을 감지할 수 있다. 그것을 색깔로, 온도로, 혹은 이미지로 그림 그릴 수 있다. 당신의 감정을 들이마셔라. 당신의 경험을 함께 공유하는 세상 모든 사람들의 경험을 호흡하라.

그런 다음 자비심과 위로, 어떤 식으로든 친절함 혹은 위안을 스스로에게 혹은 다른 사람들에게 날숨으로 뱉어라. 들숨과 날숨의 길이를 같게 하여 감정을 경험하는 시간과 위안을 제공하는 시간 사이의 균형을 맞추어라.

멈출 준비가 될 때까지 이렇게 하라. 단 몇 번의 호흡으로 완결될 수도 있고 10~15분간 계속될 수도 있다. 그런 다음 시작할 때와 마찬가지로 그냥 숨 쉬는 것만으로 앉아서 짧게 마무리하라.

당신의 삶 속에서, 지금 이 자리에서
    이 훈련을 정식 명상 수련회에서 할 수도 있고 일상생활의 현장에서 할 수도 있다. 격한 감정이 일어날 때마다 취해야 할 첫 단계는 멈춰서 단지 그 감정을 느끼는 것이다. 정서는, 우리 몸에서 실제 일어나는 감정과 그것과 더불어 같이 오는 생각의 결합체이다. 이 훈련을 통하여 우리 몸의 감정에 집중하고 그 감정에 뒤따라 나오는 생각의 연결고리를 해석하라. 생각만큼 쉽지는 않다. 우리 대부분은 생각의 고리가 우리를 힘들게 할 때조차도 그것과 밀착된 나머지 연관성을 분별해내지 못하기 때문이다. 그러나 감정과 관련하여 스스로에게 습관적으로 전달하는 생각을 풀어낸다면 큰 효과가 있다. 그것은 우리가 자꾸 중첩시켜온 덫을 한 번 더 포개는 일 없이 몸에서 일어나는 실질적인 감정을 생생하게 경험하게 한다.
    앉아서 명상하는 수련을 할 때 숨을 활용하여 이 감정들을 다루라. 숨을 들이마시면서 이런 식으로 느끼는 세상 사람들의 감정과 당신의 감정을 들이마시는 상상을 하라. 숨을 내쉴 때 당신과 모든 이들을 위하여 자비와 위로를 보내라.
    이 훈련을 통해 당신은 강력한 감정과 연결되고 가장 힘겨운 감정의 한가운데서도 여유와 연결을 발견하게 될 것이다. 당신은 감정을 초월하려고 하거나 밀어내려고 애쓰는 것이 아니다. 그보다는 인간이 경험한 것의 일부로서 이러한 경험에 당신 자신을 열어두는 것이다. 이렇게 마음을 열게 되면 오랜 패턴에 어떤 변화가 생기면서 다른 사람들과 깊게 연결되며, 계속 변화할 감정이 들어갈 공간이 마련될 것이다.

외상(트라우마)과 뇌

"여러 해 동안 나를 궁지로 몰고 가는 것들이 너무나 많이 있었다. 인간관계, 성, 친밀해지는 사람은 누구든 그랬다. 물론 큰 가게에서 쇼핑하기, 머리 자르기, 어떤 음식 같은 단순한 것들도 나를 힘들게 하기는 마찬가지였다. 이런 것들이 수도 없이 많고 어색하다. 하지만 이러한 일들이 이상하지 않음을 이제는 안다. 이런 모든 것들이 피해와 어떤 식으로든 관련이 있다. 나를 그곳으로 다시 처박는 뭔가에 부딪히면 늘 가슴이 뛰고 땀이 나는 증상을 느낀다. 숨을 쉴 수가 없을 것 같다."

우리는 외상이 신체적으로나 정서적으로 엄청나게 큰 영향을 미친다는 것을 안다. 어린이 성폭력은 다른 외상과 중대한 차이가 있기는 하지만 비슷한 점도 많다. 어릴 때 성폭력을 입었다면 당신은 여러 외상 경험을 거친 사람들, 가령 전쟁지역에서 살아가는 고아, 강도가 침입한 가게 주인, 정면충돌한 운전사, 전쟁의 기억으로 힘겨워하는 참전 군인 등과 많은 공통점을 나누어 가졌을 것이다. 어떤 경우 외상이 딱 한 번의 사건과 관련 있기도 하고, 또 어떤 경우에는 그 경험이 심각하면서도 진행형일 때도 있다. 하지만 모든 경우 희생자들은 공포와 무기력감, 통제 불능이 복합적으로 작용하면서 피폐해진다.

　외상 사건에 부딪히면 즉각 몸이 반응한다. 모든 종은 위험이나 전멸의 무시무시한 위협에 생물학적 반응을 하게 된다. 위협이 감지되는 순간 당신의 뇌가 반응하여 뇌하수체와 아드레날린 선에 신호를 보내서 스트레스 호르몬을 분비하도록 명령한다. 이 호르몬 중에 아드레날린, 코티솔, 부신수질 호르몬 등은 당신이 싸우거나 도망가도록 당신을 몹시 민첩하게 만든다. 싸우거나 도망가는 이 반응은 생존이 위급한 상황에 놓여있을 때 상당히 유용하다. 심장이 빨리 뛰고 혈

압은 올라가며 숨이 가빠지고 몸 전체가 행동할 준비가 되는 반면 허기나 졸림, 소화와 같은 지금 당장 죽느냐 사느냐의 문제와는 거리가 있는 기능들은 차단된다. 일단 위협적인 상황이 종료되면 다시 정상적인 기능이 재활성화되고 몸은 정상으로 돌아온다. 사람들은 그들이 기진맥진해져 있고 배가 고프거나 몸 어딘가가 아프다는 걸 갑자기 실감한다.

위협에 대한 세 번째 생물학적 반응은 굳어버리는 것이다. 싸우거나 도망가는 것이 아무 쓸모가 없는 경우 동물은 본능적으로 무너지고 힘이 싹 빠져버린다. 마치 "죽은 척"하는 것 같다. 이런 반사작용은 더 많은 화학성분—가령 진통제 역할을 하는 엔돌핀과 오피오이드—을 분비하여 에너지가 넘치다가 완전히 부동不動의 상태로 만든다. 긴장되었던 근육이 즉시 풀리고 숨과 심장박동이 거의 감지될 수 없을 정도까지 늦어진다. 그 상황에서 동물이 살아난다면 즉시 강렬한 떨림과 깊은 호흡과 발한 증세가 있고 난 후 다른 화학성분이 나오기 시작한다. 결국 그 동물은 평정상태로 돌아가고 아무런 외상도 남기지 않은 채 완전히 회복한 상태가 되어 그 상황을 떠난다.

해리: 유용한 생존 기술

인간에게 있어서 해리는 굳어버리는 반응과 같이 오는 마음의 상태다. 갑자기 분비되는 진통제격인 생화학물의 도움으로 우리에게 지금 일어나는 상황으로부터 멀어진다. 신체적으로나 정서적으로 뭔가를 느끼는 능력이 완전 차단되면서 우리가 곧 경험하게 될 고통과 공포로부터 우리를 떼어놓는다. 해리는 지극히 효과적인 생존 기제로서 외상 사건의 영향으로부터 우리를 지켜준다. 하지만 외상 자체는 진행되지도 치유되지도 않는다. 대부분의 경우 이것은 시간이 지나면서 퇴색되거나 왜곡되는 보통의 기억으로서가 아니라 비언어의 영역으로 들어가 몸의 기억으로 저장된다. 그러므로 생각이나 이야기를 통해 확인하고 접근하는 것이 훨씬 어렵다. 이런 까닭에 그저 "생각"을 통해 이런 사건에 대한 우리의 반응을 바꿀 수는 없다.

외상 후 스트레스 장애의 초기

몸이 굳어지거나 해리 현상이 일어나면 우리는 공격받는 동물과 똑같은 호르몬에 침잠된다. 위험이 지나가면 역시 동물과 동일한 회복 기제를 보인다. 몸을 떨거나 이리저리 움직이고 울고 소리지르고 깊은 한숨을 쉰다. 이런 것들은 몸이 발산한 화학성분을 제거하는데 도움이 되는 절차이다. 우리를 돌보아주는 사람이나 공동체로부터 응원을 받으면 위안을 얻고 이해하고 연결하려는 욕구를 충족하게 된다.

하지만 어린이가 성폭력을 입게 되면 회복의 조건이 전혀 만들어지지 않는 상황에 빠진다. 오히려 침묵과 비밀, 고립이 당연한 것으로 통하는 상황이다. 때로 어린이는 크게 울지도 못한다. 또한 많은 경우 피해가 반복되기에 차마 회복될 시간이 없다.

외상 사건이 있고 몇 주 혹은 몇 달 이내 생존자는 악몽이나 플래시백, 그 문제에 집중하기, 불쾌한 생각, 불면증, 깜짝깜짝 놀라는 증세, 공황, 우울, 무감각, 정신적 혼란, 분노의 갑작스런 폭발, 소외 등과 같은 일련의 문제가 될 만한 증세를 동반한 급성 스트레스 반응을 경험한다. 세상은 더 이상 안전하지 않는 듯하다.

많은 사람들에게 이런 반응은 몇 주 혹은 몇 달 지속되다가 서서히 가라앉는다. 하지만 증세가 지속적으로 계속 나타나서 결국 외상 후 스트레스 장애PTSD로 발전하는 사람들도 있다. 어린이 성폭력의 생존자들, 특히 근친강간의 피해를 입은 생존자들은 위험이 점점 더 가중된다. 왜냐하면 장기적인 PTSD로 발전할 소지가 있는 많은 역학관계를 경험했기 때문이다. 외상(혹은 외상의 위협)은 반복적이었고 장기적이었다. 피해가 일어났을 때는 어린이였고 크나큰 무기력과 배반을 겪었으므로 피해가 자신의 잘못이라고 믿었으며, 더 중요한 것은 해리를 도피의 방식으로 사용해왔다는 점이다. 해리가 중요한 방어술이긴 하더라도 그것은 이후 PTSD로 발전하는 것과 상당한 관련이 있는 요인인 것이다.

외상 후 증세는 점점 더 심해지고 점점 더 견고해질 수 있다. 혹은 깊숙이 들어갔다가 어떤 사건이 외상 후 반응을 자극하거나 유발하면서 다시 나타날 수 있다. 그것이 몇 년 후가 될 지 수십 년 후가 될지는 모르지만 당신은 훨씬 더 취약해져 있을 것이다.

외상 후 스트레스 장애의 장기적인 영향

PTSD를 가진 사람들은 절망을 연속적으로 겪는다. 외상의 기억이 편도체와 시상하부에 남아있다. 이 부분은 뇌 중에서도 생존과 관련하여 본능을 담당하는 구역이다. 이 부위("오래된" 뇌)는 반응만 할 수 있다. 논리적으로 사고하고 계획하고 비교하는 능력이 없다. 오래된 뇌는 위험에 즉각 반응하는데 그 속도가 생각하는 부위보다 훨씬 빠르다. 생각할 필요도 없이 즉시 반응하는 이 능력은 우리의 생명을 구하기는 하지만 역시 대가를 치러야 한다.

오래된 뇌는 위험과 생존에 관련된 정보를 깊게 각인시킨다. 이 부위는 외상 경험을 통합할 능력이 없고 과거와 현재를 구분하지 못하기 때문에 마치 여전히 당신이 위험에 처해 있는 것처럼 계속 반응한다. 최초의 외상을 회고할 만한 뭔가를 경험할 때마다 편도체와 그것 주변의 구조들이 활성화되면서 새로운 스트레스 화학성분을 폭포수처럼 쏟아낸다.

어린이 성폭력 생존자의 경우 특별한 샤워코롱의 냄새를 맡거나 석양에 비친 남자의 그림자를 보거나, 시야 한쪽으로 갑작스런 움직임을 감지할 때 혹은 특정한 방식으로 몸이 건드려질 때 초기의 공황상태, 무기력증, 공포가 현재 재경험되면서 격렬한 반응을 유발할 수 있다.

시간이 지나면서 PTSD 증세는 더 심해지는데 어떤 경우 외상적 기억이 더 치명적으로 지속될 수 있다. 생존자들은 종종 온 몸으로 절망을 경고하는 신호가 급박하게 울려대는 극도의 경계상태와, 완전히 외부로부터 차단되는 정반대의 상태 그 양극을 오락가락한다. 시간이 지나면서 어린이 성폭력 생존자는 점점 더 무감각해지기도 하면서 동시에 불안해하고 혹은 그 양쪽의 상태가 같이 오기도 한다.

다행스럽게도 오래된 뇌에 갇혀있는 외상을 언어를 관장하는 논리 영역, 즉 대뇌피질 쪽으로 서서히 옮기는 것이 가능하다. 오래된 뇌와는 달리 대뇌피질은 새로운 정보를 통합하고 바꿀 수 있는 능력을 갖추고 있다. 이미지 작업과 창의적 예술작업, 몸에서 출발하는 치료법 —심리치료를 병행하면서— 을 통하여 일단 외상 기억을 좀더 정교한 뇌의 부위로 통합시킨다면 생존자들은 피해는 과거에 일어난 일이고 지금은 그게 끝난 일이라는 사실을 심오한 차원에서 받아들이게 된다.

결과적으로 자동적으로 나타나는 스트레스 반응과 PTSD는 의미심장하게 감소될 수 있으며 어떤 경우 동시에 없어지기도 한다.

외상 후 스트레스 장애 다루기

어린이 성폭력 생존자들은 다음의 접근방식이 PTSD를 다루는데 상당히 유용하다고 생각한다.

- **스스로를 달래고 돌보는 기술을 개발하라** ǀ 자신의 속도에 맞추는 법과 당신의 몸을 토대로 삼는 법을 익히게 된다면 PTSD가 발생하더라도 그 유발요인을 최소화하고 안정을 가져올 수 있다. 심호흡, 긍정적인 이완, 기도가 도움이 된다는 생존자들이 많다.

- **당신의 외상을 건드리는 것들을 다루어라** ǀ 당신의 외상을 건드리는 것이 무엇인지를 깨닫는 것이 중요하다. 왜 당신이 놀라거나 공포스러워하는지 이해한다면 당신의 반응은 덜 놀라울 것이다. 치유의 초기단계에서라면 그런 자극들을 피하고 싶어한다. 그러나 치유 과정을 거쳐오면서 당신의 외상을 건드리는 것들이 무엇인지 더 잘 이해하게 되고 어떻게 하면 그것들을 관리하는지 배우게 된다. 무조건 피하는 것이 능사가 아니다.

- **외상을 통합된 방식으로 해결하라** ǀ 즉 마음과 몸, 영혼을 동시에 활용하라. 외상이 생기던 그 시기 저장되었던 생리적 긴장을 풀어내고 몸의 자동적인 반응을 감소시키고 몸이 가진 치유력을 이용하도록 가르치고 돕는 방식이 많다.

- **이미지 작업과 명상을 활용하라** ǀ 이 기법은 괴로운 증상을 다루고 PTSD를 치유하는데 큰 힘이 되는 도구이다.

- **약물치료를 고려하라** ǀ 약물치료는 PTSD의 영향으로 힘겨워하

는 생존자들에게 도움이 되고 있다. 어떤 약물치료는 PTSD의 증세를 경감시키는데 효과적인 것으로 입증된 바 있다. 침, 동종요법, 약초를 이용한 치료, 다른 대체의학이 도움이 되기도 하다.

장기적인 심층적 치유작업과 더불어 이런 기법은 많은 사람들에게 PTSD로부터 완전히 벗어나거나 혹은 그 강도가 줄어들면서 조금씩 안정을 찾을 수 있도록 힘이 되어준다. 그러나 어떤 생존자들은 치유를 위해서 할 수 있는 모든 것들을 다 해보지만 어떤 증세가 지속되기도 한다. 가혹하면서도 아직도 지속되는 외상의 영향은 당신이 완전히 통제할 수 있는 대상이 아니다. 그럼에도 불구하고 당신은 주변 환경에 부딪히고 그 영향을 관리하는 법을 배워서 과도한 감정에 휘둘리지 않게 될 수 있다.

몸 안에서 사는 법 배우기

"내가 나 자신에게 반복하여 말해야 했던 것은 '너 자신을 믿어라'는 것이었다. 몸이 멈추라고 말하면 나는 멈춘다. 몸이 가라고 하면 나는 간다. 예전에는 나를 한계선 바깥으로 몰아넣곤 했고 그럴 때마다 늘 병이 들었다. 이제 난 그 지점까지 가지 않아도 된다. 내 몸의 소리를 듣는 법을 배웠으니까. 나는 나 자신을 신뢰한다. 나를 치료하는 가장 훌륭한 치유자가 바로 나이므로. 내가 몸의 소리에 귀 기울이지 않는다면 제 아무리 최고의 치료사라 한들 나의 치유에 도움을 줄 수는 없다."

어린이는 애초에 몸을 통해 자신과 세상을 배운다. 허기, 두려움, 사랑, 수용, 거절, 지지, 보살핌, 공포, 자부심, 지배력, 굴욕, 분노, 이 모든 것이 몸의 수준에서 감각을 통해 시작되었다. 아이일 때 당신의 몸은 신뢰와 친밀성, 보호와 자양분에 대한 첫 번째 수업을 받는 수단이었다.

    피해 입을 당시 당신의 몸과 영혼은 침해당했다. 당신은 몸이 안식처가 아니라 끔찍한 일이 일어날 수도 있는 위험한 장소라는 것을 직접 체험했다. 아버지로부터 거칠게 강간당한 지젤이 이렇게 되돌아본다.

• 《치유하는 성: 성적 외상을 치유하기 위한 심신 접근방식》(본래는 생존자를 위한 성 안내서로 출판됨)의 저자 스태시 하인즈에게 고마움을 전하고 싶다. 그녀는 21주년 판을 위하여 본 장을 개정하고 확장할 수 있도록 넉넉한 도움을 제공했다. 그녀의 획기적인 작업 덕분에 우리는 마음과 몸에 미치는 외상의 영향에 대한 새로운 정보를 통합하는데 상당한 도움을 받았다.
신체요법이라 함은 몸, 마음, 영혼을 총체적으로 연결하여 작업하는 것이다. 이 요법에서는 변화와 배움, 변신의 본질적 장소가 몸이다. 우리가 몸의 광대한 지성을 마음과 영혼에 재연결시키면 엄청난 변화와 치유가 가능해진다. 신체somatics라는 용어는 그리스어에서 유래했으며 "총체적으로 살아있는 몸"을 의미한다.
앞선 편집판에서는 창의적 예술 치료사인 에이미 파인과 캘리포니아 산타 크루즈에 있는 생존자 치유센터의 공동창립자 엘렌 베스의 전문성과 조언에 깊은 도움을 받았다. 에이미는 본 장의 본래 개념에 중요한 역할을 했다.

몸에 갇힌 느낌이었어요. 그런 기분은 어른이 되어서도 계속되었지요. 몸이 전하는 메시지를 들은 적이 없어요. 정말 아프지만 비틀거리면서 출근했죠. 내 몸의 소리를 듣지 않으려고 평생을 산 것 같군요. 그 소리를 듣게 된다면 내가 강간당했다는 목소리를 들어야만 했을 테니까요. 그렇게 할 수는 없었어요. 그래서 살아남을 수 있었던거지요.

지젤처럼 당신도 어쩌면 몸, 몸이 알고 있는 지식, 감각, 느낌으로부터, 몸이 지닌 풍요로움과 지혜로부터 스스로를 절단해버렸는지도 모른다. 당신은 최선을 다해 자신을 보호했다. 하지만 엄청난 희생을 감수했던 것이다. 생존자들이 몸으로 경험하는 해리, 무감각, 중독 등 대부분의 문제는 몸을 떠남으로써 안전을 확보하려는 시도에서 만들어진 것이다.

어떤 생존자들은 몸과 너무나 멀어져 버려서 어떻게 관계를 할 지 전혀 모른다.

가장 기본적인 질문, "내 몸이 뭐지?"로 시작해야만 했습니다. 팔 다리, 머리, 가슴, 발 같은 서로 무관한 것들이 한데 엮여있는 것인가? 아니면 장기, 근육, 뼈, DNA인가? 마라톤하는 내 몸의 일부인가 아니면 춤을 추는 두 개의 발인가? 혹은 나의 모습인가? 평생 난 몸을 필요악으로 보아왔어요. 잠이 필요하고 음식을 요구하는 수용체, 뇌를 들고 다니는 어떤 것 정도? 치유를 하면서 어렴풋하게나마 이런 질문을 하기 시작했습니다. "내 몸이 나이고 나와 별개의 것이 아닌게 정말 가능할까?"

이 여성처럼 많은 생존자들이 몸과 분리된 채 머리로만 살아있다. 레이첼 바트 올은 치유하기 이전 자신의 몸과 어떤 관계를 맺고 있었는지 회고한다.

> 누군가가 "팔을 어루만지면 기분이 어떤가요?"라고 묻는다 해도 나는 그 말이 무슨 얘기인지 몰랐을 겁니다. 내가 팔을 만지면 나는 내 손으로 팔을 느낍니다. 하지만 더 내밀하게 들어갈 수는 없었지요. 피부 껍질을 만질 수는 있었지만 심장이 뛰는 것은 느낄 수 없었습니다. 나는 몸 안에서 일어나는 어떤 것도 경험할 수 없었지요. 왜냐하면 내가 몸 안에 있지 않았기 때문이죠.

몸 안에 살지 않는다면 몸이 지속적으로 우리에게 제공하는 중요한 정보를 놓친다. 습관적으로 불편함, 즐거움, 분노, 심지어 이완된 기분 같은 감정과 우리 자신을 단절하게 되면 매일 조금씩 더 우리 자신과의 고리를 놓아버리는 것과 다를 바 없다. 우리는 자신을 죽이고 점점 무감각해지는데 그러다보면 몸이 지닌 타고난 치유력에 다가가지 못한다. 우리의 세상은 점점 더 작아지고 점점 더 생명력이 없어지며 심지어 무엇을 잃고 있는지도 모른다.

당신은 그럴 만한 이유로 몸과 분리되어 지금까지 왔지만 치유의 큰 몫은 당신 자신을 몸 안으로 다시 통합하는 데 있다. 다시 몸이 된다는 것은 당신의 내부에서 사는 법을 배우는 것이고 현재에 있으면서 몸을 고통의 장소로서가 아니라 지혜와 힘, 치유의 통합된 근원으로서 알아가는 것을 의미한다. 당신의 몸은 든든한 동맹이 되어 당신을 더 큰 생명력과 총체성으로 충만된 곳에 도달하도록 이끌 것이다.

몸, 마음, 영혼 간의 관계

몸, 마음과 영혼의 관계를 이해하는데 일종의 혁명이 있었다. 마음과 몸이 별개의 총체가 아니라는, 즉 하나의 통일된 유기체로서 상호 연관된 부분이라는 것을 배웠다. 신경심리학과 뇌화학 연구 덕분에 우리는 생리학이 외상의 잔존에 중요한 역할을 한다는 것도 알게 되었다. 치유를 위한 이러한 혁신적 접근방식은, 몸을 직접 다루는 것이 어째서 외상을 해결하는데 도구로 쓰일 수 있는지를 보여주었다. 몸의 차원에서 당신이 주도한 변화는 당신의 사고와 정서적 반응에 깊은 영향을 미치며 실제로 뇌 안에 새로운 길을 만든다. 하여 외상을 치유하고 오래되고 습관적인 행동패턴을 바꾸는 당신의 능력이 커질 것이다.

몸을 다루는 작업의 중요성

당신의 피해에 대하여 이야기하고 경험과 감정을 나누는 것은 치유과정에 중요한 부분이다. 하지만 이러한 풀어냄이 몸속에서도 일어나야 한다. 당신은 여러 차원에서 피해를 입었으니 마찬가지로 치유도 여러 차원에서 이루어져야 한다. 한 생존자가 말한다.

여러 해 동안 몸과 연결되어 있다는 느낌이 들지 않았습니다. 30대 중반까지도 난 머리로만 존재했지요. 몸을 통한 작업을 10년 정도 하고 나니 내 중심을 머리 바깥으로 내려놓을 수 있게 되었습니다. 이제 내 몸은 머리나 가슴만큼이나 중요한 나의 일부라는 걸 알지요.

몸을 포함시키지 않는다면 치유를 통해 갈 수 있는 거리는 기껏 얼마 되지 않는다. 예컨대 당신이 연인과 성행위를 한다고 치자. 그가 당신의 아버지가 아니라는 것을 알고 있지만 그것을 안다고 해도 그가 당신을 만지려고 손을 내밀 때 당신은 움찔하게 된다. 혹은 이론적으로 당신은 왜 한계를 설정해야 하는지 이해하지만 실질적으로 경계를 만드는 법을 배우기 전에는 그렇게 하지 못할 수도 있다.

신체요법의 저자이며 전수자인 스태시 하인즈는 일단 치유 과정에 몸을 보다 충분히 통합시키기 시작하자 엄청난 변화가 일어났던 것을 기억한다.

피해에 대한 상처가 내 몸 바깥으로 쏟아져 나가는 듯했습니다. 몸과 연결이 더 많이 될수록 외상이 내 몸 어디에 숨어 있었는지를 더 똑똑하게 알겠더군요. 분노가 허벅지에 붙어있었어요. 허벅지를 움직여서 다리를 찼더니 나의 분노를 표현할 수 있게 되었답니다. 내 가슴에는 깊은 슬픔의 상당부분이 묻혀있었어요. 피해를 당하면서 몸이 꼼짝달싹하지 못했지만 이제는 움직이기 시작했어요. 얼마나 여러 번 누군가를 밀치고 싶었는지 모릅니다. 하지만 그렇게 하지 못했지요. 이제 팔과 몸을 어떻게 움직이면 그렇게 할 수 있는지 배웠어요. 내게 찾아온 위안은 이루 말할 수 없습니다. 과정은 어려웠지만 이제 나로 돌아오고 있어요. 내 몸을 확인하기 시작한거죠. 나의 "자아"를 담는 집으로서뿐 아니라 지혜로움과 영감의 진원지라는 걸 알게 되었습니다. 나는 치유 과정에 대한 것을 알지 못했지만 내 몸은 알고 있었어요. 눈 녹듯이 내 몸이 부드럽게 움직이게 되면서 다시 난 몸 안에서 살게 되었습니다.

그러나 몸을 당신 치유의 중심으로 만들어가는 것은 지난한 일이다. 생존자들은 몸 안에 살기 시작하면서 거센 반발을 경험한다. 몸으로 의식을 일깨우니 피해 입을 때의 신체적 감각은 물론이고 두려움, 분노, 외로움, 좌절감의 느낌이 놀라울 정도로 생생하게 돌아온다. 몸으로 돌아가면 당신에 대한 뭔가 무시무시한 것이 떠오를까봐 두려워질 수 있다.

그러나 몸에 대한 치유는 그 가치가 상상 이상이다. 여전히 당신 몸에 자리잡고 있는 생존기제를 집중적으로 다루고 바꾸기 시작하면, 아직도 당신이 피해를 입고 있는 것 같아 생기는 자동적 반응을 더 이상 하지 않게 된다.

몸과 충분히 협력하여 총체적인 치유를 하게 되면서 당신은 피해가 정말 과거의 것임을 깊은 차원에서 알게 된다. 피해는 끝났으며 당신은 같은 식으로 상처입지는 않을 것이라는 깊은 깨달음과 더불어 새로운 가능성과 자유를 얻게 될 것이다.

몸에 대한 혐오에서 몸에 대한 사랑으로

성폭력은 몸에 가해지는 폭력이다. 그러나 많은 생존자들이 가해자보다 자신의 몸을 탓한다. 당신은 몸이 반응했다고, 매력적이라고, 여성스럽다고, 작다고, 크다고, 약해빠졌다고, 자극과 쾌락에 민감하다고, 심지어 뭐든 느낀다고 몸을 비난한다. 하지만 당신은 몸 때문에 피해를 입은 것이 아니라 가해자 때문에 피해를 입었다.

당신의 몸을 사랑하는 법을 배우는 것은 치유의 주요한 요소이다. 여기 몸에 대하여 기분이 더 좋아지는 몇 가지 방법이 있다.

• **감사할 수 있는 것으로 시작하라** | 당신의 몸에 대하여 진심으로

고마워하는 것으로 시작하라. 예컨대 "내 몸은 건강하고 강하며 나를 잘 지탱해준다." "내 다리는 내가 원하는 곳 어디든 나를 데려다주어 고맙다." "손은 유능하여 많은 것들을 할 수 있다. 아기를 안고, 키보드를 두드리고, 달걀말이를 요리하고, 정원 손질을 한다. 그런 좋은 손이 무척 고맙다." "머리모양이 괜찮다. 짧은 머리가 내게 어울린다."

- **거울을 보라** | 당신이 받은 왜곡된 메시지들을 지우는 또 다른 방법은 거울을 보는 것이다. 방해받지 않을 시간을 마련하라. 당신의 얼굴을 보고 또 몸을 보아라. 비판하려고 보는 것이 아니다. 단지 당신이 살고 있는 당신의 몸과 만나서 친해지겠다는 목적으로 바라보라. 이번에는 당신의 눈으로 보아라. 가해자나 사회 또는 연인, 어머니, 판사의 눈으로 보지 말고 당신이 마치 예술가나 화가가 된 기분으로 보라. 비판하기 위해서가 아니라 보기 위해서 보아라. 이것을 하루에 5분씩 하고 그 경험에 대해 써 보라.

- **자신을 그려라** | 당신의 몸에 대한 이미지를 재조명하는 또 다른 방법은 자신을 그려 보는 것이다. 알티미스는 화가이다. 그녀는 성폭력당한 일이 기억날 때마다 자화상을 그려 나갔다. "처음에는 고통스러운 모습으로만 그렸는데 차츰 조금씩 부드러워지더군요. 처음 시작할 때는 선이 강하고, 검고, 각이 졌지만 일부러 거울 앞에 서서 나체의 내 몸을 그렸답니다. 여성의 몸이 가진 관능적인 부드러움으로 그리려고 노력했지요. 나는 아주 부드러운 목탄을 이용하곤 했습니다. 그리고 내 몸을 매우 부드럽고 감각적으로 그릴 수 있을 때까지 계속 그렸지요. 그림 그리는 것을 통해 내 몸을 사랑하는 것을 배웠답니다."

- **자신을 보살펴라** | 자신의 몸을 부드럽게 다루는 것도 자신을 사

랑하는 방법이다. 목욕으로 긴장을 풀거나 뜨거운 탕 속에 들어가 있거나 사우나를 하라. 목욕 오일, 바디 로션, 파우더를 사용하라.

씻는 동안 당신의 몸에 관심을 갖는 것만으로도 달라질 수 있다. 한 여성은 이 방법에 의해 더 관능적으로 느끼기 시작했다. "내 치료사는 아침에 샤워를 할 때 자신을 부엌 식탁 문지르듯이 다루지 말고, 내 몸에서 즐거움을 맛보고, 비누와 물로 몸의 곡선을 느껴 보도록 제안했어요."

자신을 위해 따뜻한 양말과 포근한 파자마, 플란넬 시트, 실크 속옷 등 기분을 좋게 하는 것이라면 무엇이든 사도 좋다. 또는 특별히 상처 입은 부위를 달래 주는 것을 입어도 좋다. 교살당할 뻔한 상태에서 살아남은 한 여성은 자신의 목이 특별히 긴장된다거나 상처를 입었다고 느꼈는데 자신을 돌보는 한 가지 방법으로 부드럽고 사랑스런 스카프를 착용했다. 그녀는 그 특별한 온기와 부드러운 보호의 느낌을 좋아했다.

긴장을 풀게 도와주는 훈련

긴장하고 이완하라 | 등을 대고 눕거나 다른 편한 자세를 취하라. 반드시 편한 옷을 입어라. 신발을 벗고 허리띠를 풀어라. 천천히 몇 번 숨을 들이켜고 공기를 내쉬어라. 먼저 발가락에 주의를 집중하고 거기에 긴장을 느껴라. 자연스럽게 숨을 내쉬면서 발가락의 긴장을 풀어라. 그 다음에는 발목으로 옮겨서 긴장을 느낀 다음, 숨을 내쉬면서 긴장을 풀어라. 같은 방법을 이용해 몸이 점점 더 이완될 때까지 몸 위쪽으로—발가락, 발목, 종아리, 허벅지, 엉덩이, 생식기, 위, 가슴, 등, 어깨, 팔, 손, 목, 얼굴, 머리—이동하라. 잠들기

바로 전에 하면 아주 효과가 좋다.

복식호흡 | 복식 호흡은 공포에 질려 완전히 숨을 못 쉬는 상황일 때 할 수 있는 좋은 방법이다. 공포에 질리면 호흡이 가쁘고 고르지 못하며 가슴 윗부분에서만 돌게 된다. 복부로 호흡을 하려면 먼저 등을 바닥에 대고 누워서 한 손은 위가 있는 부위에, 다른 한 손은 가슴에 얹는다. 가슴에 놓인 손이 위아래로 움직이면 당신이 가슴으로 호흡을 하고 있는 것이다. 위에 놓인 손이 오르내릴 때까지 호흡을 복부로 더 깊이 보내는 연습을 하라. 의식적으로 입에 있는 공기를 아래로 밀어내 복부에 채워지도록 하라. 반듯하게 누운 것이 불편하거나 무서운 생각이 든다면 의자에 앉거나 서서 혹은 그 밖의 다른 편안한 자세에서 이 훈련을 할 수 있다.

분열에서 당신의 몸 안으로

어린이들은 견디기 어려운 성폭력이 일어날 즈음 정서적으로나 신체적으로 분리됨으로서 그 상황에 대응한다. 비록 해리가 어린이에게는 영민하고 기적적이고 효과적인 대처방안이긴 하지만 성인이 된 생존자에게도 습관이 될 수 있어서 매번 불편한 감정이나 감각(분노, 성적 흥분, 두려움 등)에 부딪힐 때마다 당신은 자동적으로 "문을 봉쇄"하고 몸을 떠나버린다. 실로 위험한 상황도 아닌데 말이다. 문제는 당신이 원하지 않는 상황, 가령 함께 있고 싶은 누군가와 성행위를 할 때 혹은 이제 땅에 발을 딛고 생활에 임해야 할 때에도 몸을 떠난다는 것이다.

습관적으로 해리되면 상당한 기쁨 또한 빠져나간다. 왜냐하면 삶은 몸을 통해서 살아가고 경험되고 만끽되기 때문이다.

어린이 성폭력에서 치유되는 과정에서는 당신 몸에 머물고, 온갖 다양한 감각과 느낌을 견뎌내는 것을 배우는 것이 상당히 중요하다. 《치유하는 성:성적 외상을 치유하기 위한 심신 접근방식》에서 스태시 하인즈는 해리의 횟수를 줄여서 더 자주 지금 여기에 있기 위한 실용적인 단계를 제안하고 있다.

해리의 패턴 배우기

- **해리되는 방식이 무엇인지 알아차려라** | 당신이 몸을 "떠날 때" 어떤 기분이 드는지 주목하라. 하염없이 생각에 빠져 버리는가? 아래를 내려다보면서 당신 몸 위로 둥둥 뜨는 느낌인가? 머리 꼭대기로 나가버리는 것 같은가? 마음이 갑자기 하얘지나?

- **해리될 때 당신의 몸이 무엇을 느끼는지 주목하라** | 몸으로 점검하라. 몸 어디에서 뭔가를 감지하는지, 그것은 어떤 느낌인지. 숨이 가빠지는가? 단절되는 느낌이 익숙한가? 어디가 긴장하거나 무감각해지거나 얼어버리는가?

- **해리의 신호를 알아보라** | 해리되기 직전 보통은 경고등이 켜진다. 멍해지거나 긴장하고, 손이 얼얼해지거나 땀이 난다. 혹은 울고 싶거나 "난 아무런 성과도 이루지 못할거야" 라거나 "이게 다 무슨 소용이야?"와 같은 생각이 들 수 있다. 이런 단서에 익숙해진다면 이제 그냥 빠져나가기 보다는 몸 안에 머물 수 있는 가능성을 좀더 높일 수 있다.

- **무엇이 당신을 자극하는지 주목하라** | 대개 불편한 느낌이나 감각으로부터 도망가려고 해리된다. 당신이 해리되기 바로 직전 무슨 일이 일어났는지 되짚어보라. 누가 당신에게 화를 냈는가? 당신이 화가 났는가? 공격당했는가? 두려웠는가? 위협당했는가? 수치스러웠는가?

몸으로 다시 돌아오기 위하여

- **돌아오겠다고 결심하라** | 몸 안에 머물겠다는, 그리고 느낄 것이 있으면 느끼겠다는 의지를 분명하게 세우는 것은 현재에 머무르기 위한 든든한 단계이다.

- **주변에 주목하라** | 당신이 어디 있는지, 누구와 있는지 둘러보라. 당신을 둘러싸고 있는 공기의 느낌과 온도를 느껴라. 발 아래 땅을 느껴라. 방 안의 소리에 귀 기울여라. 당신 주변 세상으로 당신의 감각을 확장하라.

- **지금 당신 몸에서 느끼는 감각들에 주목하라** | 지금 이 순간 당신 몸에서 일어나는 감각을 느끼는 것이 가장 빠르게 몸으로 다시 돌아가는 방법이다. 왜냐하면 감각은 늘 지금 일어나는 일이니까. 감각이라 함은, 체온(어디가 따뜻하고 차가운지?), 압박(어디가 좀 더 편안한지?), 움직임(숨이 폐, 코, 입으로 들어갔다가 나오는 움직임을 느낄 수 있는지? 심장 박동소리나 근육의 경련을 느낄 수 있는지?) 같은 것들이다. 감각은 당신 몸에 머무르면서 느낌과 만나게 하는 열쇠이다.

- **감정이 몸으로 어떻게 나타나는지 알아차려라** | 분노할 때 몸은 어떤 느낌이 드는가? 그것을 어디에서 느끼는가? 두려움은 어떤가? 수치심? 쾌락은? 보다 여기에 있기 위해서는 당신을 해리상태로 몰고간 느낌들을 그대로 느끼면서 머물 수 있어야 한다.

  때로 감정 아래에 있는 신체의 감각으로 관심을 돌리면 힘들거나 고통스러운 감정에 더 오래 머무를 수 있다. "으… 음… 두려워… 여기서 나갈래"가 아니라 목구멍을 죄어오는 느낌, 내장을 쥐어짜는 듯한 그 느낌에 주목하라. 이런 감각에 주목하는 훈련을 통해, 당신은 강한 감정이 몰려올 때 자동적으로 분열되는 일을 점점 더 적게 겪는다.

- **몸으로 돌아오게 하는 다른 기법을 탐색하라** | 몸으로 돌아오라고 스스로 청하라. 숨을 단전까지 깊게 끌어내려라. 움직여라. 팔을 휘젖고 다리를 흔들어보라. 무감각하거나 죽은 듯한 곳이 있는지 살펴보라. 치고 두드리고 문질러 "이건 내 팔, 이건 내 배, 내 것이다"라고 하라.
- **관계를 확장하라** | 해리는 외로운 것이다. 진행되고 있는 일을 누군가에게 말하면 당신이 돌아오는데 도움이 된다. 가까운 친구와 약속해서 그들이 보기에 당신이 어딘가를 헤매고 있다 싶을 때 무슨 일이냐고 당신에게 물어보게 하라.
- **당신이 점점 더 현재에 머물게 됨에 따라 일어날 상황을 다룰 수 있도록 지지를 얻어라** | 그동안 한 번도 나타나지 않았던 반응, 기억, 외상이 몸에 숨어있기 때문에, 당신이 점점 더 여기에 머무르게 되면서 힘든 감정들이 생길 수 있다. 힘든 일이긴 하지만 이것은 당신의 치유가 긍정적으로 잘 되고 있다는 신호다. 외상이 당신 바깥으로 녹아 없어지는 중이고 당신은 점점 더 현재에 있기 때문이다. 비록 이것을 머리로 이해할 수는 있어도 오래된 생존 기제가 경고등을 켜면서 당신에게 얼른 해리해서 "나쁜" 감정으로부터 도망가라고 작동할 수 있다. 이럴 때는 특히 당신 스스로에게 극도로 친절해야 할 시점이다. 치고 올라오는 감정, 감각, 기억을 안고 여기 머물 수 있도록 지지를 구하라.

당신을 여기 발 붙이게 하는 훈련*

지구와 연결되어 있음을 느껴라 | 당신은 땅 깊숙이 뿌리를 내리고 서 있는 나무다. 이 뿌리가 당신의 다리를 거치고 발바닥을 거쳐 땅으로 조금씩 조금씩 들어가서 튼튼하게 자리를 잡는다고 상상해보라.

지구와 연결되어 있는 느낌을 가질 수 있는 또 다른 훈련은 걷기이다. 맨땅이나 풀 혹은 흙에서 걸을 만한 장소를 물색하라. 시골이나 공원, 놀이터, 해변 같은 곳이면 좋겠다. 신발을 신고 혹은 신지 않고 걸으면 중심을 잡으면서 발을 단단히 붙이는 느낌을 받을 것이다.

파트너와 밀치기 하라 | 파트너와 마주보고 서서 손바닥을 서로 대라. "시작"이라는 신호에 서로 힘껏 밀어라. 방 한쪽 끝까지 서로를 밀어부쳐라.(장애물이 없다는 것을 확인하라) 어느 쪽이든 불편한 느낌이 들면 멈춘다. 이후 당신의 몸을 점검하고 무엇을 느끼는지 보라. 반응에 대하여 이야기 나누어라. 같은 훈련을 등을 대고서 해보라. 이번에는 경쟁이 아니라 지지한다는 마음으로 해야한다. 그래서 서로 든든하고 확고한 바닥에 서있다는 느낌이 든다면 목표는 수행된 것이다.

무감각에서 감각으로

무감각은 느끼지 않으려는 또 다른 방법이다. 해리와 마찬가지로 육체적인 무감각은 그 당시에는 현명하고 효과적인 방어였다. 당신은 고통과 여러 가지 감각들을 막아 버렸다. 하지만 무감각은 더 이상 당신의 욕구를 만족시키지 않는다.

---

*이 훈련은 에이미 파인이 제공했다.

- **신체의 감각에 주목하라** | 몸으로 더 많은 감정을 느끼려면 육체적인 감각에 더 주의를 기울여라. 당신의 호흡을 관찰하는 것으로 시작해도 좋다. 당신의 몸으로 들어오고 나가는 호흡을 자신이 느끼도록, 콧구멍을 통해 들어오고 나가는 공기를 느끼도록, 가슴과 복부의 팽창과 수축을 느끼도록, 호흡에 작용하는 작은 감각 기관들을 느끼도록 하는 것만으로도 당신의 몸을 삶 속으로 불러들일 수 있다.

  어떤 일상의 행위에 대해서든 자세하고 섬세한 부분을 이런 식으로 확대해 보라. 걷기, 이 닦기, 고양이 쓰다듬기, 물 한 잔 마시기. 이런 위협적이지 않은 몸의 경험으로 시작한다면 당신은 몸이 어떻게 느끼고 있는지를 더 주의 깊게 살펴볼 수 있다. 따뜻함, 차가움, 감촉, 갈증, 맛, 압력, 따끔거림, 심장의 박동 또한 이렇게 관찰할 수 있다.

- **보살핌의 접촉** | 자신을 마사지해 주는 방법은 몸의 감각을 인지하고, 긴장을 풀고, 좋은 느낌을 갖게 하는 놀라운 방법이다. 직접 발이나 목을 마사지하라.

  당신은 다른 사람들로부터 성적이지 않은 접촉을 받을 수 있다. 모든 사람들은 접촉이 필요하다. 당신은 언제든 말할 수 있지만 어떤 상처들은 말보다 더 근원적인 곳에 있다.

  성적이지 않은 방식으로 당신을 잡거나 쓰다듬어 주는 편안한 친구들, 편안하게 접촉하는 상담원, 또는 안전하고 양육적인 접촉에 동의한 지지 집단이나 워크숍 구성원들로부터 안전한 접촉을 받을 수 있다.

  민감하면서도 숙련된 전문가가 해주는 마사지를 처음 받는다면 이것을 계기로 당신의 몸이 잠에서 깨어나게 된다. 부적절한 접촉이나 피해 재발의 위협이 없는 믿을 만한 누군가를 반드시 찾도록 하라.

당신의 마사지사에게 당신이 어린이 성폭력 치유 과정을 받고 있다고 말한다면, 울거나 마사지를 멈추게 하거나 또는 당신의 감정에 따라 호흡하기가 더 자유로워질 것이다. 어떤 특정한 방식으로 혹은 특정한 부위는 만지지 말아 달라고 말해서 한계를 정할 수도 있다. 처음에는 어색할 수도 있지만 당신의 요구 조건을 직접 말하는 것은 당신을 보호하는 성숙한 방법이다.

때때로 마사지는 격렬한 감정을 풀어 준다. 어떤 여성들은 마사지를 받는 동안이나 끝난 후에 압박당하는 느낌을 갖기도 하는데 특히 깊은 접촉에 익숙하지 않으면 더욱 그러하다. 당신이 처음 마사지를 받는다면 먼저 발이나 목 그리고 어깨 마사지만 받아도 된다. 또는 마사지 후에 바로 상담원이나 당신을 지지해 주는 친구와 시간을 내서 당신의 느낌에 대해 이야기를 할 수도 있다.

당신이 직접 자신을 만질 때나 다른 사람이 당신을 만지는 동안 무감각해지기 시작하면, 멈추어서 무감각하게 된 바로 그 순간의 생각이나 감정이 무엇인지 선별해 내도록 하라. 당신의 감정들에 대해 이야기하거나 글로 적어라. 무감각해질 때 마사지를 중단하는 것이 중요하다. 그것은 당신이 성폭력 피해를 당하는 동안에 일어났던 일이므로 그와 같은 경험을 반복하는 것은 도움이 되지 않는다.

- **몸 중심의 치료요법** ┃ 뇌, 몸, 외상의 관계를 이해한다면 치유를 위한 더 긴밀한 도구와 개입방식을 개발할 수 있다는 의미이기에 실로 대단한 일이라 할 수 있다. 외상이 마음, 몸, 영혼에 미치는 영향에 대한 우리의 인식을 통합하여 응용하는 치료요법이 많아

지고 있다. 신체 요법은 말하기, 치료적 접촉, 신체적 운동을 결합한다. 치료요법 중심의 몸운동은 우리 몸에서 특히 막히고 닫힌 곳을 풀어주고 그 안에 저장되어 있을 수도 있는 외상적 기억과 감정을 풀어내기 위하여 특별하게 고안된 접촉이나 동작이다.

- **몸, 마음, 영혼을 통합하는 동작** | 요가, 태극권, 기공체조, 무술, 어떤 형태의 춤은 당신이 당신의 몸 안에 힘차고 안전한 상태로 있도록 도와준다. 테니스, 사이클, 수영, 달리기 역시 몸과 연결되는 느낌을 더해주는 방법이다. 이런 활동에 참여하면서 성과를 내려고 하거나 "멋지게 보이려고" 하기 보다는 당신의 몸 안에 머무르는 것에 집중하라. 우리의 몸은 우리가 무엇을 훈련하는가에 따라 달라진다.

몸을 무시하는 것에서 몸에 귀 기울이는 것으로

많은 생존자들이, 그들의 몸이 가치가 있다기보다는 골칫거리일 뿐이라고 생각하고 몸을 무시하기로 결정했다. 몸의 요구를 무시하는 행동은 몸이 아파도 무시하고 일을 하거나, 추워도 스웨터를 입지 않거나, 일을 하나 더 처리할 때까지 소변을 참는 것 등이다.

이러한 무시는 심각한 결과를 낳을 수 있다. 등에 난 상처 때문에 일찍 은퇴해야 했던 전 보안관 대리는 자신을 무능하게 만들었던 사건을 이렇게 이야기한다.

> 난 내 몸과 교감이 없었어요. 내가 결국 등 수술까지 받게 된 이유는 심각한 증상을 여섯 달 동안이나 완전히 무시했기 때문이지요.
> 나는 주치의도 있었고 의료 보험도 되었어요. 그 증상이 사실이라는 것을

인정하려 하지 않았다는 것 외에는 내가 의사에게 못 갈 이유가 없었습니다. 그 당시에 나는 하고 싶은 일이 있었는데 그 일에 집중하는 동안 증상이 악화되어 버렸지요. 나는 학교에 다니기를 원했고 졸업하고 싶었어요. 그리고 그렇게 했죠.

오빠들이 나를 강간하는 동안 내 몸이 나를 배신하여 쾌감을 느꼈다는 것을 알게 된 것은 수년 후였습니다. 그래서 나는 내 몸을 미워했지요. 식사 시간이 아닌데도 배가 고프다거나 예고도 없이 몸이 아플 수도 있잖아요? 이럴 때는 내가 원치 않는데 몸이 이상해진다고 여겼으니 간단히 무시할 수도 있었지요. 다리 신경 손상과 디스크 파열이 발병할 때까지 그렇게 했습니다.

몸의 메시지를 듣는 것은 육체적 건강을 유지하는 데 필수적일 뿐 아니라 당신의 감정과 욕구를 인지하는 데도 필수적이다. 우리의 몸은 생명과 필연적으로 연결되었다. 몸에 귀 기울이기 위해서 당신은 느끼고자 노력해야 한다. 때로는 이것이 두려움이나 고통을 느끼고자 노력하는 것을 의미하지만 또한 좋은 느낌을 가지려고 노력하는 것이기도 하다. 몸을 무시하는 데 익숙해 있다 하더라도 몸에 귀 기울이는 훈련을 하다 보면 근본적이고도 즐거운 변화가 올 수 있다.

나는 잠들기 직전에 늘 샤워를 했습니다. 샤워는 항상 완벽한 즐거움을 주지요. 매우 심각한 일로 괴로워하지만 않는다면 샤워 후에는 언제나 긴장이 풀어지곤 하죠. 그런데 잠들기 전에 샤워를 할 필요가 있다거나, 긴장되고 우울하고 신경 과민일 때라도 일이 모두 끝나기 전에는 샤워를 하지 않았어요.

어느 날 저녁 7시쯤 그날 밤에 해야 할 숙제가 많이 남아 있었지만 그래도

샤워를 하기로 결심했습니다. 샤워를 하고, 파자마를 입고, 가운을 걸치고, 차를 끓여 공부를 하려고 의자에 앉았는데 아주 기분이 좋더군요. 나는 따뜻하고, 긴장이 풀리고, 창조력이 풍부한 상태였지요. 기분이 좋은 상태에서도 일할 수 있다는 것을 알았어요. 좋은 기분이 항상 내 목록의 마지막에 올 필요가 없었던 거지요.

당신을 여기 있도록 도와주는 훈련

온 몸을 살펴라 | 이 훈련은 몸 안에서 사는 것을 훈련하게끔 도와주며 당신의 감각과 감정을 더 많이 견디는 방법을 가르쳐준다. 머리에서 시작하여 거기 있는 감각을 느껴보라. 머리 안 그리고 머리 위의 온도, 압력, 움직임에 주목하라. 바깥의 시선으로 자신을 보지 말라. 대신, 머리 내면에서, 두피 바로 위에서 일어나고 있는 것을 느껴라. 당신의 턱과 눈이 어떻게 느끼는지 살펴보라. 귀에, 뺨에, 눈, 입술에 집중하라.

이제 목과 어깨의 감각에 집중하라. 깊숙한 내면, 근육과 힘줄, 뼈 뿐만 아니라 외피에도 집중하라. 그런 식으로 온 몸에 집중하라. 팔, 손목, 손, 손가락, 가슴, 내장, 엉덩이, 성기, 허벅지, 무릎, 정강이, 발까지.

즐거운 감각, 특별한 느낌이 들지 않는 감각, 지나갔으면 하고 바라는 감각 등을 주시하라. 유쾌하거나 불쾌한 감각과 언제 거리를 두고 싶은지 그 시점을 알아차려라. 그 시점 모두 몸에 대한 중요한 정보가 나올 수 있는 곳이다.

아무 것도 느낄 수 없거나 공허하고 무감각한 느낌이 드는 부위가 있다면, 그곳이 바로 외상이 몸을 숨기고 있는 곳이다. 과거에는 그곳이 당신에게는 느끼지 않아야만 했던 곳이었을 수 있다. 이것은 당신이 훈련을 통해 치유를 해야 할 귀중한 정보가 될 수 있다.

온 몸을 살펴볼 시간이 나지 않는다면 아침마다 5분씩 몸에 있는 감각에 주목해보라.

> 규칙적으로 이 훈련을 한다면 당신은 감각에도 파동이 있으며 그 감각과 더불어 머물 수 있는 당신의 능력에도 흐름이 있다는 것을 알게 될 것이다. 시간이 지나면서 당신은 몸에 대하여 더 편안해지고 더 많은 것을 느끼게 될 것이다.
>
> **파트너와 여기 있는 훈련을 하라** | 바닥에 굳건히 발을 붙이고 서 있거나 아니면 앉아도 좋다. 파트너와 눈을 마주쳐라. 진심으로 상대를 보라. 거리를 두지 말라. 당신의 집중력이 흐트러진다 싶으면 파트너의 손을 비틀어라. 그저 함께 거기 있어라. 파트너는 당신의 호흡 패턴이 바뀔 때 그것을 그대로 따라하거나 모방하면서 당신에게 되비추어주라. 이 훈련을 하면서 어떤 느낌이 드는지 이야기하라. 어떤 변화가 있다면 주목하라.

운동의 가치

우리의 몸은 움직이도록 만들어졌다. 움직이는 것을 즐기기 위해서 마라톤 선수나 올림픽 대표 수영 선수가 될 필요는 없다. 단순히 걷는 것도 좋은 운동이다. 움직이는 것은 혈액 순환을 자극하고, 내부 기관들을 단련시키고, 근육을 강하게 하고, 당신에게 활력을 준다. 운동은 또한 긴장을 풀어 주고, 감정적인 응어리를 풀어 주고, 분노를 삭이며, 자존감을 얻게 하는 데 좋은 방법이다.

제인 레이시는 이렇게 말했다.

> 나는 오늘 다시 수영을 시작했습니다. 물에 들어와 내 몸이 힘을 얻도록 움직이는 것이 무척 기분 좋더군요. 나는 그것을 내 인생을 위한 훈련이라고 생각합니다.

운동하는 것에 익숙해 있지 않다면 당신이 즐길 수 있을 것 같은 활동을 한 가지 선택해서 조금씩 시작하라. 과도한 목표를 세워 근육을 긴장시키고 에너지를 고갈시켜 포기하는 것보다는 작은 것으로 시작해서 완수해 내는 것이 더 좋다. 운동은 당신이 견뎌야 할 또 다른 시련이 아니다. 오히려 당신의 몸 안에서 건강하게 살아가는 삶의 일부분이다.

당신은 어느 팀에 들어가고 싶거나 같이 달릴 수 있는 친구를 찾을 수도 있다. 많은 사람들이 "단순히" 운동이 아닌 것처럼 운동을 즐긴다. 골프를 치고, 정원에서 땅을 파헤치고, 걸어서 출퇴근한다. 새로운 활동을 수행하고 새로운 방식으로 몸을 활용하는 것을 지지해주는 사람이 있다면 용기를 백배 낼 수 있을 것이다.

질병에서 더 건강해진 몸으로

몇몇 생존자들은 성폭력 피해의 후유증으로 육체적인 병을 얻기도 한다. 또 개중에는 대처 방식이 병을 유발하기도 한다. 편두통, 환경적 질병들, 골반 질환, 그리고 성기와 관련된 병들, 천식, 관절염, 그리고 다른 많은 질병들이 성장기의 충격이나 스트레스의 결과로 얻어질 수 있다. 때로는 그때 상처 입은 부위가 나중에 문제를 일으키기도 한다—구강으로 강간당한 경우 턱에 문제가 발생하는 것처럼. 또는 만성 피로, 낮은 저항력, 감기나 유행성 독감에 민감한 반응을 나타내는 등 좀 더 미묘한 문제들을 겪을 수 있다.

그러나 질병이 반드시 성폭력 피해로부터 유래하는 것은 아니다. 성폭력을 당하지 않은 사람들도 관절염이나 공해의 증가 때문에 환경적 질병들을 얻는다. 어떤 사람들은 모든 육체적 질병이 정서적인 반응의 결과라고 주장하고 환자가 정서적인 측면에서 치유되기만 한다면 병이 나을 것이라고 한다. 이 주장은 지나치게 단선적이며 치명적이기까지 하다.

물론 질병에 정서적 요인이 개입되기도 한다. 만약 성폭력 피해를 당한 것 때문에 생긴 질병이라고 의심되는 경우 그 발단의 근원을 아는 것이 치유에 도움이 될 수도 있다.

오늘날에는 병을 치료하는 데 많은 방법들이 이용되지만, 그 가운데 많은 것들이 육체적인 면과 정서적인 면 둘 다에 효과가 있다. 침술, 카이로프랙틱(척추 조정 요법), 동종 요법, 마사지, 명상, 투시 등 모두가 유용한 것들이다. 만약 당신이 지금 내과 의사의 치료를 받고 있다면, 그(녀)와 몇 가지 가능성에 대해 이야기해 볼 수도 있을 것이다. 요즘에는 의사들이 통상적인 처방들 외의 방법들에 점점 많은 관심을 갖고 있으므로 당신이 직접 전통적인 방법과 비전통적인 방법들을 이용한 처방 계획을 작성할 수도 있을 것이다.

중독에서 벗어나서

중독에는 신체적 요소뿐 아니라 정서적인 요소도 있다. 생존자들이 중독에 빠지는 근본 원인은 고통스러운 정서로부터 도피하고자 하는 욕망, 혹은 압도당할 것 같은 바로 코 앞의 기억들을 밀어내려는 욕구에 있다. 고통과 공포, 슬픔과 분노에 사로잡혀 있을 때는 그러한 감정을 피하고자 하는 것이 인지상정이다. 중독은 여기에 출구를 제공한다. 충동에 사로잡혀 있다면 그 밖의 아무 것도 존재하지 않는다. 알코올, 마약, 강박적 성행위, 과로, 도박 등 여러 중독이 당신을 마비시키고 생기있는 것처럼 느끼게 하고 위로를 주고 통제권을 가진듯한 느낌을 준다. 그러나 실상 그것은 착각이고 덧없다. 많은 생존자가 심각한 중독 때문에 힘들어하는 것은 놀랄 일이 아니다.

하지만 중독은 당신의 몸을 파괴하고, 자존감을 해체하고, 관계를 훼손하고, 치유를 더디게 하며 때로 당신을 죽이기까지 한다. 당신이 직면한 중독 문제의 심각성에 대해서 정직해져야 하고 중독의 목적을 확인해야 하며, 그것이 생존의 도구이기도 하지만 자기파괴적인 패턴이기도 하다는 점을 인식해야 한다.

중독으로부터 벗어나려면 넉넉한 지지가 필요하다. 또한 중독을 야기했을 수 있는 깊이 감추어진 문제를 해결하겠다는 결의도 필요하다.

알코올 중독, 약물 중독

많은 생존자들이 약물과 알코올에 중독되어 있다. 약물과 알코올은 감정을 무디게 하고 기억을 잠재우며 고통으로부터 도망치는 데 일시적인 효과가 있다. 하지만 치유되기 위해서는 다시 어떻게 느끼는지를 안전하게 배워야 한다.

혼자 고립된 상태로 중독에서 벗어나기는 매우 어렵다. 단주 친목 모임이나 마약 중독자 친목 모임은 약물이나 알코올 중독에서 벗어나려는 사람들에게 많은 도움이 되고 있다. 그들은 거의 모든 도시에 24시간 전화로 연결되어 있으며 다양한 장소와 시간대로 많은 모임을 열고 있다. 또한 중독에서 회복한 사람들은 전화를 하거나 모임에 오는 사람들을 기꺼이 돕는다. 두 모임 다 판단하는 집단이 아니며 완전 무료다. 12단계로 된 프로그램은 수백만 사람들이 중독에서 벗어나게 했으며 다시 자기 삶을 되찾도록 도와주고 있다.

섭식 장애

섭식 장애에 관해 이야기하기 전에 먼저 분명히 해 둘 것은 이상적인 여성의 몸이란 없다는 것이다. 어떤 사람들은 키가 크고 어떤 사람들은 작다. 어떤 사람들은 각이 지고 어떤 사람들은 둥글다. 어떤 사람들은 덩치가 작고 어떤 사람들은 덩치가 크다. 어떤 사람들은 단단하고 어떤 사람들은 부드럽다. 이러한 자질들이 그 자체만으로 더 낫거나 더 나쁜 것은 아니다.

우리 문화는 여성들이 어떤 특정한 방식으로 보여져야 한다는 강한 메시지를 전파시키고 있다. 그 메시지들은 맑은 피부색에서부터 긴 속눈썹까지 셀 수 없이 많다. 그 가운데 가장 집요한 것이 날씬해야 한다는 것이다. 오늘날 대중 매체는 날씬한 여자를 칭송하고, 덩치가 큰 여자는 비난한다. 이러한 현상에 따라 날씬하지 않은 모든 사람이 압박을 받는다. 우리는 그러한 기준이 영원히 지속되기를 원하지 않는다.

우리가 이야기하고자 하는 것은 식사에 관련된 문제들이다. 즉 어떻게 먹거나 먹지 않는지, 그것이 의미하는 바는 무엇인지 등에 관한 것이다. 몸의 크기를 주제로 삼지는 않는다.

강박적 섭식

생존자들은 여러 가지 이유에서 강박적으로 먹어댄다. 어떤 여성들은 감정에 무감각해지려고 잔칫상을 준비한다. 어떤 여성들은 입에 아이스크림을 계속 퍼 넣으면서 먹는 것에 완전히 몰두하는 동안 자신이 가진 고통, 두려움, 갈망들을 감소시킨다. 강박적인 식탐은 회피이다. 뒤돌아서서 자신을 미워하더라도 그 순간만큼은 위안을 받게 되기 때문이다.

당신이 지금 상처받고 있다면 강박적으로 먹어대는 일이 자신을 보호하는 유일한 길일지도 모른다. 당신에게는 혼자 있는 시간과 당신에게 적합한 일이 필요하지만 이러한 요구들을 인식하고 대처하는 데 익숙하지 않으므로 계속 먹어댈 뿐이다. 이러한 요구들에 대한 대용물로써 자신에게 음식을 제공하는 것이다.

또는 자신을 방어하기 위해 과식을 하는 경우도 있다. 우리 문화에서 뚱뚱한 여자는 성적 매력이 상대적으로 적기 때문에 성폭력을 피할 수 있으므로 더 안전하다는 신화를 주입시키고 있다. 이것은 사실이 아니지만, 많은 여성들은 뚱뚱하면 덜 공격받는다고 생각한다. 어린이는 몸집이 작다. 아이였을 때 성폭력 피해를 당했으므로 당신은 몸집이 커지면 훨씬 안전해진다고 생각한다. 당신은 점점 더 눈에 띌 만큼 공간을 많이 차지한다는 확신을 갖게 된다. 혹은 반대의 생각도 충분히 가능하다. 점점 눈에 띄지 않게 되면서 점점 주목을 받지 않을 수 있다고 여기게 된다.

체형이 항상 먹는 양에 비례하는 것은 아니지만—많은 여성들은 식사 습관과 무관하게 선천적으로 크거나 작다—어떤 여성들은 자신을 더 뚱뚱하게 하려고 의도적으로 많은 양의 음식을 먹는다. 한 생존자는 10대 후반이었을 때, 성폭력을 피할 수 있는 유일한 길은 뚱뚱해지는 것뿐이라고 생각했다. 그녀는 단것을 별로 좋아하지 않았지만 억지로 먹었다. 너무 뚱뚱해서 더 이상 매력적이지 않다는 생각이 들 때까지.

왜 그렇게 먹는지 생각해 보라. 그렇게 먹음으로써 당신은 무엇을 얻는가? 어떤 욕구가 충족되는가? 그러한 욕구들을 음식으로 충족시킨다고 자책하지 말라. 대신 그것들을 더 건강한 방법으로 전환하라.

잔뜩 먹어서 더욱 비대해지면 더 안전해지고 더 많은 힘을 가질 수 있다고 생각할 수 있다. 그렇다면 동일한 결과를 얻을 수 있는 다른 방법들을 생각해 볼 일이다. 원하지 않는 관계를 피하기 위해 먹는다면, '아니오'라고 말하는 것을 배우는 일이 필수적이다. '아니오'는 간단하고 직접적이다. 그렇게 말하는 것을 자주 연습하라. 대부분의 상황에서 확실한 '아니오'는 적어도 많이 먹는 것으로 얻는 만큼이나(혹은 보통 더 많이) 당신에게 보호막이 되어 줄 것이다.

거식증 또는 폭식증

거식증이나 폭식증은 가느다란 것을 찬양하고 뚱뚱한 것을 경멸하는 우리 문화에서 점점 늘어가고 있는 병이다. 소녀와 여성들은 이러한 기준을 받아들여 몸체가 커지는 것을 아주 두려워한다. 이러한 태도에 성폭력 피해까지 더해지면 이 문제는 더욱 심화되는 것이다.

성적으로 폭행당한 많은 소녀들이 사춘기에 접어들면서 거식증으로 고통받기 시작한다. 그들은 가슴과 엉덩이를 작게 해서 몸의 굴곡을 없애면 자신이 매력적이지 않게 될 것이고 아무도 그들을 더 이상 성적으로 보지 않게 될 것이라는 잘못된 믿음을 가지고 있다. 그러니 이러한 소녀들에게는 여성이 된다는 것이 얼마나 두려운 일이겠는가. 그들은 아이에게 가해지는 것이 이 정도라면 어른에게 가해지는 폭력의 정도는 가히 상상을 초월할 것이라고 짐작한다.

강박적 섭식증과 마찬가지로 거식증 역시 자신을 보호하고 통제력을 갖기 위한 시도이다. 자신의 몸에 받아들이지 않을 것과 받아들일 것을 엄격히 통제함으로써 어렸을 때 박탈당했던 힘을 회복하고자 노력한다.

아예 먹지 않거나 건강을 유지하기 힘들 정도로 조금 먹는 것도 자기의 삶에 '이건 싫어'라고 말하는 한 가지 방법이다. 폭행, 두려움, 고통, 그리고 굴욕을 당해 왔다면 이러한 행동을 충분히 이해할 수 있다. 거식증은 자신을 단번에 죽이지는 않지만 겨우 죽지 않을 정도로만 지탱하게 한다. 그리고 어떤 때는 그것도 안 되는 경우가 있다.

폭식증에는 먹고 토하는 방식이 있다. 몸무게를 늘리지 않기 위해 이 방법을 시도할 수도 있고, 자신도 그 이유를 모른 채 토하고 싶다는 강박 관념에 시달릴 수도 있다.

거식증과 같이 폭식증은 자신의 몸에서 일어나는 일을 통제하기 위한 시도이다. 토하는 것은 '싫어'라고 말하는 한 가지 방식이다. 어렸을 때 많은 생존자들은 성기에 손가락, 페니스, 그리고 다른 물건들이 집어넣어지는 것을 경험했다. 입 속으로 페니스가 들어왔을 수도 있다. 그때 구역질이 나거나 토했을 것이다. 당신이 아직도 토하곤 한다면 그것은 입 속으로 들어왔던 것을 뱉어 내려는 시도일 것이다.

문제는 그런 것들과 달리 음식이 실제로 당신에게 영양을 주는 물질이라는 점이다. 반복적인 구토는 치아와 소화 기관을 상하게 할 뿐만 아니라 몸에서 중요한 영양분들을 감소시킨다. 결국에는 당신을 죽일 수도 있다. 따라서 다른 방식으로 거부하는 능력을 기르는 것이 반드시 필요하다.

섭식 장애를 가진 생존자들을 위한 워크숍에서 엘렌은 폭식증으로 고생하는 한 여성이 거기에서 극적으로 빠져 나오도록 도와주었다.

한 생존자가 자신이 쓴 글을 읽고 나서 고통스럽고 굴욕적인 기억들을 떠올리기 시작했지요. 그녀는 토하고 싶은 강한 충동을 느꼈습니다. 이 여성이 평소에 거의 토하지 않는 여성이었다면 난 아마 그녀에게 그릇을 대어 주고 편안해지라고 말했을 겁니다. 구토가 드물게 일어날 경우에는 감정을 정화시켜 주기도 하는데, 이 여성은 폭식증의 성향이 있었기 때문에 구토는 자기 파괴적인 행동의 또 다른 반복일 뿐이었지요. 그래서 나는 그녀가 다른 방식으로 그 페니스를 입에서 뱉어 내도록 격려했습니다. 그녀는 겁에 질려 조그마한 아이처럼 위축되어서는 떨고 있었죠. 하지만 용기를 내어 천천히 일어나 앉았고, "싫어"라고 말하기 시작했습니다. 조금씩 그녀는 더 크게 말했고, 앞에 놓인 베개를 힘껏 치면서 소리를 질렀지요. "싫어! 내 안에서 꺼져! 넌 내가 원하지 않는 것을 내 입에 넣을 수 없어! 싫어! 싫어! 싫어!" 그녀는 지칠 때까지 소리를 지르고 베개를 쳤습니다. 그녀는 땀을 흘리고, 와들와들 떨면서도 미소짓더군요. 그리고 우리를 보면서 이렇게 말했지요. "토하는 것보단 훨씬 낫군요."

거식증과 폭식증은 생명을 위협할 정도로 위험한 습관이다. 만약 당신이 이 둘 중 한 가지에라도 익숙해져 있다면 즉시 도움을 받아야 한다. 정서와 마음을 치유하는 동안 몸을 건강하게 유지해야만 하기 때문이다.

자해에서 벗어나 자기 보호로

많은 생존자들은 자신의 몸을 칼로 긋거나, 담배로 지지거나, 반복하여 상처를 입힌다. 생존자들이 자해 때문에 고통받는 것은 자연스러운 일이다. 어렸을 때 그들은 성폭력에 길들여졌고 지금은 다른 어떤 차선책도 알지 못한 채 자기 스스로 그 습관을 지속시키는 것이다.

자해를 통해 많은 생존자들이 그토록 갈망하는 안도와 해방감을 얻는다. 그것은 또한 자신들의 행동을 통제하려는 시도이고, 분노를 표현하는 수단이고, 형벌의 한 형태이며, 그들이 감정을 갖는 방법이다.

자해는 익숙한 결과가 뒤따르는 폭력적인 상황을 재발하는 방법이다.

한 여성은 밤마다 공포와 더불어 질의 통증 때문에 심한 고통을 받아야 했다. 더 이상 참을 수 없게 되면 질 속으로 물건을 집어넣어 자해를 한다. 그러고 나면 즉시 그녀는 안도감을 느끼고 잠을 잘 수 있게 된다.

언뜻 보기에 이것은 이해하기 힘든 행동이지만 다른 대처 방식과 마찬가지로 그것 역시 타당한 논리를 가지고 있었다. 이 여성은 어렸을 때 매일 밤 아빠가 자신을 강간할지도 모른다고 두려워하면서 잠자리에 누워야 했다. 그는 그녀의 질 속에 이물질을 집어넣거나 그녀에게 화상을 입히면서 괴롭혔다. 그녀는 아빠가 들어올 때까지 잠들지 못하곤 했다. 그가 나간 후에야 비로소 그날 밤에 치러야 할 고통이 끝났으므로 잠들 수 있었던 것이다.

이 여성은 자신의 행동을 설명할 수 없었다. 단지 고통이 있은 뒤에야 안도와 수면을 얻을 수 있었다는 것만 알고 있었는데, 다른 방식을 통해 편안한 잠을 이루는 것은 불가능했다. 그녀가 일단 어린이 성폭력과의 연관성을 이해하게 되자, 이 자기 파괴적 강박 행동을 멈추기 위한 첫 단계에 돌입할 수 있었다.

자해가 항상 명확히 드러나는 것은 아니다. 한 생존자는 그것을 사고로 가장하면서 은폐했다.

> 내가 관심을 끌고 보호받을 수 있는 유일한 방법은 아프거나 상처를 입는 것이었죠. 운동을 하는 도중 의도적으로 상처를 냈어요. 나중에, 내가 도급자로 일할 때는 내 손에 칼로 상처를 냈어요. 일의 특성상 상처에 대해서는 항상 변명거리가 있었지요. 난 처음부터 손목을 긋지는 않았어요. 분명한 것은 상황이 최고조에 이르면 난 그 상황을 능수능란하게 다룬다는

것이죠. 하지만 이런 일들은 분명히 고의적이었어요.

자해는 수치심과 자기 경멸의 원인이 된다. 그러나 어린이 성폭력과 마찬가지로 자해 역시 은폐함으로써 더 나빠지기 때문에 그것에 관해 이야기하는 것이 중요하다.

자해를 멈추기 위해서는 도움을 받아야 한다. 숙련된 상담원이 도움을 줄 수 있다. 더 이상 자신을 해칠 필요가 없다. 당신은 다른 사람들과 자신으로부터 애정을 받을 수 있다.

자해에서 벗어나기 위해 난 긍정적인 메시지들을 씁니다. 난 그걸 바로 내 팔목에 쓰지요. "난 나를 사랑해" "자해하지 않을 거야" "난 좋은 사람이야" "고통을 느껴도 괜찮아. 그걸 말해도 괜찮아"와 같은 걸 쓰는데, 매일 그걸 바꿀 때가 있었어요. 그런 다음 내가 하고 싶은 것에 대해 사람들에게 이야기합니다. 내 집단 구성원들에게, 그리고 치료사에게 말하죠.

한 생존자는 사랑의 메시지들을 그녀의 몸 전체에 쓰게 되었다. 아이였을 때 그녀는 자신의 팔에 "도와 주세요"라고 새겼다. 자신의 몸과 화해하고 싶을 때는 몸 전체에 부드러운 사랑의 말들을 적었다.

자해를 더 이상 하나의 선택 사항으로 삼지 않겠다고 일단 결심한다면, 해방감을 얻기 위한 더 건전한 방법을 찾아야 한다. 육체적인 활동과 감정 이완 작업은 둘 다 효과적인 대안이 될 수 있다.

자해 습관을 멈추기 위해서는 자신의 감정들을 직접 표현해야 한다. 만약 당신이 화가 났다면, 그 분노를 일으킨 대상—당신을 가해한 사람 또는 사람들—에 초점을 맞추어라. 겁에 질렸을 때 자해한다면, 다른 방식으로 공포감에 대처하는 연습을 하라.

몸의 지혜에 다가가기 위한 훈련●

몸의 이야기에 귀 기울여라 | 몸의 한 부위를 선택하여 5~10분 정도 원하는 방식으로 움직여라. 나머지 몸도 같이 움직이되 먼저 선택한 부분에 우선 집중하라. 여기에 올바른 방식이나 잘못된 방식은 없다. 그러므로 동작이 아주 작거나 거의 움직임이 없거나 아주 없어도 된다. 물론 아주 크거나 어떤 소리에 맞추어 연결될 수도 있다. 발가락, 손, 손목, 눈, 입 혹은 골반 어디든 선택하면 된다. 동작을 하면서 어떤 기분이 드는지, 그 동작이 당신에게 무슨 말을 하고 있는지 주목하라.

이 훈련을 할 다른 방법은 몸의 여러 부위에게 말할 기회를 주는 것이다. 그들이 말하게 하라. 예를 들어 위장은 이렇게 말할 수 있다. "난 전부 막혀 있다. 지난 주에 계속 긴장했거든. 이제 모든 것에 다 지쳐!" 당신은 그 신체 부위에 질문을 던져서 더 많은 정보를 얻을 수 있다. 예를 들어, "어디에 지친다는거지?" 위가 대답하게 하라. 확실치 않으면 추측하라. 즉석에서 시도해보라. 무슨 말이 튀어나오는지 살펴보라.

이것은 다른 사람과 하기에도 좋은 훈련이다. 친구나 상담원이 질문을 하게 하라. 그러면 당신 몸의 목소리로 당신이 대답하라.

동작을 활용하여 당신 삶의 주제를 탐색하라 | 당신 삶에 관련된 주제를 선택하라. 개방되어 있다/마음이 닫혀있다, 강하다/약하다, 숨어있다/관계를 확장한다, 우울하다/명랑하다, 중심을 잡고 있다/산만하다 등. 파트너에게 당신과 같이 앉아 당신이 동작을 통해 이러한 주제를 탐색하는 동안 증인 역할을 해달라고 요청하라. 무용수가 될 필요는 없다. 누구든 움직일 수 있다. 이후 당신의 느낌과 관찰에 대하여 이야기 나누어라.(증인은 동작한 사람의 경험을 해석하지 않도록 주의를 기울여야 한다.)

● 이 훈련은 에이미 파인이 제공했다.

피해자에서 승리자로: 자기방어의 중요성

　모든 여성들이 성폭력의 표적이 될 수 있다. 명석한 판단력을 가지고 있고, 자기 방어 기술이 뛰어나며, 자신을 보호할 권리가 있음을 굳게 믿고 있다 해서 성폭력의 대상에서 제외될 수 있는 것은 아니다.
　어린이 성폭력 피해에서 살아남은 여성들은 훨씬 더 취약해지는 경우가 많다. 만약 당신이 자신의 감정들을 인지할 수 없거나, 다른 사람들의 의도를 간파할 수 없다면 당신은 위험을 인식하지 못할 수도 있다. 당신이 상황을 회피하고 있다면, 경고가 되는 여러 신호들을 부주의하게 넘겨 버릴 수도 있다. 그리고 효과적인 행동을 취하는 것도 어려워질 수 있다. 어릴 때 당신을 도울 사람이 곁에 없었다면 지금까지도 폭력을 막기 위해 도움을 청한다는 것이 꺼림직한 일일 것이다. 혹은 당신이 의존할 첫 번째 사람이 반응을 보이지 않는다면 도움을 지속적으로 요구하지 못할 수도 있다. 당신이 성폭력을 당해도 싸다거나 성폭력이 불가피하다는 엉터리 생각으로 세뇌되었다면 자신을 방어하는 행동을 취할 것 같지 않다.
　자신의 몸 안에서 편안해지고 이완되기 위해서는 자신이 스스로를 보호할 수 있다는 것을 알아야 한다. 일반적으로 거부 의사를 확실히 표현하고 위협적인 상황에서 벗어나는 능력으로 충분히 자신을 안전하게 보호할 수 있다. 그러나 때로 어떤 가해자들은 말만해서는 물러서지 않는 수가 있다. 이럴 때는 소리지르기, 발로 차기, 때리기, 기지와 직관을 이용한 다른 부가적인 자기 방어 기술들을 이용해야 한다. 우리 사회의 여성들은 자신보다 다른 사람을 먼저 걱정하도록 교육받았다. 그러나 여성들 역시 자신을 보호할 권리와 책임을 가지고 있다는 것을 명심해야 한다.

성폭력에 대항해서 싸우겠다는 결단력을 증진시키고, 그렇게 할 수 있다는 자신감을 얻게 하는 데 도움이 되는 여러 가지 형태의 자기 방어술이 있다. 많은 강간범들과 가해자들은 당신의 격렬한 저항―그 기술이 비록 완벽한 것이 아닐지라도―에 놀라 물러설 것이다.

17세인 마르샤는 어린이를 위한 자기방어 워크숍을 받고 얼마 지나지 않아 다음과 같은 이야기를 들려주었다.

> 내가 일하는 가게 문을 닫고 있었어요. 이곳은 평화롭고 안전한 동네여서 비록 밤이 늦긴 했지만 쓰레기 분리장소까지 쓰레기를 가져가도 괜찮겠다 싶었죠. 한 남자가 바깥에 담배를 피면서 서 있었어요. 그는 미소를 지으면서 아래를 보고 있더군요. 쓰레기분리 장소에 가자 그가 갑자기 내 뒤에 와 있었어요. 그가 나를 잡아낚더니 바닥으로 쓰러뜨리더군요. 모든 것이 슬로우모션으로 보였어요. 그는 나를 골목길로 끌고 갔어요. 지금이 아니면 안되겠다 싶었어요. 몸을 비틀고 내 다리를 당겨서 그를 힘껏 차버렸지요.
>
> 그가 고함을 지르면서 손아귀 힘이 좀 빠지더라구요. 몸을 돌려서 가게 뒷문으로 뛰어갔어요. 내가 들어가자마자 문을 잠그고 같이 일하는 사람에게 다른 문도 잠그라고 소리 질렀어요.
>
> 그날 밤 난 경찰에게 몽타쥬를 주었고 경찰은 곧 그를 잡았어요. 그는 여러 번 죄를 범한 성폭력범으로 경찰수배를 받고 있었던 사람이었고 지금은 감옥에 있어요. 내가 배운 기술 덕분에 마음을 침착하게 유지하고 빠르고 효과적으로 대응할 수 있었어요. 그를 차지 않고 공포상태에 빠져 있었더라면 무슨 일이 일어났을지 누가 알겠어요?

물론 가해자를 성공적으로 물리칠 수 없거나, 저항하면 더 위험해질 것이라고 판단되는 상황이 있을 것이다. 하지만 당신이 기본적인 자기 방어기술을 가지고 있다면, 또 자신이 강하고 보호받을 권리가 있다고 느낀다면 자신을 훨씬 더 잘 보호할 수 있을 것이다.

또 한 가지 장점으로 당신은 당신의 몸이 새로운 대응을 할 수 있게 훈련한다. 그렇게 되면 몸이 얼어버리고 해리되는 자동적 패턴이 없어진다.

스스로를 방어하는 법을 배우면 당신의 힘을 뒷받쳐주는 중요한 요소를 얻는다. 나이, 건강, 혹은 장애 때문에 못할 것도 없다. 휠체어를 탄 80세 여성이 뛰어난 정신력을 바탕으로 방어 기술을 발휘하여 젊은 강간범을 두렵게 했고 결국 그는 창문 밖으로 뛰어내렸다.

경계 정하는 법을 익히기 위한 훈련

당신 몸의 경계를 느껴라 | 피부 아래 당신의 몸이 어떤 식으로 존재하는지 몇 분 동안 의식적으로 살펴보라. 근육, 동맥, 정맥, 장기, 뼈, 피 등 당신 내부의 구성물들을 담아내고 보호하는 거대한 일을 피부가 어떻게 하는지 생각하라. 이런 생각을 하면서 손으로 당신의 몸을 만져라. 당신 몸이 어떻게 생겼건 호기심과 감사와 알아보겠다는 마음으로 부드럽게 만져라. 당신이 신체적으로 어떤 사람인지를 결정하는 데 피부가 어떤 식으로 경계가 되는지, 그것이 어떻게 당신을 담아주고 정의하는지 주목하라. 이것은 당신 신체의 경계이며 당신에게 다른 경계에 대해서도 많은 것을 알려준다.

파트너와 같이 신체적 경계를 정하는 법을 익혀라 | 다른 사람과의 경계를 효과적으로 정하려면 우선 당신 자신의 욕구는 물론이고, 사람과의 실질적인 거리가 어느 정도일 때 편안한지 그 정도를 알아야 한다. 여러 명과 파트너가

되어 훈련을 해보는 것이 도움이 된다. 어떤 이들은 당신이 잘 알고 신뢰하는 사람일 것인데 어쨌든 파트너가 될 모든 사람들이 안전하고 예의바른 사람들이어야 한다.

파트너와 방 양 끝에 서로 서 있어라. 누가 리더가 될 지 결정하라. 리더는 이 훈련 과정을 조절하고 리더가 요구하는 것을 나머지 한 사람은 따라야 한다. 당신이 좋다면 역할을 바꾸어 두 번 정도 이 훈련을 할 수 있다.

인식의 초점을 몸에 두는 것으로 시작하여 당신 내부에서 일어나는 감각, 느낌, 생각의 흐름을 주목하라. 준비가 되면 파트너에게 당신 쪽으로 서서히 오라고 하라. 이 훈련은 침묵 속에서 행해지는 것이 가장 좋다. 그래야 말보다는 손짓으로 파트너에게 지시할 수 있기 때문이다.

당신이 어떻게 느끼는지, 파트너가 가까워질 때 당신이 무슨 생각을 하는지 계속 인식하라. 호흡의 길이, 몸이 긴장하는 정도, 감정, 생각, 몸의 감각이 파트너와의 거리가 더 가까워지거나 멀어지면서 어떻게 바뀌는지 살펴보라. 어느 순간이든 당신은 손짓으로 파트너에게 속도를 늦추라, 속도를 올려라, 멈추어라, 뒤로 물러나라는 지시를 할 수 있다.

무엇이 편안하고 불편한지, 안전하고 불안한지 탐색할 시간을 가져라. 다음의 질문을 중심으로 생각해보라.

- 당신은 파트너가 언제 더 가깝게 오기를 바라는가? 언제 더 멀어졌으면 좋겠는가? 언제 그 자리에 가만히 있으면 좋겠는가?
- 가장 안전하고 가장 편안하다고 여겨지는 거리가 있는가?
- 당신이 찾은 가장 이상적인 편안한 거리를 넘어 파트너에게 더 가까이 오라고 한다면 어떤 기분이 드는가?
- 당신의 안전지대를 넘어섰다는 것을 나타내는 신호는 무엇인가?
- 누군가를 되돌려 보낼 때는 기분이 어떤가? 파트너의 감정을 상하게 할까봐 걱정되는가? 혹은 당신 파트너가 당신에게 화를 낼 것 같은가?

> - 외로운 기분이 드는 거리가 있는가?
> - 당신의 반응은 당신의 예상과 맞아떨어지는가, 아니면 당신도 놀라운가?
>
> 충분히 오래도록 탐색했다는 생각이 들면 잠시 동안 당신의 경험에 대하여 이야기하거나 글로 적어보라. 마음이 내키면 파트너가 리더가 되게 한 다음, 다른 역할을 하는 것이 어떤지 보라.

안전지대, 안식처로서의 몸

치유에는 커다란 보상을 가져다주는 측면이 많이 있다. 하지만 몸의 차원에서 치유하는 것 만큼 근본적이고 개인적인 것은 없다. 몸을 되찾을 때 삶에 대한 가장 직접적인 지식―몸으로 직접 하는 경험―에 가까워진다. 우리의 몸이 다시 우리의 것이 되면 우리는 세상에서 안전한 집 하나 마련한 것이다. 진정 우리의 몸에 살게 될 때 우리는 힘을 얻는다.

마침내 공포로부터 벗어나다: 클레어 이야기
클레어는 신체치료사로 일하는 생존자이다. 몸의 차원에서 작업해 온 것은 그녀의 치유에 본질적인 부분이다.

> 수년 동안 나는 내 몸이 다른 사람들 눈에 어떤 식으로 비춰지는지에 대해서만 염두에 두었다. 난 남자들이 내 몸을 어떻게 보는지 잘 알았다. 길을 걸으면 남자들은 예사로 나를 아래위로 훑어보았다. 그 관심이 싫으면서도 그것의 지배를 받았다. 난 내가 어떻게 보이는지에 과도하게 집착한 반

면 내 몸이 느끼는 것에 대해서는 완전히 무지했다.

몸은 뭔가를 하기 위하여 내가 만든 어떤 대상이었지만 내가 원하는 것을 하도록 명령할 수도 없었다. 지속적인 투쟁이었다. 난 내 몸을 눈엣가시로 여겼다.

19살 때 사람들로 붐비는 어느 방 바닥에 치마를 입고 앉아 있었다. 다리를 내려다보면서 생각했다. "이게 내 다리구나" 그 전에는 한번도 다리를 의식하지 않았다는 사실에 화들짝 놀랐다. 그리고 사람들이 나와 관련이 없어 보인다는 것도 놀라운 깨달음이었다. 사실 난 한 번도 내 몸을 보면서 내 것이라는 생각을 하지 않았다. 뭔가 크게 잘못되었다는, 내가 내 몸과 너무나 소원하다는 것을 깨달은 첫 번째 순간이었다.

20대에는 산악자전거 타기에 나갔지만 마치 내가 로봇 같았다. 어떻게 느껴야 하는지, 자전거를 탈 때 어떤 모습인지 아무런 생각이 없었다. 어느 날 팀원 한 명이 말했다. "너 정말 우아하게 타는구나." 그의 코멘트는 당황스러운 것이었다. 왜냐하면 난 내 몸에 대한 개념이 없었기 때문이다. 사실 몸으로 직접 부딪힌 적이 없었던 것이다.

몸 안에서 치유하기

이야기 치료요법을 통해 근친강간을 처음 다루기 시작했고 9년간 지속했다. 난 몸 어딘가에 기억이 남아있다는 걸 알았기 때문에 몸 자체가 두려웠다. 늘 본능적으로 그것을 알았지만 처음으로 "몸의 기억"이라는 용어를 들었을 때 그 사실이 확실해졌다. 몸 안으로 들어갈 정도로 안전하다고 생각하기까지 9년간의 이야기 치료요법이 필요했던 것이다.

대학원에 들어가자 한 친구가 리듬 다섯 개로 추는 춤 수업에 가자고 권유했다. 그것은 자신의 몸 안으로 들어가서 다섯 개의 다른 리듬에 맞추어 몸을 움직이는 환상적인 춤의 형태이다. 바깥으로 표출되는 동작이 무엇이든 그것을 계속 하라는 지시가 다였다. 어떻게 보여야 한다는 식의 메시지는 없었다.

일 년 동안 매주 그곳으로 갔다. 내 몸 속에서 일어나는 것을 의도적으로 만나고 그것이 자유롭게 표현되도록 나는 그곳에서 처음으로 스스로를 허용했다. 무서우면서도 동시에 믿을 수 없을 정도로 흥미진진했다. "이 몸이 무엇을 하는가? 무엇을 느끼는가? 내 몸을 통해 나는 나를 진심으로 어떻게 표현할 수 있는가?"라는 질문에 대답할 수 있도록 도와주는 여행을 시작한 것이다.

나는 그 수업에서 많은 중요한 경험을 했다. 내 몸 구석구석과 친해졌다. 갑작스럽게 내 발가락이 무엇을 느끼는지 알게 되었다. 그동안 한 번도 알지 못했다. 내가 거울을 보고 몸이 움직이는 것을 보다니 놀라운 일이었다. 내가 무엇을 표현하든 그게 아름답다는 생각이 들기 시작했다. 성행위를 떠나서 내 몸이 진실로 좋다고 느낀 것이다. 그건 그저 나 자신과 더불어 있어왔다.

때로 춤출 때 피해의 이미지가 떠오르곤 했다. 그러나 굳이 그것들을 내쫓을 필요가 없다는 것, 이미지가 그대로 떠올라도 괜찮다는 것, 내가 다른 면을 보기 시작했다는 것을 배운 것이다.

난 몸 치유에 열과 성을 다했다. 그리고 몇 년간 몸의 차원에서 작업할 수 있는 많은 방법을 고민했다.

기억과 외상이 내 몸을 떠나다

이야기 치료요법을 통해 나는 기억을 더듬어가고, 행동에서 나타나는 패턴을 바라보고, 가족을 대면하고, 내면의 어린 아이를 만났다. 이것은 모두 대단하고 중요한 변화였다. 하지만 치유가 된 것은 춤 그리고 몸 중심의 치료요법을 통해서였다. 기억과 외상이 내 몸을 떠난 기분이다.

몸 중심의 작업을 하기 전에는 늘 긴장상태였다. 삶 전체가 거의 공포였고 그게 정상이라고 생각했다. 세상은 안전한 곳이 아니었다. 다음에는 또 뭔가 나쁜 일이 일어날 것이라고 예상하고 있었다. 내 옆을 지나가는 모든 이들이 일종의 위협이었다. 어디를 가더라도 후추스프레이를 들고 다니면서 누가 내 눈에 띄기만 해봐라 라는 식이었다. 이제는 숲에서 혼자 뛰어다녀도 두렵지 않다. 기쁘고 안전하다. 그렇게 할 수 있으려면 공포에서 벗어나야 한다. 몸으로 산다는 것은 공포가 없다는 뜻이다. 더 이상 희생자의 기분을 갖고 싶지 않다.

내면의 모습과 밖으로 나오는 표현을 일치시킬 수 있는 능력이 엄청난 속도로 성장하고 있다. 예전에는 경험해본 적 없는 방식으로 나는 여기 존재한다. 몸이 적절한 실마리를 제공할 것이라는 생각을 신뢰하지 못했는데 이제는 확실히 그렇게 생각한다. 이제는 몸이 나를 좋은 방향으로 이끌 것임을 안다.

삶의 기쁨을 점점 더 누리고 있다. 예전에는 일차원적인 세상을 살았다면 지금은 삼차원적 공간에 산다. 내 감각이 충분히 열리지 않은 채로 돌아가는 건 꿈도 꿀 수 없다.

이제는 몸을 사랑하고, 몸과 관대하고 자비로운 관계를 맺고 있다. 내 몸은 바로 나 자신이니까. 더 이상 나와 내 몸은 분리되지 않는다. 마음이 몸이나 혹은 심장과 별개라고 생각하지 않는다.

건강한 친밀성

현재 아름다운 일들과 사람들을 만나고 있습니다. 내가 겪은 일을 진심으로 이해해 주는 여성들과 사귀기 시작했어요. 그들은 내가 몇 년 전에 사귀던 친구들과는 달라요. 지금은 나의 치유를 지지해 주는 연인이 있는데, 그는 날 만나는 걸 두려워하거나 화내지 않고, 때로는 내가 더 깊은 기억 속으로 들어갈 때 거쳐야 하는 그 지옥 같은 시간에 같이 있어 주기도 해요. 그들에게는 거짓말을 할 필요가 없죠. 가식을 떨 필요도 없고, 그들의 시선을 의식할 필요도 없어요. 난 외롭지 않답니다.

— 일리 풀러

친밀감은 신뢰와 존중, 사랑, 깊이 공감할 수 있는 능력에 바탕을 둔 두 사람 사이의 연대이다. 당신은 연인, 동료, 친구들 또는 가족과 친밀한 관계를 가질 수 있다. 이러한 관계들을 통해서 당신은 서로 주고받는 애정 관계를 경험할 수 있다.

대부분의 생존자들은 신뢰감을 갖는 데 문제가 있다. 어렸을 때 혼자서 어떤 일을 처리하거나 자신을 돌보아야만 했다면 친밀과 신뢰가 오가는 관계를 두려워하거나 낯설어할 수 있다. 많은 생존자들이 친밀한 관계를 질식할 것 같다거나, 침해적이라고 표현한다. 그들은 어떤 사람이 친밀하게 다가오면 폐소閉所 공포증을 느낀다. 친밀한 관계를 참아 내고 깊은 공감대가 형성될 때 안도감을 느끼는 법을 배우는 것은 하나의 도전이다.

생존자인 사파이어는 여러 해 동안 그녀의 삶에 사랑이라곤 없었다고 말한다.

> 나를 걱정해 주는 사람도 없었고 나를 감동시키는 사람도 없었고 또 내가 감정적으로 다가간 사람도 없었지요. 난 감정적이 된다는 것이 어떤 것인

지도 몰랐거든요. 조금이라도 누군가와 친밀해질 기미가 보이면 너무 불안해졌어요. 그게 얼마나 고통스러운지 설명하기조차 힘들어요. 그건 정말 중요한 문제랍니다. 사람들은 그것 때문에 죽기도 하지요. 수줍음은 고통을 미화한 표현이라고 생각해요.

반면 건강한 독립심이 없다보니 사랑하는 사람에게 지나치게 집착하기도 한다.

보다 독립적이고 싶지만 밀착을 요구하는 오래된 패턴이 아직도 강하게 남아있어요. 친구를 방문할 일이 생기면 남편에게 저녁 내내 전화를 하지요. 아이가 잘 자는지 전화해서 물어보고 돌아가는 길에 뭐 사갈게 있냐고 또 전화해서 물어봐요. 그 다음에는 몇 시에 집에 갈 것 같다고 말하려고 전화하고 시어머니 전화 왔는데 다시 전화를 드렸냐고 전화해요. 이러한 집착은 남편을 미치게 하고 내 친구의 신경도 거슬리게 하죠. 하지만 어쩔 수가 없어요. 내가 하고 싶다고 말하는 것과 실제 하는 것은 하늘과 땅 차이예요.

당신의 이슈는 지속적인 연결에 대한 욕구에서 나오는 게 아닐 수도 있다. 단지 당신의 문제에 너무 열중한 나머지 상호적인 관계에 들어가지 못하기 때문일 수도 있다.

친밀해지고 싶을 때 가깝게 다가설 수 있도록 해주는 그런 사람들과 관계를 맺고 싶었지요. 하지만 살아 생전 그런 걸 정말 원할 거라고는 생각하지 못했어요. 혼자만의 세계에 있어야만 했을 때보다는 친밀한 관계가 필요할 때가 훨씬 더 적었기 때문에 내게 필요했던 것을 얻을 수 없었죠. 난 그것 때문에 병을 앓을 정도였어요. 난 어깨를 감싸 주고, 나를 안아 주고 사랑해 주고 보호해 주고 그리고 나에게서는 아무 것도 바라지 않는 친구를 얻기 위해서라면 어떤 일이라도 할 수 있을 것 같은 기분이 들기도 했어요. 어떤 날은 그렇게 되기를 바라면서 밤새 울기도 했답니다.

많은 생존자들이 연애를 하거나 성적인 것이 개입될 때 특히 친밀성의 문제에 부딪힌다. 신체적으로 가까워지는 것이 당신에게 위협이 될 수도 있고 혼란스러운 것일 수도 있다. 어떻게 서로의 관심을 주고받는지 모를 지도 모른다. 관계를 소홀히 해버리거나 기본적인 욕구가 채워지지 않는 관계를 반복할 수 있다.

이러한 것들이 극복할 수 없는 문제들처럼 보일지도 모른다. 하지만 당신은 인생에서 바람직하면서도 지지가 되는 애정 관계를 맺는데 필요한 기술들을 스스로 배워 나갈 수 있다. 친밀한 관계를 만들어갈 능력은 당신 내부에 살아 있다. 당신은 완전한 신뢰감과 친밀감에서 어린 시절을 시작했지만 누군가 그것을 빼앗아 갔다.

치유는 그것을 되찾는 과정이다.

건강한 애착

건강한 가정에서는 아기와 어린이가 부모나 다른 어른들과 깊은 애착관계를 맺는다. 하지만 성폭력이 일어나는 가정에서는 강한 결속에 필요한 요소가 빠져있다. 결과적으로 많은 생존자들이 사람들과 지속적으로 연결되어 있다는 느낌을 유지하기 힘들어 한다.

엘렌과 같이 작업한 한 여성은 수 개월 동안 의미 있는 관계를 맺지 못했다. 엘렌이 되돌아보며 말했다. "매주 그녀는 상담하러 오지만 나를 처음 보는 사람처럼 바라보더군요. 우리는 매번 처음부터 다시 출발해야만 했습니다. 그래서 일주일에 두 번 보자고 제안했고 그때부터 관계가 축적되는 듯한 시간이 좀 연장되기 시작했지요. 하지만 그녀는 우리의 관계를 일주일 내내 지속시키지는 못했습니다."

많은 생존자들은 자신이 다른 사람들에게 중요한 사람이라는 것을 잘 이해하지 못한다. 그들은 마치 자신이 다른 사람의 삶에 별 의미가 없는 것처럼 느끼며, 자신이 죽거나 없어져도 아무도 상관하지 않을 것처럼 여긴다.

> 자살을 시도하고 나서야 내가 다른 사람에게 얼마나 중요한지를 실감했어요. 정말 잔인한 방법으로 그 사실을 깨닫게 되었지요. 병원 침대에서 정신을 차렸을 때 남편, 이모, 오빠가 거기 있더군요. 다들 내게 단단히 화가 났더라구요. 그들이 왜 그러는지 정말 이해가 안되었답니다. 그들은 울면서 너무너무 화가 난다고 말하더군요. 그제서야 알았어요. 난 혼자 뚝 떨어진 점 하나가 아니라는 것을요. 사람들의 그물망을 잇고 있는 한 사람이었고 내가 하는 행동이 그들에게 영향을 미치고 있었던 겁니다. 나는 중요한 사람이었습니다.

당신은 정말 중요한 사람이다. 당신이 다른 사람에게 중요하고 그들도 당신에게 중요함을 깨닫는 것은 치유를 잘 하고 있다는 증표다.

> 결혼 몇 년 동안 내가 무엇을 하는지, 언제 돌아올지 말하지 않고 집을 나섰어요. 그가 화를 내면 난 그가 나를 조정하려고 한다고 생각했어요. 그가 걱정한다는 것을 이해하는데 오랜 시간이 걸렸습니다. 그는 내가 차 사고라도 난 게 아닌가 걱정하고 있었던 겁니다. 내가 괜찮은지 확인하고 싶

었던 거죠. 우리는 서로 사랑하고 성행위도 하고 모든 것도 같이 하는 부부지만 여전히 내가 그에게 중요한 사람이라는 것을 진심으로 받아들이지 못했던 겁니다.

친밀해지는 것이 쉽지 않거나 익숙하지 않다면 친구, 파트너, 안전한 가족, 지지집단의 누군가와 연습할 수도 있다. 그런 사람이 주변에 없다면 능력있는 상담원과 친밀함에 대한 많은 공부를 할 수 있다. 상담원은 당신에게 안전함, 무조건적인 사랑, 구조화된 의존성을 제공해줄 수 있으며 그럼으로써 당신은 관계맺기를 위한 첫 손길을 조심스럽게 내밀 수 있을 것이다.

당신의 마음을 여는 다른 방법은 애완동물을 사랑하는 것이다. 동물과 단순하면서 복잡하지 않은 관계를 맺을 수 있다.

난 사랑과 접촉을 무척 갈망했지만 내가 맺은 관계는 금세 엉망이 되곤 했어요. 그러다가 동물애호협회에 가게 되었는데 작은 귀여운 강아지가 있었고 내가 데려다 키워야겠다 싶었지요. 그런데 좀 늙은 양치기 개가 눈에 들어오더군요. 우리는 서로를 바라보았고 난 알아보았죠. 우리 둘 다 상처입었고 사랑할 누군가가 필요하다는 생각이 들더군요. 진저는 그래서 지금 6개월째 나와 같이 살고 있답니다. 어떻게 진저없이 내가 살아왔는지 잘 모르겠어요. 저녁이면 마룻바닥에 누워 진저를 쓰다듬어줘요. 그러면 우리 둘 다 긴장이 풀어지죠. 그녀의 눈을 들여다보면서 사랑이 교감되는 걸 느껴요. 마치 강 같은 사랑의 줄기가 흐르는 것처럼 생생해요. 언젠가는 누군가를 그렇게 사랑할 수 있겠지요. 그렇게 희망해요. 하지만 진저는 늘 내 첫사랑일겁니다.

모든 사람이 친밀하고 의미 있는 관계를 맺을 자격이 있다. 당신이 있는 곳에서 시작하여 작은 발걸음을 딛고 서서히 마음을 열어보아라. 남을 돌보는 한편 다른 사람으로부터 돌봄을 받으면서 혜택을 경험하게 되면 당신은 서서히 더 큰 도전을 할 수 있을 것이며 더 사랑하게 될 것이다.

사랑에 대한 두려움

사랑을 향해 마음을 활짝 여는 것은 세상에서 가장 멋진 느낌이 될 것이다. 하지만 어릴 때 배반을 당했다면 신뢰한다는 자체가 힘들다. 당신을 사랑한다고 말한 사람들이 당신을 소홀히 했거나 피해를 입혔다면 다시 사랑하기가 공포스러울 수도 있다.

> 사랑한다는 말을 하기가 어려웠습니다. 아버지는 늘 점잖은 편이고 나를 사랑했지요. 그는 늘 "사랑한다. 너의 엄마를 사랑하는 것과는 다르게 너를 사랑한단다."라고 했어요. 그가 끔찍한 짓을 내게 저지르는 동안에도 그런 말을 내뱉더군요. 그러니 "사랑한다"는 말을 하기가 두려울 수밖에요.

헌신적인 사랑은 훨씬 더 두려울 수 있다. 내면의 어린 아이는 여전히 헌신이라 함은 출구없는 상황에 갇힌 것과 같다고 생각하기 때문이다. 누군가와 더 가까워질수록 당신은 오래된 방어패턴과 기억으로 마비가 될 수 있다.

> 죠와 내가 결혼하기로 결정한 바로 그 즈음 난 관계를 통해 내가 원하는 것을 얻지는 못할 것이 뻔하니까 관계를 끝내야겠다고 생각했죠. 친밀성

에 대한 공포였어요. 사람들이 오래도록 내 쪽으로는 오지 않을 것이라고 생각했는데 그가 왔어요. 물론 친밀성이라는 대가도 따라왔어요. 마음을 열어야만 했지요. 더 이상 변명할 수도 없었어요. 친밀성이 부족한 탓을 그에게 돌릴 수는 없었어요. 그래서 내 방어 전략을 버렸습니다. 엄청나게 두렵더군요.

어떤 여성이 이렇게 회상한다.

심리 치료사가 나를 사랑한다고 말하는 순간 나는 바로 그 말 때문에 그녀가 싫어졌어요. 그녀에게 소리를 질렀고 그녀와 말하고 싶지도 않았어요. 나를 사랑한다는 말은 그녀가 곧 나를 떠나거나 학대할 것을 의미한다고 생각했거든요. 그게 바로 그때까지 내가 사랑한다는 말에 대해 믿고 있던 전부였으니까요. 몇 주가 지나고 나서 그녀는 그 자리에 그대로 앉은 채로 "하지만 난 당신을 사랑해요"라고 완전히 열린 마음으로 말하더군요. 그제서야 나는 더 이상 두려워하지 않고 그 말을 받아들일 수 있었어요.

친한 사람들과 함께 사랑이나 헌신에 대해 어떻게 생각하는지 이야기를 나누어라. 그리고 만약 '사랑'이라는 말이 목에 걸려 잘 나오지 않으면 당신이 원하는 방식대로 그 느낌을 말로 표현해 보라. "당신을 알게 되어서 정말 기뻐요" "당신은 내가 정말 특별한 존재라는 생각이 들게 하는군요" "당신에 대한 생각만으로도 난 행복해져요" '사랑'이라는 말을 쓰지 않겠다고 버텼던 한 여성은 새 연인에게 "난 당신을 신중하게 좋아해요"라고 말했다.

사랑이라는 말은 매우 잘못 사용되는 단어이다. 워크숍의 참가자였던 에일린은 사랑이라는 말에는 그녀가 어렸을 때 경험했던 것보다 더 많은 것이 담겨 있다는 것을 발견하고 희망을 갖게 되었다.

'사랑'이라는 말이 내가 아이였을 때 알고 있던 것이 아니라는 걸 알게 되면서 많은 슬픔을 느꼈어요. 우스운 건 그 인식의 전환이 나에게 엄청난 안도감을 주었다는 겁니다. "그게 사랑이 아니었다면, 내가 두려워한 건 사랑이 아닐 거야"라고 말할 수도 있게 된 거죠. 그래서 새롭게 시작했습니다…….

유익한 관계

친밀감은 혼자서 할 수 있는 것이 아니다. 성질상 그것은 어떤 관계가 전제되어야 한다. 그런데 관계란 위험을 내포한다. 어떤 관계를 맺든 상대는 당신 맘대로 통제할 수 없는 한 독립체이기 때문이다. 그러나 사랑하는 사람에게서 상처받고 실망하는 일은 당신이 어렸을 때 유린당했던 것과는 결코 비교할 수 없다. 신뢰가 깨지면 당신은 상처받을 것이다. 그렇다고 그 상처로 당신이 죽어가서도 안 된다. 당신은 그 상처로부터 회복될 수 있다. 당신은 스스로 의지할 수 있는 더 완전한 자아를 만들고 있는 것이다.

유익한 관계를 발전시키기 위해 누군가와 결혼하거나 연인 사이가 될 필요는 없다. 친한 친구 사이에서도 친밀감에 대해 많은 것을 배울 수 있다. 관계마다 색다른 특색이 있으며 각기 고유의 친밀성이 있다.

관계를 지속하는 연인, 헌신적인 파트너, 친밀한 친구가 있다면 이들은 친밀성을 새롭게 시도해볼 좋은 대상이다. 하지만 먼저 당신의 그 관계가 안전하다는 것을 확인해야 한다. 다음의 질문을 통하여 관계의 성격을 평가하라.

- 나는 이 사람을 존중하는가? 이 사람은 나를 존중하는가?
- 이 사람은 나와 평상시 이야기가 잘 통하는 사람인가?
- 우리 둘 다 서로의 말에 귀를 잘 기울이며 갈등을 해결하는가? 서로 의견을 주고받는가? 둘 다 타협하는가?
- 나는 정직해질 수 있는가? 나의 진정한 감정을 보여줄 수 있는가?
- 우리 둘 다 관계의 성공과 문제에 일정한 책임을 지고 있는가?
- 이 관계를 통해 내가 성장하고 변화할 여지가 있는가?

이 질문들 대부분에 '그렇다'라고 대답할 수 있다면 이 관계는 견고하고 유익하다고 할 수 있을 것이다. 확실히 대답할 수 없다면 이 관계가 매우 최근에 형성된 것이거나 관계에 대해 확신하기에는 질문이 충분치 않았을 경우이다. 하지만 대부분의 질문에 대해 '아니다'라고 대답했다면 그 관계를 변화시키거나 끝장내는 것에 대해 심각하게 고려해 보아야 한다.

변화가 관계에 미치는 영향

어떤 사람이 관계에서나 가족 내에서 변화를 보이게 되면 전체의 평형이 흔들리게 된다. 사람들은 당신 때문에 일어난 변화에 감사할 수도 있지만, 대개의 경우 그런 일은 일어나지 않는다. 대신 당신은 분노와 절망, 소극적이거나 적극적인 공격성 행동, 노골적인 불평에 부딪힐 수 있다.

나 자신의 욕구와 권리에 더 접근할수록 난 더 단호해졌어요. 그리고 당연히 내 가족과 내가 속한 관계들에서도 단호해졌지요. 모든 일이 다 그렇듯이 편안함을 느끼게 될 때까지 우리는 사람들을 괴롭히죠. 그래서 난 이렇게 말했어요. "난 평생토록 훌쩍거리고 있지만은 않을 거야. 이제부터는 나도 내 인생에 대해 기대를 하면서 살겠어." 내 연인은 이렇게 말하더군요. "난 치료받기 전의 당신이 더 좋았어. 그때 당신은 항상 날 기쁘게 하려고 했었지. 지금 난 너무 혼란스러워. 그리고 그게 싫어."

난 더 적극적으로 되고 그녀는 더 화가 났어요. 그녀는 "좋아, 너 혼자 잘해 봐, 하지만 이건 말도 안되는 일이야!" 라는 식의 감정이었던 거죠. 반면 나는 나 자신을 배려한 것 같지도 않았어요.

치유를 하면서 당신은 변할 것이다. 당신이 건강하고 의미 있는 관계를 만들어 간다면 당신이 사랑하는 사람들도 당신을 따라 변해야 한다. 이것은 종종 스트레스가 되는 일이지만 두 사람 모두 개인적으로 성장하려고 한다면 이러한 변화들을 긍정적으로 생각하고 기꺼이 받아들일 것이다.

내 애인은 우리 관계를 위해 많이 변해야 했어요. 그도 변하기를 원했어요. 그는 자기가 좀 더 독립적이어야 하고 성행위에 덜 집착해야 하며 평상시에도 좀 느긋해야 한다는 걸 알고 있었습니다. 다만, 내가 그의 변화된 모습을 필요로 했기 때문에 좀 더 빨리 변하게 된 것뿐이죠.

당신의 성장은 주변 사람들의 성장도 자극한다. 때로 관계가 그 긴장을 견디지 못하는 바람에 당신 혼자 성장하는 경우도 있다. 때로 당신의 변화가 당신과 당신의 파트너 혹은 진화하는 관계에 유익할 수 있다. 물론 이 경우도 당신이 먼저 가시밭길을 통과한 이후여야 하지만 말이다.

계산된 위험

누군가와 친밀해지는 법을 배우는 것이 마음 편한 일은 아니다. 한 여성은 "난 나를 안전하게 보호해 왔어요. 하지만 동시에 나를 고립시킨 것이기도 하지요"라고 말했다. 친밀해진다는 것은 다른 사람이 들어올 수 있게 보호망을 한 겹 벗겨 내는 것이다. 그것은 마음이 편하게 느껴지는 지점에서 한 걸음 더 내딛는 것을 의미한다. 스무 걸음이 아니라 한 걸음이다!

마음속 깊은 곳의 생각들을 전부 다 내보이지 말고, 대신 "난 지금 무서워"라고 한 번 말해 보라. 연인과 동거하기보다는 주말을 함께 보내려고 노력하라. 이것은 지구력을 유지하는 작은 단계들이다.

여기에 정해진 목표가 있는 것은 아니다. 친밀한 관계는 유동적으로 변화하는 관계의 한 부분으로 경험된다. 친밀감은 여러 번의 실수와 몇 번의 작은 성공들, 그리고 퇴보 등을 거치면서 느리게 학습된다.

더 깊은 친밀감으로 나아가기 위해서는 계산된 위험에 기꺼이 뛰어들려는 의지가 있어야 한다. 계산된 위험은 무조건 뛰어드는 것과는 다르다. 어떤 일에 무조건 뛰어드는 것은 모든 일들이 요술처럼 잘 되기를 바라면서 맹목적으로 돌진하는 것이다. 예를 들면, 어떤 사람이 유부남과 사귀는데 그가 아내와 이혼할 것이라고 막연히 기대한다. 또는 임신이 되면 그 아기가 자기들의 위태로운 관계를 구제해 주기를 바란다. 만난 지 일주일된 친구에게 당신의 가장 내밀한 비밀을 털어놓기도 한다. 무작정 저질러 버린다면 좋은 결과를 얻기란 무척 힘들다.

　계산된 위험에 뛰어드는 일은 위의 상황과는 다르다. 먼저 가능성을 조사해 보아야 한다. 얼음이 충분히 동결된 상태라는 것을 확신하고 나서야 비로소 발걸음을 옮기는 것과 같다. 친밀한 관계라 해서 100퍼센트 확신할 수 있는 것은 아니다. 그러나 사려 깊고 책임감 있는 연인과 함께라면 만족감과 친밀감을 향상시키고 의사소통의 기회를 극대화할 수 있다.

신뢰하는 법 배우기

　생존자들은 신뢰를 양 극단으로 평가하는 경향이 있다. 전혀 믿지 않거나 완전히 믿는 것! 아무도 전혀 신뢰하지 않다가 관계를 절실하게 원한 나머지 맨 처음 눈에 띄는 그럴 듯한 대상을 처음부터 신뢰해 버린다. 양 극단을 왔다갔다한다는 말이다. 그와 같은 절실함을 충족시켜 줄 만한 사람은 거의 존재하지 않으므로 당신은 더 이상 실망하거나 자포자기하지도 않는다. 다만 사람들은 믿을 수가 없으며 자신은 사랑스럽지 않고 사랑은 쓸데없는 것이라는 원래의 확신을 굳히게 된다.

　다른 사람을 믿을 수 있으려면 먼저 자신을 믿어야 한다. 당신이 자기 스스로를 보살필 수 있게 되면, 누군가가 당신을 보살펴 줄 것이라는 희망을 안은 채 맹목적으로 아무나 신뢰하는 일은 없어질 것이다. 그런 식의 절대적인 애정은 어린 아이들과 부모 사이에 있을 수 있지, 성숙한 성인들 사이에서는 불가능하다.

　신뢰라는 문제에 자꾸만 부딪히게 되더군요. 나를 사랑하면 할수록 다른 사람을 사랑할 마음이 더 생깁니다. 그 사랑의 강도는 두려움의 강도를 능가하게 되지요.

현실적인 기대를 갖는 것 또한 중요하다. 때로 생존자들은 그럴 의도가 아닌데 친밀해지는 것을 소홀히 하기도 한다. 당신은 관계의 본성을 잘못 판단하여 누군가를 믿을 만한 친구로 생각하지만 그들은 당신을 단지 쾌락의 대상으로 볼 수도 있다. 혹은 친구가 당신을 지지하기로 동의하지만 당신의 상상과 딱 맞아떨어지게 지지하는 것이 아니라서 거절당하는 느낌이 들 수도 있다. 때로 생존자들은 너무나 쉽게 배신감을 느껴서 믿을 만한 사람이 아무도 없다는 옛날 믿음을 재확인하기도 한다.

건강한 관계라면 두 사람 사이에 무슨 일이 일어나는가에 따라 신뢰의 수준이 조정된다. 자신의 욕구가 충족되고 있는지, 자신이 원하는 방향으로 성장하고 있는지를 주기적으로 평가해 나간다면 신뢰가 점진적으로 향상될 것이다. 그 관계에서 그러한 것들이 보장된다는 평가를 하게 될 때 당신은 마음을 더 열게 될 것이다. 신뢰는 시간을 들여 얻게 되는 것이다.

신뢰와 관련된 실험 해보기

자신을 신뢰한다는 것은 다른 사람을 신뢰할 수 있는 기반을 다진다는 말이다. 마음만 먹으면 언제든지 예전처럼 누군가를 신뢰하는 것과 무관하게 살았던 때로 되돌아갈 수도 있겠지만, 적어도 한 번은 시도해 보라. 이 실험은 기본적으로 신뢰해도 안전할 수 있는 상황이나 사람이 있어야만 된다. 이 기본 전제가 확보되면 그들을 아주 조금만 믿도록 노력하라.

성공할 수 있는 단순한 상황을 선택하라. "네가 어떤 식으로든 날 배신하지는 않을 거라고 믿어" 하고 말하는 대신, 당신의 일이 늦게 끝나는 날 연인에게 저녁 준비를 해 달라고 부탁하라. 지지 집단의 한 여성이 성적이지 않은 방식으로 5분 정도 당신을 포옹하도록 그녀를 신뢰하라. 또는 친구에게 전화를 걸어 슬프다고 말하고, 그녀가 시간을 내어 당신과 잠깐이라도 같이 보낼 수 있는지 물어 보라.

당신이 지금 신뢰할 수 있는지 실험을 하고 있으며 이 일이 당신에게 매우 중요하다고 말하라. 그들이 당신을 위해 동참한다면 이것을 계기로 세상 보는 눈을 달리하라. 신뢰하는 일은 아마도 당신이 어렸을 때보다는 덜 위험할 것이다.

만약 실험이 실패하여 의기소침해졌다면, 무슨 일이 일어났는지 분석하라. 이것은 유익한 경험이다. 자신에게 다음 질문들을 하라.

- 이 사람을 안 지가 얼마나 되었는가? 우리는 소통이 잘 되었는가?
- 나는 무엇을 요구했는가? 그것은 관계의 수준으로 보아 무리한 것이었는가?
- 나는 이것이 내게 중요한 것이라고 말했는가? 내 기대를 명확하게 밝혔는가? 그가 긍정 혹은 부정의 답을 자유롭게 할 만 했는가?
- 내가 당한 최초의 피해에 상응하는 요소가 여기에 있었는가?
- 내가 선택한 그 사람이 진정 믿지 못할 사람이었는가 아니면 내가 고려해야할 다른 요소가 있었는가? 가령 그 사람이 지금 시점에 어떤 어려움에 처하게 되거나 복잡한 문제가 있다면 그것 때문에 당신에게 대응을 잘 하지 못했을 수도 있다. 때로 사람들은

어떤 영역에서는 신뢰할 만하다. 하지만 당신의 어려움과 똑같은 어려움을 상대방이 겪고 있다면 그는 당신을 위하여 배려하기를 어려워할 수 있다.

이 질문에 대한 대답들을 이용하여 신뢰하기에 적절한 때와 적절하지 않은 때를 구분하라. 그리고 다시 한 번 시도하라. 제릴린 먼연은 시행착오를 거쳐 신뢰하는 법을 익힌 생존자이다.

난 다른 사람뿐 아니라 나 자신을 포함해 세상을 믿을 줄 몰랐어요. 신뢰란 하나의 재능과 같아서 그게 가능한 사람도 있고, 그렇지 못한 사람도 있다는 생각을 늘 했죠. 신뢰가 나 같은 사람도 배울 수 있는 일종의 기술이라는 것을 이해하기까지는 시간이 많이 걸렸어요. 신뢰한다는 것이 어떤 기분인지, 그것을 어떻게 얻는지 정말 몰랐지만, 내가 그것을 원하고 필요로 한다는 것은 알고 있었어요. 오랜 시간 동안 나는 아예 아무 것도 신뢰하지 않거나, 상대를 잘못 선택했거나, 아니면 괜찮은 사람인데 그 사람과 맞지 않는 일을 적용해서 신뢰하려고 했던 것 같아요.
하지만 나 자신에 대해 더 많은 것을 발견할수록, 나 자신을 더 많이 받아들일수록 그리고 나 자신에 대해 더 많이 책임질수록 실제로 내가 뭔가를 선택할 수 있다는 것, 그렇게 선택한 것들에 의해 그 관계의 향방이 좌우된다는 것을 알게 되었어요. 신뢰하기에 좋은—최소한 더 나은—시간과 사람, 장소가 있다는 걸 난 정말 몰랐거든요. 좋은 것이든지 나쁜 것이든지 간에 결과에 뒤따르는 모든 것을 받아들여야 한다는 것도 그런 조건들을 조절하면서 배웠어요. 세 살 때는 선택의 여지가 없었잖아요. 하지만 지금 나는 삼십대이고, 처음으로 정말 내 인생을 주도하고, 몇 가지 선택들을 하기 시작했어요. 처음에는 정말 혼란스럽지만, 시간이 지나면서 나는 더 나은 선택들을 하게 되었답니다.

시험하기

새로 관계를 맺게 된 상대에게는 몇 가지를 시험해 보는 것이 정상이지만, 많은 생존자들이 아주 극단적으로 시험하는 경향을 보인다. 연인이 성폭력을 휘두르는지 보기 위해 그를 조롱하거나, 그가 화를 내고 떠나는지 보기 위해 그의 가장 친한 친구와 잠자리를 같이하기도 한다. 한 여성은 데이트 약속을 연거푸 세 번씩 어기고 약속 장소에 나가지 않았다. 만약 어떤 사람이 네 번까지 데이트 신청을 하면 그 사람은 친구가 될 가능성이 있다는 것이다.

> 지금 사귀고 있는 말콤을 만나기 시작한 처음 몇 달 동안은 그를 시험하기 위해 못할 일이 없을 정도였죠. 3년이 지나고서야 좀 편해지기 시작했어요. 그가 주요 관문들을 다 통과했기 때문이죠.

그들이 신뢰할 만한지 또는 그들이 당신의 요구들을 충족시키는지 보기 위해 사람들을 시험해 보는 것은 정당하다. 그러나 친구들이나 연인을 지나치게 시험하고 있다면 당신이 어렸을 때 경험했던 배신들을 재연하게 될 수도 있다. 시험 수위를 어느 누구도 통과할 수 없을 만큼 까다롭게 잡아 두었다면 지금 당신은 시험을 하는 것이 아니라 작별 인사를 하고 있는 것이다.

대신 공정한 시험이 되도록 해 보라. 이를테면 "난 당신이 약속한 대로 일주일에 두 번씩 정말로 아이들을 돌보는지 볼 거야" 또는 "나에게 일어났던 일을 이야기할 때 당신이 정말로 열린 마음으로 날 이해해 주는지 볼 거야" 정도의 수준이라면 좋다.

합리적인 평가 기준을 마련했는지 확인하기 위해 친구나 연인과 함께 당신의 욕구에 대해 이야기를 나누어라.

과거와 현재의 혼동

진심으로 당신을 사랑하고 존중하는 친구나 연인이 당신 곁에 있다 하더라도 당신은 그것을 실감하지 못할 수도 있다. 왜냐하면 당신에게 관계란 폭력적이었기 때문이다.

> 난 다시 성폭력을 당할까 봐 매우 두려웠어요. 다른 사람도 역시 폭력적일 거라고 생각했으니까요. 보통 자기가 배워 온 대로 사람을 평가하기 마련이잖아요? 내 경험으로는 남자 중 95퍼센트는 폭력을 휘두르는 사람이에요. 그래서 그가 어떻게 폭력을 행사하는지 밝혀 내야만 하는 거죠. 물리적인지, 심리적인지, 아니면 정서적인지…….

만약 당신이 폭력을 당하고 있다면 당연히 그 상황에서 벗어나야 한다. 하지만 자신이 폭력을 당하고 있다는 생각만 들 뿐이라면, 당신에게 지금 필요한 것은 진심으로 당신을 사랑하는 사람과 폭력을 휘두르는 사람을 구분하는 법을 배우는 일이다.

한 가지 방법은 자신에 대해서 진실하게 검토해 보는 것이다.

- 아버지는 내가 중요하게 여기는 문제를 이야기해도 귀담아 들어 준 적이 없었다. 빌은 잘 들어주는 편이다.
- 어머니는 항상 상황이 곧 변할 것이라고 말했지만, 아무 것도 변

하지 않았다. 아직도 가야 할 길이 멀기는 하지만 모린과의 관계에는 변화가 있다.

이러한 차이점들을 강조하라. 그러면 당신은 지금 당신의 인생 안에 들어온 사람이 당신을 가해했던 그 사람과는 엄연히 다른 존재라는 점을 알게 될 것이다.

가까이 오지 마!

일반적으로 생존자들은 그들 사이에서 또는 자신이 사랑하는 다른 사람들과의 관계에서 일정한 거리를 유지한다. 만약 친밀하다는 이유로 위협을 받은 적이 있다면 당신은 그 관계를 멀리하려고 할 것이다. 혹은 두려움을 느낀 나머지 그 관계에서 멀어질 구실로 다른 사람을 모략할 수도 있고, 몸은 그 자리에 있지만 마음은 이미 수백만 리 밖으로 달아나 있을 수 있다.

이혼하게 될 거라는 걸 알고 있었어요. 아무리 노력해도 잘 되지 않았죠. 난 그와 가까워지고 싶지 않았어요. 밖으로 나가고만 싶었을 뿐이에요. 나가고 싶다는 말은 어린이 성폭력의 직접적인 결과인 것 같아요. 어린 시절 동안 나 자신을 안전하게 지키려면 밖으로 나가는 수밖에 없었거든요. 난 집 밖으로 나갔죠. 침실에서 벗어났어요. 지하실에서 벗어났어요. 난 내 어린 시절의 절반을 과수원에서, 나무 위에서, 말 위에서, 그렇게 사람들로부터 멀리 떨어진 곳에서 보냈어요. 혼자 있을 때만 안전함을 느꼈거든요. 사람들 속에 있으면 안심할 수가 없었죠. 한 번도 안심한 적이 없었어요.

때때로 거리를 두는 것도 좋은 방법이다. 친한 사람과 떨어진 채 자기 삶의 다른 측면들을 성장케 함으로써 그 관계가 오랫동안 지속되도록 하는 일은 매우 중요하다. 친하게 지내다가 자신에게로 돌아오고 그러다가 다시 친해지는 것은 건강한 관계에서 나타나는 자연스러운 주기이다. 하지만 불편함을 느낄 때마다 움츠러드는 것은 문제가 된다.

자기가 언제 왜 뒷걸음질치는가를 보고, 자신이 정말 그렇게 하기를 원하는지 그것이 적절한 행동인지, 또는 그것이 어린 시절로부터 물려받은 것이며 더 이상 쓸모 없는 것인지를 상황마다 판단하라. 더 멀어지고 싶다면 건강한 방식으로 멀어지는 연습을 하라. 싸움을 걸거나 다른 사람과 밀애를 갖는 것은 좋은 방법이 아니다.

자신이 정말 원하는 것은 움츠러들지 않고 가까워지는 것이라면 당신이 천성적으로 소극적인 사람이더라도 자신을 더 적극적으로 내밀어야 한다. "난 널 떠날 거야. 우린 안 맞아"라고 말하지 말고, "난 두려워. 우리 한 번 이야기해 보자"라고 말하라. 친구에게 몇 주일 동안 전화하지 않겠다고 생각하지 말고 "난 지금 너무 힘들어"라고 말하라. 친밀감을 증진시키는 열쇠는 공포를 숨기고 도망가는 대신 자신의 느낌 그대로를 정직하게 표현하는 것이다.

안전지대를 쌓고 싶다면 자신과 작은 약속들을 하라. 예를 들면 이런 것들이다. "오늘 밤에는 그와 지내겠지만, 내일 밤은 나 혼자만을 위해 남겨 둘 거야."

멀어지는 것을 항상 염두에 두고 있다면 그 일은 성공하기가 힘들다. 자신의 생각이 언제, 어디에서 옆길로 빗나가는지를 보도록 노력하라. 주변 사람들에게 당신이 그 신호—눈에 초점이 없어지거나, 목소리가 낮아지고, 당신이 다른 곳에 가 있는 듯한 느낌—를 언제 보이는지 살펴보라고 요청하라. 주변 사람들이 그 신호가 당신에게 나타났다고 피드백을 해주는 즉시 당신은 멈추어서 자신이 뒷걸음치는 이유를 찾아야 할 것이다.

혼자되는 것에 대한 두려움

많은 생존자들이 어렸을 때 받아 마땅한 보살핌을 받지 못했다. 혹은 숨도 쉴 수 없는 상황에 있었거나 나이에 적절한 독립성이 허용되지 않았을 경우도 있다. 지금 당신은 매달리고 있을지 모른다. 혼자되는 것이 두려운 것이다.

> 새로운 남자를 만날 때마다 바로 이 사람이다 싶죠. 누군가가 나를 안고 나를 부르고 내게 이야기하면서 흥분되는 것 같으면 기분이 아주 좋아져요. 즉시 사랑에 빠져서 친구들에게 말하죠. 그를 내 아이들에게도 소개해요. 이제 외로운 밤은 안녕이라고 확신하는데 그만 관계가 깨져요. 마지막 남자친구는 나와 헤어지고 일주일 후에 약혼하더군요. 너무나 모욕적이었어요. 돌아가서 다시 모든 친구들에게 그동안 있었던 일을 이야기해야 했습니다. 내가 무엇을 잘못했는지 계속 자책합니다. 난 그저 사랑받고 싶었을 뿐인데 말입니다.

이 여성이 아무런 평가도 하지 않고 관계로 풍덩 뛰어드는 자신을 자제할 수 있었던 것은 한참이 지나서였다. 그녀가 설명했다. "지금도 자제하는 것이 부자연스럽지만 내게 맞지도 않는 남자에게 매달리면서 어리석게 굴지 않으려면 반드시 필요한 일입니다."

동화되기

동화되는 것은 극도로 의존적인 상태다. 또 자기 정체감이 충분히 강하지 않기 때문에 자신의 생각이나 감정들, 욕구들을 다른 사람의 것과 혼동하여 구분하기가 힘든 상태이기도 하다.

> 전 남편과 나는 친밀한 관계에 너무 집착한 나머지 서로의 인생에 완전히 용해되었어요. 우리는 우리 사이의 공통적인 것들만 생각하고 둘 사이의 차이점들은 부인했지요. 우리는 똑같은 종류의 옷을 입었고 똑같은 건강식품 다이어트를 했고 같은 책들을 읽었어요. 내가 초록색 옷을 입고 있어서 우리가 다른 사람인 줄 알지 그렇지 않으면 하도 똑같아서 구분이 안 될 거라고 농담하곤 했답니다.

혼자되는 것이 두려운 사람에게 이런 식의 친밀함은 매력적이지만 사실 치명적이기도 하다. 당신이 다른 누군가와 구분이 안 된다는 말은, 당신의 생각, 감정, 욕구를 희생하기 쉽다는 뜻이다. 하나가 된다는 환상을 지속시키려고 진실을 위조하고 있다.

한 생존자가 이런 식의 의존상태에서 어떻게 빠져나왔는지 설명했다.

> 치유는 내 것이 아닌 것을 돌려주고 그림자와 겹쳐있던 것을 다시 찾아내는 과정입니다. 친밀성과 동화되는 것의 차이를 파악하는 것이 내 치유의 핵심이었어요. 젊었을 때의 친밀한 관계는 공생하려는 시도였습니다. 사랑하는 것은 다른 사람의 비위를 맞추려고 나를 포기한다는 것이었지요. 사랑을 얻어내면 나는 한쪽의 부족한 부분을 둘이서 서로 메워줄 것이라는 희망으로 가슴이 부풀었답니다. 하지만 그 사랑은 나 자신을 돌보지 않

아서 생기는 절망과 분노를 더 강화하기도 하더군요. 사랑의 실패로 나는 내가 전혀 사랑스럽지 않다는 것을 다시금 확인하면서 절망과 무기력으로 빠져 들어갔습니다. 하지만 바로 이 견딜 수 없는 순간들이 있었기에 나 자신에게 관심을 돌리는 법을 배울 수 있었습니다.

강한 유대는 두 명의 개체가 서로 자신의 것을 함께 나눌 때 이루어진다. 그렇게 되기 위해서 당신은 독립된 자아를 가져야 한다.

바람직하지 않은 의존성을 극복하는 방법은 두 살짜리 아이가 독립적으로 노는 방법을 배우는 과정과 매우 유사하다. 아이는 장난감을 가지고 몇 분 동안 놀다가 거실로 가서 엄마가 아직 거기에 있다는 것을 확인한다. 엄마의 다독이는 손길을 받거나 웃는 얼굴을 보고 일단 안심을 하고는 다시 놀러 간다. 그리고 다시 몇 분 뒤에 엄마를 확인하러 온다. 혼자 시간을 보내면서 안전하다고 느끼는 법을 배우는 과정도 이와 마찬가지이다. 연습하고 긍정적인 확신을 얻고 더 연습하라.

자신이 정말 즐기는 일을 하면서 혼자 있는 시간을 조금씩 늘려 나가라. 그리고 친구나 연인에게 용기를 주는 말들을 해 달라고 요청하라. "네가 돌아왔을 때도 나는 계속 여기 있을 거야" "네가 정말 자랑스러워" 같은 말이 좋을 것이다.

미리 계획을 세우는 것도 큰 도움이 된다. 하루를 혼자 보내고 나서 남편과 저녁을 같이 먹기로 약속할 수도 있다. 애완동물이나, 자연, 창작 등 사람이 아닌 것들에게 애정을 주라. 자신을 돌보는 방법을 다양하게 넓힘으로써 다른 사람에게 덜 의존하게 될 것이다.

경계 정하기

생존자들은 적절한 경계선에 대해 배우지 못했기 때문에 인간관계에서 경계를 설정하는 데 어려움을 겪는다. 아마 항상 주기만 할지도 모른다. 또는 자신에게는 '아니오'라고 말할 권리가 없다고 생각할 수도 있다. 그러나 당신이 그 관계의 반을 차지하므로 결정권의 절반은 당신에게 있고 당연히 그 힘의 절반을 행사할 권리가 있다. 균형 잡힌 관계에서는 그 관계가 잘 작동하도록 두 사람이 함께 애쓴다. 사랑을 얻기 위해서 혼자서만 모든 것을 줄 필요는 없다. 완전한 자기희생은 미덕이 아니다. 자신의 한계를 설정해 본 경험이 별로 없다면 작은 것부터 시작하라. 이를테면 "룸메이트가 자고 있으니까 밤 11시 이후에는 전화하지 말아 줘." 또는 "우유를 마셨으면 다시 채워 놓는 게 좋지 않겠니?" 등이 가능하다.

일단 작은 것으로 연습해 보았으면 더 큰 것을 시도하라. 당신이 매일 저녁 가족들을 위해 식사 준비를 해 왔는데 더 이상 혼자서만 그 일에 대해 책임질 이유가 없다고 생각한다면 이렇게 말할 수 있겠다. "더 이상 나 혼자 모든 요리를 하고 싶지는 않아. 당신이 일주일에 하루는 저녁을 준비했으면 해." 실현가능한 방법을 의논하여 적절한 것을 찾아나가라.

당신이 설정한 경계를 누군가가 마음에 들지 않는다 하여 그 경계를 철회해야한다는 뜻은 아니다. 화요일 저녁이 저물어 가는데 아무도 부엌으로 갈 생각을 하지 않는다면 당신은 산책하러 나가거나 사과 하나 들고 다른 방으로 가서 책을 읽는 것도 좋겠다.

가족들이 불평하고 시끄럽게 하겠지만 아마 굶고 싶지는 않을 것이다. 큰 아들이 요리에 관심이 있다는 것을 새롭게 알게 될 수도 있다.

당신은 이런 식의 경계 정하기를 좋아하게 될 것이다.

갈등에 대처하기

갈등은 많은 여성들, 특히 생존자들에게는 일종의 위협이다. 갈등이 폭력으로 비화되거나 또는 갈등을 완전히 억누르기만 하는 가정에서 자랐다면 당신은 아마 분쟁을 건강한 방식으로 대처해야 하는 상황에 처할 때 당혹스러워질 수 있다. 그래서 당신은 꼼짝 못 하고 서 있거나 움츠러들거나 또는 직접 대면하지 않은 채 당신의 요구 조건을 만족시키는 방법을 찾으려 할 것이다. 거기에 단호하게 대처하면 버림을 받을지도 모른다. 또 자신이 상처받을까 봐 또는 다른 사람에게 상처를 줄까 봐 두려워질 것이다. 혹은 사소한 불화에 자극받아 전혀 의도하지 않았던 말이나 행동을 함으로써 전쟁이 되 버릴 수도 있다.

몇몇 생존자들은 갈등이 너무나 부담스러워서 견딜 수가 없을 정도라고 한다.

> 친구들끼리 아끼고 친하게 지냈습니다. 그러나 갈등이 있을 때마다 난 급격하게 화를 내면서 통제가 안되는 지점까지 가요. 관계를 깨버리는 정도까지 가버립니다.

하지만 갈등은 정상적인 것이고 불가피하다. 그것은 친밀한 관계의 기본적인 부분이다. 엘렌의 어머니가 말씀하신 것처럼 "만약 두 사람의 의견이 항상 일치한다면, 둘 중 하나는 필요가 없다."

상호 존중하는 가운데 직설적으로 이야기하는 것은 문제를 해결하는 바람직한 방식이다. 자신의 감정을 인식하는 순간 최대한 빨리 그 감정에 대해 이야기하라. 분노와 실망감을 내면에 쌓아 두지 말라. 자신의 느낌과 욕구를 이야기하라. 그런 다음 이번에는 중간에 끼어들지 말고 친구나 연인의 이야기를 끝까지 들어라.

갈등이 걷잡을 수 없이 불거지지 않게 하기 위해서 '폭력과 욕설을 사용하지 않기' 등과 같은 지침을 미리 설정해 놓을 수도 있다. 관계 전반에 걸친 문제로 비화하지 말고 현재의 사안에 대해서만 이야기하기로 약속한다. 이러한 기본 규칙들을 세움으로써 당신은 더 안전하다는 느낌을 받을 수 있다.

> 지금까지 화가 나도 표현할 줄 몰랐어요. 어떤 의미에서 분노는 친밀한 관계를 아주 극적으로 표현한다고 생각해요. 만약 자신의 분노를 안심하고 표현할 수 있는 상대가 있다면 그건 정말 친밀한 관계의 좋은 척도가 되죠. 지금 나는 처음으로 자유롭게 내 분노를 표출할 수 있는 사람을 찾았어요.

모든 갈등마다 분노가 끼어드는 것은 아니다. 어떤 때는 단순히 사물을 보는 관점이 다르거나, 다른 바람을 갖고 있는 상황이라면 둘 다 만족할 수 있는 타협점을 찾아야 할 때도 있다. 어쨌든 두 경우 모두 상대방의 생각을 듣는 것이 중요하다. 이것이 자연스럽게 되지 않으면 시간을 재서 한 사람이 5분 동안 이야기하고 다른 사람은 잘 듣는 방법을 쓰는 것도 좋다. 또는 역할을 바꿔서 즉, 상대방의 입장에 서서 그녀 또는 그가 느낄 거라고 생각되는 것들을 이야기해 보라.

대부분의 경우에 두 사람의 요구 조건을 모두 만족시키는 적어도 한 가지—일반적으로 더 많은—해결책을 찾게 된다. 자신에게 중요한 것을 포기하거나 연인 또는 친구의 요구 조건을 무시할 필요는 없다. 서로를 존중하면서 성공적으로 협상하는 것도 당신이 배울 만한 기술이다. 그리고 자신이 만족하는 방식으로 분쟁을 해결하면 신뢰감도 함께 쌓인다.

주고받기

친밀감에는 '주기'와 '받기'라는 두 측면이 있다. 당신은 한 측면 혹은 두 측면 모두 수행하기가 힘에 부치던 시기를 거쳤을 것이다. 훈련을 통해 이 두 가지를 배울 수 있다. 만약 '주기'가 힘들다면 자신에게 가장 쉬워 보이는 것—예를 들면 칭찬을 해주거나 좋아하는 음식을 주기—부터 다른 사람에게 주어라. 그 사람에게 당신이 해준 것에 대해 감사를 표시해 달라고 부탁하라. 인정받는 일은 그 행동을 강화시키는 데 중요한 역할을 한다.

시간이 지나면 좀 더 어려운 것을 주라. 자기의 입장에서—즉 주고 싶은 것을 주고 싶을 때 주는 것—주는 것이 상대적으로 더 쉽다는 것을 알게 될 것이다. 예를 들면 아이들은 상대가 좋아할 것보다는 자신이 좋아하는 것을 선물하곤 한다. 하지만 당신은 성인이기 때문에 다른 사람들이 원하는 것을 그들이 원할 때 줄 수 있어야 한다. 당신의 남편은 자신을 위해 요리해 주는 것보다는 중요한 행사에 동행해 주기를 원할지도 모른다. 당신은 그에게 영화를 함께 보자고 제안하고 싶은데 그는 당신과 이야기를 나누고 싶어 할 수도 있다.

일단 익숙해지면 받음으로써 기분이 몹시 고양된다는 것을 알게 된다. 하지만 먼저 열린 마음을 갖는 것이 얼마나 두려운지를 알아야 한다. 어렸을 때 만약 당신이 자신을 지켜야 했거나 원하는 바를 얻기 위해 속임수를 써야 했다면, 당신은 아마도 마음을 열어 서로를 배려하는 것이 불가능하거나 안전하지 않다고 생각했을 것이다. 그러나 지금은 되돌려 받을 무엇인가를 빌려 줘야 그 사람으로부터 받을 수 있는 것은 아니라고 생각한다.

최소한 하루에 한 가지씩 당신이 원하는 것을 요구하는 것부터 시작하라. "차 한 잔 타 줄래요?"나 "나가는 길에 판매부에 이거 좀 가져다주시겠어요?"와 같은 작은 일들이 될 수 있다.

친하게 지내는 사람들에게 당신이 지금 자신이 원하는 것을 요구하는 법과 그것을 받는 법을 배우고 있는 중이라고 말하라. 당신의 배우자가 자발적으로 점심 도시락에 사랑의 메모를 넣을 수도 있고, 당신의 딸이 집에 오는 길에 당신을 위해 꽃을 꺾어 올지도 모른다.

건강한 관계에서는 '주기'와 '받기'가 균형을 이룬다. 만약 당신이 항상 한 방향으로만 심하게 편중되었다면, 다른 쪽에도 초점을 맞출 필요가 있다. 결과적으로 당신이 더 안전하게 느끼게 되면서 '주기'와 '받기'도 안정되고 자연스러운 리듬을 갖게 될 것이다.

힘겨운 시기에

어린이 성폭력을 치유하는 과정 중 당신의 모든 주의력을 집중해야 하는 결정적인 시기에는 아무 것도 줄 수 없을 때가 있다. 너무 자신에게 몰입한 나머지 일시적으로 가족이나 친구들의 요구를 만족시키지 못하거나 심지어 관심조차 기울이지 못할 수가 있다.

이러한 자기 몰입은 정서적인 작업에 몰두할 때 자연스럽게 나타나는 부작용이다. 하지만 항상 자기 몰입에 빠질 수는 없다. 또한 이 시기 동안에도 친밀한 관계를 계속 유지할 수 있다. 물론 당신이 일방적이고 편향된 관계가 아니라 상호 배려하는 관계를 유지하기 위해 애써야 하는 것은 당연한 일이다.

만약 관심을 기울일 수 없다면 최소한 사과를 하라. 지금은 당신이 더 많은 것을 줄 수 없지만 곧 원래의 모습으로 돌아가 그(녀)와 함께 하려고 한다는 것을 인식시켜라. 당신이 거기에 보답할 수 없을 때에도 친구가 변함없이 보여 주는 애정에 감사하고 있다는 것을 표현하라. 그런 다음 작은 것이라도 당신이 줄 수 있는 것이 있는지 찾아보라. 자신만의 생각에 몰입해 있을 때라도 연인의 세탁물 정도는 처리해 줄 수 있을 것이다. 모든 것을 해줄 수 없을 때는 할 수 있는 것이라도 주어라. 위선을 행하라는 것은 아니다. 당신이 정말 아무 것도 해줄 수 없는 시간이 있을 것이다. 그렇다면 당신에게 뭔가를 요구한다고 그 사람을 비난하지 말고 대신 당신의 한계를 인식시키고 거기에 대해서 책임을 져라.

일반적으로 그 관계의 기초가 튼튼할수록 어려운 시기들을 더 잘 견딜 수 있다. 때로는 치유 과정에 찾아오는 위기가 관계를 깊이와 애정면에서 더 성장시키는 계기가 되기도 한다. 그러나 아무리 굳건한 관계라 하더라도 당신이나 당신의 파트너는 치유의 힘겨운 과정에서 힘들 수 있다는 점을 명심하라.

나쁜 관계 알아보기

우리는 모두 어린 시절의 방식을 반복하는 경향이 있다. 즉 생존자들은 냉담하거나 폭력적이기까지 한 가족으로부터 벗어나지만 결국 그러한 자질이 몸에 밴 배우자를 만나는 식으로 과거의 방식을 반복하는 경향이 있다.

관계를 맺고 있던 남자와 이야기하다가 갑자기 그가 나의 아버지처럼 말하거나 전 남편이 하던 행동을 그대로 한다는 것을 알았어요. 그들은 나를 폭행했죠. 그 관계를 시작한 지 한 달이나 두 달 동안은 그게 분명하지 않았어요. 하지만 그 후에는 일 하나가 벌어지고 그러고 나서는 똑같아지죠. 난 계속해서 아버지 같은 사람만 골랐던 겁니다.

만약 폭력이 횡행하는 관계 안에 있다면 그 상황을 부인하지도 말고, 마법처럼 나아질 것이라고 희망하지도 말며, 상대방이 변할 것이라고 기대하지 않는 것이 중요하다. 당신에게 있는 유일한 힘은 당신 스스로를 바꾸는 힘이다. 당신은 행동할 수 있다. 현재의 당신 편에 서서 변호할 수 있다. 당신이 할 수 있는 한 다 변화시켰는데 여전히 폭력을 당하거나 무자비한 대우를 받는다면 그 관계를 떠날 것을 생각해볼 때이다. 배반, 유기, 폭력과 연결되는 관계 안에 있으니 그 관계를 떠나는 게 훨씬 더 낫기 때문이다.

이별

폭력적이거나 존중하지 않는 관계에 이별을 고하는 것은 특히 어렵다. 관계가 한 번도 당신의 욕구를 충족시켜주지 못했다는 바로 그 사실이 이별을 한층 어렵게 만든다. 당신은 그 관계가 잘 이루어지도록 오래 노력해왔기 때문에 여태와는 다른 뭔가를 한다는 것이 놀랍고 낯설다. 재정적인 의존, 어린 자녀, 희망을 포기하지 않겠다는 의지 등 여러 이유로 관계를 유지하려고 할 수도 있다. 무조건 함께 있어야 가족이라는 생각을 신봉할 수도 있다. 혹은 관계가 당신에게 불리하고 안전하지 않다 하더라도 파트너를 너무나 사랑할 수도 있다. 때로 여성들은 파트너를 구원해야 한다거나, 부정적인 관계든 양호한 관계든 그 패턴을 반복해야 한다는 임무를 과거부터 도맡아 해왔다. 이런 모든 것들은 지금 당신이 있는 곳에 머물게 하는데 큰 몫을 한다.

건강하지 못한 관계를 단절하려면 먼저 지금 진행되는 상황, 당신이 그 관계 속에 있을 때의 느낌을 정직하게 평가하는 것부터 시작해야 한다. 스스로 물어보라, 상황이 좋아지거나 상대가 변할 것을 기다리면서 앞으로 얼마나 더 살아갈지. 또한 당신을 아끼고 한 개인으로서 잘 아는 사람들로부터 피드백을 들어보라.

당신이 할 수 있는 것부터 시작하라. 수업에 참여하라. 프로젝트에 관여하거나 혼자만의 짧은 여행을 떠나라. 혼자 시간을 보낸다면 설령 하루가 된다 하더라도 다시 시작할 만한 힘을 받을 수 있다. 독자적인 활동을 함으로써 스스로에 대해서 더 편안해지고 당신의 감정과 상황에 대하여 더 선명한 관점을 가질 수 있다.

어떤 관계도 완벽하지 않으며 많은 관계가 어려운 시기를 거친다. 하지만 폭력적이고 건강하지 않으며 기본적으로 성취감을 주지 못하는 관계에 머무는 것이 좋을 리 없다. 이것은 결혼과 연애관계 뿐 아니라 우정에도 적용된다. 떠나는 것이 힘들어도 시간이 지나면 이 결정은 더 보람된 친밀성과 더 큰 만족으로 나가는 문을 열어줄 것이다. 한 여성이 회상한다.

> 난 관계가 행복하지 않았어요. 하지만 그것에 대해 생각하지 않았습니다. 우리는 함께 살았어요. 부엌을 리모델링하고 우리 둘 다 개에게 열중했지요. 성적으로 더 친밀해지기를 바랬어요. 성행위를 일 년에 한두 번 정도 했거든요. 관심 가는 것들에 대해서도 이야기 나누고 싶었어요. 난 책 읽는 것을 좋아하고 뉴스중독자거든요. 그런데 그녀는 관심이 없었어요. 그녀는 일하러 나가고 집에 와서 밥 먹고 TV를 봤지요. 그게 다 였어요. 난 그다지 그녀와 관계를 맺고 있다는 느낌을 받지 못했어요. 그러나 내가 떠

나겠다는 생각은 하지 않았어요. 그녀가 다른 여자 때문에 나를 떠나는 바람에 관계가 끝났답니다. 그때 난 내 인생이 엉망이 되었다고 생각하면서 무척 우울해졌지만 사실 내게 일어난 가장 잘된 일이었던 거죠. 곧 난 훨씬 더 내게 맞는 다른 여자를 만났어요. 그녀는 똑똑하고 활달하고 재미있고 열정적이고 관대해요. 물론 사랑스럽구요.

새로운 관계 모색하기

옛 것이 새 것으로 전이되는 시기가 있다. 당신은 무엇을 원치 않는지는 아는데 무엇을 원하는지에 대해서는 알지 못할 수 있다. 50대 중반의 한 여성은 이렇게 말했다.

> 남자에 대해 더 많이 알아야겠다고 생각했어요. 정말 그들에 대해 너무 몰라요. 아버진 나에게 너무 냉담했고 너무 폭력적이었죠. 내 삼촌들도 그랬어요. 그러니 내가 아들과 잘 지내지 못했던 것은 어쩌면 당연하죠. 좋은 남자와 따뜻하고 다정하게 지내는 게 뭔지를 가르쳐 주는 본보기가 없었던 겁니다. 그래서 그걸 개발하려고 노력하고 있지요. 그리고 재미있어요. 남자에 대한 내 인식이 변하고 있어요. 갑자기 그들이 더 괜찮아 보이고 있어요.

새로운 관계를 통해 친밀감을 훈련해 보라. 우리는 관계를 영원히 지속하느냐, 단절하느냐에 따라 그 관계의 질을 판단하고 평가하는 데 익숙해 왔다. 그러나 관계를 지속한 기간이 짧거나 당신이 필요로 하는 모든 것을 다 주지는 않더라도 가치 있는 관계가 될 수 있다. 만약 당신이 의사소통, 신뢰, 애정을 주고받는 어떤 관계를 맺고 있다고 생각한다면, 그것은 성장과 친밀한 관계를 위한 건강한 토대가 당신에게 있음을 의미한다.

여전히 즐겁게 지내는가

산타크루즈의 한 여성 밴드는 관계에 관한 노래를 하나 지었다.

> 노력해, 계속 노력해
> 하지만 난 노력하고 싶지가 않아

공연에서 이 곡을 연주하면 청중들은 열광한다. 우리는 죽을 때까지 관계를 위해 노력한다는 것이 어떤 건지를 모두 알고 있는 것이다.

만약 당신이 어린이 성폭력으로부터의 치유 작업—여러 기억들과 거기에 직면하는 일, 분노와 슬픔—에 더하여 세탁물과 아이들 돌보는 일에 파묻혀 있고 생활비를 벌어야 한다면, 삶이 너무 힘겨울 것이다. 허공을 달리면서 뭔가를 확보하고자 하면 제일 먼저 삶의 즐거움이 도망간다. 하지만 그것은 저지르지 말아야 할 실수이다.

하루 일과가 끝난 후 당신이 항상 침대 속으로 기진맥진한 채 기어들어가는 모습만 보인다면 당신과 당신의 남편 모두 서로에게 끌렸던 애초의 매력을 망각하기 쉽다. 만약 당신이 친구를 볼 때마다 성폭력에 대해서만 이야기한다면 그 친구는 더 이상 전화하지 않을 수도 있다. 다행스럽게도 항상 당신 곁에 친구들이나 연인이 있다 하더라도 당신은 즐겁게 함께 보낼 수 있는 시간들을 놓쳐 버릴 것이다.

건강한 관계를 소중하게 여긴다면 당신은 사랑하는 사람들과 기분 좋은 시간을 보낼 수 있도록 생활의 틀을 바꾸어라. 로라는 또 다른 생존자인 친구와 함께 아주 성공적으로 이것을 해냈다.

> 처음 만났을 때 우리는 밤새워 무겁고 침울한 이야기들을 했습니다. 몇 달이 지나니까 서로 만나는 게 그다지 즐겁지 않은 거예요. 그래서 우리는 변화를 주기로 했지요. 우린 한 달에 한 번 재미있는 일을 하기로 약속했어요. 지난달에는 내가 골든게이트 공원 파티에 그녀를 데려갔지요. 이번 달엔 볼링을 치러 갈 겁니다.

즐거움은 치유 과정 가운데 선택하거나 하지 않을 수 있는 그런 부분이 아니다. 즐거움은 치유 과정에서 얻을 수 있는 주요한 보상 중의 하나이다.

성 되찾기

"난 성행위가 사람을 상처 입히는 방식이라고 생각해왔습니다. 그것도 수년 동안. 내게 그건 단순한 성폭력이 아니었습니다. 젊은 여성으로서 나는 여성을 대상화하는 행태에 화가 치밀었어요. 성이나 성행위와 관련된 것은 무엇이든 다 싫었죠. 서서히 치유 과정을 거치면서 그것도 변화하더군요. 지금은 성행위가 좋아요. 멋지고 힘을 주는 것이라고 생각해요. 내게 성행위는 영성, 건강, 기쁨과 연관되어 있답니다. 하지만 여기까지 오는데 시간과 노력이 엄청나게 많이 들었습니다."

여기에서 제시되는 성에 대한 관점은 동성애자 및 이성애자 여성 모두에게 적용된다. 각 집단마다 직면하는 어려움이 다르기는 하지만 유사한 점들 역시 만만찮게 있다.

'연인'은 모든 성적 상대를 일컫는다. 즉 가볍게 만나 데이트를 하는 사람, 깊은 관계를 맺거나 결혼을 한 상대, 또는 다양한 형태로 관계를 맺는 상대가 다 포함된다. 치유는 여러 단계에서 일어나므로 당신이 독신이든, 데이트를 하고 있거나 짧은 기간 동안 관계를 맺든 혹은 헌신적인 관계를 맺든 상관없이 당신은 성적으로 치유될 수 있다.(당신이 생존자의 연인일 경우 649쪽에 있는 '연인이나 배우자를 위하여'를 보라.)

생존자들만이 성적인 치유가 필요한 것은 아니다. 소녀들은 태어나면서부터 자신의 성과 관련하여 모순된 메시지를 받는다. 성을 숨겨라, 부정하라, 억압하라, 사용하라, 과시하라, 포기하라 등의 이야기를 번갈아 가면서 듣는다. 성은 권력과 유혹, 교환의 수단으로 알려진다. 그래서 많은 여성들이 성에 관한 엇갈린 메시지에 혼란스러워하면서 성장한다. 성폭력 피해를 입은 여성의 경우 이 문제는 좀 더 복잡하다.

많은 생존자들이 성에 관한한 특히 취약하고 상처입기 쉽고 혼란스럽고 때로는 고착되어 있다. 소프트볼 코치가 라커룸에서 당신의 가슴을 만졌다면 당신의 연인이 당신의 가슴을 만지는 것을 꺼려할 것이다. 당신의 어머니가 학교 가기 전 아침에 당신에게 성적 행위를 강요했다면 당신은 깨어나면서 성에 대한 생각에 역겨울 수 있다.

당신의 문제가 특정한 성폭력의 행위와 무관할 수도 있다. 당신이 성적 상황에 놓여있을 때 전반적으로 공포를 느끼거나 혹은 성행위를 할 때 다른 곳으로 해리되기 때문에 성행위를 피하려고 할 수도 있다.

> 난 53세이고 결혼은 하지 않았습니다. 친한 친구들 중 누군가가 나와 성적인 관계를 원하면 그 즉시 난 완전 공포에 질리게 됩니다. 평생 성행위는 두 번 했어요. 삼촌은 빼구요. 처음에 그 남자는 삽입을 하지 못했고, 두 번째는 너무 혐오스럽고 더러운 느낌이 들어 기다릴 수가 없더군요. 다시는 그 남자를 보고 싶지 않았어요. 정말 많이 화가 났어요. 강간에 대해서가 아니라 나의 인생에 대해서요. 쉰 세 살인데 난 아직도 친밀한 누군가와 함께 있다는 것이 무엇인지, 사랑하면서 성행위를 한다는 것이 뭔지 모릅니다.

성폭력을 당한 어린이였던 당신의 성적 느낌은 두려움으로 직결되었다. 당신은 흥분될 때마다 동시에 두려움도 느꼈던 것이다. 지금도 성적으로 흥분하면 두려워질 수 있다. 혹은 성적인 기분이 들 때 고통스럽고 무서운 감정이 동시에 생길 수도 있다.

> 마치 그 기억은 열정과 동일한 선상에서 저장되어 있는 것 같아요. 성행위

를 하지 않으면 그 기억과 연결되지 않아요. 하지만 열정이 생길 때마다 그 기억이 바로 되살아나요. 판도라 상자를 여는 것 같다니까요.

당신은 또한 상처를 입을까봐 혹은 상대를 상처 입힐까봐 두려울 수도 있다.

열정이 나에 대한 분노와 동맹을 맺었나봅니다. 성적으로 흥분이 되면 곧바로 분노가 개입하거든요. 위험할 정도로 공격적이 될까봐 걱정이 되는 거죠. 그래서 성적인 자극을 받게 되면 즉시 차단해버려요. 상대를 해칠까봐 염려되거든요.

가해자도 남자고 당신의 연인도 남자라면 이 사실 하나만으로도 당신의 경고등이 켜진다.

그가 조라는 걸 잊어버리고 "그냥 남자"라고 생각하고 반응하던 시절이 있었지요. 그는 한 번도 나에게 해를 입히지 않았지만 그의 정체를 가해자와 완전히 혼동하곤 했어요. 밤에 침대에 누워있었어요. 자려고 하다가 벌떡 일어나야만 했답니다. 왜냐하면 "내가 이 남자와 여기에 누워있을 수는 없어. 너무 끔찍한 일"이라는 생각이 불현듯 들었거든요.

당신은 그 누구와도 친밀해지고 싶지 않아서, 혹은 친밀해진다면 반드시 그 친밀감으로 질식당할 수도 있다고 생각하기 때문에 성행위를 피할 수도 있다. 자기통제력을 잃고 압도당하여 자신이 설정한 경계선이 무너질 것이 두려운 것이다.

반면 정반대의 노선을 통해 피해에 반응할 수도 있다. 즉, 늘 성행위를 원할 수 있다.

> 이혼하고 나서 정말 미친 듯이 섹스를 했어요. 내가 느끼는 것이 일종의 해방감이라 여겼지요. 뭔가 위로를 받고 있는 느낌이요. 하지만 그건 너무나 덧없어서 자꾸자꾸 해야만 했어요.

성행위를 통해 모든 욕구를 충족하려고 할 수 있다. 친밀감, 대화를 원할 때, 당신이 사랑받고 가치 있고 돌봄을 받는다는 느낌을 원할 때, 불행하고 실망하고 혹은 화가 날 때 당신은 성행위를 요구한다.

> 나를 사랑하는 사람이라면 누구하고든 섹스를 했어요. 그것을 하지 않는 사람은 나를 사랑하지 않는 거니까요.

어릴 때 모든 주목과 애정을 성적인 것을 통해 받은 생존자들은 성이 아닌 영역의 욕구조차도 성으로 만든다. 이는 충분히 이해할 만하다. 때로 섹스에 대한 이런 강박증적 욕구는 생존자를 위험하고 해로운 상황으로 몰거나 최소한 최선의 길이 아닌 곳으로 데려갈 수 있다.

> 섹스에 중독된 듯합니다. 누군가와 친밀하다는 것을 확인하는 유일한 방법이었어요. 그들이 성적으로 반응하지 않으면 난 그 관계를 믿을 수가 없었지요. 내가 아는 모든 사람과 섹스를 했어요. 그것이 그들이 나를 사랑한다는 것을 확인할 수 있는 유일한 통로였으니까요.

성행위와 사랑의 관계

많은 생존자들이 성적인 어려움을 보여주기는 하지만 더 기본적인 것은 신뢰의 문제다. 어느 생존자가 말했듯이 "친밀에 대한 이야기를 하지 않고 성행위를 말하기는 곤란하지요. 성행위는 여러 문제 중에 하나니까요."

난 늘 신체와 감정을 분리했기 때문에 늘 남자와 성교를 할 수 있죠. 난 그렇게 부르는 걸 좋아해요. 난 있는 그대로 말하는 게 좋아요. 그들과 사랑을 한 것은 아니었으니까요.

가해자가 당신이 사랑하고 신뢰했던 사람이었다면 성행위와 사랑, 신뢰, 배반이 모두 엄청난 방식으로 연결되어 버린다. 많은 피해 여성들이 성관계를 어느 정도 만족하면서 유지하다가 사랑에 빠지게 된다. 그러면 바닥이 무너지고 두려움이 급증한다. 감정이 개입하지 않았을 때는 성행위가 괜찮지만 깊은 감정의 울림이 생기고 나서 가지는 성행위는 예전의 온갖 아픔을 모두 되살린다. 이건 마치 최초의 피해와 비슷하다.

남편에 대한 내 이미지는 이런 겁니다. 그가 내 삶의 어느 창문을 통해 다가와서 나를 바깥으로 데리고 갔어요. 판단하지 않고 나를 조건 없이 사랑했어요. 아무런 기대도 하지 않았는데 내게 다가온 사랑인거죠. 우리는 정말 좋은 친구였어요. 잘 지냈고 그의 성품이 좋았어요.
두 달 남짓 본격적으로 만나고 나자 불안이 찾아왔어요. 늘 체했어요. 감정적으로 더 가까워지고 서로에게 취약한 점을 드러낼수록 사랑을 나눌 때 나는 그 자리에 없는 일이 잦아졌어요. 성은 지금 여기에 있는 것이다 보니 소통의 범위가 적어지더군요. 나를 다 주고나면 내가 없어지고 다시는 나를 찾을 수 없을 것 같았어요. 그래서 어떤 부분은 접근하지 못하게 만든 거죠.

어떤 여성들은 사랑하고 신뢰하는 관계를 맺고 나서야 자신의 피해를 기억한다. 그들은 기억을 경험할 수 있는 안전망이 필요하다.

아버지가 죽고 나서 8개월 후 남편을 만났습니다. 그 전에는 생산적이거나 긍정적인 관계를 갖지 못했는데 그 사람은 정말 내가 애타게 기다리던 그런 사람이었습니다. 그로부터 거의 일 년 뒤 처음으로 기억이 살아나더군요.

이런 패턴을 이해하는 것은 필수적이다. 그래야만 관계가 중요한 의미를 가지는 때가 왔을 때 그 관계를 비집고 나오던 당신의 패턴을 끊을 수 있다. 관계에 어려움이 닥쳤다 함은, 신뢰와 내적 안정감을 되찾을 기회를 가질 수 있는 특별히 중요한 관계가 시작되었음을 의미할 수 있다.

당신은 좋은 기분을 누릴 자격이 있다.

성적 쾌감과 주도권을 경험함으로써 종종 갈등의 감정에 휘말리기도 한다.

몸으로 느끼는 쾌감이 너무 굉장할까 봐 두려워요. 내가 정말 그런 것을 느낄 가치가 있을까 하고 말입니다. 내가 그 정도의 쾌감을 느낀다면 갑작스레 몸이 확 풀려서 그런 엄청난 쾌감을 감당할 수 없게 될까 봐 두려운 거지요. 내 몸은 그만한 고통은 감당할 수가 있어요. 하지만 그만한 쾌감을 감당할 수 있을까요?

많은 생존자들이 성폭력을 당할 때 고통스럽고 무감각해지지만, 어떤 이들은 성적으로 흥분되거나 오르가슴을 느끼기도 한다. 이런 좋은 감정들이 두려움과 혼란스러움, 수치와 배신감에 뒤엉켜 성적 쾌감을 나쁜 것으로 간주하면서 성장하게 된다. 한 여성은 "최근까지만 해도 '성행위'와 '쾌감'을 같은 맥락에서 생각해 보지 못했다"고 말했다.

어떤 생존자들은 사랑을 나눌 때 어떤 쾌감도 느끼지 않는다. 또 어떤 이들은 오르가슴을 느끼지만 성행위를 즐긴 것이 끔찍할 만큼 죄스럽다. 또 어떤 이들은 갈등과 좌절을 느낀다. "쾌락은 내게 쾌락이 아니다. 오르가슴을 느낄 때마다 나는 몸을 던지고 싶다. 구역질이 나고 머리에 떠오르는 것은 오직 그때 그 아저씨뿐이다."

몸의 자연스러운 반응이 착취되었다는 사실은 엄청난 폭력이다. 그러나 성적 쾌감 그 자체는 사악한 것이 아니며 본질적으로는 당신의 피해와 연결되어 있지도 않다. 성인이 된 지금 좋은 기분을 느껴도 괜찮다. 당신은 어디에서 언제 어떻게 누구와 성관계를 할 것인지를 선택할 수 있다. 또한 그러한 선택을 하면서 쾌감을 느낄 수 있도록 스스로를 허용할 수 있다. 성적 느낌은 원래 위험한 것이거나 파괴적인 것이 아니다. 불과 마찬가지로 그 속성과 효과는 누가 어떤 목적에 활용하는지에 달려 있다.

성적 치유는 가능하다

성폭력 피해와 마찬가지로 성적 문제에 대해서도 당신은 해결해야 할 의무가 있다. 다행히도 이제는 당신의 성을 완전히 다른 방식으로 경험할 수 있다.

> 오랫동안 나는 마치 손쓸 도리가 없을 정도로 망가져 버렸다는 느낌이 들면서 성적으로도 실패작처럼 느껴 왔습니다. 하지만 무엇인가가 나로 하여금 포기하지 못하도록 했습니다. 지금도 그것이 나를 놀라게 하고 있어요. 5년 전만 해도 극복할 수 없을 것처럼 보였던 문제들에 대해서 나는 더 이상 그 때와 같은 방식으로 이야기하지는 않거든요. 그 당시를 회상하지도 않습니다. 지금은 정기적으로 성행위를 하구요. 실제로 나는 성행위를 좋아한다고 이야기할 수 있어요. 아니, 실은 그걸 사랑해요. 난 더 이상 나의 열정을 두려워하지 않아요. 내가 맺는 관계에서 아주 흥미진진한 부분인 걸요.

성을 되찾는 일이 궁극적으로는 당신의 삶이 보상받는 일이기는 하지만 느리면서도 고통이 뒤따르는 일이다. 억압된 느낌들을 기억해내고 그것에 마음을 열고나면 일시적으로 사랑을 나누는 것이 오히려 그전보다 더 힘들다는 것을 발견할 수 있다. 치유하려고 애쓰면서 발휘했던 지혜로움을 의심하게 되고 차라리 그냥 흐르게 내버려 두는 이전 방식을 그대로 고수하는 게 더 낫지 않았을까 하고 회의하기도 할 것이다. 그러나 당신은 그 이상의 것을 누릴 자격이 있다.

동성애자이자 생존자라는 것에 대하여

난 늘 "네 아빠가 그런 짓을 했기 때문에 니가 동성애자가 되었구나"라는 말을 들어 왔다. 그 말은 나를 미치게 한다. 사람들은 그런 식으로 나에게 여러 기회를 박탈한다. 만약 내가 살인을 한다면 사람들은 그 원인을 친족성폭력으로 돌릴 것이다. 관련이 있다면 그건 친족성폭력이 폭력 혹은 미움에 대한 나의 수용능력과 관련된 문제인 것이지, 사랑에 대한 나의 역량과 관련된 문제는 아니다. 동성애자인 당신이 치유하고자 애쓰는 것은 성폭력의 파괴적인 영향이지, 당신이 동성애자라는 사실에 대한 것은 아니다.

> 내가 동성애자가 된 것은 아버지가 나를 심하게 가해했기 때문이라고 생각했었죠. 이 지점에서 정서적인 성장이 멈추어 버린 것 같아요. 성폭력 당한 적 없이 행복한 가정을 이루고 사는 동성애자를 만나기 전까지는 그렇게 생각했어요. 그녀는 균형이 잘 잡혀 있었죠. 가족도 그녀가 동성애자라는 사실을 받아들였구요. 동성애자이기 때문에 안고 있는 문제는 없었습니다. 그제서야 나는 동성애자가 된 것이 어떤 원인 때문은 아니라는 사실을 깨닫게 되었던 거죠.

남성으로부터 성폭력 피해를 당했기 때문에 남성보다는 여성과 성적으로나 감정적으로 긴밀한 관계를 맺게 되는 여성들이 있다는 것도 사실이다. 그러나 단지 남성에게 성폭력 당했다는 이유만으로 동성애자가 되는 여성은 결코 없다. 무엇보다 많은 이성애자인 여성들이 남성으로부터 성폭력 피해를 당했지만 여전히 성적 상대로서, 동반자로서 남성을 선택하고 있다. 성폭력 피해가 성적인 선호를 결정하는 결정적인 요소라면 동성애자 인구가 현재보다 월등히 많아야만 한다.

내가 동성애자인 것은 남성을 미워해서가 아니라 여성을 사랑해서이다. 나는 분리주의자가 아니다. 굉장히 멋있는 남자아이를 알고 있다. 또한 내 인생에서 내가 무척 아끼는 남성들도 많다. 나는 남성 혐오자가 아니다. 사실 이성애자인 여성이 남성을 미워하는 이유는 내 경우보다 훨씬 더 많다고 생각한다.

동성애자라는 것은 그 자체로 건강한 한 가지 존재 방식이지 극복해야 할 피해의 결과는 아니다.

확실치 않다면

당신의 성적 선호에 대해서 확실치가 않다면 여유를 가지고 몇 가지를 편안하게 생각하라. 아직 그것을 몰라도 괜찮고 현재 전환이 진행중이여도 괜찮다.

몸과 마음이 분리되었기 때문에, 혹은 거짓말을 해왔기 때문에 혹은 아직 의식하지 않아서 등등의 이유로 자신의 몸을 성적으로 대한 적이 없다면 시간을 갖고 당신의 진실된 반응이 무엇인지를 찾아보라.

성적 선호는 그래프의 곡선과 같은 연속체이다. 많은 사람들이 양성애자가 될 가능성이 있어서 어느 성에나 매력을 느낄 수 있다. 배타적인 이성애자 혹은 동성애자는 극소수에 불과하다. 어떤 여성은 자신이 태생적 동성애자라고 하고 어떤 여성은 자기가 선택한 것이라고 한다.

그러나 만약 동성애자가 됨으로써 성이나 친밀감에 대해 가지고 있는 문제가 신기하게 다 해소되리라고 생각한다면 그건 오해다. 이전에는 가능하지 않았던 어떤 것들이 동성애자가 되면서 가능해질 수는 있지만 그렇다고 동성애자가 되는 것이 만병통치약은 아니다. 성적 선호가 무엇이건 어린이 성폭력으로부터 치유되기 위하여 열심히 노력할 필요가 있다.

성행위 잠시 보류하기

성적으로 치유된다는 것이 늘 치유를 시작할 때 거쳐야할 첫 번째 난관은 아니다. 당신이 위기상황에서 위압적인 정서와 사투를 벌이고 기본적인 안정과 자기 돌봄을 찾아가는 중이라면, 성적 치유라는 뒤엉킨 어려움을 해결하는 데 필요한 내적 자원이나 에너지가 남아있을 것 같지는 않다.

만약 성행위가 지금 당신의 권리를 찾기 위한 전쟁터같이 여겨지거나 혹은 다른 치유를 하는데 모든 주의를 기울일 때라면 성행위를 보류할 것을 생각해보라. 이게 모든 생존자에게 필요한 절차는 아니다. 하지만 잠시 성행위를 보류하는 것으로 선명한 치유의 서막이 올라갈 수도 있다. 두려움과 혐오감, 성욕의 결여를 경험하거나 성행위에 대해 싫다고 이야기하지 못한다면 성행위를 잠시 보류해 보라. 당신의 한계를 정한 상태, 성행위를 해야 한다는 압박감에 시달리지 않아도 되는 편안한 상태에서 당신의 몸을 알 수 있는 멋진 기회를 발견할 수 있다. 성적으로 탐닉하거나 지나치게 집착한다면 성행위를 잠시 보류하라. 그럼으로써 당신은 자신의 행위를 점검하고 변화시킬 기회로 삼을 수 있다. 이런 금욕의 시기를 얼마나 지속시킬 것인가는 오로지 당신에게 달렸다. 1년 혹은 몇 년이 될 수도 있고 한 달 정도가 충분하다고 생각할 수도 있다.

싫다고 말하는 법 배우기

어린이들은 두 살 정도가 되면 싫다는 말을 배운다. 자신을 주장하고, 어떤 것들은 허용되지만 모든 것이 허용되는 것은 아니라는 것을 알게 되며 그것에 대해 말할 수 있다. 아장아장 걷는 아기들은 거의 모든 것에 대해 싫다고 말한다. 이것은 건강한 반응이다. 당신이 싫다는 말을 명확하고 효과적으로 하지 못한다면 좋다는 말도 의미가 없으며 당신에게 충분한 만족을 주지 못한다. 성적으로 치유하기 위해서는 원치 않는 성행위에 대해서 싫다는 말을 할 수 있어야 한다. 정말 성행위를 원치 않는데도 이를 악물고 그것을 인내해야 하는 일이 당신에게 다시는 일어나지 않도록 하기 위해서는 자신에게 충실해야 한다. 이것은 중요하다. 정말 원치 않는데도 성행위를 하게 될 때마다 당신은 성폭력 피해를 한 번 더 추가하게 되며 피해자의 삶을 되풀이하는 것이다. 결국 당신은 치유를 자꾸만 뒤로 연기하는 셈이 된다.

인생에는 성행위보다 더 중요한 것이 많다.
어느 여성은 연인과 성행위를 하고 싶지 않다고 말하고 싶었을 뿐 아니라 자위행위를 하는 것도 싫다고 말하고 싶었다고 한다. 그녀는 불간섭 hands-off 방침을 마련하여 자신을 만질 때도 그것을 적용했다. 그녀가 어떤 종류든 성적으로 자극받는 것으로부터 잠시 벗어나야 할 필요가 있다는 것을 인식했기 때문이다.

많은 생존자들이 성행위를 할 때에만 쓸모 있다는 암시를 받았다. 성행위가 강조되면서 당신의 다른 모든 특질과 능력, 욕구와 영감들은 상대적으로 너무나 위축되어 버렸다. 잠시 성행위를 보류한다면, 또한 성행위에 대한 압박이나 문제들, 심지어 성행위로부터 얻을 수 있는 쾌감조차도 싫다고 말하게 된다면 당신은 인생에 대해서, 또 당신의 가치에 대해서 성행위보다 더 많은 것들이 있음을 깨달을 수 있을 것이다.

지금 맺고 있는 관계에서 금욕의 기간을 확장하면 여러 긴장이 야기될 수 있다. 연인의 욕구를 배려하기 위해서는 어떤 타협안을 생각해야 할지도 모른다. 하지만 중요한 것은 그 과정에서 당신의 욕구를 부정하지 않는 것이다. 만약 성행위를 배제한 시간이 절대적으로 좀 더 필요하다고 느끼는데 다시 성행위를 하도록 스스로를 강요한다면 결국 관계에도 좋은 영향을 끼치지 못함은 물론 당신의 치유에도 도움이 되지 않는다.

당신 자신에서 출발하기

마음의 준비가 되어 성적인 경험을 하고 싶다고 느끼게 되면 서서히 시작하되 마음의 눈을 뜨고 있어라. 많은 여성들이 초기 단계에서 자신이야말로 가장 근사한 연애 대상이라는 사실을 알게 된다. 한 여성이 "나 자신과 성행위를 할 수 없다면 그 누구든 그 사람과 성행위를 하려고 애쓰는 노고가 다 부질없어집니다"라고 말했다.

당신 자신을 만지기가 편안한 적이 없었다면 당신의 내면에 다른 누군가가 있다는 말이다. 우리들 대부분은 자신을 만지는 것이 잘못되었고 더럽고 수치스럽다는 말을 들어 왔다. 연인이 당신을 만질 때는 좋은 기분을 즐겨도 되는데 당신 자신을 만질 때는 그래서는 안 된다는 식이다.

이러한 태도는 사실 당신이 가져야 할 최선의 이해는 아니다. 당신 자신보다 당신 몸에 대해 더 많은 권리를 가진 자가 그 누구란 말인가?

많은 생존자들은 자신의 몸에 퍼부어지는 혐오스런 감정을 안다. 어떤 이들은 그들이 혹은 그들의 성기가 혐오스럽다는 말을 직접 듣기도 했다. 어떤 여인은 할아버지가 그녀의 오른손으로 그의 성기를 만지도록 강요한 탓에 자신의 오른팔을 싫어한다. 또 어떤 이들에게는 성폭력의 시작에서 끝까지 모두가 너무 혐오스럽기 때문에 성폭력과 관계된 것이라면 모조리 혐오스럽다.

그러나 당신의 몸이 혐오스러운 것은 아니다. 당신의 몸은 충만하며 대단하다. 또한 몸은 당신의 것이다.

성행위, 혼자 탐색하기

많은 생존자들이 성행위를 할 때처럼 다소 외딴 곳에서 자위를 하게 된다. 한 여성이 설명했다. "진동기(바이브레이터)를 사용하는 것은 성행위나 친밀감과는 아무 상관이 없어요. 긴장과 해소가 있을 뿐이죠. 그리 오래 걸리지도 않아요. 최고로 틀어 놓으면 몇 분밖에 걸리지 않거든요."

또 어떤 여성은 기분 좋은 느낌으로 시작하면 오르가슴에 도달하지 못하는데 격렬하게 하고 나면 절정에 오른다고 하면서 "마치 내가 강간범이 되는 것 같아요. 더 이상 즐길 수가 없는 거죠. 그건 나를 구성하는 일부이지만 화나고 강박적인 부분인 셈입니다."

당신의 몸을 만지지 못했거나 혹은 신속하게 자극했다가 이완하는 것으로 자위를 경험했다면 이제는 편안하고 세심하게 자기 자신이 되는 시간을 가져 보라. 뜨겁게 샤워를 하거나 촛불을 켜 놓거나 니나 사이먼의 음악을 들어라. 침대 시트를 깨끗한 것으로 바꾸고 향수를 뿌리거나 침대맡에 싱싱한 꽃을 두면서 자신만의 시간을 즐겨라. 혹은 오일이나 로션을 온몸에 발라 부드럽게 하라. 당신의 살갗과 근육을 느껴 보라. 성기를 만지는 것으로 시작하지는 말라. 당신의 손을 잡는 것으로 시작하라. 팔을 꽉 안아라. 당신이 어떤 접촉을 좋아하는지, 당신이 무엇을 좋아하는지 살펴보라. 많은 여성들이 성적으로 무감각하거나 고통스러운 나머지 실제로 접촉이 어떤 느낌인지를 알아채지 못한다. 당신과 첫 데이트에서 어쩌면 한쪽 어깨만 만질 수도 있다. 괜찮다. 강요는 없다. 또 다른 데이트를 약속해서 다른쪽 어깨를 마저 만질 수도 있기 때문이다.

여러 단계를 거치면서 점점 더 많은 느낌과 민감함에 개방될 수 있다. 성적으로 흥분이 될 수도 있고 그렇지 않을 수도 있다. 당신이 어떻게 느끼든 괜찮다. 당신이 준비가 되었고 너무 이르지만 않다면, 당신의 가슴과 외음부, 음핵, 질을 만질 수 있다. 이렇게 하는 목적은 빠르게 반드시 해치워야 하는 것에 있지 않다. 오르가슴이 목적이 아니다. 당신의 느낌을 알아차리고 스스로 쾌감을 느끼고 당신의 몸을 알기 위해서다. 당신이 원하면 언제든지 멈출 수 있다. 언제 멈추고 싶은지, 무엇 때문에 불편한지를 파악하라. 항상 알아차려라. 당신의 몸 안에 머물라.

만약 딴 생각이 든다면—내일 무슨 옷을 입을지, 몸과 분리되어 딴 데로 마음이 간다면—그만두라. 침착하게 등을 대고 앉아 온몸으로 깊이 숨을 쉬라. 당신과 다시 연결될 수 있기 위해 무엇이든지 하라. 이 경우 성행위는 당신 자신과의 연결이다.

> 난 의도적으로 나의 온몸과 연결되려고 합니다. 사랑을 나누는 중이라 하더라도 나는 이 생각을 하고 있답니다. 내 몸이 어떤 액체나 빛 같은 것으로 꽉 채워져 가는 상상을 합니다. 그것들이 내 발을 타고 올라와 머리끝까지 도달한 후 나를 싹 씻어 내리는 것이죠. 어떻든 순환의 원리를 생각하면 내가 한 개체로서 완전하다는 느낌을 받게 되어서 좋아요.

플래시백

당신이 몸을 만지는 동안 최초의 성폭력 피해가 떠오른다 하더라도 두려워하지 말라. 과거를 떠올림으로써 당신은 어린이로서 당신이 겪었던 경험들을 이해하는 기회를 가질 수 있으며 또 그것을 통하여 가치 있는 정보와 통찰을 얻을 수 있다. 오래 묵었던 감정들을 풀어내는 기회가 될 수 있다.

너무 당황스러워진다면 눈을 뜨고 당신을 현재의 땅으로 불러 세우라. 지금 여기에 있는 당신을 만지는 것이 비록 피해의 기억을 되살리기는 하더라도 성폭력 그 자체는 아니라고 스스로에게 이야기하라. 애정의 한 방식으로 스스로를 만지는 것은 당신의 권리라는 것, 당신은 접촉할 만한 가치가 있으며 쾌감을 느낄 가치가 있다고 말하라. 그것은 나쁜 것도 수치스러운 것도 아니며 잘못된 것은 더욱 아니다. 좋다. 이것은 치유이다. 또한 당신은 그럴 자격을 갖추고 있다.

오르가슴

불감증을 경험하는 여성들은 자신과 사랑을 나눌 때 당분간 오르가슴을 정교하게 피하는 것이 도움이 될 수 있다. 일주일이나 이주일 동안 원할 때마다 자위는 하지만 오르가슴에 도달하지는 않겠다고 결심한 다음, 당신 몸속에 성적 에너지를 키워서 저장하라. 오르가슴에 가까워지면 조금씩 늦추고 긴장을 푼 후 에너지를 가라앉혀라. 이런 식의 자위에는 언제 끝난다는 예정된 시간이 마련되어 있지 않다. 당신이 원할 때 멈추면 된다.

오르가슴에 허덕이지 않고 자신을 만지면 놀랄 만큼 위안이 된다. 오르가슴을 '얻겠다'는 강압적인 욕구가 없어진다. 성취해야 하고 돌진해야 하고 '노력해야' 하는 것이 없다. 대신 어떤 느낌이든 떠오르는 대로 경험하고, 조금씩 흥분되는 과정을 음미하고, 그 순간순간에 머물며 쾌감을 경험하고, 당신의 반응을 있는 그대로 알아차리는 여유가 있다. 이런 식으로 탐색하다 보면 오르가슴을 경험하지 못하도록 막는 장애가 무엇인지를 어느 정도 분명하게 발견하게 된다. 이것 또한 매우 흥미롭다.(연인과 함께 이런 과정을 겪어도 효과적이다. 그럴 경우 두 사람 모두 오르가슴을 느끼지 않을 수도 있다.)

이 훈련의 핵심은 긴장을 푸는 것인데 어쩌면 당신은 긴장할 수 있다. 한 여성이 오르가슴을 느끼지 못해서 어려움을 겪었는데, 그 여성은 어릴 때 성폭력을 당하면서 오르가슴을 가진다는 것이 성폭력 행위가 끝나는 것을 의미했기 때문이었다. "내게 오르가슴 없는 성행위는 가공할 만큼 위협적이었습니다. 그렇게 되면 성행위는 끝나지 않았기 때문이지요. 분명하게 끝이 보이지 않으면 공포스러워요."

오르가슴을 느낀 적이 없다면 성행위 관련 서적들을 보라. 오르가슴을 느낄 수 있는 몇 가지 제안들을 참고할 수 있다. 진동기를 사용한 적이 없다면 하나 정도 구입하라고 권한다.

어떤 여성들은 성폭력 피해를 치유하면서 오르가슴이 변화했다고 말하고 있다. 낡은 장벽들이 허물어지고 갇힌 감정들이 풀렸으며 몸이 더 충만한 경험을 하도록 허용되었다. 한 여성은 감정 표출 작업을 하면서 예전에는 오르가슴을 느낄 때 가슴에도 날카로운 통증을 느꼈지만 온몸이 한층 민감해졌다고 이야기했다.

성행위, 파트너와 탐색하기

혼자서 자신의 성을 탐색하는 기간이 얼마나 지속될 것인지는 당신에게 달려 있다. 당신에게 필요한 시간이 얼마라고 말해 줄 수 있는 사람은 없다. 자신의 몸과 감정에 귀 기울여 당신이 준비가 되었는지, 아직 덜 되었는지를 확인하라. 연인은 있지만 당분간 그 연인과 성행위를 하지 않고 있는 경우, 당신이 단지 책임감을 느끼기 때문이거나 갈등을 피하고 싶어서거나 연인이 당신 곁을 떠날까 봐 다시 성행위를 시작하는 일은 없어야 한다. 이것은 중요하다. 그릇된 이유로 사랑을 나누게 되면 당신과 당신의 관계에 언젠가 불똥이 튈 것이다.

동기가 무엇인가?*

당신이 성에 대한 치유 단계를 밟고 싶어 하는 이유가 무엇인지 자신에게 솔직히 물어 보라. 성에서 당신이 변화하고 싶은 것들을 목록으로 작성할 수 있다. 그런 다음 당신이 기꺼이 그렇게 하려는 이유를 목록으로 작성하라. 첫 번째 칸에는 당신을 위하여 변화하고 싶은 이유를, 두 번째 칸에는 연인을 위하여 변화하고 싶은 이유를 적어 보라.

생존자들이 스스로의 욕구와 다른 사람들의 욕구에 부응하고자 하는 욕구를 구분하기가 어렵긴 하지만 사랑을 나누기 시작하는 당신만의 이유가 있어야 한다는 것은 상당히 중요하다. 예를 들어 "내 인생에서 중요한 한 부분을 놓치고 있다는 생각이 든다"거나 "쾌감을 느끼고 싶어" "더 이상 과거로부터 지배를 받지는 않을 거야" 혹은 "친밀한 성관계를 경험하고 싶어" 등이 될 수 있다.

지속적인 변화는 우리 내부에 변화의 욕구가 강렬할 때만 가능하다. 처음에 당신은 어쩌면 연인의 인내심에 바닥이 보여서 혹은 관계를 상실할까 봐 동기가 유발될 수도 있다. 그러나 궁극적으로 당신은 자신을 위한 치유의 한 부분으로서 성적인 치유를 바라볼 수 있어야 한다. 준비가 채 되지 않았는데도 성적으로 되라는 강요를 스스로에게 부여한다면, 노력은 무척 기울이지만 실망만 하고 성과는 거의 없이 끝나게 된다.

---

* 이 개념은 조안 룰란Joann Loulan의 《레즈비언 섹스Lesbian Sex》에서 인용했다.

처음 기억을 떠올리게 되자 즉시 성적인 부분을 차단했습니다. 연인에게 몇 달 동안 성행위를 하고 싶지 않다고 말하니까 거절하더군요. 그를 잃고 싶지는 않았기에 내 요구를 거두어들였습니다. 우리는 6개월이 넘게 성행위 때문에 싸웠어요. 그는 점점 더 화가 났고 난 점점 더 위축되었어요. 결국 우리는 끝장났어요. 지난 6개월이 최악이었어요. 내 직관을 믿고 확실하게 거절했다면 관계가 끝났어도 그렇게까지 절망적인 패배감을 맛보지는 않았을 텐데.

당신의 성을 방어할 준비가 되어 있지 않다는 것이 확실한데도 외부의 압력에 못 이겨 성행위를 하고 있다면 지금 당신이 성적 치유에 초점을 맞출 적기는 아니다. 어릴 때 당신은 누군가가 당신에게 강요했기에 성행위에 개입했다. 이런 틀을 깨는 것이 중요하다. 성행위가 당신에게 중요하고, 또 당신이 스스로를 위하여 그렇게 하고 싶지 않다면 고통스럽고 어려운 변화의 과정에 들어갈 하등의 이유는 없다. 아직 준비가 되지 않았다면 그것으로 족하다. 언젠가는 준비가 될 것이기 때문이다. 지금은 다른 측면에 집중하라. 인생에는 성행위보다 더 중요한 것이 얼마든지 있다.

도대체, 성행위가 무엇인가?

어린이 성폭력 피해를 치유하는 동안에는 사랑을 나눈다 하더라도 대중 연애소설에 나오는 장면들처럼 딱 맞아떨어지지는 않을 것이다. 연인의 품에 빨릴 듯 안기고 신비롭게 옷이 한올한올 벗겨지고 어떤 두려움이나 불안감을 이야기할 필요도 없이 폭발할 듯한 열정으로 서로 한몸이 되는 식 말이다.

연인과 성행위를 하기 전에 사랑을 나누는 것이 무엇인지 다시 인식하는 것이 중요하다. 너무나 흔히 성행위는 일련의 정해진 순서에 따라 벌어지는 사건들의 연속처럼 생각된다. 생존자들은 종종 그들이 느끼는 것을 좋아하지도 않고 심지어 극도로 불안에 떨면서 전혀 아무 것도 느끼지 않은 채 행동에 옮긴다. 당신(그리고 당신의 연인)은 성행위가 행위들의 연속이라는, 이를테면 키스를 하고 서로 만지고 성기를 삽입하고 오르가슴을 느낀 후 잠이 드는 식의 생각을 포기해야 한다. 대신 당신과 다른 사람을 사랑하는 한 방식으로—정직함과 쾌감과 친밀감의 경험으로서—성행위를 보도록 노력하라. 성행위는 시작되고 변화되고 결국에는 끝난다. 그러나 무엇보다 성행위는 어떤 식으로든 할 수 있다.

에로틱 이용하기: 힘으로서의 에로틱

_ 오드리 로드

에로틱함과 연결되어 작동하는 또 다른 방식은, 기쁨을 누릴 수 있는 내 능력을 대담하게 개발하고 강조하는 것이다. 내 몸은 음악에 맞추어 확장되고 반응에 개방되어 가장 깊숙한 곳에서 나오는 리듬에 귀 기울인다. 그래서 내가 감지하는 모든 영역이 에로틱하게 만족스러운 경험에 열리게 된다. 그것이 춤을 추는 것이든, 책장을 만드는 것이든, 시를 쓰는 것이든, 아이디어를 탐색하는 것이든 상관없다.

자신과 연결되는 이 느낌은 나 자신 안에 느낄 수 있는 능력이 있다는 사실을 알게 되는 기쁨이며 그 사실을 상기시켜주는 매개물이다. 기뻐할 수 있음을 알게 된 어떤 것으로도 대체될 수 없는 깊은 인식은 그러한 만족이 가능하다는 것, 그것이 결혼이나 신, 혹은 사후세계와 같은 것으로 불릴 필요는 없다는 것을 전제로 내 삶을 살라는 요구에서 출발한다.

이것이 에로틱함이 그렇게 두려움의 대상이 되어 침실에서만 허용되는 까닭이다. 우리가 에로틱함을 철저하게 이해하기만 한다면, 또한 삶의 모든 면면들을 심층에 이를 때까지 느끼기 시작한다면 내부에서, 생명의 추진력으로부터, 우리가 이미 알고 있는 기쁨과 조화를 이루면서 살아야 한다고 요구하기 시작할 것이다. 이러한 인식은 우리에게 힘을 주고 우리의 실존을 찬찬히 들여다볼 수 있는 눈이 되어줄 것이다. 그리하여 우리 삶의 범위 안에서 그들이 가진 상대적인 관점으로 실존의 면면들을 정직하게 평가할 수 있을 것이다. 이것은 우리 각자에게 주어진 중대한 책임이다. 편안하고 조잡하고 인습적으로 해오던 것에 안주하거나 단지 안전한 삶만을 추구해서는 안 된다는 뜻이다.

2차 대전 당시 우리는 흰색의 마가린이 작고 단단한 노란색 알갱이로 뭉쳐져 밀봉된 플라스틱 통을 샀다. 우리는 종종 마가린을 부드럽게 녹이려고 끄집어낸 다음 가방 안에서 작은 알갱이를 만지작거려 진한 노란색이 부드러운 마가린 덩어리가 되도록 했다. 그런 다음 조심스럽게 손가락 사이에 그것을 넣어 부드럽게 앞뒤로 여러 번 반죽했다. 그러면 전체 가방이 완전히 마가린 색깔이 되었다.

난 에로틱이 내 안에 있는 그러한 알맹이라고 생각한다. 단단하게 갇혀있는 알갱이에서 나오게 되면 그것은 내 삶 전체로 흘러들어가서 모든 내 경험을 드높여주고 강화하고 예민하게 해주는 에너지로 물들일 것이다.

새로운 관계를 막 시작했다면

성행위에 문제를 지닌 채 새로운 관계를 시작하게 되어 부담스러울 수 있다. 한 여성은 치유 과정을 거치는 동안 새로운 관계를 시작하는 것이 그 무엇보다 힘들었다고 털어놓았다.

내가 성적으로 문제가 있다는 사실을 더 많이 알면 알수록 누군가를 새롭게 느낄 수 있다는 자신감이 없어지더군요. 예전에 내가 몸으로부터 소외되었을 때가 어쩌면 훨씬 쉬웠어요. 겁먹고 단절되었다면 난 결코 그 문제를 알아채지 못하고 연인도 그럴 겁니다. 지금은 더 이상 위장 전술을 펼 수가 없어요. 더 많이 치유가 되고 있긴 하지만 사실 내가 어떤 식으로 망가졌는지 더 잘 보여요. 몇 년 동안 관계를 지속해 온 연인들도 이 문제로 힘들어하는 때가 있습니다. 어떻게 내가 새로운 사람과 이 문제를 다룰 수 있다고 기대하겠습니까? 시작하기도 전에 난 관계를 끝내고 있어요.

어느 누구도 자신의 문제를 다 풀고 난 후 새로운 관계에 들어가지 않는다는 것을 기억하는 것이 중요하다. 어느 누구도 완벽하지 못하다. 당신이 오르가슴을 느끼기가 힘들거나 혹은 과거가 떠오르는 것이 사실이라 하더라도 당신의 연인 역시 다른 문제들, 예를 들어 성행위를 시작하거나 느낌을 이야기하기가 어려울 수 있음을 명심하라. 모든 사람들이 제각기 문제를 안고 있어서 이를 풀어 가야만 한다. 당신의 힘에 주목하라. 당신과 사랑에 빠진 사람은 당신의 좋은 점에 주목하고 있다. 그 좋은 점들은 당신이 안고 있는 문제만큼이나 당신을 구성하는 중요한 부분이다.

성행위에 관한 당신의 문제가 너무 심각하여 새 연인이 압도될지도 모른다는 두려움이 생긴다면 관계를 천천히 진행시키는 것도 도움이 된다. 곧장 사랑을 나눈 후 성적으로 차단해 버린다면 그것처럼 어떻게 해 볼 도리가 없는 경우도 없다. 만약 당신이 우선 성행위는 배제한 채 서로를 좀 더 알아 가는 작업을 한다면 앞으로 어려운 과정이 전개된다 하더라도 이를 버틸 만한 우정의 토대가 만들어지게 될 것이다.

연인들은 잘 모르는 누군가와 관계를 시작한다는 사실을 희석시키려고 종종 성급하게 성적 친밀감을 다지는 방법을 택한다. 새로운 사람에게 개방된다는 것이 두려울 수 있다. 열정적인 성행위를 하고 나면 관계가 안정되었다는 환상을 가지면서 위로받는다. 천천히 진행해야 하는 것이 지금은 거추장스러울 수 있겠으나 결국은 하나의 자산이 된다. 충분히 서로를 믿고 친밀해진 이후에 성행위를 하겠다고 결정할 수 있다. 그렇게 되면 당신이나 당신 연인은 관계를 공고하게 떠받칠 만한 토대를 만드는 기회를 얻는 것이다.

좀 구식이긴 하나 이런 방법이 있다. 두세 번 정도의 데이트에서는 어색하기는 하겠으나 단지 바라보기만 하라. 호기심과 신뢰를 쌓아라. 서로 만질 준비가 되었을 때 손을 잡는 것으로 시작하고 그런 후 이별할 때 가벼운 키스를 하거나 아니면 진한 애무 정도까지도 가능하다면 시도하라. 당신이 준비가 되었다는 것을 당신 스스로 깨닫도록 하라. 모든 순간순간을 음미하라.

어떤 연인들은 사랑을 나누기 위한 의식을 만들기도 했다. 사랑을 나누려는 것은 알지만 서로에 대해 열정이 커지는 것을 알기까지는 시간이 걸렸다. 그들은 서로에 대한 감정, 관계에 대한 희망과 기대에 대해서 이야기했다. 촛불을 켜고는 그 순간의 특별함과 소중함을 경외하면서 천천히 진행해 나갔다. 그렇게 하면서 그들은 서로가 가진 두려움을 감싸 주고, 신뢰를 쌓고, 함께함으로써 경험하는 아름다움에 대해 감동받을 수 있었다.

연인에게 말하기

토대부터 닦아라. 당신이 새 연인에게든 옛 연인에게든 성행위에 대해 하기 곤란한 이야기를 좀 더 쉽게 할 수 있는 몇 가지 방법이 있다.

- **맨 처음 무슨 말을 하고자 하는지 생각하라** |
- **연습하라** | 상담원이나 친구와 그 상황을 두고 역할극으로 연습하라. 연인의 반응을 상상하라. 말하고자 하는 것을 침착하게 말할 수 있을 때까지 계속 연습하라.
- **자신의 감정을 보살펴라** | 관계에 대한 당신의 두려움을 표출하고 그것을 보살펴서 연인에게 부담감을 주지 않도록 하라.
- **침대 바깥에서 이야기하라** | 옷을 입고 있는 상태가 심리적으로 좀 더 안정적이다. 중립적인 분위기에서 이야기하고 듣는 것이 좀 더 쉽다.
- **이야기할 시점을 신중하게 선택하라** | 연인이 막 출근을 하려고 하거나 다른 일로 바쁠 때 이야기를 시작하지는 말라.
- **연인을 떼내는 수단으로 이 주제를 끄집어내지는 말라** | 이 대화의 목표는 그를 당신과 좀 더 가깝게 만들고자 하는 것이다.
- **기억하라, 당신은 그럴 만한 가치가 있다** | 당신은 애정 어린 지원을 받고 치유 과정에 함께할 동반자를 얻을 자격이 충분하다.

새 연인에게 말하기 | 전염성이 강하고 재발률도 높고 때로 목숨도 위태로운 성병에 걸렸다면 새 연인에게 성행위를 하기 전에 그런 이야기를 반드시 해야 한다. 이런 대화가 어색하고 어렵다 하더라도 긍정적인 면이 있게 마련이다. 그들은 성행위에 대해 솔직하게 말하기 위해서 문을 열어 놓고 있다. 그곳에 성폭력 피해에 대한 약간의 정보를 슬쩍 밀어 넣을 수 있고 다음에는 헤르페스(성병의 일종. 포진─옮긴이)에 대해서 이야기할 수도 있다.

새 연인에게 이야기할 때는 솔직 담백해져라. 단순 명료해져라. 그(녀)가 당신에게 성적으로 무엇을 기대하는지에 대해 생각하게 하라.

두렵거나 불확실하거나 좀 더 서서히 진행하고자 한다면 그렇다고 말하라. 당신의 한계를 설명하라. 원치 않을 때는 결코 사랑을 나누지 않겠다고 자신과 약속했다면, 혹은 과거의 장면이 떠오를 때는 그만두겠다고 약속했다면 그렇다고 말하라. 당신이 무엇을 필요로 하는지 연인에게 말하라. 필요한 만큼의 충분한 정보를 주어서 당신이 소외를 느끼지 않도록 하라. 또 거짓으로 행동해야겠다는 생각을 갖지 않도록 하라.

어떤 여성들이 말했다. "하지만 그런 이야기를 할 만큼 그 사람을 잘 몰라요." 그만큼 잘 모른다면 먼저 좀 더 서로에 대해 잘 알아야 할 것이다. 한 생존자가 이야기했다.

> 당신이 이야기 할 수 없는 상대라면 그 사람과 성행위를 해서는 안 됩니다. 싫다는 말을 하지 못하는 관계에 있다면 당신은 당신의 아빠(가해자)와 자는 것이나 진배없어요.

또한 필요 이상의 과거사나 상세한 내막을 이야기하여 당신 연인이 부담스러워하도록 만들지는 말라. 상황들을 과장하여 무시무시한 것처럼 이야기하지는 말라. 당신이 적극적으로 치유되고 있다는 것, 상황들이 점점 바뀔 것이라는 점을 잊지 말고 말하라. 문제가 있을 때 이야기할 수 있는 기초를 다지도록 하라.

대화는 상호적인 것이다. 당신이 개방된다는 말은 당신 연인에게도 자신의 성적인 두려움이나 욕구, 바람들을 이야기할 소중한 기회가 생길 수 있다는 말이다. 정직한 대화는 상대방에게 모든 짐을 감당하도록 하는 것이 아니다. 성적인 친밀감에 만족하는 일이 마술처럼, 그것도 곧 일어나리라고 생각하는 것만으로도 기꺼이 위안이 될 수 있다. 물론 그것은 정직한 대화 속에서만 가능해진다.

안정된 관계에서의 대화 | 사랑을 나눌 때 당신이 어떤 상태에 있으며 무엇을 경험하는지에 대해 아직 이야기하지 않다가 처음으로 그 이야기를 끄집어낸다면 연인이 움츠러들 수도 있다. 당신은 자신이 위장하고 있었다거나 혹은 욕망을 느끼지 못하거나 성행위가 혐오스럽다는 것을 인정하더라도, 당신의 연인은 그것을 개인적으로 오해할지도 모른다. 그(녀)는 당신의 사랑이 식었다거나 당신의 성적 문제에 책임을 느낀다거나 이전에 당신이 어떤 말도 하지 않은 것에 대해 화가 난다거나 혹은 당신이 한 말을 부인함으로써 예전의 상태를 유지하려 할 수도 있다.

정직해지면 상대는 부정적인 반응을 보일 수도 있다. 그러나 이런저런 부담감이 있다 하더라도 당신은 가장 강력한 지원자를 얻을 수 있는 기회를 맞고 있는 셈이기도 하다. 연인은 종종 뭔가가 잘못되었다고 느껴 왔기 때문에 진실을 알게 됨으로써 위안감을 가질 수도 있다. 당신의 고통을 슬퍼하고 당신의 치유 과정에 동반자가 될 수도 있다. 정직하게 문제에 직면하게 되면 친밀감은 더욱 깊어진다.

당신의 연인이 어떤 반응을 보이든(그 반응이 시간이 지남에 따라 달라지기도 하는데), 치유를 하기 위해서는 꾸미거나 위장해서는 안 되며 당신의 경험에 대해 진실을 이야기해야 한다.

잠자리에서 나누는 이야기 | 성행위를 하면서 이야기를 나누면 많은 여성들이 서로 연결된다는 느낌을 받고 자신감을 찾는다.

난 항상 사랑을 나누는 동안 이야기를 하거나 목소리를 듣고 싶어 해요.

그런데 남자들은 이렇게 하면 혼란스러워질 수가 있나 봐요. 때로 주스나 다른 담요를 가져다 달라고 하지요. 그렇게 요청하는 숨은 목적은 그와 연결되는 고리를 찾고자 하는 것이지요.

직접 이야기하라고 요청하기가 불편할 수도 있다. 그러나 연결 고리를 만들고자 하는 욕구는 진실되며 유용하다. 이야기 나누는 것 역시 사랑을 나누는 한 방법이다.

서두르지 말기

연인과 성적인 부분을 맞추어 가는 과정에서 당신이 기억해야 할 중요한 점은, 언제라도 당신은 그만둘 수 있다는 것이다. 자신과 관계를 맺을 때도 그러했듯이 기분 좋은 것만을 하고 느낌을 음미할 수 있도록 천천히 진행할 뿐 아니라 휴식을 취할 수 있는 자유가 여전히 당신에게 있어야 한다.

두렵다면 두렵다고 연인에게 말하라. 이렇게 하면 당신의 연인은 속도를 늦추어 당신의 주파수에 맞추고 위로해 주고 이야기 나누며 무엇이 당신을 두렵게 하는지에 대해 좀 더 많은 것을 알 수 있는 기회를 얻게 된다. 그때 당신은 사랑을 계속 나눌 준비가 될 수도 있고 혹은 다른 뭔가를 하려고 자리를 박차고 일어날 수도 있다.

연인이 하는 어떤 행위가 당신을 불편하게 한다면 그렇다고 말하라. 지금 대응하는 방식과 당신이 어렸을 때 당신에게 일어났던 일을 서로 연결시키기 시작한다면 그런 당신의 상태를 연인이 알게 하라. 이러한 현실 인식은 치유에 반드시 필요한 부분이다.

많이 흥분되면 항상 약간의 실금 현상이 나타나요. 오빠가 나를 가해할 때

오줌을 누는 것이 나의 유일한 방어였음을 갑작스레 깨달았어요. 그렇게 해야만 피해당하는 것으로부터 나를 구할 것이라고 생각해 왔거든요. 이 모든 것들이 떠오르자 연인에게 "멈춰야겠어요"라고 말할 수밖에 없었어요. 그런 다음 그 이야기를 나누었답니다.

당신의 속도 알아내기

당신이 성폭력 피해를 입은 상황은 둘 중 하나다. 즉, 준비도 되기 전에 성적 공격을 받았거나, 혹은 성을 알아가는 과정에 성적으로 이용당한 것이다. 성행위가 아직도 당신을 압도하는 것 같다면 당신의 속도로 탐색할 기회를 갖는 것도 좋은 방법이다.

아마도 기분 좋은 성적 행위가 있고 그렇지 않은 행위가 있다. 누군가 당신을 만지더라도 편안한 장소가 있고 그렇지 않은 장소가 있다. 당신의 연인에게 말하라. 어떤 한 가지를 긍정한다고 해서 모든 것을 긍정한다는 말은 아니다. 한 번 '예스' 했다고 해서 번번이 '예스'라고 말할 필요는 없다.

천천히 당신의 내면에서 올라오는 속도로 진행해보라. 키스할 마음이 들 때까지 키스하지 말라. 당신의 몸이 원할 때까지 누군가를 가까이 당기지 말라. 키요스가 말하듯 그 결과는 상당히 근사할 수 있다.

생존자인 한 친구와 성관계를 갖기 시작했습니다. 우리가 서로를 만질 때 나는 탐색하고 그 손길에 대해 배울 여유가 생깁니다. 그게 뭐든 있는 그대로의 나이면 되고 그녀도 마찬가지인거죠. 마치 성적인 차원에서 어린이를 되찾은 느낌입니다. 직접 하면서 배웁니다.

그녀가 나를 만질 때 내 느낌이 중요하지요. 그게 어떤 성적 생각과 어울리는지가 중요한 것은 아닙니다. 우리는 서로를 떠나려고 거기 있는 게 아니라 서로를 사랑하니까 같이 있는 겁니다. 절정에 이르기 직전 흐느끼기 시작해도 괜찮아요. 갑자기 화가 나도 괜찮고 플래시백이 있어도 괜찮습니다. 중요하지 않아요. 치유가 일어나는 곳은, 지금 일어나는 일이 무엇이건 그것과 더불어 그 자리에 머무를 수 있는 안전한 장소이니까요.

성은 더 이상 문제가 아닙니다. 오히려 흥미로운 과정입니다. 우리는 함께 우리의 열정을 탐색하고 있어요. 성이 나의 힘이라는 것을 깨닫게 되니 그것을 수용할 수 있게 되었습니다. 남은 여생동안 재미난 훈련을 하리라고 기대합니다.

이야기하라. 나누어라. 지금 당신이 감당할 수 있는 친밀감과 접촉의 수준을 감지하고 그 수준에 맞게 경험하라. 성행위를 통하지 않더라도, 당신이 '완성되지' 않았더라도 누군가와 있으면서 기분이 좋아질 수 있다. 친밀감이나 정직, 쾌감이 아니라면 다른 어떤 끝도 어떤 목표도 없다.

현재에 머물기

사랑을 나누는 것은 마치 두 사람이 각자의 노래를 한꺼번에 부르는 것과 같아요. 누군가가 나와 함께 그곳에 있다는 것은 근사하지요. 하지만 난 그들과 그곳에 있지 않아요. 관찰자로 있는 거죠. 항상 그곳에 나 혼자 있어요. 내가 그런 걸 좋아하는 건 아니에요. 오히려 상처가 되지만 회피하는 식으로 반응을 해요. "난 여기서 나가야만 해"라구요. 누군가 나를 좋아하면 할수록, 그들이 내게 관심을 보이면 보일수록, 난 더 두려워지고 더 빨리 내 몸과 분리되어 버려요. 난 고개를 쳐들어 최대한 그 상황을 돌파할 수 있는 방법을 만들기 시작하죠.

남편과 사랑을 나누면서도 완전히 분리가 되곤 합니다. 그의 어깨 너머로

축구 경기를 보는 거죠. "정말 10야드는 더 떨어져 있는 것 같군." 그런 느낌으로 말입니다. 그 행위를 하는 동안 거리를 둘 수 있는 갖가지 방법이 있어요. 창문 밖을 보고 생각하죠. "세상에, 너 아직 안 끝났냐?" 뭐 그렇게요. 그렇게 많이 생각나는 것은 아니에요. 단지 그곳에 있지 않았다는 것이지요. 믿을 수 없는 것은 그런 나를 거의 아무도 눈치채지 못했다는 것, 내가 그곳에 있지 않다는 것을 아는 이가 단지 나뿐이라는 사실. 그렇게 하고도 이 관계를 유지할 수 있었다는 거예요. 그들은 내가 딴 데 정신을 두고 있다는 것을 모르나요? 당신은 내가 더 이상 여기에 있지 않은 것이 보이지 않는단 말인가요?

당신이 사랑을 나누는 동안 거리를 두고 있거나 분열되고 있는 자신을 발견하게 된다면 멈추고 속도를 줄여라. 연인에게 이야기하라. 연인의 눈을 들여다보라. 연인의 이름을 말하라. 한 여성은 침대 곁 탁자에 포프리 항아리를 두고 자신이 표류한다고 느낄 때면 멈추서 그 냄새를 맡았다. 강렬한 향기의 끈이 그녀로 하여금 여기 머물 수 있도록 도와주었다.

하지만 느낌으로부터 분리된다면 어떤 행위든 그것을 계속하지는 말라. 두렵고 위축되고 당황스럽다 하더라도 돌아오라. 당신도, 당신의 연인도 정직한 대화를 존중하는 마음으로 다시 깨어나라.

연인과 함께 있을 때의 플래시백

사랑을 나눌 때 과거의 장면이 자주 떠올랐습니다. 어느 날 한 방향에서 빛이 방 안을 비췄어요. 연인이 일어나 욕실로 갔지요. 나는 그걸 지켜보고 있었고 그녀는 문 쪽에 서 있었어요. 거기 있는 사람이 연인이란 걸 알고 있었어요. 그런데 내가 본 것은 오빠가 나를 가해하는 것을 문 쪽에 서서 지켜보고 있는 아버지였어요. 나는 그 사람이 연인이란 것을 알고 있었지만 중요하지 않았어요. 그 사람은 내 아버지였어요. 그 사람은 내 오빠이기도 했어요.

과거의 장면으로부터 공격을 받고 있다면 도움을 구하라. 어느 여성과 남편은 그녀가 과거의 장면을 회상할 때마다 '유령'이라는 암호를 쓰기로 했다. 이 암호는 그들이 지금 여기에 있지 않다는 것을 알려 주는 것이었으므로 남편은 적절하게 대응할 수 있었다.

무엇이 적절한가는 상황에 따라 달라질 것이다. 때로 당신은 연인이 당신을 혼자 내버려 두었으면 하고 바랄 수 있다. 그렇게 하면 과거의 장면에 머물면서 다시 그것에서 개방되어 과거에 대한 더 많은 정보를 얻을 수도 있다. 또 어떨 때는 현재에 있겠다고 마음먹을 수 있다. 그때는 연인에게 "난 여기에 당신과 남고 싶어요. 과거로 돌아가고 싶지 않아요. 내가 여기 머물 수 있도록 도와 줘요. 내게 말을 해 줘요. 내 이름을 불러 줘요. 당신이 누구인지 나에게 다시 말해 줘요"라고 이야기할 수 있다.

한 여성은 그녀를 현재에 머물 수 있도록 도와 준 연인이 있었다. 그 연인은 "눈을 떠, 에디트, 눈을 떠 보라구"라고 말했다. 그녀가 눈을 떴을 때 그를 보았고 그녀의 방을 보았고 과거의 장면으로부터 벗어나 현재로 돌아올 수 있었다.

당신은 현재의 경험—그 경험이 가해자가 당신 침대에 더 이상 누워 있지 않다는 것을 정기적으로 상기시키는 것임에 불과하다 하더라도—에 기분이 좋아질 권리가 있다. 만약 당신이 "섹스? 이걸 어쩌나……"로 시작한다 할지라도 스스로에게 말을 걸 수 있다. "아냐, 지금 섹스는 재미있어. 이 사람은 제임스야. 사촌이 아니라구."

내 식으로 해야 한다

생존자들에게서 흔히 보이는 특성의 하나는 성적인 경험을 통제하려는 욕구이다. 때로 통제의 범위가 모든 세세한 것까지 확대되기도 한다. 당신이 어떤 위치에 있을 때만, 불이 환하게 켜져 있을 때만, 당신이 주도할 때만, 아침일 때만, 혹은 아침이 아닐 때만 등등 당신이 편안해질 수 있는 특정한 조건이 있다. 이러한 조건이 연인에게는 숨이 막힐 만큼 때로 힘들다 하더라도 당신에게는 꼭 필요하다. 당신은 당신의 한계를 설정해야 한다. 긴장을 풀 정도로 충분히 안전하다고 여겨지는 환경 안에 있어야 한다. 한마디로 말하면 당신은 통제권을 쥐고 있어야 한다.

> 성행위는 통제권에서 벗어나는 행위입니다. 근사하지요. 하지만 또한 통제권을 포기해야 하는 것이 두렵기도 합니다. 나를 멈추게 하는 방식이거든요. 나는 멈추어 생각해야 하죠. "내가 정말 이런 일이 일어나는 것을 원하는가? 아니면 누군가가 나에게 다가오기 때문에 그런 일을 하도록 내가 허용하는 것인가?" 내가 주도를 하면 훨씬 쉬워져요. 나도 성적인 느낌을 아는 사람이라구요. 내가 성적으로 감응하고 있다는 것을 알고 있습니다. 또 내가 성폭력 피해를 당하고 있지 않다는 것을 확실히 알고 있답니다.

통제에 대한 욕구가 있음을 깨달은 다음 자책하지 않고서 그 욕구를 충족하게 되면 당신에게는 힘이 생기는 것이다.

> 한 남자가 접근하여 나를 만지는 것이 무척 위협적이었습니다. 누군가가 무엇인가를 원하면서 나에게 오고 있다는 사실을 받아들이기 힘들었지

요. 우리 치료사가 제안하기를, 나를 만지기 전에 나의 동의를 구하라는 말을 연인에게 하라는 것이었습니다. 우리는 한동안 그렇게 했죠. 그렇게 하니까 그게 공격이라는 느낌이 덜 들더라구요. 차이를 구분할 수 있게 되었습니다. "이 사람은 나를 뒤따라오는 아빠가 아니다. 이 사람은 내 남편이다"라고.

당신이 성적인 존재라는 사실과 보호 받고 있다는 사실이 좀 더 확실하게 느껴지면 스스로를 통제하지 않아도 된다는 것을 알게 될 것이다.

당신은 혼자가 아니다

성행위에 대한 전폭적인 통제권을 행사해야 하는 짧은 시기가 지나고 나면 당신은 연인과 주고받는 관계에 들어가야 한다.

하루는 치료사가 로저에게 "카렌이 당신에게 응답하지 않을 때, 그녀가 문을 걸어잠가 버릴 때, 당신은 어떤 느낌이 듭니까?"라고 물었습니다. 그러자 그는 엄청나게 두려웠다고 말하기 시작했습니다. 우리의 관계가 끝장나고 있는 것 같아 두려웠다는 그의 이야기를 들으니까 두렵고 소름끼치는 감정의 소용돌이에 있었던 것이 나 혼자만이 아니었다는 사실을 깨달았습니다. 여기 또 다른 인간이 있었고 그는 내가 진실로 사랑한 사람이었으며 피를 흘리면서 아파하고 있었던 것입니다. 그 상처의 일부는 내가 그렇게 내 속에 침잠함으로써 감염시켰던 것이었습니다.

치유 과정에는 당신 이외 다른 사람의 욕구나 감정을 눈으로 보아도 보이지 않는 단계가 필요하다. 하지만 당신의 고통과 치유가 당신과 가까운 모든 사람에게 영향을 미치는 것 또한 사실이다. 이 사실이 성이라는 영역에서 가장 명백하게 드러난다. 연인들은 종종 생존자들이 거쳐 가는 성적인 변화들 때문에 혼란스럽고 상처받고 좌절하고 분노한다.

당신이 성적으로 치유 과정을 거치는 동안 연인에게 모든 것을 달라고, 모든 것을 이해하고 완벽하게 인내해 달라고 요구한다면 당신은 지금 실현 불가능한 기대를 하고 있는 것이다. 가장 든든한 지원자인 연인이라 하더라도 개별적인 감정과 욕구가 있게 마련이다. 연인이 당신에게 성적으로 민감해지라고 주문한다면 당신은 그 주문대로 맞출 수는 없겠지만 당신이 할 수 있는 데까지 연인의 감정을 위한 여지를 마련할 수는 있다. 당신이 관계를 유지하고자 한다면 이것은 꼭 필요하다.

다음은 연인의 욕구와 느낌에 좀 더 대응할 수 있기 위해서 당신이 할 수 있는 몇 가지 지침들이다.

- **기꺼이 경청하라** | 당신의 연인은 자신의 이야기를 나눌 다른 사람이 필요하기도 하겠지만 당신 역시 적어도 시간을 내어 그(녀)의 좌절과 분노에 대해서 들어야 한다.
- **연인의 감정이 정당하다는 것을 인정하라** | 연인은 욕구를 가지고 상처를 받고 화나고 좌절할 권리가 있다. 입장이 뒤바뀐다면 당신에게도 역시 그러한 권리가 있다는 말이다.
- **연인의 입장에 서 보라** | 성행위를 하지 않는 것 때문에 연인이 얼마나 화가 나는지 추측하지 못하겠다면 당신에게 중요한 어떤 것—이를테면 교감 같은 것—을 생각해 보라. 당신에게는 매우 중요한 것임에도 불구하고 연인은 그것에 대해 전혀 이야기하지

않을 뿐만 아니라 그(녀)가 언제 어떤 느낌이 드는지를 확신할 수 없다면 당신의 기분이 어떨 것인지를 상상해 보라.

- **성행위를 원한다는 이유로 연인을 비난하지 말라** | 지금 당신이 성행위를 일종의 문제나 위협으로 본다고 해서 사실이 그러한 것은 아니다. 연인의 현재 욕구는 그(녀)가 지금 건강한 생명을 영위하고 있다는 징표이다.
- **연인에게 책임을 묻지 말라** | 이것은 모두 가해자의 잘못이다. 기억하는가?
- **할 수 있는 데까지 일관성을 지켜라** | 때로 불가능한 일일 수도 있다. 그러나 당신이 자기 한계를 가능한 한 선명하면서도 일관되게 유지한다면 연인은 자신이 꼭두각시가 된 듯한 느낌을 가지지 않을 것이다.
- **대화하라** | 연인에게 지금 상황이 어떤지를 알게 하라.
- **당신이 오래도록 변화를 위해 노력하고 있음을 연인에게 알려라** | 성적 생활이 변화하기를 당신 역시 간절히 바라고 있다는 점을 연인에게 확인시켜 주라.
- **기분 좋은 말을 하라** | 사랑을 나눌 수 있게 되기를 바라고 연인이 매력적이라는 것을 안다면 자주 표현하라.
- **당신이 줄 수 있는 만큼 많이 주라** | 성행위를 할 수 없다면 당신이 할 수 있는 한도 내에서 성행위에 근접한 무엇인가를 주라.
- **성행위 문제로부터 잠시 벗어나라** | 잊지 말라. 인생에는, 그리고 당신이 맺고 있는 관계에는 성행위 이외에도 다른 많은 것들이 더 있다.

성적 두려움을 다루기 위한 전략

- **천천히 진행하라** | 더 편안한 것으로 되돌아가라.
- **중간 지점을 찾아라** | 많은 생존자들이 극단에서 극단으로 이동한다. 완전히 단절하거나 완전히 방종해지려고 한다.
- **현재에 머물라** | 접촉하고 접촉 받는 감각에 주목하라.
- **당신의 두려움을 귀 기울여 들어라** | 두려움이 당신에게 무슨 말을 걸려고 하는가? 현재 당신이 처한 환경에서 안전하지 못한 무엇인가가 있지는 않은가? 당신이 밀치고 싶어 하는 감춰진 두려움이 있는가?
- **당신 자신과 깊이 연결되려면 성행위가 아닌 다른 방법을 발견하라** | 다른 곳(예를 들어 심리 요법 과정)에서 고통스러운 감정과 기억에 직면하기 시작하게 되면 성행위는 더 이상 자신과 깊이 연결되기 위해 활용하는 유일한 접근 지점이 아닐 수 있다. 그러므로 당신은 열정과 해방감, 강렬함이 성폭력 피해와 연결된 고리를 조금씩 무너뜨릴 것이다.
- **연인과 함께 점검하라** | 성욕을 강하게 느낄 때 당신이 폭력적으로 될까 봐 두렵다면 연인에게 공격당한 듯 한 느낌이 드는지 물어 보라.(어쩌면 연인은 당신의 열정을 좋아할 수도 있다.)
- **조금은 무리하라** | 사랑을 나누고 싶은데 두렵다면 조금은 무리를 하라. 당신과 연인에게 열중하라. 열광적으로 서로 나누라. 폭포수 같은 감정의 흐름에 대비하라. 단순한 성행위를 기대하지 말라.
- **필요하다면 그만두라** | 때로 당신이 경험하고자 하는 것과 지금 당신이 경험하고 있는 것의 간격이 너무 클 수 있다. 두려움이 너무 크다면 잠시 쉬어라. 친밀해지는 다른 방법을 모색하라.

창의적으로 되기

연인은 사랑을 나누고 싶어 하는데 당신은 원치 않을 때가 있을 것이다. 당신은 거절할 권리가 있다. 그러나 번번이 싫다고 할 수만은 없다.

사랑을 나누고 싶지 않다면 당신은 대안을 제시할 마음의 자세가 되어야 한다. 마사지나 키스, 껴안기, 손을 잡고 산책하기, 목욕을 함께하기, 다정한 대화를 나누기 등 이러한 것들이 특정한 성욕을 채울 수는 없다 하더라도 친밀감에 대한 갈증은 채울 수 있다. 많은 연인들이 완전히 차단당한 상태가 아니라 어떤 방식으로든 무엇인가를 나눌 수 있다는 것에 감사할 것이다. 비성적非性的인 방식의 접촉이 안전하다는 것을 알고 나면 그만큼 당신은 친밀감을 감사하게 여길 수 있다. 생존자들이 성행위를 하기 싫다고 이야기할 때는 죄의식에 매몰되어 연인을 밀쳐 내는 것이다. 친밀해지기 위해 다른 방법을 찾음으로써 친밀감과 신뢰를 형성하는 기회를 얻기도 한다.

상호적인 성행위가 자아내는 다양한 변주곡들은 성적 어려움을 이겨 내는 과정에서 생기는 긴장을 이완시키는 데 다소 도움이 된다. 때로 당신은 성적인 접촉을 원치 않으며 그런 자극이나 강요를 원치 않는다. 그러나 당신은 연인을 만지면서 위안을 받을 수도 있다. 혹은 연인을 만지고 싶지는 않지만 자신을 만지는 것은 허용할 수 있다. 또 어떨 때는 주는 것이나 받는 것 그 어떤 것도 원치 않지만 연인이 자위하는 동안 그(녀)의 손을 잡고 있는 것은 괜찮을 수 있다.

리비도를 전혀 느낄 수 없던 시절이 있었습니다. 어떠한 욕구도 없었어요. 없을 무! 하지만 남편은 잘 참아주었어요. 물론 그가 얼마나 성행위를 원하는지도 알았죠. 그래서 그가 자위를 하는 동안 그의 곁에 있어주기도 했습니다. 그를 껴안고 키스했어요. 그렇게 하는 건 안전할 것 같았고 죄의식도 한결 덜 수 있었답니다. 적어도 뭔가를 하고 있었으니까요. 그도 그 점을 고마워하더군요. 때로 그가 흥분되는 것을 보면서 나도 마음이 바뀌면서 나를 먼저 만지거나 그에게 나를 만지라고 요구하기도 했습니다.

당신의 전제를 조금만 더 확장해본다면 생각보다 더 많은 일이 가능해진다.

잠시 쉬면서 마음을 가볍게 하라
성적으로 변하기 위해서 노력하다보면 때로 그 과정이 암울하게 보일 수도 있다. "계속 애쓰고 있다"는 사실에 지겨울 수도 있다. 지금이 당신의 유머감각을 발굴하고 마음을 가볍게 할 수 있는 적절한 시기이다.

때로 우리는 사랑을 나누려고 너무나 진지하고 심각하게 애쓰고 있지만 자발성은 좀 부족한 듯해요. 상당히 편협한 방식으로 접근하고 있어서 웃지도 않고 간지럼 태우지도 않고 장난도 치지 않아요. 칼로 무 자르듯 하니까요. 그러다보니 엄청나게 지루하고 힘 빠지는 일이 되는 겁니다. 이제는 의식적으로 그렇게 하지 않으려고 애씁니다. 그래야 침대에서 좀 더 재미나고 즐거울 테니까요.

연인이 당신의 역할모델일 수도 있다
성행위가 연인에게 삶의 흥미롭고 풍요로운 부분일 뿐만 아니라 어떠한 갈등이나 문제가 없다면, 당신은 이번 기회를 당신의 한계에 대한 위협이 아니라 성행위가 어떨 수 있는지를 다시 볼 수 있는 일종의 희망으로 간주할 수 있다.

> 사랑을 나누는 것이 그녀에게는 특별했습니다. 그녀는 어떻게 하면 나를 즐겁게 할 수 있는지를 알고자 했습니다. 그녀는 많이 참았어요. 새로웠죠. 사람들은 정말 성행위에 대해 이렇게 느끼는 것인가요? 세상에! 난 한 번도 그렇게 열정적인 사람을 본 적이 없습니다. 1년 반을 지켜보았어요. 결국 나도 그렇게 자유로워지는 방법을 알고 싶게 되었죠. 그것이 바로 자유였습니다. 서서히 "괜찮아"라는 말을 하기 시작했습니다.
> 그녀가 어떤 말이나 행동을 하면 난 "정말 역겹군!" 하고 말했어요.
> 그러면 그녀가 "역겨운 게 아니야. 거짓말이야. 누가 너에게 그렇게 말했어?"라고 말했습니다.
> 그러면 내가 "그렇군, 역겨운 게 아니었어"라고 말은 하지만 여전히 '그건 역겨운데!'라고 생각하고 있었어요.
> 결국에는 "글쎄 역겹지 않을 수도 있겠는데"라는 말을 할 수 있는 지점에 도달했습니다. 긴장이 풀리기 시작한 거죠.

동료로서 바라보기

연인은 동료가 될 수 있다. 상대를 비난하는 말을 하기보다는 어렵고 힘든 문제를 함께 풀어 가는 그런 동료 말이다. 당신의 욕구와 연인의 욕구가 다르다고 해서 당신 가운데 어느 한쪽이 틀렸거나 비난받아야 한다는 의미는 아니다. 서로의 차이에 직면하는 동료로서, 서로를 배려하는 존재로서 바라보는 것이 필요하다.

도화선 다루기

필독서인 《치유하는 성: 성적 외상을 치유하기 위한 심신 접근방식》에서 스태시 하인즈는 도화선이 엄청난 정보의 보고라고 말한다. 여기 발췌된 부분에서 하인즈는, 도화선을 피하려고 하기보다는 오히려 치유의 기회로 기꺼이 받아들이기를 제안한다.

도화선은 과거 성폭력의 기억이 느닷없이 현재와 연결되는 자동적인 반응이다. 어떤 행동이나 냄새, 말, 혹은 목소리 톤조차도 과거의 이미지와 감정을 불러올 수 있다. 고통과 분노 혹은 혼란스러움은 오늘 일어난 것에 대한 반응일 터이지만 사실 시각적, 정서적인 기억, 몸의 기억으로서 과거가 표면으로 떠오르는 파편인 것이다.

기억이나 외상의 조각이 과정을 거치면서 다 해소되기 전까지 종종 도화선에 불이 당겨진다. 이런 식으로 도화선은 다루어야할 치유의 측면을 당신에게 알려주는 깃발의 역할을 한다. 도화선에 주목하고 도화선을 통하여 치유하게 되면 성폭력이라는 무거운 짐을 성으로부터 내려놓기가 한결 수월해질 것이다.

도화선을 피하려고 애쓴다면

대부분의 생존자들이 도화선을 가지고 있다. 도화선은 힘들고 괴롭고 참담하며, 불만 당기지 않았더라면 좋은 경험이 될 수도 있는 상황에 불쑥 끼어든다. 이것 때문에 많은 생존자들이 불을 당길 만한 일을 가능한 피하려고 한다. 그리하여 그들은 삶, 특히 성적 생활을 임의로 구성하고, 불편하거나 고통스러운 감정이 자극받지 않게 하려고 애쓴다. 결국 도화선을 건드리지 않으려는 데 신경 쓰느라 삶이 협소해진다.

도화선의 방향을 다른 곳으로 돌리려고 하면 할수록 도화선은 점점 더 강해지고 더 커진다. 따라서 당신을 위한 공간은 점점 더 좁아진다. 이를 피하려고 한다면 오히려 성폭력이라는 지뢰를 곳곳에 방치함으로서 당신의 삶이라는 영토를 여전히 위험하고 믿을 만한 곳이 아닌 상태로 내버려두는 것이다. 그러나 도화선이 공개되고 감지되고 일정한 과정을 거친다면 규모가 작아지고 변형된다. 한때 도화선이었던 것이 당신 역사의 완벽한 일부가 된다. 당신에게 일어난 것보다 당신은 훨씬 더 강력해져 있을 것이다.

도화선 극복을 위한 계획과 방법

성적 상황에서 과거의 기억이 다시 도발할 때 당신이 취할 수 있는 몇 가지 간단한 방법이 있다. 이 방법은 파트너와의 성행위나 자위를 할 때 모두 사용될 수 있다. 성적 상황에 들어가기 전 미리 이 단계들을 복습해보면 도움이 될 것이다.

- **알아차려라** | 도화선에 언제 불이 붙는지 알아차리는 것으로 시작하라. 이것이 가장 중요한 단계이다. 무엇이 당신의 기억에 도발하는가? 몸이 어떤 느낌을 감지하는가?
- **멈추어 호흡하라** | 멈추어 서서 숨을 쉬어라. 상황을 평가하라. 무엇을 느끼고 있는가? 무슨 일이 진행되고 있는가? 무엇이 필요한가?
- **선택하라** | 일단 도화선을 감지하여 멈추었다면 지금 당장 당신이 무엇을 필요로 하며 치유 과정을 위하여 무엇이 최선일 지 판단해보라. 과거에는 성적 행위를 그만두었다면 이제는 다른 식으로 시도해보라. 잠시 휴식을 취하고 다시 성적 행위에 들어가라. 아니면 하고 있는 것을 멈추되 당신 자신과 당신의 파트너와 계속 접촉하는 상태를 유지하라. 아니면, 도화선이 작동되는 쪽으로 가보라. 새로운 위험을 감수하는 것이 중요하다. 그렇게 한다면 당신이 선택할 수 있는 영역이 넓어지고 이전에는 할 수 없었던 것을 할 수 있게 될 수도 있다.
- **전념하라** | 당신 자신과 또한 파트너와 함께 여기 있어라. 당신이 선택한

것을 계속 이야기하라. 그런 다음 전념하라. 당신이 도화선의 자락을 잡기로 했건, 성적 행위를 계속하기로 했건, 일어나 다른 뭔가를 하기로 했건 그 경험에 푹 빠져라. 당신 자신, 당신의 몸, 당신의 파트너와 가능한 많이 연결되어 있어라. 이것이 당신의 몸을 재훈련하는 과정이다. 다른 곳으로 달아나거나 사라질 필요가 없다. 첫 번째 선택이 당신에게 적절하지 않다면 편하게 마음을 바꾸어 다른 것을 선택하라.

- **파트너를 비난하지 마라** | 파트너와의 성행위에 전념하고 있다면 도화선의 작동으로 인하여 생기는 불편함이나 두려움 혹은 혐오감의 탓을 파트너에게 돌리는 경우가 종종 나타난다. 이럴 경우 "내 파트너가 적이 아니라 나와 한 편이 될 수 있으려면 어떻게 해야하지?"라고 스스로에게 물어라.

선택할 수 있는 많은 것들

선택할 만한 레퍼토리를 여러 개 미리 생각해둔다면 상황이 다양하게 전개되더라도 다양한 방식으로 접근을 시도할 수 있다. 한번 만나서 성행위로 가는 것을 그만두고 지속적인 관계를 유지한다면 당신은 치유 과정에 최고의 지지를 받게 될 수 있다. 선택할 만한 것들이 여러 가지 있다.

- **도화선의 자락을 잡아라** | 일단 자극을 받은 시각, 청각, 신체적 감각에 집중할 수 있다. 이렇게 하려는 의도는 몸에 감추어진 기억이나 외상을 느끼고 기억하고 풀어주면서 끝을 보자 함이다. 슬픔, 분노와 두려움 혹은 여러 다른 피해와 관련된 감정을 경험하게 될 것이다. 계속 숨을 쉬면서 이 감정들이 그 실체를 드러내어 밖으로 나오게 하라.
- **파트너와 함께 있다면 당신의 몸에서 일어나고 있는 상황을 설명하고 당신의 기분을 나누어라** | 떨리고 울고 혹은 웃고 있다면 실컷 그렇게 하라. 분노를 표현해야겠거든 베개에 대고 소리 지르고 침대를 치고 수건을 힘껏 비틀어라.

- **피해의 기억이 난다면 파트너에게 최선을 다하여 그것에 대하여 말하라** | 할 수 있다면 눈을 마주 보아라. 있는 그 자리에서 파트너의 지지를 받아라. 당신의 욕구를 가능한 많이 전달하라. 기억하라, 이것은 당신의 파트너에게도 강렬한 경험이 될 수 있다.

- **이런 과정을 혼자서 겪고 있다면 이후 신뢰할 만한 사람에게 말하라** | 누군가에게 당신이 겪은 것을 말하라. 이 단계는 당신이 고립으로부터 빠져나와 새로운 연계망을 갖는데 꼭 필요하다.

- **거리를 두고 바라보라** | 도화선이 촉발되었을 때 할 수 있는 또 다른 접근방식은, 여전히 지금 여기에 뿌리를 둔 상태에서 거리를 두고 그것을 바라보는 것이다. 이 방법은 당신이 이미 거쳐온 도화선이건 지금 맞닥뜨리긴 했지만 당장 다루고 싶지는 않은 도화선이건 어떤 것에도 적용할 수 있다. 방에 있는 물건이나 주변에서 나는 소리에 주목하고 있으면 당신은 여기 현재 뿌리박은 상태로 머물 수 있다. 당신의 몸을 느껴라. 침대에 누운 당신의 몸집, 벽에 기댄 당신의 등을 의식하라. 당신이 지금 여기에 속해있음을 늘 기억하라. 호흡하라. 지금부터 그 문제의 도화선 혹은 기억에 집중하라. 그것을 큰 소리로 말하거나 적어내려감으로써 그것을 인정하라.

- **움직여라** | 일어나서 움직여라. 이리저리 걷고 몸을 펴고 긴장을 풀라. 소리를 내거나 몸을 움직여서 도화선이 "떨어져 나가게" 하라. 움직임으로써 당신은 여기, 다시 성적인 행위로 돌아갈 수 있는 안전지대로 올 수 있다.

- **아이를 보살펴라** | 도화선이 마치 두려워하고 화난 어린 아이인 것처럼 접근할 수 있다. 성행위를 하고 있는 당신을 방해하는 아이에게 하듯 그 도화선을 다루어라. 잠시 성행위를 멈추고 당신의 내면의 아이에게 집중하라. 그녀가 필요한 것이 무엇인가? 그녀를 들어올려 안심시켜라. 앉아서 그녀를 달래주어라. 그녀에게 설명하라, 성행위는 어른을 위한 것이지

아이를 위한 것이 아니라고. 일단 그녀를 잘 달랬으면 침대로 데려가 눕혀주라. 그런 다음 하고 싶으면 성행위로 다시 돌아갈 수 있다.

- **협상하자** | 도화선과 내면 협상을 하는 것도 또 하나의 접근방법이다. 마치 도화선이 말할 수 있는 당신의 일부인 양 "말을 걸 수" 있다. 도발된 일부에게 무엇이 필요한지, 어떻게 그것을 제공하면 될 지 물어보라. 종종 도화선은 사랑과 관심을 받고자 하는 울음일 때가 있다. 이후 그 부분을 돌보겠다고 협상할 수 있다. 동의가 된 듯하면 특정 날짜와 시간을 약속하여 그 도화선에 집중하도록 하라. 약속을 지켜라.
- **성행위를 바꾸라** | 성행위의 자세나 여러 주변 분위기들, 이를 테면 불을 켜거나 환경에 변화를 주는 것이 도화선을 바꾸는 계기가 될 수 있다. 지금 당신이 하는 것이 불편하다면 파트너와 이야기해서 그에 따라 적절하게 바꾸라. 이것은 당신의 성적 놀이가 될 수 있으며 일회성 만남의 기분 전환용 행위로 끝날 필요는 없다.
- **산책하라** | 활동을 전반적으로 바꿀 수도 있다. 여전히 감각적이거나 에로틱한 것, 가령 성기 접촉이 없는 마사지나 목욕을 같이 하는 것 등을 해볼 수도 있다. 혹은 성행위를 잠깐 쉬고 산책하거나 음악을 듣고, 영화를 보고 당신의 개를 쓰다듬는 방법도 있다. 무엇을 선택하든 당신 자신과 파트너와 함께 여기에 있도록 훈련하라.
- **현재로 돌아오기** | 잠시 멈추어 호흡하라. 물건이나 소리, 냄새, 온도, 감각 등에 집중하여 현재에 머물러라. 당신이 어디 있는지, 누구와 있는지 기억하라. 그리고 당신이 하고 있는 것이 합의된 것임을 늘 기억하라. 당신이 성적인 것을 좋아하는 이유, 성적인 표현이 당신에게 어떤 이점이 있는지를 점검하라. 현재로 돌아와서 성적인 상태를 지속하라.
- **반복되는 도화선에 싫다고 말하기** | 당신이 완전히 소화했다고 생각한 도화선이나 이미지가 계속 나타난다면 이렇게 말할 수 있다. "싫어, 이제 더 이상 여기서 환영받지 못해. 돌아오지 마." 내면의 공간에 누가 허용

> 되는지를 결정할 수 있다. 이것은 내면의 경계를 정하는 과정이다. 그 이미지나 도화선이 나타날 때마다 거부하여 다시 돌아오지 않게 하라.
>
> **도화선이 영원히 계속되지는 않는다**
> 특정 성행위가 당신을 도발한다고 해서 앞으로도 늘 그럴 것이라고 가정할 것까지는 없다. 도화선이 묻혀있는 신체 일부로부터 외상을 풀어주고 정서적으로 그 경험을 다룬다면 도화선은 대개 약해진다.
> 도화선을 처리하면서 당신은 어린 시절 성폭력으로 인해 생긴 한계가 아니라 당신만의 고유한 욕망에서 출발한 당신의 성적 표현을 점점 더 많이 선택하게 될 것이다.

욕구를 위한 여유 만들기

정상적인 성욕의 일정량은 없다. 어떤 사람들은 하루에도 몇 번씩 성적인 욕구를 느끼고 또 어떤 이들은 일주일에 한 번, 혹은 한 달에 아니면 1년에 한 번 정도 느끼기도 한다. 또한 모든 사람들이 성욕의 수위가 달라지는 것을 경험한다. 이러한 유동성은 인생의 주요한 변화(예컨대 절제, 절친한 누군가의 죽음, 연인과 관계를 시작하기 등)와 함께 일어나는 스트레스, 비애의 감정이나 좌절 등의 결과일 수 있다. 이러한 변화는 인생의 자연스런 한 부분이다.

그런데 생존자들의 욕구 결여는 종종 성폭력의 직접적인 결과이기 쉽다. 성욕이 결여되면 원치 않는 성행위로부터 자신을 지켜 줄 수도 있다. 또는 성적인 두려움의 징후이거나, 당신의 몸으로부터 분리되었다는 증거일 수 있다. 혹은 욕구를 위험한 것으로 보는 사실에 대해 그런 식으로 반응하는 것일 수도 있다.

난 한 번도 성욕을 느낀 적이 없습니다. 누군가가 나처럼 그렇게 자주, 그렇게 많이, 그렇게 여러 곳에서 성교를 하면서도 아무런 욕구가 없을 수 있다는 것이 놀라운 일이지요. 사람들은 물어요. "그렇다면 왜 성행위를 했지?"라구요. 난 상대의 욕구를 없애기 위해서 성행위를 했어요. 남편과 자는 것이 적절한 방법이라고 생각했어요. 여러 이유가 있지만 단 한 번도 내가 원해서 한 적은 없답니다.

당신에게는 자신의 욕구를 느낄 기회가 한 번도 없었을 수 있다. 어린 나이에 성적인 강요를 당하게 되면 자연스런 성적 감정들이 발육할 기회를 잃게 된다. 이러한 방식이 성인이 된 지금까지 지속되는 수가 있다.

가장 최초의 성폭력 피해와 만나기 시작하면서 나는 더 이상 내 욕구를 느낄 수 없었어요. 단지 누군가의 욕구와 필요에 의해 부추김을 받는 욕구만 있지요. 지금의 그 누군가는 연인이구요. 이 사실이 너무나 끔찍해서 거리를 두기도 하고 고통스러워하거나 두려워하곤 해요. 아니면 만나자마자 곧장 사랑을 나누려고 하지 않아요. 난 사랑과 애정을 원했고 때로는 감각적으로도 친밀해지고 싶었습니다. 그러나 단지 성행위의 전주곡이 아니라 그 자체의 고결함을 가질 수 있기를 원했습니다.

어릴 때 당신은 당신을 가해한 자의 욕구가 통제되지 않는 것을 경험했다. 당신은 가해자의 욕구에 따르도록 강요받았다. 욕구는 당신을 공격하는 무기였다. 그리고 지금 당신은 자신의 욕구로 위협받지는 않을지, 그것이 너무나 공격적으로 되지 않을지 두려워하고 있다.

사랑을 나눌 때 내가 열정적이 될 수 있도록 나 스스로를 허용하는 지점에 와 있었습니다. 나는 내 열정을 만나면서 무척 공격적이 되더군요. 연인 위에 앉자 내가 가해자가 된 듯한 기분이 들었어요. 그러자 온몸이 얼어붙고 순식간에 열정이 식어 버리더군요. 그 다음 순간 어릴 때 강간당한 장면이 떠오르기 시작했습니다. 끔찍했어요. 그 후 몇 달 동안 성욕을 느낄 수가 없었어요.

당신이 사랑을 나누는 동안 과거의 장면이 떠오르거나 고통스런 감정에 휘말리게 되면 성욕이 달아날 수 있다. 사람들은 기분이 좋아지고 상대방과 연결되고 하나가 되기 위해서 성행위를 원한다. 성행위가 당신에게 고통과 슬픔, 분노를 불러온다면 아직 당신에게는 성욕이 충분치 않다는 말이다.

한 번도(또는 거의) 성욕을 경험하지 않았다면 성행위를 당분간 하지 말아야 한다. 당신이 누군가를 위해 성행위를 하고 있는 것이 아닐 때도 그러한 욕구가 자연스럽게 떠오르는지 어떤지 점검할 수 있는 여유가 생길 수 있다. 한동안 독신 생활을 하겠다고 선택한 여성이 생전 처음으로 성욕을 느꼈는데 너무나 당황스러운 방식으로 욕구가 떠오르기 시작했다고 말했다.

최근에 나는 "오, 난 정말 내 치료사와 사랑을 나누고 싶어져요"라고 말할 만큼 성욕을 느끼기 시작했습니다. 나는 그녀에게 매력 있게 비춰질까! 내가 그녀에게 말을 건넸고 우리는 함께 그것에 대해 이야기했습니다. 그녀는 내가 성적인 공상을 할 때 중요한 인물로 등장합니다.

욕구에 대한 개념 넓히기

《레즈비언 섹스》의 저자인 조안 룰란은 욕구에 대한 기존의 개념을 창조적으로 재수정했는데 그녀의 관점은 모든 여성들에게 새로운 빛을 던져 준다. 룰란은 욕구란 지적·정서적·신체적 측면에서 감지되는 것이라고 정의 내린다. 지적 욕구는 당신이 사랑을 나누고 싶어 한다는 결단이다. 정서적 욕구는 당신이 누군가와 가까워지고 싶기 때문에 그와 사랑을 나누고 싶어 하는 것이다. 신체적 욕구는 당신의 몸이 사랑을 나누기를 원한다고 말하고 있음을 느끼는 특정한 상태이다. 욕구의 이 세 가지 유형이 함께 또는 따로 존재할 수 있다. 세 가지 모두 유용하다.

룰란은 자신이 속한 문화에서 무엇을 욕구(예컨대 연인의 벗은 몸을 보고 자극받는 것, 성행위할 기회가 생길 때마다 성행위를 원하는 것 등)로 규정하는지 목록을 작성해 보라고 제안한다. 이번에는 당신에게 욕구가 무엇인지를 목록으로 작성해 보라. 두 가지를 비교하라. 차이가 있을 것이다. 그것은 문화적으로 공인된 스테레오 타입이 사람들의 실제적인 느낌과 딱 맞아떨어지지는 않기 때문이다. 당신이 초점을 맞추어야 할 중요한 사실은 욕구에 대해서 당신이 내면적으로 무엇을 경험하는가이다.

당신이 기존의 기대를 버리고 욕구에 대한 개념을 확대하게 되면 생각보다 더 많은 성적 감정들이 내면에 있다는 것을 발견하게 된다.

> 내게 성행위는 남편과 침대로 갈 때 내가 하는 그 무엇이었어요. 지금은 모든 것이 자극이 될 수 있어요. 아이스크림 같죠. 그렇다고 해서 하루에 열 번 성행위를 원한다는 이야기는 아니에요. 오히려 그것은 시각적으로나 촉각적인 측면에서 사물에 반응하는 내 고유의 방식을 의미합니다. 지

금은 감각에 훨씬 더 민감해져 있습니다. 인생은 성적으로 자극되는 것보다 훨씬 더 풍부하지요.

자발성

성에 관해 가장 보편화된 통념 가운데 하나는 성행위를 즐기기 위해서는 욕구를 느끼거나 흥분되어야 한다는 것이다. 룰란은 여성의 성적 반응 주기를 수정된 관점으로 바라보면서 이 통념을 분석했다. 기존에 통용되던 여성의 성적 반응 주기를 보면 성행위에 필요한 출발 지점을 욕구나 흥분으로 꼽고 있다.

룰란의 모델에 따르면 성적 반응 주기는 이 두 가지의 어느 쪽으로부터도 시작하지 않는다. 그것은 성행위를 하고자 하는 자발성에서 시작된다. 자발성은 당신이 스스로 혹은 다른 사람과 함께 성적인 영역으로 기꺼이 들어가고자 하는 마음을 의미하며 당신이 그곳에서 무엇을 발견하든 자신을 개방하고자 하는 것이다. 자발성은 하나의 태도이다. 시작하는 것보다 더 중요한 것은 없다.

성적 행위로 들어가는 합리적인 한 지점으로서 자발성 개념은 욕구를 느끼지 못한 여성들에게도 성행위를 더 접근할 수 있는 것으로 만든다. 즉, 당신에게 신체적인 갈망이나 정서적인 흥분이나 어떤 종류의 욕망이든 전혀 일어나지 않는다 하더라도 성행위를 할 수 있다는 뜻이다. 이것은 여성의 성에 대한 급진적이고 자유로운 접근 방법이다.

당신이 자발적으로 되는 이유는 다양할 수 있다. 성행위에서 오는 쾌감을 얻고 싶어서, 일단 시작하기만 하면 성행위를 즐기리라는 것을 알기 때문에, 연인과 함께 성적인 문제를 풀려고 하기 때문에, 혹은 당신이 성행위를 실제로 해 보려고 하기 때문에 자발적으로 성행위를 원할 수 있다.

많은 여성들에게 자발성 개념은 커다란 위안이 된다. "나는 성행위를 원하는가?" 혹은 "욕구를 느끼지 않는데 내게 뭐가 잘못되었나?"라고 묻기보다는 "나는 기꺼이 시작하려고 하는가?"라고 물을 수 있다. 자발성 개념은 당신이 처해 있는 바로 그 지점에서부터 성적인 탐험을 허락할 수 있도록 한다. 당신이 어디에 있는지를 고려하지 않고 욕구를 만들려고 애쓰기보다는 "그래, 난 기꺼이 시도할 거야"라고 말할 수 있는 것이다.

확대된 쾌감

자발성은 성적 주기의 다른 단계—차단하기, 욕구, 흥분, 탐닉, 오르가슴, 혹은 마지막 단계인 쾌감—로 이끈다. 여성의 성적 반응을 이런 식으로 볼 때 쾌감은 오르가슴이나 신체적·정서적인 흥분에 의존하는 것이 아니라 성행위를 하는 여성에 의해서만 결정되는 유일한 경험이다.

당신은 자신을 사랑스럽게 만지는 시간을 통해, 오랜 기간의 금욕을 마감하고 마침내 기꺼이 성적 행동을 하겠다고 결심했기 때문에, 또는 성폭력당한 기억이 떠올랐을 때 스스로를 잘 돌보았기 때문에, 쾌감을 경험할 수 있다. 이 모든 것이 성행위를 기분 좋게 여기는 이유가 된다. 만약 당신이 성행위를 하게 되는 이유의 허용 한계를 확대하고 성행위로부터 얻을 수 있는 것에 대한 기대의 폭을 확장한다면 당신의 즐거운 경험들이 늘어 가리라는 것은 확실하다.

성적 상호작용의 단계

치료사이자 《성적 치유의 여정》을 쓴 저자인 웬디 말츠는 성적 상호작용의 위계질서를 만들었다. 이 위계질서는 관계의 맥락 안에서 성적 행위를 평가하는 유용한 도구를 제공한다. 성적 에너지는 파괴적 방식 아니면 생명력 넘치는 방식으로 연결될 수 있는 본성으로 인식된다. 말츠의 모델은 성적 상호작용을 여섯 단계로 보여준다. 그것은 세 가지의 부정적 단계(비인격적, 학대적, 폭력적)와 세 가지 긍정적 단계(역할에 충실하기, 사랑하기, 진정한 성적 친밀감)로 구성된다. 성행위를 이렇게 바라본다면 의사소통, 안전, 신뢰의 필요성이 확실해질 것이며, 진정한 성적 친밀성이 인간관계에서 경험할 수 있는 최상위 단계임을 인정할 것이다.

어떤 조건들, 가령 그것이 건강한 것으로 경험되는지 혹은 해로운 것으로 경험되는지와 같은 것은 성적 상호작용의 본성을 결정한다. 동의, 평등, 존중, 신뢰, 안전과 같은 조건은 건강한 상호작용으로 이끄는 반면, 정직하지 못함, 신체적인 안전을 무시하는 것, 지배, 대상화, 수치심은 부정적인 상호작용을 낳는다.

이 모델로 특정한 성적 행위를 판단하지는 않는다. 대신 성적 행위가 일어나는 맥락을 바라보고 그 행동의 결과를 살핀다. 성적 에너지는 부드러움과 열정의 춤을 추는 두 커플을 결합시키면서 그들의 자기인식을 드높이고 서로 연결되고 헌신하는 정도를 고양시킨다. 그러나 강간이나 모욕과 같은 난폭한 행동으로 사용된다면 성적 에너지는 신뢰를 흩어지게 하고 자존감과 안정감을 뭉개버린다. 물론 이 양극단 사이에는 엄청난 괴리가 있다.

말츠의 성적 상호작용의 위계질서로 보는 긍정적 방향, 부정적 방향

성적 에너지는 긍정적으로도, 혹은 부정적으로도 연결될 수 있는 이로우면서 자연스러운 힘이다. 아래에 서로 다른 방향에 부응하는 서로 다른 두 가지 형태의 특성들이 있다. 부정적인 특성은 아래로 가면서 점점 더 증가하고 강화된다. 긍정적인 특성은 위로 갈수록 더 상승하고 강화된다.

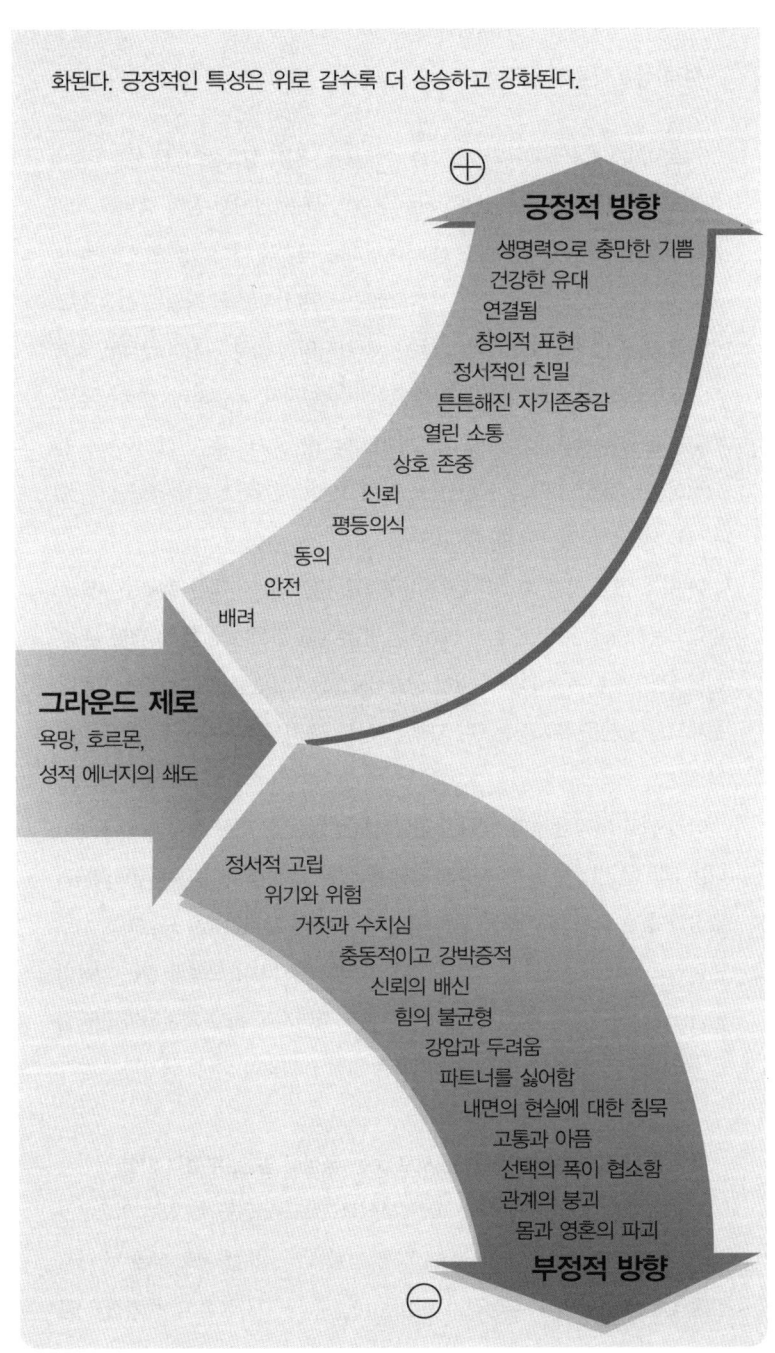

언제나 성행위를 원할 때

생존자들은 대부분 성행위를 원치 않음으로써 성적 어려움에 직면해야 하는 반면 어떤 사람들은 다른 문제에 부딪히기도 한다. 즉, 항상 성행위를 원하고 성적이지 않은 모든 욕구까지도 성행위로 충족하고자 한다.

> 외롭거나 두렵거나 남편과 긴밀해지고 싶은 욕구가 생길 때마다 나는 그것을 즉각적으로 성욕이라고 해석했습니다. 정서적인 욕구라는 것을 알았을 때도 마찬가지였습니다. 난 항상 사랑을 나누고 싶어 했죠. 실은 전혀 원치 않을 때에도 성행위를 하려고 하면서 무척 유혹적인 분위기로 되었답니다. 성행위를 할 수가 없다면 정말 너무나 혼란스럽고 통제가 되지 않고 혼미해질 것 같았습니다. 성행위를 한다는 것은 힘 있는 방식처럼 느껴졌어요. 하지만 그것은 내 욕구를 왜곡하여 인식함으로써 생긴 반응이었습니다.

당신의 모든 욕구를 충족시키려고 성행위를 이용하던 과거의 행동을 이제는 내려놓을 수 있다. 성행위를 원할 때 당신의 기분이 어떤가에 대해서 주목하는 것으로 시작하라. 당신이 느끼는 욕구나 갈망이 성행위에 대한 욕구인지 혹은 습관적으로 성행위를 통해 충족하고자 했던 다른 욕구인지 스스로 물어 보라. 당신이 원하는 것을 정확하게 찾아보라. 친밀감인가, 긴장을 푸는 것인가, 인정받는 것인가, 정당성인가, 힘인가, 누군가를 즐겁게 하려는 마음인가, 걱정이나 문제로부터 도피하려는 것인가, 안정감인가, 몸으로 느끼는 좋은 감정인가?

지니 니카시의 《자유를 위하여》에 보면 성을 다섯 가지 요소로 분석하고 있다. 애정, 관능, 에로티시즘, 친밀감, 낭만이 그것이다. 이 다섯 가지 중 에로티시즘(그녀의 정의에 따르면 "오르가슴과 그것에 관련된 극적인 성적 흥분과 긴장")만이 성행위 이외 다른 방식으로는 접근할 수 없는 유일한 욕구이다.

당신이 광범위한 욕구를 성적으로 채우려는 방식을 반복한다면 여러 각도에서 접근을 시도해야 할 것이다. 실행하기 어렵겠지만 보상이 따를 것이다. 때로는 꼭 껴안음으로써 당신이 원하는 바가 성행위보다 더 잘 채워질 수 있다. 때로는 허심탄회한 대화가 훨씬 더 만족스럽다. 때로는 수영을 하거나 춤을 출 때, 혹은 연주회에 가거나 그림을 그릴 때 기분이 고양될 것이다. 그렇다고 더 이상 성행위를 즐기지 말라는 뜻은 아니다. 오히려 당신의 욕구를 충족할 수 있는 방식을 다양하게 넓혀서 스스로에게 더 많은 자유와 창의성을 선사하라.

또한 당신이 성적인 존재이기도 하지만 그 이상의 존재라는 메시지를 분명하게 기억하라. 성행위가 멋지고 놀라운 삶의 한 측면이기는 하지만 그것이 유일한 측면은 아니다. 당신은 여러 많은 측면들로 된 총체적인 개인이다. 그러므로 당신은 그 모든 측면에 도달할 만하다.

문제의 소지가 되는 성적 행위 들여다보기

《성적 치유의 여정》에서 웬디 말츠는 생존자들이 바꾸고 싶어 하는 피해와 관련된 성적 행위를 분명하게 파악하도록 돕는다. 그녀가 제안한 것에서 약간 수정한 다음의 질문들은 당신이 특정 환상을 사용하거나 특정 행동을 계속 하고 싶은지 아닌지를 확인할 수 있는 쓸모 있는 출발점이 될 것이다.

- 이 행동은 폭력의 어떤 측면들을 다시 재생시키는가? 그렇다면 어떻게?

- 이 행동은 내가 성폭력을 당할 때 노출되었던 관계의 역동을 다시 살려 내고 있는가?
- 이 행동은 성적 존재로서의 나를 잘못되었거나 부정적인 관점으로 되비춰주는가?
- 이 행동은 나에게 상처를 주는가? 혹은 상처 줄 만한 가능성을 가지고 있는가? 그렇다면 어떻게?
- 이 행동은 다른 사람들에게 상처를 주는가? 혹은 그럴 만한 가능성을 가지고 있는가? 그렇다면 어떻게?
- 이 행동이 나에게 미칠 긍정적이고 부정적인 결과는 무엇인가?
- 나는 강압적으로 혹은 중독된 방식으로 이 행동을 하게 되는가? 내가 원하지 않을 때에도 이 행동을 하게 되는가?
- 이 행동을 멈추고 싶어 하는 까닭은 무엇일까?(중요한 관계를 잃을 수도 있는가? 원치 않는 임신? 폭력을 받게 될 수 있는가? 성병에 노출될 가능성? 기소되거나 판결 받을 가능성? 외로움과 회한으로 수년 간 힘들 수도 있는가?)
- 나의 어떤 측면 때문에 이것을 계속하고 싶어 하는가? 왜?
- 이 행동 아래에 전제된 기본을 해결하기 위해서 필요한 치유 과정을 나는 기꺼이 하려고 하는가?

성폭력을 닮은 성행위

많은 생존자들이 그들을 공격한 성폭력의 어떤 측면을 성행위를 통해 반복하기도 한다. 어떤 이들은 폭력을 휘두르는 연인과 결혼하고, 또 어떤 이들은 자신을 무시하거나 모욕적으로 대하고 위험한 상황에 이르게 하는 상황 속에서 연인과 성행위를 한다. 어떤 생존자들은 강박적으로 자위를 하고 가학성 포르노그라피에 의존하고 불안한 성행위를 하거나 그들의 몸을 함부로 침해하도록 허용한다. 인간적인 연대성은 찾을 수 없고 침해당하고 이용당하고 착취당하고 거세되는 성행위를 하는 것이다.

한 여성은 5년 동안 매춘여성으로 일했는데 이렇게 회상한다.

> 두 번째 남편과 아이들 곁을 떠난 후 캘리포니아로 왔는데 2주 만에 포악한 포주에게 걸려서 길거리로 나가게 되었지요. 그 당시 난 스물네 살이었어요. 5년 동안 매매춘 생활을 했습니다. 너무나 가혹한 세월이었어요. 첫 번째 포주로부터 도망쳤지만 거리를 벗어날 수가 없었습니다. 지금 돌아보건대 내가 스스로에게 어떻게 그렇게 할 수가 있었는지 이해하기가 어려울 정도예요. 내가 그렇게 할 필요가 없다는 것을 미처 깨닫지 못했습니다. 내 어린 시절과 너무 닮아 있었거든요.
>
> 매춘 여성들은 흔히 거리에서 사는 걸 선택한다고 하지만 진실한 선택이 아닙니다. 다른 방도가 없는 유일한 선택인 거죠. 난 그렇게 만들어졌거든요. 아버지가 가해를 하고는 나에게 성행위를 한 대가로 돈을 주곤 했어요. 내가 원하는 것을 나중에 주거나, 아니면 전에는 금지한 무엇인가를 주거나 그랬어요. 그는 "넌 이걸 받을 자격이 있어. 니가 잘하는 것이 이게 다야"라고 가르친 거죠. 거리를 배회하는 것은 아버지가 가르친 그 방식의 연속일 따름이었어요.

폭력과 성행위가 연결되면

폭력적인 상황에서 피해를 당한 많은 여성들에게는 성행위와 폭력이 무척 강하게 서로 연결되어 있다.

> 어렸을 때 어머니가 방 저 끝으로 물건을 던지면서 소리지르고 울부짖곤

했는데 그것은 대개 곧 아버지가 내 방으로 온다는 뜻이었지요. 그래서 폭력적인 장면과 성행위 사이에 강한 고리가 만들어지게 되었습니다. 이게 어른이 되어서도 되풀이되고 있어요. 마치 '세우기 위해서 깨부수는' 격이지요. 성행위는 항상 싸움보다 나아요. 하지만 정말 비슷한 느낌을 줘요. 최근에 헤어졌던 연인에게 구타를 당하고 마루에 쓰러져 있는 나를 그녀가 차고 있었을 때였어요. 놀라운 일이 일어났습니다. 어머니에 대한 과거의 장면이 겹치는 것이었어요. 누가 나를 패고 있는지 알 수가 없었습니다. 연인이 내 머리채를 잡고 일으켜 세우는 바로 그 순간 두 가지 방법만이 이것을 끝장낼 수 있다는 것을 깨달았지요. 하나는 오른쪽 문으로 가는 것인데 그건 바깥으로 나가는 문이었구요, 다른 하나는 왼쪽 문으로 가는 것인데 그쪽으로 가면 침실로 가는 것이었어요.

건강한 성을 만들려면 이 방식을 바꾸는 것이 반드시 필요하다. 지금 폭력과 성행위가 서로 연결되어 있다면 그 연결점을 깨야 할 것이다. 혹은 그 관계를 온전히 떠나야 할 것이다. 성행위와 폭력이 결합하여 당신의 흥미를 자극한다면 이제 그러한 성향을 바꾸기 위한 체계적인 작업이 필요할 것이다.

성폭력이 포함된 환상

성행위가 성폭력의 어떤 특성과 부합될 때에만 성적으로 흥분되거나 오르가슴을 느낄 수 있는 생존자들이 많다. 한 여성은 아버지의 얼굴을 상상할 때에만 절정에 오를 수 있다. 어떤 이는 묶여 있거나 강간을 당한다고 상상할 때에만 가능하다. 또 다른 이는 어릴 때 이웃이 자신을 자극하던 방식으로 자극될 때에만 가능하다. 또는 자신이 가해자가 된 상상을 할 때에만 가능하다. 친족성폭력에 대한 소설을 읽으면서 자위를 한다.

몇 주 동안 강박적으로 한 손에는 친족성폭력에 대한―《깨기 전에 죽어야만 한다면》류의―소설을, 다른 한 손에는 진동기를 들고 살았습니다.

여성들이 대부분 그런 느낌이나 환상을 시인하면서 수치스러워한다. 어릴 때 관장기를 부착하는 바람에 거의 고문에 가까운 고통을 겪었으며 지금은 56세가 된 치료사인 한 여성이 설명했다.

성 문제 때문에 나라는 인간이 무척 형편없다는 느낌이 들었어요. 때로 난 내 성이 기괴하고 비정상적이고 병원에 실려 갈 정도라고 여겼지요. 다른 사람들이 자신들이 당한 성폭력 피해를 자세하게 이야기할 때 난 매혹당하거든요. 눈앞이 하얘지고 굶주린 한 마리 짐승처럼 자극을 받습니다. 7년 반을 치료받고 난 이후에야 겨우 벗어나기 시작하고 있는 가학―피학적인 환상이 있거든요. 그래서 무척 수치스럽습니다. 병원이나 집단 수용소에 관한 환상, 사람의 몸을 얇게 저미는 환상을 하는 거죠. 그래서 자연히 성과 삶의 에너지를 병 속에 가두어 두어야만 했습니다. 그것들이 튀어나와 나를 덮칠까 봐 너무 두렵고 수치스러웠기 때문이지요.
치료를 하면서 환상이 드러났을 때 나 자신에 대해 말할 수 없이 파괴적인 분노를 느꼈어요. 나를 죽이고 싶을 만큼요. 그러한 것들이 나를 자극한 것들이라니 소름이 쫙 끼치죠. 처참하도록 폭력적이고 가학적인 상황에 의해서 자극을 받으면서 동시다발적으로 부상하는 수치심과 공포심, 극도의 자기 절망감, 이런 것들의 정말 핵심―이 모든 것들의 축―이라는 생각이 듭니다.

학대와 가학증에 의해서 당신이 자극받는다 하더라도 당신을 비난할 수는 없다. 당신이 무無로부터 이러한 환상을 만든 것은 아니기 때문이다. 당신이 맨 처음 피해를 당했을 당시 가해자의 손과 성기, 눈초리에 압도당했듯이 그 환상들 역시 당신의 뇌에 강제로 각인된 것이다.

　처음 경험하는 성행위의 맥락이 우리에게 강하게 작용한다. 바로 그 순간에 일어난 모든 상황들이 한꺼번에 융합되어 낙인처럼 찍히는 경우가 종종 발생한다. 폭력과 모멸감, 두려움을 한꺼번에 경험하면서 또한 흥분과 성기의 쾌감을 느꼈다면 이 요소들이 한 묶음으로 얽혀서 쾌감을 고통과 연결시키고 사랑을 모멸감과 연결시키며 욕구를 힘의 불균형과 연결시킨다. 또한 수치심, 은밀성, 위험을 금지된 모험심과 연결시켜 당신의 감정과 몸 깊숙이 유산으로 남긴다.

진실로 선택한 성

　당신이 폭력, 강간, 친족성폭력, 수치심을 상상해야만 성적으로 흥분된다면, 또한 이러한 연관을 끊고 싶다면 고통과 굴욕과 성적 흥분 사이의 관련성을 단절할 가능성은 충분하다. 당신이 내면화한 조건들을 극복하고, 피해나 환상에서 나온 이미지에 의존하지 않으면서 진실된 성을 상상하는 일은 가능하다. 그러나 변화는 어렵다. 성적인 흥분, 힘, 통제의 느낌과 연관되어 각인된 행동을 포기한다는 것은, 그것도 특히 그런 행동이 습관이 되었거나 강박적으로 되어버렸다면 상당히 힘든 일이다. 성적으로 흥분되거나 오르가즘을 느낄 수 있는 확실한 방법을 포기하기는 쉬운 일이 아니다. 성적 흥분의 패턴을 멈추기 위해서는 강한 의지가 필요하다. 그만 두고 싶다고 해서 중단될 일이 아니다. 원치 않는 흥분 패턴에 의존하는 태도를 바꿀 유일한 방법은 강박증 아래 있는 핵심을 건드리는 치유작업이다. 그렇게 한다면 시간이 지나면서 이러한 패턴을 변경하여 새롭고 진실된 방식으로 성을 경험하게 될 것이다.

테이프 갈아끼우기: 사파이어 이야기

사파이어가 친족성폭력 피해에 대해 상담하기 시작할 즈음 그녀는 강간과 SM(가학피학증)을 상상할 때에만 유일하게 성적으로 자극을 받을 수 있었다. 그녀는 그 환상들을 제거하기로 결심했다.

우리의 성이 원래 그런 식은 아니라고 생각합니다. 내가 받은 성폭력 피해가 내 죄는 아님을 인식하듯이 환상에 대해서도 죄의식을 가지지 않아야 하는 것으로부터 시작해야 한다는 것을 알게 되었습니다. 그건 같은 지점에서 나왔어요. 죄의식에서 벗어나는 것은 정말 중요합니다. 하지만 그것보다 더 나아가고 싶었습니다. 죄의식을 갖고 싶지가 않았어요.

자위를 더 많이 하게 되었는데 그때 어떤 느낌이 주로 드는지에 주목했지요. 인물이나 옷은 변할 수 있어요. 그런데 주로 드는 느낌이 도대체 무엇이냐 하면 "난 열정에 완전히 사로잡혔다. 당신이 원하는 것이면 무엇이든 하겠다"는 것이었습니다. 그것은 내 열정을 다루는 유일한 방법이었죠. 내가 점유당하지 않는 한 거기에 책임을 질 수는 없었거든요.

이 느낌을 진심으로 확인하기 전까지는 그 환상의 지배를 계속 받고 있었지요. 다음 단계는 오르가슴이나 열정, 강렬함을 환상과 분리시키는 방법을 배우는 것입니다. 난 프로그래밍되어 있었던 거죠. 이것들을 분리하기는 어렵습니다. 다른 지지는 받지 못했습니다. 난 이 작업을 독립적으로 해 나갔던 거죠. 결과가 어떻게 될지 몰랐고 내가 무슨 일을 하고 있는지도 확신이 서지 않았습니다. 하지만 적어도 누군가가 나더러 무엇을 해야 한다고 말해 주기를 기다리지는 않았다는 겁니다. 나는 변할 수 있다는 신념을 가지고 있었습니다.

그것은 내가 열정적인 감정을 느낄 자격이 있다고 생각하는 데 도움이 되었고 그 열정이 반드시 환상과 연결될 필요는 없다는 것을 확신하게 해주었습니다. 그래서 내가 떠올리는 환상이 내 것은 아니라는 점을 진심으로 이해할 수 있게 되었습니다. 그 환상들은 성폭력을 통해 나에게 부과되던 것이지요. 점차로 나는 SM을 생각하거나, 아버지가 내게 무엇인가를 하고 있는 그림을 떠올리지 않고도 오르가슴을 느낄 수 있게 되었습니다. 일단 환상을 감정과 분리하고부터는 그 감정에 대해 힘찬 폭포수 같은 힘 있는 이미지들을 의도적으로 부여했지요. 그들이 당신에게 SM을 부과한다면 당신은 그 자리에 폭포수를 대체할 수 있습니다. 나를 다시 프로그래밍했습니다. "당신이 원하는 것이면 무엇이든 하겠다"라고 말하는 대신 나는 폭포수를 보면서 예전과 동일한 강도의 강렬한 느낌을 가질 수 있지요.

시간이 오래 걸리는 성적 치유

성행위의 의미가 누구에게나 동일하지는 않다. 성행위를 얼마나 원하는지, 몇 번의 성행위를 원하는지 등은 사람마다 편차가 심하다. 치유되면서 성행위에 대한 당신의 진정한 욕망과 태도가 점점 더 분명해진다. 더 이상 피해로 인해 베일에 싸여있지는 않는다. 어떤 생존자들에게 성행위는 엄청나게 중요한 삶의 일부일 수 있고 또 어떤 이들에게는 거의 중요하지 않거나 약간만 중요할 것이다.

오늘 당신의 성적 경험이 1년이나 2년 후에도 여전할 것 같지는 않다. 지금 대단히 끔찍한 문제가 이후에는 사소한 문제로 보일 수도 있다. 혹은 어떤 때는 성행위가 좀 수월했다가 다시 어려워지기도 할 것이다. 더 깊이 숨겨져 있던 문제를 건드리면 성행위도 힘들어지기 때문이다.

성행위는 친밀성의 정도, 관계의 역동성, 특정 연인과 상당히 관련 있는 영역이다. 아드리엔은 성폭력 문제를 다루기 시작한 이후 몇 명의 연인이 있었는데 연인에 따라 그녀가 경험한 것이 엄청나게 달랐다.

알란을 만나기 전에도 연인은 많았습니다. 성행위는 멋지지는 않지만 즐길 수는 있었죠. 알란은 내가 정말로 푹 빠진 첫 남자였습니다. 사랑과 성행위가 결합되었어요. 성행위 때문에 곤란에 빠지는 시기가 시작되었습니다. 성행위가 알란에게는 중요했기에 그는 점점 더 화가 났던 거예요. 그는 내게 점점 더 많은 압력을 행사했고 점점 내 마음의 문은 닫혀 버렸습니다. 상태가 악화되어 급기야는 관계가 깨졌지요. 실패자가 된 느낌이 들었습니다.

알란과 헤어진 이후 누군가와 관계를 맺기가 두려워졌어요. 내가 충분치 않으며 무엇인가가 잘못되었다는 느낌이 들었어요. 랜스를 만나 한동안 친구로 지내다가 연인이 되었습니다. 내게 문제가 있다는 암시를 했는데 개의치 않는 듯 했습니다. 랜스는 근사한 연인이었지요. 내게 압력을 가한 적이 없었거든요. 그러니까 성행위가 굉장해지더군요. 그는 내게 탐색할 여유를 듬뿍 주었고 세세한 부분까지 통제하도록 해주었습니다. 그는 치유에 많은 도움이 되었어요. 그리고 성에 대해서도 기분 좋은 상태가 되었지요.

나는 이 상태가 충분하다고 생각했기 때문에 존과 관계를 시작했을 때는 이 문제를 아예 꺼내지도 않았어요. 우리는 뜨겁고 신중하게 성행위를 했고 내가 전에는 한 번도 허용하지 않았던 열정의 감정에 나를 열어 놓을 수 있게 되었습니다. 그러자 문제가 터진 거지요. 두 달 후 새로운 기억이 되살아난 겁니다. 그리고 다시 성행위는 내 마음에서 떨어져 나갔습니다. 나빴어요. 이 문제는 졸업했다고 생각했는데, 다시 시작되었던 겁니다. 그러나 적어도 이번에는 나 자신을 증오하지는 않았어요. 무엇을 해야 하는지 좀 다르게 생각할 수 있었던 거지요.

성행위에 대한 당신의 경험은 동일한 관계 안에서도 변화할 수 있다. 새 연인과 관계를 맺으면서 감정이 열정에 휩싸이게 되면 당신의 성적 문제가 희석되기도 한다. 그러다가 관계가 안정될 때 성적인 문제가 다시 고개를 들 수 있다. 정서적으로 더욱 친밀해질수록 성적으로 단절되기 시작할 수 있다. 혹은 신뢰가 깊어져 감에 따라 당신의 기대까지도 압도하는 다른 차원의 문제가 치유의 다음 과제로 떠오를 수도 있다.

성적으로 치유되려면 오랜 시간이 걸리기 때문에 당신이 앞으로 나아가는지 아닌지 확신하지 못할 때도 있다. 그러나 과정이 부침浮沈을 되풀이한다 하더라도 당신은 옳은 방향으로 나가고 있다. 충만한 성을 개발하려고 꾸준히 노력하겠다면, 먼저 당신이 현재 서 있는 지점을 인정하고 인내하라. 그리고 치유할 수 있다는 당신의 잠재력을 신뢰하라.

나 자신을 인정하는 법을 배워야 했습니다. 나를 좀 다르게 만들 수도 있는, 그래서 나의 성적 취향을 좀 다르게 만들 수 있는 여러 경험들을 거쳐 왔다는 것을 알아요. 하지만 그게 어떻다는 거죠? 나는 나인 거죠. 있는 그대로의 나를 즐기기로 했습니다! 모든 여성의 내면에는 수천 명의 여성이 있고 그들이 한 번에 한 사람씩 나와도 괜찮은 것이니까요. 상대방은 그걸 감당해야겠죠. 관계 안에서 일어나는 것이니까요. 매일 밤 고개를 쳐들었다가 수그러드는 것이 성은 아니니까요. 그것은 당신이 누구인가를 탐색하는 그 무엇이지 두려워할 것은 아닙니다.

치유하려면 노력과 시간을 투자해야 한다. 하지만 그에 따른 보상은 충분히 투자할 만한 가치가 있다. 한 생존자가 열렬하게 주장했다.

하늘에 맹세코 난 정말 환상적인 성생활을 하고 있어요. 세상에! 완전히 황홀한 성생활을 한다고 말할 때는 당신이 공을 들인 그 노력이 그만큼 멋진 것을 위한 것이었음을 안다는 뜻이지요.

성행위가 참혹한 방식으로 당신을 공격하는 도구로 사용되었으나 당신은 당신의 성을 주장할 수 있으며 당신의 가장 심오한 가치를 반영하는 것으로 다시 만들어 갈 수 있다.

성행위는 노랫말을 짓거나 안무하는 것과 같이 새로운 뭔가를 만들어 가는 강력한 동기가 될 수 있다. 그러기 위해서는 절대적인 주목과 현존presence이 요구된다. 모든 것에는 거대한 강렬함이 있다. 모든 것은 새로운 무엇인가로 하여금 실존으로 이끄는 힘이 있다. 만약 연인과 함께 이러한 개방을 나누고자 한다면 그것은 하나의 위험이고 긴장이며 깊은 신뢰의 확신이 된다. 당신은 생동감과 경쾌함, 연결을 확신한다. 당신 안의 열정은 삶에 대한 열정으로 승화된다.

연인이 없다 하더라도 당신의 성을 주장하는 것은 그만한 가치가 있다. 한 나이 든 생존자는 오랜 세월의 노력 끝에 그 이유를 깨달았다.

그런 관계를 또 맺으리라고 기대하지는 않습니다. 성적인 느낌을 가진다는 생각만으로도 나를 죽이고 싶은 심정이 되어 버립니다. 그러나 최근에 그것을 통찰하게 되었지요. 성행위는 삶의 한 부분이요 살아 있음을 증거하는 일부라는 것을요. 삶의 에너지 같은 것입니다. 몸 안의 느낌을 감지하는 것으로 그친다 할지라도, 그 느낌들을 행동으로 옮기지 못한다 할지라도 여전히 그것들은 가치가 있는 것이지요. 이해하겠습니까? 그건 삶에 대해 긍정하는 것이고 살아 있는 것을 긍정하는 것과 같아요.

자녀와 부모 역할

아이들이 내게 희망을 준 거예요. 아이들은 웃기도 하고 무언가에 몰두하기도 하고 바보스럽게 굴기도 하지만 나를 그 기억으로부터 끌어내 주기도 하더군요. 그래서 이런 말을 하게 만들지요. "좋아, 미래로 가는 거야." 이 아이들을 전적으로 책임진다고 생각하니까 조금씩 나아지는 계기가 되더라구요. 난 이 아이들이 자신들을 돌보아 주는 책임감 있는 어른, "이제 그만두어야지"라고 말할 수 있는 어른이 곁에 있다는 것을 알았으면 했어요.

직접 낳아 준 부모만이 가족 관계를 만들어 가고 자녀를 기르는 것은 아니다. 우리는 이 장에서 양부모, 동성 부모, 확대 가족, 가족으로 '선택된' 친구를 '부모' 안에 포괄하여 사용할 것이다.

아이들과 같이 있다는 것은 고무적이고 벅찬 삶의 일부가 될 수 있다. 여느 사람과 마찬가지로 생존자들도 그렇게 받아들인다. 하지만 생존자들에게는 자녀와의 관계가 몇 가지 특별한 혜택을 준다. 아이들은 폭력이 당신의 잘못 때문이 아니라는 것을 일깨워 준다. 이들은 당신이 당신 내면의 아이와 관계를 돈독하게 맺도록 도와준다. 또 당신이 치유를 지속시켜 나가도록 동기를 제공할 수 있다. 또한 가족과 더불어 긍정적인 경험을 일구어 낼 수 있음을 깨달을 수 있도록 기회를 제공한다. 35세의 엘라에게는 아이를 갖는 것이 치유에서 꼭 있어야 할 부분이다.

난 아이들을 키우고 또 그만큼 되돌려 받아요. 아이들은 나를 사랑하죠. 그건 강제로 얻을 수 없는 거예요. 아이에게 성행위를 강제로 요구할 수는 있어도 사랑과 같은 순수한 것은 강요할 수 없잖아요. 나를 내내 지탱하는 것이 바로 그것이랍니다. 아이들을 보면서 내가 정말 생존자라는 사실을 알게 되요. 부모가 될 수 있다는 사실 때문에 난 내가 얼마나 잘 지내 왔는 가를 보게 된 거죠. 아이들의 모습에서 내가 괜찮은 상태라는 것을 깨닫게 되거든요. 내가 정말 승리한 사람이라는 느낌을 받아요. 내가 원하는 것은 무엇이든 얻을 수 있어요. 정말 무엇이든 할 수 있다구요. 아이들과 어울려 있으면 언제라도 그걸 알게 되죠.

그러나 아이들과 친해지면서 미처 풀리지 않은 앙금이 되살아나기도 한다. 이들은 기억을 자꾸만 자극하고, 당신이 부모한테서 물려받은 어떤 행동 양식들에 맞대면하게 하고, 또 당신이 지닌 취약한 부분을 상기시키기도 한다.

부모 되기의 어려움

누구나 좋은 부모가 되려고 애쓰는 과정에서 부딪히는 문제를 생존자들이라고 피해갈 수는 없다. 유아와 같이 있으면 수면부족에 시달리고 24시간 대기 상태여야 하고, 자신의 욕구보다는 다른 누군가의 욕구를 더 우선시해야 한다. 아장아장 걷는 애기는 끊임없이 움직이고 사사건건 하지 말라는 것을 한다. 아이가 자라면 그들의 욕구도 변하고, 크고 작은 일에 대해서 끊임없이 당신이 결정을 내려야만 한다. 그들이 적어도 몇 시에는 자야하는지, 몇 살에 버스를 혼자 타도 괜찮은지, 13살 된 아이가 파티에서 술을 마시고 집에 돌아왔을 때 무엇을 해야 하는지 등등.

많은 생존자들이 부모로서 잘 하고 있다. 비록 살아오면서 다른 영역에서 힘든 기간을 보낼수는 있어도 자녀와의 관계는 안정적이며 그들에게 사랑과 관심을 기울일 수 있다.

엄마가 되면서 로라는 성적인 피해를 받은 것은 생각보다 부모역할에 영향을 덜 미친다는 사실을 알게 되었다.

> 아이를 가진 것은 여태까지 한 일 중 가장 잘 한 일이었습니다. 난 많은 것들이 일어날 것이라고 예상했어요. 하지만 나의 피해로 기억이 자꾸 떠오르고 과잉보호하려고 할 것이고 경계가 혼선을 일으킬 것이라는 생각은 잘못된 것이었답니다. 그런 일은 일어나지 않았어요. 내가 도전받고 부모로 성장해야만 하는 과정은 복잡하지요. 그러나 그 중 나의 성폭력 피해와 상관있는 일은 거의 없었어요.

피해 받고 방임되고 부모의 적절한 돌봄을 받지 못했던 많은 여성들이 훌륭한 어머니로 거듭 난다. 역할모델이 시원찮았다는 사실 때문에 자신의 자녀에게 잘 하지 못하는 것은 아니다. 사실 그들의 뼈아픈 역사가 때로는 건강한 결정을 내릴 수 있는 좋은 토대를 제공하고 있다. 한 어머니가 말했다. "내가 하고 싶지 않은 것이 무엇인지를 알았지요. 의심이 나면 그들이 내게 한 것과 정반대로 했습니다."

또 다른 생존자가 자신의 방식을 설명해주었다.

> 부모로서 내가 아이들을 대하는 태도는 아주 의도적이라고 할까요. 나는 가져 보지 못했지만 아이들이 필요로 하는 것—기분 좋게 만지고 신체적으로 접촉하고 정말 진실한 인간으로서 그들을 대하고 이야기를 건네는 것들—이 무엇이라는 것은 알지만 어떻게 그것들을 애들에게 전달해야 할지를 몰랐어요. 그래서 스스로에게 이런 것들을 하도록 가르쳐야만 했

어요. 우선 원만한 가족을 이루는 부부의 행동에 대해서 관찰했고 책도 많이 읽었죠. 또 원만한 가족은 어때야 할까에 대해서 꿈꾸어 보기도 하구요. 처음에는 어색했지만 지금은 자연스럽게 느껴져요.

부모 역할은 어느 누구라도 해내고는 있지만 가장 복잡하고 손이 많이 가는 일 가운데 하나다. 최상의 조건에서도 그 일은 어렵다. 출발부터 스스로 독학하면서 시작해야 한다면 그 일은 더욱더 어렵게 된다.

나 자신에 대해서도 그렇고 아이들에게 하는 내 행동에 대해서도 자신이 없었어요. 부모 역할의 기초 자료로 쓸 만큼 적당한 것이 도무지 머릿속에 내장되어 있지 않았거든요. 내가 기억하는 것들은 고작해야 잘못된 것, 그렇게 하지는 말아야 할 것들뿐이었어요. 옳을 것이라는 느낌만으로 어떻게 해 볼 수는 없잖아요. 옳다는 확신이 드는 것을 해야만 했으니까요. 아이들에게 상처를 입히지 않았다는 걸 확실하게 하기 위해서 내내 긴장해야만 했어요. 난 정말 깨어 있어야만 했다니까요.

스스로 확신이 서지 않으면 책을 읽고 부모 역할을 잘 해내는 사람들과 대화를 하고, 부모역할에 대한 공부를 하는 수업에 참여하고, 부모 지지그룹을 시작할 수 있다. 당신의 이야기를 듣고 자신의 경험을 나누면서 대안을 제시하는 다른 부모들은 말할 수 없을 정도로 귀중한 지지와 지도를 제공할 수 있다. 로라와 엘렌, 그들의 파트너는 수년 동안 매달 만나는 어머니 모임의 회원이었다. 엘렌이 설명했다.

파트너와 내가 까다로운 상황을 어떻게 해결해야 할 지 확신이 서지 않거나, 아이의 요구에 대한 우리들 생각이 서로 다를 때마다 다른 엄마들에게 조언을 부탁했지요. 12명의 여성들이 지혜를 모으면 천하무적이 됩니다. 우리는 그 이후로 부모역할에 대한 문제로 다투지 않았어요. 대신 의심이 날 때마다 그저 "엄마들에게 들고 갔어요."

실수를 하고 새로운 접근법을 시도해 보는 것은 부모 역할을 해 나가는 과정에 나타나는 자연스런 부분이다. 자녀가 자라는 것과 마찬가지로 당신 역시 자란다. 좋은 부모—당신의 주관적 판단에 의한—가 되는 법을 배우는 것이 쉽지는 않지만 풍성하면서도 보상이 따르는 경험이다.

부모 역할을 하는 것은 정복해야 할 그 무엇입니다. 처음에 난 괜찮은 부모가 되어서 내 부모가 내게 저질렀던 나쁜 것들은 하지 않을 수 있을 거라고 생각했지요. 하지만 곧 그것이 완전히 착각이었음을 알게 되었어요. 전력을 다한 지금에야 스스로에게 이런 말을 할 수 있게 되었어요. "넌 그걸 할 수 있어. 생각했던 것만큼 쉽지는 않겠지만 하루가 다르게 조금씩 앞으로 나아갈 수 있고 그러다 보면 아주 작지만 결실을 맺을 수 있어." 이렇게 함으로써 난 내가 한 인간이라는 것을 확신하게 되고 내가 옳은 일을 할 수 있다고 자신하게 되죠. 난 그걸 열심히 했고 실제로 잘할 수 있어요.

당신이 어머니로서 다루게 될 문제들 대부분이 모든 부모들이 겪는 이슈이기는 하지만 어린이 성폭력 피해의 생존자라는 것과 특히 더 연관된 문제들이 있다. 이 장 나머지 부분은 이런 특정한 어려움에 대하여 다루어본다.

당신의 피해 사실을 자녀에게 말하기

아이들은 아주 명민해서 당신이 화가 나 있거나 정신이 산만하거나 위기 상태에 있을 때를 다 알아차린다. 그러므로 아무 일도 없다는 듯이 가장하면 이들은 당황해하고 혼란스러워한다. 사실에 근거를 두지 않은 채로 아이들은 자신의 결론을 이끌어 내는데, 대개는 자기들이 문제의 원인이라고 생각한다. 당신의 자녀에게 그들이 책임질 일이 아님을 알게 해야 한다.

당신의 피해 사실을 자녀에게 말하고 안하고는 개인적인—물론 때로는 어려운—결정이다. 정직한 대화가 자녀들에게 도움이 될 지 오히려 해가 될 지 최선을 다하여 판단해야 한다. 확신이 서지 않는다면 상담원이나 다른 부모들에게 상의를 할 수도 있다. 때로 당신이 하고 있는 걱정이나 감정을 말하는 것만으로도 당신의 마음을 알 수 있다.

아이들에게 말하겠다는 결심이 선다면 그들의 연령에 맞추어서 이야기하라. 상세하게 묘사할 필요는 없다. 대신 그들을 안심시키고 그들의 욕구에 맞추어서 대체적인 윤곽만을 이야기하라. "내가 아주 어렸을 때 아버지로부터 상처를 받았단다. 지금까지 그렇게 많은 모임에 나가고 그렇게 많이 우는 이유가 그것 때문이었어. 내가 슬퍼 보이더라도 너 때문에 그러는 게 아니란 걸 네가 알아주었으면 한다. 난 도움을 받고 있고 차츰 좋아지고 있단다."

좀 더 많은 것을 알고 싶은 자녀라면 더 질문할 것이다. 질문에 정직하게 답하되 자녀들이 듣고 싶어 하지 않거나 감당할 수 없을 정도의 폭력적인 부분을 이야기하기보다는 자녀의 연령에 맞게 그들이 요구하는 정보만을 제공할 수 있다.

만약 당신이 어떤 질문에 답하기가 편안하지 않다면 이렇게 대응할 수도 있다. "그것에 대해서 지금은 이야기할 준비가 되지 않았구나. 하지만 난 정말 내가 어떻게 느껴 왔는지에 대해서 너에게 조금은 이야기하고 싶었다. 그래서 내 분노가 너하고는 아무 관련이 없다는 것을 알게 하고 싶었어. 내 감정에 조금씩 편안해지고 있으니까 언젠가는 네가 한 질문에 답할 수 있을 거야."

카산드라는 자신의 피해에 대하여 자녀들 모두에게 이야기하는 것이 중요한 일이었다.

성폭력을 마침내 공개하면서 "더 이상 거짓말은 안하겠어. 더 이상 숨기는 것도 없단다"라고 말했지요. 아이들에게 그들이 이해할 수 있는 말로 내게 일어났던 일을 말해주었어요. 그리고 "우리는 할아버지나 할머니를 보러갈 수 없어"라고 했습니다. "왜 안돼요? 사촌들을 만나지 말아야 할 이유는 뭐죠?" 아들은 그들과 같이 커왔어요. 왜 가족을 더 이상 볼 수 없는지 이해가 되지 않았던 것입니다. 그때 그들에게 이야기를 하기 시작한 겁니다. 엄마가 월요일 밤에 어디가 있는지 아니? 어려운 이야기를 하는 모임에 가는거야.

다섯명의 장성한 자녀를 둔 한 어머니는 자신이 그 일을 털어놓음으로써 가족에 어떤 영향을 미치는지 이렇게 서술하고 있다.

강간 위기 센터에서 일하고 있을 때 아이들에게 근친 강간에 대해서 이야기 했지요. 아이들은 몹시 놀랐고 나에게 호의적이었지만 곧 자기들의 할아버지에 대해서는 여러 감정들이 교차되더군요. "할아버지가 그런 일을 했다니 믿을 수 없어."라거나 "그는 정말 내게 친절한데"라고 말입니다. 그들은 계속 할아버지에 대해서 상반된 감정을 가지고 있어요.

두 딸은 자기 할아버지와 같은 마을에 살고 있고 그는 아침을 먹으러 그들에게 가곤 하죠. 그들은 근친 강간에 대해서 모든 것을 알고 있어요. "할아버지는 우리에게 참 좋은 분이었어요. 우리는 그가 한 행동을 좋아하지는 않지만 그를 기꺼이 계속 만날 거예요."라고 해요. 그래서 두 딸은 그를 방문하는 동시에 내가 그러지 못하는 것에 대해서도 이해하고 있지요.

자녀들이 당신의 피해나 치유에 대해서 더 이상 듣고 싶지 않다고 말할 경우 그들의 경계선을 존중하라. 그들에게 가장 기본적인 윤곽을 말한 후 암시만 하는 것도 좋은 방법이다.

다른 모든 중요한 이슈들과 마찬가지로 성폭력과 그것의 영향 역시 한꺼번에 다 내놓고 완전히 해결할 수 있는 문제가 아니다. 자녀와 함께 이야기하는 것도 치유의 과정으로서 개방과 공유가 이루어지는 가족의 토대를 만드는 한 부분이다.

경계 설정하기

어린이였을 때 당신의 경계를 침해받았다면 당신은 지금 자녀와 적절한 경계를 유지하는 데 몹시 힘겨울 수도 있겠고 아니면 무엇이 적절한가에 대해서 혼란스러울 수도 있겠다.

아이를 갖게 되자 난 처음으로 진정한 유대—신체적으로, 성적으로, 정서적으로 이 아이들과 연결되어 있다는 것—를 경험했어요. 그것은 엄청난 위력을 가지고 있어서 내가 그들을 삼킬지도 모른다는 생각이 들자 무서워 죽을 지경에 이르렀지요. 몇 년 동안 그 생각만 하면 나는 경악하곤 했어요.

정서적으로 명확한 경계를 설정하게 되면 당신은 스스로를 자녀와 분리된 존재로서 경험할 수 있게 된다. 아이들은 당신처럼 생각하지도 느끼지도 않거니와 그래서는 안 된다는 걸 당신도 알고 있다. 그들의 관심과 욕구는 당신의 그것과 다르며 당신을 반영하는 것도 아니다. 자신의 개별성을 인정하고 당신 자녀들에게도 그들의 개별성을 허용하는 것은, 항상 쉬운 일은 아닐지라도 존중할 만하고 건강한 일이다.

자녀를 막역한 친구인 양 대하거나 그들에게 동정이나 조언을 바라는 것은 부적절하다. 자녀와 정서적으로 친밀함은 그들의 욕구를 충족시켜 주는 것이지 당신의 욕구를 충족시키려는 것이 아니다. 만약 자녀와의 사이에 정서적으로 어디까지를 경계로 설정해야 할지 확신이 들지 않는다면 그들의 반응을 주의해서 보라. 자녀가 당신과 다소 거리를 두고 싶어 한다면 어느 정도의 거리를 허용하라. 그들이 가까워지고 싶어 한다면 그렇게 허용하라. 하지만 이들을 붙들어 매지는 말라.

한 싱글 엄마는 10대 아들과 건강하게 정서적 경계를 유지하게 된 과정을 설명했다.

> 내 감정을 아들과 얼마나 그리고 어떻게 공유할 지를 미리 결정합니다. 사실 너무 많은 이야기를 하게 될까봐 아예 어떤 말도 하고 싶지 않을 정도예요. 바로 내 어머니가 그랬거든요. 너무 많은 이야기를 하는 바람에 난 그 감정의 강렬함에 압도당해버렸습니다. 난 분명 그 패턴을 되풀이하고 싶지 않아요. 하지만 이야기를 전혀 하지 않는 것도 올바르지는 않잖아요. 당신이 어떤 사건들에 아무런 반응도 보이지 않는 것을 당신 아이가 본다면 그 아이는 어떤 메시지를 받겠습니까?

그래서 조금씩 말합니다. 이런이런 일이 직장에서 일어나서 매우 실망스럽다고 말하지요. 어쩌면 내가 데이트하는 한 남자가 나를 버리고 갔을 수도 있어요. 아들에게 마음이 몹시 아프다고 말해요. 때로 연극을 하는 것 같아요. 엄마 대사를 읊고 있는. 때로는 내 말이 부자연스러울 때도 있답니다. 하지만 그만두지 않습니다. 모든 걸 고려해보건대 내가 뭔가 좋은 일을 하는 것 같거든요.

성적 경계

많은 생존자들이 어린 자녀들을 일상적으로 돌보면서—기저귀를 갈아주고 목욕 시켜주고 옷을 입히면서—불편하고 혼란스러워하고 걱정한다. 이런 불편함은 몇 가지 범주로 나누어진다. 아이와 신체적으로 가까워지면서 기쁨을 누리는데 이런 느낌이 들어도 괜찮은지 걱정한다. 아이를 돌보는 동안 어린 자녀의 취약성에 대해서 지나치게 의식하게 되면서 두려움이나 심지어 분노의 감정이 들 수 있다. 어릴 적 당신을 돌보던 손길에 의해 성폭력이 가해지면서 생긴 고통스러운 기억이 떠오를 수 있다. 혹은 당신이 당했던 방식으로 혹은 다른 방식으로 당신의 자녀를 상처 입히거나 피해를 입히려는 충동이 생길 수도 있다.

이런 반응을 구분하는 것은 중요하다. 그럼으로써 당신은, 당신의 감정이 정상인지 혹은 당신의 아이를 위험한 상태로 밀어 넣을 수 있는 선을 넘었는지 혹은 그럴 가능성이 있는지 판단할 수 있다. 당신의 걱정에 대해서 이야기하고 당신의 두려움과 혼란스러움을 해결할 필요가 있다. 그 과정에서 당신은 정보와 지지를 얻고 당신에게 필요한 도움도 받을 수 있기 때문이다.

하지만 이것은 무척이나 두려운 일일 수 있다. 생존자 지지집단이

나 상담원과의 만남에서 이 주제를 힘들게 꺼낸다면—모든 혼동과 수치심도 함께—마치 엄청난 금기를 깨트리는 기분이 들 수도 있다. 당신은 이런 문제로 고민해야만 하는 유일한 생존자인 듯 하기도 할 것이다. 하지만 그렇지 않다. 많은 생존자들이 자녀와의 상호작용을 부적절하게 할까봐 혹은 적정선을 지키지 못할까봐 걱정한다.

> 쉴 새 없이 나의 경계선을 의식해야 합니다. 어린 아이와 신체적으로 애정을 표현하게 되면 생각해야 하지요. "이거 괜찮은 거야? 그의 경계선을 내가 넘고 있는 건 아닌가? 이것이 성적인 것으로 비춰질 수도 있을까?" 라구요.

당신이 피해를 입어왔고 당신의 경계가 훼손되었다면 이것은 당연한 두려움이다. 하지만 일단 적극적으로 치유에 관여하고 있는 이상, 그리고 당신이 지금껏 그러지 않았는데 갑자기 어린 자녀에게 성폭력을 행사하는 따위의 일은 거의 일어날 소지가 없다. 그럼에도 계속 걱정이 되고 두려워진다면 상담원을 찾아가서 정말 위험이 있는 것인지, 당신이 단지 두려워하는 것인지 판단해보라. 걱정하는 것이라면 괜찮다. 일반적인 현상이다. 그것을 행동으로 옮기는 것은 옳지 않다.

정상적인 것, 그렇지 않은 것

부모가 아이에게 감각적으로 어떤 느낌을 갖는 것은 정상적인 일이다. 자녀와의 신체적인 접촉을 통한 기쁨—보드라운 피부, 달콤한 냄새, 사랑스러운 모습—은 어머니 역할을 하면서 가질 수 있는 자연스러운 특혜이다. 어린 아이를 돌보는 것은 특히 몸으로 하는 것이어서 때로 성적으로 반응하는 것도 전혀 낯선 일은 아니다. 하지만 자녀로 인해 성적 흥분이 되는 것은 어린이 성폭력 피해의 생존자들에게는 극도로 두려운 일로 다가온다.

이런 에로틱한 감정이 순간 흩어지고 지속적이지도 강압적이지도 않다면 그건 정상 범위 안에 있는 것이다. 하지만 자녀에 대한 성적 욕망이 강하거나 계속 지속된다면, 혹은 이런 충동에 따라 행동하고 싶은 유혹을 느낀다면 당신은 도움을 반드시 받아야만 한다. 치료사 혹은 다른 전문가와 당장 시간 약속을 잡아라.

이런 감정에 따라 행동하지 말라. 그런 것을 당신 자녀에게 말하지도 말라. 아이에게 성적인 욕망을 느낀다고 이야기하는 것 자체가 성폭력이다.

경계선을 설정하는 것은 항상 당신의 몫이다

자녀들은 다른 영역에서처럼 성적 영역에서도 한계를 시험한다. 그들은 친밀감과 가까움, 신체적인 애정 표현 등에 관련되어 경계를 모색한다. 그들은 당신의 성적인 부분을 만지려고 하거나 당신으로 하여금 그들을 만지게 할 수도 있다. 당신의 아이가 이런 식으로 당신을 시험하려고 하면 애정 어린 태도를 잃지 않으면서도 단호하게 한계를 설정하라.

> 아들이 여덟 살이 되었는데 자꾸 내게 프렌치 키스를 하려고 했어요. 아마 내가 연인에게 키스하는 걸 그 아이가 보고 흥미를 가졌나 봐요. 텔레비전에서도 그런 것은 너무나 많잖아요. 또 상당히 흥미를 끌게 만들어졌구요. 내게는 그렇게 할 수 없다는 걸 누우이 설명해야 했어요. 나는 아이에게 "네가 정말 호기심을 가지고 있고 한 번 해 보고 싶다는 걸 안다. 하지만 좀 더 커서 같은 또래 여자 친구와 그런 실험을 하기 전까지는 기다려야만

한다"고 말했지요. 믿을 수 없을 만큼 끈질겨서 마침내 난 그만하라고 할 수밖에 없었어요. 그러니까 울고 떼쓰면서 "딱 한 번만 하게 하면 그 다음은 절대로 하지 않겠다"고 하는 거예요. 나는 절대로 안 된다고 말하면서 대신 다른 세 가지 소원을 들어주겠다고 했지요. 그랬더니 스카치테이프와 잠잘 때 자장가를 들려줄 것과 인형 놀이를 요구하더군요.

이 이야기는 어린이의 '성적 욕구'가 가진 순수함을 잘 드러낸다. 부모와 자녀 사이에 어떤 신체 접촉이 적절하고 적절하지 않은가를 분명히 할 필요가 있음을 보여 주고 있다.

건강한 접촉

어린이에게는 그 상대가 부모라 할지라도 자신을 만지지 말라고 말할 권리가 있다. 그들의 몸의 주인은 그들 자신이며 어느 누구도 그들의 허락 없이 만질 수 없음을 알려 주라. 아이가 끌어안기를 원한다는 확신이 들지 않으면 "지금 널 안을 수 있을까?"라고 물어 보라. 혹은 "프레드 아저씨에게 뽀뽀해 주렴"이라고 말하기보다는 "프레드 아저씨에게 잘 주무시라고 인사해라"고 말하라. 이러한 것이 어린이에게 통제권을 주는 방식이다. 애정 표현은 애정을 주고받고자 하는 어린이의 욕구에 맞추어져야지 그들 주변의 어른들이 가진 욕구를 충족시키기 위한 것이 되어서는 안 된다.

한편 인간적인 접촉을 원하는 어린이의 기본 욕구를 거절하지 않도록 조심하라.

난 사람들을 만지지 않아요. 사람들이 날 만지는 것도 좋아하지 않구요. 아이가 생겼을 때 난 내가 가지지 못한 신체 접촉의 혜택을 그들은 누려야 한다고 의식적으로 결심해야 했어요. 그런 결심을 하고 나서도 난 물어야 했어요. "좋아, 그렇다면 누가 그것을 하게 되지?"라구요. 내가 그 역할을 하는 사람이 되어야만 할 것 같더군요. 그래서 그건 나를 치유하는 한 부분이 되었고 아기를 가졌으며 그들을 만지게 되었던 거죠.

스스로를 양육하는 법을 배우면서 당신은 자녀하고도 훨씬 편안하게 접촉할 수 있다는 것을 알게 된다. 적절한 경계를 설정할 수 있다는 자신감을 가지기 시작하면 당신은 그들이 요구하는 대로 따뜻하고 안전하면서도 편안하게 접촉할 수 있게 될 것이다. 그리고 당신은 친밀해지는 데서 오는 즐거움을 만끽하게 될 것이다.

때로 침대맡에서 딸애에게 책을 읽어 주거나 잘 자라고 입을 맞출 때 난 그 애가 얼마나 좋은 느낌을 가지는지를 감지하면서 감동을 받죠. 내게 부드럽게 안겨 달콤한 냄새를 풍기고 있으니. 난 어머니가 되면서 신체적으로 가까워지는 접촉을 좋아하게 되었어요.

당신의 자녀를 보호하기

생존자가 자신의 성폭력 경험을 기억하지 못하거나 그 영향을 인지하지 못한다면 자녀가 위험에 처하더라도 그 징후를 알아채지 못하거나 효과적으로 대응하지 못할 수가 있다. 자신의 성폭력 피해를 잊고 살던 한 여성은 딸이 여섯 살 되던 해에 일어났던 사건을 이렇게 설명했다.

교회의 한 젊은이가 딸에게 관심을 갖기 시작하더라구요. 물론 딸도 그 관심을 받아들였구요. 그는 집으로 와서 같이 차를 타고 외출하게 해 달라고 요구했어요. 딸애와 그 젊은이는 그의 집으로 갔고 딸의 사진을 찍어 주었어요. 우리는 항상 딸에게 그와 함께 가도록 허락했고 그런 절차는 하루도 거르지 않고 계속되었어요. 한 번은 사진을 보았는데 딸애가 나무 위로 올라가고 옷이 위로 당겨지고 팬티가 보이는데 그것도 아주 야릇한 자세로 그러고 있더란 말입니다. 난 그 사진을 보면서 심기가 불편해졌지만, 남편이나 나나 어린이 성폭력에 대해서는 전혀 아무 것도 알지 못했죠.

한 친구가 이야기해 주기를 그 젊은이가 그녀의 딸에게도 그런 걸 했다는 거예요. 그때까지도 그 일이 계속되는 걸 우리는 몰랐던 거죠. 우리는 교회 집사에게 가서 그만두게 압력을 넣을 것을 요구했어요. 그는 치료사를 만나게 해주었는데 그 치료사는 "그 사람은 어린이 성폭력 범죄자입니다. 당신의 자녀들을 그에게서 격리시키세요"라고 말하더군요. 그렇게 했죠. 그리고 그게 벌써 몇 년 전의 일입니다만 지금까지도 그 일에 대해서 딸애에게 이야기할 수가 없군요. 어떤 일이 일어났는지, 그리고 내가 딸애를 보호하지 못했다는 것이 드러나는 게 두려우니까요. 그렇게 되면 견딜 수 없을 만큼의 무게로 짓눌리게 될 거예요.

자녀가 성폭력을 당하고 있다는 사실에 직면하게 된 생존자들은 때로 경직되어 아무런 대응 방안도 실행할 수 없게 된다.

남동생이 내 딸을 괴롭힌다는 이야기를 들었을 때 눈앞이 깜깜해지더군요. 완전히 무기력해지는 거예요. 마치 아홉 살 때 침대에 엎드려 있던 나 자신의 상황이 반복되는 느낌요. 꿈 속에서 달리려고 애쓰는 그런 형국요. "그가 그랬단 말이냐? 끔찍하지 않았니?"라는 내 목소리는 들을 수 있었지요. 딸애가 소리지르더군요. "엄마가 뭔가를 했어야죠!" 그렇지만 난 무엇을 해야 좋을지 몰랐어요. 내가 알고 있는 방법은 피하는 게 고작이었으니까요.

억압되어 있는 기억이나 두려움 때문에 현실을 직시하지 못하는 데서 벗어나려면, 또한 자녀를 위해서 행동하는 것을 방해받지 않으려면 당신 자신부터 정서적인 치유를 해야 마땅하다. 무시하고 부정하면서 몰래 감추어 온 평생의 방식을 타파하는 일은 어렵다. 그러나 이것은 부모로서 우리가 갖추어야 될 그 무엇이다.

과잉보호

과잉보호는 자녀를 안전하게 지키려는 건강한 욕구가 확장된 것이다. 당신이 두려움을 가지고 있는데 그 두려움이 어디에서 기원하는지를 알지 못한다면 그렇게 강박증으로 되기 쉽다.

> 아이들을 누구에게 맡겼는지 항상 검사했고, 머리카락 한 올이라도 엉뚱한 곳에 떨어져 있으면 그 사정을 알고 싶어 했어요. 할 수만 있다면 아이들을 홀로 내버려 두지 않을 텐데. 또 남편에게도 아이들을 목욕시키지 못하게 했어요. 그렇다고 남편을 못 믿는 것도 아니었지만 그렇게 한 거예요. 이 모든 것들은 내가 깡그리 그것들을 기억해 내기 이전의 일이었어요. 난 내가 왜 그런 조심을 했는지 몰랐어요. 그냥 그랬던 거죠.

당신은 자녀들의 활동을 제약함으로써 이들을 안전하게 지키려고 할지 모르지만 아이들은 그 나이에 맞는 운동량과 자유를 가져야만 한다. 당신은 자신의 두려움을 반복할 것이 아니라 극복할 필요가 있다.

내 딸애의 반바지 입는 습관을 어떻게 해 보려고 하면서 이런 일을 겪게 되었어요. 운 좋게도 내게는 내가 얼마나 이런 일에 비현실적인가를 이야기해 주는 형제 같은 친구가 있었어요. 그가 말하길, '너를 괴롭히는 문제가 많다는 건 다 알아. 그런데 너는 짧은 반바지를 입지 못하게 하는 식으로 네 딸의 성적 행로에 영향을 미칠 수 있다고 생각하니?' 그 친구는 이런 사소한 일에서까지 아이들과 내가 방향 감각을 찾도록 도와주고 있어요.

당신이 설정하고 있는 경계선에 확신이 서지 않는다면 다른 부모들과 이야기를 나누어라. 다른 사람들과 피드백을 주고받는 것은 자신이 과잉 방어적이 되는지 어떤지를 측량하는 데 유용한 통로가 될 수 있다. 궁극적으로 그들이 말하는 지점과 같은 곳에 선을 긋지 않을 수도 있다. 하지만 그들의 의견을 들어보면 당신 자신에 대하여 더 분명해질 수 있을 것이다.

자녀를 보호하려는 마음은 정당한 욕구이긴 하나 당신이 보호할 수 있는 것과 보호하지 못하는 것이 무엇인지를 구분할 필요가 있다. 아무리 조심한다 하더라도 자녀의 삶을 구성하는 구석구석 세밀한 부분들을 다 규제할 수는 없다. 자녀들은 당신이 통제하지 못하는 상황이나 사람들과 맞닥뜨리면서 대부분의 시간을 보낸다. 이런 이유 때문에 당신은 반드시 자녀들에게 스스로를 보호하도록 가르쳐야 한다. 자녀들은 교육을 받음으로써 힘을 길러야 한다. 당신이 할 수 있는 범위에서 최대한으로 그들을 준비시키고 난 다음, 당신은 깊은 숨을 들이쉬고서 그들의 날갯짓을 허용해야만 한다.

자녀들에게 안전 기술 가르치기

부모들이 성폭력에 대해 자녀들에게 이야기하기를 꺼리는 이유는, 그 이야기로 인해 자녀들이 놀랄 수 있다고 판단하기 때문이다. 하지만 실제로 아이들은 그러한 위험을 인지하고 있다. 대중 매체에서 성폭력을 대거 폭로하고 있으며 우유팩에는 매일같이 미아들의 얼굴이 실려 있으므로 아이들은 이미 겁을 집어먹고 있다. 두려움은 자녀를 강하게 만들지 못한다. 당신은 어릴 때 두려워했다. 그러나 두려움이 당신을 피해로부터 구해주지 못했다.

아이들에게 스스로를 보호할 수 있는 안전 기술을 가르친다면 그들은 두려움 대신 자신감을 가질 것이다.

아이들은 그들이 여러 선택을 할 수 있으며 싫다고 얘기할 수 있다는 것, 다양한 방법으로 스스로를 보호할 수 있다는 것을 알아야 한다.

> 딸이 어릴 때였는데 누군가가 그녀에게 우스꽝스럽게 말을 걸거나 만졌다면 반드시 엄마에게 말해야 하며 자기의 몸에 대한 권리는 자기에게 있다고 이야기해 주었지요. 딸이 불편하다고 느껴지는 방식으로라면 그 누구도, 심지어 엄마나 아빠라 하더라도, 그녀의 몸을 만져서는 안 된다고 말이죠.
>
> 그리고 사건이 일어났어요. 딸애와 친구가 밖에서 놀고 있었는데 어떤 남자가 사탕을 주면서 차로 가자고 하더래요. 아이들은 집으로 달려와서 내게 이야기했고 얼마 있지 않아 경찰이 왔어요. 경찰이 그 남자를 알아보았는데 그 남자는 두 달 전부터 수배중이던 어린이 성폭력 가해자였던 거죠. 그래서 그를 잡아다가 감옥으로 보냈죠.
>
> 애들은 자신들이 한 일과 용기에 대해서 자랑스러워했어요. 난 애들에게 그들이 많은 다른 어린이들을 구했고 우리가 사는 지역의 영웅이라고 말해 주었죠. 딸은 아직도 그 이야기를 하고 있고 자신이 옳은 일을 어떻게 했는가에 대해서 말하고 있어요. 또 아직도 다른 애들을 돕고 있구요. 그녀는 아주 강해요.

어린이들 사이의 성 놀이

어린이들이 또래와 성 놀이를 하는 것은 정상이다. 많은 부모들이 그런 놀이를 알게 되었을 때 불편해하고 당황스러워하며 어떻게 반응해야할 지 난처해한다. 생존자들의 경우 이것은 특히 혼란스러운 부분이 될 수 있다. 아이가 성적 피해를 당하는 것은 아닌지, 다른 아이에게 성적으로 피해를 주고 있는 것은 아닌지 걱정할 것이다. 무엇이 어린아이들 사이에 건강하고 적절한 성 놀이일지 결정하는 것이 특히 어려울 것이다.

다음의 지침은 로라 데이비스의 책 《당신이 원하는 부모 되기: 첫 5년 동안의 전략을 위한 자료집》에서 발췌했는데 어린 아이들이 상호 성적 탐색과 놀이를 할 때 대응할 수 있는 방법을 제시하고 있다.

부모들은 아이가 의사놀이를 하거나 다른 아이와 성 놀이를 하는 것을 알게 되면 난감해한다. 많은 부모들이 얼어붙거나 공황상태에 빠진다. 그들은 즉시 어른의 성이나 성추행을 떠올리면서 아이가 실제로 무엇을 탐색하려고 하는지 깨닫지 못한다.

어린이 사이에 성놀이를 다룰 때 명심해야 할 몇 가지 기본적인 목표가 있다. 어린이들은 안전, 한계 설정하기, 가족 규칙, 사회적으로 적절한 것에 대한 규칙 등을 배워야 한다. 또한 어린이의 호기심도 존중되어야 한다.

당신이 자녀의 성놀이에 대해 느끼는 방식은 모두 당신의 경험과 관점, 가치에 의하여 영향을 받는다. 어떤 가정에서는 그러한 탐색이 개방적으로 허용된다. 다른 가정에서는 성놀이가 허용되지 않는다. 당신이 놀이를 허용하건 하지 않건 몇 가지 지침을 통해 이러한 목표를 달성할 수 있을 것이다.

- **자녀의 호기심을 존중하라** | 당신이 성놀이를 허용하건 하지 않건 자녀의 호기심을 존중하라. "서로 엉덩이에 관심 있는 것 같구나, 하지만 바지는 입었으면 좋겠다."라거나 혹은 "너의 음문이 어떻게 생겼는지 궁금

한가 보구나. 네가 보는 것이 너희들 서로에게 괜찮다면 나도 괜찮다."라고 하라.
- **자녀가 지금 하고 있는 것이 무엇인지 좀 더 잘 알아보라 ㅣ** 질문하라. "서로의 몸에 대해 정말 호기심이 있나보구나. 뭘 알아냈니?"라거나 "담요를 덮고 있구나. 이게 네가 하고 있는 특별한 게임이니? 내게도 말해줘"라고 말하라.
- **계속 대화하라 ㅣ** 그들이 우리에게 말할 수 있다는 것을 안다면 우리는 그들이 혼란스러운 정보로 헷갈리거나 상처받는 상황에 있을 때 그들을 더 잘 도울 수 있다.
- **몇 가지 한계선과 안전수칙을 정하라 ㅣ** 무엇이 허용되고 허용되지 않는지 자녀에게 말하라. "너는 친구의 몸을 볼 수는 있다." 혹은 "너는 너의 손으로 너의 몸을 탐색할 수는 있다. 그러나 다른 사람이 그렇게 하게 해서는 안 된다."라고 하라.
- **아이에게 허락을 요구하도록 가르쳐라 ㅣ** "너의 친구는 너의 몸을 만지기 전에 너에게 요구해야 한다."거나 "누구든 어떤 놀이에서건 싫은 점이 있다면 싫다고 말해야 한다."라고 하라.
- **싫다고 말하는 것을 아이와 훈련하라 ㅣ** 말하라, "이 게임은 지금 너에게 괜찮은 것 같구나. 그런데 더 이상 이 게임을 하고 싶지 않다면 산드라에게 어떻게 말하겠니?"라거나 "로베르토, 이것이 네가 하고 싶은 게임이니 아니면 다른 것을 하고 싶니?"라고 말하라.
- **같이 관여하는 아이가 누군지 알고 있어라 ㅣ** 성놀이는 어린이들 중 누군가가 성적 피해를 입거나 건강하지 않은 경험을 했다면 문제가 될 수 있다. 그렇게 되면 그 아이는 놀이의 강도를 다르게 만들 수도 있고 다른 수준의 지식을 가지고 올 수도 있다. 성과 관련하여 상처를 입은 어린이들은 놀이를 통해 폭력을 받아들이려고 한다. 그들은 안전하지 않거나 부적절한 것을 다른 아이와 시도하려고 할 수도 있다.

- **다른 가족에 대해서 알고 있어라** | 또 한 가지 중요한 것은, 다른 가족의 허용 수위이다. 부모는 무엇을 허용할 것인가에 대하여 대화해야 한다.
- **힘의 불균형이 생기는지 늘 살펴보라** | 어린이들은 나이든 아이에게 매력을 느끼기 때문에 불편한 것도 감내할 때가 있다. 혹은 친구를 잃어버릴까봐 계속 그 놀이를 하는 경우도 있다.
- **관계 속에서 힘의 불균형이 처음 생긴 곳이 성놀이는 아닐 것 같다** | 다른 영역에서 먼저 나타나는 역동이 있다. 스스로 물어보라. "아이들 각자가 이 우정의 다른 상황에서 싫다고 말할 수 있는가?" 한 아이가 지속적으로 포기한다면 그것은 성놀이를 할 때도 문제가 있을 수 있다는 위험신호다. 아이들이 관계의 모든 영역에서 힘의 불균형을 다루도록 도와주는 것이 중요하다.
- **아이들에게 다른 놀이를 선택하게 하라** | 때로 어린이들은 특정 친구와 "의사놀이", "결혼놀이" 혹은 다른 형태의 성 놀이에 몰입할 때가 있다. 아이가 그런 식의 놀이에 고착될까 걱정이 된다면 그 어린이들이 함께 모여 있을 때 다른 활동을 만들어보라.

자녀들이 반드시 알아야 할 점

다음은 플로라 콜라오와 타마 호산스키Flora Colao & Tamar Hosansky의 《자녀들이 반드시 알아야 할 점Your Children Should Know》에서 발췌한 것이다. 이 책은 위험한 상황을 어떻게 인식하며 거기에서 어떻게 빠져 나오는지, 폭력이나 성폭력 피해에서 자신을 어떻게 보호하는지, 어떻게 하면 안전하게 느끼고 힘을 갖게 되는지 등에 대하여 어린이를 대상으로 교육하는 탁월한 교재이다.

자신을 방어하는 기술을 가르치려면 솔직하게 이야기해야 한다. 개인의 신변 안전 전략은 화재나 교통사고 안전 교육과 같은 방식이다. 즉, 직설적이고 현실성 있는 정보와 설명이 주어져야 한다.

자기 방어는 어린이가 위험한 상황에서 벗어날 수 있도록 하는 것이다. 다음과 같은 경우라면 폭력을 피해 안전을 지킬 수 있다 : 전화를 받지 않기, 낯선 사람에게 문을 열어 주지 않기, 싫다고 말하기, 소리지르고 마구 울기, 소란 피우기, 도움을 청하기, 도망치기, 가해자에게 침착하게 말하기, 가해자에게 협조적인 척하기, 몸으로 공격을 막기 등. 자기 방어는 어린이로 하여금 자신이 안전하고 편안하다고 느낄 수 있게 하는 신체적·정서적 상태이다. 또한 자기 방어는 자신의 안전이 가해자의 감정보다 훨씬 더 중요하다는 것을 확신하는 신념이요, 자신의 안녕을 돌볼 수 있음을 아는 힘이다.

성폭력 피해를 효과적으로 예방하기 위해서는 어린이가 자기 몸과 감정에 대한 권리를 확보해야 한다. 다음과 같은 권리는 중요하다.

어린이의 신변 안전권 헌장

1. 자신의 본능과 재미있는 감정을 신뢰할 수 있는 권리
2. 사생활에 대한 권리
3. 원치 않는 신체적 접촉이나 애정을 거절할 수 있는 권리
4. 어른의 권위에 질문을 던지고 그들의 요구와 강요에 싫다고 말할 권리
5. 거짓말하고 질문에 답하지 않을 권리
6. 선물을 거절할 권리
7. 무례하거나 비협조적일 권리
8. 뛰고, 소리지르고 소란 피울 권리
9. 깨물고 치고 찰 권리
10. 도움을 요청할 권리

이러한 권리를 이야기해 줄 때는 그들이 이해할 수 있는 간결하고 단순한

> 언어를 사용하라. 상상력이나 '만약……이라면' 게임, 역할극, 환상, 당신의 어릴 적 사건들 등을 이용하여 스스로 생각할 수 있도록 격려하라. 예기치 않았던 상황에서도 문제를 자발적으로 풀 수 있도록 돕는 것은 물론, 어린이의 그런 가능성을 인식하라.

원가족 혹은 가해자를 대하는 문제

당신이 가족에게 피해를 입었다면 그 가해자로부터 당신의 자녀를 보호하는 것은 당연하다. 자녀를 안전하게 지키겠다고 결심하는 것은 당신이 책임지고 마땅히 해야 할 일이다. 다른 사항들, 가령 가족의 유대를 유지한다거나 아이에게 확대가족을 보여주거나 가족의 심정을 아프게 하지 않는다거나 평지풍파를 일으키고 싶지 않다는 것들은 아이의 안전에 비하면 덜 중요하다.

많은 생존자들이 가해자가 단지 자신에게만 관심이 있었으므로 자신의 자녀는 건드리지 않을 것이라고 확신하다가 봉변을 당한다. 당신이 아이를 잘 지키려고 애를 쓰더라도 교활한 가해자들은 아이를 추행할 기회를 호시탐탐 노릴 수 있다.

아주 드문 경우 가해자가 가해 사실을 인정하고 양심의 가책을 보이면서 치료받으러 제 발로 찾아 가기도 한다. 이럴 경우 가해자가 진심으로 자기 삶을 바꾼다면 세심한 감독 하에 방문하는 것도 생각해 볼 수 있겠다. 하지만 아이의 안전이 위기에 처할 때 조심하는 편이 가장 좋다.

가족을 계속 방문하지 않는다면(혹은 무엇보다 방문자체를 허용하지 않겠다면) 왜 그런지를 자녀의 연령에 적절한 방식으로 설명하라. 친척이 건강한 가족이 아니라면 대리로 그 역할을 해줄 사람을 생각해보라. 당신 아이에게 역할 모델이 될 수 있는 좋은 친구가 좋겠다.

당신의 자녀가 피해를 입고 있다면

당신의 자녀가 성폭력 피해를 입었다고 말하면 그대로 믿어라. 당신의 파트너, 당신의 가해자, 다른 가족, 아이를 돌보는 사람이 가해를 하고 있다는 의심이 든다면 지체하지 말고 행동하라. 자신만이 피해를 입었다고 생각했다가 몇 년 후 자신의 자녀, 손주, 심지어 증손주까지 희생자였다는 사실을 알게 되는 경우가 허다하다.

바버라 해밀턴은 50대 후반에 처음으로 치유를 받기 시작했는데 그제서야 가족 안에서 성폭력이 확산되고 있음을 발견했다.

> 딸아이들의 이야기를 듣는 순간 나의 치유는 비명에 가까운 소리를 내며 멈췄지요. 그 고통이란, 어떻게 말해야 할지 모르겠군요. 다만 내 경우보다 더 참담한 느낌이었다고 할까요. 그건 어머니에게 씌워진 굴레 같은 거죠. 그 이야기를 들으면서 난 초죽음이 되었어요. 내가 겪었던 성폭력을 다루기 위해서라도 오기를 좀 남겨 둬야 하는데 힘이 조금도 남아 있지 않더군요.
>
> 내 아버지로 시작해서 그 남자들은 내 어린 시절을 유린했고 내 아이들의 유년기까지, 그리고 우리들과 관련된 모든 것을, 심지어 우리의 기억까지도 모조리 다 앗아가 버렸어요. 마치 우리를 이 지상에서 추방하려는 어떤 거대한 힘이 있는 것 같았어요. 그건 남성에 의해 저질러지는 성폭력이라는 엄청나게 큰 강줄기였지요. 우리는 다만 그 속도에 나자빠질 따름이었어요. 나와 그들을 분리할 수 있는 어떠한 방법도 가능하지 않았어요. 왜냐

하면 딸들은 나보다 더 작았고 더 빨리 익사하는 중이었기 때문이지요.

자녀가 성폭력을 당한다는 사실을 알게 되는 건 참으로 끔찍하다. 하지만 당신은 그들을 보호하기 위하여 힘을 비축해야 한다. 탁아 시설에서 당신의 아들을 데려오라. 더 이상 아버지를 방문하지 말라. 오빠나 남동생에게 아기를 더 이상 맡기지 말라. 성폭력이 다시는 일어나지 않을 일회성 사건이라고 생각하지 말라. 그것은 자꾸만 발생할 것이다.

침묵을 깨고 도움을 받아야 한다. 가장 좋은 방법은, 어린이성폭력 전문가를 선택하여 가족이 진단을 받고 전문적이고 따뜻한 지지를 받는 것이다. 상담원(교사, 의료인, 대부분의 성직자)은 보고할 의무를 위임받은 사람들이다. 그들은 의심되는 성폭력을 어린이 보호기관에 보고해야 할 법적인 책임이 있다. 보호기관은 경찰에 보고해야 한다. 어린이 성폭력을 다룬 경험이 있고 인근 어린이 보호기관을 알고 있는 치료사를 통해 당신은 여러 제도를 이용할 수 있다. 지역 어린이보호기관이 출동하기 전에 가족 상담을 받도록 한다면 당신의 치료사는 당신이 보고를 하고 과정을 지휘하여 아이에게 외상이 더 이상 생기지 않도록 도와줄 수 있다.

피해 상황을 보고하는 것이 두려울 수도 있겠지만 당신의 자녀, 가족, 심지어 가해자를 위해서도 중요한 일이다. 보고를 하게 되면 아이에게는 그(녀)가 잘못한 것이 없으며 보호받을 자격이 충분하다는 것, 가해자가 책임을 지게 될 것이라는 사실을 분명한 메시지로 받게 된다. 한 집에 있던 가해자는 관할구역에서 사라질 것이다. 형사법을 통해 사건을 고소하는 것이 대부분 가해자를 처벌하는 유일한 방법이다.

가해자로부터 벗어나기

아이였을 때 이런 말을 한 기억이 나는 군요, "난 엄마처럼 되지는 않을 거야. 이런 일이 내 아이에게 일어나는 것을 그냥 내버려 두고 있지는 않겠어. 남편에게 용감하게 대들겠어." 회상해 보면 난 정확하게 어머니와 같은 길을 걸었어요. 이 모든 것들로부터 벗어난 줄 알았지만 세상 일이 그렇듯이 새로운 어떤 것도 일어나지 않았어요. 그때까지 그랬죠. 난 정말 아무 것도 볼 수가 없었어요. 난 내 아버지와 너무나 비슷한 유형의 사람과 결혼했고 그는 나를 구타하고 우리의 딸을 강간했어요.

가해자와 같이 살고 있다면 지금 당장 당신의 아이를 보호할 수 있는 조치를 취하는 것이 필요하다.

당신이 가해를 하고 있다면

열네 살 무렵 난 2살배기 어린 여자애를 돌보아 주었어요. 기저귀를 갈아 주는 참이었는데 그 애가 다리를 벌리고 누웠어요. 난 그 애가 그렇게 취약한 자세를 하고 있는 것에 화가 났어요. "넌 그렇게 하면 안 돼! 그렇게 할 수는 없단 말이야!" 그리고 난 그 애의 질을 만지고 그 안에 내 손가락을 집어넣는 것으로 기저귀 갈아 주는 일을 마무리지었어요. 1~2분 정도 그러고 있는 내내 난 그 애에게 화가 났어요. 공격을 당하고 있는 그 애가 미웠거든요. 그런데 내가 그 애를 보호하고 있다는 왜곡된 느낌을 가지고 있었어요. "넌 이렇게 취약한 상태로 돌아다닐 수 없으니까 내가 널 좀 덜 취약하게 만들어 주겠어. 이런 식이라면 정말 어린이 성폭력범이 따라와도 넌 상처받지 않을 거야."

난 이런 일이 모든 어린 소녀에게 다 일어난다고 가정했고 그래서 그 소녀에게 상처를 입히는 일을 그만둘 수가 없었어요. 그 애에게서 보았던 취약성을 내가 분쇄해야 했고 놀랍게도 그건 그렇게 간단했어요.

가해자의 대부분이 이성애적 성향을 가진 남성이긴 하지만 여성 역시 정서적으로나 성적으로 혹은 신체적으로 어린이를 학대한다. 여성에 의해 저질러지는 학대가 가려져 있으면 자꾸만 그 방식은 되풀이 될 것이다.

어머니에 대한 최초의 기억은 어머니가 내 머리를 감겨 주면서 나를 자꾸만 빠뜨리려고 하는 장면이에요. 그녀는 수도꼭지 아래로 내 머리를 잡고 울면서 말했어요. "난 널 사랑할 수가 없어. 미안해. 널 사랑할 수가 없구나." 아기였을 때 그녀로부터 어떤 따스함이나 위안을 받았다고 믿을 만한 근거가 없어요. 그녀는 항상 술에 취해서 나를 때렸지요. 내가 열여덟 살이 되었을 때 어머니는 나를 한 번도 사랑하지 않았다고 말하더군요. 할머니가 그러시는데 어머니는 나를 임신한 내내 아예 드러내 놓고 나를 미워했대요.

열일곱 살 때 난 가출했고 임신을 했어요. 사내아이였고 남편과 함께 정착했지요. 1년도 채 지나지 않아 또 임신이 되었어요. 이번엔 딸이었어요. 그리고 그 애를 임신해 있는 동안 난 그 아이를 미워했어요. 그 애를 원치 않았거든요. 또 임신 기간 내내 아팠어요. 아홉 달을 토했으니까요. 유산하려고 계속 시도했지만 뜻대로 되지는 않았어요.

딸이 태어났는데 여전히 그 애를 좋아하지 않았어요. 그 애를 사랑할 수 없다는 걸 알았죠. 한 번도 꼭 껴안아 주지도 않았어요. 그 애를 돌보아 주지 않았으니 그 애는 끊임없이 울었어요. 그래서 곧 학대하기 시작한 거죠. 딸을 데려다가 힘껏 내쳐서 소파로 나가떨어지게 했는데 분노가 걷잡을 수 없이 북받치는 거예요. 난 어머니가 내게 했던 것과 결코 연관을 짓지 못했어요. 그때까지 난 그걸 기억하지 못했어요. 딸에게는 폭력을 가했지만 아들에게는 아주 좋은 어머니였답니다.

당신이 어린이를 학대하고 있음을 시인하기란 참으로 쉽지 않으며 또한 너무나 끔찍하다. 그래서 어린이를 학대하는 사람들은 그 사실을 부인하게 된다. 하지만 만약 당신이 정말 어린이를 학대하고 있다면 당신이 저지르는 행동의 심각성을 깨닫고 곧장 상담원을 찾아서 당신이 한 짓에 대하여 털어놓으며 그것에 대한 책임을 져야만 한다. 또한 자녀가 아직도 당신의 보호를 받고 있다면 피학대 어린이를 전문으로 다루는 훈련된 사람에게 심리 요법을 받게 하는 것이 중요하다. 학대가 영속적인 영향을 미치지는 않을 거라고 속단하지 말라. 학대를 문제 삼고 치유를 시작하지 않는 한 학대의 영향이 지속된다는 사실은, 당신의 삶을 들여다보기만 해도 충분히 알 만한 일이다. 그러므로 초기에 적절하게 개입하면 당신의 자녀를 치유하는 데 도움이 될 것이다. 또한 치명적인 영향이 성인기까지 붙어 다니는 일도 예방할 수 있다.

위태롭다고 여겨질 때

어린이를 학대한 적은 없지만 학대를 가할 것 같다는 느낌이 든다면—성적으로든 신체적으로든 혹은 정서적으로든—곧장 도움을 받도록 하라.

한 번은 제리를 보모에게 맡기려고 하는데 가기 싫다며 울기 시작하잖아요. 출근 시간은 이미 지났구요. 그 애는 고함을 지르면서 떼를 쓰더라구요. 난 급기야 화가 치밀어 올라서 크레용 상자를 집어 들고 그 애 쪽으로 던져 버렸어요. 그 앤 질겁을 하더군요.

보모에게 데려갔다가 1분도 채 지나지 않아 되돌아가서 그 애를 계단에 앉히고는 이야기했지요. "내가 너무나 심하게 했구나. 어떤 엄마도 딸에게 이런 식으로 해서는 안 되는데 말이다." 내가 그녀에게 오랫동안 못되게 굴었다고 이야기하고 더 이상 그렇게 하지 않으려고 도움을 구할 것이라고 이야기했어요.

가족 담당 상담원을 만났는데 그 사람은 놀이 요법으로 제리를 혼자 관찰하고는 우리 둘 다를 함께 보곤 했어요. 상당히 도움이 되더군요. 나를 속박하던 것들이 날아가 버렸어요.

스트레스 받는 부모를 위한 집단이 곳곳에서 활동하고 있다. 고립되어 혼자 허덕이는 순환의 고리를 끊어 버리면 여러 사람과 함께 관계를 일구어 나가는 당신의 능력이 놀랄 만큼 증진될 수 있다. 도움을 구하는 일에 부끄러워할 필요가 없다. 당신의 요구를 수용하고 문제에 직면하여 대처하는 것이야말로 자녀를 보호하고 당신 스스로를 돌보는 지름길이다.

자녀에 대한 당신의 행동이나 감정이 통제가 안 된다고 여겨진다면 당분간 자녀를 안전한 곳으로 보내는 것을 심각하게 고려해 보라. 가장 먼저 해야 할 일은 아이를 보호하는 것이다. 여기에 대해서 제니로즈가 이야기했다.

난 아이들이 네 살 반과 11개월이 되었을 때 두 번째 남편에게 아이들을 맡기고는 떠났지요. 그들을 돌볼 수가 없었기 때문이었어요. 극도로 불안한 상태였거든요. 돌이켜보건대 이제는 알 것 같아요. 왜 내가 그때 그렇게 애들을 떠났는지. 아이가 네 살 반이 될 무렵은 내 생애 최악의 상태였지요. 처음으로 아들에게 손찌검을 한 후 며칠 있지 않아서 떠나기로 결심하게 된 거였어요. 아이의 등을 마구 때리면서도 정말 내가 계속 이대로 살다가는 이 애에게 상처를 줄 수 있겠다는 걸 알았답니다. 내 부모가 내게 그랬던 것처럼 말이지요. 정말 난 애들을 사랑했고 그들에게 상처를 주고 싶지 않았기 때문에, 그리고 정말 애들에게 상처를 입힐 수도 있었기 때문에, 그들을 떠난 겁니다.

너무 늦는 법은 없다

아이들은 우리가 몇 살이건, 어떤 실수를 저질렀건 간에 우리에게 변화와 성장의 길로 나갈 것을 요구한다. 제니로즈는 아이들 곁을 떠나 살았던 몇 년 동안 내내 죄의식에 사로잡혀 있었다. 그녀는 자꾸만 애들을 찾으려고 했지만 매번 가까이 갈 때마다 애들의 아버지와 양어머니는 이사를 했다. 그러다가 결국은 아이들이 그녀에게 온 것이다.

아들이 열여덟 살이 되자 나를 찾기 시작하더군요. 일주일씩 머물렀어요. 그때 둘째 아들은 열네 살이었는데 그 녀석도 와서는 2주일을 묵었어요. 서로 만나지 못한 세월이 있음에도 불구하고 최근 몇 년 동안 정말 가까워졌어요. 큰 아들이 내 인생을 이야기해 달라고 하더군요. "정말 어머니에 대해서 알고 싶어요." 그래서 장문의 편지를 썼죠. 모든 걸 다 이야기했어요. 그때부터 우리는 진실한 친밀감을 서로 키워 왔는데 왜냐하면 내가 사실을 숨길 필요가 없기 때문이었어요. 애들은 내가 누구인지를 알고 있으니까요.
내가 떠난 것에 화가 나지 않느냐고 물었는데 둘 다 화가 났었다고 하더군요. 하지만 지금은 이해하기 때문에 더 이상은 화나지 않는다고 하더라구요. 그들을 돌볼 수 있는 방법이 그 당시에는 없었어요. 난 그들을 보호하기 위해서 떠났지요.

양어머니가 그즈음 세상을 떠났어요. 난 그녀가 아이들을 키워 준 데 대해 감사하고 있지만 그녀의 죽음으로 내가 다시 그들의 어머니가 될 수 있었던 거지요. 첫 손녀가 태어나면서 난 두 아들과 함께 긴밀한 관계를 맺으며 살고 있고 그건 정말 너무나 멋진 일이에요. 아이들을 되찾은 거지요.

자녀가 다 장성했다 하더라도 당신은 그들의 삶에 지대한 영향을 미친다. 아이들을 든든하게 지원하고, 양육하며, 활기에 찬 역할 모델이 되어 주고, 또 아이가 치유될 수 있도록 헌신할 수 있는 기회는 계속 있다. 어떤 생존자들은 자녀와 더불어 고통을 치유함으로써 그들 자신이 받았던 성폭력의 상처를 해소하는 데 도움을 받기도 한다.

난 두 세대 사이에 난 틈새에 있는 거지요. 부모를 만나서 그 상처를 치유할 수는 없어요. 하지만 좀 다른 방향에서 아이들에게 관심을 기울인다면 그 기억을 치유할 수 있을 거예요. 그렇게 함으로써 그 상처로부터 멀어질 수 있겠지요.

어머니 되기, 치유의 길

생존자들은 부모로서 까다로운 어려움에 직면하기도 한다. 하지만 대부분은 아이를 키우면서 받는 보상이 그 어려움을 훌쩍 뛰어넘는다고 여긴다. 생존자들이 훌륭하게 부모역할을 해내는 것을 보면서 우리는 거듭 감동받는다. 그것은 헌신의 증거이며 노력의 대가이고 생존자들의 지혜이다. 부적절하거나 폭력적인 부모 밑에서 성장했지만 자신의 자녀에게는 좋은 엄마가 될 수 있음을 보여주는 것이다. 한 생존자의 말이다.

> 난 늘 아이를 원했지만 두려웠어요. 3년 동안 치료를 받았는데 치료사가 도움이 많이 되었습니다. 내 인생에 선택권이 있고 그 선택의 하나는 내 엄마가 내게 한 짓을 되풀이하지 않는다는 것임을 이해할 수 있도록 큰 힘이 되어주었어요.
> 이제 난 두 딸의 자랑스러운 엄마입니다. 11살, 13살이예요. 어머니가 된다는 것은 내게는 치유의 큰 원동력이었습니다. 기쁨의 큰 진원지이기도 하지요. 난 완벽한 부모는 아니예요. 우리 둘 다 그래요. 딸들에게 실수하지요. 하지만 그들에게 피해를 입히는 실수 따위는 하지 않아요. 난 악순환의 고리를 깬 것이 자랑스러워요. 내 엄마가 내게 주지 않았던 보호와 돌봄을 그들에게 주고 있으니까요.

다른 생존자는 어머니 되기를 통해 자신이 얼마나 많이 치유되었는가를 확인할 수 있었다.

> 20대 후반이 되어서야 아이를 가져볼 생각이 들기 시작했습니다. 엄마가 되겠다는 결심을 하기 전에 내가 다른 누군가를 깊이 돌보고 사랑할 능력이 되는지 먼저 확인해야 했거든요.
> 바로 그 시점에 난 성폭력 피해를 치유하기 위하여 노력하기 시작했던 겁니다. 그 과정을 통해 내가 닫힌 문 뒤에서 너무나 오랜 세월을 살아왔다는 걸 깨달았지요. 그러나 감사하게도 그 문에는 작은 창문이 있어서 밖을 내다보고 그것을 열어 약간은 신선한 공기를 마실 수 있었습니다. 그러다

가 창문이 더 오래 열려있는 장소에 도착했어요. 점점 더 귀중한 친밀성을 견딜 수 있게 되더군요.

하지만 그 어떤 것도 아들을 낳는 경험에 견줄 수가 없군요. 아들이 태어나 내 품에 안겼을 때 내 상처 입은 마음이 활짝 열렸어요. 바로 그 순간 나는 이 세상에서 사람들 간에 존재할 수 있는 최고로 깊은 사랑과 결속을 느꼈습니다. 마침내 나의 내면 깊숙한 곳에 도달했던 겁니다. 그래서 아들을 얻었다는 기쁨 뿐 아니라 내가 그 문을 진심으로 활짝 열 수 있는 힘을 선물 받았다는 사실 때문에, 그리고 열심히 사랑하면서 살아남을 수 있겠다는 사실을 알게 되었기 때문에 눈물을 흘렸습니다. 이 경험으로부터 받은 위안은 내 평생 갈 겁니다. 이제 20살이 된 내 아들은 그 누구보다 사랑스럽고 아름다워요. 아마 아들도 그 순간 나를 꿰뚫어 보았나 봐요. 누가 알겠어요?

지금 그리고 오랫동안 가족과 관계 맺기

여동생에게 편지를 써서 내가 그녀의 집에 방문하게 되면 파티를 열 수 있겠느냐고 물었어요. 그녀는 그러겠다고 하면서 초대하고 싶은 사람들의 명단을 보내라고 하더군요. 그렇게 했지요. 동생에게서 답장이 왔는데 "어머니를 초대해야 한다고는 생각지 않아. 지난번 두 사람이 만났을 때 난 너무 불편했거든. 차라리 오빠들을 부르자."고 하더군요. 오빠들이라니! 그녀는 내가 무엇을 하려는지 정확하게 알고 있었어요. "오빠들이 언니의 안부를 묻지 않는 때가 없어. 언니를 굉장히 사랑한다구. 친구를 부를 필요도 없다고 생각해. 친구들은 언제든지 볼 수 있잖아." 미친 짓이죠. 그래서 다시 답장을 했어요. "네가 그렇게 제안을 해서 다시 생각해 봤는데 차라리 시골로 가려고 해."

한창 치유 중인 생존자인 당신은 치유를 최우선에 두고 노력해야만 한다. 만약 치유 과정의 초기에 있고 가족과 어떤 식으로 관계를 맺을지 결정하려고 애쓰는 단계라면 스스로 물어봐야할 가장 중요한 질문은 이렇다. "그들과 어떤 식으로 관계를 맺어야 지금 당장 내 치유에 도움이 될까?"

시간이 지남에 따라 당신에게 가장 좋은 것은 변한다. 그러므로 당신의 답도 매달, 매년 달라질 것이다. 지금 결심을 하고 앞으로 나아가는 단계에 있다면 질문 자체는 더 광범위하게 던져져야 한다. 이런 식이다. 다른 사람들에게 어떻게 행동하고 싶은가? 나의 가치를 지켜나가는데 무엇이 가장 좋은가? 궁극적으로 가족과의 관계는 당신이 예상치 못하는 방향으로 변형될 수 있다. 그러나 지금 단말마적인 치유 과정을 겪어내는 동안 일차적으로 집중해야 하는 관심사는 '무엇이 당신을 지지할 것인가' 여야만 한다.

가해자가 친척인지 혹은 가족이 아닌지, 당신이 가족에게 피해 사실을 털어놓았는지 아닌지, 그들이 어떻게 반응했는지, 치유를 위한 이별이 필요한지 그래서 그렇게 했는지 등과 같은 많은 요소들이 가족 안에서 당신이 겪는 역동에 영향을 미친다.

물론 가장 중요한 요소는 당신 가족의 특성이다. 가족이 전반적으로 비판적이고 친절하지 않거나 혹은 잔인하기까지 하다면 당신의 관계는 건강하고 지지를 아끼지 않는 가족의 경우보다 훨씬 더 어려워질 것이다. 알코올 중독, 마약중독, 폭력, 다른 파괴적인 행동 또한 건강하게 연대하려는 노력을 방해할 것이다.

그러나 때로 상황은 그렇게 무 자르듯 단순하지는 않으며 가족을 범주화하는 것이 어렵기도 하다. 한 생존자의 말처럼 "가족 안에 있는 폭력과 부드러움을 따로 이야기하기가 어렵다. 둘 다 같이 있기 때문이다."

많은 생존자들이 치유 과정을 거치면서 관점이 바뀌는 것을 느낀다.

> 가족들에게 근친 강간을 이야기하기 전에는 그들이 항상 나에게 무조건적인 사랑을 아낌없이 베푼다고 생각하고 있었지요. 하지만 이야기를 하고 난 이후 난 그 생각이 얼마나 잘못된 것인가를 뼈저리게 깨달아야 했고 환상 대신 냉혹한 현실을 바라보아야만 했어요.
> 안전과 보호에 대한 간절한 마음을 포기해야 한다는 것은 가혹했어요. 가족에 대해 가져왔던 믿음의 굴레에서 벗어나 진실을 주장해야 한다는 것도 참담한 일이구요. 마치 거대한 빈 우주 속에서 홀로 떠다니는 작은 티끌이 된 기분이었어요.

당신은 변화된 관점으로 가족을 되돌아보지만 가족은 당신이 어렸을 때의 그 패턴 그대로인 경우도 있다.

이런 장면을 보았어요. 나는 햇빛이 비치는 곳에 서 있었고 내 가족과 전 남편의 가족들은 깜깜한 동굴 안쪽 뒤에 있었어요. 그곳에 웅성거리면서 모여 있었는데 내가 있던 곳은 상쾌한 바람과 밝은 햇살로 에워싸인 곳이었어요. 그들이 그쪽으로 오라고 했지만 그렇게 하지 않았어요. 있던 곳에 있기로 마음을 먹고 뒤쪽으로 가지 않은 거예요. 그들이 이쪽으로 나오려고 했는지 어땠는지는 잘 모르겠군요. 난 그들을 내가 있는 쪽으로 나오도록 하거나 내가 그들을 구해야만 할 필요가 없다는 걸 난생 처음으로 알게 되었어요.

모든 가족이 다 같지는 않다

가족들은 당신이 피해 사실을 폭로했을 당시 뿐 아니라 당신의 치유와 지금 가진 욕구 등에 대하여 크게 다른 방식으로 반응한다. 운이 좋다면 당신은 적어도 진정어린 지지와 이해를 보여주는 가족원이 있을 것이다. 그 연속선의 한쪽 끝에는 가족 전부가 비판적이고 태도를 유보하고 적대적이거나 폭력적으로 나오는 경우가 있다. 생존자들은, 무시하고 힘 빠지게 하고 위협하는 반응도 받지만 또 한편 긍정적인 상호작용을 경험하기도 한다.

오빠는 완벽하게 내 편이었어요. 늘 그래요. 내가 살아오는 동안 이렇듯 변치 않고 나를 지지한 사람은 오빠뿐이었어요. 내게 매우 동정적이랍니다. 오빠는 나를 사랑한다고 말하며 부모가 항상 나에게 잘못했다는 걸 알아요. 자기가 미안하다고 말하구요. 또 내가 머물 곳이 필요할 때면 그럴 수 있도록 장소를 제공해요.

그런데 언니는 나를 완전히 배제해 왔어요. 내게 이야기를 건네는 것조차 원치 않아요. 언니는 내가 까탈스러워서 오히려 부모님의 삶을 망쳤다고 생각하죠. 그런 일이 일어나지 말았어야 했지만 그런 일이 일어났다고 이야기를 하는 내가 미쳤다는 거예요.

가족을 내 편으로 만들기

당신을 존중하고 진정으로 당신을 돕고 싶어 하는 사람이 가족 중에 있다면 그들은 당신의 치유에 귀중한 자산이다. 당신의 감정을 나누고 당신의 현실을 인정하고 때로 기억의 공백을 채워줄 수 있는 형제자매가 있을 수 있다. 당신이 피해 입었다는 사실에 분노하고 어떤 식으로든 도와주고 싶어 하는 어머니가 있을 수도 있다. 어쩌면 삼촌, 고모, 사촌, 증손주가 공감해줄 수도 있다. 어렸을 때부터 당신을 알아온 누군가의 사랑이 가능할 수도 있다.

가족과의 관계가 세월이 지나면서 변하기도 한다는 사실을 기억하는 것이 중요하다. 지금 가능한 것이 나중에도 반드시 가능하다고 장담할 수는 없다. 때로 처음에는 상황이 잘 풀려가다가 이후 꼬일 수도 있다. 아버지가 알코올중독에 깊이 빠져들 수도 있고 어머니의 완고함이나 부인否認이 시간이 지나면서 더 깊어질 수도 있다. 반면 처음에는 껄끄러운 상황으로 출발하더라도 서서히 좋아지는 경우도 있다. 어머니와의 경험이 시간이 지나면서 어떻게 변했는지 한 여성이 설명했다.

오빠가 내게 한 짓이 처음 기억이 나서 어머니에게 말하려고 했지만 들으려하지 않았어요. 듣기는 들었지만 바로 서랍 안으로 아무렇게나 구겨 넣더군요. 난 버림받은 듯했어요.

2년 후 다시 그 기억이 되살아났지요. 그러나 이번에는 알리고 싶지 않았어요. 어머니는 처음에 내 말을 들으려하지 않았기 때문에 그녀가 미웠어요. 나를 보호하지 못했기 때문에, 일어났던 일을 볼 능력이 없기 때문에, 모든 것이 다 그녀 탓이라고 그녀를 맹비난했습니다. 너무 화가 나서 그녀가 나를 도와준다 해도 받을 생각이 없었어요.

그러다가 그녀에 대한 내 분노가 가라앉더군요. 그녀는 변하려고 노력하고 있습니다. 예전에 어머니는 내 감정을 무시하고 자신의 감정에 더 충실하더니 지금은 내 감정에 집중하고 있습니다. 내가 원하는 것을 그녀에게 말하면 그녀는 들어요. 어린 시절 내가 기억하지 못하는 것에 대해 그녀가 알고 있는 것도 많아요. 그녀는 나에게 도움되는 조각들이 하나씩 모여 하나가 되어간다고 말해요.

여기까지 오는데 많은 노력이 들었지만 어머니를 내 편으로 만들어서 무척 기쁩니다. 때로 그녀에게 안아달라고 요구하기도 해요.

건강한 관계를 만들거나 훼손된 관계를 바르게 고치려면 양쪽 모두 실질적인 노력이 필요하다. 가족 중 누군가가 그 일에 기꺼이 동참하려 하고 그렇게 할 수 있다면 당신 모두에게 상당한 결실이 있을 것이다.

당신 자신을 보호하기

가족 안에 여전히 폭력적이거나 비루한 행동이 계속되고 있다면 먼저 당신은 스스로를 보호하기 위하여 경계를 정해야 한다. 가족과 같이 있는데 마치 시간의 왜곡으로 인하여 과거로 돌아간 것처럼 예전의 현실로 돌아가 있을 수도 있다. 휴일을 이용해서 집에 가면 45세 어른이 아니라 다시 무기력하고 놀란 아이가 된 느낌이 들 수도 있다.

가해자는 이제 허약한 70세 노인이 되었는데도 당신은 여전히 가해자가 두려울 수 있다. 악몽에 시달리거나 오래전 너무 키워버린 대응 패턴으로 돌아갈 수도 있다.

한 여성은 부모를 보는 것만으로도 너무나 혼란스러워져서 자살을 생각할 정도로 우울해진 나머지 차 사고를 일으키기도 하는 등 몇 주일 동안이나 제정신을 차릴 수가 없었다. 만약 당신이 가족과 함께 있을 때 정서적으로 몹시 불안정해진다면 당신을 보호하기 위하여 몇 가지 변화를 시도할 때이다.

만약 당신이 내면의 어린 소녀가 하자는 대로 놔둔다면 그녀는 어쩌면 어느 날 상황이 나아지리라는 헛된 희망을 품은 채 파멸적이기만 한 관계를 지속시키는 길로 가려고 할지도 모른다. 한 현자가 말했다시피 "제정신이 아니라는 것은 같은 일을 반복하면서 다른 결과를 기대한다는 뜻이다." 스스로를 또다시 희생시키지 않으려면 성인이 된 자아가 이끄는 정직성을 무기 삼아 가족을 더욱 공정하게 평가하는 것이 훨씬 더 현명한 일이다.

가족과의 관계 평가하기

가족과의 관계에서 상황이 어떻게 돌아가는지 보는 것부터 시작하라. 가족 한 사람 한 사람과의 관계를 현실적으로 평가하라. 이렇게 물어보라.

- 이 사람과의 관계는 어떤 것인가?
- 이 관계에 대한 나의 느낌은 어떤가?
- 이 사람에게 내게 일어난 일을 말했는가? 내 치유를 지지하는가?

- 이야기를 나누거나 시간을 같이 보낼 때 어떤 느낌이 드는가?
- 이 사람이 주변에 있으면 내가 약물이나 알코올을 더 많이 하게 되는가? 더 많이 먹거나 아예 먹지 않는가?
- 이 사람은 나를 비난하고 모욕하고 내 감정을 건드리는가?
- 만난 후 기분은 어떤가? 우울한가? 화가 나는가? 내가 미친 것 같은가? 관심과 지지를 받은 느낌인가? 위로가 되는가? 기본 정도는 되지만 대단하지는 않은가?
- 이 사람과 어떤 관계를 맺고 싶은가?
- 이 관계가 개선되려면 무엇을 해야 할 것 같은가?

가족과의 관계를 평가했으므로 이제는 좋은 점과 나쁜 점을 대조해 보라. 당신이 얻을 것은 무엇이고 잃을 것은 무엇인가? 가족 구성원 각자와의 관계에서 당신이 원하는 바를 살펴보라. 당신은 현실적인 기대를 가지고 있는가?

하지만 얘야, 널 사랑한단다

당신을 가해했거나 보호하지 않았거나 믿지 않았거나 혹은 아직도 당신을 지지해 주지 않는 친지가 진심 어린 모습으로 "널 사랑한단다"라고 말하게 되면 당신은 혼란과 무질서 속으로 빠져 드는 게 당연하다.

그녀가 저기 앉아서 부드럽게 웃으며 "얘야, 널 사랑한다"라고 말할 수 있다는 사실이 나를 너무나 화나게 해요. "하지만 얘야, 널 사랑해"라고 하는 것이, 그것도 그렇게 약하고 작고 슬픈 목소리로 말하는 것이 그녀의 유일한 대응 방식이었어요.

당신은 그 말 뒤에 강렬한 느낌이 숨어 있음은 물론, 엉킨 실타래가 있음을 감지할 것이다. 당신 가족 안에서의 '사랑'이 침묵을 의미할 수도 있고, 혹은 당신 스스로 의무에 사로잡혀 더 오래도록 그 의무에 충실하려는 것을 뜻할 수도 있다. 많은 생존자들이 사랑의 이름으로 폭행당했다.

진실한 사랑은 상대에게 가장 큰 이익이 돌아가도록 행동하는 약속이다.

어머니가 얼마나 나를 사랑하며 미안해하는지에 대해서 말하지만 난 믿고 싶지 않습니다. 그걸 믿을 수 있으려면 그토록 사랑했다는 나에게 그렇게 끔찍한 일이 일어나는 걸 어머니가 왜 방조했는지를 어떡하든 이해해야만 하니까요. 어머니에게는 그것이 사랑이지만 그것이 정말 사랑은 아니라는 것을 난 알고 있습니다. 당신이 누군가를 사랑한다면 당신은 그 누군가를 위해서 사람을 죽일 수도 있어야만 합니다. 필요한 것이면 무엇이든 해야 하죠. 하지만 어머니는 그렇게 하지 않았어요. 어머니의 사랑은 내가 알고 있는 사랑과 같지 않습니다. 내게 필요했던 가장 원초적인 사랑, 어미 사자가 자기 새끼에게 갖는 그런 본능이 어머니에게는 없었던 겁니다.

많은 생존자들이 가족으로부터 맹렬하고도 분명한 사랑을 받는 것은 아니다. 오히려 당신은 은근하면서 조작적이고, 통제를 가하면서 절망적인 그런 사랑을 받는다. 당신의 욕구를 고려하지 않는 사랑이라면 그건 정말 쓸모없다. 또 당신의 고결성이나 가치, 치유를 협상하게 만드는 사랑은 결국에는 사랑이 아니다.

하지만 어떤 사랑이든 그 사랑을 거절한다는 것은 끔찍이 어려울 수 있다. 당신은 그것을 원한다. 친밀감과 친족끼리의 유대감을 원하는 것은 인간 욕구 중에서도 기본이다. 노랫말조차도 "당신이 원하는 건 사랑뿐"이라고 하지 않던가. 가족이 당신에게 주는 사랑이 당신이 알고 있는 유일한 사랑이라면 더 나은 사랑이 있을 것이라는 기대를 신뢰하기가 어려울 것이다. 진실로 아

> 끼는 마음이 왜곡된 욕구와 함께 뒤섞여 있다면 그들의 사랑을 거절하는 것은 더더욱 어려워진다. 하지만 당신을 소모시키는 사랑을 거절하게 되면, 당신은 자신을 개방함으로써 서로를 성장시키는 사랑을 깨닫게 되고 그런 사랑을 받게 될 것이다.

치유를 위한 이별의 장점

당신의 가족이 지원은 커녕 조작적이고 적대적이라면, 당신이 오래된 가족의 역동에 여전히 사로잡혀 있다면, 치유의 이별을 해보는 것이 좋겠다. 영구적으로 가족과 떨어져 있는 것이 아니다. 사실 치유를 위한 이별은 더 건강한 관계로 발전하는 첫 단계일 때가 많다.

가족과의 시간을 멀리하고자 하는 이유는 많다. 아직 피해에 대하여 그들에게 말할 준비가 되어있지 않거나, 그들의 반응을 듣거나 그것에 반응할 준비가 되어있지 않을 수 있다. 그들의 감정에 영향 받지 않고 오로지 당신 자신의 감정을 경험할 공간이 필요할 수 있다. 당신이 취약할 때 가족과 같이 있는 것이 너무나 화가 날 수도 있다. 가족을 현실적으로 바라볼 수 있는 시각을 가지기 위해서 거리가 필요할 수도 있다. 떨어져 있는 시간 동안 당신은 내면의 어린 아이의 갈망을 어른의 좀 더 정확한 시각으로 대체할 수 있을 것이다.

헤어진 후 가족과 그리 많은 접촉을 예상하지 못했던 터라 애도의 시간이 길어졌습니다. 완벽하고 행복한 가정을 가지고 싶다는 희망을 버렸어요. 3년 후 우리가 다시 연락하게 되자 더 이상 이런 갈망을 갖지 않게 되더군요. 대신 제 정신을 차릴 수 있고 건강한 만남이 있으면 고마웠어요. 비록 드물기는 했지만요. 다행히 좀 괜찮은 만남이면 마치 그것이 즐거운 선물 같았으니까요.

치유를 위한 이별은 당신에게 자신의 힘을 기르고 스스로 선명해질 수 있는 기회가 된다. 때로 이별의 기간 덕분에 당신은 좋은 것과 나쁜 것을 구분함으로써 관계에서 건질 수 있는 게 있다면 그게 뭔지 판단할 수 있다.

그 이별은 그야말로 나를 자유롭게 해주었어요. 다시 서서히 그들과 만날 수 있는 기술을 배울 만큼 나를 성장시켰습니다. 이별 전에는 가족의 역동에 얽히는 바람에 그들과 어떻게 함께 있는 동시에 나를 지킬 수 있는지 판단이 서지 않았거든요.
몇 년간의 이별이 내게는 가장 좋은 일이었습니다. 나를 탐색했고 여행도 다녔어요. 세상이 어떤 식으로 돌아가는지 배웠습니다. 그런 시간이 없었더라면 아마 내가 누군지, 부모가 어떤 사람들인지 결코 알지 못했을걸요.

이별의 시기를 계기로 더 건강한 관계를 탐색할 기회가 생긴다.

가족 안에 횡행하던 가혹한 관계를 견디는 대신 풀풀 자유롭게 다니면서, 세상을 혹은 다른 사람과의 관계를, 다른 방식으로 살아가는 사람들을 발견했어요. 아무런 혈연관계도 없는 많은 사람들과 자발적인 가족을 만들었어요. 그들은 지금도 여전히 진정한 내 가족인걸요.

때로 당신이 의도적으로 이별의 시기를 선택할 수도 있다. 당신에게 어떤 선택권도 없는 경우 역시 있다. 당신의 가족이 당신을 추방하는 경우가 그러하다. 다이엔이 힘들게 털어놓았다.

어머니와 난 웨딩드레스를 보러 나갔어요. 점심을 먹고 나자 어머니는 내게 성폭력 피해를 입었느냐는 질문을 하더군요. 내가 왜 그렇게 심하게 뒤꽁무니를 빼는지 이유를 알고 싶어 하신다고 생각했죠. 그래서 그렇다고 말했는데 처음에는 내 말을 믿더군요. 하지만 그게 아버지였다는 말을 하자 그때부터 모든 희망이 꺼지기 시작했어요. 가족들로부터 협박성 전화를 받기 시작하고 아버지는 택배로 내게 편지를 보내서 좋은 시절을 기억하지 못하는지 물어보더군요. 내가 세뇌가 되었고 내 치료사가 머리에 이런 생각을 심어줬다는 겁니다. 부모님들은 내가 미친거라고 단정짓더군요. 오빠는 내게 와서 날 패버리겠다고 하구요. 사촌에 팔촌까지 나를 공격하기 시작했습니다. 나와 이야기하는 사람은 아무도 없어요.

당신이 결코 의도하지 않았던 갈등을 촉발할 수도 있다. 진저는 가족과의 연대를 끊을 계획을 한 것은 아니지만 크리스마스 날 집에 가지 않겠다는 결정을 하고나니 생각지도 않았던 논쟁이 시작되었고 결국 장기적인 이별로 연결되었다.

5년 전 크리스마스 전날 치료사를 찾아갔는데 그 다음날 집에 가고 싶지 않았기 때문에 결국 눈물을 보이고 말았어요. 난 가는 게 두려웠던 겁니다. 치료사가 말하더군요. "집에 가지 않으면 어떤 일이 일어날까요? 그것이 당신에게는 가장 용기있는 행동 같아 보이는군요. 스스로에게 평화로운 크리스마스를 선물하는 겁니다." 그래서 안 가기로 결정한 겁니다. 가족에게 전화해서 말해야만 했어요. 그들은 풀쩍 뛰더군요. "어떻게 네가? 너 정말 이기적이구나! 크리스마스를 망쳐놓았어!" 난 단지 할 말만 했어요. 기분이 좋지 않아서 집에 갈 수가 없다고 말입니다.

결코 소동을 부리려고 한 것이 아닙니다. 다만 크리스마스 날 집에 가고 싶지 않았던 거죠. 그런데 그들은 내게 계속 소리를 내질렀어요. 결국 난 전화를 끊어야 했답니다.

그 끔직한 전화에도 불구하고 아주 평화로운 크리스마스를 보낼 수 있었습니다. 서로 다른 네 가족이 나를 초대했고 내 생애 처음으로 아무런 언쟁도 없는 크리스마스를 보냈어요. 그날 너무 행복해서 눈물이 났어요. 서로를 배려하고 서로 헐뜯지 않는 사람들과 함께 있었으니까요. 우리 가족들이 처한 상황이 얼마나 열악한지 그제서야 알겠더군요.

내 인생은 그로부터 완전히 달라졌습니다. 가족을 덜 볼수록 난 더 행복해졌어요. 몇 년 간 그들을 전혀 보지 않았습니다. 주기적으로 그들은 내게 전화해서 내가 집에 오는 걸 거부하여 가족을 해체시켰다고 말하더군요. 그럴 때마다 그들의 분노를 다 들어주고 나서 전화를 끊고 생각하죠. "내가 왜 집으로 가고 싶어해야하지?" 라구요. 가족과 분리되어야겠다고 의도한 적도 없고 완전히 별거상태를 취하겠다고 계획한 적이 없었지만 그들은 늘 화나고 서로를 미워하는 투로 말하고 있어요. 난 그들이 보고 싶지 않았어요. 세월도 그렇게 흘러 가더군요.

장기간의 별거

별거에 관하여 가장 까다로운 문제 중 하나는, 당신이 별거를 선택했건 그 상황이 당신에게 왔건, 불확실한 것들로 가득 차 있다는 점이다. 치유를 위한 별거는 몇 달 혹은 30년이 될 수 있다. 때로 당신은 일시적인 별거이기를 바라겠지만 영원히 지속 될 수도 있다. 다시는 가족을 보지 않겠다고 생각했지만 얼마 후 다시 만나고 싶을 수도 있다.

현재 가족과 떨어져있다면 당신이 해야 할 첫 번째 일은 치유에 집중하는 것이다. 가족과 떨어져 있는 것이 고통스럽다면 치유 과정의 일부에 당신이 추구하는 가족의 모습을 애도하는 작업을 포함시킬 수 있다. 비록 이후 일가친척과 재결합 하더라도 지금 당장 당신이 해야 할 일은, 별거를 받아들이고 당신만의 의미 있는 삶을 만드는 것이다.

자기만의 방식으로 관계 맺기

가족이 관계 맺는 방식을 다시 생각해보는 것, 그와 더불어 그 상황을 어떤 식으로 다르게 만들고 싶은지에 대해서도 숙고하는 것은, 당신이 가족과 늘 연락을 하고 있든 아니면 치유를 위한 별거를 한 후 다시 만나고 있건 그런 것과는 무관하게 중요한 작업이다. 대부분의 가족이 습관적인 방식으로 서로 상호작용한다. 그 안에서 가족은 자신의 특정한 역할을 충실하게 이행하고 자기에게 깊이 각인된 기대에 부응한다. 가족과 건강한 관계를 키우려면 이러한 기대와 결별할 필요도 있다.

당신 자신은 물론 당신의 치유에 어울리는 관계를 만들기 시작하면 더 이상 과거에 늘 하던 방식을 계속 할 필요는 없다.

어머니날 카드를 처음으로 보내지 않았을 때였습니다. 전 하늘이 열려서 하느님이 절 내리쳐서 죽일 거라고 확신할 정도였지만 그렇다고 가면을 계속 쓸 수도 없었어요. 그래서 카드를 보내지 않은 건데 하느님도 나를 데려가시지는 않더군요.

습관적인 기대를 거역할 때, 또 새로운 기준을 설정할 때 마음이 흔들리고 죄의식에 시달리고 두려워지는 건 당연하다. 어쩌면 당신에게 난생 처음 가족에게 싫다고 말한 것일 수도 있다. 어쩌면 가족 중 처음으로 싫다는 말을 한 사람일 수도 있다. 이럴 경우 당신에게는 충격과 멸시, 거부감, 적대감이 날아들 것이다. 하지만 지금 당신이 필요한 것과 지금 진행 중인 당신의 모습에 일치하는 방식으로 가족과 상호작용하기 시작해야 한다.

가족이 함께 있는 가운데 자신을 돌보는 방법이 무엇인지 계속 알아내야 한다. 물론 여러 차례의 실수와 시행착오가 있을 것이다. 진저는 별거를 한 후 가족을 만나면서 겪은 단계를 말해주었다.

> 다시 가족과 만나게 되면서 나 자신과 두 가지를 약속했습니다. 먼저 나 자신을 돌보겠다는 것이지요. 사람들이 험한 말을 하기 시작하고 언쟁이 일어날 것 같으면 그 자리를 빠져나오기로 했습니다. 그 상황을 빠져나올 필요가 있다면, 전화를 검색할 필요가 있다면, 편지로만 말해야겠다면 그렇게 하겠다는 것입니다. 나의 정신적인 건강을 최우선으로 두었습니다. 나 자신과 한 두 번째 약속은, 더 이상 과거를 부인하지 않겠다는 겁니다. 그들이 그 말을 하고 싶어 하지 않는다면, 그건 그들 사정이니까 뭐 그럴 수도 있겠지만 나는 그런 일이 없었던 척 하지는 않겠다는 것이지요. 그들에게 말하라고 강요하지도 않을 것이며, 그들을 보호하기 위하여 내 어린 시절을 편집하지도 않겠다는 것입니다.
>
> 부모님을 방문하러 갈 때 사용하는 만트라가 있는데 그건 케니 로저스 노래입니다. "넌 언제 그들을 안을지 알지, 언제 그들을 껴안을지 알지, 언제 걸어 나와야 할 지 알지, 언제 뛰어야 할 지 알지." 이런 것들이 없으면 집에 가지 않습니다. 내가 실제로 강하고 또 그렇게 느낄 때 집으로 갑니다. 그러면 상당히 성공적인 방문이 되지요. 내가 걸어 나와야겠다거나 뛰어나와야겠다는 생각이 들면 언제라도 그 느낌을 존중합니다. 두 번 그렇

게 하지 않았는데 큰 실수였습니다.

내게 집으로 가는 것은 늘 도박이에요. 카드 패를 제대로 가지고 있지 않고 그런 것들을 존중하지 않으면 큰 정서적인 난관에 부딪힙니다. 토대가 없다 싶으면 나 자신을 돌볼 수가 없습니다. 나 자신을 돌볼 수 없으면 내 가족에게 둘러싸여있다는 것 자체가 힘듭니다.

기본 규칙 정하기

까다로운 관계의 역동을 바꾸기로 했다면 상호작용할 때 다음과 같은 규칙을 적용할 수 있도록 하라. 당신은 이런 조건이 충족될 때에만 개인적으로나 편지 등으로 소통할 수 있다.

> "먼저 전화하지 않으려거든 아예 방문하지 않으면 좋겠다."
> "나의 부모역할에 대하여 어떠한 비난도 듣고 싶지 않다."
> "너를 보고 싶다. 하지만 더 이상 아빠와 점심 먹으러 외식하고 싶지 않다."
> "트리나와 그렉의 결혼식에는 가겠다. 하지만 엄마와 같은 테이블에 앉지는 않을 것이며 가족 사진도 찍지 않겠다."

당신의 결정이 존중받을 지, 당신의 경계가 잘 지켜질 지 아무런 보장도 할 수 없다. 하지만 당신이 원하는 것을 요구하는 것은 여전히 그럴 만한 가치가 있다. 가족의 반응은, 그들과 어느 정도 관계를 만들어갈 수 있을지 평가하는 데 유용한 정보가 되어줄 것이다.

가족과 함께 방문하기

어린이 성폭력의 치유 과정을 적극적으로 거치고 있다면 가족방문은 의도적이면서도 세심하게 결정되어야 한다. 스스로에게 물어보라. "이 방문이 나의 치유에 힘이 될까?" 아니라는 대답이 나온다면 방문을 미룰 수 있다. 혹은 치유가 엉뚱한 방향으로 가지 않으려면 조심스럽게 계획을 다시 짜야할 것이다. 그렇다는 답이 나온다면 긍정적인 경험의 가능성을 높일 수 있는 것이 무엇일지 잘 생각해보라.

명절 보다는 일상적일 때가 더 나을 것이라고 생각할 수 있다. 당신의 집이 더 안전하다고 생각한다면 가족을 집으로 초대할 수도 있겠다. 언니의 집에서 잠을 청하지 말고 모텔에 있으면서 친구와 같이 저녁을 먹을 수 있다. 그리고 오후에 잠깐 들르는 방법도 있다.

> 부모님을 정말 잠깐만 봅니다. 그렇게 하면 그들에게서 최고의 것을 얻는 것 같거든요. 함께 있을 때 그들은 좋은 인상을 주려고 애씁니다. 그러면 난 그들의 가장 좋은 장점을 즐기면 되구요.

그러나 당신이 예상하지 못했거나 통제할 수 없는 다른 요소도 있다. 방문은 특정한 행사―가령 결혼식, 출산, 사고, 심각한 질병, 죽음 등―로 미리 예견될 수 있다. 비록 빠르게 결정해야 하더라도 여전히 위험의 경중을 따지고 여행의 이로움을 잘 생각해야 한다. 또한 늘 자기 자신을 잘 돌보아야 한다.

고모부에게 성폭력 당한 쉘라 오코넬이 이렇게 회상한다.

> 할머니가 돌아가시자 고모부가 장례식에 올 것이라고 짐작했습니다. 그래서 가야할 지 말아야할 지 결정해야 했구요. 오빠와 언니들이 내 주변으로 모이더군요. 상가에서 밤을 샌 후 자기 집에 있으라고 언니가 초대했습니다. 오빠들도 "그가 너에게 수작을 부리려고 한다면 우리가 그를 날려

버리겠어."라고 하더군요.

　장례식이 끝난 후 모두가 고모집으로 갔습니다. 고모부가 오빠에게 악수를 청하더라구요. "제프, 널 보니 정말 반갑다."라고 했는데 오빠는 그냥 머리를 흔들면서 "난 그렇지 않아요."라고 하면서 다른 곳으로 가버렸어요. 고모와 고모부는 나와 거리를 두었습니다. 고모부가 내 옆에 오지 못하도록 오빠들이 내 곁에 서 있어야 하지 않을까 싶은 걱정은 기우였습니다. 고모부는 내 근처에 얼씬도 하지 않았어요. 다른 고모가 내게 와서 말했어요. "네가 어떤 일을 겪고 있는지 잘 알아. 와줘서 정말 고맙구나." 그녀가 말할 때 나를 바라보던 눈길로 난 알 수 있었어요. 내 편이란 걸요. 난 그야말로 든든해졌답니다.

　때로 방문이 가족 안에서 연대를 더 공고하게 하는 기회가 되기도 한다. 혹은 그 방문을 계기로 단절된 관계가 다시 봉합되기도 한다. 가족과 함께 있음으로서 당신은 각각의 관계에서 무엇이 가능할지 가늠해볼 수 있다. 그렇다, 슬프게도 당신이 기억하는 그 모습 그대로 여전히 나쁜 가족의 모습을 보일 수도 있다. 당신의 가족이 당신에게 필요한 것을 주지 못한다는 것을 인정하기가 참으로 고통스럽기는 하지만 현실에 부딪히는 것은 치유에 꼭 필요한 과정이다.

휴일

　관습적으로 휴일은 뿔뿔이 흩어져 있던 가족이 다 모여서 함께 경사스럽게 지내는 때이다. 개별적으로 당신이 원하는 것과는 별개로 가족과 함께 휴일을 즐겨야 하며 그래야 하는 것처럼 강요하는 문화적인 강제는 대단하다. 가족과 관계가 자연스럽지 못하거나 가족을 전혀 만나지 않는 상태라면 그로 인한 상실감을 뼈저리게 느끼게 되는 때가 바로 이 휴일이다(생일이나 특별한 날도 마찬가지이다). 외롭고 슬퍼질 수 있다. 자기네 가족을 만나러 가는 친구가 부럽고 그렇게 하지 못하는 자신의 처지가 안타까울 수도 있다. 함께 지낼 친밀한 친구가 없다면 당신은 아마 자신이 사랑받지 못하는 존재여서 소외되었다고 느낄지도 모른다. 심지어 자살 충동을 느낄 수도 있다. 그래서 당신은 가족과 함께 지내는 것이 당신에게 이득이 되지 않을 것이라는 사실을 직감적으로 안다 하더라도 가족과 함께 시간을 보내기로 할 수 있다.

휴일동안 당신을 잘 돌보는 일은 특히 더 중요해진다. 당신에게 이로울 수 있도록 모든 것을 하라. 그것은 당신이 가족과 시간을 보내든 그렇지 않든 상관없다.

당신이 문제의 발단이 된 가족과 휴일을 즐기고 있지 않다면 당신만의 관습을 만들어 나가라. 어린 시절을 생각해 보라. 특별히 당신이 좋아한 휴일이 있었는가? 그 휴일의 특성 가운데서 당신만의 관습과 연결시킬 만한 부분이 있지 않는가? 다른 사람들의 관습 가운데서 닮고 싶은 방식이 있는가? 휴일은 우리의 가치와 관계망을 재확인하는 의례 행사이다. 대부분의 사람들이 가족이나 종교 혹은 문화적으로 형성된 기존의 관습을 그대로 따르지만, 당신이 선택한 사람들과 함께 새로운 관습을 창조하거나 기존의 것을 수정할 수도 있다.

> 유월절은 항상 제게 중요한 휴일이죠. 우리 가족의 가장이신 할아버지가 의례를 주재하셨어요. 그 할아버지는 저를 가해하기도 했지요. 제가 가족 의례를 그만 가기로 한 까닭은 친척들이 그를 대단한 사람으로 이야기하는 그 한가운데 앉아 있을 수가 없기 때문이었어요. 그 대신 전 제 고유의 의례를 만들었어요.

절친한 친구들을 항상 초대하죠. 전통 음식—마쵸, 완숙한 계란, 쓴맛이 나는 약초—을 먹고 전통 노래를 불러요. 그런데 관습적인 의례는 치르지 않아요. 그 대신 우리는 각자의 1년을 적는 거예요. 유월절은 유대인들이 자유를 위해서 투쟁한 역사를 기념하는 것이니까 우리 각자는 자유를 위한 그때의 투쟁이 오늘 우리에게 의미하는 바가 무엇인가에 대해서 이야기하죠. 생존자인 저로서는 속박으로부터 벗어나는 것이야말로 새로운 의미를 가지는 것이구요. 옛것과 새것을 융합함으로써 해방을 느끼게 되죠. 그리고 그것이야말로 유월절의 의미 아니겠어요?

> **난 지금 가족을 만나고 싶은가?**
>
> 다음의 질문을 통하여 당신은 특정한 방문의 장점을 평가하는 데 도움을 받을 수 있다.
>
> - 지금 가족과 함께 있고 싶은가?
> - 이 방문으로부터 얻고자 하는 것이 무엇인가?
> - 내 기대는 현실성이 있는가?
> - 가족과 만나기에 지금이 적기인가? 치유 과정에 있는 지금 이 순간 내가 원하는 것이 가족과 만나는 것인가?
> - 가족과 시간을 보내는 동안 그리고 그 이후 대개 어떤 느낌이 드는가? 이번에도 같을 것이라고 혹은 다를 것이라고 생각하는 근거가 있는가?

가해자 대하기

가해자와 상호작용하겠다는 결심을 한다면, 다른 가족과의 관계에서도 그래야하지만 미리 짚어봐야 할 문제들이 있다. 물론 많은 경우 당신은 어떤 관계도 원치 않을 것이다. 가해자는 모르는 사람이었을 수도 있고 별다른 연관성을 느끼지 못하는 타인일 수도 있다. 또는 당신이 싫어하는 사람이거나 아니면 아직도 난폭하고 교활하고 적대적이어서 멀리 떨어져 있는 것이 오히려 더 안전한 사람일 수도 있다. 다이엔은 아버지와 끝장 낸 그날을 기억한다.

아버지는 자신을 변호할 기회를 원했습니다. 근친강간이 일어난 적이 없다고 입증하려는 것이지요. 어느 식당에서 만나기로 했습니다. 분노가 아니라 슬픈 마음으로 그를 만났습니다. 처음에는 뭔가 잘 될 수도 있을 거라는 희망을 품었어요. 하지만 그는 즉시 내가 세뇌되었다고 비난하더군요. 그렇게 주장하는 것이 그의 유일한 도피처였나 봅니다. 그는 허위 기억 증후군 재단에 가입했더라구요. 모임에 가서 온갖 주장들을 공부해서 온 겁니다. 착잡해지더군요. "이건 가망이 없는 일이구나. 아버지와는 말이 통하지 않는다는 걸 인정해야겠구나. 우리는 결코 이것에 대하여 진실을 말할 수 없는 거구나." 이런 생각이 들었어요.

그가 30분 정도 말하게 내버려 두었습니다. 그런 다음 말했지요. "이제 내가 말하겠습니다." 그는 내 말을 막으려고 애쓰더군요. 하지만 난 무척 침착하게 말했지요. "당신은 내가 말할 수 있도록 허용해야 합니다." 내가 하고 싶었던 말은 그가 나에게 치명적인 상처를 남겼다는 것이었습니다. 그리고 이렇게 말했지요. "나의 어린 시절에 대해 서로 다른 기억을 하고 있다는 것을 인정하겠습니다. 우리는 이제 좀 발전적으로 관계를 만들 수 있을까요?"

"안된다." 그가 말하더군요.

우리는 거기 45분간 있었습니다. 식당주인이 본다면 이렇게 생각했겠지요. "정말 보기 좋아. 아버지와 딸이 화창한 일요일 아침에 함께 커피 마시면서 이야기를 나누네." 우리가 나눈 이야기 내용을 누가 상상이나 할 수 있겠습니까?

떠나려고 일어서면서 그의 어깨에 손을 올리고 말했습니다. "아주 슬픕니다. 다음에 내가 당신을 볼 때는 당신의 장례식이 될 테니까요." 난 결코 협박하려고 그 말을 한 게 아닙니다. 정말 슬픈 말을 한 거죠. 그리고 잘 지내기를 바란다고 말하고 식당을 나왔어요. 그렇게 된 겁니다.

다이엔이 아버지를 계속 볼 수는 없었다. 그러나 많은 생존자들은 가해자와의 관계를 유지하려고 방법을 찾고자 한다. 이게 당신에게 중요하다면 어떤 종류의 관계가 가능할 지 알아보는데 세심한 노력을 기울여야 한다.

가해자와 관계를 유지하겠다고 결정한 경우, 적절한 경계를 설정하는 것이 무엇보다 필요하다. 어떤 것은 받아들일 만하고 어떤 것은 그렇지 않은지를 명확하게 밝혀야 한다. 당신의 기대와 기본 규칙을 구체화해야 한다. 예를 들어 음담패설이나 성행위에 대한 이야기, 외모나 가슴골 같은 몸에 대한 언급을 포함하여 받아들일 수 없는 행동을 목록으로 작성할 수 있다. 적어도 당분간 인사로 하는 포옹, 헤어질 때 하는 키스, 등을 두드리는 것과 같은 신체적 접촉을 피하기로 작정할 수 있다. 당신이 피해에 대한 이야기를 할 지 하지 않을 지, 한다면 어떤 조건에서 할 지 혹은 다른 주제에 대해서도 마찬가지로 당신이 그런 세부적인 것을 명시해야만 한다. 이런 것은 당신에게 부여된 선택권이다.

당신이 간절하게 관계를 원하여 건강하게 만들어 가려면, 관계를 모색하는 과정에서 자신을 돌보아야하는 복잡한 영역을 당신이 얼마나 잘 운영하는가에 그 가능성이 달려있다. 물론 가해자가 자신의 책임을 얼마나 기꺼이 인정 할 수 있는지, 변화하고 보상하고 당신의 치유에 기여하겠다는 마음이 얼마나 있는지에 따라서도 그 가능성은 달라진다.

가해자와 더불어 치유하는 것은 사실 드문 일이지만 아주 불가능한 것도 아니다. 사실 최소한의 관계나 조건적인 만남을 가지는 것이 훨씬 더 일반적이기는 하다. 어떤 생존자에게는 관계를 끝내는 것이 가장 건강한 선택이기도 하다.

아버지를 내 인생에서 몰아내고 싶었어요: 주디 이야기

주디 골드는 중상층 유대인 가족 출신으로 자기 아버지를 "지킬박사와 하이드"라 부른다. 밖에서는 존경받는 박애주의자이지만 집에서는 그녀의 침대에서 정기적으로 추행한 난폭한 사람이었다.

주디가 자라서 집을 떠난 후 그녀의 남편 하워드가 아버지의 사업에 합류하는 바람에 모든 것이 순조롭게 진행되는 척하면서 몇 년을 보내었다. 드디어 아버지와의 모든 연대를 끊어내겠다는 결심이 섰지만 쉽지는 않았다.

일 년 정도 생각했다. 아버지는 입원 중이었다. 마땅하게도 성기에 문제가 있었던 것이다. "의사들이 그걸 잘라내 버리면 좋겠구만."

우리는 그를 보러 갔다. 엉덩이 쪽이 없는 병원가운을 입고 있었다. 의도적으로 서서 내게 자기를 노출시켰다. 그러더니 "주디야, 이것 좀 도와주련?"

"맙소사, 가운도 못 입어요?" 하고는 걸어 나와 버렸다. 그것은 관계를 끊어내는 첫 신호탄이었다.

그러나 여전히 아버지를 몰아내는 것은 쉽지 않았다. 남편 사업이 그와 걸려있었기 때문이다. 그리고 여전히 그가 무서웠다. 난 늘 전화상으로든 직접 대면하든 그와 만났을 때 해야할 일의 목록을 만들었다. 그리고 생각했다. "무엇을 그만둘 수 있을까? 그에게 생일날 전화하는 것? 추수감사절 저녁 집으로 초대하지 않는 것?" 첫 해는 아무 것도 하지 못했지만 신년 인사하는 그믐날 전화하지는 않았다.

목록에 있는 뭔가를 해내서 그 항목을 지울 때마다 기분이 무척 좋아졌다. 그의 생일날 전화하지 않았던 첫 해 날아갈 것 같던 그 기분을 채 말로 옮기지 못하겠다. 하지만 무척 어려웠다. 전화가 울리고 그가 소리 지르면서 "왜 생일인데 전화 한통 없어?"라고 말할까봐 두려움에 떨면서 살았다. 연습도 했다. "그가 전화하면 난 뭐라고 해야 하지?" 하워드와 연습하곤 했다. 그가 아버지 역할을 하고 나는 무슨 말을 할지 연습했다. 대본을 써서 지갑에 넣어두었다.

마침내 아버지가 전화해서 "우리 사이에 무슨 일이 있는거냐? 전화도 하지 않는구나. 전화할 생각은 있느냐?"라고 말했다.

"없어요." 이렇게 말하고 이유를 설명하지도 않았다. 그게 다였다.

그러자 그의 아내가 전화해서 무슨 일인지 물어보았다. 그녀는 말했다. "아버지가 무척 당황해하시는구나. 이해를 하지 못하신단다. 니가 9살 때 사원에 있는 너를 집에 가게 한 것 때문이니?" 믿을 수 있겠는가?

난 말했다. "지금 이야기할 준비가 되어있지 않아요." 그녀는 계속 말을 걸었다. "그가 무슨 일을 한 거지?" 난 다시 반복했다. "이 문제에 대해서 당신과 의논할 생각이 없어요. 다른 말을 하고 싶다면 달라지겠지만요. 허기야 그게 아니라면 우리 사이에 더 할 말도 없지요." 이게 다였다.

이것을 연습하는데 얼마나 걸린 지 아는가? 그것을 하게 되었을 때 성취감이란! 그를 내 인생에서 몰아내고 나니 치유의 나머지 부분이 자기 자리를 잡아갔다. 그때야말로 내 삶을 내가 통제한다는 것을 실감할 때였다.

당신은 모든 것을 다 했으므로

가족과의 의미 있는 관계를 만들어보려고 갖은 애를 다 써도 당신이 통제할 수 있는 것은 당신 자신일 뿐이다. 흐름을 바꾸려고 애쓰던 것도 이제 그만하고 당신이 어찌해볼 도리가 없는 것은 그냥 그대로 둬야 할 때가 온다. 로라는, 그녀가 그토록 어머니에게서 보고 싶어했던, 그러나 결코 그런 일은 일어나지 않았던 환상을 버리고 나서야 미련이 떠나갔다.

환상을 포기하기: 로라 이야기

6개월의 별거 후 어머니가 나를 찾아 왔다. 그녀와 마주보고 앉아서 내가 썼던 편지를 그녀의 목소리를 흉내내어 읽어주었다. 그것은, 가슴이 쓰라리던 그 시기 어머니로부터 받았으면 하고 바라던 편지였다.

> 사랑하는 내 딸 로라
>
> 오늘 너의 편지를 받았어. 네가 그렇게 힘들었다니 정말 미안하구나. 네가 말했던 것이 사실은 지금도 믿기지가 않아. 왜냐하면 내 아버지가 너에게 몹쓸 짓을 했다는 사실에 직면하고 싶지가 않았거든. 솔직히 부인하는 것이 가장 쉬웠어. 그러나 이 피해가 너에게 얼마나 깊은 상처를 남겼는지 알게 되었고, 부인하던 내 태도를 벗어나 이제 너를 지지해야한다는 것을 깨달았단다. 네가 한 말을 나는 믿는다. 내 아버지가 한 짓은 잔혹한 행위야. 얼마나 깊은 흔적을 너의 삶에 남겼겠니. 때로는 차라리 전혀 기억하지 못하는 편이 더 나았을런 지도 모르겠구나. 하지만 너는 기억하고 있으니 적어도 네가 삶에 대해 던지는 깊은 질문을 풀어야 하겠지.
>
> 로라야, 이런 일이 일어나서 정말 유감이구나. 내가 그걸 알아차리지 못해

서 미안하다. 그걸 멈추게 하지 못해서 미안하구나. 네가 여태까지 그 상처를 안고 살았다니 가슴이 미어진다. 내가 가장 가슴 아픈 것은 너를 보호하지 못했다는 거야. 하지만 기억해다오. 그런 일이 일어나고 있으리라고는 그 당시 생각지도 못했다는 걸.

불행하게도 우리 둘 다 지금 그것을 한 치라도 바꿀 수는 없어. 하지만 우리는 여기 있다. 너의 엄마로서 난 네가 이것을 겪어낼 수 있도록 모든 사랑과 관심을 너에게 주고 싶단다. 너에게 서두르라고 하는 말이 아니야. 치유에는 시간이 많이 든다는 것을 알거든. 너는 마음에 숨긴 이 비밀이 곪아 짓무른 채로 20년 이상을 살아오지 않았니. 그만큼 오래 걸린다는 뜻이겠지. 이걸 알아줬으면 좋겠구나, 로라야. 우리가 이것을 이겨낼 때까지 아무리 오래 걸리더라도 내가 총력을 다 하여 너를 지원하겠다는 것을 말이다. 그는 이기지 못한다. 네가 그렇게 하지 않을 것이지만 나도 그렇게 내버려두지 않을 거야. 내가 너를 위해 무엇을 할 수 있는지 반드시 알려다오.

작년 한 해가 내 생애 가장 힘들었다는 것을 너에게 말하고 싶구나. 아버지에 대한 이런 끔찍한 사실을 받아들이고 나를 키워준 그 사람에 대해 가져왔던 이미지를 갈기갈기 찢는 일련의 과정은 말하자면 지옥이었어.

이런 비극을 내 삶에 던져준 네가 미울 때도 있었단다. 그러나 지금 그건 너의 잘못이 아니라 그의 잘못이라는 걸 알아. 그가 우리에게 이런 불행을 저지른 장본인인거지. 그것을 이해하기에 내 분노를 내려놓고 조금은 더 너의 입장이 될 수 있었단다. 내가 이런 말을 너에게 할 날이 오리라고는 생각지도 못했지만 정말 네가 말해줘서 기쁘구나. 너는, 그때 말이다, 네가 혼자 힘으로 어찌할 수 없던 그 당시 내가 주지 못했던 사랑과 지지를 지금이라도 너에게 줄 수 있도록 내게 기회를 준거야.

로라, 넌 정말 믿을 수 없을 만큼 용감한 아이야. 네가 자랑스러워. 진실에 직면하려는 너의 의지는 내게 큰 영감이 되었어. 나도 그런 용기와 결단력을 가지고 내 삶을 직면할 수 있기를 바랄 뿐이야. 근친강간의 피해가 우리 둘을 갈라놓고 우리의 사랑을 영영 무산시킬 것이라고 생각한 적이 있단다. 그러나 지금 난, 우리가 늘 원해온 건강한 모녀관계를 진전시켜나갈 수 있는 것은 이러한 진실의 힘과 함께 하기 때문이라고 생각한단다. 치유가 우리 모두를 한데로 엮어줄 수 있다고 진실로 믿고 있어.

_ 엄마가

난 읽으면서 여러 번 멈추어야만 했다. 너무 심하게 울었기 때문이다. 편지를 다 읽고 나자 방에는 오랜 침묵이 흘렀다. 어머니는 내게 말했다. 그 사랑을, 그 지지를 줄 수 없다고.

"내가 무척 사랑하고 또 위로해주고 싶은 로라가 저기에 앉아있고 그 옆에 이 괴상한 괴물이 있는 것 같아. 그 괴물이 내 아버지에 대한 이런 말도 안 되는 비난을 퍼붓고 있는 것 같단 말이야."

난 그녀에게 말했다. "다 한 사람이에요, 엄마. 그 둘이 다 나예요. 그 괴물을 받아들이고 사랑하는데 일 년 넘게 걸렸어요. 이제 더 이상 그 괴물을 분리시킬 수 없어요. 아무리 엄마를 위한다고 해도 그건 못해요."

이것으로 분명해졌다. 나는 내가 얻고자 하는 것을 어머니로부터 결코 얻지 못할 것이다. 그녀는 그녀가 원하는 것을 나로부터 얻지 못할 것이다. 나는 내 인생을 살아야만 했다.

해결책에 다가가기

결국 당신은 가족과의 관계에 대하여 어떤 해결책을 찾아야만 한다. 어떤 생존자들에게는 깊은 치유가 일어나서 가족관계가 회복되기도 한다. 다른 생존자들에게는 영원한 이별이 그나마 제정신으로 살아갈 수 있게 하는 처방이다. 대부분 사람들은 그 중간 어디쯤이다. 만족스러운 개입에서 최소한만 개입하면서 살아가는.

깊은 치유

물론, 깊은 치유는 우리 대부분이 희망하는 해결책이다. 그러한 화해가 일어나는 것 자체가 선물이다. 서로 이해하고 수용하고, 오래된 상처가 아물고 진심어린 온기와 친밀함, 안전이 있다는 것을 몸소 체험한다.

한 생존자는 할아버지가 그녀를 추행했다는 사실을 사촌에게 털어놓았다. 사촌은 느닷없이 관계를 끊어버렸다.

> 그 사촌이 참으로 필요했는데 바로 그때 나를 떠나더군요. 무척 화가 났죠. 버림받고 배반당한 느낌이었으니까요. 여러 달 동안 아무런 연락이 없다가 하루는 그녀 역시 그에게 강간을 당했기 때문에 내 말을 들을 수 없었노라는 편지를 받게 되었어요. 그녀는 미안하다고 말했고 우리는 만나서 점심을 먹었지요. 중국 음식을 먹고 난 다음 그녀는 내게 일어난 일의 전모를 듣고 싶어했고 그녀가 떠난 후 내가 얼마나 화가 났었는가에 대해서 들을 준비가 되어 있더군요. 그녀는 자신의 두려움과 고통에 대해서 털어놓았어요. 그리고 우리는 그 어느 때보다 단호한 유대를 새롭게 만든 거죠.

때로 깊은 화해는 시간이 지나면서 자연스럽게 온다. 관련된 모든 사람들이 의식적으로 노력할 때 깊은 화해는 충분히 예견된다.

관점의 전환

때로 상대는 큰 변화를 보이지 않지만 당신이 관점을 바꿈으로써 관계가 나아지기도 한다. 표면적으로는 크게 달라진 것이 없어 보여도 당신은 관계를 다른 식으로 경험한다.

시인 몰리 피스크는 가족 몇 명에게 피해를 입었다. 그녀와 사이가 좋았던 어머니는 그녀를 믿지 않으려 했다. 몰리는 어머니가 부인하자 너무나 힘들어서 7년간 어머니와 말도 하지 않았다. 그 시간동안 몰리는 어머니를 상실한 것에 대하여 애도했으며 다시 말을 건네면서 살 수 있을지 확신이 들지 않았다. 그녀는 이때를 마치 죽임을 당하는 만큼이나 지독하게 괴로웠다고 말한다. 하지만 몰리는 아직 관계를 다시 시작할 준비가 되지 않았다는 것을 알았다.

무슨 일이 일어났는지 이야기하고 싶었겠지요. 내가 기억하는 것과 그녀가 기억하는 것을 모두요. 만약 그렇게 했더라도 아무런 소용이 없었을 겁니다. 어머니는 앞뒤 말이 맞는지 따져보면서 날짜와 시간과 장소를 꼬치꼬치 캐물었겠죠. 내가 3살이고 그녀가 26살 때 일어난 어떤 일에 대하여 법정에서 벌이는 논쟁처럼 이야기를 물고 늘어졌을걸요. 난 더 이상 그렇게 하고 싶은 마음도 없었습니다.

어머니와 연락을 취할 수 있게 된 것은, 나를 믿어주는 어머니가 없어도 된다는 생각이 들 때였습니다. 나 자신을 믿고 나서야 어머니를 다시 볼 수 있었어요. 이제 난 무슨 일이 일어났는지 알기에 증거나 외적인 인정은 필요 없습니다. 증거는 내 몸 안에 있으니까요. 매일 그것과 같이 사니까요.

그녀를 확신시켜야겠다는 마음이 더 이상 들 지 않는 지점에 이르게 되자 그녀 곁에 갈 수 있게 되었습니다. 그제서야 어머니를 한 인격으로 볼 수 있더군요. 인정이나 사과를 더 이상 기대하지 않게 된 한 인간으로서의 어머니를 보았습니다.

몰리가 어머니를 다시 만나기로 한 것은 이중적인 현실을 받아들일 수 있게 된 그녀의 능력에서 나온 선택이었다. 그 현실은, 어머니로부터 자신이 원하는 것을 얻지는 못할 것이라는 것, 그럼에도 불구하고 귀중하게 여기는 연결점이 어머니와의 관계 안에 있다는 것이었다.

글쓰기 과정에서 난 세상을 바라보는 내 능력의 상당 부분이 어머니에 의해서 형성되었다는 것을 깨닫기 시작했어요. 화가인 어머니는 나에게 나뭇잎 아래쪽을 보라고 가르친 분입니다. 그래야 잎의 위쪽 색깔과 어떻게 다른지를 알 수 있다는 것이지요. 빛의 굴절을 공부하도록 가르친 분이예요. 나의 관찰력은 어머니로부터 훈련받은 겁니다. 난 작업하면서 이 능력을 계속 활용하고 있고 그것을 무척 즐기지요. 나에게 관찰력을 가르쳐주신 것에 대해 어머니에게 감사하다는 마음이 생기기 시작했어요. 그때 바로 생각하기 시작했습니다. "어머니와 연락해도 괜찮겠구나. 그래야만 하겠어"라구요.

치유의 과정에 막 들어온 생존자라면 자신의 가장 내밀한 현실을 인정하지 않는 누군가와 관계를 계속하겠다고 선택하는 이유를 이해하기 어려울 수도 있다. 마치 항복하고 투항하는 것 같고, 굴복하는 것처럼 비춰질 수 있을 것이다. 어떤 경우 그것이 사실일 수도 있겠다. 그러나 어떤 생존자들에게는 이러한 역설을 받아들이는 것이 이치에 맞는 것일 수도 있다. 부모님과 오래고 힘든 별리를 겪은 후 한정적으로 화해를 하게 된 캐더린이 이렇게 설명한다.

나의 화해는 굴종이 아닙니다. 이렇게 말하는 게 중요하군요. 난 가해자의 통제에 항복하거나 그의 부인을 인정하면서 나 자신을 희생시키는 것이 아니에요. 난 굳건하고 강하게 서 있습니다. 그리고 "아버지가 나를 가해했고 다른 사람도 희생시켰습니다." 내가 제정신이 아니라고 생각해도 상관없어요. 내가 미쳤다고 많은 사람들에게 말해도 개의치 않습니다. 왜냐하면 내 안에서 내면의 힘을 드디어 확보했기 때문이지요. 나는 진실을 압니다. 그러니 그들에게나 나 자신에게 그것을 입증할 필요가 없습니다. 그렇게 되니 그들을 그냥 그들인 채로 받아들일 수 있게 되더군요.

합의하지 않는 데 동의하기

일단 강렬한 치유 과정을 거쳐온 다음에는 많은 생존자들이 가족과 어떻게든 관계를 맺고자 한다. 그 관계가 아무리 부족하더라도 상관없다. 콜린이 그런 생존자 중 한 명이다. 그녀와 그녀의 아버지는 그들의 차이를 받아들이고 그들 사이에 가능한 것에만 집중하기로 합의했다.

그를 바꿀 수 없다는 사실을 깨달았다: 콜린 이야기

콜린은 중산층 출신이다. 초등학교 교사인 그녀의 어머니는 심각한 정서적, 신체적 학대를 가했다. 그녀의 아버지는 콜린과 그녀의 여동생을 사랑했지만 아내의 분노로부터 그들을 보호하는 조치를 전혀 취하지 않았다.

콜린의 어머니와 여동생은 지금은 이 세상 사람이 아니다. 콜린은 싱글맘이고 아버지와의 관계는 극히 제한적이다. 누구든 지속하겠다고 선택하는 그런 이상적인 관계가 아니라 콜린이 그렇게 유지하는 성격의 관계이다. 그녀에게는 가족 중에 살아있는 마지막 한 사람과 계속 연락을 취하는 것이 중요하게 다가온다.

아버지는 기본적으로 괜찮은 사람이었다. 하지만 늘 어머니를 위한 변명을 앞세웠다. 그의 눈에 어머니는 근사한 사람이었다. 그러니 뭔가 잘못된 것이 있다면 그건 내게 원인이 있는거다. 한번은 부엌에 칼을 두기가 위험스러워 보인다고 아버지가 말했던 기억이 난다. 어머니가 한번 던진 적이 있었다. 미친 짓이었다. 난 그 당시 이렇게 생각했다. "아버지는 엄마를 생각해서 칼을 두고 싶어 하지는 않는데 왜 어린 딸은 위험한 상황에 그대로 내버려두려고 하지?"

수년 동안 난 아빠에게 화가 나있었다. 어머니가 죽고 여동생이 자살한 후 난 다시 그와 대면했다. 그는 늘 이렇게 말하곤 했다. "너의 어머니는 좋은 어머니였다. 우린 좋은 부모였다." 우리는 나의 어린 시절이 어떠했는지에 대하여 이런 식의 교착 상태에 반복적으로 빠지곤 했다.

수년 간의 치료를 받고 나서 43세가 되던 해 내가 깨달은 것은, 여동생의 자살과 어머니의 죽음으로도 그가 바뀌지 않았다면 그는 앞으로도 바뀌지 않을 것이라는 점이다. 아버지가 예전의 일을 인정하려면 그 안에서 자신이 짊어졌던 역할을 보아야만 할 것이고 자기 자신에 대한 관점을 바꾸어야만 할 뿐 아니라 자신의 원가족을 들여다보고 그곳에서 일어났던 일도 다시 보아야할 것이다. 그런데 그렇게 할 만한 방법은 없었다. 그는 60대 후반이었고 자기방어를 가지고 있었으며 그 방어책을 없애려고 하지 않을 것이었다. 아버지의 생각을 내가 좌지우지할 수는 없다는 사실이 분명해졌다.

그래서 말했다. "합의하지 않겠다는 점에 합의합시다. 마음을 바꾸면 내게 알려주세요. 그렇지 않으면 당신의 마음이 예전 그대로라고 생각할 테니까요. 내 경우도 마찬가지입니다. 마음이 바뀌면 아버지께 알려줄게요. 과거에 대해서 나나 아버지나 둘 다 자기가 판단하는 것이 옳다고 주장했지만 이제는 더 이상 애쓰지는 맙시다."

이런 협상을 하고 나니 아버지나 나 둘 다 공격을 덜 받는다고 느끼게 되었다. 우리 두 사람 간의 팽팽하던 긴장이 사라졌다. "우리가 가족 중 남은 마지막 두 사람이다. 그러니 최선을 다해 살아가자"라는 것에 대한 수용이 있다.

한 달에 서너 번 내 아들과 나는 아버지와 늦은 아침을 먹으러 외식한다. 그게 우리가 같이 하는 일이다. 우리는 산책을 같이 하거나 수다를 떨려고 전화하는 일은 없다. 집에 잘 도착했다거나 내 아들의 학교에 뭔가 특별한 일이 일어났다는 소식을 전하러 전화하는 일도 없다. 늦은 아침을 먹자고 약속잡거나 누군가의 부고를 전할 때만 전화한다.

내게 변화는 내면에서 오고 있다. 이제 아침 식사를 위하여 아버지를 만나면 나는 그를 안고 사랑한다고 말한다. 그리고 아버지도 내게 이런저런 이야기를 하는 데, 예전에는 하지 않던 말이다.

우리 관계가 따뜻하거나 친밀하다고는 말하지 못할 것이다. 하지만 예의는 갖추었다. 우리는 결코 친밀해지지는 않을 것이다. 그러나 늘 그를 사랑할 것이고 아버지도 그만의 한정된 방식으로 나를 사랑한다.

아주 한정된 연계

가족과 관계를 지속하는 것이 모든 사람에게 다 적용될 리는 없겠지만 많은 생존자들이 어떤 식으로든 연계를 유지하고자 한다. 대부분의 생존자들은 치유를 위한 이별, 드러내기, 진실 말하기를 포함한 강렬한 치유 과정을 거치면서 그 단계에 관련된 문제들과 씨름을 하고 많은 질곡을 거쳐왔다. 물론 허점투성이고 한계가 있기는 하지만 그들 사이에는 어떤 연대가 생기는 듯하다.

한 생존자는 어머니와 예를 갖추어 만나려고 수 년 동안 애를 써왔다. 방문이 실패할 때마다 그녀는 자신을 질책했다. "왜 좀 더 잘할 수 없는 거야?" 그러면서 도움이 필요할 때 전화할 수 있는 친구의 전화 번호를 준비한 상태로 다시 재도전하곤 했다. 그러나 실패는 다시 되풀이되었다.

마침내 어머니를 보아서는 안 되겠다는 결론에 이르렀다. "그저 견디내기 위해서 든든한 보완장치가 필요한 상황으로 자꾸만 나 자신을 몰고 가는 것이 지겨워졌답니다. '왜 나 자신에게 이런 일을 자꾸 하게 하는 거지?'라고 질문했어요. 그러면서 이제 스스로에게 안식을 줘야겠다는 생각이 들었습니다. 그래야 한다고 스스로 강요하면서 늘 가장 까다로운 것을 선택하는 대신, 좋아하는 것을 더 많이 하기 시작했습니다."

이 여성은 자기가 처한 상황을 받아들이면서 자신을 괴롭히는 일에서 손을 뗐다. "어머니와는 편지를 통해서 그나마 가장 괜찮은 관계를 유지할 수 있어요. 우리는 서로에게 멋진 편지를 쓰지만 같은 방에 있을 수는 없어요. 그러나 적어도 편지로는 어머니가 있는 거죠."

30년간 떨어져 있다가 부모를 방문한 한 생존자는 그들을 다시 볼 수도 있겠다고 기대하지만 그럴 일은 거의 없어 보인다.

> 일상의 일로 보건데 내 삶에서 부모님이 있어야 할 개인적인 필요는 느끼지 않습니다. 이 분들은 나를 보살피고 사랑해 준 사람들이 아닙니다. 그들은 세심하게 상황을 살펴보려 하지 않습니다. 나는 다른 부류의 사람들과 시간을 보내고 싶어요. 그렇다고 그 전에 했던 것과 같은 식으로 그들과 관계를 차단하겠다는 뜻은 아닙니다. 그저 내 힘을 그곳에 많이 쏟지 않겠다는 것이지요.

떠나보내기

때로는 가족관계에서 그 어떤 것도 회복되지 않는 경우도 있다. 그들과 만나면 너무 화가 나거나 우울해지거나 불안해진다. 혹은 난폭하거나 위험하거나 과도하게 공격적인 가족이 있을 수 있다. 그들은 당신을 굴복시키려고 했거나 고소하려고 했거나 당신의 자녀를 학대했거나 완력을 써서 당신을 협박했을 수도 있다. 이런 환경에서라면 가족과 헤어지는 것이 자기보호 차원에서 누구나 인정할 만한 조치가 될 것이며 당신이 할 수 있는 가장 책임감있는 결정일 것이다.

가족과의 관계에서 갈팡질팡하던 한 생존자는 마침내 "가족을 뛰어넘어 가기"로 결론내렸다. "가족이 없습니다. 그들은 아직도 옛날 그 파괴적인 방식으로 서로 관계를 맺고 있어서 함께 하고 싶지가 않네요. 인생은 너무 짧은데 말입니다."

그러나 가족과의 모든 접촉을 끊겠다는 결심은 심각한 선택이며 당신의 삶 이곳저곳에 영향을 미친다. 사랑과 개인적 연결 이외에도, 가족은 당신이 자라온 문화와 뿌리에 닿을 수 있는 연결고리를 제공한다. 가족과의 단절은 물질적인 지원이 끊김을 뜻하기도 한다. 당신의 나이와 가족의 경제적인 상황에 따라 이것은 중대한 대가가 될 수도 있다. 병원비에 대한 도움이든, 재정적 보조금이나 대학 등록금이든, 첫 아파트 불입금이든, 혹은 집을 사거나 사업을 시작할 만한 유산이든 가족과의 연대를 끊은 생존자들은 그러한 것들의 유실을 통절하게 느낀다.

> 남편과 나는 막 첫 주택을 구입했는데 뭔가 일이 잘못 되었습니다. 대출에 관하여 의논할 사람이 없었어요. 우리의 사회망이 아주 좁다보니 세상이 더 불안해보였지요. 뭔가 끔찍한 일이 일어나면 나를 도와줄 사람이 남편 말고는 아무도 없었어요. 들어올 만한 자금줄도 없지요. 아무것도 없다보

니 끈이 뚝 잘려진 느낌이 들더군요. 더구나 내가 불임이고 아이를 가질 수 없다는 사실은 삶의 그 어떤 것에도 연결되어 있지 않다는 생각으로 연결되었습니다. 조상도 없고 이 세상에 나라는 존재를 전해줄 아이도 없잖아요. 죽으면 그게 다인거죠. 너무나 외로운 겁니다. 믿을 수 없을 정도로 외롭답니다.

때로 거리를 두게 되면 당신이 그렇게 하려고 해서가 아니라 친지들이 당신을 보려고 하지 않아서 영원한 단절로 굳어져버리기도 한다.

내 아이들에게는 할아버지, 할머니가 없는 셈이죠. 어머니, 아버지, 할아버지, 할머니 다 생존해 계시지만 나를 보려고 하지 않아요. 나를 보려고 하지 않는 삼촌, 고모가 같은 마을에 살고 있어요. 내 언니도 나를 보려고 하지 않아요. 이건 다 친족성폭력 때문이에요. 식구들 때문에 난 너무나 힘이 든답니다.

당신만의 해결책을 찾아서

더 많은 것이 가능하리라고 기대하겠지만 결국 당신은 상황을 있는 그대로 받아들여야만 한다.

우리는 모두가 한 덩어리로 모여 한바탕 포옹을 하는 순간을 갈망합니다. 그러나 그러한 순간이 내게 온 적은 없어요. 부모가 자신들이 한 짓을 인정하지 못하는 현실에 봉착하면서 나 자신과 화해해야 했습니다. 그들은 용서를 구하지 않을 것이며 나는 "당신을 용서하겠어요"라고 말할 기회가 없을 겁니다. 일어난 일은 그것보다 더 심각했습니다. 부모님들은 그런 식의 일을 아예 할 수 없는 사람들이었어요.

가족과 더불어 치유할 가능성이 없을 때는 당신 내면에서 해결책을 찾아 포용과 내면의 평화가 있는 장소에 도달해야 한다. 어떤 생존자에게 이것은 가족과는 무관한 것이 되기도 하다. 또 다른 생존자들은 더 이상의 왕래가 없다 하더라도 가족에게 동정심을 느끼기도 한다.

세월과 더불어 변하는 것들

어떤 생존자들의 경우, 가족과의 관계에서 변하는 게 거의 없기도 하다. 나쁜 상황이 좋아질 턱도 없다. 카산드라가 회고한다.

> 서로 만나지 않고 지낸 지 10년째 되는 해 어머니가 돌아가셨어요. 그녀가 관에 들어간 것을 확인하려고 장례식에 갔죠. 그 관이 구멍 안으로 들어가는 걸 확인했습니다. 그들이 그 기념물 두는 곳을 나사로 조일 때까지 기다렸습니다. 그제서야 난 "그녀가 더 이상 돌아오지 못하는 구나. 이제 숨 쉴 수 있겠어." 라고 말할 수 있었어요.

많은 생존자들에게 변화는 일어날 것 같지 않을 것 같은데 실은 일어난다. 한 생존자는 몇 십년간 치유를 해왔는데 이렇게 말했다.

> 가장 혹독한 지옥을 건너오는 동안 절대 받아들일 수 없다고 생각한 것을 받아들이고, 결코 사랑할 수 없다고 생각한 사람을 사랑하면서 그곳을 벗어나는 것이 가능하다는 것을 배웠습니다. 우리가 얼마나 많은 것들을 거쳐 왔는지, 얼마나 많은 치유를 해냈는지 놀라울 따름입니다. 인간의 강인

한 영혼은 정말 경이롭습니다.

또 다른 생존자는 가족 안에서의 변화를 이렇게 설명한다.

가족관계가 진화한다는 걸 알게 되었어요. 어렸을 때는 부모와 대립하면 그 관계는 끝장난 것이라고 생각했어요. 회복될 리가 없다고 생각한거죠. 그들과 인연을 끊어야 내가 건강하게 살 수 있다면 다시는 그들을 보지 않을 것이라고 생각했어요. 지금은 우리 모두가 변해서 그들을 보는 것도 가능하다는 것을 깨닫고 있어요.

때로 회복된 관계가 당신이 기대해왔던 그런 모습이 아닐 수도 있다.

내가 14살 되던 해 아버지가 나를 총으로 마구 때려서 병원으로 실려 갔습니다. 6개월도 더 걸려 겨우 퇴원했어요. 아버지를 고소할지 말지는 어머니의 손에 달려있었는데 결국 그녀는 고소하지 않더군요.
많은 정직한 대화와 대립을 거쳐 아버지와 나는 개방되고 사랑이 통하는 관계로 발전했다는 말을 해야겠군요. 어머니와는 연락하지 않습니다. 계속 그렇게 하고 싶어요.

해바라기처럼 늘 그리워하는 것과, 변화에 개방된 것 사이에는 중요한 차이가 존재한다. 가족과의 관계가 건강하지 않다면 당신이 잃어버린 것과 이제는 평화협정을 맺어야 한다. 가족의 균열을 받아들이고 난 후라 하더라도 당신은 여전히 여러 번 놀랄 것이다. 몰리 피스크는 어머니와 화해하면서 많은 혜택을 받았는데 그 중 하나가 미래는 열린 문임을 깨달은 것이다.

이번 별거 기간 동안 만약 당신이 내게, 내가 어머니와 연락을 취할 것이고 그녀의 세탁물을 처리할 것이며 저녁을 준비하고 얼마 남지 않은 머리카락을 빗겨줄 것이라는 말을 했다면 난 웃어넘겼을 거예요. 엄중하게 항의하면서 그건 불가능하다고 말했겠죠. 난 우리의 관계가 그렇게 빨리 성숙하여 그녀가 한 짓과 지금의 그녀를 받아들이고 그녀와 시간을 보내리라고는 상상하지 못했다구요. 무슨 일이 일어날 것인지를 모른다는 사실을 안다는 것은 멋진 일입니다. 당신이 미래를 예언할 수 없다는 것을 결국 깨닫는다면 그건 참으로 크나큰 축복이랍니다.

쓰기 훈련: 현재 당신의 가족

원가족과 관계를 맺는 데 있어서 긍정적인 면은 무엇인가? 당신은 어떤 점이 좋은가? 당신을 지지하는 사람은 누구인가? 당신은 누구와 있으면 즐거운가? 그들과 가깝게 지내면서 얻는 것은 무엇인가? 당신의 가족과 함께 지냄으로써 어떤 혜택이 있는가?

언짢은 것은 무엇인가? 무엇이 파괴적이고 신경에 거슬리고 화나게 하고 경악스럽고 고통스러운가? 당신의 적은 누구인가? 당신은 누구와 있을 때 기분이 나빠지는가? 가족과 함께 있으면 어떤 점에서 불리한가?

4부
생존자편에 선 사람들을 위하여

기본 전제들

"살아오면서 누가 가장 중요한 사람인지 스스로에게 정직하게 물어본다면 조언과 해결책과 치료약을 주기보다는 우리의 고통을 나누어 가지고 따스하고 부드러운 손길로 우리의 상처를 어루만져준 사람이라는 대답이 잔잔히 떠올라옵니다."

_ 헨리 누웬

어린이 성폭력의 상처를 적극적으로 치유하려는 여성 가까이에서 이들을 지지하겠다는 선택은 하나의 도전일 수 있다. 치유 과정을 생존자와 함께 거쳐 간다는 것은 놀라울 정도의 성숙과 친밀감을 약속하는 반면, 당신을 혼란스러움과 당황스러움의 와중에 밀어 넣거나 분노의 불길에 휩싸이게 한다. 당신은 무엇을 해야 할지, 어떤 느낌을 가져야만 하는지, 무엇을 기대할 수 있는지에 대해서 혼란스러워지고 두려워질 수 있다. 이러한 것은 복잡하면서도 인간적으로 견디기 힘든 상황에 나타나는 자연스럽고 적절한 반응이다.

지금은 자신을 돌보아야 할 중요한 때다. 당신은 자신의 욕구를 존중해야 하는데 그것은 필수적인 태도이다. 생존자가 당신 능력 밖의 것을 원한다 할지라도 당신은 당신의 한계를 시인하라. 생존자에게 다른 자원을 요청할 수 있다고 격려하라. 약간의 휴식을 가져라. 자신을 위해 도움을 구하라. 그러한 생생한 고통을 다룬다는 것은 어려운 일이므로 당신도 자신의 공포와 좌절을 표출할 곳이 필요하다.

생존자가 자신의 성폭력에 대해서 이야기하는데 당신 스스로 극도로 방어적이 되거나 당황스러워진다면 그것은 당신이 억압한 경험들에서 반응을 보이는 것일 수 있다. 이러한 것은 매우 일반적이다. 한 사람의 고통은 또 다른 사람의 상처를 부추기며, 이는 빈번하게 일어나기까지 한다. 당신이 미처 풀지 못한 정서를 다룰 수 있는 지지자를 구하라. 당신 역시 중요하기 때문이다.

어떻게 도울 것인가

생존자가 어린이 성폭력을 당했다고 이야기한다는 것은, 그녀가 고통스럽고 경악을 금치 못하며 취약하기 이를 데 없는 자신의 삶 일부를 털어놓을 만큼 당신을 신뢰하고 있다는 말이다. 다음의 지침을 참고로 한다면 당신은 그녀의 치유를 도우며 존중할 수 있게 될 것이다.

- **기꺼이 들어라** | 그녀가 당신에게 털어놓고 싶어하는 것이라면 무엇이든 당신은 기꺼이 들을 준비가 되어 있으며 그것이 고통스럽고 혼란스럽다 할지라도 그녀와 함께 그 어려운 곳으로 들어가겠으며 그녀의 말을 존중하겠다는 것을 그녀가 알도록 하라.
- **손상을 인정하는 과정에 생존자와 함께 동참하라** | 모든 폭력은 유해하다. 폭력적이지 않다 하더라도, 신체에 직접적인 피해가 가해지지 않았다 하더라도, 반복되지 않았다 하더라도 모든 폭력은 심각한 결과를 낳는다. 긍정적이거나 중립적인 성폭력 경험은 존재하지 않는다.
- **성폭력이 아이의 잘못이 아님을 분명히 하라** | 어떤 아이도 가해자를 유혹하지 않는다. 아이는 애정과 관심을 요구할 뿐 성폭력을 원하지 않는다. 아이가 성적으로 반응한다 하더라도, 강요를 당하지 않았거나 반항하지 않았다 하더라도, 아이의 잘못은 결코

아니다. 아이와 성적인 것을 나누지 않아야 하는 것은 전적으로 항상 어른의 책임이다.

- **성폭력과 치유 과정에 대하여 공부하라** | 생존자가 어떤 과정을 거치고 있는지에 대해서 기본 지식을 갖추고 있다면 지지자가 되는 데 도움이 된다.
- **가해자를 동정하지 말라** | 생존자는 당신의 절대적인 성실성을 필요로 한다.
- **생존자의 정서, 예를 들어 분노와 고통과 두려움 등을 정당한 것으로 인정하라** | 이러한 정서는 자연스럽고 건강한 반응들이다. 그녀는 그러한 감정을 느끼고 표현하고 이야기할 필요가 있다.
- **당신의 연민을 표현하라** | 당신이 분노와 연민과 그녀의 고통을 느낀다면 그것을 표현하라. 진실한 인간적 반응보다 더 편안한 것은 아마 없을 것이다. 당신이 감정적으로 그녀보다 더 복받치지 않도록 하라.
- **치유에 필요한 시간과 공간을 존중하라** | 치유는 서두른다고 일찍 오는 것이 아니다. 오히려 참으로 느린 과정이다.
- **생존자가 다른 지지도 구하도록 고무하라** | 당신의 보살핌말고도 다른 사람과 관계를 맺으면서 도움을 청할 수 있도록 격려하라.
- **생존자가 자살을 시도할 때 도움이 되어 주라** | 대부분의 생존자가 자살을 시도하지는 않지만 그 고통이 너무나 심각하여 때로 어떤 생존자들은 자살을 시도한다. 자살을 시도하는 생존자와 친밀하다면 즉시 도움을 주라.
- **생존자가 치유해 감에 따라 당신과의 관계에도 커다란 변화가 있을 것임을 수긍하라** | 그녀는 변해 가고 있으며 그에 따라 당신 역시 변화할 필요가 있을 것이다.

- **생존자를 피해자로 보지 말라** | 자신의 삶을 주장하는 강하고 용기 있는 여성으로 계속 보라.

모든 친밀한 관계—친구, 부부, 혹은 가족—는 많은 부분을 공유한다. '연인이나 배우자를 위하여' 부분은 당신이 생존자와 연인이나 부부 관계에 있지 않다 하더라도 도움을 줄 수 있는 몇 가지 특별한 제안을 싣고 있다.

연인이나 배우자를 위하여

당신이 생존자에 대해서 마음이 편할 만큼 심리적인 안정 상태를 유지하지 못하는 한, 당신의 생활 방식 하나하나는 오래된 상처를 도전적으로 건드리는 무기가 될 수 있다. 바브에 대한 내 감정은 처음에는 "당신처럼 꼬인 사람과 관계를 유지해야 할 만큼 내가 무엇을 잘못했단 말인가?"라는 식이었지만 "우리가 이 문제를 붙들고 이겨 낼 수만 있다면 내 삶이 그 무엇과도 바꿀 수 없을 만큼 풍요로워질 텐데"라는 식으로 완전히 바뀌고 있다.

— 필 템플스, 생존자의 남편

이 장에 수록된 정보는 모든 연인들—기혼·미혼, 이성애자·동성애자—을 다 포괄하고 있다. 이성애자 연인들이든, 동성애자 연인들이든 서로 문화적으로 내면화된 조건이 다르며 이들 사이에 권력이 역동적으로 흐를 것이다. (상대에 거는) 역할 기대 또한 상당한 차이가 나게 마련이다. 그러나 이러한 차이는, 한쪽이 생존자이거나 혹은 양쪽 모두 생존자인 연인이 직면하게 되는 모든 범상한 문제들에 비한다면 상대적으로 덜 심각한 편에 속한다.

이 장은 생존자의 동반자를 위해서 쓰여졌지만 많은 제안들이 다른 가족 구성원들이나 생존자 당사자에게도 모두 유용할 것이다.

어린이 성폭력의 상처를 적극적으로 치유하려는 누군가가 걸어가는 길을 당신도 함께 걷고자 한다면 어려움과 보상이 동시에 당신을 찾아올 것이다. 그런데 어려움은 보상보다 훨씬 더 명확하게 드러난다.

생존자들은 일반적으로 치유 과정에서 생기는 신뢰와 친밀감, 성 문제에서 어려움을 겪는데 이 모든 것들이 당신에게도 직접 영향을 미친다. 적어도 한동안은 생존자가 경험하는 문제와 치유 과정에서 일어나는 변화들이 당신의 시간까지도 지배할 것이다. 생존자가 지금 어떤 치유 과정의 단계에 있는가에 따라서 생존자는 화가 나 있기도 하고 우울해 있거나 아니면 완전히 그 문제에 몰두해 있기도 할 것이다. 그녀는 자기 파괴적일 수도 있고 자살을 기도할 수도 있다.

그녀는 자신의 삶을 계속 통제하려는 강한 욕구를 가지고 있을 수 있다. 그녀는 원가족으로부터 받아 온 학대적인 방식을 때로 당신이나 당신의 자녀에게 보일 수 있다.

연인 또는 배우자인 당신은 지금 무슨 일이 일어나고 있는지 이해하지 못할지도 모른다. 일을 잘 처리하지 못해서 부적격하다고 느끼거나 100퍼센트 지지하지 못한다 해서 죄의식을 가질 수 있다. 이야기를 나눌 사람이 없어서 외로워질 수 있다. 연인 또는 배우자들은 때로 치유에 요구되는 그 오랜 시간 동안 좌절감을 가질 수도 있는 것이다. 때로 당신은 생존자에게 성폭력을 가한 가족과 지속적으로 만나야 할 수도 있다. 아니면 당신의 가족 과거사가 고통스럽게 일깨워질 수 있다. 그리고 무엇보다 당신의 욕구가 충족되지 않을지 모른다.

당신과 당신의 연인이 모두 생존자라면 관계는 복합적으로 영향을 받을 수 있다. 얼마나 치유 과정에 잘 따랐는가에 따라서 서로에게 엄청난 지지와 확신과 이해를 줄 수 있을 것이다. 반면 서로 갈등과 세세한 기억, 오래된 생활 양식을 강화할 수도 있으며 그렇지 않다 하더라도 고통스런 기제에 휘말려들 수도 있다.

너무나 많은 여성들이 학대와 성폭력을 당하기 때문에 동성애 연인들은 두 사람 모두 성폭력의 희생자인 경우이기 쉽다. 이성애 연인의 수가 늘어남에 따라 더 많은 남성들이 어린 시절의 성폭력을 인식하기 시작한다. 당신과 당신의 연인이 생존자라면 둘 다 책임과 기회를 동시에 맞이하고 있다. 특히 자신과 상대에 대해 인내심과 동정심을 가져라. 그리고 경험 있는 치료사와 커플 상담을 한번 시도해 보라.

얻는 것

어릴 때의 성폭력 때문에 생긴 상처를 치유하려는 누군가와 가까워진다는 것에는 강렬한 긍정적인 요소가 함축되어 있다. 하지만 때로는 긍정적인 측면을 찾는다는 것 자체가 힘들 수도 있다. 생존자의 연인 또는 배우자들을 위한 한 워크숍에서 엘렌은 참석자에게 생존자와의 관계에서 어떤 것을 얻게 되는가, 무엇이 자신들에게 기회인가에 대하여 글로 표현하라고 제안했다. 한 남자가 이 훈련에 할당된 15분 내내 곤혹스런 표정으로 앉아 있었다. 그리고 마침내 입을 열었다. "정말 혼란스럽군요. 난 내 아내를 돕고 싶어서 어떻게 그녀의 문제를 다루어야 할지에 대해 배우려고 왔는데 나의 기회를 발견하라는 제안을 받다니요?"라고 이야기했다.

당신에게 긍정적인 것이 무엇인지를 살펴보는 것, 더구나 많은 고통과 스트레스를 일으키는 상황에서 긍정적인 것을 찾으라는 것은 이상하게 보일 것이다. 하지만 생존자의 연인이기 때문에 얻는 가치 있는 점들이 많이 있다.

치유 과정에 적극적으로 참여하고 있는 누군가와 함께 있다는 것은, 당신이 정체된 관계가 아니라 성장해 가는 관계의 한가운데 있다는 말이다.

> 사람들은 성장해야 할 지점에서 만나는 상대를 무의식 중에 고르는데, 우리 경우도 마찬가지였습니다. 성에 관련해서 우리 둘 다 상처를 받았으며 서로에게 가장 열심히 귀를 막고 있었어요. 내가 카렌과 관계를 맺지 않았

다면 내 안에 있는 쓰레기를 어떻게 처리해야 할지 그 방법을 찾을 수가 없었을 것입니다. 각자 이 문제를 안고 있지 않다면 각자의 어두운 면에 직면하지도 않았을 겁니다.

또 다른 생존자의 연인은 자신이 독립적으로 되는 것을 배워 가고 있음을 알게 되었다.

그녀는 상당히 자율적이지요. 그녀는 스스로를 어떻게 돌보는지 잘 알고 있어요. 그러나 친밀해지는 데는 그다지 능숙하지 않아요. 난 그 방면에는 능숙하지요. 난 새로 만나는 사람에게 몰입하죠. 그녀와 함께 있다는 것, 그것을 통해서 난 독립적이 되는 방법을 배워야만 했어요.

또 다른 생존자의 연인은 감정을 표현하는 능력을 기르게 되었다.

지난 6개월을 돌이켜보건대 난 우리가 인격적으로 엄청나게 성숙해 왔다는 것을 깨닫지 않을 수가 없군요. 난 항상 대화의 주변부에서 얼쩡거렸는데. 하지만 이제는 내 감정을 표현하고 전에는 결코 꿈도 꾸지 못했던 그런 감정을 경험할 수 있어요. 이제는 논쟁을 격렬하게 하더라도 내가 더 이상 머리끝까지 열 받지 않는다는 것을 알 수 있어요. 대신 아주 슬퍼지면 이제는 울 수 있답니다.

자신의 감정이나 두려움, 어린 시절에 영향받았던 태도 등을 생각하는 게 어색하다면, 당신은 처음으로 그런 주제에 초점을 두면서 자기를 탐색하는 것이 불편할 것이다. 이러한 것에 익숙지 않다 하더라도 성장에 비중을 둔다면 당신은 가치 있는 기회를 얻을 수 있다. 그리고 연인 또는 배우자와 함께 노력함으로써 두 사람의 관계가 더 가까워질 수 있으며 당신이 발 딛고 있는 기반이 더욱 단단해질 수 있다.

> 바위투성이의 지점을 통과하고 난 후 이제는 서로를 자랑스럽게 바라볼 수 있었고 "해냈어!"라고 말할 수가 있었어요. 그것은 상호적인 성취감이었어요. 그것은 우리 관계에서 특별한 그 무엇이 되었지요.

깊이 있는 치유 과정에 동참한다는 것은 기적이며 영감이다. 요구되는 것이 많기도 하지만 일종의 특혜이기도 한 것이다. 주는 것과 받는 것에 보상이 있다.

혼자 감당하지 말라

친밀감은 생존자와의 관계에서 역설적인 영역이다. 특히 생존자들이 친밀한 누군가에게 성폭력을 당했다면 그 강도는 더하다. 그들의 사랑과 신뢰가 배반당했기 때문이다. 이제 관계가 친밀해지면 친밀해질수록 '가족'이라는 느낌이 강하게 들 것이며 그러한 느낌 때문에 생존자는 상처가 더욱 깊어질 것이다. 당신이 이러한 역동성을 알지 못하면 모든 것이 엉망인 것처럼 보일 수 있다.

어떤 생존자들은 과거에 관계를 피상적으로 형성하여 비교적 이를 잘 관리해 왔다. 그들은 성폭력을 적극적으로 다루기 이전까지는, 오래 가지 않는 관계나 혹은 오래 지속되는 관계까지도 관리해 왔다. 그들은 자신들의 대응 기제를 건드리지 않았으며, 비록 관계의 깊이는 보장되지 않더라도 상황이 잘 굴러가도록 했다.

만약 두 사람이 서로를 깊이 사랑하는데 여전히 관계가 순탄치 못하다 하더라도 이를 두 사람의 관계에 무엇인가가 잘못되었다는 뜻으로 해석해서는 안 된다. 그보다는 그녀가 두려워하는 바로 뭔가가 있다는 의미에 더 가깝다. 그녀는 정당한 이유로 인해 관계가 친밀해지는 것을 두려워하고 있다. 이러한 사실을 당신 두 사람이 안다면, 당신이 어느 날 갑자기 거부나 다툼이나 단절이라는 엉뚱한 길로 관계를 처박을 가능성은 줄어들 것이다.

생존자들은 항상 연인 또는 배우자에게 "혼자 감당하지 말라"고 이야기한다. 그러나 많은 것들이 개인적인 것이어서 혼자 감당하지 않는다는 것은 지극히 어렵다.

> 성적인 영역에서 내가 안고 있는 두려움의 상당 부분은 거부당할지도 모른다는 감정과 연관이 있었어요. 난 엄청나게 비대한 몸집이어서 위협적인 모습으로 나를 내면화한 부분이 있어요. "그래, 난 정말 괴물이야"라고 말입니다. 남성성의 공포스럽고 해로운 모든 것들이 내 안에 각인되었다고 믿었지요. 카렌이 위축되는 것을 보니 그런 느낌들이 모두 표면으로 떠오르는 거예요.

생존자가 위축되고 분노하고 슬퍼하고 혼자 있으려 하고 사랑을 하지 않으려 하는 이 모든 것이 당신에게 영향을 미치게 된다. 사실 그녀의 행동이 당신에 대해서나 당신과의 관계에 대한 그녀의 느낌을 반드시 반영하는 것은 아니다. 당신의 연인 또는 배우자는 당신이 그녀를 알기 몇 년 전부터 해 온 대응 방식을 되풀이하는 것이거나 아니면 치유 과정에서 해야만 하는 행동을 하는 중이기도 하다. 당신과 관련 없을 가능성이 농후하다.

진심으로 공유하는 것과 적절한 독자성과 분리감을 유지하는 것의 균형을 이루어 가야 하는 것은, 어린이 성폭력의 상처를 적극적으로 치유해 나가는 여성을 지지하는 당신이 극복해야 할 도전 가운데 하나이다. 당신은 시종 일관 그녀를 격려하고 당신 스스로를 독려하려고 애써야 할 것이며 건강한 관계를 맺으려고 해야 할 것이다. 그러한 관계를 만들어 간다면 당신은 이 위기뿐 아니라 일생을 통하여 당신에게 도움이 될 것이다.

수치심 극복하기

연인 또는 배우자들로 구성된 워크숍에서 한 남자가 엘렌에게 "수치심에 대해서 이야기할 수 있습니까?"라고 묻자 엘렌은 긴 시간을 들여서 생존자들이 성폭력당했다는 것에 대하여, 성적 흥분을 경험한 것에 대하여, 주목받기를 원했다는 것에 대하여, 그들이 대응한 방식에 대하여 수치심을 가지고 있다는 설명을 했다. 말을 마치자 그 남자는 그녀를 공허하게 바라보았다. "당신이 원한 대답을 한 건가요?"라고 엘렌이 물었다.

"아니요"라고 말하면서 그는 "난 내가 이 워크숍에 오려고 할 때 내가 느꼈던 것, 내가 어디에 간다고 동료들에게 말해야 했을 때 가졌던 느낌들을 이야기한 겁니다. 난 그들에게 말하지 않았어요. 뭔가를 속인 거죠."

맞다. 당신 역시 수치스러울 수 있다. 주변 사람들은 당신에게 어떤 문제가 있으리라고는 생각하고 있지 않을 뿐더러 오히려 당신의 성생활이 멋지고 관계가 완벽하다고 알고 있다. 상담이나 워크숍이나 도움이 필요하다는 생각은 하지 않을 것이다.

생존자들과 마찬가지로 연인 또는 배우자들도 지지를 받으려고 손을 뻗기에는 아직 걸림돌이 많다는 걸 안다. 심지어 어디에 갈 것이라는 것조차 정직하게 말하지 못하게 막는 것들이 있다. 수치심이 가장 큰 이유이다. 하지만 당신이 부끄러워할 것은 아무 것도 없다. 상처를 치유하려고 애쓰는 사랑하는 여성에 대해서 수치스러울 것은 없다. 성폭력에서 초래된 문제를 경험하는 것에 대해서도 수치스러워할 것은 없다. 당신 자신의 고통과 분노, 두려움 역시 수치스러운 건 하나도 없다.

지지받기

생존자들이 치유 과정에서 지지를 필요로 하듯이 당신 역시 지지가 필요하다. 때로는 생존자들이 지지할 수도 있다. 하지만 치유에 대한 요구가 너무 커서 당신을 지지할 힘이 이들에게 거의 남아 있지 않을 수 있다. 그러므로 (생존자에게) 그러한 지지를 기대해서는 안 된다. 한 생존자가 말했다. "누군가가 심장발작을 일으키면 당신은 병원에 가지 않고 그들의 발작에 얼마나 놀랐는지 모른다고 불평한다. 다른 사람들에게 당신이 걱정하는 것에 대하여 털어놓는다. 그러다가 환자와 함께 있을 동안에는 그들이 치유될 것이라는 확신을 가지고 행동한다. 생존자들에게도 이와 같은 방식으로 접근해야 한다."

당신의 고통이나 두려움, 좌절, 혼란스러움을 들어 줄 누군가가 필요하다. 당신도 공감을 받아야 한다.

> 연인으로서 그건 참 당혹스러운 일입니다. 아무런 정보도 없어요. 내가 거부당하는 것 같은데 여기에 대응할 방법도 없습니다. 이 관계를 맺어 보겠다고 해서 예전에 내가 해 왔듯이 무슨 일이 일어났는지도 알지 못한 채

무작정 잘해 보려고 할 수 없을지도 모르죠. 근친 강간 피해에서 살아난 생존자 친구가 있었어요. 그녀의 감정에 대하여 이야기함으로써 성폭력으로부터 어떤 결과가 발생하는지를 이해하는 데 도움이 되었어요.

당신의 감정을 대충이라도 안전하게 표현할 수 있는 시간을 가져야 한다. 당신의 분노와 좌절, 절망을 인정할 필요가 있다. 때로 당신은 무거운 발걸음을 옮기며 "난 더 이상 할 수 없어!"라고 고함지를 필요가 있다. 생존자가 당신의 이러한 감정을 들을 필요는 있다. 그러나 당신의 표현 욕구를 생존자가 번번이 충족시켜 줄 필요는 없다.

- **상담원에게 이야기하라** | 부부 상담이나 개인 치료 요법을 통하여 당신은 기본적인 지원을 받을 수 있다.
- **귀 기울여 듣는 친구를 찾아라** | 친구를 찾기 전에 어떤 친구와 무엇을 공유할 것인지를 배우자에게 명확하게 알려라. 당신이 정한 이러한 지침 내용에 따라서만 공유하라. 감정을 묻어 두는 것은 전혀 건강하지 않은 태도이다.
- **다른 생존자의 배우자를 찾아라** | 다른 배우자들은 위로와 지지를 받을 수 있는 엄청난 자원이 된다. 당신의 지역에 배우자들을 위한 워크숍이 있다면 참으로 큰 자원이다. 혹은 당신의 배우자는 배우자가 있는 다른 생존자를 알고 있을지 모른다. 그 지역 상담 센터에 전화해 보라. 이미 상담을 받고 있다면 배우자들을 위한 모임을 시작하는 것에 대해 물어 보라.

배우자들을 위한 자원은 그리 많지 않다. 하지만 지지망을 만들려는 노력은 가치가 있다. 이야기하고 들을 기회를 갖게 되면 믿을 수 없을 만큼 위안을 받을 수 있다. 한 남성이 이런 말을 했다. "당신은 자신에게 뭔가 잘못된 것이 있다고 생각한다. 당신은 너무 많은 것을 요구하고 너무 많이 조바심을 낸다고 생각한다. 그런 이야기를 하고 나면 모든 사람들이 다 그렇게 느낀다고 이야기한다. 마치 짐을 벗는 듯하다. 당신은 단지 성행위를 원한다는 이유만으로 마치 강간범이 된 것 같은 느낌을 받았거나 자신이 나쁜 인간인 것처럼 생각되던 것에서 벗어날 수 있다."

자신을 배려하기

사랑하는 사람의 고통을 느낀다 해도 지나친 동일시는 좋지 않다. 어떤 연인이나 배우자는 자신의 고통보다는 생존자의 문제에 주의를 기울일 때 더 많은 위로를 받기도 한다.

이것이 당신의 방식이었다면 당신의 연인이나 배우자의 감정, 욕구, 필요와 당신의 그것을 구분해야 한다. 이때 어렵지만 인식의 변화가 필요할 것이다.

혼자만의 시간을 갖도록 하고 당신 자신과 연인 또는 배우자와 그녀가 가진 문제를 구분할 수 있도록 노력하라.

기분 좋아지는 일을 하라

대다수는 아니라 하더라도 많은 사람들이 연인이나 배우자에게 정서적으로 친밀해지고 동료의식을 나눌 수 있으리라는 기대를 건다. 그러나 당신의 연인 또는 배우자가 자신의 치유에 몰두하는 동안은 당신의 욕구를 충족시킬 만한 시간이나 힘, 능력, 욕구가 없을 수도 있다. 생존자의 연인이나 배우자로서 또한 자율적인 한 인간으로서 당신은 당신의 성숙을 연인이나 가족에게 의존하여 진행하지 말아야 한다. 이는 기본이다.

생존자와의 관계 이외에 다른 의미 있는 관계를 맺기 시작하라. 그리고 당신 고유의 자기 충족적인 행위를 발견하라. 기분 좋아질 수 있는 일이 무엇인지 생각해 보라. 그런 다음 그 일을 정기적으로 하라. 당신이 예전에 연인이나 배우자와 공유했던 즐거운 경험에 의존하고 있다면 상실감이나 불쾌감을 피하기 어려울 것이다. 이런 감정을 갖지 않으려면 삶의 방식을 바꾸어야만 할지도 모른다.

어떤 생존자의 연인은 항상 자신과 연인이 함께 짐을 지고 도보 여행을 했지만 최근 연인이 다른 생존자와 지지 집단에 참여하게 되면서 함께 여행을 떠나고 싶어하지 않는다고 말했다. 생존자의 연인은 실망했지만 다른 친구와 도보 여행을 하기로 결심했다. 그녀와 함께 가지 못한 것이 다소 슬프긴 했지만 외롭게 우두커니 집을 지키고 있는 것보다는 친구와 여행을 가는 것이 훨씬 행복했다.

동료가 된다는 것

명심해야 할 중요한 현실 가운데 하나는 당신의 연인이나 배우자가 당신이 지금 당면하고 있는 어려움을 만들어 내지는 않았다는 점이다. 한 남자가 말했다.

> 근친 강간의 경험 때문에 그녀가 우리 관계를 어렵게 만든다고 비난한 적은 없습니다. 그건 마치 명백한 함정처럼 보였으니까요. 그렇게 생각한다는 것이 너무나 무례하잖아요. 그녀는 그렇게 하지 않았어요. 그녀의 아버지가 그렇게 한 거죠. 그녀가 아니었어요. 우리가 함께 있을 때 그녀는 이

러한 것을 암시하는 사소한 특징도 내비치지 않았어요. 우리 둘 다 이렇게 될거라는 것을 알지 못했어요. 내게 이것은 성장하고 신뢰하는 과정이며 문을 여는 과정으로 받아들여지죠. 관계가 어려워지는 단계는 여러 문 가운데 어느 하나 뒤에 숨겨져 있었거든요. 그것은 한 꾸러미여서 반드시 오게 되어 있었습니다.

성폭력을 경험한 당사자가 당신이 아니라 생존자라 하더라노 그것 때문에 당신의 삶은 영향을 받으며 당신은 이 문제에 관심을 갖게 된다. 많은 연인이나 배우자들이 성폭력에 대응해야만 한다는 것을 알게 될 때 분노한다. 하지만 그 분노를 표현하기가 꺼려질지도 모른다. 당신의 분노를 생존자에게로 돌리는 것은 부적절하지만 당신이 그 상황에 화가 난다는 것을 생존자가 알도록 할 필요는 있다. 또한 성폭력 피해가 당신에게 미치는 영향에 대하여 그녀가 얼마나 걱정하는지 보여달라고 요구할 필요도 있다.

당신과 당신의 배우자는 정당한 감정과 욕구를 가지고 있다. 어느 누구도 잘못되었거나 비난받을 책임이 있지는 않다. 전투의 적이 아니라 동료로 스스로를 볼 수 있다면 당신은 어려운 욕구와 화해할 길을 찾을 수 있다.

대화에 대하여: 로저 이야기

우린 대화가 점점 더 단절되어 가는 상황에 놓이게 되었어요. 카렌이 치료사를 만나러 다니고 있던 때였어요. 심리 치료를 받고 오면 어떻게 되었는지를 묻죠. 그러면 "너무 힘들어. 너무 벅차. 말하고 싶지 않아"라고 말해요. 이런 말로 난 내 감정들이 거부된다고 여기게 되었죠. 만약 그녀가 나를 신뢰할 수 없다면 난 괴물임에 틀림없다고 생각하는 거죠.

난 그녀가 나와 좀 더 깊은 대화를 해야 한다고 생각했고 내가 무엇을 요구하는지에 대해서 그녀가 더 주목하기를 바랐어요. 내가 그녀를 응원하고 보살핀 것과 마찬가지로 나 또한 그런 게 필요했으니까요. 마침내 난 폭발 직전까지 갔어요. 우린 그것을 다이너마이트 사고라 불러요. 그녀에게 말했죠. "내게는 종합적인 정보가 부족해. 지금 당장 무엇이든 말해 줘. 당신 역시 내게 무슨 일이 일어나고 있는지에 대해서 알아야만 해! 난 대화를 원해. 불만족스러운 것을 그대로 받아들이지는 않겠어!" 난 내가 침묵의 흐름을 깨야 한다는 걸 알았지요. 카렌이 위협당한다고 여겼기 때문에 일대 소동이 일어났지만 난 우리 사이의 틈이 확대되는 걸 보고만 있을 수 없었어요.

그후 사태가 변화했어요. 우리는 더 많이 이야기를 나누기 시작했고 그런 이후 난 더 희망적이 되었습니다. 그녀가 지금 어디에 서 있으며 어디로 가고 있는지, 우리가 과정의 어디쯤에 있는지를 어느 정도는 알고 있답니다.

요구하는 법 배우기

좋은 지원 체계와 함께 대화를 나눌 친구가 있다 하더라도 당신이 연인이나 배우자의 주목을 받고 싶은데 상대가 그렇게 해주지 않을 때가 있을 것이다. 당신은 함께 시간을 보내고 싶고 사랑받고 있다는 것을 확신하고 싶어한다. 혹은 당신의 문제로 도움을 바라는 때가 있을 것이다. 그것이 무엇이든 당신은 요구를 할 필요가 있다.

많은 연인이나 배우자들은 이것을 어려워한다. 요구하는 것을 두려워하는 것이다. 생존자가 너무나 연약하다고 느낄 수 있다. 하지만 욕구를 말하는 것과 요구하는 것은 동일한 것이 아니다. 직설적으로 당신의 욕구를 이야기하는 것은 대화의 가장 효과적인 방법이다. 하지만 어느 누가 설명했듯이 그건 항상 쉬운 게 아니다.

요구할 때 나는 불평하는 버릇이 있었어요. "당신은 몇 해 동안 나를 사랑한다고 말하지 않았다"거나 "사랑을 나누자고 원한 지가 나흘 전이다. 월요일 밤 당신은 수업이 있고 화요일은 영화관에 갔고……" 그러자 즉시 아내는 방어적이 되더군요. 자신을 개방하는 것이 아니라 방어하고 싶어 하죠.

"난 정말 너와 가까워지기를 원해"라거나 "당신이 내 등을 만져 준다면 좋겠어" 아니면 "불안해. 당신이 날 사랑한다고 말해 줄 수 있을까?"라고 말하기가 너무 겁이 났어요. 나의 소박한 욕구를 노출하기보다는 비판적으로 나가는 것이 더 쉬웠어요.

당신이 원하는 것을 항상 얻을 수는 없겠지만 위협적이지 않은 방법으로 요구를 명확하게 제시하면 그 요구를 충족할 가능성이 늘어난다. 예를 들어 당신이 원하는 것이 있는데 전혀 주목받지 못하면 연인이나 배우자에게 적어도 일주일에 하루는 성폭력에 대한 이야기를 하기보다는 훨씬 편안한 분위기에서 시간을 함께 보내자고 요구할 수 있다. 그러면 나머지 주중에는 그녀가 치유에 몰두하여 당신과 함께 있을 거라고 기대하지 않게 될 것이다. 그녀가 가능하다고 느끼면 동의할 것이다. 그렇지 않으면 당신은 한 시간 혹은 단 10분이라도 가능한지를 물어 볼 수 있다. 마지막 요구는 "지금 무엇이든 나에게 주겠는가?"라고 묻는 수준이 될 수 있다. 연인이나 배우자가 몹시 심각한 상황에 빠져 있을 경우에는 거절할 수도 있겠지만 대개는 짧게라도 함께 있자는 데 동의할 것이다.

어떤 연인들은 생존자가 무엇을 해줄 수 있는지를 알려고 하지 않은 채 몇 달씩, 심하게는 몇 년씩 갈등만 하면서 보내기도 한다. 당신이 기대할 수 있는 것이 무엇이며 기대할 수 없는 것은 무엇인지를 정확하게 묻는 것이 다소 위험스럽게 여겨질 수 있다. 그것에 대하여 솔직하게 이야기하게 되면—협상하는 것이다—이상하게 사무적으로 느껴지거나 냉정하게 여겨질 수 있다. 또 당신은 거절당할까 봐 두려워질 것이다. 하지만 생존자는 당신이 원하는 바를 무비판적으로 명확하게 들음으로써 위안을 받을 수도 있다. 당신이 함께 이야기하지 않는다면 당신은 어떠한 해결책도 강구할 수 없다.

때로 어려움을 이야기하는 것만으로도 문제 해결로 나가는 긴 여정을 시작할 수 있다.

한계 정하기

연인이나 배우자를 지지하기로 했다 하더라도 그것이 곧 모든 위기 상황에 당신이 늘 곁에 있다거나 모든 요구를 다 들어 주어야 한다는 뜻은 아니다. 모든 것에는 한계가 있으며 당신은 당신의 한계에 책임질 필요가 있다. 자기 능력이 닿지 않는 곳까지 무리하게 가고자 하면 생존자는 당신이 이미 준 것까지 평가 절하하면서 반발하게 될 것이다. 차라리 당신은 그곳에 함께 있을 수 없다는 점을 솔직하게 시인하고, 그녀를 사랑하며 신뢰한다고 말하고, 그러한 심정은 살아 있는 동안 계속될 것이라고 말하는 편이 훨씬 더 낫다.

생존자가 큰 상처를 치유하고 있기 때문에 당신이 모든 것을 처리할 수 있어야 한다고 스스로에게 기대하는 것은 비현실적이다. 관계란 한 사람만이 위기에 처해 있어도 두 사람 모두에게 연관된다. 달리 말하면 당신이 온전히 망가진다는 것은 이미 양쪽 모두에게 치명타를 날릴 수 있다는 이야기이다.

당신은 그녀의 치유 과정에 대하여 자세히 다 듣고 싶지 않을 수도 있다. 혹은 매번 자세하게 듣고 싶지 않을지도 모르겠다. 한 여성이 이런 말을 했다. "그녀는 어떤 참혹한 일을 당했는데 때로 난 그걸 알고 싶지가 않아요." 이 생존자의 연인은 그런 식으로 느낀 것에 죄의식을 가졌지만 어느 누구도 초인간적인 경지에 이른 것은 아니다. 당신은 최선을 다하고 있으며 그녀가 그러하듯이 당신 역시 거절할 권리가 있다.

사람들이 가진 한계는 다 다르다. 당신이 어려움을 모두 극복하고 나서 이야기하려고 하지는 말라. 그렇게 한다면 당신은 분노하기가 쉬워지고, 분노하게 되면 대화는 덜 효율적이 된다. 대신 언제 당신이 한계에 가까워지는지를 털어놓아라.

통제하려는 그녀의 욕구 다루기

생존자들은 통제에 관한한 타협하거나 포기하기가 힘들다. 당신의 눈에는 생존자들이 모든 것들을 통제하려 하는 것으로 비춰질 수 있다. 이들은 사랑을 나눌 것인지 아닌지, 언제 사랑을 나눌 것인지, 자녀를 어떻게 키워야 할 것인지에 관한 문제에서부터 사소한 일상의 일에 이르기까지, 예를 들어 언제 어디로 외식하러 갈 것인지, 무슨 영화를 볼 것인지, 벽의 어디쯤에 그림을 걸 것인지 등의 문제를 통제하려고 한다. 때로 이러한 통제가 눈에 띌 정도이기도 할 테지만 때로는 명확하지 않는 형태—감정적이 되거나 아니면 지나치게 몰두해 버림으로써—로 통제를 유지하려고 들 것이다.

당신이 대항하고 있는 대상은 그녀가 살아남기 위해서 절대적으로 필요했던 생존 기제이다. 이제 그것은 너무나 확고한 습관으로 자리 잡아 버렸다. 당신과의 관계에 적용되고 있는 통제권을 균형 잡힌 상태로 수정하고 싶다면 그녀의 기본적인 통제 욕구가 어떻게 작용하는지 평가하는 것부터 시작하라. 그녀는 자신이 통제할 수 없었던 성인에게 성폭력을 당하면서 커 왔다. 그러므로 그녀는 자신의 삶을 통제하려고 하며 그것이 너무나 중요하다고 느낀다. 생존자는 통제의 욕구가 강해질 수밖에 없었던 자신의 상황을 당신이 이해하고 있다는 것을 알아야만 한다. 그래야 비로소 서서히 그 욕구를 포기할 수 있게 된다.

변화는 천천히 진행된다는 점을 미리 염두에 두라. 그러나 당신의 욕구에 대해서는 표현을 하라. 예를 들어 당신은 뭔가 변화되기를 바란다고 분명히 말할 수 있다. 하지만 모든 일이 원활하게 돌아가기를 바랄 수는 없다. 당신의 배우자와 좀 더 많은 시간을 함께 보내고 싶다면 "에어로빅 수업을 그만 받지 그래? 너무 자주 집을 비우잖아"라고 말하기보다는 "당신과 좀 더 오래 있고 싶어. 어떻게 하면 그럴 수 있을까?"라고 말하라.

당신의 연인이나 배우자가 관계를 통제하려고 노심초사한다면, 무슨 일에 대해서 이야기하기를 원하는지 물어 보는 것이 도움이 될 수도 있다. 그녀가 삶의 어떤 부분을 무기력하게 받아들이고 있다면, 혹은 다른 어떤 일로 두려워하고 있다면, 혹은 위기 상황에 놓여 있다면 통제에 대한 욕구가 급증할 수 있다. 때로 두려움을 인식하고 그것에 대하여 이야기를 나눈다면 도움이 될 수 있다.

신뢰

아이들이 성폭력을 당했다면 그들은 신뢰할 수 있는 능력을 상실한 것이다. 한번 상실된 신뢰는 의도적으로 다시 회복시켜야 한다. 당신이 "나를 믿어, 자! 나를 믿어 봐"라고 한다고 생존자가 신뢰의 고지高

地로 급도약할 수도 없다. 만약 그녀가 쉽게 이러한 변화를 보인다면 그건 이미 그렇게 변화했다는 말이다. 신뢰할 수 있도록 변화하려면 한 단계 한 단계 순차적으로 거쳐야만 한다.

동시에 당신은 어떤 점에서 당신이 신뢰할 만하거나 신뢰할 만하지 않은가를 알아야 한다. 신랄할 정도로 정직해져라. 그녀는 당신을 어떻게 하면 안정감을 가지고 신뢰할 수 있을까? 어떻게 하면 당신은 부주의해지거나 신뢰할 수 없는 모습을 보이게 되는가? 사려 깊지 못하거나 두려움을 주는 모습이 되는가? 절대적으로 당신이 신뢰할 만하다고 확신하는 영역이 있는가? 어떤 일이 있더라도 충실할 수 있는 영역이 있는가? 예를 들어 당신이 시간을 정확하게 지키리라는 기대를 받게 되면 5분을 지각하는 것이 아니라 한 시간을 일찍 도착하려고 하는가?

신뢰를 확보하려면 당신은 함께 노력해야 한다. 특별한 제안을 해보라. "당신이 휴가를 떠난 동안에는 저 나무에 내가 물을 주겠어. 어떤 나무에 얼마만큼 물을 주어야 하는지 자세하게 이야기해 주면 조심할게" 혹은 "마사지를 해주어도 성관계를 갖자고 유혹하지는 않을게. 믿어줘" 혹은 "당신이 월요일과 수요일에는 야근을 하니까 그날 저녁은 내가 하겠어. 근사한 저녁은 아닐지라도 당신이 집에 오면 준비가 되도록 할게" 또 이런 말도 덧붙일 수 있다. "난 정말 이번 일은 잘 할 수 있으니까 나를 믿어 봐."

당신이 이 약속을 잘 이행하게 되면 좋은 인상을 심어 줄 것이다. 이러한 이행을 되풀이한다면 신뢰감을 쌓게 될 것이다.

실제 가해자가 올 리 없는데

생존자들은 지금 관계를 맺고 있는 사람과 가해자를 연관시키는 경향이 있다. 여러 가지 것들에 대해서 이러한 동일시가 가능해진다. 예를 들어 비슷한 몸짓, 친밀감이나 성적인 열정, 분노 등을 보면서 가해자와 동일시가 진행될 수 있다. 생존자가 더 이상 당신과 관계를 진행시키려 하지 않고 대신 과거 가해자와의 관계에 집착한다는 생각이 들면 당신은 멈추어서 점검해야 한다. 그녀에게 "무슨 일이지? 당신은 무슨 일로 두려워하는 거지? 뭔가를 기억하게 되었지?"라고 질문하라. 혹은 더 간단한 질문을 던져라, "넌 지금 어디에 있니?"

생존자가 힘들어하는 이유가 무엇인지 그리고 그것들이 어떻게 유래되었는지를 알게 되면 과거와 현재를 구분하는 데 도움이 될 수 있다. 필은 아내를 위해 할 수 있었던 방식을 이야기해 주었다.

> 바브는 오래 전부터 나에게 수염을 기르라고 했어요. 그러면 굉장히 멋질 거라고 말하면서요. 텁수룩하게 보이는 얼굴을 예측하면서 난 신경을 그다지 쓰지 않은 채 수염을 기르기 시작했어요.
> 6개월 정도가 지나서 수염을 잘라야겠다고 말했더니 갑자기 울음을 터뜨리더군요. 그제서야 내 얼굴에 난 수염은 현실의 한 장면을 억제할 수 있게 한다는 말을 하더라구요. 우리가 성관계를 맺는 동안 자기를 추행했던 아버지에 대한 기억이 개입되는 것을 막을 수가 있다구요(바브의 아버지는 항상 말끔하게 면도한 얼굴을 하고 있었거든요).
> 이런 이야기를 하기 전에는 내가 수염을 기른 것이 얼마나 중요한지에 대해 바브가 충분히 인지하고 있는 것 같지 않았어요. 물론 나도 몰랐구요. 수염을 기르고 있으면 인상이 완전히 달랐어요. 이제는 다양한 스타일로

손질을 하는 것이 기뻐요. 더 중요한 것은, 바브를 위해서 내가 할 수 있는 다른 방법을 알게 되었다는 것입니다.

자신이 사랑하고 또 사랑을 나누기 원하는 남편과 그녀를 추행한 아버지를 구분하겠다는 결심을 두 사람 모두 애초에는 의식하지 못했으나 차츰 그 윤곽이 드러나게 된 것이다.

딱 자기 상황인 듯 하더라도

연인이나 배우자를 위한 워크숍에서 엘렌은 생존자들이 종종 연인이나 배우자와 가해자를 동일시한다는 설명을 했다. 그러자 한 남성이 그렇다고 말하면서 자신의 관계에서 일어난 일을 이야기했다. 엘렌은 이를 개인적으로 받아들이지 말고 생존자가 가해자와 배우자를 구분할 수 있도록 지원하라고 이야기했다. 그런데 엘렌은 때로 배우자도 학대적일 수 있다는 사실을 언급하지 않고 넘어갔다.

그 워크숍이 있고 1년 정도가 지난 뒤 이 남자와 결혼한 생존자는 엘렌에게, 번번이 그에게 폭력적인 사람이라고 말할 때마다 그는 일반적으로 생존자들이 연인이나 배우자를 가해자와 혼동한다는 엘렌의 말을 인용하면서 자신의 말을 들으려 하지 않는다고 했다. 이러한 태도는 변화하지 않는 자신의 모습을 변명하는 이유가 된 것이다. 하지만 결국 그는 그녀의 말을 들을 수가 있었고 구타하는 남성들을 위한 집단에 가입했다. 그들의 관계는 이후 극적으로 개선되었다.

다른 사람들처럼 이 남성도 성폭력적인 행위를 노골적으로 하지는 않았지만 교묘한 방식으로 행동했다. 이러한 그의 행동은 가히 위협적이었다. 또한 그가 휘두르는 권력은 그들의 관계를 파괴할 만했다.

그녀의 고통, 비애, 우울을 보면서

어린이 성폭력을 극복하려면 초기에 받은 상처 때문에 생긴 고통과 비애를 느끼지 않을 수 없다. 이것은 무척 힘이 든다. 한 동반자가 털어놓았다. "그렇게 깊은 상처를 목격하고 나니 너무나 무기력해지더군요. 참 힘이 들어요."

사람들은 누군가가 고통에 허덕이면 그것을 극복하도록 옆에서 도와야 한다고 생각한다. 하지만 때로 당신이 할 수 있는 것은 그리 많지 않다. 당신의 역할은 고통을 덜게 하는 것이 아니라 어려운 시기를 함께 하며 사랑을 나누는 연인이나 배우자가 되는 것이다.

위기에 처한 시기

많은 생존자들에게는 고통이 너무 커서 다른 모든 감정들이 그 안으로 잠식되는 시기가 있다. 이러한 위기에 빠지는 시기는 생존자가 자기 삶에서 가장 먼저 기억을 떠올릴 때, 성폭력의 장기적인 영향에 맨 처음 직면할 때 혹은 그녀에게 상처를 준 사람들을 만날 때 온다. 당신의 연인이나 배우자가 치유 과정에서 위기 단계에 있다면 당신은 바빠질 것이다(2부의 '위기 단계' 부분을 보라). 그녀는 당신의 욕구와 그녀의 욕구 어느 것도 충족시킬 수가 없을 것이다.

깊은 슬픔에 빠진 누군가를 사랑하는 것은 극도로 스트레스를 받는 일이다. 만약 당신이 자신을 돌보는 데 익숙하다 할지라도 비탄에 잠긴 누군가와 함께 있다면 당신에게도 그 영향이 미치게 될 것이다. 극단적일 경우 생존자는 분노할 수도 있다. 그녀는 당신을 비난하거나 싸움을 걸 수도 있다. 당신은 과도한 의무를 떠안게 되면서—자녀를 맡거나 심리 치료 비용을 대거나 혹은 그녀가 직업을 갖고 있지 않으면 경제적으로 보조하는 등—압박감을 느낄 수 있다. 또 당신은 화가 날 수도 있고 무엇을 할지 혼란스러울 수 있다.

어느 워크숍에서 한 남성이 아내를 돌보고 자녀를 보호하면서 가지게 되는 갈등과 죄의식을 이렇게 표현했다. "토요일 한낮이라 해 두죠. 틀림없이 아내는 신경줄이 팽팽하도록 긴장되어 있을 테구요. 난 그녀를 위로하려고 하겠지만, 네 살 된 딸이 바로 곁에 있으니 또 이 모든 것의 영향을 받을 테지요. 그러면 딸을 데리고 쇼핑몰이나 뭐 다른 데로 가죠. 하지만 여전히 죄의식을 안고 다니구요. 왜냐하면 아내를 돌보고 있지 않기 때문에요. 그런데 딸을 그곳에 내버려 둘 수도 없거든요."

집단에 모인 모든 사람들이 이 남성에게 잘했다고 확신을 주기에 여념이 없었다. 그는 자녀를 돌보았으며 아내에게 자신의 감정을 거쳐 가도록 공간을 제공했다. 우울해 하는 아내를 대신해 자녀를 돌보면서도 계속해서 아내를 지지하고 있는 것이다. 이 남성은 아내를 포기한 것은 아니지만 그들의 삶은 여전히 정리가 안 된 상태라는 것을 재확인했다. "어느 때라도 어떤 날에라도 발생할 수 있습니다" 하고 말했다.

"무슨 말인지 알아요." 또 다른 남성의 말이다. "집으로 들어가는 순간 난 무슨 일을 목격하게 될지 결코 알 수가 없어요. 참으로 예측 불허인 사태가 벌어지니까요."

또 한 남성은 말한다. "난 이성적인 사람과 정상적인 관계를 맺고 있다고 생각했었는데."

하지만 그러한 위기는 영원하지 않음을 기억하라. 치유 과정의 한 부분일 따름이다. 당신이 할 수 있는 최선의 일은, 당신이 도움을 줄 수 있다는 점을 기억하는 것과 당신 자신을 돌볼 여러 방법을 찾는 것이다.

> **생존자가 자살을 시도하거나 그럴까봐 두렵다면**
>
> 생존자가 자살에 대해서 이야기를 하거나 자살을 시도하거나 약이나 알코올을 지나치게 많이 지니고 있거나 자해하거나 부주의하게 운전을 하고 있다면 그녀의 생명은 위기 상황에 놓여 있는 것이다. 이러한 상황을 혼자 해결하려고 하지 말라. 도움을 구하라.
>
> 자살 방지센터에 전화하라. 생존자의 담당 치료사와 지지 집단 모임 치료사들의 전화번호를 알고 있어라. 그들에게 전화하라. 생존자가 고립되어 있다면 적극적으로 전문적인 지원을 받게 하라. 자살을 지도하지 않겠다는 약속을 받아라. 자살을 기도하기 전에 당신이나 치료사를 먼저 찾으면 좋겠다고 말해 주어라.
>
> 정말 자살을 하기로 결심했다면 어느 누구도 그 자살을 막을 도리가 없지만 이러한 조처들을 취한다면 절망에 빠져 있을 생존자를 지켜 주는 데 도움이 될 수 있다. (자살을 막는 것에 대해 더 자세한 정보를 원하면 111쪽의 '자살하지 말라' 부분을 참조하라.)

그녀 가족과의 관계

생존자들은 대체로 가족에 대한 감정이 복잡하다. 낮 동안 그녀를 보호하지 못한 어머니는 밤이 되면 그녀를 잠재워 주고 자장가를 불렀다. 그녀를 강간한 오빠는 부모의 학대를 받아 온 피해자였다. 따라서 그녀의 감정은 뭐라고 표현하기에 너무나 복잡하고 어렵다는 것은 자연스럽다. 또한 그녀가 치유의 과정을 겪는 동안 그 가족들이 여러 번 변화할 수도 있다.

　당신의 감정도 복잡해질 수 있다. 당신은 그녀의 가족에 대하여 성실함과 사랑을 느낄 수도 있다. 가해자가 당신이 존경하는 사람이라면 당신은 그가 그런 끔찍한 학대를 저지른 사람이라고 생각하기가 힘들 수도 있다. 그것이 사실이라고 믿고 싶지 않을 것이다. 혹은 당신은 생존자가 가해자나 다른 가족을 용서하기를 바랄 수도 있다. 당신은 그들이 항상 그래왔듯이 관계를 지속하기를 바랄 것이다.

　하지만 이러한 바람은 불가능하다. 무엇보다도 당신은 과거의 행동이든 현재의 행동이든 가해자를 어떤 식으로라도 방어해서는 안 된다.

　그것은 생존자의 몫이다. 가해자, 그녀를 보호하지 못한 사람들, 그녀의 치유를 존중하지 않는 다른 식구들과 관계를 어떤 식으로 맺어 갈 것인가를 결정하는 것은 생존자에게 달려 있다.

　당신이 가해자에게 어떤 부분 공감대가 생긴다면 그러한 감정을 이야기할 곳이 필요하다. 물론 당신이 도움을 청할 수 있는 대상이 생존자는 아니다. 그녀는 가해자가 비난받아 마땅하다거나 혹은 자신에게 분노할 권리가 있다는 것을 당신에게 확신시킬 필요는 없다. 만약 그녀가 가해자 혹은 그녀의 가족과 인연을 끊고 싶어한다면 그것이 당신이 원하는 바가 아니라 하더라도 그 결정에 따라야 할 것이다. 파트너를 가해했거나 피해 사실을 부인하고 최소화시킨 누군가와 친밀한 관계를 유지하라고 주장하는 것은 그 자체가 배신 행위이다.

　반면 당신이 가해자를 죽이고 싶을 만큼 화가 치솟는다면 생존자가 복잡한 심경을 정리하느라 시간이 걸리는 것을 보고 있기도 어려울 수 있다. 자신에게 일어난 일을 결코 축소시켜서도 안 되지만 충분히 분노하고 자신의 감정에 깊이 스며들어 가는 데 어느 정도 시간이 걸리는 것도 사실이다.

때로 생존자들의 연인이나 배우자는 가해자에게나 가족에게 화를 내면 안 된다고 생각한다. 특히 생존자가 아직 분노하고 있지 않다면 더더욱 그렇다. 그러나 당신의 분노가 억압된 응어리를 발산하도록 도움을 주어 그녀의 분노를 일깨울 수 있다. 그녀는 분노할 권리가 있다는 것, 분노하더라도 안전하다는 것, 그녀가 상처를 입은 것에 당신이 화가 난다는 사실을 들을 필요가 있다.

당신의 반응 때문에 그녀가 압도되지 않아야 한다는 것은 중요하지만 당신의 분노는 적절하면서도 정당하다. 단 그녀를 최대한 배려하는 가운데 표현해야 하는 것이 전제되어야 한다. 그녀가 당신의 분노에 대해 듣고 싶지 않다고 이야기한다면 그녀의 요구를 존중하라. 그리고 당신의 분노를 이야기할 다른 사람을 찾아보라. 당신이 분노할 때는 늘 그녀를 배려해야 한다. 그것 역시 사랑이다.

적극적인 지지

생존자가 가족을 대하는 것을 적극적으로 지지하는 방법은 여러 가지이다. 어느 동반자는 연인의 친척이 보낸 편지를 대신해서 읽는다. 중요한 사연만 생존자에게 알려 주고 나서 편지를 던져 버린다. 다른 이는 전화를 받거나 이메일을 검열한다.

필은 정기적으로 아내의 부모와 친척에게 편지를 부친다.

> 내가 분노와 좌절을 조절하는 방법 가운데 하나는 바브의 부모와 다른 친척들에게 솔직한 편지를 쓰는 것입니다. 사실 글자 하나하나를 치는 데 시간이 많이 들지요. 중요하지 않은 말이나 문장을 지우면서요.

그녀가 가족을 방문할 때 함께 동행할 수 있다. 혹은 진실을 폭로하고 사실을 드러내는 과정 동안 그녀를 지지할 수도 있다. 어느 생존자가 가족과 치료를 받으러 갔는데 파트너가 동석했다. 그는 거의 말을 하지 않았지만 그가 있음으로써 엄청난 힘이 되었다.

적극적으로 지지할 방법을 생각해 냈다면 먼저 생존자에게 물어 보라. 그러면 그녀는 그 제안이 도움이 되는지 어떤지를 이야기할 수 있을 것이다. 그녀가 원하는 방법이 아니라 하더라도 당신은 상처를 입었다거나 거절당했다는 식으로 해석할 필요는 없다. 당신은 기꺼이 뭔가를 도모하면서 염려하고 돌보는 사람이므로 그녀는 당신의 그러한 의도에 감사할 것이다.

성

커플의 한쪽 혹은 양쪽 모두가 어린이 성폭력의 고통을 치유하는 생존자일 경우 성이 특히 어려운 문제로 부각된다. 생존자가 공격받았던 방식이 성에 관련된 것이기 때문에 성이 갈등을 수반하는 것은 말할 나위가 없다.

성적 치유 과정을 이해한다면 당신은 생존자와 관계를 맺는 데 도움을 받을 수 있다. 많은 생존자들이 성적으로 분열—내면에서 느끼는 것과 외부로 표출하는 방식이 서로 일치하지 않는 상태—되었다. 치유하려면 지금 하고 있는 일이 진실로 하고 싶은 일이 아니라고 느낄 때 당장 그 일을 멈추어야 한다.

성적으로 치유되려면 엄청난 시간과 주의를 기울여야 한다. 멈추고 늦추고 모든 것을 재점검하면서 느낌과 기억, 모든 연상되는 것들을 통합할 시간을 가져야 한다.

이렇게 한다면 성생활이 효과적으로 변화할 것이다. 생존자는 성행위를 전혀 원하지 않을 수 있다. 혹은 매우 잘 통제된 환경이 제공되어야만 성행위를 원할 수 있다. 혹은 특정한 성 행동만을 원할 수 있다. 또는 당신을 만지고 싶어 할뿐 당신이 그녀를 만지는 것은 허용하지 않거나 혹은 그 반대의 현상을 보일 수 있다. 그녀가 주도할 때만, 혹은 당신이 마사지를 할 때만, 혹은 이야기를 하기 전이나 후에만 성행위를 원할 수 있다. 때로 그녀는 그믐날이나 눈이 오는 날, 혹은 아이들이 캠프에 갔을 때만 성행위를 원하는 것처럼 보일 수도 있다.

사랑을 나눌 때 지금 여기 함께 몰두하는 것이 어려워 보이기도 할 것이다. 한 생존자가 설명했다. "키스를 하고 사랑을 나누려는 순간이었지요. 갑자기 내가 너무나 혼자라는 침울한 느낌이 왔어요." 그녀는 아마 성폭력당하던 옛 기억을 떠올렸을 수도 있다. 어떤 이유에서든지 갑자기 저지해야만 할 수도 있다. 또는 그 어떤 것도 하고 싶지 않거나 무감각해질 수 있다. 당신의 연인이나 배우자가 오르가슴에 도달할지라도 갑자기 그만둘 수 있다. 혹은 분노나 공포, 슬픔의 강렬한 감정에 휩싸여 히스테릭하게 울부짖을 수도 있다. 성행위를 두려워하거나 혐오할 수도 있다. 혹은 마구 흔들릴 수도 있다. 한 동반자가 말했다. "마치 오븐에 불이 켜졌다가 꺼졌다를 반복하는 것 같은데 난 어떻게 해야 할지 모른 채로 있는 느낌입니다."

좌절: 로저 이야기

우리는 오랫동안 안전한 성행위가 무엇인지를 찾아 헤맸습니다. 카렌은 규범을 만들어 놓았어요. 그녀는 우리의 사랑 만들기에 무엇이 함축되어 있는지 찾기 시작했어요. 난 그녀가 성장에 대한 욕구가 있고 그렇게 성장하도록 지원하고자 했기 때문에 곧장 그녀를 따라했죠.

마치 우리가 어떤 규칙을 준수하면서 사랑을 나눌 수 있는 돌로 만들어진 조그만 상자 속에 들어 있는 그런 형국이었어요. 그 벽 속에 있어야 비로소 용납되었던 거죠. 정말 한동안 절망스러웠어요. 그 벽은 점점 죄어 오고 상자는 점점 더 작아졌지요. 정말 난 그녀가 처음 10퍼센트에 있는지 아니면 마지막 10퍼센트에 있는지 모르게 되니까 무척 참기 힘들더군요. 난 그녀가 "난 이 일을 하고 있는 거야. 그러니까 내가 끝낼 때까지 당신도 성행위에 대해서 완전히 잊어 가고 있는 거야. 내가 끝나면 전화해서 이야기해 줄게"라고 말하는 것처럼 착각할 정도였어요. 시간이 걸릴 거라는 것은 알았지요. 하지만 영원히 계속될 것 같았어요.

내가 선택할 수 있는 유일한 길은 입 다물고 있거나 떠나는 것밖에는 없는 듯했어요. 떠나고 싶지는 않았어요. 입 다물 때 생길 수 있는 문제는 이런 것이었죠. 그녀가 자신의 일을 마침내 끝낼 때까지 나는 그곳에 조용히, 완전히 조용히 있겠다. 그런데 그때는 어떻게 그 침묵을 뚫겠는가?

처음에는 내 욕구에 대해서 침묵했고 "내 순서가 될 때까지 기다리겠어"라고 말했지만 내 앞에는 항상 누군가가 있어서 결코 내 순서가 오지 않을 것이라는 사실을 깨달았어요. 마침내 난 인내하면서 앉아 기다릴 수 없는 지경에 이르렀고 그녀가 끝낼 때까지 잊자는 나의 맹세를 서랍에 밀어 넣어 버렸지요.

대화의 귀중함

연인들이 성적인 어려움에 봉착했음을 처음으로 인정하게 되면 성행위가 잘 되지 않을 때 두 가지 선택만이 존재하는 것처럼 생각한다. 아무렇지 않은 듯이 위장하면서 사랑을 계속 나누거나 혹은 정직하게 그만두는 것이다. 일단 생존자가 정직하기로 한다면 그녀는 멈추게 된다. 이때 연인이나 배우자는 대개 상처를 받거나 화가 나고 다소 위축된다. 생존자는 죄의식을 느끼면서 자신을 괴롭히는 것들을 덕지덕지 추가하면서 혼자 남는다.

  이때는 대화가 필요한 시점이다. 서로 이야기하라. 질문하라. 그녀를 당황스럽게 하는 어떤 일이 일어났는가? 언제 그녀는 무감각해졌는가? 언제 그녀는 공포스러워졌는가? 그녀는 옛날의 일을 떠올렸는가? 그러나 그녀에게 질문 공세를 펴지는 말라. 생존자는 이야기할 준비가 되어 있지 않을 수 있다. 그녀는 자신의 감정을 차분하게 되돌아볼 시간이 필요할 수도 있다. 하루나 이틀 정도 기다려 주기를 바랄 수 있다. 혹은 즉시 모든 것을 다 쏟아 버리고 싶어할 수 있다. 중요한 것은, 두 사람에게 무슨 일이 일어났는지에 대해서 이야기를 풀어 가도록 나름의 대화 방식을 찾는 것이다.

  어느 동반자는 그 과정을 이렇게 설명했다.

> 결국 제시는 그녀가 성행위를 원치 않는다 하더라도, 혹은 사랑을 나눌 때 간격을 두더라도 내가 그걸 마음에 담지 않았으면 한다는 말을 했습니다. 그녀는 나에게 자신과 이야기를 나누고 그녀의 감정을 확인하며 표현할 수 있도록 도와 달라고 청했습니다. 우리는 바로 이러한 대화가 정말 도움이 된다는 것을 깨달았습니다.
>
> 제시는 자신의 감정을 보다 정밀하게 확인하기 시작했어요. "내가 사랑을 나누고 싶어 하는지 잘 모르겠어"라고 말하기보다는 "난 지금 아주 닫힌 것 같아. 나를 열어서 당신을 들어오게 하는 것이 두려워"라고 말하는 거죠. 그녀는 자신을 공포스럽게 하는 것이 성행위라기보다는 친밀감, 신뢰하는 것이라는 점을 깨닫곤 했습니다.

  만약 생존자가 무엇을 원하는지 당신에게 설명하지 않는다면 질문하라. 그녀가 모르고 있다면 함께 찾아보라. 생존자에 따라서 두려움을 촉발시키는 것에는 다소 차이가 있다. 대화를 통하여 당신은 위협적인 측면이 무엇인지를 찾고 그것에서 벗어나는 길을 찾을 수 있을 것이다.

창의적인 친밀감

우리들 가운데 많은 사람들이 성행위를 통해 친밀감의 욕구를 충족하는 데 익숙하다. 성행위는 우리가 정말 사랑받고 있다고 느낄 수 있는 유일한 방법이다. 성행위를 선택해서는 안 되는 상황일 때 우리는 난처해한다. 하지만 그냥 포옹하거나 부드러운 말로 위안과 친밀감을 얻을 때도 있다. 힘든 날이나 몹시 지쳐 있을 때는 강제적인 열정보다는 부드러움이 훨씬 더 적절한 방법이다. 친밀감을 강화하는 다양한 방법을 강구하기 시작하면서 당신은 덜 억눌리고 더 자유롭고 더 만족스러워진다는 것을 알게 될 것이다.

성행위를 통해 어떤 욕구가 충족되는지 보라. 우리는 모두 친밀감, 접촉, 정당함, 동료 의식, 애정, 돌봄, 쾌락, 집중, 사랑, 열정, 해방감을 필요로 한다. 당신이 다른 방식으로 충족할 수 있는 욕구가 어떤 것인지 살펴보라.

좋아, 난 할 만큼 했어

어떤 욕구들은 성적인 방법이 아니고서는 쉽게 충족될 수가 없다. 당신이 원하는 것 가운데는 성행위, 사랑을 나누는 것, 당신과 당신의 연인이 온몸으로 서로 특별히 결합되는 방식이 포함된다. 발을 문지른다고 해결될 수는 없다. 당신은 좌절하고 화가 난다. 좋다. 스스로 좌절하고 분노하도록 내버려 두라.

당신이 바로 이 순간 얻지 못한다 하더라도 정말 필요로 하는 것이 무엇인지를 분명하게 아는 것은 중요하다. 만족하지 않았는데도 만족한 듯이 가장하지 말라. 당신이 원하고 필요로 하는 것에 대해 정직하라. 아직 자신의 성폭력 피해를 기억하지 못하는 아내를 둔 남편이 이런 이야기를 해준다.

> 결혼을 했는데도 아내는 간디처럼 영원히 금욕을 지키는 독신이기를 원했어요. 나도 나를 잘 몰랐기 때문에 그녀가 원한다면 나도 그것을 수용하리라고 마음먹었습니다. 나는 스스로에게 '나는 그녀를 사랑한다, 관계의 본성보다는 그녀가 내게 더욱 중요한 존재이다'라는 주문을 외웠어요. 무척 고상했지요. 또한 완벽한 실패이기도 했고요. 나는 상처받았으며 화가 났고 나 스스로에게나 그녀에게 좌절했습니다. 내가 우리 두 사람 모두에게 정직할 수 있었다면, 그리고 그녀를 사랑하지만 이런 금욕적인 결혼은 원하지 않는다는 말을 할 수만 있었더라면 훨씬 좋았을 텐데. 난 내가 원하고 욕구하는 운명적 존재라는 사실을 알지 못했던 것이지요.

당신의 연인이나 배우자는 자신에 대하여, 무엇을 원하고 원치 않는지에 대하여 배우고 있는 중이다. 지금은 관계에서 무엇을 원하는지 당신 스스로를 탐색하기에 아주 적절한 때이다. 당장 실현할 수는 없다 하더라도 당신이 가꾸고자 하는 만족스런 관계의 이미지를 마음에 담아 두라.

성적 치유는 느린 진보이기 쉽다. 어느 동반자가 이런 말을 했다. "천천히 가는 것은 아예 움직이지 않는 것보다 몇 배나 더 빠르다."

서로 치유하기

그 누구도 스스로가 완전하게 건강하고 기쁨에 충만하고 통합되어 자유롭다고 느끼지는 않는다. 두 사람 중 한 명이 성행위를 의식적으로 고민의 대상으로 다루고 있다면 두 사람 모두 성적으로 치유될 가능성이 커진다. 한 파트너가 이렇게 설명했다.

> 성에서 내 경험은 내가 연인과 함께 그녀의 치유 과정에 동참하기 시작하면서 극적으로 질적인 변화를 맞이했습니다. 상황을 그냥 내버려 둘 수가 없어요. 우리는 둘 다 예전보다 훨씬 더 현재에 충실합니다. 내게 금지되었던 장소, 성적인 금기와 긴장이 훨씬 줄어들었어요. 나에 대해 더 잘 알게 되었기 때문이지요. 난 내 안에 있는 두려움과 취약함에 직면했어요. 그러다 보니 그녀를 도와주고 있기는 하지만 그녀가 또한 나를 도와주는 셈이지요. 좀 이기적으로 들릴지 모르겠지만 그 무엇보다 가치가 있습니다.

나는 이 관계를 지속하고 싶은가?

생존자의 파트너가 된다는 것은 엄청나게 힘겨운 일이다. 당신이 다루게 될 문제는 쉽고 빠르게 해결되지 않는다. 그러므로 관계에 대한 당신의 헌신 정도를 현실적으로 따져 보아야 한다. 당신은 고난의 시기 동안 기꺼이 인내하고자 하는가? 그것이 얼마 동안일까? 현재 당신이 풀어야 할 숙제를 보류할 만큼 당신의 유대는 강한가? 한 파트너가 이렇게 말했다.

> 누군가가 "내 연인이 어릴 때 성폭력 피해를 당했다는 사실을 알게 되었어요. 어떻게 해야 합니까?"라고 묻는다면 이렇게 말하겠습니다. "당신의 관계를 신중하게 평가하세요. 주는 것에 비해 받는 것이 거의 없는 상황에서 당신이 얼마나 견뎌 낼 수 있는지 생각해 보세요. 그런 다음 당신의 연

인이 전문적인 도움을 구하도록 하고 당신을 위해서도 심리 요법을 고려하세요. 많은 것을 가져다 줄 것입니다. 하지만 먼저 관계를 평가하세요. 왜냐하면 그건 지옥이기 때문입니다. 당신은 강해져야 하고 참을성을 길러야 할 것입니다. 또한 당신은 분노하게 될 겁니다."

다른 파트너의 말이다.

점점 골이 깊어져 간다고 느끼는 동안 나를 지탱해 준 것은 신뢰와 헌신이었다. "나는 어떤 일이 닥치더라도 그렇게 하기로 약속했다. 제기랄, 난 해내고야 말 거야." 결혼을 서약하면서 우리는 "삶에 어떤 변화가 오더라도" 함께할 것이라고 했다. 나는 이 말을 기억하곤 했다. 때로 난 이 말을 번복하려고도 했고 또 때로는 지키려고도 했다.

세 번째 파트너가 고백했다.

성폭력 생존자의 파트너라는 것이 무엇인지를 누군가가 보여주었더라면 결코 파트너가 되지 않았을 겁니다.

의심 인정하기

동반자들은 대부분 그들이 옳은 일을 하고 있는지, 생존자를 도울 능력이 있는지, 전적으로 관계에 헌신하고 있는지 회의하는 시기를 거친다. 생존자가 치유될 것인지, 관계가 안정을 찾을 것인지 의심스러워질 수 있다. 동반자들은 몹시 심한 고통을 감당할 능력이 자신에게 있는지 질문하게 된다. 어느 동반자는 연인의 여정에 대하여 이렇게 말했다. "그 노트에 어떤 내용이 적혀 있는지를 내가 알게 되면 내가 자기를 떠날 것이라고 말합니다. 때로 나 역시 나를 의심하곤 하지요."

당신은 당신에게 있는 자기 파괴적인 방식을 되풀이할까 봐 걱정할 수 있다. 이것은 당신이 욕구가 충족되지 않는 상황에 머문다는 것이며 위기에 처해진다는 것이며 당신의 문제보다는 다른 사람의 문제에 더 몰두하게 된다는 의미이다. 알코올 중독자의 자녀이기도 한 파트너는 "누군가가 변화되기를 제삼자로서 하염없이 기다리는 것이 건강한 방법은 아니라고 생각합니다. 내 어린 시절이 꼭 그랬거든요"라고 말한다.

의심이 들 때 그것을 받아들이고 그것에 대해 이야기하는 것이 중요하다. 생존자로 하여금 당신이 생각하는 바를 알게 하는 것은 좋으나 그녀에게 지나친 부담을 주지 않는 것 또한 중요하다. 이야기할 수 있는 다른 사람을 찾아라.

결혼한 관계이건 혹은 서로 충실하기로 맹세한 관계이건 당신에게도 감정을 표현하고 이 관계에 머물 것인지 어떨지를 선택할 권리가 있다. 당신은 무슨 일이 있더라도 관계에 머물겠다고 결심할 수도 있고, 이전의 약속을 재고할 수도 있다. 그러나 어딘가에 갇혀있다는 느낌이 지속적으로 든다면 분노의 감정이 관계를 악화시킬 수도 있다. 반면 함께 머무르겠다는 선택을 의도적으로 한다면 당신과 당신의 파트너 모두에게 큰 힘이 될 것이다. 어려운 시기라 하더라도 그것을 거쳐내겠다고 선택할 경우 훨씬 더 견뎌내기가 수월하다.

떠날 생각을 하고 있다면

생존자의 연인이나 배우자들은 종종 떠나는 것을 생각하면서 죄의식을 느낀다. 어느 워크숍에서 한 여성이 엘렌에게 말했다. "난 떠나고 싶지만 그렇게 하지 말아야 할 것 같아요. 그녀는 무척 노력하고 있거든요."

엘렌은 이렇게 답했다. "그녀가 노력하기 때문이라는 말이 꼭 당신이 그녀와 함께 그 여정에 헌신해야 한다는 의미는 아니지요. 당신은 떠날 수 있고 그녀가 잘 되기를 바랄 수 있잖아요. 그렇게 해도 좋은 유일한 이유는 당신이 정말 그렇게 하고 싶어하기 때문입니다. 단지 그녀 곁에 누군가가 있어야 하기 때문에 당신이 머문다는 것은 그녀에게 도움이 되지 않아요. 누군가가 당신을 사랑하거나 당신을 필요로 한다고 해서 당신이 그곳에 있어야 한다는 뜻은 아니잖아요."

당신이 머문다고 해서 더 나은 사람이 되지는 않는다. 떠나기로 작정한다고 해서 당신이 이기적이거나 잔인한 것은 아니다. 중요한 것은 정직해지는 것이다. 성폭력 피해를 입은 누군가에게 정직해지는 것, 비록 그 진실이 비정하고 불행하다 하더라도, 그렇게 되는 것이 훨씬 더 도움이 된다. 생존자들은 대부분 너무나 많은 거짓말을 이미 경험해야만 했다.

당신이 감당할 수 있는 수위와 당신의 헌신 정도를 인정하는 것은 꼭 필요하다. 이 도전을 통하여 두 사람이 모두 성장할 수 있는 기회가 된다. 생존자와 함께 머물면서 욕구를 충분하게 충족시키는 것이 당신 능력 밖이거나 혹은 그렇게 하는 것이 당신의 의지가 아니라는 것을 분명히 한다면 당신은 고통이 따르더라도 진지한 방식으로 이별할 수 있다.

이별하기

당신은 최선을 다해 왔는데 아직도 그다지 별 진전이 없는 경우가 때때로 있다. 욕구는 충족되지 않으며 항상 싸움만 생긴다. 같은 자리를 맴돌면서 늪에 빠진 느낌이다.

일시적으로 늪에 빠진 듯한 느낌이 드는 것은 어쩌면 자연스러운 일이다. 어떤 연인들도 치유 과정을 원만하게 지나오지 못한다. 하지만 그렇게 고통스런 시간이 그 과정의 의미를 짓누를 만큼 무겁다면, 또는 당신이 힘을 주는 친구가 되기보다는 다른 처지에 서게 되는 느낌이 든다면, 그때 당신은 헤어지는 것을 고려하고 싶어진다.

이별이 항상 영원한 이별일 필요는 없다. 일주일, 한 달, 혹은 6개월, 1년 정도의 이별을 통해 영속적인 이별을 피할 수 있는 여유를 찾을 수 있다. 이별이 고통스럽다 하더라도 그 안에는 상당 부분 위안도 함께 있다. 두 사람 모두 자신의 욕구를 충족하려는 기회를 얻는 것이고 다른 사람을 넘어뜨리지 않고도 자신의 삶을 살 수 있는 기회가 된다.

대부분의 중요한 결단처럼 이별에서도 서로 동의할 경우 최선의 결과를 가져올 수 있다. 위기의 한가운데 생존자를 혼자 내버려 둔다는 것이 그녀에게 도움이 되지 않을 수도 있다. 그녀가 지금 막 과거 기억을 회복하고 있으며, 플래시백에 시달리고 있어서 혼자 있는 것을 공포스럽게 느끼고 있다면 잠시 헤어지는 것이 나을 거라는 당신의 합리적인 요구를 그리 달갑게 받아들이지 않을 것이다. 하지만 당신이 최선을 다했고 이제는 이별을 시도할 때라는 것에 두 사람 모두 동의한다면 당신 개인뿐만 아니라 관계에서도 긍정적인 단계가 될 수 있다.

만약 이별을 원치는 않지만 관계가 위기에 처해 있음을 다른 방식으로 인정할 필요가 있다면 함께 사는 방식을 수정하는 것도 도움이 된다. 이런 식이 될 수 있다. "예를 들어 우리가 앞으로 넉 달 동안 혹은 얼마 동안 함께 산다면 우리 두 사람이 깜깜한 밤에 등대도 없이 항해하는 두 척의 배처럼 될 수도 있어요. 당신이 여유를 찾게 된다면 내가 당신의 걸음을 막는건 아닐텐데. 이건 평상시의 관계와는 다를 거예요."

영원한 이별

어린이 성폭력의 고통과 영향을 치유할 때 따라오는 어려움은 관계를 유지할 때 따라오는 어려움보다 훨씬 더 심한 스트레스를 초래하기도 한다. 막 시작한 관계라면 그러한 압박감을 견딜 만한 토대가 충분치 않을 것이다. 하지만 지금 두 사람은 서로 적응해 오면서 형성한 방식이 있어서 서로 무엇이 누구의 방식인지 구분할 수 없을 만큼 오랫동안 익숙해져 왔다. 더 이상 함께 있고 싶지 않은 시점에 가서는 두 사람 모두 혹은 한쪽이 변화할 수도 있다. 영원한 이별이나 이혼이 고통스럽다 하여 정말 서로를 지원하지 못함에도 불구하고 함께 붙어 있는다면 성장할 수도 없고 마음의 평화를 얻지도 못하면서 서로를 더욱 악화시키는 결과만 초래한다.

머물기로 한다면

생존자가 완전히 치유하는 데 얼마나 긴 세월이 흘러야 하는지는 아무도 모른다. 하지만 당신과 당신의 동반자가 적극적으로 작업을 한다면 당신은 모든 것이 바뀔 것이라고 확신할 수 있다. 지금 당신이 부딪힌 문제는 정확히 6개월을 견뎌야 할지 혹은 지금으로부터 1년이 더 걸릴지 정확하게 알 수 없다는 점이다. 당신은 정확한 수치로 계량할 수 있는 상황에 놓인 것이 아니다. 전환은 있을 것이다. 물론 어느 순간 완전하게 치유되는 일은 없을 것이다. 당신 역시 마찬가지이다.

당신이 스트레스를 받고 있다면 인내심을 가지는 것 자체가 어렵다. 일도 해야 하고 아이도 키워야 하고 그녀의 문제를 도와야 하고 당신 자신의 문제에 부딪혀 변화해야 하고 무엇보다 이 모든 것들을 제정신으로 지켜 나가야 한다. 그러나 그녀는 자신의 속도에 맞추어 치유 과정을 거쳐야 한다. 당신은 격려할 수 있지만 치유의 속도를 서두르게 할 수는 없다. 당신은 당신이 원하는 것을 이야기하고 가능한 부분을 협상할 수 있지만 때로 기다려야만 할 때도 있다.

물론 휴식을 취하는 것이 도움을 줄 수 있다. 어느 생존자의 남편이 이런 말을 했다. "'성장'이라는 말이 행복한 느낌을 무겁게 가로막기도 하더군요." 만약 당신도 이런 느낌을 가지고 있다면 지금이 바로 휴식이 필요한 때이다. 생존자가 휴식을 원치 않을지라도 당신은 휴식을 원할 수 있다. 주말을 비워서 낚시하러 가라. 춤추고 싶게 만드는 음반을 사서 실컷 즐겨라. 재미있게 즐겨라. 성장에 더 이상 매달리지 말라. 성장하지 않아도 괜찮다.

그럴 만한 가치가 있다.

서로의 두려움과 불안감을 알아 가고 어려운 상황을 함께 헤쳐 나가면서 서로에 대해서나 우리들 스스로에게 훨씬 더 민감해지는 것은 일생을 거쳐 진행되는 과정이다. 이러한 오랜 기간의 협조를 고려한다면 몇 해 동안의 어려움은 그럴 만한 가치가 있다.

또 다른 입장에서 함께 견뎌 냄으로써 애초 우리가 시작할 때의 관계보다 훨씬 더 충만하고 흥미진진한 관계가 된다는 것을 이제야 알 것 같아요. 우리를 훨씬 가깝게 만들죠. 달콤한 체리 병 안에서 밀착되어 살아가는 게 아니거든요. 함께 부딪치고 뒹굴어야 훨씬 강한 연대가 가능해지죠. 그것에 부딪히지 않는다면 마치 큰 산을 앞에 둔 듯 하겠지만 막상 부딪히게 되면 작은 동산이 되어 얼마든지 오를 만하게 작아지는 거예요. 되돌아보건대 아주 긴 과정은 아니었습니다. 한 2년 정도 되었을까, 그 정도 말입니다.

한 동반자는 이런 식의 명확한 표현을 했다.

성폭력 피해를 입는다는 것이 그렇게 흔치 않은 일도 아니더군요. 오히려 성폭력 피해가 상당히 일상적이어서 그 말로 사람들을 설명하기에 더 이상 적절한 방법이 아니라는 점이 충격적인 거죠. 중요한 것은 그녀에게 무슨 일이 있어났는지가 아니고 그녀가 삶에서 이것을 어떻게 다루었나 하는 것이지요. 그녀는 더 이상 피해자가 아닙니다. 생존자인 거지요. 난 몇 년째 혼자서 씨름하며 성장하는 그녀 뒤를 따라가고 있는 걸요. 그녀는 썩 괜찮은 여성입니다. 있는 그대로의 그녀와 함께 있어서 행복하답니다.

당신들 사이의 멋지고 강렬한 모든 것

심각한 문제가 있을 때 그 문제의 어려움에 너무나 깊이 몰입한 나머지 두 사람 사이에 멋지고 강렬한 것들이 있다는 것을 미처 알아보지 못하기 쉽다. 지금 당신의 관계에서 행할 수 있는 정말 좋아하는 부분을 즐겨라. 서로에게 그 점을 강화시켜라. 이러한 모든 성장과 변화의 한가운데서 당신이 얻은 것들을 잊지 말고 기뻐하라.

그녀가 힘을 되찾도록 기대를 걸어보라. 그녀를 피해자로 생각하지 말라. 그녀를 약하거나 혹은 영원히 치유되지 않을 만큼 상처를 받은 것으로 여기지 말라. 대신 다소 어려운 투쟁의 와중에 있기는 하지만 온전한 인간이라는 태도를 견지하라. 그녀를 용감하고 결단력 있는 존재로 보라. 그녀의 힘과 영혼에 몰입하라.

  생존자가 가진 힘을 스스로 다시 기억할 수 있도록 하라. 그것은 당신이 치유 과정에서 줄 수 있는 선물이다. 설령 그녀가 당신의 직접적인 도움을 원치 않는 때라 하더라도, 또는 당신이 다소 거리감을 두거나 어려운 감정에 휩싸여 있을지라도, 항상 그녀를 건강하고 쾌활한 사람으로 인식하는 마음을 가질 수 있다. 어린이 성폭력으로부터 치유되는 것은 영웅적인 과업에 버금간다. 그녀는 당신의 존경과 확신, 찬탄을 받기에 충분한 인간이다.

■ 부록 | 성폭력 생존자 지원기관

(1) 서울·인천 지역 성폭력 상담소

지역	상담소	E-MAIL	전화번호/팩스
서울	나무여성인권상담소	namuright@hanmail.net	(02)732-1366,7 732-1369
	벧엘케어상담소	bethelcare@hanmail.net	(02)896-0408 0303-0313 -3930
	(사)탁틴내일부설 내일청소년상담소	ttn8043@hanmail.net	(02)338-8043 3141-9339
	(사)한국성폭력상담소	ksvrc@sisters.or.kr	(02)338-2890 338-7122
	(사)한국여성상담센터	ifkfcc@hitel.net	(02)953-1704 953-2014
	(사)한국성폭력위기센터	crisis119@hanmail.net	(02)883-9284,5 883-9281
	(사)한국여성의전화성폭력상담소	hotline@hotline.or.kr	(02)2272-2161 2256-2190
	서초성폭력상담소	chg7606@hanmail.net	(02)599-7606 537-1143
	이레성폭력상담소	iregrin@gmail.com	(02)866-1365 857-1367
	천주교성폭력상담소	w-peace98@hanmail.net	(02)825-1272.3 825-1292
	한국여성민우회성폭력상담소	fc@womenlink.or.kr	(02)739-8858 736-5766
	한국학교상담지원센터	park-mi@hanmail.net	02)902-3356 905-3357
	휴샘가정폭력성폭력 통합운영상담센터	huesame@naver.com	(02)2664-1366 2608-7588
인천	(사)인천광역시 여성단체협의회부설 가정·성폭력상담소	women1365@hanmail.net	(032)865-1365 876-1365
	인구보건복지협회 인천지회성폭력상담소	isvrc@hanmail.net	(032)451-4093 451-4096
	인천여성 가정· 성폭력상담소	dewseong@hanmail.net	(032)468-0696 464-0696

(2)경기 지역 성폭력 상담소

지역	상담소	E-MAIL	전화번호/팩스
경기	가톨릭여성상담소	helpwoman@hanmail.net	(031)415-0128
	고양여성민우회 성폭력상담소	goyang@womenlink.or.kr	(031)907-1003 907-5009
	구리성폭력상담소	gurilaw@hanmail.net	(031)551-9976 553-9976
	군포여성민우회 성폭력상담소	kpsangdam@hanmail.net	(031)396-0236 396-0266
	남양주 가정과성상담소	hlchun@hanmail.net	(031)558-1366 566-1366
	동두천성폭력상담소	kdcsvc@hanmail.net	(031)861-5555 867-3100 867-3130
	동두천여성상담센터	ddcsvc@hanmail.net	(031)858-1366 868-1366
	부천청소년성폭력상담소	qhdk1997@naver.com	(032)655-1366 668-3293
	(사)부천여성의전화부설 성폭력상담소	bwhotline@hanmail.net	(032)328-9711 328-9712
	(사)사람과평화부설 용인성폭력상담소	ywcccc@hanmail.net	(031)281-1366 282-4668
	(사)성남여성의전화부설 성폭력상담소	snwhl@naver.com	(031)751-2050 751-2051
	(사)씨알여성회부설 성폭력상담소, 광주결혼이민자가족지원센터	ssialwomen@hanmail.net	(031)797-7031,2 797-7037
	(사)해피패밀리포천지부 성폭력상담소	aa770011@hanmail.net	(031)531-2821,2 535-3038
	수원동산상담센터	suwon7646@hanmail.net	(031)213-7646 211-4250
	수원여성의전화부설 통합상담소	suwonhotline@daum.net	(031)232-7795 238-7780
	안산 YWCA여성과성상담소	ywcsh@hanmail.net	(031)413-9414 485-9979
	안성성교육성폭력상담센터	mh3131@hanmail.net	(031)676-1366 070)8232-1391 676-1367

지역	상담소	E-MAIL	전화번호/팩스
경기	안양여성의전화부설 성폭력상담소	awhl96@hanmail.net	(031)442-5385 441-4386양주
	성폭력상담소	pajumind@naver.com	(031)864-7545.6 875-2033
	파주상담센타 뜰	womandd@hanmail.net	(031)946-9091 948-9091
	파주성폭력상담소	pajusangdam@hanmail.net	(031)946-2096 946-0396
	평택성폭력상담소	pt1366@hanmail.net	(031)618-1366 658-6614
	포천가족·성상담센타	pchsvc@hanmail.net	(031)542-3171 542-2784
	하남YWCA부설 성폭력상담소	friends-1213@hanmail.net	(031)796-1213 796-1284
	한국가정법률상담소평택· 안성지부부설 가정폭력성폭력상담소	counsel@lawhomep.or.kr	(031)611-4251 667-2284
	행가래로의왕가정· 성상담소	452-1311@hanmail.net	(031)452-1311 453-1310
	행복뜰가정·성상담소	ljsook724@hanmail.net	(031)832-1315.7 832-1317

(3) 강원도 지역 성폭력상담소

지역	상담소	E-MAIL	전화번호/팩스
강원	속초성폭력상담소	womennara@hanmail.net	(033)637-1988 637-1982
	영월성폭력상담소	rudska57@hanmail.net	(033)375-1366 373-2442
	한국가정법률상담소강릉지부부설 강릉가정폭력·성폭력상담소	gangneung@lawhome.or.kr	(033)652-9555.6 652-9950
	한국가정법률상담소동해지부부설 동해가정폭력·성폭력상담소	dsc4943@hanmail.net	(033)535-4943 535-4944
	한국가정법률상담소 원주지부부설원주가정폭력· 성폭력통합상담소	hrtwlew@hanmail.net	(033)765-1366.8 765-1367
	한국가정법률상담소춘천지부부설 춘천가정폭력· 성폭력상담소	chchlaw@hanmail.net	(033)252-1366 257-4687-9 252-1365

(4) 대전·충청 지역 성폭력상담소

지역	상담소	E-MAIL	전화번호/팩스
충남	계룡가정상담지원센터	yong7227@naver.com	(042)841-1072 841-1073
	로뎀나무 상담지원센터	broomtree109@naver.com	(041)852-1950 856-1950
	(사)충남성폭력상담소	wvoice@chol.com	(041)564-0026 564-0040
	(사)홍성가족상담센터부설 성폭력상담소	help9949@hanmail.net	(041)634-9949 634-9948
	아산성상담지원센터	counsel@eyesweb.co.kr	(041)546-9181 549-1006
	조치원YWCA성폭력상담소	gfcc9191@hanmail.net	(041)862-9191 862-9199
	천안여성의전화부설 성폭력상담소	hotwhl@hanmail.net	(041)561-0303-6 561-0324
충북	인구보건복지협회 충북지회 청주성폭력상담소	jeong0858@hanmail.net	(043)264-1366 270-5959
	제천성폭력상담소	womenjc@hanmail.net	(043)652-0049 653-1331 652-1365
	청주여성의전화부설 청주성폭력상담소	ch9953@hanmail.net	(043)252-0968.9 255-0966
	청주YWCA여성종합상담소	cj3008@hanmail.net	(043)268-3008 268-6714
	충주생명의전화부설 충주성폭력상담소	clifeline@hanmail.net	(043)845-1366 842-9191
대전	대전YWCA성폭력상담소	ywca3038@hanmail.net	(042)254-3038 721-3038
	대한가정법률복지상담원 대전지부부설 열린성폭력상담소	djopens@hanmil.net	(042)637-1366 631-5571
	사회복지법인대덕 사랑아픔치유상담소	iiss420@hanmail.net	(042)631-1004 638-2004
	인구보건복지협회 대전충남지회 대전성폭력상담소	sd3999@hanmail.net	(042)712-1367-9 712-1366

(5) 전남북 · 광주 · 제주 지역 성폭력상담소

지역	상담소	E-MAIL	전화번호/팩스
전남	늘푸른상담센터	nj1366@hanmail.net	(061)332-1366 333-1365
	담양인권지원상담소	swan1139@naver.com	(061)383-1367 383-1368
	(사)행복누리부설 목포여성상담센터	mwomen99@hanmail.net	(061)285-1366 285-1367
	무안여성상담센터	muan8823@hanmail.net	(061)454-1360 454-8823
	여수성폭력상담소	happyi4003@hanmail.net	(061)666-4001 666-4003
	전남성폭력상담소	scwhl@hanmail.net	(061)755-8033 751-0366
	해남성폭력상담소	ut1004@paran.com	(061)533-9181 533-9180
	보두마함께가는상담소	boduma1388@hanmail.net	(061)324-1388 322-7422
전북	군산성폭력상담소	gsung1366@hanmail.net	(063)442-1570 445-1377
	남원YWCA성폭력상담소	mwnywca@hitel.net	(063)625-1316 633-7002
	(사)성폭력예방치료센터부설 성폭력상담소	svpcc@hanmail.net	(063)236-0151 236-0153
	(사)성폭력예방치료센터 정읍지부정읍성폭력상담소	oksook1954@hanmail.net	(063)537-1366 533-1368
	성폭력예방치료센터 김제지부성폭력상담소	sung1366@naver.com	(063)546-1366 546-8366 546-8367
	전북성폭력상담소	tosim36@hanmail.net	(063)858-2733 837-7412
	익산성폭력상담소	iksung3999@hanmail.net	(063)834-1366.7 834-6112
광주	(사)광주여성민우회 가족과성상담소	sangdam0410@hanmail.net	(062)521-1360 529-0384
	(사)광주여성의전화부설 광주성폭력상담소	kjwhl@hanmail.net	(062)363-0487 363-0486
	인구보건복지협회 광주전남지회성폭력상담소	click4050@hanmail.net	(062)673-1366 671-4050 670-4088

지역	상담소	E-MAIL	전화번호/팩스
제주	(사)제주여성인권연대부설 제주여성상담소	novawij@hanmail.net	(064)756-4008 752-8297
	제주YWCA통합상담소	sehyun717@hanmail.net	(064)748-3040 746-7994

(6)대구·경북 지역 성폭력상담소

지역	상담소	E-MAIL	전화번호/팩스
대구	대구여성의전화부설 성폭력상담소	esco10@hananet.net	(053)471-6484 471-6481
	대구여성폭력통합상담소	lawdaegu@hanmail.net	(053)745-4501 745-4503
	인구보건복지협회 대구·경북지회 부설 성폭력상담소	mentor7979@hanmail.net	(053)566-1900 568-7942 566-1905
경북	고령성폭력상담소누리나래	nulinale@hotmail.com	(054)955-8179 955-8176
	경주성폭력상담소	kj1366@hanmail.net	(054)777-1366 745-0365
	구미여성종합상담소	gumi1388@hanmail.net	(054)463-1386.8 463-1387
	김천성폭력상담소	lysms365@hanmail.net	(054)434-5452 434-5457
	로뎀성폭력상담소	rodem5279@hanmail.net	053)853-5276 854-5276
	사단법인한마음통합상담소	phhan9540@hanmail.net	(054)278-4330 273-3355
	(사)포항여성회부설 경북여성통합상담소	phwomen@hanmail.net	(054)275-7436 282-1798
	새경산성폭력상담소	richanna@hanmail.net	(053)814-1318 814-1391
	칠곡종합상담센타	han-8290@hanmail.net	(054)973-8290 973-1516
	필그림가정복지통합상담소	pillglim@hanmail.net	(054)534-9996 534-5752
	문경가정폭력성폭력 청소년문제통합상담소	c5523358@hanmail.net	(054)555-8207

(7) 부산 · 울산 · 경남 지역 성폭력상담소

지역	상담소	E-MAIL	전화번호/팩스
경남	거창성 · 가족상담소	0559441828@hanmail.net	(055)944-1829 944-1817
	경남여성회부설 성가족상담소	sangdamso8400@hanmail.net	(055)244-8400 244-2753
	김해여성의전화 부설 성폭력상담소	khwline@hanmail.net	(055)329-6453 329-6452
	사천성가족상담센터	gender0416@hanmail.net	(055)852-9040 852-9041
	양산성가족상담소	yangsan0707@hanmail.net	(055)366-6663 366-6676 366-6620
	진주여성민우회부설 성폭력상담소	femisangdam@hanmail.net	(055)746-7462 747-1366 746-9771
	진해여성의전화 부설성폭력상담소	jhwhl366@hanmail.net	(055)546-8322 546-1406
	창녕 성 · 건강가정상담소	cn5211366@gmail.com	(055)521-1366.7 521-1368
	창원여성의전화부설 창원성폭력상담소	chwhl@hanmail.net	(055)267-1366.4 283-8322 282-8322
	통영YWCA성폭력상담소	lifelove0233@naver.com	(055)642-0233 648-2070 643-2547
	하동성가족상담소	hadongssung@hanmail.net	(055)884-1360 (055) 884-7360
부산	(사)부산성폭력상담소부설 부산성폭력 · 가정폭력상담소	woman-world@hanmail.net	(051)558-8833 558-3932
	(사)부산여성의전화 성 · 가정폭력상담센타	pwhl4344@hanmail.net	(051)817-4344 817-4320
	(사)부산여성폭력예방상담소	women114@hanmail.net	(051)752-0871 753-1377 753-1355
	인구보건복지협회 부산지회성폭력상담소	p051@chol.com	(051)624-5584 624-5580
울산	사회복지법인생명의전화 울산지부가정폭력 · 성폭력 통합상담소	uslifeline91@korea.com	(052)267-1366 265-5560
	한국가정법률상담소 울산지부부설 울산성폭력상담소	homee39@hanmail.net	(052)245-1366 246-1367

(8) 장애인 성폭력상담소

지역	상담소	E-MAIL	전화번호/팩스
서울	장애여성공감장애여성성폭력상담소	was1399@hanmail.net	02)3013-1399 6008-2384
서울	한국여성장애인연합부설 서울여성장애인성폭력상담소	ss4466@hanmail.net	02)3675-4465.6 3675-4467
경기	경기경원사회복지회부설 여성장애인성폭력상담소	withus3663@hanmail.net	031)755-2526.7 758-4724
경기	의정부장애인성폭력상담소	daprc@hanmail.net	031)840-9203.4 851-0087
대전	대전여성장애인연대부설 대전여성장애인성폭력상담소	duwkd8866@hanmail.net	042)223-8866 535-2362
충남	장애인성폭력아산상담소	heejae5@hanmail.net	041)541-1514.5 541-1516
충남	충남장애인정보화협회부설 천안장애인성폭력상담소	cdassd6500@yahoo.co.kr	041)592-6500 592-6666
충북	충북여성장애인연대부설 청주여성장애인성폭력상담소	hotsisters@hanmail.net	043)224-9414.5 224-3806
전북	인구보건복지협회 전북지회부설 장애인성폭력상담소	ppfky@hanmail.net	063)242-8275 246-2003
광주	광주여성장애인연대부설 여성장애인성폭력상담소	1366kjdaw@hanmail.net	062)654-1366 676-2311
제주	제주여성장애인 성폭력상담소	jwdc0326@hanmail.net	064)753-4980 753-4981
대구	(사)대구여성장애인연대부설 대구여성장애인통합상담소	tdaws@hanmail.net	053)637-6057 637-6052
경북	경북여성장애인 성폭력상담소	doyechon@hanmail.net	054)843-1366 054)841-3021
경남	경남여성장애인연대부설 마산여성장애인성폭력상담소	5041sos@hanmail.net	055)241-5041 055)243-1362
부산	부산여성장애인연대부설 성폭력상담소	myungsook20@hanmail.net	051)583-7735 583-1996
울산	(사)울산장애인 인권복지협회 부설 울산장애인성폭력상담센터	ju2008mi@hanmail.net	052)246-1368 903-4211
목포	전남여성장애인연대부설 목포여성장애인성폭력상담소	younsl4767@hanmail.net	061)284-4767 279-4766